suhrkamp taschenbuch 2770

Die portugiesische Literatur beschränkt sich für viele deutsche Leser auf Namen wie Camões und sein Heldenepos *Die Lusiaden* und vielleicht auch noch Fernando Pessoa. Diese Unkenntnis Portugals hat Tradition. »Jenseits der Pyrenäen ist ungültig, was diesseits der Pyrenäen Geltung hat«, meinte schon Pascal, zitiert mit bitterer Ironie der *grand old man* der portugiesischen Literaturwissenschaft Eduardo Lourenço.

Daran mag sich manches seit dem Ende des Salazarismus und der Nelkenrevolution geändert haben, was auch bei uns inzwischen verlegte Autoren wie Lídia Jorge, António Lobo Antunes, José Saramago belegen.

In zweiundzwanzig Aufsätzen, davon neunzehn eigens für diese Ausgabe geschrieben, werden die wichtigsten Schriftsteller und Strömungen der portugiesischen Literatur des 20. Jahrhunderts vorgestellt: Eça de Queirós, der Wegbereiter des modernen Romans, Fernando Pessoa, Vergílio Ferreira, Agustina Bessa-Luís, Miguel Torga, Jorge de Sena, José Cardoso Pires, António Lobo Antunes. Beiträge über das portugiesische Selbstbild, über Lyrik, Drama und Prosa, über Poetik und Politik portugiesischer Frauen, über die portugiesischsprachigen Literaturen Afrikas, die literarische Aufarbeitung von Kolonialkrieg und Befreiungskampf, über Staat und Zensur eröffnen dem Leser neue Einblicke und vielleicht auch neue Einsichten. Biographische Angaben und Literaturhinweise regen zum weiteren Lesen und Kennenlernen an.

Portugiesische Literatur

Herausgegeben von
Henry Thorau
Mitarbeit Marina Spinu

Suhrkamp

Umschlagabbildung: Júlio Pomar.

Dieses Buch erschien mit Unterstützung des Instituto Camões
und der Fundação Calouste Gulbenkian.
Die Übersetzung wurde gefördert aus Mitteln des
Instituto Português do Livro e das Bibliotecas, Lissabon,
und des *Komitees Portugal–Frankfurt 97, S.A.*

MINISTÉRIO DA CULTURA

PORTUGAL
49. FRANKFURTER
BUCHMESSE 1997

suhrkamp taschenbuch 2770
Erste Auflage 1997

Quellenhinweise der einzelnen Beiträge am Schluß des Bandes
Suhrkamp Taschenbuch Verlag

Satz: Wallstein Verlag, Göttingen
Druck: Nomos Verlagsgesellschaft, Baden-Baden
Printed in Germany
Umschlag nach Entwürfen von
Willy Fleckhaus und Rolf Staudt

1 2 3 4 5 6 – 02 01 00 99 98 97

Inhalt

Henry Thorau
Wir und Portugal 7
Eduardo Lourenço
Unsere imaginären Bildwelten 19
Helmut Siepmann
Das Selbstverständnis der Portugiesen in ihrer Literatur 37
Carlos Reis
Eça de Queirós, der Lehrmeister 58
Octavio Paz
Fernando Pessoa – Der sich selbst Unbekannte 84
Isabel Pires de Lima
Annäherungen an den portugiesischen Roman des 20. Jahrhunderts 114
Júlio Conrado
Die portugiesische Lyrik seit der Nelkenrevolution 149
Carlos Porto
Postrevolutionäre Dramatik in Portugal 189
Graça Abranches
Verlernen, um zu sprechen: Politik und Poetik portugiesischer Frauen im 20. Jahrhundert 204
Kian-Harald Karimi
›Es wird nicht diskutiert!‹ Die Ordnung des Diskurses im Neuen Staat 236
Erich Kalwa
Der theoretische Diskurs des portugiesischen Neo-Realismus 259
Curt Meyer-Clason
Der Riese aus den Bergen – Miguel Torga 297
Helder Godinho
Vergílio Ferreira oder Der Dialog mit dem Schatten 313
Georges Güntert
Agustina Bessa-Luís. Erinnerndes Schreiben als Weg zur Erkenntnis menschlichen Handelns 334
Luís Adriano Carlos
Jorge de Sena, der Wortalchemist 356

Dietrich Briesemeister
José Cardoso Pires – »Schriftsteller der Gemarkung Portugal« *377*
Orlando Grossegesse
José Saramago – Steinaugen oder Die Irdische Prophetie des Vergangenen *407*
Gerd Hammer
Fluß ohne Brücke – Das Schreiben der Ilse Losa *428*
Ilse Pollack
Entdecken wir Angola, Mosambik, Kapverde, Guinea-Bissau, São Tomé e Príncipe … Die luso-afrikanischen Literaturen *440*
João de Melo
Kolonialkrieg und Befreiungskampf in den portugiesischsprachigen Literaturen *478*
Renate Heß
Schreiben heißt: sich erinnern. Zum Werk von Lídia Jorge *501*
Henry Thorau
»Die Toten wecken und das Zerschlagene zusammenfügen«. Die Romane des António Lobo Antunes *521*
Nuno Júdice
Die Zeit ist gekommen. Von den siebziger zu den neunziger Jahren *541*

Anhang
Allgemeine Bibliographie *561*
Über die Verfasser / Quellenhinweise *567*

Wir und Portugal

»Portugal! [...] Mit dir läßt sich kein Land der Welt vergleichen. Die Luft, die Landschaft, die Menschen ... Und erst die Geschichte! Taten ohnegleichen! Helden, Heilige, Seefahrer ... Und obendrein die älteste Nation Europas ... [...] Und doch empfand keiner von uns das Vaterland als etwas Selbstverständliches. Ob Verklärung oder Verleumdung – immer schwingt in der Stimme der gleiche Minderwertigkeitskomplex mit. Ein Leben lang vergleichen wir uns mit den anderen. Das Genie eines Schriftstellers wird gemessen an der Zahl seiner Übersetzungen, das Talent einer Sängerin am Applaus im Ausland. [...] Sobald der unglückselige Lusiade sich gezwungen sieht, sein Geburtsland zu nennen, meint er, sich eine Blöße zu geben. [...] Eine Kunst, die sich selbst keine Originalität zutraut, eine Technik aus zweiter Hand, eine Volkswirtschaft von Bittstellern ... Was wir auf dem Weltmarkt zu bieten hatten, war wirklich sehr wenig. Aber waren bestimmte Qualitäten, die nur wir allein besaßen, so hausbacken sie auch sein mochten, nicht auch Reichtümer? Quellen, die noch immer fließen und erfrischen, Früchte der Erde, die noch schmecken und bekömmlich sind, das Volk noch einfach und herzlich, das Zusammenleben noch menschlich, die Natur noch geschützt, das Leben noch authentisch ...«

So sah der portugiesische Schriftsteller und Dichter Miguel Torga (1907-1995) in seiner *A Criação do Mundo* (dt. *Die Erschaffung der Welt*) sein Land und sein Volk im März 1974, zwei Monate vor der Nelkenrevolution. Die portugiesische Geschichte ist nicht nur eine gloriose Geschichte der größten Entdeckungsfahrten einer der kleinsten Nationen, sondern auch eine Geschichte der Unterwerfung und Ausbeutung durch europäische Nachbarn, der Unterdrückung im eigenen Land: im 16. und 17. Jahrhundert, genauer von 1580 bis 1640, unter spanischer Krone, im 19. Jahrhundert, als der König vor Napoleon nach Brasilien geflohen war, von den Engländern »befreit«, nach einem kurzen republikanischen Zwischenspiel, von 1910 bis 1926, fast fünfzig Jahre lang, von 1926 bis 1974, autoritärer

Staat, ab 1933 Estado Novo unter António de Oliveira Salazar und seinem Nachfolger Marcello Caetano. Gekränkter Nationalstolz, mangelndes nationales Selbstwertgefühl, Traumata, die sich durch die portugiesische Geschichte ziehen und immer wieder aufbrechen, so in der Sehnsucht nach Dom Sebastião, der den Verlust Portugals an Spanien durch seinen afrikanischen Feldzug verschuldete, bei dem sich 1578 seine eigene Spur im Wüstensand verlor: der Verschollene möge als Retter, als Erlöser zurückkehren und wiedergutmachen, was er dem portugiesischen Volk mit seiner Hybris, die islamische Welt zu bekämpfen, angetan hat.

Das Ur-Trauma taucht in unterschiedlicher Gewandung auch in der portugiesischen Literatur auf. Sei es in historischen Romanen oder Dramen wie in Luís de Sttau Monteiros lange zur Aufführung verbotenem *Felizmente há luar* (1961; Zum Glück scheint der Mond), in dem ein portugiesischer General noch im 19. Jahrhundert wegen Auslandsverrat als Sündenbock auf dem Scheiterhaufen verbrannt wird, oder in Helder Costas *Dom João VI* (1979), in dem wir einen wehleidigen König auf der Entdeckung des Fluchtwegs nach Brasilien begleiten. Sei es als ironische Verkehrung wie in José Saramagos *Jangada de Pedra* (1986, dt. *Das steinerne Floß*), in dem Portugal sich, auch aus Angst vor der globalisierenden EU, vom Festland absprengt und als Floß der Medusa seinem Untergang oder Aufgang entgegentreibt ... Die »Grüne Dame« in Miguel Roviscos *Trilogia Portuguesa* (1986) findet für das portugiesische Dilemma ein eindrucksvolles Bild: »Wir haben den Seeweg nach Indien entdeckt, jetzt müssen wir nur noch den Weg zurück entdecken«.

Historisches Bewußtsein, kollektives Gedächtnis, die Selbstvergewisserung der Stellung Portugals in der Welt, die Reflexion der eigenen literarischen, politischen und auch religiösen Landschaft prägen seit jeher die portugiesische Literatur. »Portugal, weder das gestrige noch das heutige, hatte jemals *Identitätsprobleme* im engeren Sinne«, behauptet der wohl bedeutendste portugiesische Kulturwissenschaftler Eduardo Lourenço in seinem 1988 veröffentlichten Essayband *Nós e a Europa ...* (Wir und Europa ...). So ist auch der Dichter Miguel Torga, der große Einzelgänger aus dem Norden, zu verstehen, wenn er ein

Hohelied auf die Natur und den einfachen Menschen singt, aus den Bauern im Norden kantige Figuren von stiller Einfalt und Größe schnitzt, die in einer herb-pathetischen Anti-Idylle der nichtheilen Welt trotzen, etwa Maria Lionça, die Löwin, die die ungeheure Leidensfähigkeit der portugiesischen Frau verkörpert und immer wieder als Symbol für Portugal betrachtet wird.

Und wir und Portugal? Waren es für uns Deutsche nicht auch solche als Heimatliteratur mißverstandenen Berggeschichten, die unser Bild von Portugal prägten? Und haben wir nicht dazu beigetragen, dieses Bild von Portugal zu tradieren? Für so manchen unserer deutschen »Landsleute« mit Bungalow in der Algarve und Wochenendausflügen zu den Dörfern im Norden, wo schwarzgekleidete Frauen das Wasser noch aus dem Brunnen schöpften, war Portugal provinzielle Urlaubsidylle, Lissabon ein einziges Fado-Restaurant im alten Araberviertel Alfama, das ganze portugiesische Volk ein Ausbund an Bescheidenheit, Genügsamkeit und großer Opferbereitschaft. Die in Beja im Alentejo stationierten Bundeswehroffiziere sahen sich durch den seit 1961 wütenden Befreiungskampf Angolas gegen Portugal nicht beunruhigt. Und während Studenten in Paris und Berlin Barrikaden errichteten, wurden ihre Altersgenossen in Lissabon, die es wagten, an einem Schweigemarsch zum Jahrestag der Proklamation der Republik teilzunehmen, zwangsexmatrikuliert und womöglich im Rahmen ihrer Wehrpflicht in die überseeischen Provinzen verschifft, also in den Afrikakrieg geschickt.

War es später, als die jungen Offiziere mit der Nelkenrevolution vom 25. April 1974 endlich das vergreiste Regime weggefegt hatten, nicht auch das »einfache, herzliche Volk und das menschliche Zusammenleben, die geschützte Natur, das authentische Leben«, das uns Hippies und junge Spät-68er mit Bart und langen Haaren, Che-Guevara-T-Shirt und Batik-Röcken zum Aufbau der Demokratie und/oder des Sozialismus nach Portugal trampen ließ (im Rucksack unsere roten Raubdrucke)? Als wir sehr deutsch halfen, mit Spaten und Sichel in Südportugal die Agrarreform umzusetzen, und Landarbeiter nach Paulo Freires »Pädagogik der Unterdrückten« alphabetisierten, um ihnen in gemeinsamer Marcuse-Lektüre die Dimensionen des Daseins näherbringen zu können? Während wir also, die wir damals selbst weder mit der portugiesischen Sprache und schon gar nicht mit einem Spaten umgehen konnten, mit den Landarbeitern das Revolutionslied »Somos livres, somos livres« (Wir sind frei, wir sind frei) intonierten und unsere Hoffnung im Alentejo aus den neo-realistischen Romanen Manuel da Fonsecas ableiteten, entgräteten portugiesische »Gastarbeiterinnen« in Fabrikhallen an der Nordsee Sardinen (was Olga Gonçalves in ihrem leider immer noch nicht übersetzten Buch *A Floresta em Bremerhaven* 1975, Der Wald in Bremerhaven, sie so eindrücklich schildern läßt).

Nachdem wir also, wie wir meinten, ganz konkret geholfen hatten, die Revolution auf den richtigen Weg zu bringen, kehrten wir als Ferienkursstipendiaten in die Hörsäle zurück. Manuel Alegres politische Balladen, die bis 1974 klandestin in den Studentenwohnheimen kursierten, konnten im Bücherregal einsortiert werden. Wir wandten uns der kritischen Lektüre der Klassiker und der »poetischen Revolution« (Eduardo Lourenço) der Modernisten zu, die Portugals literarische Sendung verkündet hatten. Einen neuen Super-Camões erahnte Fernando Pessoa. Und das war für uns natürlich niemand anders als er selbst, der unauffällige Handelskorrespondent aus der Baixa in Lisboa mit seinen Heteronymen.

Und die Rezeption der portugiesischen Literatur und Kultur in Deutschland? Das Interesse an Portugal jenseits der Urlaubsidylle, an der portugiesischen Kultur begann wiederzuerwachen mit und nach der Nelkenrevolution von 1974: als der leider so früh verstorbene politische Liedermacher José Afonso auch die Bundesrepublik bereiste, sein *Grândola, Vila Morena*, einst das Signal zur Revolution der jungen Offiziere, auch im Audimax deutscher Universitäten im Chor mitgesungen wurde. Als Bruno Ganz in Alain Tanners *In der weißen Stadt* (1983) einfach nicht mehr aufs Schiff zurückkehrt und kurz entschlossen im wunderschönen Lissabon bleibt, wollten das viele im unfreundlichen Deutschland auch so gemacht haben. Als man in den Filmepen Manoel de Oliveiras ein anderes Portugal erkannte, in João Botelhos *Um Adeus português* (Ein portugiesischer Abschied) mit den Familien trauerte, deren Söhne nicht aus dem Krieg zurückgekehrt waren.

Endlich merkten auch die deutschen Verlage, daß in Portugal in der neuen, auch ästhetischen Freiheit plötzlich eine neue Literaturlandschaft erblühte, ältere Autoren anders zum Schreiben zurückfanden, eine junge Generation von Schriftstellern heranwuchs, die die verdrängte Vergangenheit in einer bis dahin nicht gekannten aggressiven, ironischen, bisweilen obszönen Sprache zum Thema machte wie António Lobo Antunes, João de Melo, Lídia Jorge, Teolinda Gersão und andere. Große Verlage begannen sich nicht nur für den Meister José Saramago zu interessieren. (Dies alles dank auch der jahrzehntelangen unermüdlichen Pionierarbeit des Übersetzers und Herausgebers Curt Meyer-Clason wie auch des zähen, vehementen Engagements der Literaturwissenschaftlerin, -agentin und Übersetzerin Ray-Güde Mertin.) Nicht nur an die Gegenwartsliteratur, sondern auch an »Klassiker« wie Camilo Castelo Brancos *Amor de Perdição* (1862; dt. *Das Verhängnis der Liebe*) wagten sich Verlage wie Beck & Glückler in Freiburg. Ältere Eça de Queirós-Übersetzungen wurden als Taschenbuch neuaufgelegt, vergriffene Anthologien wurden, werden erweitert und neu ediert, neue kommen heraus wie zum Beispiel der von Elfriede Engelmayer für den tranvía-Verlag in Berlin zusammengestellte Band *Samstag um acht,* der ausschließlich Prosa von portugiesischen Schriftstellerinnen enthält.

Und natürlich Fernando Pessoa, dessen Werk uns Georg Rudolf Lind sowie die Dichter Peter Hamm, Octavio Paz (dessen noch immer gültigen Essay »Fernando Pessoa, der sich selbst Unbekannte« von 1961 wir in diesem Buch leicht gekürzt nachdrucken), Antonio Tabucchi und der Ammann Verlag mit seinen schönen, sorgfältig gemachten Ausgaben erschlossen; *Das Buch der Unruhe* (1985), die Aufzeichnungen seines merkwürdigen Hilfsbuchhalters Bernardo Soares war bei uns 1985 sogar dreimal auf der Südwestfunk-Bestenliste. Die Frage, ob es neben Pessoa nicht auch andere wichtige portugiesische Dichterstimmen gibt, beantwortete uns 1993 Curt Meyer-Clason mit seiner Gedichtsammlung *Portugiesische Lyrik des 20. Jahrhunderts.*

Längst überfällig ist eine die Edition portugiesischer Werke in deutscher Sprache begleitende Darstellung der portugiesischen Literatur, die sich nicht nur an Literaturwissenschaftler, sondern auch an das interessierte Lesepublikum wendet und ihm z. B. Jorge de Sena erschließt, dessen politisches Entwicklungsroman-Fragment *Sinais de Fogo* unter dem Titel *Feuerzeichen* in diesem Herbst bei Suhrkamp erscheint, oder Vergílio Ferreiras Gegenwelten wie in dem bereits auf deutsch vorliegenden Roman *Bis zum Ende* (1990; *Até ao fim)*. Der einzige Gesamtüberblick der portugiesischen Literatur bei uns ist Martin Franzbachs *Abriß der spanischen und portugiesischen Literaturgeschichte in Tabellen* (1968), Giuseppe Rossis 1964 aus dem Italienischen übersetzte *Storia della Letteratura Portoghese* spiegelt den Stand von 1953, es gibt nur wenige Einzeldarstellungen oder Aufsatzsammlungen zur portugiesischen Literatur wie *Portugiesische Romane der Gegenwart* (1992) und *Portugiesische Romane der Gegenwart: Neue Interpretationen* (1993) von Rainer Hess, *Wege der Erneuerung. Portugiesische Romane nach der Nelkenrevolution* (1993) von Gesa Hasebrink, *Stile der portugiesischen Lyrik im 20. Jahrhundert* (1980) von Winfried Kreutzer, *Portugiesische Literatur des 19. und 20. Jahrhunderts* von Helmut Siepmann (1987; 1995).

Warum wird hier keine Geschichte der portugiesischen Literatur von den Anfängen bis zur Gegenwart vorgelegt? Warum ist hier nicht die Rede von den berühmten mittelalterlichen *cantigas de amor, de amigo, de escárnio e maldizer,* als noch Könige wie D. Dinis (1279-1325) Spottverse dichteten und formvollendete Liebeslyrik, selbst aus weiblicher Sicht, warum kommt hier nicht Fernão Lopes (um 1380 – um 1459) mit seinen Königs-Chroniken vor, die nicht nur vom Glanz der Dynastien berichten, sondern – als wären sie ein früher Vorläufer der Geschichte von unten – ebenso anschaulich und erschreckend von den Schattenseiten, von Elend, Hunger und Ausbeutung, warum nicht der Nationaldichter Luís de Camões (um 1531 – 1580) mit seinem Heldenepos *Die Lusiaden*, Gil Vicente mit geistlichen und weltlichen *autos* und Farcen, in denen feiste Kaufleute am Jenseitsfluß nicht auf die Paradies-Barke steigen dürfen und schlaue Frauen auf dummen Männern reiten? Warum nicht Bernardim Ribeiros wundersam naiv-kompliziertes, aus der Perspektive einer jungen Frau geschriebenes Romanfragment

Menina e Moça aus dem Jahr 1554, das damals sogar in Köln nachgedruckt wurde, Padre António Vieiras (1608-1697) Pestpredigten, der pikareske Reiseroman *Peregrinação* des Lügenbarons Fernão Mendes Pinto (um 1510-1583), auch nicht der Romantiker Almeida Garrett (1799-1854), Gründer des portugiesischen Nationaltheaters, oder die von Rilke übersetzten berühmten *Lettres Portugaises,* die Liebesbriefe der Nonne Mariana Alcoforado (1640-1723)? Jedes einzelne der genannten Werke ein Kleinod.

Das vorliegende Buch beschränkt sich bewußt darauf, den deutschen Lesern einen Einblick in die zeitgenössische portugiesische Literatur zu geben, doch ist der Geist der Ahnen immer wieder präsent, sind sie doch als Intertext, als Referenzsysteme in der portugiesischen Gegenwartsliteratur wie auch im öffentlichen Bewußtsein allgegenwärtig. So, wenn António Lobo Antunes eine Parodie auf die *Lusiaden* schreibt oder der »Geschichtskorrektor« José Saramago die portugiesische Vergangenheit umschreibt.

Das Buch will die portugiesische Literatur des 20. Jahrhunderts vorstellen. Eduardo Lourenço und Isabel Pires de Lima zeigen in ihren übergreifenden Essays Strömungen und Tendenzen, Einflüsse, Umbrüche auf, stellen Autoren im politischen, gesellschaftlichen, historischen Kontext dar. Aufsätze zu einzelnen Autoren und ihren Werken skizzieren jeweils ein schriftstellerisches Profil, entwerfen sozusagen Miniatur-Monographien, jedoch erheben sie nicht den Anspruch, vollständig zu sein, sondern sie wollen anreißen, Fragen stellen, die Neugier der geneigten Leserschaft wecken. Mag an einzelnen Stellen der Eindruck entstehen, es gebe Überschneidungen, so sind dies dennoch keine Dopplungen. Die Verfasser sehen Autoren und Werke manchmal aus unterschiedlichen Perspektiven, kommen zu unterschiedlichen Schlußfolgerungen. Die Gesamtdarstellungen wie die Essays zu den einzelnen Autoren laden geradezu dazu ein, parallel gelesen zu werden, so ergänzen sich Beobachtungen mosaikartig zu einem Gesamtbild der zeitgenössischen Literatur Portugals.

Und die Literatur des portugiesischsprachigen Afrika – Angola, Mosambik, die Kapverdischen Inseln, São Tomé e Príncipe? Sie war lange ein weißer Fleck auf der intellektuellen Landkarte, nicht nur bei uns, sondern auch in Portugal. Ohne sie kein Gesamtbild der portugiesischen Literatur. Das Interesse am portugiesischsprachigen Afrika (in Portugal wie der restlichen Welt) stieg mit dem Befreiungskampf in den 60er Jahren und den blutigen Bürgerkriegen nach der Unabhängigkeit, doch standen auch damals weniger Literatur und Kultur im Mittelpunkt als vielmehr politische und wirtschaftliche Interessen und die Sorge um die Vormachtstellung der westlichen Welt, zuletzt das humanitäre Engagement. Was die Beschäftigung mit den lusographen Literaturen Afrikas betrifft, so haben wir noch immer sehr viel nachzuholen. Dank Pionieren und Pionierinnen wie Ilse Pollack ist dies nun auch möglich, sie öffnen uns den literarischen Weg nach Afrika, öffnen uns die Augen für eine Literatur vor, während und nach der Befreiung der genannten Länder.

Der portugiesische Wahnsinn der Afrikakriege, während der Zeit des Salazarismus im »Mutterland« Portugal nur selten thematisiert, und wenn, dann mit Konsequenzen für den Autor, wurde in den siebziger Jahren von einer jungen Generation portugiesischer Schriftsteller ans Licht gezerrt, die meist selbst als Wehrpflichtige in der grünen Hölle kämpfen mußten und nun, zurückgekehrt, gegen die kollektive Verdrängung, das verordnete Vergessen ankämpften. Für manche Autoren stand die autobiographische literarische Verarbeitung am Anfang ihrer schriftstellerischen Laufbahn, so für António Lobo Antunes. Dies gilt auch für João de Melo, dessen Einführungsessay zu der von ihm edierten, in Portugal vergriffenen zweibändigen Anthologie *Os Anos da Guerra* (1988; Die Jahre des Krieges) wir in einer von ihm bearbeiteten, aktualisierten Fassung den deutschen Lesern hier zugänglich machen. Auch Schriftstellerinnen wie Lídia Jorge und Teolinda Gersão haben den Afrikakrieg aus der Nähe oder aus der Ferne miterlebt und darüber geschrieben. Sie mußten glücklicherweise keinen Ehemann mehr um Erlaubnis fragen, wenn sie ihre Romane veröffentlichen wollten, wie noch ihre literarischen Vorfahrinnen bis zur Proklamation der Ersten Republik 1910. Und sie bekamen auch keinen Prozeß mehr wegen »Verletzung des öffentlichen Anstands« wie noch

1972 die berühmten »3 Marias« Maria Isabel Barreno, Maria Velho da Costa und Maria Teresa Horta, als sie mit ihren erotisch eruptiven *Novas Cartas Portuguesas* (dt. *Neue Portugiesische Briefe*), einer Weiterschreibung jener berühmten *Lettres Portugaises* von 1669, die Zwangsjacke der portugiesischen Frauen zu sprengen versuchten.

Kaum zu glauben, aber wahr ist auch dies: in der von António José Saraiva und Oscar Lopes herausgebenen zweibändigen, über 900 Seiten starken *História Ilustrada das Grandes Literaturas – Literatura Portuguesa* (Erstausgabe des 2. Bandes: 1973) waren der von Frauen geschriebenen Literatur ganze acht Seiten gewidmet! Die portugiesische Literatur wäre nicht, was sie ist, ohne die Werke portugiesischer Dichterinnen, Erzählerinnen, Romanschriftstellerinnen, allen voran die Sibylle aus Porto, Agustina Bessa-Luís, die wort- und bilderreiche Mutter der jüngeren Autorinnen, ihre opulenten zeitkritischen sarkastischen Romane wie *A Sibila* (1954; dt. *Die Sibylle*), ihre Lebensgeschichten ohne Moral und ohne Sentimentalität. Sie, die nicht als »untätige Intellektuelle, wie es sich für eine Frau gehört«, herumsitzt, sondern seit nunmehr fünfzig Jahren mit »Unpopulären Geschichten« ihren »impertinenten Individualismus im Kampf gegen eine möglichst große Zahl anderer Menschen« (vor allem Männer) pflegt. All dies und noch viel mehr (auch zur *écriture féminine*, zu den *gender studies*) ist detailliert nachzulesen in den Aufsätzen von Graça Abranches, Georges Güntert und Renate Heß.

Und was gibt es von der portugiesischen Dramatik zu vermelden, die bislang bei uns kaum Beachtung fand? Das portugiesische Theater ist erst seit der Festivalkultur bei uns bekannt geworden, repräsentiert in der Gruppe O Bando, jetzt setzt sich auch das portugiesische Tanztheater langsam bei uns durch. Die portugiesische Dramatik hingegen ist im deutschen Sprachraum überhaupt nicht bekannt, ist auch nicht zugänglich, denn die wenigen Stücke, die übersetzt wurden, sind nur als Bühnenmanuskripte verfügbar, so etwa Luís de Sttau Monteiros (1926-1993) Anti-Kriegs-Farce *A Guerra Santa* (1967; dt. *Der Heilige Krieg*) oder sein Einakter *A Estátua* (1967; dt. *Die Statue*). Die ehemalige DDR publizierte, wovor marktorientierte westdeutsche Verlage stets zurückschreckten, eine Anthologie *Stücke aus Portugal*, 1978, mit Werken von Luiz Francisco Rebello, Bernardo Santareno, Romeu Correia und Carlos Coutinho. Einzig Norberto Ávilas Kinderstück für Erwachsene *As Histórias de Hakim* (1966; dt. *Hakims Geschichten*) fand in der Übersetzung und Bearbeitung von Thomas Brasch den Weg auf deutsche Bühnen und wurde häufig inszeniert. Um so wichtiger ist Carlos Portos Beitrag in diesem Buch zur portugiesischen Dramatik des 20. Jahrhunderts. Er berücksichtigt vor allem die Dramatik seit den siebziger Jahren, geht der Frage nach, was sich seit dem 25. April 1974 verändert hat, und listet eine beträchtliche Anzahl jüngerer Autoren auf.

Mag bei manchen Essays ab und zu der Eindruck des *name dropping* entstehen, so hat dies in der Präsentation einer Literatur, die bei uns immer mehr übersetzt wird, in wissenschaftlichen Untersuchungen aber nur von einem kleinen Kreis wahrgenommen wird, auch die Funktion, »Feuerzeichen« zu setzen. Das gilt sowohl für Carlos Portos Aufsatz zur portugiesischen Dramatik wie auch für Nuno Júdices den Band beschließenden Essay »Die Zeit ist gekommen. Von den siebziger zu den neunziger Jahren«, der zeigt, wie sich die Literatur in den letzten zwanzig Jahren entwickelt hat, welche Fülle an spannenden Autoren die portugiesische Literaturszene bestimmt. Júdice, einer der wichtigsten Lyriker der letzten Jahre, hat mit sicherem Gespür die jungen Talente der neunziger Jahre erkannt.

Als Materialienband und Arbeitsbuch versteht sich *Portugiesische Literatur*, das heißt, nicht weniger wichtig als die Aufsätze – zweiundzwanzig Beiträge, darunter neunzehn eigens für diese Publikation verfaßte Originalbeiträge – sind die Bibliographien, die eine Auswahl der selbst im Internet-Zeitalter bei uns immer noch relativ schwer zugänglichen portugiesischen Sekundärliteratur bieten wollen. Als Hilfe für deutsche Leser sind zunächst die Titel der deutschen Übersetzung (in Klammer jeweils der portugiesische Titel, da Originaltitel und Übersetzung aufgrund der großen Lektorenphantasie häufig voneinander abweichen) aufgeführt, anschließend die Werkausgaben im Original (auch hier gilt, daß, um die Suche zu erleichtern, die deutschen Titel der übersetzten Werke noch einmal erwähnt werden). Was die Schreibung portugiesischer Titel betrifft, so wurde so weit als möglich die Schreibweise des Originals respektiert, trotz anfänglicher Überlegungen zu einer Vereinheitlichung im Sinne durchgehender Kleinschreibung. An die Primärliteratur schließt eine Auswahl-Bibliographie der Sekundärliteratur an, wobei versucht wurde, möglichst viele *deutsche* Titel zu erfassen. Oft genannte Standardwerke, Sammelbände werden bei den bibliographischen Angaben zu einzelnen Aufsätzen als Kurzangaben geführt, vollständig nur in der allgemeinen Bibliographie am Ende des Buches. Ähnliches gilt für die Vornamen von Herausgebern und Übersetzern. Doppelnennungen ließen sich nicht vermeiden. Die allgemeine Bibliographie selbst wurde knapp gehalten, da zur Buchmesse 1997 (mit Portugal als Schwerpunktthema) umfassende Nachschlagewerke zu Portugal erscheinen wie Klaus Küppers *Bibliographie der portugiesischen Literatur. Prosa, Lyrik, Essay und Drama in deutscher Übersetzung*, Frankfurt/Main: TFM 1997 oder der von Dietrich Briesemeister und Axel Schönberger herausgegebene Band *Portugal Heute*, Frankfurt/Main: Vervuert 1997.

Bleibt noch zu danken: Prof. Dr. Dietrich Briesemeister, Prof. Dr. Manuela Gouveia-Delille und Prof. Dr. Karl Heinz Delille, die mich beim Konzept beraten haben, für wertvolle Anregungen, Hinweise, Auskünfte und »Überstunden« Jürgen Dormagen, Dr. Elfriede Engelmayer, Dr. Erhard Engler, Peter Hamm, Klaus Küpper, Dr. Ulrich Kunzmann, Dr. Axel Schönberger und schließlich Claudia Nauth für ihre hartnäckige und ausdauernde Recherche, Erstellung und Bearbeitung der Bibliographien. Und, naturalmente, ... Dr. Michi Strausfeld, por tudo!

Henry Thorau

Unsere imaginären Bildwelten

Eduardo Lourenço

In unserer literarischen Vergangenheit gibt es zwei Epochen, die aufgrund eines sowohl künstlerischen als auch patriotischen Konsensus als unsere »goldenen Zeitalter« gelten. Das erste, im 16. Jahrhundert, vereint den Beginn des authentischen Theaters auf der Iberischen Halbinsel, also das Theater Gil Vicentes, mit Luís de Camões. Am Ausgang jenes Jahrhunderts sollte der Verfasser der *Lusiaden* die Lyrik in der Tradition Petrarcas wiederentdecken und dramatisieren, und er hat, in Vergils und zugleich Ariosts Register, das Abenteuer eines kleinen Volkes, das mit seinen Entdeckungen dem christlichen Europa eine neue Zeit eröffnet, ins Universelle gehoben. Das zweite »goldene Zeitalter«, im 19. Jahrhundert, ist die ungeheure Anstrengung eines Volkes, das durch widrige Umstände vom Strom des europäischen Geistes in Wissenschaft, Lehre, Kritik und vor allem Philosophie, von Diskurs und Erkenntnis im Licht der Vernunft, Vorbild einer dieses Namens würdigen menschlichen Gesellschaft, abgedriftet war, seine Bildwelten erneut in Einklang zu bringen. Von Almeida Garrett bis zu Eça de Queirós bietet das 19. Jahrhundert einem Portugal, das sich mühsam aus einem jahrhundertelangen Existieren als kleine, von Unwägbarkeiten ihres Kolonialhandels abhängige Agrarnation ans Licht kämpft, alle Fiktionen und Karikaturen, derer es bedarf um des Gefühls oder der Illusion willen, daß es sich in Europa befindet oder daß Europa zu ihm herabsteigt, ohne daß es Verrat an seiner Seele üben müßte. Ein Jahrhundert lang kommt dem portugiesischen Imaginarium die Doppelfunktion zu, den Abgrund auszumessen, der das portugiesische Volk von seiner ruhmreichen Vergangenheit trennt, und ihm eine Gegenwart zu bieten, die es, trotz solch großer Nostalgie, zum Zeitgenossen seiner selbst macht.

Es ist offensichtlich, daß diese beiden »goldenen Zeitalter«, ob wir sie nur von einer literarischen Warte aus betrachten –

was nie der Fall war –, oder innerhalb eines weitergesteckten Kulturhorizonts, weder die gleiche Bedeutung haben noch zum gleichen Code gehören. Sie gehen, zwangsläufig, von ideologischen Voraussetzungen aus. Oder eher noch, sie sind ihr paradigmatischer Ausdruck. Das erste »goldene Zeitalter« – golden für ein Portugal, das längst die Gewißheit, ja sogar das Gefühl eingebüßt hatte, eine politisch wie »kulturell« bedeutende Nation zu sein – hängt zusammen mit der Literatur und im besonderen mit ihrem europäischen und klassischen »Image« in einem Europa der Aufklärung, und es hat mehr mit der Erinnerung der Größe zu tun, die die Portugiesen und Europa selbst von diesen unvergleichlichen Jahren der ersten Jahrhunderthälfte bewahrten. Es ist das Bild eines kleinen Volkes von außergewöhnlichem Schicksal, das sich im Orient mehr zu Hause fühlt als bei sich selbst, das mit seinen Karavellen von Äthiopien bis Japan, von Lissabon bis zum Rio de la Plata vordringt. Das literarische Bild *dieser* Zeit hätte der gebildeten oder neugierigen Welt dieses Zeitalters vielleicht gar nichts Originelles zu bieten haben können, nicht einmal etwas, was ihre Aufmerksamkeit hätte fesseln können. Doch sie hatte etwas zu bieten, wie das Werk zahlloser Chronisten, wie Bernardim Ribeiro, Gil Vicente, Sá de Miranda bis hin zu Fernão Mendes Pinto belegen. Eine Wechselwirkung läßt sich beobachten zwischen den Taten eines seefahrenden, Handel treibenden, kriegerischen, imperialistischen Volkes dieser Zeit und ihrem realistischen oder metaphorischen Echo im literarischen Werk.

Der Code des zweiten »goldenen Zeitalters« ist das Gegenteil: Portugal ist nichts oder nur wenig, außer der Erinnerung, gewesen zu sein, der Garrett in mythischer Wortwahl die *Saudade* zuschrieb – und die Literatur, alles. Zumindest in der Absicht. Auf irgendeine Weise ist es der Dichter, der Erzähler, der mitleidlose Analytiker einer auf der Suche nach neuer Identität begriffenen Gesellschaft, der das Wunder einer neuen Transsubstantiation vollbringt: die Realität wird zur Frucht des Traumes, der ihr vorangeht und ihr Gestalt gibt. Wir bekommen das Portugal Garretts, das Portugal Herculanos, das Portugal Júlio Dinis', das Portugal Camilo Castelo Brancos, das Portugal Eça de Queirós'. Das Portugal von Camões ist endgültig im Nebel der Erinnerung untergegangen, aus dem es ein historisch gedemütigtes Portugal heraufbeschwören wird, ein Portugal, das nicht weiß, wo es sich selbst suchen soll, es sei denn in einer als »Vergeltung« gegen die Gegenwart verklärten Flucht, von Oliveira Martins zu Fernando Pessoas *Botschaft.*

Anders als in der echten Romantik war in unserer alles enthalten, nur kein »Titanentum«. Von der Romantik hatte unser zweites »goldenes Zeitalter« außer den sogenannten »romantischen« Träumen vor allem im erotisch-sentimentalen und religiösen Bereich eine »Melancholie«, die es nicht schaffte, morbid zu sein, so natürlich gewachsen und organisch stimmte sie mit dem »Tonus« des nationalen Lebens überein, besonders mit dem seiner wichtigen und selbstgefälligen herrschenden Klasse (mit wenigen Ausnahmen). Alle ihre Angehörigen waren potentielle oder echte Literaten, selbst ihre Besten. Die Oper für das mondäne Leben, die Literatur für den kleinen oder größeren geistigen Anspruch tröstete oder lenkte sie von allem ab. Letztlich erhofften die Portugiesen des 19. Jahrhunderts von der Literatur *Erlösung*, und das waren nicht nur die, für die sie eine Mischung aus Schicksal, Ehrgeiz und Verzweiflung war. Von der Literatur wie von der Kunst überhaupt. Das 19. Jahrhundert war das literarischste aller Jahrhunderte, und unser 20. Jahrhundert könnte als Satyrspiel nachleben, was das Jahrhundert Hugos, Flauberts, Wagners als Heldengedicht zelebriert hatte. Portugal ist nicht das einzige europäische Land, das auf seine Literatur des 19. Jahrhunderts wie auf ein goldenes Zeitalter zurückblickt. Aber was in »Kulturländern« als Selbstverständlichkeit galt, mußte uns in unserem Portugal, aus guten oder schlechten Gründen, wie ein Wunder vorkommen, wie eine zweite Renaissance, Beweis von Lebenskraft und Verheißung künftiger Wiederherstellung verlorener Größe.

Aus dem Abstand von hundert Jahren und weil wir unser halbes Jahrhundert zeitgenössischer Literatur Revue passieren lassen und einordnen wollen, sollen die schlechten Gründe vergessen sein, die damals, als ich meine literarischen Lehrjahre durchlief, das vergangene Jahrhundert als »goldenes Zeitalter« festschrieben. Halten wir uns also an die guten Gründe. Es war das Jahrhundert von Garrett, Herculano, Oliveira Martins,

Camilo Castelo Branco und Eça de Queirós. Wegen des gefährlich geringen historischen Abstands zu unserer Zeit schien es nur naturgemäß, daß sie »ein wenig tot« waren. Dem widerspricht aber alles. Sollte das ein Fehler unserer Perspektive sein? Unbewußte Reaktion gegen eine Schriftflut, die in den letzten vierzig Jahren in einem, immerhin alphabetisierten, Land nicht nur um unser Seelenheil bemüht ist, sondern ihre unsägliche Gegenwart mit einer Caligula würdigen Präpotenz öffentlich aufdrängt? Nihilistischer Sarkasmus Cioranscher Art ist hier überflüssig oder harmlos. Gott wird die Seinen erkennen. Sicher ist, daß die Auswahl unserer Kinder (und die des Internet) anders als unsere sein wird. So wie wir, selbst in weniger schwindelerregenden Zeiten, eine andere Auswahl getroffen haben als unsere Lehrer oder unsere Eltern. Vielleicht leben viele Herculanos, Oliveira Martins, ein Garrett, viele Camilos unter uns, »und die Dunkelheit versteht sie nicht«. Ganz sicher. Viele sind, jetzt, in diesem Augenblick, das, was die Garretts und Herculanos nicht mit Leib und Seele sein konnten, weil sie so vielbeschäftigte Leute waren. Und da Portugal und die Welt nun mal so sind, wie sie sind, gibt es keinen und kann es keinen neuen Eça de Queirós geben, so wie es absurd wäre, sich einen zweiten Camões vorzustellen. Eça lebte in einer Welt, in der die Literatur, nein, nicht zu einer, sondern zu *der* Religion geworden war, und er war, unter uns, der sublime Priester dieser Religion, die heute tot ist wie alle Religionen. Seine Anmut war nicht nur eine Gabe seines einzigartigen Geistes, es war Literatur als Gnade. Und keinem ist es gegeben, sie wiederzuerwecken wie einen flüchtigen Augenblick, einen Duft abendländischer Kultur, zu dem Zeitpunkt, da der »Zustand der Gnade« einer verfeinerten Zivilisation der ätherischen Muse des Symbolismus verfiel, um dem noch namenlosen Grauen zu entgehen, das Dostojewski voraussah und dessen Einzelheiten Kafka mit der pedantischen Präzision des Alptraums schildern sollte.

Weder das erste noch das zweite unserer institutionalisierten »goldenen Zeitalter« – und das zweite noch weniger als das erste –, erreichen im Raum, den Goethe als Weltliteratur zu erträumen begann, jene Gegenwart, der sie vorausbestimmt waren. Selbst heute noch ist Camilo Castelo Branco – portugiesisches Leben, verdichtet in einer Sprache, die nach all unseren Jahrhunderten schmeckt – außerhalb unserer kulturellen und symbolischen Schlagbäume wenig mehr als ein Name. Dennoch kappt die Literatur des vergangenen Jahrhunderts die Zugehörigkeit unserer literarischen Tradition zu einem abstrakt klassischen Imaginarium und dem, was vom barocken iberischen Abenteuer übriggeblieben war, wo wir, allein mit uns selbst, von China bis Brasilien das originellste Wort- und Utopie-Denkmal erschufen, dessen die katholische Weltsicht noch fähig war. Die ganze Kraft, die António Vieira in den Dienst jenes Fünften Imperiums stellte, das später im *Seidenen Schuh* [gemeint ist der auf Claudels Stück basierende gleichnamige Film Manoel de Oliveiras, Anm. d. Hg.] zelebriert wurde, strömte zurück in unsere »Scholle«, die als archaischer und geheimnisvoller Raum wiederentdeckt wurde, als eines Kaisers unwürdige Behausung eines armen Volkes ohne Orient und ohne Brasilien, das nie herausgefallen war aus den Händen der Vorsehung, das sich herumschlug mit hausbackenen, politischen, gesellschaftlichen und privaten Leidenschaften und in einem im Umbruch begriffenen Europa Modelle modernen Verhaltens und Erzählens suchte. Die alte Universalität des katholischen Imaginariums wird zur Provinz der kaiserlichen Fiktion des neuen Europa, das uns ideologisch und politisch zu seinen Untergebenen machte, uns aber auch beibrachte, ein Land neu zu erfinden, das rücklings eintrat in eine Moderne, die nicht die seine war, weder vom Leib noch von der Seele her. Literatur und Poesie begleiteten aus der Nähe, nicht von fern, wie im Falle Spaniens, die sogenannten »europäischen Strömungen«, immer mit einem Gefühl der Zeitverschiebung, ausgenommen Garrett. Vielleicht aber war auch dies der Grund, daß ein Europa, das zur Literaturmaschine für die ganze Welt geworden war, keine besondere Sensibilität aufbringen konnte für literarische Abenteuer, selbst nicht für die exotischen der Vettern aus dem Süden. Das Jahrhundert ging zu Ende mit Ibsens nordischen Nebeln oder den finsteren Qualen des barbarischen Rußland, so wie am Anfang des Jahrhunderts der traumversponnene deutsche Mystizismus aufleuchtete.

Das 19. Jahrhundert geht wie auf einem Bild von Delacroix in einer und an einer Literaturorgie unter. Ein Jahrhundert sollte es in Anspruch nehmen, die Literatur umzuinterpretieren oder ihre Bestimmung neu zu definieren – von der des geschriebenen Bildes der nichttranszendenten Realität zum Akt, der sie der göttlichen Schöpfung gleichsetzte, die zum Mythos geworden war. Die Literatur des 20. Jahrhunderts beendet zumindest den von Futurismus und Dadaismus euphorisch angekündigten Mordversuch an der Literatur, womit ihre endlose Dekonstruktion gemeint ist. Nichts schien unserer geradezu anthologieträchtigen provinziellen Literatur eine wichtige Rolle in diesem Spiel um Leben und Tod innerhalb einer Literatur vorherzubestimmen, der es nur um die Enträtselung des Mysteriums ihrer eigenen Existenz geht. Das setzte die zunächst stillschweigende, dann spektakuläre Abdankung des allgegenwärtigen und allmächtigen »Schöpfers« voraus, des epischen Autors à la Chateaubriand, Hugo, Tolstoi, selbst Thomas Mann, und das Aufkommen einer Text-Stimme, eines Autors auf der Suche nach sich selbst und einer Literatur in fortwährender und unmöglicher Rechtfertigung ihres Schreibens, gänzlich unterbewußt determiniert von der Abwesenheit eines Sinnes, dem die Notwendigkeit vorgeschaltet ist, ihn endlos zu suchen oder zu verwerfen. Nun geschah durch ein niemals zur Genüge ergründetes Wunder, daß in den zwanziger Jahren unseres Jahrhunderts ein portugiesischer Autor, der heute in die Kulturmythologie der ganzen Welt eingemeindet wurde, die Seins-Krise der Literatur veranschaulichte wie wenige zuvor, wenn auch nur für seinen eigenen Gebrauch. Und mit einem Mal wurde er zu einer Gründergestalt des literarischen Paradigmas des 20. Jahrhunderts als einer Literatur, die sich ihrer immanenten Irrealität bewußt ist. Das Unglück seines Lebens verwandelte er in Glorie und führte das portugiesische Imaginarium aus dem Provinziellen heraus.

Leben und Werk des Fernando Pessoa, denn von ihm ist die Rede, standen auffällig im Zeichen Saturns. Nichts ist weniger portugiesisch, scheinbar! Es ist der Stern der schwarzen Melancholie, das Zeichen Gérard de Nervals, Antero de Quentals, Leopardis und eben das des Autors der Bruchstücke der »Ode an die Nacht«, des »Tabakladens«, der *Oden* des Ricardo Reis. Unser vertrautestes Sternzeichen, das es bei ihm auch gibt, ist das der sonnigen Melancholie, die wir selbstgefällig als *Saudade* bezeichnen. Auch unserer Literatur, als Ausdruck des wehmütig-sehnsüchtigen *Saudade*-Gefühls, hat Pessoa den Narzißmus ausgetrieben, die Selbstgefälligkeit, und vielleicht deshalb, und nicht nur, weil er mit der Literatur als Fiktion unserer im Innersten fiktiven und fiktionalen Existenz spielend gespielt hat, richtete er unser Imaginarium in der einzigen Universalität ein, die diesen Namen verdient: die kein Subjekt hat, weder subjektiv noch historisch, die das reine Schreiben ist und nichts weiter.

Fernando Pessoa war ein Autor der ersten Hälfte unseres Jahrhunderts. Die Wandlung, die durch ihn und über ihn in der portugiesischen Literatur, in der Poesie wie in der Prosa stattfand, in der Prosa sogar noch grundlegender als in der Poesie, wurde erst ab den fünfziger Jahren sichtbar. Ein halbes Jahrhundert war nötig, um den Sinn dieser Wandlung zu begreifen und ihre Reichweite zu erfassen. Nicht die ganze Literatur des letzten Jahrhunderts kann, sei es im traditionell literatur-historischen, sei es im symbolischen Sinn, unter Pessoas Schirmherrschaft gestellt werden. Aber das, was in ihr zählt, ist nicht denkbar ohne seine Weigerung, Literatur als Darstellung von irgendwelcher Realität, als deren Widerspiegelung, Sublimation oder Verklärung zu akzeptieren. Ihr Wesenhaftes ist zutiefst Traum. Und es ist gleichgültig, ob wir den Stoff, der unsere Bildwelt nährt, Welt nennen oder Geschichte, unser Leben oder die Qualen und Phantasmen der Sehnsucht. Nur das Fiktionale mit dem Bewußtsein, fiktiv zu sein, verwandelt »Erlebtes« in »Erträumtes«, in Gegen-Realität, gestattet allem, was wir Realität nennen, sich in Objekt rein imaginären Genusses und imaginärer Emotion zu verwandeln. Aus dieser Emotion, Poem oder Roman, aus dieser reinen Irrealität, *Don Quixote* oder *Krieg und Frieden*, steigen wir ins Leben hinab.

In der Poesie scheint der Abstieg einfacher oder pleonastischer, denn sie war schon immer sozusagen der natürliche Ort der Evasion. Auch hier riß Fernando Pessoa das Ruder herum. Er verwandelte das poetische Tun in eine Komödie ohne Zuschauer, ohne mehr zu erwarten als den Schwindel des Heraufbeschwörens der immerwährenden Abwesenheit der Sprache vor sich selbst. Ohne es explizit zu wollen, fand sich die portugiesische Poesie nach Pessoa – die vorausgegangene vegetiert nur noch als Prophezeiung ihres kommenden Untergangs – in einem Raum völliger Freiheit, sie war nicht einmal gezwungen, wie Pessoas Dichtung, sich über den nicht bewohnten Brunnen zu beugen, aus dem er seine Muse heraufrief. In diesem letzten halben Jahrhundert wurde die portugiesische Dichtung, wie die Resonanz ihrer Dichter jenseits unserer Grenzen von außen bestätigt, eine der am wenigsten bestreitbaren Präsenzen unserer Literatur. Sie hat Namen von universellem Klang wie Sophia de Mello Breyner Andresen, Luisa Neto Jorge oder Fiama Pais Brandão hervorgebracht. Zum erstenmal in unserer schon langen Geschichte besetzen Autorinnen so eindrucksvoll und dabei so selbstverständlich unsere Literaturszene. Im klassischen Sinn, als Einfluß oder Genealogie, verbindet nichts diese Autorinnen mit dem Werk Pessoas oder der Revolution, die Mário de Sá-Carneiro zu Anfang dieses Jahrhunderts für uns war. Für keine von ihnen aber wäre sonst die Dichtung, ähnlich wie für Pessoa, Ort des Kampfes um ihr eigenes innerstes Wesen und Ursprung von Ekstase und Verzweiflung zugleich. Das poetische Abenteuer der bei uns und draußen bekanntesten Dichter unterscheidet sich nicht von dem unserer Dichter. Auch können ihre Werke, ihre Inspiration, wie die unserer Dichterinnen, nicht losgelöst werden vom weiten europäischen oder nichteuropäischen poetischen Kontinent, der während dieses halben Jahrhunderts die Namen Rilke, Mandelstam, Neruda, Celan, Char hervorgebracht hat, nicht zu vergessen die mythischen Bezugspersonen Hölderlin und Rimbaud und die den Portugiesen vertraute Präsenz surrealistischer Poetik. Überall nähren sich die Dichter von Dichtern. Es wäre aber unwichtig und müßig, mit dieser Art von Überlegungen das Spezifische unserer Gegenwartsdichtung »verorten« oder, besser, definieren zu wollen. Vor einem halben Jahrhundert konnte man die Poeten an den Fingern abzählen. Der Einfluß oder Schatten Sá-Carneiros oder Pessoas verdammte einige in die Vergangenheit, andere zu einem fast fatalen Epigonentum. Dennoch verhinderte dies nicht, daß die Dichtung der letzten dreißig Jahre, ausgehend von ihrer eigenen Stunde Null, nun, da die Zeit der eingreifenden Lyrik vorbei ist, die der musenlosen Moderne nicht immer förderlich war, eine Zeit seltener Intensität erlebt hat und weiterhin erlebt. Wäre der Abstand nicht so gering, wir könnten, ja müßten das Gefühl haben, in einer Zeit zu leben, die den Sternstunden unserer jahrhundertealten poetischen Tradition in nichts nachsteht.

Seltsamer ist schon, daß wir in bezug auf die Prosa das gleiche Gefühl haben. Das Imaginarium eines Zeitalters kennt keine von einer Gattungsrhetorik aufgezwungenen Trennungen. Es entsteht aus der gleichen Lava und lebt von den gleichen Obsessionen. Von Agustina Bessa-Luís zu Maria Gabriela Llansol hat die moderne portugiesische Prosa sich von der – bei uns auf dürftiger Tradition beruhenden – Poetik des Realismus gelöst, in all ihren Formen, und sich dem gleichen Impetus verschrieben, der unsere Poesie durchdringt. Sie wurde, seit der *Sibylle*, eine Art minutiöser Traum in bezug auf das Reale und zu einem nicht weniger minutiösen Realismus der Traumseite des Lebens. Mit einer leichten Übertreibung könnten wir einen Teil unserer Prosa, vor allem die von Frauen geschriebene, im Zeichen Scheherazades sehen. Auf eine bestimmte südamerikanische Literatur, Carpentier oder García Márquez, wurde häufig der Begriff »magischer Realismus« angewendet. Er trifft auf unsere zeitgenössische Prosa nicht zu, nicht einmal auf Agustina Bessa-Luís, obwohl sie im kulturellen und naturhaft magischen Unbewußten der archaischen Provinz verwurzelt ist, das der 1953 mit *A Sibila* begonnenen unendlichen Saga als Hintergrund dient. Vielleicht würde dieses Etikett eher auf die detailgetreu und ironisch komponierten Fabeln passen, mit denen Lídia Jorge Südportugal beschreibt oder ein Land, das unbewußt zwischen urväterlicher Magie und der neuen Magie des Seins, des Hier-und-Jetzt-Seins und des Träumens oszilliert, die aus dem universellen Himmel aller »made in USA«-Mythologien oder von anderswoher in Echtzeit über uns hereinbricht. Ich meine, daß unsere Prosa, kaum befreit von einer gewissen naturalistischen Fortsetzungsroman-Ästhetik und einem gewissen Psychologismus, der uns immerhin ein ansehnliches Werk wie das von José Régio bescherte, rechtzeitig zu einer realistischen Magie gelangt ist, in der wir unschwer eine unserer traditionsreichsten Neigungen, nämlich die Allegorie, in neuem Gewand wiedererkennen.

Diesen Weg wählte einer unserer großen Romanciers, mit wachen Sinnen für die pragmatischsten Triebkräfte der portugiesischen Gesellschaft und ihre sinnentleerten, aber immer noch wirksamen Mythen, eine Gesellschaft der Macht, der Gewalt, der Überheblichkeit und des Kastendenkens. Sie wird hervorragend beschrieben und allegorisch überhöht im bekanntesten seiner Werke, in *O Delfim* (dt. *Der Dauphin*). Selbst ein dem eigentümlichen Realismus der vierziger Jahre verhafteter Autor wie Carlos de Oliveira dekonstruierte gegen Ende seines Lebens im seltsamsten und faszinierendsten seiner Romane, *Finisterra*, die überhitzte »Darstellung«, die ihm als Vorwand diente, um sie umzuwandeln in ein Spiel der Erfindung einer nur dargestellten verlorenen Wirklichkeit. Noch bevor die Prosa mit Gabriela Llansol an die Grenzen des Beschreibbaren stieß – denn ihr Inhalt ist ihre Form und ihre Form eine Reise in eine Fiktionalität, die keine Bezugspunkte außer anderen Bildwelten kennt –, war sie, wie überall anders auch, nichts als ein letzter Kampf um ihr eigenes Überleben.

Das heißt, daß die Prosa unserer Zeit an der archaischsten Fiktionalität teilhat, die in der Erzählung und im Mythos wurzelt. Oder die die Erzählung und den Mythos formt. Nicht einmal die, die bei uns, als Echo des *nouveau roman*, noch am ehesten dem »Objektivismus«, dem romantischen Antilyrismus in der Art Robbe-Grillets zu entsprechen schienen, wie die Autorin von *De Noite as Arvores são Negras* (Nachts sind die Bäume schwarz), Maria Isabel Barreno, oder die Autorin von *Maina Mendes*, Maria Velho da Costa, vor allem sie. Selbst bei ihnen vermochte nicht die Unzugänglichkeit der Realität die natürliche Lust der Imagination zu ersticken, wurde ihnen vielmehr zur Herausforderung, sie im tiefen Traumerleben zu dekonstruieren, mehr noch, sie in erregende Erkundung dessen umzuwandeln, was in ihr danach verlangt, enthüllt zu werden: ihr Schweigen. Maria Velho da Costa hat diese Materialität des Schreibens selbst wie keine andere erkundet, das einzig bewohnbare, wenn auch »graue« Haus dessen, für den Schreiben Leben ist. Berühmt für ihre Beteiligung an der ernsthaften und satirischen Neuschöpfung weiblichen Fühlens im Zeitalter der *Portugiesischen Briefe*, steht die Autorin von *Maina Mendes* im

Mittelpunkt eines in der portugiesischen Kultur nie zuvor gekannten Phänomens – die starke, geradezu hegemoniale Präsenz weiblicher Autorschaft in der portugiesischen Literatur. Abgesehen von der Dichtkunst war diese Präsenz nicht sehr stark, ebensowenig wie in den anderen europäischen Kulturen (Frankreich, England, Deutschland, selbst Spanien). Heute aber sind einige der bedeutendsten Gestalten unserer Literatur Frauen. Agustina Bessa-Luís, Maria Judite de Carvalho, Isabel Barreno, Teolinda Gersão, Lídia Jorge, Luisa Costa Gomes, Hélia Correia, ganz zu schweigen von einigen unserer bekanntesten und schärfsten Kritikerstimmen.

Abgesehen von Agustina Bessa-Luís und Gabriela Llansol bleibt jedoch die überragende, sozusagen »mythische« Position in der Literatur der letzten dreißig Jahre, wie in der ersten Jahrhunderthälfte und in der Vergangenheit, einer Anzahl männlicher Autoren vorbehalten. Die Rolle, die früher Aquilino Ribeiro, José Régio, Vitorino Nemésio, Almada Negreiros, Miguel Torga innehatten, beanspruchen heute Jorge de Sena, Vergílio Ferreira, José Saramago und António Lobo Antunes. Es tut wenig zur Sache, ob diese Stellung das Wesentliche ihres Werkes spiegelt. Ebensowenig können wir sagen, daß diese heute »mythische« Aura – außer im Falle Saramagos – für den internationalen Erfolg verantwortlich ist. Ferreira de Castro oder Fernando Namora hatten zu ihrer Zeit, Urbano Tavares Rodrigues hat heute einen hohen Bekanntheitsgrad. Und zweifellos genießen auch andere Autoren einen unangefochtenen literarischen Status. Das gilt für Cardoso Pires, Augusto Abelaira, Almeida Faria, Mário de Carvalho, Mário Claudio, ganz zu schweigen von »Rand«-Autoren wie Diniz Machado, Luíz Pacheco oder, in anderer Weise, Miguel Esteves Cardoso. Daß die erstgenannten fünf Autoren, zu denen zumindest Agustina Bessa-Luís hinzugezählt werden muß, als besonders repräsentativ für unsere Prosa der letzten Jahrhunderthälfte gelten, hängt natürlich mit dem kulturellen Kontext unserer Zeit zusammen und mit ihrem jeweiligen Imaginarium, das sie im größeren Rahmen des literarischen Abenteuers unseres Jahrhunderts eingezeichnet haben.

Jorge de Sena, Dichter, Prosaist, Dramatiker, Essayist, Gelehrter, war sicher der vielschichtigste *homme de lettres* dieser

Jahrhunderthälfte. Es ist schwierig, ihn einer der großen Strömungen zuzuordnen, obwohl er sie alle gekannt hat und sein Werk von keiner unberührt blieb. Sein Sinn für die Realität und die große realistische Erzähltradition des 19. Jahrhunderts legt einen Vergleich etwa mit Thomas Mann nahe. Doch seine Thematik kreiste nie um ambitionierte oder pseudo-ambitionierte universelle Fragestellungen. Es ist schwierig, ihn einer bestimmten »Weltanschauung« zuzuordnen. Ebensowenig ließ er sich bei seinen Geschichten oder seinem großartigen unvollendeten Roman *Sinais de Fogo* (dt. *Feuerzeichen*) vom Ehrgeiz leiten, die Prosaformen zu unterwandern. Er wußte sich aller zu bedienen, ohne jemals die Rolle des Sujets oder die Organisation seiner Sicht und seines Vorhabens als Leitfaden des Erzählens in Frage zu stellen. In diesem Sinne ist er klassischer als jeder seiner Altersgenossen oder nachfolgende Generationen. *Sinais de Fogo* ist ein autobiographischer Roman der Selbstentdeckung als künftiger Dichter und damit verbunden des Bewußtseins um die Tragödie dieser Berufung. Zu dieser Entdeckung gehört ein Infragestellen der Welt als moralischer Ordnung und ein Abstieg zu dem, was bis zu ihm »die Hölle des Sexus« geheißen hatte und mit ihm zum Ort einer Prüfung und Befreiung wird, hin zu dem, was der Welt Sinn verleiht, einen Sinn, den nur die Liebe in ihrer schmerzlichen Sinnlosigkeit und die Dichtung wiederherzustellen vermögen. Der geradezu ungeheuerliche Anspruch seines Vorsatzes, die Herausforderung, die er an sich selbst stellte, machten Jorge de Senas Werk bereits zu Lebzeiten und nach seinem Tod für jüngere, in dieser Hinsicht viel freiere Generationen, als sie es zu träumen wagten, zum Markstein unserer Kultur.

Die Mythologie, zu deren Mittelpunkt Vergílio Ferreiras Werk wurde, ist kulturbegrifflich leichter zu fassen. Nach einer streng realistischen Phase thematisierte der Autor von *Aparição* (Erscheinung) bis zur Besessenheit die Verwerfung einer Weltanschauung (des Marxismus) als imaginär harmonischer und transparenter Vorstellung der Geschichte oder des individuellen Schicksals. In Wirklichkeit kämpfte Vergílio Ferreira anfangs gegen sich selbst, wenn er dieser utopischen Weltsicht eine andere Sicht der Dinge und des Lebens entgegensetzte, erwachsen aus dem Wissen um die Ratlosigkeit, Nichtigkeit, ja Absurdität des Daseins. Das Schreiben dieses leidenschaftlichen Malraux-Lesers und Zeitgenossen von Camus und Sartre ist durchtränkt von den großen Themen Schicksal, Unentrinnbarkeit und Undenkbarkeit des Todes, seinen ureigensten Themen, jedoch zeigt er nur geringes Interesse, es sei denn als Negation, für die besondere ideologische Resonanz, die die Faszination durch den Marxismus oder seine Ablehnung bewirkten. Niemals hat die Geschichte, weder als portugiesische Geschichte noch als Weltgeschichte, seine Phantasie oder Imagination jemals angeregt, höchstens dient sie ihm als Hintergrund. Nur der Geschichte des Menschen, des in einer jeder Transzendenz beraubten Welt einsamen Menschen, gilt sein ganzes Streben. Sein Schreiben ist das Schreiben eines Ichs, das sich immer mehr seiner Göttlichkeit und zugleich seiner Einsamkeit bewußt wird, das nur ein halluzinierender Dialog mit dem anderen – der Gestalt eines Sohnes, die ihn in seiner Einsamkeit bestätigt und ihn davon befreit, oder der Frau, die in ihrer so gegenwärtigen Abwesenheit als geradezu irreale Ikone figuriert – im Kreis der Realität zu halten vermag. Ein derart ichbesessenes Universum hätte Leser fernhalten können. Doch das geschah nicht. Nie hat er größeren Zuspruch gefunden als mit den Romanen, in denen er sich expressionistisch, allegorisch und romantisch mit seinem ganzen Leben, Kindheit und Tod inbegriffen, ins durchaus nicht mystische Schloß des in seiner Endlichkeit unendlichen Ich zurückzieht. Die lyrische Eindringlichkeit seiner Beschwörungen – der Natur oder der Kindheit –, die Spirale des immerwährenden Zwiegesprächs mit der immer gelassener erlebten Gottesabwesenheit, vor allem aber die große Verstörung im Angesicht des einzigen »Objekts«, das auf einen lichten Raum in seinem schmerzlichen Erleben des Lebens, der Frau, weist, haben Vergílio Ferreiras Werk zu einem Ort der Leidenschaft gemacht, dem in unserer Gegenwartsliteratur nichts Ähnliches zur Seite steht.

Im Gegensatz zur fast präraffaelitischen Welt vor allem des späten Vergílio Ferreira, ist die des António Lobo Antunes eine Welt der Eingeweide, des explizit Abstoßenden, der nicht weniger expliziten Wut und des Begehrens, roh ausgestellt wie auf einem Gemälde von Soutine, trotz der Metaphernwucht, mit der er sie uns, besonders in den ersten Büchern, ins Gesicht schleuderte. Lobo Antunes war immer ein unbewaffneter Autor, einer von denen, die angreifen, bevor sie selbst angegriffen werden, denn die Wunde, die sie literarisch verdichten – die der anderen in den brutal heraufbeschworenen Bildern eines namenlosen Krieges –, oder die eigenen Verletzungen, die sie nur ganz allmählich bereit waren zu zeigen, sind real wie die eines Menschen, dessen Geburtsvorgang immer noch nicht abgeschlossen ist. Die Brutalität seiner Sicht, die natürliche Schamlosigkeit seiner Sprache haben ihm früh eindeutige Bewunderung und Feindschaft eingetragen, und ich glaube, daran hat sich bis heute nichts geändert. Immerhin herrscht heute Übereinstimmung darin, ihn als einen unserer großen Schriftsteller zu betrachten. Die präzise, zugleich grausame und zynische Kenntnis der banalen, unerträglichen und enthüllenden Seiten des Lebens, des geheimen Lebens unseres ungemein heuchlerischen Sonnenimperiums, seine Sicht menschlicher Beziehungen als unaufhörlicher Zusammenprall von Wesen, die nur metaphorisch als menschliche Wesen erscheinen, seine Gleichgültigkeit gegenüber dem Anstoß-Erregen wie gegenüber dem Mißfallen, das seine Launen, Meinungen, Buñuelschen Grausamkeiten auslösen, machen seine Welt zu einer Anti-Welt oder Gegen-Welt der vielbesungenen »lusitanischen Empfindsamkeit«. Kaum oder gar nicht verzeiht man ihm sein zwischen Bosch und Offenbach changierendes Gemälde unseres ebenfalls vielbesungenen imperialen Heldengedichts – es wird einfach so getan, als gäbe es dieses Buch nicht. Doch solange die Portugiesen nicht »Die Karavellen« von Lobo Antunes inspizieren, solange werden sie nicht aus ihrem Geschichtssomnambulismus aufwachen. Und sie täten gut daran, *As Naus* zu lesen, denn soviel Zynismus und soviel Humor versprüht nur einer, der wirklich leidet. So wie Lobo Antunes die endlosen klassischen Streitereien weh tun, die in den letzten Romanen, zwischen Härte und Melancholie, den Auftrag erfüllen, ihn mit einer Welt zu versöhnen, in der *nur* Zärtlichkeit – imaginäre Zärtlichkeit – in Wirklichkeit unerträglich ist.

Im Frühling 1982 erschien der Roman, der am wenigsten erwartet wurde, so wenig erwartet wie in den fünfziger Jahren

Die Sibylle, und dem ein nie dagewesener Erfolg beschieden war: *O Memorial do Convento* (dt. *Das Memorial*). Sein Autor war kein Adliger, hieß nicht Lampedusa, war ein wenig bekannter Dichter, ein gefürchteter und kämpferischer Polemiker der heißen April-Tage von 1974 bis heute, inzwischen weltweit bekannt unter dem nicht alltäglichen Namen José Saramago. Von seiner menschlichen Erfahrung her, von seiner Ideologie, seiner Liebe zur offenkundigen Realität dieser Welt, schien der Autor des *Memorials* prädestiniert, »endlich« den nicht nur realistischen, sondern neo-realistischen Roman zu schreiben, den wir letztlich nie hatten. Doch es kam anders. Es stimmt, daß der *nouveau roman*, der »neue Roman«, durch Redundanz die reale Realität entleert hatte, die man berühren, sehen, riechen, messen kann, die keine Analogie zur Zeit aufweist und die Prosa schon deshalb gegenstandslos sein läßt. Andererseits hatte der berühmte »magische Realismus« die Carpentiers, García Márquez, Lezama Limas von den Imperativen des »gesunden Menschenverstandes« befreit oder von den europäischen imperialistischen Visionen, die immer auf der Suche nach einer Sinngebung der Geschichte waren, denn wir waren ihre Gestalter. Und im Europa Margueritte Yourcenars, die José Saramago nicht zufällig als Muse anruft, emigrierten sie voll Gelehrsamkeit in die Zeiten Hadrians und Zenons, des Okkultisten. Das schienen keine Vorbilder für einen überzeugten Marxisten wie den künftigen Autor des *Steinernen Floßes* (*A Jangada de Pedra*). Sie waren es nicht, oder wenn sie es waren, dann auf seine eher Voltairesche denn Walter Scottsche Art, um unser 18. Jahrhundert noch einmal zu besichtigen, das voller Gold, Haß, Pracht und subtiler Grausamkeit war, was auf das Konto eines zwanzigsten Jahrhunderts ging, das plötzlich unausweichlich erschien. Ich finde, das Erzählwunder eines José Saramago ist nicht adäquat kontextualisiert worden, so wie es dies Wunder verdient hat. Man hat das Buch mit Erstaunen und Beifall aufgenommen, man bewundert seine so wohlgebauten Sätze, seine baumeisterliche Phantasie, und hingerissen, als wäre der Abenteuerroman desselben 18. Jahrhunderts wiedererstanden, gaben wir uns diesen aus Traum und Leid geborenen Geschöpfen hin, die in jenem rückschrittlichen Zeitalter den Preis der Freiheit zahlten. Die Pespektive war weniger – bewußt – anachronistisch als allegorisch und arbeitete sich an einer ständig gegenwärtigen Vergangenheit, zeitlosem Obskurantismus und zeitloser Unterdrückung ab. Eine so betont mythische Prosa, die sich dessen so sehr bewußt war, verlieh seinem Schöpfer eine mythische Aura.

Bis heute noch. Aber mit mehr Gelingen und Glück als sein Held, der vorzeitig verrückt wurde, weil er so sehr vom Traum besessen war zu fliegen, ehe die Zeit gekommen war – und der dennoch flog, damit Saramago seinen Triumph über die Hindernisse der Realität auskosten konnte –, hat der Autor des *Memorials* unfreiwilligerweise, ohne sich dessen selbst bewußt zu sein, die Karavelle unseres Imaginariums, der es immer so schwerfiel, das Kap der Stürme zu umsegeln, in den barocken Raum unseres Wohlgefallens entrückt.

Und das mit solcher Treffsicherheit oder so sehr dem Zeitgeist entsprechend, der um uns herum schon ganz festgefahren war, daß danach die Reisen in »unsere« Vergangenheit – selbst die, die in bezug auf die Zukunft zelebriert werden, – sich nun durchsetzen konnten, in satirischer, pikaresker oder eher traditionell romanhafter Verkleidung. Ferne oder nahe Vergangenheit, unter der Anrufung Mário de Carvalhos, Verfasser der köstlichen *A Paixão do Conde de Fróis* (Die Leidenschaft des Grafen Fróis), Helena Marques', João Aguiars, Fernando Dacostas, Mário Claudios werden dem Leser angeboten, ähnlich wie *Star Trek* der Kindheit dieser Welt.

Für diesen »Evasionismus«, der Kehrseite der realistischen Erschöpfung und Ausdruck der in der Ordnung empirischer Chronologie explodierten Zeit ist, und einer Geschichte, die nur allzugut wußte, wohin sie treibt, trägt José Saramago nicht die Verantwortung. Die Faszination des »Memorials«, im eigentlichen Sinne, würde klassischer vertreten von einem Autor wie Fernando Campos mit seinem mimetischen Roman *A Casa do Pó* (dt. *Das Haus des Staubes*).

In Wirklichkeit trieb unsere Prosa nach Agustina Bessa-Luís, und in parodistischer Tonart bei Rubem A., in voller Zeitlosigkeit dahin, wie in guten Vor-Cervantes-Zeiten oder den moderneren Zeiten der reinen Zeitlichkeit einer Erinnerung, die sich auf die Reise in ihr eigenes Inneres begibt. José Saramago dagegen reist weder in die Vergangenheit noch in der Vergangenheit. Er ist kein Adept Flauberts, des Autors von *Salammbô*. Den Schauplatz seiner Fabel einzurichten, ihm eine mythische Funktion zu übertragen, im Zeitalter D. Joãos V., in den noch nicht-lusitanischen Zeitläuften der Belagerung von Lissabon, in den Traumzeiten der Evangelien oder in den neueren Fernando Pessoas, all dies ist ihm nur Anlaß, die *Gegenwart* neu zu sehen. Eine Gegenwart, die nicht die ist, die er sich wünscht, in Erwartung von Zeiten, in denen die zahllosen Lügen, die uns als Wahrheiten dienen, mit dem grellen, entmythisierenden Licht erhellt werden, die sein ironischer Blick auf Epochen, Fakten, Wunder wirft, die uns bis heute daran hindern, unser eigenes, keineswegs transzendentes Haus (das durchaus von dieser Welt ist) zu bewohnen.

Und zum Abschluß seiner Fiktion, das schon genügend Klare noch einmal erklärend, taucht er in seiner *Stadt der Blinden* (*Ensaio sobre a Cegueira*) die ganze Menschheit, die von der Sonne der Geschichte verlassen ist, in eine Seuche universellen Obskurantismus, aus der nur die menschliche Gnade eines weiblichen Blickes Erlösung verheißt, so paradox und rätselhaft wie die Finsternis, in die uns urplötzlich ein Strafgericht des nichtexistierenden Gottes gestürzt hat, in eine mit Augäpfeln tapezierte Hölle, wie in Science-fiction-Stories.

Wie originell José Saramagos Fabeln auch sein mögen – und sein Erfolg zeigt, daß sie ein Bedürfnis unseres Dämmerungs-Zeitalters ausdrücken –, die Natur der Bilder, die sie superlativisch ausgestalten, entspricht vollkommen der zeitlosen Struktur des portugiesischen Imaginariums, ihrer bewußt oder unbewußt antirealistischen Option. Auch unsere erste große »Realisten«-Generation – Eças Generation – endete in der Allegorie, der Legende, dem Mythos. Nach einer fast ein Jahrhundert währenden Anstrengung, uns literarisch, fiktional anzueignen, was wir *sind*, und noch radikaler, wie Maria Gabriela Llansol sagen würde, das, was es *gibt*, sind wir dabei, uns damit abzufinden, daß die mythopoetische Optik, wie in den archetypischen Zeiten unseres Barock, immer noch die ist, die zu unserer Anlage am besten paßt. Wie auch zu unserer Neigung, die

Realität zu umgehen, indem wir sie ignorieren oder indem wir sie unermüdlich erträumen, wie Aónia in Bernardim Ribeiros *Menina e Moça*. Indem wir sie in einem Zeitvertreib ohne Anfang und Ende, wie bei Agustina Bessa-Luís, fortsetzen, sie mit der Pingeligkeit des Kurzsichtigen beschreiben, wie in Bernardo Soares/Fernando Pessoas *Buch der Unruhe*, dem Jahrhundertbuch, oder indem wir den Buchstaben und seinen Traum-Raum mit seiner unaufhörlich umkehrbaren Zeit, wie die Realität selbst, wörtlich nehmen, mit gelassener Provokation den imaginären Abstand zwischen Poesie und Prosa im *Buch der Vier Geständnisse* löschen. Nur ein Volk, das sich einstmals als willentlich episch, realistisch erlebt und das Geheimnis seiner Suche vergessen hat, kann in den fiktionalen Ozean der reinen Virtualität stechen, als wäre es dort zu Hause.

Aus dem Portugiesischen von Marina Spinu

Das Selbstverständnis der Portugiesen in ihrer Literatur

Helmut Siepmann

Die Imagologie der Völker ist ungemein vielfältig. Sie variiert von Volk zu Volk. Es gibt Fremdbilder eines Volkes, die von Nachbarvölkern in unterschiedlicher Weise unterhalten werden. Sie sind im allgemeinen sehr dauerhaft, bestehen seit Jahrhunderten oder entstehen in der Folge spektakulärer Ereignisse, setzen aber zumeist latent existierende Urteile oder Vorurteile fort. Das Selbstverständnis eines Volkes muß nicht immer dem Bild, das sich sein Nachbar von ihm macht, entsprechen. Natürlich gibt es Fälle, in denen das Fremdbild übernommen, verinnerlicht und als Teil des eigenen Selbstverständnisses akzeptiert wird. Normalerweise entsprechen die Fremdbilder wegen ihrer oftmals kritischen Konnotationen nicht dem Bild oder den Bildern, die Mitglieder einer staatlichen, kulturellen oder nationalen Gemeinschaft zur Definition ihrer eigenen Authentizität heranziehen.

Für Portugal existieren variierende Bilder, die zur Selbstdefinition benutzt wurden und die in der Häufigkeit und Insistenz ihrer Wiederkehr in der Literatur als bewußter oder unbewußter Beitrag zur Selbstdefinition des Volkes betrachtet werden können. Von solchen Bildern soll hier die Rede sein, auch wenn durch deren Isolierung die Gefahr der Konsolidierung von Stereotypen gegeben ist. Es muß allerdings klargestellt werden, daß die Versuche, das »portugiesische« Wesen zu erfassen, unter den Portugiesen selbst kontrovers diskutiert wurden und werden. Das wird sehr einsichtig, wenn es z. B. heißt »die Portugiesen sind ein katholisches Volk«. Einem solchen Satz würden heute sicher nicht alle Portugiesen zustimmen. Wenn auch das Epithet »Volk der Seefahrer« von einer gewissen historischen Beweiskraft zeugt, so ist die Bewertung dieser nationalen Unternehmung von der Dauer einiger Jahrhunderte – wie wir sehen werden – seit ihren Ursprüngen umstritten.

Als drittes Beispiel nenne ich hier die Interpretation einer thematischen Konstante der frühesten portugiesischen Literatur. Sie wurde durch eine philosophisch-soziologisch orientierte literarische Bewegung des beginnenden 20. Jahrhunderts zum Wesensmerkmal des Portugiesen gemacht.

Gemeint ist unter thematischer Konstante eine Art wehmütiger Erinnerung oder erwartungsvoller Zukunftshoffnung, die den Namen *saudade* erhielt und die der *Saudosismo* um 1912 zum »geistigen Blut der portugiesischen Rasse[1]« erklärte, nicht ohne auf heftigen Widerstand einer anderen literatursoziologischen Schule zu treffen.

Diese – notwendigerweise – mosaikhaften Hinweise auf die mit dem Thema verbundene Gefahr möglicher Mißverständnisse sollen genügen, um das Problembewußtsein zu schärfen. Sie können und sollen aber nicht hinderlich sein, in das kulturelle Gedächtnis unseres europäischen Nachbarn Portugal hineinzutauchen und seiner Literatur einige Konstanten zu entreißen, die zusammengenommen so etwas wie ein Selbstbildnis der kulturellen und sprachlichen Gemeinschaft der Portugiesen darstellen. Ich verlasse also die Außensicht, wie z. B. den Hinweis, daß jemand »pfiffig wie ein portugiesischer Gewürzhändler« sein kann, und lasse die portugiesischen Quellen selbst zu Wort kommen.

Im folgenden werden drei Aspekte des literarischen Selbstverständnisses untersucht. Sie betreffen die *Saudade* und den *Sebastianismo* (I) mit Beispielen aus der Literatur aller Jahrhunderte, die *Portugiesen als Seefahrer* mit Beispielen vorzugsweise aus dem Epos des Renaissancedichters Camões (II) und die *Portugiesen auf dem Rückzug von der maritimen Expansion* in die Innerlichkeit oder in die veränderte Blickrichtung nach Europa (III). Autoren dieses letzten Aspektes sind die Dichter Fernando Pessoa und Miguel Torga und der Romancier António Lobo Antunes.

Die ältesten Texte des Mittelalters, die noch in der gemeinsamen galizisch-portugiesischen Sprache verfaßt sind und aus dem 13. und 14. Jahrhundert stammen, haben in dem Bereich der *Cantigas de amigo* ein einziges großes Thema. Es ist der Bericht über die Abreise und die Abwesenheit des Freundes und die Klage der Frau über die mangelnde Information von seiten des Freundes. Die liebende Frau gibt ihre Beunruhigung und Sehnsucht in einem dialogischen Text einer Vertrauten, der Mutter oder auch der Natur kund.

Ai eu, coitada, como vivo en gran cuidado
por meu amigo que hei alongado!
Muito me tarda
o meu amigo na Guarda!

Ai eu, coitada, como vivo en gran desejo
por meu amigo que tarda e no vejo!
Muito me tarda
o meu amigo na Guarda!

(Wahrscheinlich von D. Sancho I)[2]

Ich Arme! Ich lebe in großer Sorge
um meinen Freund, der fern von mir ist.
Er bleibt lange,
mein Freund, in Guarda!

Ich Arme! Ich lebe in großem Verlangen
nach meinem Freund, der ausbleibt und den ich nicht sehe!
Er bleibt lange,
mein Freund, in Guarda!

Hier finden sich Elemente der *saudade* wie das Selbstmitleid (eu coitada = Ich Arme), die Unruhe (gran cuidado), die Ferne des Erwünschten (que hei alongado) und die Sehnsucht (gran desejo, muito me tarda). Der ferne Freund, der irgendwo in Portugal (genannt ist die Stadt Guarda) aufgehalten wird, befindet sich in anderen Liedern der frühen Poesie auf dem Meer, so daß sich die Stereotypie der Erinnerung und Sehnsucht mit einer weiteren Stereotypie, dem Bild der Seefahrer, schon sehr früh verbindet.

Ondas do mar de Vigo,
se vistes meu amigo?
E ai Deus, se verra cedo!

Ondas do mar levado,
se vistes meu amado?
E ai Deus, se verra cedo!

Se vistes meu amigo,
o porque eu suspiro?
E ai Deus, se verra cedo!

Se vistes meu amado,
por que ei gram coidado?
E ai Deus, se verra cedo!

(Martim Codax)[3]

Wellen des Meeres bei Vigo,
ob ihr meinen Freund gesehen habt?
O Gott, käme er schnell!

Wellen des aufgewühlten Meeres,
ob ihr meinen Geliebten gesehen habt?
O Gott, käme er schnell!

Ob ihr meinen Freund saht,
nach dem ich seufze?
O Gott, käme er schnell!

Ob ihr meinen Geliebten saht,
um den ich mich sorge?
O Gott, käme er schnell!

Die Anrede an die Meereswellen und die Bitte an diese, den Wunsch nach baldiger Rückkehr an den Geliebten weiterzuleiten, sind Ausdruck des dialogischen Stilwillens dieser Poesie, unterstreichen allerdings dabei die Erwartungshaltung. Ein paar Jahrhunderte später wurde das »Warten auf etwas« auf die politische Ebene übertragen und in der Hoffnung auf die Rückkehr eines bei einem militärischen Unternehmen in Afrika verschwundenen Königs konkretisiert. Der Verschwundene war der junge König D. Sebastião, der 1578 aus Alcácer-Quibir nicht zurückkehrte. Der daraus entstehende Sebastianismus hat messianische Formen angenommen, zumal in der Zeit nach seinem Verschwinden die spanischen Habsburger 60 Jahre die

Herrschaft auch in Portugal übernahmen (1580-1640). Der, den man herbeisehnte, sollte den Niedergang der Nation überwinden, ein Menetekel, das bis in die jüngste Vergangenheit immer wieder an die Wand gemalt wurde: Immer wenn das Vaterland in Gefahr zu sein schien, wurden die Vorstellungen von einem Retter des Vaterlandes, den das Schicksal den Portugiesen nur vorübergehend vorenthalten hatte, neu formuliert. Mir scheinen deshalb *Saudosismo* und *Sebastianismo* einem gemeinsamen Impuls zu folgen.

Das wird deutlich an den sozialen, nationalen und philosophischen Programmen, die der Dichtung des *Saudosismo* zugrunde lagen, der sich in einer einflußreichen Zeitschrift zwischen 1910 und 1932 artikulierte. Die Zeitschrift hieß *A Águia*, und die herausragende Figur unter den Herausgebern und Mitarbeitern war Teixeira de Pascoaes. Er schreibt den Portugiesen im Eröffnungsartikel zur 2. Folge von *A Águia*[4] einen gemeinsamen Nenner zu. Dieser ist eine essentielle Realität, die alle Portugiesen über alle politisch-sozialen Entzweiungen eint. Inhalt dieser »realidade essencial« ist die *saudade* oder »o próprio sangue espiritual da Raça«. Das heißt, die *saudade* ist das »geistige Blut« des portugiesischen Volkes. Dieser kostbare Lebenssaft offenbare sich nach Teixeira de Pascoaes in der Dichtung als eine Mischung aus Gefühl und Verstand (»sentimento-ideia« oder »emoção reflectida«). Als Wesensmerkmal der Portugiesen ist die *saudade* aber nicht nur der Vergangenheit zugewandt, sondern sie könne auch als Leitidee für eine zukünftige europäische Zivilisation (»a futura civilização europeia«)[5] wirksam werden. Während ein Autor wie Fernando Pessoa zeitweilig diesen Gedanken eine gewisse Überzeugungskraft zubilligte, wurden sie von einem Mitarbeiter und Herausgeber einer anderen angesehenen Kulturzeitschrift (*Seara Nova*), nämlich António Sérgio, als patriotischer Mystizismus abgetan und als »Unbeweglichkeit, Erstarrung, Rückwendung in die Vergangenheit, Neigung, das Gewesene zu verfestigen und zu mumifizieren«[6], bekämpft.

Nachdem so die *saudade* zum Lebensprinzip der portugiesischen Seele ernannt worden ist, gilt es nach der Begründung für den Sachverhalt zu suchen. Sehnsucht und Erwartung sind der sinnlich frohe Ausdruck der *saudade*, die Erinnerung bildet ihre schmerzhaft geistige Seite, sagt Teixeira de Pascoaes: »die *Sehnsucht* ist der sinnlich-fröhliche Teil der *saudade*, die *Erinnerung* stellt die geistige und schmerzvolle Seite dar, denn die *Erinnerung* schließt die Abwesenheit einer Sache oder eines geliebten Wesens, das geistig in uns gegenwärtig ist, ein«.[7] Die Grundlage dieser Wahl liegt in der Konstanz der *Saudade*-Thematik in der portugiesischen Literatur.

Den mittelalterlichen Beispielen folgen solche der Renaissance, z. B. die Geschichten nicht realisierbarer Liebesbeziehungen des fragmentarischen Novellenbuchs *Menina e Moça* von Bernardim Ribeiro oder elegische Texte des großen Epikers Luís de Camões, dessen Poesie als »Poesie der Abwesenheit und des melancholischen Erinnerns« interpretiert wurde. In seiner zweiten Elegie heißt es demnach bezeichnenderweise:

> […] n'alma minha, triste e saudosa,
> a *saudade* escreve, e eu traslado.[8]

> […] in meiner Seele, voll Trauer und Sehnsucht,
> schreibt die *Saudade,* und ich übersetze.

Ein anderer Dichter, Frei Agostinho da Cruz, erfährt durch die verzehrende mystische Annäherung neue Kräfte:

> […] levantarei
> Os meus olhos ao Ceo de cuja vista
> Aquellas *saudade*s colherei,
> Com que possa fazer nova conquista.
> (Écloga VII »Da mudança da Arrabida«)[9]

> […] ich werde meine Augen zum Himmel heben,
> von dessen Anblick ich jene *Saudades* schöpfe,
> mit deren Hilfe ich neue Unternehmungen beginne.

Im 19. Jahrhundert werden patriotische Gefühle zum Objekt der Sehnsucht, immer aber bleibt sie jene Mischung aus nostalgisch-melancholischer Erinnerung und glückverheißender Erwartung, als die sie der Romantiker Almeida Garrett definiert:

Saudade! gosto amargo de infelizes,
Delicioso pungir de acerbo espinho

(»Camões«)[10]

Saudade! bitteres Gefühl der Unglücklichen,
Lustvolle Qual des herben Stachels

Die Saudosisten des 20. Jahrhunderts waren nicht die ersten, die die Mischung von Melancholie und Sehnsucht zum bestimmenden Wesenszug der Portugiesen machten. Im 15. Jahrhundert erschien in einer Art Fürstenspiegel des Königs D. Duarte (*Leal Conselheiro*) der erste Hinweis in diese Richtung, nach dem der linguistische Aspekt der Nichtübersetzbarkeit des Wortes *saudade* für eine Besonderheit des Portugiesischen oder der Portugiesen zeuge. In Kapitel XXI des Buchs über den Ursprung der portugiesischen Sprache des Philologen und Historiographen des endenden 16. Jahrhunderts Duarte Nunes de Leão heißt es dann:

Für diesen Aspekt, der eine Eigentümlichkeit der Portugiesen ist, die von Natur aus zart und liebevoll sind, gibt es in keiner Sprache einen gleichartigen Ausdruck; auch mit vielen Worten läßt er sich nicht erklären. [11]

In einem 1660 von D. Francisco Manuel de Melo veröffentlichten historiographischen Werk wird einmal die melancholische Dialektik von Freude und Leid (»ein Übel, das man gern hat, und ein Gut, an dem man leidet«)[12] der *saudade* betont, zum andern Portugal als das natürliche Zentrum der *saudade* bezeichnet. Liebe und Abwesenheit, Fernweh, Sehnsucht und Erinnerung sind die Auslöser der *saudade*, schreibt D. Manuel de Melo:

Es existiert die *Saudade* bei den Portugiesen aus zwei Gründen, die bei uns ausgeprägter sind als anderswo in der Welt; [...] Liebe und Abwesenheit sind die Eltern der *Saudade*; und da unsere Natur unter den übrigen Nationen als liebevoll bekannt ist und unsere ausgedehnten Reisen längeres Abwesendsein bedingen, ergibt es sich, daß dort, wo sich viel Liebe und lange Abwesenheit zeigen, die *Saudade*s besonders ausgeprägt sind, und das war sicher der Grund, weshalb sie sich bei uns wie in ihrem natürlichen Zentrum niederließen. [13]

Im 17. Jahrhundert wird also wieder Bezug genommen auf das, was in den ersten literarischen Texten Portugals thematisiert wurde: die Liebe und die Klage um den abwesenden Geliebten; und noch im 18. Jahrhundert wird die Tatsache wiederholt, daß die anderen Völker keinen unmittelbaren sprachlichen Ausdruck für den Begriff der *saudade* besitzen:

Nur der Portugiese kann mit dem einzigen Wort *saudade* mit großer Kraft und Energie die Konstanz der abwesenden Liebe ausdrücken.[14]

Freunde des portugiesischen Fado, der von Saiteninstrumenten begleiteten klagenden volkstümlichen und studentischen Stimmen, die Freud und Leid der Liebe, die Landschaft, die Stadt und Portugal besingen, werden geneigt sein, der von den Dichtern beschriebenen Form des melancholischen Charakters der Portugiesen zuzustimmen.

Ein anderes Bild des Portugiesen ist das des mutigen und kraftvollen Eroberers, der im Namen des Christentums, zur Ehre seines Vaterlandes und natürlich auch zur Befriedigung seiner ökonomischen Interessen die Meere durchfährt, Kontinente entdeckt und dem Fortschritt der Menschheit dient. Diese aktive Seite der imagologischen Selbstdefinition wird ganz deutlich in einem der berühmtesten europäischen Epen, die im Wetteifer mit Homer und Vergil in der Renaissance entstanden. Es ist die Rede von Luís de Camões und seinen zehn Gesängen aus jeweils rund 100 Achtzeilerstrophen mit Zehnsilberversen, den *Lusiaden*.

Darin wird die Fahrt des Vasco da Gama nach Indien beschrieben und neben das Leiden der Seefahrer, das Glücksgefühl der Entdecker und die Hinweise auf geographische, soziale und politische Gegebenheiten der Meere und Kontinente die gesamte Geschichte des portugiesischen Volkes gestellt, das unter der wohlwollenden Führung des Schicksals für seine unglaublichen Anstrengungen seiner Auserwählung gewiß sein kann.

Der Helden Waffen und glorreiche Thaten,
Des Heldenvolkes aus dem Lususland,
Das segelnd hinter Taprobanas Staaten
Noch unbeschiffte neue Meerflut fand
Und in Gefahr und Kämpfen so beraten,
Daß es, was sonst kein Sterblicher bestand,

Ein neues Reich an fernen Strand gegründet,
Das seinen Ruhm für alle Zeiten kündet:

Und jene Fürsten in des Sieges Kränzen,
Die, stets für Reich und Glauben kampfbereit,
Des dunklen Erdteils langgestreckte Grenzen
Und Asien der Rache Schwert geweiht,
Sie alle, die durch Ritterthaten glänzen
Und, sterblich, sich vom Erdenlos befreit,
Will ich mit tönendem Gesang verkünden,
Wenn würdig sich Natur und Kunst verbinden.[15]

Der göttliche Auftrag zur Ausdehnung der portugiesischen Herrschaft, die seit der Begründung des Königreichs im 12. Jahrhundert mit legendären Beweisen des göttlichen Eingreifens zugunsten der burgundischen Dynastie sichtbar wurde, wird mit dem Gebot, den christlichen Glauben bis an die Grenzen der Erde auszudehnen, verbunden.

Die Handlung geht *medias in res*. Der Erzähler (= Camões) situiert die portugiesischen Seefahrer etwa dort, wo die Seeroute nach Indien vor Vasco da Gama schon bekannt war, wo also bereits Bartolomeu Dias angelangt war, d. h. in der Straße von Mosambik. Auf diese Weise wird auf die eigentliche »Entdekkungsreise« des Vasco da Gama aufmerksam gemacht. Der vorherige Teil der Seereise von Lissabon bis Mosambik wird vom Helden Vasco da Gama in einer Retrospektive in einem späteren Abschnitt erzählt und damit Teil der Vorgeschichte.

Während die Seefahrer sich auf einer Insel in der Straße von Mosambik befinden, berichtet Camões von den Gegebenheiten der Insel: der Farbe der Bewohner, der Art ihrer Kleidung, ihren Schiffen und Waffen, ihren feindlichen Einstellungen gegenüber dem Christentum. In Mombassa führt die Feindschaft gegenüber den Seefahrern zu einem hinterhältigen Verrat, der von Camões mit Reflexionen über die Unbeständigkeit der menschlichen Situation kommentiert wird und in die rhetorische Frage überleitet, ob es der unendlichen Kleinheit des Menschen gelingen wird, sich selbst zu überragen, Schwachheit und Beschränkungen zu überwinden und unendliche Größe zu erreichen.

Durch göttliche Intervention in den sicheren Hafen von Melinde gebracht, wird Vasco da Gama vom dortigen König zum Bericht über sein Volk aufgefordert. Für drei Gesänge wechselt die Erzählsituation zu dem internen Erzähler Vasco da Gama. Er berichtet von der geographischen Situation Portugals, von den ersten beiden Dynastien (Burgund und Avis) und König D. Manuel, unter dem sich die Ausfahrt Vasco da Gamas vollzieht, die dann den fünften Gesang ausfüllt.

Für den Autor ist die Geschichte des kleinen Volkes ein weiterer Beleg für Überwindung von Kleinheit und Schwäche auf dem Weg zur Größe: Feudale Auseinandersetzungen, *Reconquista*, Streit mit dem spanischen Nachbarn und die Ausrichtung der portugiesischen Nation auf das Meer sind Stationen der Überwindung. Von allen portugiesischen Seeunternehmungen wird allerdings nur der Seereise des Vasco da Gama Gewicht beigelegt. In der Zentrierung auf diese Fahrt werden alle Fragen einer durchaus nicht unumstrittenen Politik gebündelt und entschieden.

Wenn Vasco da Gama den sicheren Boden der Erde verläßt, um sich mit Neptun, dem Meer, zu messen, dann unternimmt er Vergleichbares wie Ikarus und Prometheus. Er erforscht und erobert Bereiche, die dem Menschen bisher verschlossen waren. Camões verheimlicht nicht die Widerstände gegen die Seefahrt. Im Augenblick der Ausfahrt (IV, 86-104) berichtet er von den Frauen, Müttern, Geschwistern und Eltern, die mit Angst und Verzweiflung Abschied nehmen, und er läßt einen alten Seher auftreten (O Velho de Restelo), der sich vehement gegen die Überschreitung der natürlichen Schranken auflehnt. Die Seefahrer werden – wie er meint – wie Ikarus und Prometheus scheitern. Doch die Größe der Helden zeigt sich auch in der Überwindung der internen Widerstände, die sich hier zu Wort melden. Plötzlich aufkommende Stürme evozieren die phantastische Erscheinung des Giganten Adamastor, durch den die Angst der Seefahrer und ihre Zweifel an der Unternehmung personifiziert werden: werden sie für ihren Übermut bestraft und Tod und Untergang ausgesetzt?

Während in der fiktiven Welt der Mythologie Bacchus die Grenzüberschreitung der Menschen rügt, die Neptuns Reich zu dem ihren machen, fahren diese in ihrem ungebrochenen Erkenntnisdrang weiter und können schließlich – nach dem Eingreifen der Venus oder nach Überwindung von Angst und Müdigkeit – durch schreckliche Stürme hindurch Indien erreichen. Auf dem Rückweg nach Portugal vollzieht sich die Belohnung der übermenschlichen Heldenhaftigkeit. Venus und Cupido führen die Seefahrer auf die »göttliche Insel«, die allgemein als *Ilha dos Amores* bezeichnet wird. Durch die Vereinigung der Seefahrer mit den Nymphen der Insel erhofften sie sich eine »starke und schöne Nachkommenschaft«, die als beispielhaft für eine der echten Liebe unwürdige Welt gelten kann. In einer sinnlich-erotischen Atmosphäre vollzieht sich ein orgiastisches Fest. Die Göttin des Ozeans, Thetys, wird dabei die Braut Gamas, weil er es vermocht hat, mit ganzer Kraft ein Ziel anzustreben und zu erreichen. So gehen die Helden in der epischen Fiktion in den Bereich des Göttlichen ein. Die im intimen Umgang mit den Göttern unsterblich gewordenen portugiesischen Seefahrer erfahren durch die prophetische Vision einer Nymphe Einzelheiten von der Eroberung und politischen Organisation des portugiesischen Weltreichs im Orient, der Einrichtung des Vizekönigtums und dessen, wie es heißt, zivilisatorischen Leistungen. Was in der internen Chronologie des Gedichts Vision ist, war für den Autor Camões bereits Wirklichkeit und, wie er glaubte, auf Dauer angelegte Wirklichkeit:

> So weit Fortunas Rad sich drehen wird, […]
> […]
> Wird Ehre, Ruhm und Hochsinn für Euch zeugen;
> Und Euch der andern Völker Namen beugen! (X, 74)

Doch die Geschichte hat dem nationalen Kolonialreich keine Überlebenschance eingeräumt. Die Definition einer nationalen Identität aus der Beziehung zum Meer ist längst fragwürdig geworden. Vielleicht war sie immer nur eine von mehreren Möglichkeiten, die auch hinterfragt wurde und der man andere Konzepte an die Seite stellte. Auf jeden Fall scheint die heutige politische und ideelle Ausrichtung Portugals nach Europa nicht so ungewöhnlich zu sein, daß sie als ein Bruch mit einer die nationale Sinngebung prägenden Idee interpretiert werden müßte.

Immerhin sind die entgegengesetzten kritischen Stimmen von Camões bereits selbst formuliert worden. O Velho de Restelo darf bereits mit Ernst und Hingabe auf die Gefährdungen durch die Seefahrt warnend hinweisen, Gil Vicente konnte im *Auto da India* (1509) die konkreten Schwierigkeiten moralischer und demographischer Art benennen, und die vielen Geschichten der *História Trágico-Marítima*[16] haben neben dem Mut der Seefahrer auch das Leid und Elend der betroffenen Menschen formuliert. Aufgeklärte Geister, Soziologen, Ökonomen, Agronomen und Historiker haben mit Blick auf die industrielle und landwirtschaftliche Entwicklung des Mutterlandes Fragezeichen hinter die Expansionsbestrebungen nach Übersee gestellt. Und dennoch ist – sicher auch dank Camões – der Gedanke des portugiesischen Weltreichs, das flächenmäßig mindestens so groß ist wie der europäische Kontinent bis an den Ural, bis in allerjüngste Gegenwart zur Mobilisierung patriotischer Gefühle bemüht worden. In Zeiten der Unzufriedenheit erinnert man sich an die Worte des Velho de Restelo (IV, 94-104), der sich gegen die Überschreitung der natürlichen Schranken, die dem Menschen gegeben sind, auflehnt. Das endende 19. Jahrhundert kennt mit Eça de Queirós (*A Cidade e as Serras*) und António Nobre (*Só*) die Fluchtbewegung in das volkstümliche Leben von Bauern und Fischern. Pessoa erwartete den »Super-Camões, der ein Super-Portugal der Zukunft« ankündigt (»Supra-Camões anunciador do Supra-Portugal de amanhã«).[17] Dieses ›Super-Portugal‹ ist für Pessoa ein Reich der Abstraktion:

> Und unser großes Volk wird mit Schiffen, die aus dem Stoff der Träume konstruiert sind, zu einer neuen, im Raum nicht existenten Insel aufbrechen.[18]

Mensagem (1934; dt. *Botschaft*) ist eine Botschaft, die die mythisch-legendäre Wirkung von Ereignissen über die Realität stellt: »Der Mythos ist das Nichts, das alles ist« (»o mytho é o nada que é tudo«), wohingegen »das Leben, dieses halbe Nichts«, vergeht (»a vida, metade / De nada, morre«).[19] Helden der portugiesischen Geschichte erscheinen als Namen mit allegorischer Fracht. Sie evozieren die Virtualität (Viriato, D. Dinis), das Unbewußte (D. Henrique), die Kraft (D. Afonso Henriques), das Licht (D. João I), das Pflichtbewußtsein (D. Duarte), die Entschlossenheit (D. Fernando, Infante de Portugal), die Treue (D. Pedro, Regente de Portugal) und den Traum von Größe, die Verrücktheit (*loucura*) D. Sebastiãos, welche den Menschen über den Zustand der Animalität hinaushebt. Während die Eroberungen, vorbereitet in der Einsamkeit (O Infante D. Henrique und D. João II) und begleitet vom Unverständnis der Umwelt, in der bindungslosen Willenskraft Afonso de Albuquerques durchaus kritische Färbung erhalten:

[...] o querer tanto
Calcára mais do que o submisso mundo
Sob o seu passo fundo.

[...] das starke Begehren
Zertrat mehr als die unterworfene Welt
Unter seinem festen Schritt. [20]

(»A outra asa do grypho. Afonso de Albuquerque«, S. 76),

erscheint die Seefahrt als einheitsstiftendes Element wieder unter dem Aspekt des Universalismus Fernando Pessoas – die Meere sollen den Traum von der Einheit erfüllen:

[...] que a terra fosse toda uma,
Que o mar unisse, já não separasse –

[...] daß das Meer nicht Trennung wäre,
sondern zum Band der Einigung gerät –

(»O Infante«, S. 78/79).

Pessoa bezeichnet die Schiffe als Initiationshilfe, als »naus de iniciação«, die dem menschlichen Wissensdrang die ersehnte Erkenntnisbereicherung brachten (»Horizonte«, S. 80/81):

Linha severa da longinqua costa –
Quando a nau se aproxima ergue-se a encosta
Em arvores onde o Longe nada tinha;
Mais perto, abre-se a terra em sons e cores;

E, no desembarcar, há aves, flores,
Onde era só de longe a abstracta linha.

Des fernen Küstenstreifens strenges Band ...
naht sich das Schiff, so wächst empor der Strand –
wo aus der Ferne nichts, da wachsen Pinien,
die Erde tut sich auf in Klängen und in Farben,
beim Landgang nimmt man wahr die Blumengarben
und Vögel, wo zuvor abstrakte Linien.

Die Abschlußstrophe des Gedichts »Horizonte« bescheinigt nun der Imaginationskraft, dem »sonho«, die gleichen Möglichkeiten. Wird dem Dichter Pessoa damit die Seefahrt überflüssig?

O sonho é ver as formas invisiveis
Da distancia imprecisa, e, com sensiveis
Movimentos da esprança e da vontade,
Buscar na linha fria do horizonte
A arvore, a praia, a flor, a ave, a fonte –
Os beijos merecidos da Verdade.

Träumen heißt unsichtbare Formen sehen
aus ungenauer Weite und im zähen
Ringen, gemischt aus Hoffen und Verlangen,
so weit des Horizontes kalte Linie reicht,
die dort erst Baum und Quell und Vogel weicht –
den Kuß der Wahrheit suchen und empfangen.

Wichtig erscheint der Wagemut als eine menschliche Haltung, die gepaart mit dem Drang nach »neuen Häfen« (»o porto sempre por achar« – »Padrão«, S. 82/83) Spuren der Zivilisation schafft, die zukunftsgerichtet sind und einen aufklärerischen Fortschrittsgedanken verraten: die begrenzte Weltsicht der Antike wird durch die ›Renascença Portuguesa‹ einer grenzenlosen Erkenntnis geöffnet:

Que o mar com fim será grego ou romano:
O mar sem fim é portuguez.

griechisch und römisch sind begrenzte Meere,
doch portugiesisch unbegrenztes Meer.

(»Padrão«, S. 82/83)

Mensagem beschreibt das poetische Streben nach Transzendenz des Mittelmäßigen und Bedingten und die Sehnsucht nach dem Absoluten, den Wunsch nach Überwindung äußerer und innerer Schwierigkeiten. Auf jeden Fall handelt es sich um eine Überhöhung der Thematik der maritimen Expansion Portugals, die ihr gleichzeitig das konkrete Fundament raubt und sie als Bildspender auf eine formale Rolle innerhalb der Poesie reduziert. *Mensagem* ist deshalb eine Abwendung von der Seefahrerthematik. Der Super-Camões hat Camões überwunden.

Während für Pessoas *Mensagem* die portugiesischen Überseeunternehmungen Ausgangspunkt für eine Fabel, aber nicht mehr alleiniger Inhalt der Poesie sind, wird in Miguel Torgas *Poemas Ibéricos* (Iberische Gedichte)[21] die Dialektik von Land und Meer durchaus thematisiert. Die Sammlung wurde nach einer ersten Publikation 1952 endgültig und vollständig 1965 veröffentlicht. Sie beginnt mit dem Wort »Terra« und benennt in der zweiten Strophe des ersten Gedichts »Ibéria« die Unberechenbarkeit des Meeres. Die »Ibéria« steht in Verbindung mit Europa und vermittelt dessen Stimmen, das Land sorgt für ausreichend Nahrung. Das Meer dagegen bringt Hunger und Durst. Das Land ist Wiege der Alten und der Neuen Welt, es umfaßt Spanien und Portugal und hat Raum für die von Pessoa so geschätzte »Verrücktheit«, die ›loucura‹ seiner Bewohner. Kein Indien konnte die Sehnsucht der Seefahrer stillen, so daß sich immer neue Ausfahrten ankündigen. Die Schimären enden im Sturm:

> O piloto guiava a perdição
> Como um pai, os destinos do seu lar …
> Até que o lar inteiro se desfez. (S. 28)
>
> Der Kapitän leitete den Untergang.
> Wie ein Vater die Geschicke seines Hauses …
> Bis das ganze Haus sich auflöste.

Doch der Traum des Seefahrers geht nicht unter und führt zu der das Kapitel abschließenden odenhaften Anrede an das Meer, das sich der Frage, die 1965 auch noch eine tagespolitische Frage war, stellen muß:

E quando deixará de nos tentar
O teu encantamento? (S. 30)

Und wann hört dein Zauber auf,
uns zu verführen?

In António Lobo Antunes' Roman *As Naus* (1988, Die Schiffe) endet die Heroisierung der Konstrukteure des Weltreichs abrupt: sie kommen heim. Vasco da Gama, Afonso de Albuquerque, Manoel de Sousa de Sepúlveda, Fernão Mendes Pinto, Francisco Xavier, Padre António Vieira, Nuno Álvares Pereira, Diogo Cão, Luís de Camões, Garcia da Orta, Pedro Álvares Cabral, Pêro Vaz de Caminha behalten natürlich ihre mythische Dimension, sonst könnte die Parodie als literarische Form nicht funktionieren. Die Romanhelden, die ihre Namen tragen, machen durch den Zwiespalt zwischen der erbärmlichen Charakter- und Lebensform, in der sie uns vorgeführt werden, und der heldenhaften Pose, mit der sie uns überliefert sind, die Absicht des Autors deutlich: die ironische Infragestellung eines jahrhundertealten Mythos.

Lobo Antunes individualisiert diese »Rückkehrer«, indem er ihnen Namen gibt und sie mit den zu Helden stilisierten realen Seefahrern und Konstrukteuren des portugiesischen Weltreiches identifiziert, die nun mit See- und Luftschiffen nach Lissabon zurückkehren. So wird die anonyme Menge der Afrikaflüchtlinge in die Sphäre des Mythos gehoben. Ihre Probleme und deren Lösung trivialisieren den Mythos, dessen sorgfältige Destruktion dem Leser eine Stellungnahme abverlangt. Worum geht es? Man fährt nach Portugal, überstürzt oder geordnet, mit Ehefrau oder Mulattin, mit Kind, Kegel oder auch mit der Asche des toten Vaters, in Erwartung des dort vorhandenen Immobilienbesitzes oder in der Hoffnung, in einem der beschlagnahmten Hotels oder hergerichteten Massenunterkünften eine Bleibe zu finden. Was auch immer man für das Nötigste hält, wird mitgenommen oder auch mehr oder weniger leicht zurückgelassen, getauscht oder schließlich weggeworfen. Pedro Álvares Cabral muß mit der ihn begleitenden Mulattin, mit der er einen Sohn hat, in einem überbelegten Zimmer der ›Residência Apóstolo das Índias‹ unterkommen, deren Verwalter Francisco Xavier die Mulattin zur Deckung der Unkosten in die Straßenprostitution treibt.

Der Schutzpatron von Setúbal, Francisco Xavier, dessen Mutter als Bordellchefin fungiert, hat auf dem Weg von Goa in Mosambik geschäftliche Kontakte mit dem Bibelverkäufer und Händler erotischer Postkarten Fernão Mendes Pinto aufgenommen. Diese enden, als er ihn mit der im Konkubinat mit dem Heiligen lebenden Chinesin im Bett überrascht. Francisco Xavier handelt schließlich auf eigene Faust, heiratet die 31 Jahre jüngere Tochter eines Weißen, die er dann gegen ein Flugbillet nach Lissabon zurückläßt. In Lissabon vermittelt ihm der dort mit der Chinesin aufgetauchte Fernão Mendes Pinto die Verwaltung einer heruntergekommenen Immobilie, die zusammen mit anderen Häusern und Appartements zu seinem Eigentum zählt und die als ›Residência Apóstolo das Índias‹ Fluchtpunkt für Afrikaheimkehrer und Zentrum der Prostitution wird. Auf Pintos Rat holt er auch seine Ehefrau aus Mosambik »para trabalhar de puta em Lixboa«[22], d. h. um sie auf den Strich zu schicken.

Luís de Camões, der zunächst den Sarg seines Vaters verschwinden lassen muß, weil er ihm lästig wird, gibt schließlich die Urne mit der Asche in der Bar der Estação de Santa Apolónia dem nächtlichen Ober Garcia da Orta, der für seine Medizinalpflanzen ausgesuchten Dünger braucht. Garcia da Orta besorgt dem Epiker im Gegenzug ein Bett in seiner Wohnung in der Rua do Norte. Bei einem seiner nächtlichen Alkoholexzesse kann dieser dann zu Füßen seiner Statue an der Praça de Camões beobachten, wie zum Schrecken der Polizei und der Nachtwächter D. Sebastião zu Pferde gen Alcácer-Quibir reitet. Schließlich landet Luís de Camões in einer Mischung von Lungensanatorium und Irrenanstalt, von wo ein Ausflug die Schwindsüchtigen zum Strand von Ericeira führt, um der Rückkehr D. Sebastiãos beizuwohnen:

> Wir erwarten einen blonden Jüngling mit Krone auf dem Haupt und schmollenden Lippen, direkt aus Alcácer-Quibir kommend, behangen mit Armreifen, von Zigeunern in Carcavelos gefertigt, und billigen Halsbändern aus Tanger und alles, was wir sehen konnten, [...], war ein bis an den fernen Horizont leerer Ozean, den hier und da eine Kruste von Plastik-

flaschen bedeckte, waren verspätete Sommerfrischler, die am Strand kampierten, und Fischer mit aufgekrempelten Hosen, die verständnislos unseren Schwarm von Möwen im Schlafrock betrachteten. (S. 247)

Damit endet der Roman genau wie die beiden übrigen Texte mit einem Verweis auf die Zukunftserwartung, die für Pessoa eine erhellende Gewißheit vermittelnde sein muß (»Ó Portugal, hoje és nevoeiro« – »O Portugal! Heut' nur ein Nebelreich ...«).[23] Für das versammelte hustende Altersheim von Lobo Antunes löst sich der Nebel der leinenfarbenen Tagundnachtgleiche allerdings schon schnell auf. Der Erzähler Camões sieht nach Auflösung des Nebels nur ein paar Camper und Fischer am Strand, und Lobo Antunes läßt den Roman ohne weiteren Kommentar enden.

Lobo Antunes hat mit seinem Roman eine Anti-*Mensagem* geschrieben, in der kein Platz für ein erwartungsvolles Fünftes Zeitalter[24] ist. Dafür wird eine realistische Situation verdeutlicht, die natürlich von einem alternden Helden wie Vasco da Gama nicht als solche erkannt wird: mit den Tágides, den Nymphen des Tejo, die aufgrund ökologischer Schäden dezimiert wurden, verschwinden auch die Portugiesen: »Das Volk verließ die Schlösser und zog nach Luxemburg und Deutschland auf der Suche nach Arbeit in Autofabriken und in der Produktion von Plastikrohren« (S. 118). Vasco da Gama spricht bei Lobo Antunes offen von der »Ernüchterung durch das Unglück«, die die »Rasse der Helden und Seefahrer« (S. 188f.) erfahren mußte, und nennt die Textilarbeiterin aus Guimarães, »die schließlich nach Deutschland auswanderte [...], die einzige, die Euch [gemeint ist König Manuel I., das Symbol der portugiesischen Expansion] vielleicht geliebt habe« (S. 189). Parodien sind literarische Anzeichen für etwas, das sich überlebt hat. Unter diesem Aspekt ist die Existenz des Romans von Lobo Antunes bereits eine Aussage über das Ende eines Mythos.

Die Beispiele, die für das literarische Selbstverständnis der Portugiesen herangezogen wurden, ließen sich durch andere ergänzen. Einzelne Aspekte haben die Jahrhunderte nicht überlebt, andere haben immer die Dialektik eines Gegenbildes erfahren. Sicher ist, daß das Selbstverständnis eines Volkes wie das eines jeden Individuums mit gewandelten Zeiten auch einer Wandlung unterliegen kann. Die Auswahl und die Inhalte der dargebotenen Beispiele sollten gerade diesen Aspekt der Instabilität imagologischer Bilder mit berücksichtigen.

Anmerkungen

Die Übersetzungen ins Deutsche stammen, wenn nicht anders angegeben, vom Verfasser.

1 *A Águia*, 2ª série, Nº 1, Porto 1912, S. 1.
2 Der Text stammt aus dem *Cancioneiro da Biblioteca Nacional* (Lisboa 1949, S. 297 ff). Er wird hier zitiert nach *A Lírica Galego-Portuguesa* 1983, S. 129.
3 Ebda., S. 261.
4 Vgl. Anm. 1.
5 Fernando Pessoa, *A Nova Poesia Portuguesa*, S. 103.
6 »Epístolas aos Saudosistas«, *A Águia*, 2ª série, Nr. 22, Porto 1913, S. 99.
7 Teixeira de Pascoaes, *Arte de ser Português*, S. 94.
8 Luís de Camões, *Rimas* 1973, S. 238.
9 Frei Agostinho da Cruz, *Obras* 1918, S. 57.
10 Almeida Garrett, *Obras,* 2 Bde., Bd. II, S. 301.
11 Duarte Nunes de Leão, *Ortografia e Origem da Língua Portuguesa* 1983, S. 304.
12 Francisco Manuel [de Melo], *Epanâphoras de Varia Historia Portugueza* 1676, S. 287.
13 Ebda., S. 286.
14 João Baptista de Castro, *Mappa de Portugal Antigo e Moderno,* Bd. I, 1752, S. 196 f.
15 Luís de Camões, *Die Lusiaden* [1886] (I, 1; 2).
16 Erstmals zusammenhängend ediert 1735-1736. Vgl. dazu Giulia Lanciani, *Os Relatos de Naufrágios na Literatura Portuguesa dos Séculos XVI e XVII,* Lisboa 1979.
17 Fernando Pessoa, *A Águia*, 2ª série, Nº 4, S. 106.
18 *A Águia*, 2ª série, Nº 12, S. 112.
19 Fernando Pessoa, *Esoterische Gedichte, Mensagem/Botschaft, Englische Gedichte*, aus dem Portugiesischen und Englischen übersetzt und mit einem Nachwort versehen von Georg Rudolf Lind, Zürich 1989, S. 62 f. Zitiert wird nach dieser Ausgabe.

20 Übersetzt vom Verfasser. Es wurde eine von Georg Rudolf Linds Übersetzung abweichende Lesart gewählt.

21 Miguel Torga, *Poemas Ibéricos*, Coimbra [²1982]. Zitate nach dieser Ausgabe.

22 António Lobo Antunes, *As Naus*, Lisboa 1988, S. 110. Die Seitenangaben im folgenden beziehen sich auf diese Ausgabe.

23 Pessoa, *Esoterische Gedichte, Mensagem/Botschaft*, a.a.O., S. 112/113.

24 Pessoa greift die Vision des Quinto Império des Padre António Vieira auf, wonach auf das Imperium der Ägypter, der Assyrer, Perser und Römer ein glorreiches Fünftes folgen soll.

Literatur

A Águia, 2ª série, Porto 1912 ff.

Cancioneiro da Biblioteca Nacional, Lisboa 1949.

A Lírica Galego-Portuguesa, Apresentação crítica, selecção, notas e análise literária de Elsa Gonçalves, critérios de transcrição, nota linguística e glossário de Maria Ana Ramos, Lisboa: Comunicação 1983.

Antunes, António Lobo, *As Naus*, Lisboa: Dom Quixote 1988.

Camões, Luís de, *Os Lusíadas*, Leitura, prefácio, e notas de Álvaro Júlio da Costa Pimpão, apresentação de Aníbal Pinto de Castro, Lisboa: Ministério da Educação – Instituto Camões ³1992.

Camões, Luís de, *Die Lusiaden*, unter Zugrundelegung der Übersetzung von F. A. Kuhn und K. Th. Winkler gänzlich umgearbeitet von Rudolf Belzig, Stuttgart: Cotta; Kröner [1886] (Cotta'sche Bibliothek der Weltliteratur 118).

Camões, Luís de, *Rimas*, Texto estabelecido, revisto e prefaciado por Álvaro J. da Costa Pimpão, Coimbra: Atlântida 1973.

Castro, João Baptista de, *Mappa de Portugal Antigo e Moderno*, Tomo Primeiro, Lisboa ²1752.

Cruz, Frei Agostinho da, *Obras*, com prefácio e notas de Mendes dos Remedios, Coimbra 1918.

Garrett, Almeida, *Obras*, 2 Bde., Porto: Lello & Irmão o.J.

Lanciani, Giulia, *Os Relatos de Naufrágios na Literatura Portuguesa dos Séculos XVI e XVII*, Lisboa: Instituto de Cultura Portuguesa – Ministério da Cultura 1979.

Leão, Duarte Nunes de, *Ortografia e Origem da Língua Portuguesa*, Introdução, notas e leitura de Maria Leonor Carvalhão Buescu, Lisboa: Imprensa Nacional – Casa da Moeda 1983.

[Melo, de] Francisco Manuel, *Epanâphoras de Varia Historia Portugueza*, Lisboa 1676.

Pascoaes, Teixeira de, *Arte de ser Português*, Lisboa: Delvaux o. J.
Die Ausgabe ist ein Nachdruck der zweiten Ausgabe von 1920 mit Anmerkungen und Korrekturen des Autors.
Pessoa, Fernando, *Esoterische Gedichte. Mensagem/Botschaft. Englische Gedichte*, aus dem Portugiesischen und Englischen übersetzt und mit einem Nachwort versehen von Georg Rudolf Lind, Zürich: Ammann 1989.
Pessoa, Fernando, *A Nova Poesia Portuguesa*, 2ª edição com um prefácio de Álvaro Ribeiro, Lisboa: Inquérito o. J.
Torga, Miguel, *Poemas Ibéricos*, Coimbra: Gráfica de Coimbra [²1982].

Eça de Queirós, der Lehrmeister

Carlos Reis

Eça de Queirós' Persönlichkeit und Werk nehmen in der portugiesischen Literatur einen hervorragenden Platz ein, der diesem Autor durch die besonderen Verdienste seines literarischen Schaffens, doch auch durch die Nachwirkungen seines kulturellen Vermächtnisses zuteil wurde. Für den Eça zustehenden Ehrenplatz ist besonders der grundlegende Rang seiner Texte entscheidend; wenn man erklärt, daß Eça den modernen portugiesischen Roman in seiner technisch vollkommensten Form einleitete und gestaltete, bleibt man noch weit hinter der Wahrheit zurück. Darüber hinaus ist ebenfalls allgemein bekannt, daß Queirós' Texte durch einen einzigartigen und stets höchst lebendigen Stil ihre Gültigkeit bewahren, was sich vor allem zeigt, wenn wir ihn mit der heute unabänderlich antiquierten Prosa vieler seiner Zeitgenossen vergleichen.

Und dennoch kommt Eça nicht aus dem Nichts. In unserer Literatur geht er zumindest von Garrett aus, wenn wir gerade an den flüssigen, eleganten und sehr lebhaften, mit einem Wort: modernen Stil denken, den der Autor der *Viagens na Minha Terra* (Reisen in meiner Heimat) pflegte; und dies erweist sich auch an seiner Fähigkeit, die Wirklichkeit aus einem scharf ironischen Blickwinkel zu erfassen.[1] In bezug auf den Einfluß weiterer Schriftsteller läßt sich feststellen, daß Eças »Auswahlbibliothek« sehr vielgestaltig ist, jedoch vorzugsweise französische Autoren enthält: In *Prosas Bárbaras* (Barbarische Prosa) tritt ein junger Schriftsteller hervor, der von Heine (dies allerdings durch französische Vermittlung) und auch von Baudelaire, Edgar Alan Poe – das gilt zumindest weiter bis zu *O Mistério da Estrada de Sintra* (Das Geheimnis der Straße nach Sintra) – sowie Flaubert fasziniert ist, wobei es hier um den Autor von *Salammbô* geht, denn mit *Madame Bovary* beschäftigt sich Eça erst näher, als er sich dem Realismus anschließt. Zu erwähnen sind weitere französische Schriftsteller: Victor Hugo (Eça nannte sich einen *hugólatra* – einen »Anbeter Hugos«), doch auch Balzac, Renan und, auf rein ideologischem Gebiet, Proudhon und Taine. Außer diesen Autoren (und noch anderen, deren Aufführung sich hier erübrigt) muß man Dickens nennen, denn er beeinflußte die Erzählweise unseres Schriftstellers, der lange Jahre in England lebte und die englische Kultur unmittelbar kennenlernte.[2]

Eça wurde in gewisser Hinsicht schon sehr früh von dem traumatisch wirkenden Vorwurf verfolgt, ein Plagiator zu sein, und deshalb versuchte er nicht selten, seine Inspirationsquellen zu verheimlichen. Zwei Beispiele: Von Garrett wird in seinem Werk so gut wie überhaupt nicht gesprochen (anders verhält er sich Herculano gegenüber, dem er fast immer bösartige Kommentare widmet); und Eça war hartnäckig bemüht, sich von der Anschuldigung zu entlasten, er habe Zola plagiiert, als es darum ging, ob dessen Roman *La Faute de l'Abbé Mouret* (dt. *Die Sünde des Abbé Mouret*) sein Werk *O Crime do Padre Amaro* (dt. *Das Verbrechen des Paters Amaro*) beeinflußt habe, doch er erwähnte nicht *La Conquête de Plassans* (dt. *Die Eroberung von Plassans*), dessen Beziehungen zu seinem eigenen Roman unübersehbar sind.[3]

Im Verlauf der portugiesischen Literaturentwicklung wird aus dem von seinen Vorgängern geprägten Schriftsteller Eça de Queirós bald eine beinahe zwanghaft herausfordernde Leitfigur für viele seiner Nachfolger. Vergílio Ferreira, ein Romancier, der sich, wie allgemein anerkannt wird, mit dem literarischen Erbe des Autors von *Os Maias* (dt. *Die Maias*) auseinandergesetzt hat, berief sich in sehr aufschlußreichen Äußerungen auf die »Wirkung des unerbittlichen und beherrschenden Lehrmeisters Eça de Queirós«, und ihm wird Raul Brandão entgegengestellt, dessen Schaffen sich als eine von der Wirkung jenes Lehrmeisters abweichende Tendenz erweise. Und Vergílio Ferreira erklärt auch noch, daß Queirós immer wieder und sehr weitgehend den Roman unseres Jahrhunderts bei entscheidenden Aspekten seiner Komposition, wie etwa bei der Behandlung der Zeit[4], beeinflusse; wir möchten hinzufügen, daß dies nicht nur die Zeit betrifft, sondern auch symbolische und allegorische

Elemente, die Eça gestaltete und die andere Autoren wieder aufgriffen: Man denke an das Bild des Hauses, wie wir es in *A Ilustre Casa de Ramires* (dt. *Das berühmte Haus Ramires*) finden, und an dessen weitere Ausprägung in Romanen von Régio – *A Velha Casa* (Das alte Haus), Aquilino Ribeiro – *A Casa Grande de Romarigães* (Das Herrenhaus zu Romarigães) oder Carlos de Oliveira – *Casa na Duna* (dt. *Haus auf der Düne*).

Die Geltung Eças wird in unserem Jahrhundert gleichwohl nicht unwidersprochen oder einmütig anerkannt. Berühmt ist die von Fernando Pessoa an Queirós geübte beißende Kritik: »Das offenkundigste Beispiel des portugiesischen Provinzialismus«, sagt Pessoa, »ist Eça de Queirós«. Und er fügt hinzu: »Sein Bemühen um Ironie wirkt nicht nur seines hochgradigen Mißerfolgs wegen, sondern auch durch seine Gewissenlosigkeit niederschmetternd.« Er kommt zu dem Schluß: »Man vergleiche Eça de Queirós nicht einmal mit Swift, sondern zum Beispiel mit Anatole France. Man wird den Unterschied zwischen einem durchaus brillanten Provinzjournalisten und einem wahren, wenn auch nicht dem größten Künstler feststellen.«[5]

Hierzu muß unverzüglich erläutert werden, daß Pessoas Worte als *Geistesblitz* ihren Wert haben, doch beinahe nur aus diesem Grund. Überdies erscheinen sie in einem Text, der nicht nur Eça, sondern auch (unausgesprochen) Mário de Sá-Carneiro des Provinzialismus beschuldigt, wobei dies außerdem von jemandem geäußert wird, der sich im Grunde des allerprovinziellsten Arguments bedient: des abwertenden Vergleichs mit ausländischen Vorzügen.

Auch für Miguel Torga ist Eça beinahe ein *Intimfeind*. Da Torga auf eine einengende Sicht der portugiesischen Realität und ihrer Werte fixiert ist, lobt er (*und zwar aus gutem Grund* ...) Camilo Castelo Branco, um Eça abzuwerten. Der Autor der *Bichos* (dt. *Tiere*) schreibt: »Eça scheiterte in *A Cidade e as Serras* (dt. *Stadt und Gebirg*), weil er nie das Gebirge durchwandert hat. Camilo ist weitaus authentischer, weil er mit den Füßen tief in die Töpfererde eindrang, die er formte.«[6]

Merkwürdigerweise liefert uns Alves Redol ein Zeugnis der Wertschätzung Eças, das noch unverdächtiger wirkt, weil feststeht, daß die neorealistische Ästhetik (und Redol war ja deren

Lehrmeister und eifriger Interpret) die bürgerlichen Grundlagen des im neunzehnten Jahrhundert entstandenen Realismus ablehnte. Als Alves Redol 1965 an seine ersten literarischen Versuche erinnert, bemüht er sich um eine Auseinandersetzung mit einer Geste, die er folgendermaßen schildert: »Aus der Bibliothek holte ich, was vielleicht symbolischen Wert hatte, einen Roman, den ich immer wieder gelesen habe: Eças *O Crime do Padre Amaro*.«[7]

Wie dem auch sei: Eça ist ein Bezugspunkt, den man unmöglich aus unserem kollektiven Gedächtnis löschen kann, da zu ihm selbstverständlich die Erinnerungen jener Schriftsteller gehören, die in unserer Zeit aus dem Roman weiter ein wesentliches literarisches und ideologisches Darstellungsmittel machen. Und wenn es um das Nachdenken über unsere historische Bestimmung, über unsere Schwächen als Volk und Nation oder über unsere Beziehung zu Europa geht, erweist es sich ebenfalls als unumgänglich, an Eça de Queirós zu erinnern. Sehr bezeichnend ist deshalb, daß Almeida Faria für die strategisch wichtige Stelle des Mottos in seinem Roman *Lusitânia* (Lusitanien) die letzten Worte von *O Crime do Padre Amaro* gewählt hat: »Vaterland, mit dem es aus war für immer, Vaterland, das nur noch von stolzen Erinnerungen zehrte«; deshalb ist es auch symptomatisch, daß José Saramago, der heute unser Schriftsteller mit dem größten nationalen und internationalen Ansehen ist, vor kurzem in einem Interview[8] erklärt hat, Eça gehöre (als erster) zu den Autoren, an denen er sich gebildet habe. Damit wir die Gründe für viele der hier angeführten Äußerungen verstehen, ist es erforderlich, daß wir Queirós' literarisches Schaffen im Überblick betrachten, seine Generationszugehörigkeit bestimmen und auf die großen Leitlinien eingehen, die in seinem Werk gestaltet werden.

Eça de Queirós' literarisches Schaffen wird von unterschiedlichen Faktoren geprägt, zu denen sowohl die Schriftsteller, die seine »Auswahlbibliothek« bilden, als auch schließlich seine über 25 Jahre dauernde Tätigkeit als Konsul Portugals im Ausland gehören. Eças literarisches Leben beginnt jedoch sehr früh, wobei man allerdings sofort hinzufügen muß, daß sich der

Schriftsteller erst nach einer gewissen Zeit als unabhängiger und eigenständiger Romancier durchsetzte.

Eça wurde am 25. November 1845 geboren. Er absolvierte den für einen jungen Mann seiner Herkunft (er war der uneheliche Sohn eines höheren Justizbeamten) konventionellen Bildungsweg und schloß 1866 sein Jurastudium ab. Noch im gleichen Jahr beginnt er, für die *Gazeta de Portugal* (Lissabon) zu schreiben – diese Texte wurden in dem postumen Sammelband *Prosas Bárbaras* neu herausgegeben –, und darüber hinaus ist er vorübergehend als Direktor, Herausgeber und Redakteur der Zeitung *O Distrito de Évora* tätig. Dies sind typische Bildungsjahre, doch auch Zeiten der Boheme und sogar der einen oder anderen kulturellen Provokation: In einem solchen Zusammenhang ist zu sehen, daß Eça gemeinsam mit Antero de Quental und Jaime Batalha Reis den fiktiven Dichter Carlos Fradique Mendes erfindet, gemeinsam mit Ramalho Ortigão später *O Mistério da Estrada de Sintra* (eine Art Kriminalroman, der 1870 einige Verwirrung hervorrief) und die Chronikreihe *As Farpas* (Die Spitzen) veröffentlicht: Diese kündigen bereits einen kritischen, erneuernden und realistischen Blick an, der sich durch Queirós' Mitwirkung an den »Conferências do Casino« (Konferenzen des Kasinos, Juni 1871) bestätigt – mit einem Vortrag, der wahrscheinlich den Titel »A Literatura Nova« (Die neue Literatur) und den Untertitel »O Realismo como Nova Expressão da Arte« (Der Realismus als neuer Ausdruck der Kunst) hatte.

Merkwürdig wirkt, daß Eça gerade 1872, in jenem Jahr, da er seine Laufbahn als Konsul beginnt, seine realistische und bereits auch naturalistische Orientierung vertieft; dies ist die Entstehungszeit des Romans *O Crime do Padre Amaro*, der unter komplizierten Umständen in drei Fassungen veröffentlicht wird: 1875 als Vorabdruck in der *Revista Ocidental,* dann 1876 und 1880 in Buchform. In der Zwischenzeit erscheint *O Primo Basílio* (dt. *Vetter Basilio*), ein Roman, der zusammen mit dem erstgenannten das Diptychon der großen naturalistisch orientierten Werke Queirós' bildet. Schon die (ebenfalls 1880 publizierte) Novelle *O Mandarim* (dt. *Der Mandarin*) kündigt Queirós' postnaturalistische Erzählweise an, und dies wird nunmehr von mehreren theoretischen Texten bestätigt: so etwa von dem als Vorwort zu *O Mandarim* (1884 auf französisch für eine unveröffentlichte Übersetzung) geschriebenen Brief und von dem (1886 verfaßten und später in die *Notas Contemporâneas* [Zeitgenössische Notizen] aufgenommenen) Vorwort für *Os Azulejos* (Die Fliesen) des Conde de Arnoso.

Unterdessen bereitet Eça mühsam und lange seinen großen Roman vor: *Os Maias*. Darin veranschaulicht er immer noch sehr weitgehend sein ideologisches Anliegen, die portugiesische Gesellschaft seiner Zeit kritisch zu untersuchen (was der Untertitel *Episódios da Vida Romântica* [dt. *Episoden aus dem romantischen Leben*] recht zutreffend ankündigt), zur gleichen Zeit erscheinen nun Themen und Werte (wie der Inzest oder die Macht des Schicksals), deren Behandlung bestätigt, daß er sich vom Naturalismus abwendet; diese Abwendung zeigt sich auch deutlich an Queirós' Begeisterung für biblische und orientalische Phantasiewelten, wie sie in dem (1887, ein Jahr vor *Os Maias,* veröffentlichten) Roman *A Relíquia* (dt. *Die Reliquie*) dargestellt werden.

Gleichzeitig taucht Fradique Mendes wieder auf, eine präheteronyme Gestalt, die nun als Autor einzigartiger Briefe zu neuem Leben erweckt wird. Diese erscheinen in der *Gazeta de Notícias*, in *O Repórter* und der *Revista de Portugal*, einer ambitionierten Kulturzeitschrift, die Eça gründete und von 1889 bis 1892 leitete. In gewisser Hinsicht stellt der sogenannte *fradiquismo* bereits eine geistige Bewegung des Fin de siècle dar, wie dies auch für den Skeptizismus gilt, der die Gruppe der sogenannten »Vencidos da Vida« (»Die vom Leben Besiegten«) prägt.

Eça schreibt in jener Zeit ebenfalls einige Erzählungen, mit denen er seine sich schon früh äußernde Berufung und sein Talent für dieses Prosagenre bekundet. Die neunziger Jahre sind auf diesem Gebiet sehr fruchtbar: *Civilização* (Zivilisation) (diese Erzählung kündigt *A Cidade e as Serras* an), *A Aia* (Die Amme), *O Tesouro* (Der Schatz), *Frei Genebro* (Bruder Genebro), *O Defunto* (Der Verstorbene), *Adão e Eva no Paraíso* (dt. *Adam und Eva im Paradies*), *A Perfeição* (Die Vollendung), *José Matias* und *O Suave Milagre* (Das liebliche Wunder) gestalten sehr vielfältige Themen (die auf Mythen, Heiligenlegenden, Sagen, mittelalterlichen Geschichtsepisoden usw. beruhen), und diese Erzählungen sind auch ein Teil der Texte, die Eça damals regelmäßig an Zeitungen und Zeitschriften schickte.

In einer dieser Zeitschriften (der *Revista Moderna*) beginnt der Vorabdruck einer ersten (unvollendet gelassenen) Fassung von *A Ilustre Casa de Ramires*. Der Roman ist gerade im Druck, als Eça 1900 stirbt, und auch dieses Buch zeigt Queirós' Begeisterung für historisch-mittelalterliche Phantasiewelten. *A Correspondência de Fradique Mendes* (1900; Die Korrespondenz des Fradique Mendes), ein Werk, in dem die Figur und der Briefwechsel des Fradique Mendes weiter ausgestaltet werden, und *A Cidade e as Serras* (1901), eine vertiefte Meditation über die Zivilisation des *fin de siècle*, unterliegen ebenfalls den Beschränkungen, die sich daraus ergeben, daß sie unvollendet geblieben sind.

Die Umstände, unter denen die letzten drei Werke Eças veröffentlicht wurden, veranlassen uns, den Kanon seiner Werke und dessen Gestaltung zu behandeln. Unter »Kanon« verstehen wir hier nicht genau das, was dieser Begriff eigentlich bedeutet, wenn man von den Wirkungsmechanismen spricht, die zur Institutionalisierung eines bestimmten literarischen und kulturellen Erbes führen (wie etwa, wenn wir sagen, Camões, Cervantes oder Shakespeare seien Autoren, die einen Kanon hinterlassen haben), vielmehr meinen wir das *Korpus* eines bestimmten literarischen Werks im direkten Zusammenhang mit seinem Autor. In diesem Sinn geht es nicht nur um die Feststellung, wer der Autor ist, denn das läßt sich ja im Fall Eças ohne Schwierigkeiten ermitteln; es kommt darauf an, die Publikationsumstände zu untersuchen, um zu erkennen, in welchem Maße die gewöhnlich Eça zugeschriebenen Titel authentisch sind, wobei die Bestätigung bestimmter Verlagsstrategien und die gegenwärtige Vorbereitung einer kritischen Ausgabe der Werke Eça de Queirós' zu berücksichtigen sind. Überdies muß erklärt werden, daß Eças literarisches Schaffen nicht nur Romane und Erzählungen, sondern auch Presseartikel, Briefe, Reiseberichte usw.

umfaßt, d. h. Texte, die sich in irgendeiner Form mit den vom Schriftsteller Eça de Queirós benutzten Themen und literarischen Techniken in Verbindung bringen lassen.

Als erstes wollen wir die Romane und Erzählungen anführen, von denen bereits mehrere weiter oben erwähnt wurden. Zum Queirós-Kanon gehören die nicht postumen Titel *O Mistério da Estrada de Sintra* (die letzte Neuauflage in Buchform zu Eças Lebzeiten erschien 1894), *O Crime do Padre Amaro* (endgültige Fassung: 1880), *O Primo Basílio* (1878), *O Mandarim* (1880), *A Relíquia* (1887) und *Os Maias* (1888). Hier handelt es sich um Romane, die Eça verfaßte, revidierte, deren Herausgabe er überwachte und bei deren Neuauflagen er mehr oder weniger grundlegende Änderungen vornahm (von diesen Titeln wurde nur *Os Maias* vor dem Tod des Autors nicht neu aufgelegt). Einen besonderen Platz, der gewissermaßen eine Übergangsphase darstellt, nehmen die sogenannten halbpostumen Schriften ein: *A Correspondência de Fradique Mendes* (1900), *A Ilustre Casa de Ramires* (1900) und *A Cidade e as Serras* (1901); dabei geht es um Werke, die kurz nach Eças Tod erschienen und bei deren Fertigstellung (der Anordnung und Durchsicht des Manuskriptes, der Fahnenkorrektur usw.) andere Personen außer dem Autor mitwirkten.

Einen weiteren Schwerpunkt der fiktionalen Prosawerke bilden die Titel *A Capital* (1925; dt. *Die Hauptstadt*), *O Conde d'Abranhos* (1925; dt. *Der Graf von Abranhos*), *Alves & Cia.* (1925; dt. *Alves & Co.*) und *A Tragédia da Rua das Flores* (1980; Die Tragödie in der Rua das Flores). Diese postumen Werke können bis zu einem gewissen Grad als halbapokryph angesehen werden, so einschneidend (und verfälschend) waren die Eingriffe der Herausgeber, die mit nicht selten sehr unausgereiften Manuskripten zu tun hatten: *A Capital* (in vielen Passagen) und *A Tragédia da Rua das Flores* sind hierfür die offenkundigsten Beispiele. Zu diesem Bereich der postumen Schriften gehören noch hagiographische Texte (*Lendas de Santos* [Heiligenlegenden]) und mehrere Erzählungen, die Eça nicht mehr veröffentlichen konnte; andere Erzählungen wurden von ihm in Zeitungen und Zeitschriften publiziert, so daß sie nur in bezug auf ihre Buchausgabe als postum anzusehen sind, und sie erschienen auch tatsächlich unter dem Titel *Contos* (1902; Erzählungen).

Das Schicksal der veröffentlichten Bücher Eças wurde also bald nach seinem Tod von verschiedenen Eingriffen bestimmt, denen ebenfalls seine zahlreichen verstreuten Schriften, vor allem Presseartikel, unterlagen. Die postumen Buchausgaben dieser Texte wurden unter verschiedenen Titeln vorgelegt, ohne strenge Auswahlkriterien zu berücksichtigen: *Prosas Bárbaras* (1902), *Cartas de Inglaterra* (1905; Briefe aus England) und *Ecos de Paris* (1905; Neuigkeiten aus Paris), *Cartas Familiares e Bilhetes de Paris* (1907; Vertrauliche Briefe und Briefchen aus Paris) sowie *Notas Contemporâneas* (1909). Die kritische Ausgabe der Werke Eça de Queirós' widmet sich bereits der Aufgabe, dieses komplexe *Korpus* neu zu ordnen, durchzusehen und die zu ihm gehörenden Texte zu definieren; in einigen Fällen (insbesondere bei den postumen Werken) kann man die Materialien aus dem Nachlaß des Schriftstellers heranziehen.[9] Dem festgelegten Herausgabeplan entsprechend werden die in der Presse (und auch die in *As Farpas*) veröffentlichten Texte in Bänden zusammengefaßt, die nach der jeweiligen Zeitung oder Zeitschrift geordnet sind, in der sie zuerst veröffentlicht wurden: *O Distrito de Évora*, *Gazeta de Portugal*, *A Actualidade*, *Gazeta de Notícias*, *Revista Moderna* und *Revista de Portugal* sind die wichtigsten und auch diejenigen, in denen sich zeigt, daß der Ton, die Thematik und die von Eça benutzten diskursiven Strategien variieren, in Abhängigkeit von dem jeweiligen Adressaten, dem Presseorgan, in dem die Texte erscheinen, und – wie dies ebenfalls klar ersichtlich ist – von der Zeit, in der sie geschrieben und veröffentlicht wurden.

Eça de Queirós' umfangreiches literarisches Schaffen steht in direktem Zusammenhang mit einer Zeit und einer Generationsgemeinschaft, die dazu beitrugen, dieses literarische Werk auszuprägen. Von seinen ersten jugendlichen Bildungsjahren in Coimbra bis zum Pariser Fin de siècle lernte Eça vielfältige ästhetische Tendenzen und ideologische Bestrebungen kennen, auf die er in einigen Fällen zustimmend und in anderen ablehnend reagierte, um sie ästhetisch und kulturell zu überwinden.

Als es 1865 zur literarisch-ideologischen Debatte der sogenannten *Questão Coimbrã* (»Streitfrage von Coimbra«) kommt, studiert Eça de Queirós gerade in Coimbra und verfolgt die Kontroverse, wie er in »Um Génio que era um Santo« (»Ein Genie, das ein Heiliger war«) erklärt, mit einer etwas distanzierten Haltung. Selbst wenn es so gewesen ist, darf man doch nicht übersehen, welche Bedeutung der kulturellen Atmosphäre zukommt, die damals den jungen Eça und seine Generation umgab und die der zitierte Text angemessen dokumentiert: Innerhalb dieser Generation, die schon das Anfangsstadium der Generation von 1870 ist, setzt sich die Persönlichkeit Antero de Quentals als Führer, als ständige Stimme und Geste der Rebellion durch.[10]

Auf literarischem Gebiet bereitet die *Questão Coimbrã* die Überwindung der Spätromantik und sogar schon die Übernahme von Verhaltensweisen vor, die das notwendige Aufkommen des Realismus ankündigen. Hier muß ganz klar gesagt werden: Während der *Questão Coimbrã* wird noch nicht von Realismus gesprochen, gerade weil Eça, der den Realismus auf den »Conferências do Casino« verkündigen und verteidigen sollte, die Polemik – wie bereits erwähnt – miterlebt, ohne einzugreifen.

Als Antero am Ende der sechziger Jahre in Lissabon einigen jungen Intellektuellen wiederbegegnet, die direkt oder indirekt an den »Conferências do Casino« mitwirken werden, entdeckt er den Kreis des »Cenáculo«, dem Eça de Queirós diesen Namen gegeben hatte: Dabei handelt es sich um einen Treffpunkt der romantischen, zum Satanismus tendierenden Boheme. Diese ließ sich von einer ausschweifenden Phantasie und inbrünstiger Begeisterung für die Kultur leiten, woran Jaime Batalha Reis in einem sehr anregenden Text erinnert hat.[11]

Nach der Rückkehr Anteros erhält das »Cenáculo« nicht nur jene geistige Disziplin, die der Gruppe fehlte, sondern auch einen Komplex von ideologischen und kulturellen Bezugspunkten, wobei Proudhon, der Eça dauerhaft beeinflussen sollte, ein besonders herausragender Platz zukam. Und gerade im Zusammenhang mit dieser ideellen Erneuerung und Konsolidierung kommt es zu den »Conferências do Casino« als Antwort auf einen sehr akuten kulturellen und geistigen Krisenzustand, den die sich herausbildende Generation von 1870 bekämpfen will.

Nicht zufällig stimmt das Erscheinen von *As Farpas* (1871) zeitlich mit dem Projekt der »Conferências do Casino« weitgehend überein, denn dieses Projekt steht tatsächlich in Einklang mit der ebenfalls kritischen und erneuernden Orientierung der von Eça und Ramalho Ortigão monatlich veröffentlichten Chroniken. Übrigens sind schließlich Ortigão jene Texte zu verdanken, die in *As Farpas* am ernsthaftesten pädagogisch wirken; Eça hingegen widmete sich vor allem der Erkundung lächerlicher Erscheinungen in der von ihm kritisierten Wirklichkeit.

Man kann also sagen, daß wir in *As Farpas* eine der repräsentativsten Äußerungen dessen finden, was aus ideologischer und kultureller Sicht die siebziger Jahre unter der Ägide der Generation sind, die ihren Namen von diesem Jahrzehnt ableitet. Doch außer *As Farpas* prägen selbstverständlich die »Conferências do Casino« entscheidend die ideologische und literarische Zeit im Portugal der siebziger Jahre, wie es ja der Absicht dieser Konferenzen entspricht, eine theoretische Debatte zu führen, die in dem einen oder anderen Presseorgan der damaligen Zeit besonders hervorgehoben wurde.

Mit den Konferenzen ergriff Antero eine Initiative, die ihn nach der *Questão Coimbrã* endgültig als Leitfigur der portugiesischen Kultur im neunzehnten Jahrhundert sanktionieren sollte. Hieraus erklärt sich die Vorrangstellung, die ihm ganz selbstverständlich zuerkannt wird und die Batalha Reis in seinem Bericht für Anteros *In Memoriam* bestätigt hat[12]; und diese Vorrangstellung erklärt ebenfalls, warum der Dichter der *Odes Modernas* (Moderne Oden) die Vortragsreihe mit einem Beitrag über »den Geist der Konferenzen« eröffnet hat, der sogleich auf große Vorbehalte bei den konservativsten Kreisen der portugiesischen Gesellschaft stieß, die gewiß auch von den Auswirkungen solcher Ereignisse wie der Pariser Kommune erschreckt wurden.

Nach dem Vortrag Augusto Soromenhos (über »portugiesische Literatur«) und vor jenem Adolfo Coelhos (mit dem Titel »A Questão do Ensino« [»Die Frage des Unterrichts«]) sprach Eça de Queirós über den Realismus, und dabei ging er von einer der rührseligen und historisierenden Romantik gegenüber kritischen Position aus. Den detaillierten Berichten, die damals in den Zeitungen veröffentlicht wurden, läßt sich offenbar eindeutig entnehmen (der genaue Text dieses Vortrags ist nicht überliefert), daß Eça für den Realismus im Hinblick auf drei entscheidende Leitfiguren eintritt: Er nennt Flaubert als den Vertreter des eigentlichen literarischen Realismus, Proudhon für die erneuernde und moralisierende Tendenz, zu der sich die Kunst bekennen müsse, und Taine wegen seiner deterministischen Auffassung von den künstlerischen Phänomenen.[13]

Die von Eça interpretierte Romanauffassung und -technik verdienen bereits hier einen kurzen Kommentar, der von den programmatischen Prinzipien veranlaßt wird, wie sie während der »Conferências do Casino« formuliert werden. Tatsächlich widmete sich Eça, seitdem er sich Realismus und Naturalismus angeschlossen hatte, einer in bezug auf die dargestellten Handlungsräume und die geschilderten Personen überaus detailreichen Romanform; viele Personen werden als soziale Typen gestaltet, in denen sich grundsätzliche Aspekte des öffentlichen Lebens im Portugal der zweiten Hälfte des neunzehnten Jahrhunderts widerspiegeln: Parlamentarismus, Journalismus, Literatur, das Wirken des Klerus, Religiosität, die Lage der Frau in der bürgerlichen Ordnung, romantische Erziehung usw.

Je weiter sich die realistischen und naturalistischen Bindungen auflösen, desto tiefer dringt Eça, während er sich immer noch mit städtischen Schauplätzen (vor allem dem Lissabons) beschäftigt, in die Darstellung des Seelenlebens seiner Personen ein, was mit der Aufwertung individueller Gesichtspunkte einhergeht. Die Zeit des Erzählens wird somit zu einer außerordentlich persönlichen und subjektiven Erscheinung: Das geschieht zum Beispiel in *Os Maias*. Andererseits ermöglichen die gewählten Erzählsituationen verschiedene Strategien der Darstellungsstruktur: die Einführung von Erzählern, die als Zeugen auftreten (in *O Mandarim*, *A Relíquia* und *A Cidade e as Serras*), oder Gestaltungsformen, die dem biographischen Bericht und dem Briefdokument nahe sind (in *A Correspondência de Fradique Mendes*).

Die genannten Wandlungen sind natürlich nicht von ideologischen und zeitbedingten Anhaltspunkten zu trennen, die wir erwähnen müssen und die zwar nicht mit unausweichlicher Notwendigkeit wirken, jedoch eine unleugbare Bedeutung für ihre Epoche haben. Solange Eça die Theorie des Realismus und Naturalismus anerkennt, bemüht er sich deshalb, bei seinen Darstellungen von jenen Beobachtungen auszugehen, die er an den von ihm bevorzugten Schauplätzen machen konnte; die Personen, die diese Schauplätze bevölkern, treten daher als von Erziehungs- und Erbfaktoren beeinflußte Figuren auf, und die Romane versuchen, diese Faktoren, im allgemeinen sehr kritisch, hervorzuheben. Wenn Luisa (in *O Primo Basílio*) zum Ehebruch verführt wird, muß ein derartiges Schicksal als Ergebnis von Deformationen erklärt werden, für die sich Beweise im vergangenen und gegenwärtigen Leben dieser Person finden lassen: die Lektüre romantischer Bücher, der bürgerliche Müßiggang usw.; in *O Crime do Padre Amaro* werden nunmehr Amaro und Amélia zu einem moralisch verwerflichen Liebesverhältnis getrieben, weil ihre vorherrschende Wesensart und ihr gesellschaftliches Milieu eine den Pater vergötternde Sichtweise begünstigen, der eine über die geistliche Sphäre hinausgehende Macht besitzt.

Die dritte Fassung von *O Crime do Padre Amaro* wendet sich jedoch andersartigen Fragestellungen zu (dies gilt vor allem für die Schlußepisode): Sie widmet sich historischen Überlegungen und Erkundungen im symbolischen Bereich. Der Roman *Os Maias* zeigt eine offensichtliche Vertiefung dieser Fragestellungen: Der persönliche Lebensweg Carlos da Maias läßt sich nicht verstehen, ohne daß wir auf die Entwicklung einer Familie eingehen, die im Verlauf des neunzehnten Jahrhunderts und über mehrere Generationen die das öffentliche Leben Portugals entscheidend prägenden historischen, politischen und kulturellen Ereignisse miterlebt und dokumentiert. Wir befinden uns hier jedoch nicht im Bereich einer strengen und sterilen Gesellschaftsdarstellung: Die Hauptperson des Romans erlebt auch ein tragisches Schicksal, das durch die Wirkung des Inzestes dazu führt, daß die Familie zugrunde geht. Dies ermöglicht es, indem wieder von symbolischen und historischen Reflexionen ausgegangen wird, ihr Schicksal auf die Ebene der gemeinschaftlichen Erlebnisse zu heben und dabei sowohl die Generation Eças als auch die Lebensbedingungen im Portugal des Jahrhundertendes zu erfassen, einer Zeit, da dieses Land an die Grenzen seiner Überlebensfähigkeit als unabhängige Nation gelangt war.

Dem Roman *Os Maias* schließen sich thematisch und ideologisch andere Werke Eças an. In *A Correspondência de Fradique Mendes* wird nicht nur die Persönlichkeit jenes Fradique vollkommen ausgebildet, an dessen Erfindung der junge Queirós 1869 mitgewirkt hatte; hier werden auch einige Wesenszüge vertieft, die schon der blasierte und enttäuschte Carlos da Maia gezeigt hatte, und diese Wesenszüge werden nun im Sinne einer präheteronymen Strategie weiter ausgearbeitet: Der *fradiquismo* ist somit nicht nur ein Zeichen des Dandyismus, sondern auch eine Aufwertung des Unverfälschten und der pittoresken portugiesischen Sitten sowie eine Kritik an den Übertreibungen der modernen Zivilisation, die sich mit einem gewissen Pessimismus in bezug auf die Errungenschaften des Fortschritts und der liberalen Gesellschaft verbindet. Fradique Mendes steht in dieser Hinsicht dem Jacinto von *A Cidade e as Serras* nahe, der von der technischen Perfektion des modernen Lebens angewidert ist und in die karge und kraftvolle Bergwelt zurückkehrt: nach Tormes, in ein provinzielles Portugal, das die von der Pariser Zivilisation übersättigte Hauptperson etwas idealisiert.

Mit *A Ilustre Casa de Ramires* folgt Eça einem Hang, den er »das latente und schuldhafte Verlangen nach dem historischen Roman« – einer Sonderform des Romans mit einer beachtlichen, qualitativ vielfältigen Tradition in der portugiesischen Romantik – genannt hatte. Die damalige Zeit wird von einer tiefen, die ganze Nation erfassenden institutionellen Krise geprägt: Das englische Ultimatum an Portugal (1890) und der erste Versuch, die Republik zu errichten, bringen diese Krise sehr anschaulich zum Ausdruck und führen zu Überlegungen über eine mögliche Wiedergeburt Portugals, an denen sich auch Eça beteiligt, wobei er einen statischen und rein kontemplativen Vergangenheitskult ablehnt. Gonçalo Mendes Ramires, der Protagonist von *A Ilustre Casa de Ramires*, wird gleichfalls zum gelegentlichen Verfasser von Novellen, so daß er traumatische Vorstellungen und Phantasmen in den Roman einbringt, die Eça selbst bedrückten (die Angst, ein Plagiator zu sein, die Schwierigkeiten beim Schreiben, die Faszination durch das Mittelalter usw.); doch außerdem ermöglicht der Roman eine Befragung unseres historischen Erinnerungsvermögens, unseres Verhältnisses zur Vergangenheit und unserer Verantwortung für die Gegenwart (besonders in bezug auf den Besitz und die Verwaltung der afrikanischen Kolonien); das alles teilt sich indes in einem nuancenreichen und vieldeutigen Panorama mit, das nicht mehr jenes des affirmativen und dogmatischen Romans der naturalistischen Schule ist.

Der Platz, den Eça de Queirós in der portugiesischen Literatur einnimmt, geht über das hinaus, was der Schriftsteller auf ästhetischem und ideologischem Gebiet in seiner Zeit und im Rahmen seiner Generation bedeutete. Dieser Platz wird auch von einer gewissen Vorstellungswelt bestimmt, die sich auf die ihm folgenden Generationen auswirkt, wie aus den Erklärungen anderer, bereits genannter portugiesischer Schriftsteller hervorgeht; überdies verfestigte sich die Literatur Eças zu sehr einprägsamen und zuweilen exzessiven Leitbildern.

Eça stellt also einen ständigen Bezugspunkt in der portugiesischen Kultur unserer Zeit dar. In Lehrplänen, Dissertationen und vielfältigen Bearbeitungen, durch Verkaufszahlen, Übersetzungen und Antworten auf Umfragen[14] zeigt sich, daß der Autor von *Os Maias* lebendig bleibt, selbst wenn dies mit stereotypen Vorstellungen zusammenhängt, die ständig angeführt werden: Für viele ist Eça noch vor allem der Meister der Ironie, der Sittenkritiker, der antiklerikale Romancier, der Realist par excellence. Obwohl diese (und andere) Vorstellungen einengend wirken, haben sie doch höchst unterschiedliche Rezeptionshaltungen hervorgebracht, als wäre es unmöglich, Eça gegenüber gleichgültig zu bleiben; deshalb bewirkt er manchmal völlig gegensätzliche Reaktionen, die von grundsätzlicher (beinahe immer moralisch motivierter[15]) Ablehnung bis zu Nacheiferung und Verehrung reichen, was selbst das Gebiet der eigentlichen literarischen Würdigungen betrifft. Diese nacheifernde und ehrerbietige Haltung zeigt sich deutlich an den Schriften solcher Autoren, die sich der Untersuchung der von Queirós bevorzugt beschriebenen Speisen und Weine widmen und sich mit den realen Schauplätzen seiner literarischen Werke beschäftigen, doch sein Erbe wird auch von Eça-Freundesgesellschaften gepflegt, die die Erinnerung an den Schriftsteller mit beinahe religiöser Hingabe wachhalten, und es gibt sogar Nachahmer, die seinen Stil glossieren[16], und Romanciers, die Eça selbst als literarische Figur wählen, so Mário Cláudio in *As Batalhas do Caia* (1995; Die Schlachten am Caia).

Von ganz anderer Art (und in kultureller Hinsicht konsequenter) sind die Bearbeitungen von Texten Eças für weitere künstlerische Darstellungsformen. Noch zu Lebzeiten des Schriftstellers versuchten einige Theaterautoren, den Erfolg der Romane Eças zu nutzen, und brachten sie mit unterschiedlichem künstlerischem Erfolg auf die Bühne. In neuerer Zeit haben Film, Rundfunk, Comic strip und Fernsehen unzählige Texte Eças adaptiert: Als ein besonders bezeichnendes Beispiel für eine Fernsehbearbeitung soll an die Adaption von *O Primo Basílio* durch die brasilianische TV Globo erinnert werden, die in Brasilien und Portugal einen beträchtlichen Publikumserfolg erreichte.[17]

Ein letztes Zeugnis – das in gewisser Hinsicht am entschiedensten wirkt – für Eças ungebrochene Lebenskraft liefert in jüngster Zeit das Erneuerungsstreben der Queirós-Forschung. Nach den bedeutenden Beiträgen solcher Forscher wie Vianna Moog, João Gaspar Simões, Paulo Cavalcanti, Alberto Machado da Rosa, António José Saraiva und vor allem Ernesto Guerra da Cal läßt die Queirós-Forschung wichtige Entwicklungstendenzen erkennen, die zum Beispiel auf drei seit 1988 durchgeführten Internationalen Treffen von Queirós-Forschern und durch die Herausgabe der Zeitschrift *Queirosiana* vorgestellt wurden. Abschließend sei noch auf zwei offenkundige Beweise für diese Erneuerung hingewiesen: daß man sich intensiv mit dem postnaturalistischen Eça beschäftigt (der auch als »der letzte Eça« bezeichnet wird) und daß gegenwärtig die kritische Ausgabe seiner Werke erfolgt; und allein das wäre ausreichend, wenn es hierfür nicht auch andere Gründe gäbe, um von einem *neuen Eça de Queirós* zu sprechen.

Aus dem Portugiesischen von Ulrich Kunzmann

Anmerkungen

1 Hierauf hat Vergílio Ferreira in »Sobre o humorismo de Eça de Queirós« (»Über Eça de Queirós' Humor«) hingewiesen, Beilage von *Biblos*, Serie I, Coimbra 1943. Augusto da Costa Dias hat dies in einem tiefgründigen Essay bestätigt. Vgl. »Estilística e dialéctica«, Einführung zu *Viagens na Minha Terra*, Lisboa: Estampa 1983.

2 In einer bereits klassischen Untersuchung machte Alberto Machado da Rosa auf den nicht immer bemerkten Einfluß aufmerksam, den Dickens auf Eça ausübte. Vgl. *Eça, discípulo de Machado?* (Eça, ein Schüler Machados?), Lisboa: Presença [2]1979, S. 141 ff.

3 Auf dieses Problem gehen wir in der Einleitung zur kritischen Ausgabe von *O Crime do Padre Amaro* ein, deren Veröffentlichung gegenwärtig von A Imprensa Nacional – Casa da Moeda vorbereitet wird.

4 Vgl. V. Ferreira, *Espaço do Invisível* (Der Raum des Unsichtbaren), Lisboa: Bertrand [2]1990, I, S. 224-225; ders., *Espaço do Invisível*, Lisboa: Bertrand [3]1991, S. 204-205.

5 F. Pessoa, »O provincianismo português« (»Der portugiesische Provinzialismus«), *Páginas de Doutrina Estética* (Ausgewählte Seiten zur ästhetischen Theorie), Lisboa: Inquérito o.J., S. 140-141.

6 M. Torga, *Diário* (Tagebuch), V, Coimbra: Selbstverlag [3]1973, S. 60. Das beschränkte Verständnis Torgas für Eça zeigt sich deutlich, wenn der Autor von »einem Romanschriftsteller« spricht, »der vor allem Karikaturen produziert – die eindeutig keinem von uns ähneln, wohl aber unserem Nachbarn« (*Diário*, II, Coimbra: Selbstverlag [3]1960, S. 30-31).

7 A. Redol, »Breve memória para os que têm menos de 40 anos ou para quantos já esqueceram o que aconteceu em 1939« (»Kurzer Erinnerungsbericht für die, die noch keine 40 Jahre alt sind, oder für all jene, die schon vergessen haben, was 1939 geschehen ist«), Vorwort zu *Gaibéus* [1965], Lisboa: Europa-América 1971, S. 15.

8 Vgl. *Jornal de Coimbra*, X. Jahrgang, 494, S. 6-7.

9 Eine Untersuchung dieses Nachlasses haben C. Reis und M. do Rosário Milheiro vorgenommen: »A Construção da Narrativa Queirosiana. O Espólio de Eça de Queirós« (»Die Struktur der Erzählkunst Queirós'. Der Nachlaß von Eça de Queirós«), Lisboa: Imprensa Nacional – Casa da Moeda 1989.

10 Deshalb erinnert sich Eça an den jungen Antero, der von einer magischen und geheimnisvollen Aureole umgeben war, »auf der Freitreppe der neuen Kathedrale, die von romantischem Mondlicht überstrahlt wurde«. Angesichts dieses »Barden der neuen Zeiten« sagt Eça schließlich über sich, was er von vielen anderen in seiner und späterer Zeit behaupten könnte: »Ich legte den Mantel ab und setzte mich auch auf eine Treppenstufe, beinahe zu Füßen des aus dem Stegreif redenden Antero, um ihm verzückt wie ein Jünger zuzuhören. Und diese Haltung bewahrte ich für immer in meinem Leben.« (E. de Queirós, *Notas Contemporâneas*, Lisboa: Livros do Brasil o.J., S. 254).

11 Es handelt sich um den beachtenswerten Einführungstext, den Batalha Reis für Eças *Prosas Bárbaras* geschrieben hat, die, wie man bedenken muß, der Atmosphäre des »Cenáculo« viel zu verdanken haben; vgl. »Na primeira fase da vida literária de Eça de Queirós« (»In der ersten literarischen Lebensphase Eça de Queirós'«), *Prosas Bárbaras*, Lisboa: Livros do Brasil o.J.

12 Batalha Reis schreibt: »Das direkte Ziel Antero de Quentals und derjenigen, die gemeinsam mit ihm das Unternehmen begannen, bestand darin, in die Vorstellungen der Portugiesen die Tausende von Fragen einzuführen, die damals das Denken der Menschen beunruhigten, indem sie frei und offen alle Probleme diskutierten und rückhaltlos alle Resultate beschrieben, zu denen Wissenschaft, Forschung und Kritik gelangt waren.« Vgl. J. Batalha Reis, »Anos de Lisboa (algumas lembranças)« (»Lissaboner Jahre [Erinnerungen]«), in: *Antero de Quental. In Memoriam*, Porto: Mathieu Lugan (Hg.) 1896, S. 464.

13 Vgl. C. Reis, *As Conferências do Casino*, Lisboa: Alfa 1990, S. 135-142.

14 Vor kurzem veröffentlichte das *Jornal de Letras, Artes e Ideias* (Nr. 690, 1997) das Ergebnis einer Umfrage (»Os livros de uma vida« [»Die Bücher eines Lebens«]) mit den Antworten von sechs Literaturkritikern und -professoren; vier von ihnen nannten *Os Maias* als eines der Bücher, die sie geprägt hätten.

15 Man berücksichtige als einen indirekten, jedoch deutlichen Hinweis auf diese Ablehnung, wie oft Eça, vor allem in der Vergangenheit, des Plagiats beschuldigt wurde, oder man denke auch an die weitaus offenkundigere Methode der Publikationsverbote, die während des Salazar-Regimes gegen *O Crime do Padre Amaro* ausgesprochen wurden.

16 Der älteste derartige Verein ist der »Círculo Eça de Queirós«, der 1940 auf Anregung von António Ferro gegründet wurde. Zu einem ganz anderen Kontext gehört als Beispiel des Nacheiferns durch »Collage und Decollage« die Novelle *A Torre de D. Ramires com palavras de Eça de Queirós* (Der Turm des D. Ramires mit Worten von Eça de Queirós), die

Adolfo Simões Müller zusammen mit seiner Interpretation und seinen Kommentaren herausgegeben hat (Lisboa: Difel o.J.). Mit einer *pastiche* von Eças Stil begründete Artur Portela Filho die Kritik der portugiesischen Gesellschaft der siebziger Jahre in den Bänden *A Funda* (1972-77; Die Schleuder), *O Novo Conde de Abranhos* (1971; Der neue Graf von Abranhos) und *O Regresso do Conde de Abranhos* (1976; Die Rückkehr des Grafen von Abranhos). Vor kurzem erschien der Roman *O enigma das cartas inéditas de Eça de Queirós* (Das Rätsel der unveröffentlichten Briefe Eça de Queirós'), als dessen Autor José António Marcos genannt wurde (tatsächlich handelt es sich um ein kollektives Pseudonym), Lisboa: Cosmos 1996.

17 In seiner monumentalen *Bibliografía Queirociana* (3. Band, Coimbra, Acta Universitatis Conimbrigensis, 1980) legte Ernesto Guerra da Cal eine eingehende Untersuchung der Adaptionen von Queirós-Texten für Theater, Film, Rundfunk und Fernsehen vor (vgl. auch: a.a.O., 4. Band, 1984).

Lebenslauf Eça de Queirós'

1845 Am 25. November wird Eça de Queirós in Póvoa de Varzim geboren.

1866 Abschluß des Jurastudiums, Beginn der Mitarbeit an der *Gazeta de Portugal*.

1867 Direktor der Zeitung *O Distrito de Évora*.

1869 Erfindet gemeinsam mit Antero de Quental und Jaime Batalha Reis den Dichter Carlos Fradique Mendes.

1870 Veröffentlicht mit Ramalho Ortigão *O Mistério da Estrada de Sintra*.

1871 Beginn der Chronikreihe *As Farpas* (gemeinsam mit Ramalho Ortigão). Teilnahme an den Conferências do Casino.

1872 Beendet die Mitarbeit an *As Farpas*. Beginn der diplomatischen Laufbahn als Konsul Portugals auf den Spanischen Antillen (Kuba).

1874 Veröffentlicht die Erzählung *Singularidades duma Rapariga Loira* (Eigenheiten eines blonden Mädchens). Konsul in Newcastle (Dezember).

1875 In der *Revista Ocidental* erscheint die 1. Fassung von O *Crime do Padre Amaro*.

1876 Veröffentlicht die 2. Fassung von O *Crime do Padre Amaro* (Lisboa: Typ. Castro Irmão 1876).

1878 Veröffentlichung von O *Primo Bazílio* (Porto: Chardron). Konsul in Bristol.

1880 Veröffentlicht die 3. Fassung von O *Crime do Padre Amaro* (Buchausgabe, Porto: Chardron. Dass. als Vorabdruck im *Diário de Portu-*

gal ([7.-18.7.1880]), *O Mandarim* und die Erzählungen *Um Poeta Lírico* (Ein lyrischer Dichter) und *No Moinho* (In der Mühle).

1884 Vorwort zu *O Mandarim* (für eine französische Ausgabe, die nicht zustande kam).

1885 Veröffentlicht die Erzählung *Outro Amável Milagre* (Ein anderes liebenswertes Wunder).

1886 Vorworte zu *O Brasileiro Soares* (L. de Magalhães) und *Azulejos* (Conde de Arnoso). Heiratet D. Emília de Castro Pamplona.

1887 Veröffentlichung von *A Relíquia*. (Buchausgabe, Porto: Liv. Internacional de Ernesto Chardron [Vorabdruck in *Gazeta de Notícias*, Rio de Janeiro 1887]).

1888 Veröffentlichung von *Os Maias* als Buchausgabe (2 Bde., Porto: Liv. Internacional) und in *A Província de São Paulo*. Auszüge von *A Correspondência de Fradique Mendes* erscheinen im Vorabdruck in *Repórter*, Aug.-Okt. 1888, und in *Gazeta de Notícias*, Rio de Janeiro. Konsul in Paris.

1889 Erscheinen der Zeitschrift *Revista de Portugal*, darin auszugsweise Veröffentlichung von *A Correspondência de Fradique Mendes*. Entstehung der Gruppe »Vencidos da Vida«.

1890-91 *Uma Campanha Alegre. Das Farpas* (Lisboa: Companhia Nacional Editora.)

1892 Veröffentlicht die Erzählung *Civilização*.

1893 Veröffentlicht »Positivismo e Idealismo« und »Tema para Versos«. Erzählung *A Aia*. »As Rosas« erscheint in *Gazeta de Notícias*, Rio de Janeiro.

1894 Veröffentlicht die Erzählungen *O Tesouro* und *Frei Genebro*.

1896 »Um Génio que era um Santo« in: *In Memoriam de A. de Quental*.

1897 Veröffentlicht *Adão e Eva no Paraíso*, *A Perfeição*, *José Matias*. In *Revista Moderna* beginnt der Vorabdruck einer (unvollendeten) Fassung von *A Ilustre Casa de Ramires*.

1898 Veröffentlichung der Erzählung *O Suave Milagre*.

1900 Eça de Queirós stirbt am 16. August in Neuilly. *A Correspondência de Fradique Mendes* und *A Ilustre Casa de Ramires* erscheinen als Buchausgaben (Porto: Chardron).

1901 *A Cidade e as Serras* (Porto: Chardron).

1902 *Contos*.

1903 *Prosas Bárbaras* (hg. von Luís de Magalhaes, mit einer Einleitung von Jaime Batalha Reis, Porto: Chardron [zuvor als Feuilletons in *Gazeta do Portugal* 1866/67]).

1905 *Cartas de Inglaterra* (Porto: Chardron) und *Ecos de Paris* (Porto: Lello & Irmão).

1907 *Cartas Familiares* und *Bilhetes de Paris* (Porto: Chardron).

1909 *Notas Contemporâneas*.

1912 *Últimas Páginas* (Porto: Chardron).
1925 *Correspondência, Alves & Cia.*, *O Conde d'Abranhos* und *A Capital* (hg. von José Maria de Eça de Queirós Filho, Porto: Chardron/Lello & Irmão).
1926 *O Egypto. Notas de Viagem* (hg. von José Maria de Eça de Queirós Filho, Lisboa/Paris: Aillaud/Bertrand 1926).
1929 *Cartas Inéditas de Fradique Mendes e mais Páginas Esquecidas* (hg. von José Maria de Eça de Queirós Filho, Porto: Chardron).
1949 Veröffentlichung der Privatkorrespondenz (*Eça de Queiroz entre os seus*; hg. von Maria de Eça de Queirós).
1966 *Folhas Soltas* (Lose Blätter; hg. von Maria de Eça de Queirós).
1980 *A Tragédia da Rua das Flores* (versch. Ausgaben).
1983 *Correspondência* (Briefwechsel in zwei Bänden, hg. von Guilherme de Castilho).
1987 *Cartas inéditas*. Mit einer Einleitung und Kommentaren von Beatriz Berrini. Lisboa: O Jornal.
1989 Veröffentlichung von Schriften aus dem Nachlaß (C. Reis / M. do Rosário Milheiro, *A Construção da Narrativa Queirosiana. O Espólio de Eça de Queirós)*.
1992 *A Capital* (kritische Ausgabe von Luíz Fagundes Duarte).
1993 O *Mandarim* (kritische Ausgabe von Beatriz Berrini).
1994 *Alves & Cia.* (kritische Ausgabe von Luíz Fagundes Duarte und Irene Fialho).
1995 *Textos de Imprensa VI* (aus *Revista de Portugal*) (kritische Ausgabe von Maria Helena Santana).

Eça de Queirós in deutscher Sprache (Auswahl)

Die Reliquie (*A Relíquia*), übers. von Richard A[rnold] Berman, mit einem Nachwort von Max Schroeder, Berlin: Aufbau 1951.

Das Verbrechen des Pater Amaro (*O Crime do Padre Amaro*), übers. von Willibald Schönfelder, mit einem Nachwort von Alfred Antkowiak, Berlin: Aufbau 1954.

Der Mandarin (*O Mandarim*), *Der Gehenkte* (*O defunto*), übers. und mit einem Nachwort versehen von Hermann Baltzer, München: Alexander Duncker 1954.

Der Mandarin (*O Mandarim*), übers. von Willibald Schönfelder, mit Illustrationen von Gerhard Kurt Müller und einem Nachwort von Alfred Antkowiak, Berlin: Aufbau 1954.

Vetter Basilio (O *Primo Basílio*), übers. von Rudolf Krügel, mit einem Nachwort von Alfred Antkowiak, Berlin: Aufbau 1957.

Der Graf von Abranhos (*O Conde de Abranhos*), *Alves & Co.* (*Alves & Cia.*), *Der Mandarin* (*O Mandarim*), übers. von Rudolf Krügel und Willibald Schönfelder, Berlin: Aufbau 1958.

Die Hauptstadt (*A Capital*), übers. von Rudolf Krügel, Berlin: Aufbau 1959.

Der Graf von Abranhos (*O Conde de Abranhos*), übers. von Rudolf Krügel, Berlin: Volk und Welt 1959 [Heftroman Nr. 122].

Der Gehenkte. José Matias (*O defunto. José Matias*), übers. von Fritz Böttcher, Stuttgart: Reclam 1961.

Das berühmte Haus Ramires (*A ilustre Casa de Ramires*), übers. von Rudolf Krügel, Berlin: Aufbau 1962 [Neu aufgelegt und versehen mit einem Nachwort von Peter Demetz. München/Zürich: Piper 1990].

Stadt und Gebirg (*A Cidade e as Serras*), übers. von Curt Meyer-Clason, Zürich: Manesse 1963 [^{2}1988].

Die Reliquie (*A Relíquia*), übers. von Andreas Klotsch, mit einem Nachwort von Paul Rosié, Berlin: Eulenspiegel 1975 [Dass. mit einem Nachwort von Oscar Lopes, 2 Bde. Berlin: Aufbau 1984].

Der Mandarin (*O Mandarim*), übers. von Gudrun Hohl, mit Illustrationen von Harry Jürgens und einem Nachwort von Oscar Lopes, Berlin: Rütten & Loening 1981.

Die Maias (*Os Maias*), übers. von Rudolf Krügel, mit einem Nachwort von Oscar Lopes, 2 Bde., Berlin: Aufbau 1983.

Treulose Romane [*Basílio* und *Alves & Co.*], übers. von Helmut Hilzheimer und Alrun Almeida Faria. Mit Zeittafel, Bibliographie und editorischer Notiz von Hans Magnus Enzensberger, Nördlingen: Greno 1988.

Alves & Co. (*Alves & Cia.*), übers. von Rudolf Krügel, München/Zürich: 1989.

José Matias. Erzählungen [*O defunto. José Matias. Adão e Eva no Paraíso*], übers. von Otto Hauser, Fritz Böttcher und Luise Ey, mit einem Nachwort von Volker Klotz, Zürich: Manesse-Verlag 1991.

Die Rosen (»As Rosas«), übers. von Ulrich Kunzmann, Frankfurt/Main: Insel 1997.

»Abschied am Bahnhof Santa Apolónia. Auf der Avenida da Liberdade« [Auszüge aus *Die Maias*], übers. von Rudolf Krügel, in: Ellen Heinemann (Hg.), *Lissabon. Ein Städte-Tagebuch*, Frankfurt/Main: 1989, S. 217-219; S. 353-356.

In älteren Übersetzungen liegen vor:

Stadt und Gebirg (*A Cidade e as Serras*), übers. von Luise Ey. Buchreihe »Meisterwerke der ausländischen Erzählungslitteratur«. Stuttgart: Deutsche Verlagsanstalt 1903 [Zuerst erschienen in der Zeitschrift *Aus fremden Zungen* 13 (1903)].

Die Reliquie (*A Relíquia*), übers. von Richard A[rnold] Bermann, Leipzig: Kurt Wolff [1918].

Der Gehenkte (*O defunto*), übers. und mit einer Einführung versehen von Otto Hauser. Buchreihe »Aus fremden Gärten«, Heft 74. Weimar: Alexander Duncker 1918.

Der Mandarin (*O Mandarim*), übers. von Otto Hauser. Buchreihe »Aus fremden Gärten«, Heft 87 und 88 [Auch zusammen gebunden mit Heft 74, *Der Gehenkte*]. Weimar: Alexander Duncker 1919.

»Adam und Eva im Paradies« (*Adão e Eva no Paraíso*), in: José Maria Eça de Queirós, *Auswahl aus seinen Werken*, hg. und übers. von Luise Ey. Reihe Neuere portugiesische Schriftsteller, Bd. 7, Heidelberg: Julius Groos 1926, S. 44-121.

Das Verbrechen des Paters Amaro (*O Crime do Padre Amaro*), übers., gekürzt und bearbeitet von Thomas W. Schlichtkrull, mit einer Einleitung von Gerhart Pohl, Berlin: Universum – Bücherei für Alle 1930.

Dramatisierungen

O Primo Basílio, Regie: A.F. Cardoso de Menezes. Urauff.: Rio de Janeiro 4.6.1878, Teatro do Casino.

O *Primo Basílio*, Regie: V. Pereira. Urauff. Lisboa, 7.1.1916, Teatro do Ginásio.

Os Maias, Regie. J.-B. Carreiro. Urauff.: Lisboa 24.11.1945, Teatro Nacional [Buchausgabe mit einem Vorwort von J. Almeida Pavão und einer Studie von Carlos Reis, Lisboa 1984].

A Relíquia, Regie: Luís de Sttau Monteiro/Artur Ramos. Urauff.: Lisboa, 12.2.1970, Teatro Maria Matos.

A Capital, Regie: Artur Ramos/A. Portela Filho. Urauff.: Lisboa 22.5.1971, Teatro Villaret.

O Crime do Padre Amaro, Regie: A. Portela Filho/M. Mendes de Almeida. Urauff.: Lisboa, Februar 1978, Teatro Maria Matos.

Verfilmungen

Primo Basílio, Frankreich/Portugal 1922, Regie: Georges Pallu.

Cerro dos enforcados (nach der Erzählung *O defunto*), Portugal 1954, Regie: Fernando Garcia.

Primo Basílio, Portugal 1959, Regie: António Lopes Ribeiro.

Vetter Basilio, BRD 1969, [Fernsehprod.] Regie: W. Semmelroth.

Bibliographien

Guerra da Cal, Ernesto, *Bibliografia queirociana sistemática y anotada e iconografia del hombre y la obra*, 5 Bde., Coimbra 1975-1984 [vgl. dazu die Rezension von Carlos Reis in *Colóquio-Letras* 87 (1985), S. 69-71].

Tupiassu, Amarilis Izabel Alves, *Eça de Queirós. Memória bibliográfica acervo da autora*, Belém: Ed. Universidade Federal do Pará 1992.

Sekundärliteratur (Auswahl)

(Insbesondere in älteren Quellen wird häufig auch die abweichende Schreibweise Eça de Queiroz benutzt. Im folgenden wird die Schreibweise der jeweiligen bibliographischen Angabe übernommen.)

Alves, Dário Moreira de Castro, *Era Lisboa e chovia. Todas as personagens de Eça na Lisboa bem-amada*, Rio de Janeiro: Nórdica 1984.

Amaral, João E. [Vidal] do / Manuel A. Cardoso Martha (Hg.), *Eça de Queiroz. »In memoriam«*, Lisboa: Pereira 1922.

Berrini, Beatriz, *Portugal de Eça de Queirós*, Lisboa: Imprensa Nacional – Casa da Moeda 1984.

–, *Eça de Queiroz. Palavra e imagem*, Lisboa: Inapa 1988.

Cal, Ernesto Guerra da, *Lengua y estilo de Eça de Queirós*, Coimbra 1954 [span. Fassung zugleich Diss. Columbia University/New York].

–, *Lengua y estilo de Eça de Queirós. Apéndice. Bibliografia queirociana sistemática y anotada e iconografia del hombre y la obra*, 6 Bde., Coimbra 1975-1984.

– et alii (Hg.), *Eça de Queirós et la culture de son temps. Actes du colloque Paris, 22-23 avril* 1988, Paris: Fondation Calouste Gulbenkian, Centre Cultural Portugais; Centre de Recherche et d'Etudes Comparatistes Ibero-Francophones/Centro de Estudios Románicos Comparatistas 1988.

Coleman, Alexander, *Eça de Queiros and european realism*, New York/London: New York-University Press 1980.

Cortesão, J., *Eça de Queirós e a questão social*, Lisboa 1949 [ern. 1970].

Duarte, L. Fagundes, *A fábrica dos textos. Ensaios de crítica textual acerca de Eça de Queiroz*, Lisboa: Cosmos 1993.

Filho, L. Viana, *A vida de Eça de Queirós*, Porto: Chardron 1983.

Freeland, Alan, *O leitor e a verdade oculta. Ensaio sobre Os Maias*, Lisboa: Imprensa Nacional – Casa da Moeda 1989.

Grossegesse, Orlando, *Konversation und Roman: Untersuchungen zum Werk von Eça de Queiroz*, Stuttgart: Steiner 1991 [zugleich Dissertation München 1989].

–, »A propensão ideológica na obra queirosiana«, in: *Actas do 4° Congresso da Associação Internacional de Lusitanistas, Universidade Hamburgo*, 6 a 11 de Setembro de 1993, organização e coordenação de M. Fátima Brauer-Figueiredo, Porto/ Lisboa /Coimbra: Lidel 1995, S. 537-544.

Hatzfeld, H., »Die religiöse Diskussion in *O Primo Basílio* (1877) und *Effi Briest* (1895)«, *Aufsätze zur portugiesischen Kulturgeschichte* 16 (1980), S. 66-74.

Hill, E.M., *Irony in the novels of Eça de Queirós*, Diss. University of Wisconsin 1954.

Jarnaes, J., »Uma leitura política de *O Primo Basílio*«, *Colóquio-Letras* 40 (1977), S. 28-49.

Jessen, J., »Satire auf das Chinaporzellan«, *FAZ* , 8.12.1987.

–, »Keine blauen Äderlein, keine blonden Härchen«, *FAZ* , 4.10.1988.

Klotz, Volker, »Eça de Queiroz: Ein Romancier als Novellist«, Nachwort in: *José Matias. Erzählungen*, übers. von Otto Hauser, Fritz Böttcher und Luise Ey. Zürich: Manesse-Verlag 1991, S. 141-159.

Körner, Karl Heinz, »Stil oder portugiesische Sprache? Zum ›und‹ in Eças Roman *A Relíquia*«, *Aufsätze zur portugiesischen Kulturgeschichte* 18 (1983), S. 134-152.

Lima, Isabel Pires de, *O complexo ideológico da ›miséria portuguesa‹ em Eça*, Porto 1984.

–, *As máscaras do desengano. Para uma abordagem sociológica de Os maias de Eça de Queirós*, Lisboa: Caminho 1987.

Matos, A. Campos (Hg.), *Dicionário de Eça de Queirós*, Lisboa: Caminho 1988.

Medina, João, *Eça de Queiros e o seu tempo*, Lisboa: Horizonte 1972.

–, *Eça político. Ensaios sobre aspectos políticos da obra de Eça de Queiroz*, Lisboa: Seara Nova 1974.

–, *Eça de Queiros e a geração de setenta*, Lisboa: Moraes 1980.

Mendonça, A. de, »*O Primo Basílio*, romance exemplar do realismo queirosiano«, *Revista de Letras* 14 (1972), S. 73-85.

Menezes, Djacir, *Crítica social de Eça de Queiroz*, Fortaleza: Imp. da Univ. do Ceará [2]1962.

Nequete, Lenine, »Eça de Queiroz psicanalisado«, *Oitenta* 5 (1981), S. 63-82.

Nunes, Manuela, »Der veruntreute Himmel des Eça de Queirós«, in: R. Hess / A. Schönberger (Hg.), *Studien zur portugiesischen Literatur. Akten des 1. gemeinsamen Kolloquiums der deutschsprachigen Lusitanistik und Katalanistik (Berlin 20.-23. Sep. 1990); lusitanischer Teil; Bd. 3*, Frankfurt/Main: TFM/Editoria Domus Europaea 1991, S. 42-68. [Beihefte zu *Lusorama*, 2. Reihe, Bd. 4].

Paula, M. J. Lopes de, *›Prosas bárbaras‹, ensaio de análise estilística*, Tese de doutoramento, Lisboa 1945 [Nachdruck 1959].

Petit, Lucette, *Le champ du signe dans le roman queirosien*, Paris: Fund. C. Gulbenkian 1987.

Pörtl, Klaus, »*A Relíquia*, eine Bühnenbearbeitung von Luís Ramos alias Luís de Sttau Monteiro und Artur Ramos nach dem Roman von Eça de Queirós«, *Iberoromania* 18 (1983), S. 128-138.

Reis, Carlos, *Estatuto e perspectivas do narrador na ficção de Eça de Queirós*, Coimbra: Almedina 1975 [2., überarb. Aufl. 1980].

–, »*Fradique Mendes*: origem e modernidade de um projecto heteronímico«, *Cadernos de Literatura* 18 (1984), S. 45-60.

– / Maria Rosário do Milheiro, *A construcção da narrativa queirosiana. O espólio de Eça de Queirós*, Lisboa: Imprensa Nacional – Casa da Moeda 1989.

– (Hg.), *Leituras d'Os Maias,* Coimbra: Minerva 1990.

Roloff, Volker, »Von der Leserpsychologie des Fin de siècle zum Lektüreroman ...«, *Zeitschrift für Literaturwissenschaft und Linguistik* 57/58 (1985), S. 87-102.

Rosa, A. Machado da, *Eça, discípulo de Machado?* Lisboa: Presença [2]1979.

Sacramento, Mário, *Eça de Queirós – uma estética da ironia,* Coimbra: Coimbra Ed. 1945.

Saraiva, A. José, *As idéias de Eça de Queiróz*, Amadora: Bertrand [2]1982.

Seid, Peter, *Zum Thema der Langeweile bei Eça de Queirós*, Dissertation Zürich 1978.

Serrão, Joel, *O primeiro Fradique Mendes*, Lisboa: Horizonte 1985.

Simões, João Gaspar, *Vida e obra de Eça de Queirós*, Lisboa 1945 [gekürzt unter dem Titel: *Eça de Queirós. A obra e o homem*, Lisboa: Ed. Arcádia 1961; Amadora: Bertrand [3]1980.]

Siepmann, Helmut, »Erzähltechnik und literarisches Programm: zum Realismus von Eça de Queirós«, in: R. Hess/A. Schönberger (Hg.) 1991, S. 29-43.

Sousa, Frank F., *O segredo de Eça. Ideologia e ambiguidade em A Cidade e as Serras,* Lisboa: Cosmos 1996.

Wolfzettel, Friedrich, »›Beatus ille... .‹: Zum Stadt-Land-Konflikt von Pereda und Eça de Queirós«, *Annali dell'Istituto Orientale in Napoli* 16 (1974), S. 203-244.

Fernando Pessoa
Der sich selbst Unbekannte

Octavio Paz

Dichter haben keine Biographie. Ihr Werk ist ihre Biographie. Pessoa, der an der Wirklichkeit dieser Welt stets zweifelte, würde es wohl ohne zu zögern gutheißen, wenn ich mich direkt seinen Gedichten zuwendete und die Umstände und Zwischenfälle seines Erdenlebens außer acht ließe. Nichts in seinem Leben ist außergewöhnlich – nichts, außer seinen Gedichten. Ich glaube nicht, daß sein »Fall« – man kommt nicht darum herum, dieses widerwärtige Wort zu gebrauchen – sie erklärt; ich glaube jedoch, daß im Licht seiner Gedichte sein »Fall« aufhört, einer zu sein. Sein Geheimnis ist übrigens in seinem Namen beschlossen: *Pessoa* bedeutet im Portugiesischen Person und kommt von *persona*, der Maske der römischen Schauspieler. Maske, Scheinperson, niemand: Pessoa. Seine Geschichte könnte man reduzieren auf das Hin und Her zwischen der Irrealität seines täglichen Lebens und der Realität seiner Fiktionen. Diese Fiktionen sind die Dichter Alberto Caeiro, Álvaro de Campos, Ricardo Reis und vor allem Fernando Pessoa selbst. Es ist daher nicht unnütz, an die wichtigsten Fakten seines Lebens zu erinnern, doch sollte man sich stets vor Augen halten, daß es sich um die Spuren eines Schattens handelt. Der wahre Pessoa ist ein anderer.

Er wird 1888 in Lissabon geboren. Im Kindesalter wird er durch den Tod seines Vaters Halbwaise. Seine Mutter heiratet wieder; 1896 übersiedelt sie mit ihren Kindern nach Durban, Südafrika, wohin ihr zweiter Mann als Konsul Portugals geschickt worden war. Englische Erziehung. Der angelsächsische Einfluß auf Denken und Werk des zweisprachigen Dichters bleibt beständig. 1905, als er die Universität von Kapstadt besuchen will, muß er nach Portugal zurückkehren. 1907 verläßt er die Philosophische Fakultät der Universität von Lissabon und gründet eine Druckerei. Ein Mißerfolg. Dieses Wort wird in seinem Leben öfter vorkommen. Er arbeitet hinfort als »Auslandskorrespondent«, das heißt als ambulanter Verfasser von Geschäftsbriefen in Englisch und Französisch, eine bescheidene Tätigkeit, mit der er fast sein ganzes Leben lang sein Brot verdienen wird. Einmal öffnen sich ihm, wenn auch mit Zurückhaltung, die Tore einer Universitätslaufbahn; mit dem Stolz der Schüchternen lehnt er das Angebot ab. Ich sagte *Zurückhaltung* und *Stolz*, vielleicht hätte ich sagen sollen *Unlust* und *Realitätssinn*: 1932 bewirbt er sich um den Posten eines Archivars in einer Bibliothek und wird abgewiesen. Doch es gibt keine Rebellion in seinem Leben: gerade nur eine an Verachtung grenzende Bescheidenheit.

Seit seiner Rückkehr aus Afrika verläßt er Lissabon nicht mehr. Zuerst wohnt er in einem alten Haus zusammen mit einer altjüngferlichen Tante und einer verrückten Großmutter; danach bei einer anderen Tante; eine Zeitlang auch bei seiner Mutter, die erneut Witwe geworden ist; und die restlichen Jahre wohnt er mal hier, mal dort. Mit seinen Freunden trifft er sich auf der Straße und im Café. Einsamer Trinker in Tavernen und Wirtshäusern der Altstadt. Weitere Details? 1916 plant er, sich als Astrologe niederzulassen. Der Okkultismus hat seine Gefahren, und einmal sieht sich Pessoa in eine Sache verwickelt, die die Polizei gegen den englischen Magier und »Sataniker« Aleister Crowley angezettelt hatte, der auf der Durchreise in Lissabon nach Adepten für seinen erotisch-mystischen Orden suchte. 1920 verliebt er sich, zumindest glaubt er das, in ein Ladenmädchen; das Verhältnis dauert nicht lange: »Mein Schicksal«, schreibt er in einem Abschiedsbrief, »gehorcht einem anderen Gesetz, dessen Existenz Sie nicht einmal ahnen ...« Von anderen Liebschaften weiß man nicht. Es gibt eine Unterströmung schmerzlicher Homosexualität in der *Ode marítima* (Meeres-Ode) und in der *Saudação a Walt Whitman* (Gruß an Walt Whitman), große Gedichte, eine Ankündigung derer, die fünfzehn Jahre später García Lorca als *Poeta en Nueva York* (Dichter in New York) schreiben sollte. Doch Álvaro de Campos, professioneller Provokateur, ist nicht der ganze Pessoa. Es gibt andere Dichter in Pessoa. Da er »züchtig« ist, sind alle seine Leidenschaften imaginär; besser gesagt, sein großes Laster ist die Imagination. Deshalb rührt er sich nicht vom Stuhl. Und es gibt noch einen Pessoa, der weder dem Alltagsleben noch der Literatur gehört: der Jünger, der Initiierte. Über diesen Pessoa kann und soll nichts gesagt werden. Offenbarung, Täuschung, Selbsttäuschung? Alles zusammen, vielleicht. Pessoa, wie der Meister in einem seiner hermetischen Sonette, *weiß und schweigt.*

Anglomane, kurzsichtig, höflich, scheu, schwarzgekleidet, zurückhaltend und schlicht, ein Kosmopolit, der den Nationalismus predigt, *feierlicher Erforscher nichtiger Dinge*, ein Humorist, der nie lächelt und uns das Blut in den Adern gefrieren läßt, Erfinder anderer Dichter und Zerstörer seiner selbst, Verfasser von Paradoxen, die so klar sind wie Wasser und wie dieses atemberaubend: *sich verstellen heißt, sich erkennen*, ein geheimnisvoller Mensch, der das Geheimnis nicht kultiviert, geheimnisvoll wie der Mond am Mittagshimmel, das schweigsame Phantasma des portugiesischen Mittags: wer ist Pessoa? Pierre Hourcade, der ihn gegen Ende seines Lebens kennenlernte, schreibt: »Nie wagte ich es, wenn ich mich von ihm verabschiedete, mich noch einmal umzudrehen; ich hatte Angst zu sehen, wie er sich verflüchtigt, in Luft auflöst.« Habe ich etwas vergessen? Er starb 1935 in Lissabon an einer Leberkolik. Er hinterließ drei Bändchen mit Gedichten in englischer Sprache, einen schmalen Band mit portugiesischen Gedichten und eine Truhe voller Manuskripte. Noch sind nicht alle seine Werke veröffentlicht.

Sein öffentliches Leben, irgendwie muß man es ja nennen, verläuft im Halbdunkel. Literatur der Randzone, eines schlecht beleuchteten Gebiets, in dem sich – Verschwörer oder Mondsüchtige? – die undeutlichen Gestalten Álvaro de Campos, Ricardo Reis und Fernando Pessoa bewegen. Augenblicksweise geraten sie ins Scheinwerferlicht des Skandals und der Polemik. Danach wieder Dunkel. Die Fast-Anonymität und die Fast-Berühmtheit. Zeiten hektischer literarischer Tätigkeit, gefolgt von Perioden der Unlust. Wird er von der Arbeitswut auch nur selten und anfallsweise gepackt – Handstreiche, um die paar Leute der offiziellen Literatur in Schrecken zu versetzen –, ist er in seiner einsamen Arbeit doch beharrlich. Wie alle großen Faulenzer verbringt er sein Leben damit, Verzeichnisse von Werken aufzustellen, die er nie schreiben wird; und wie es bei Willensschwachen ebenfalls vorkommt, wenn sie nur leidenschaftlich und einfallsreich sind, schreibt er, um nicht zu platzen, um nicht verrückt zu werden, fast verstohlen, am Rande seiner großen Pläne jeden Tag ein Gedicht, einen Artikel, eine Betrachtung. Zerstreuung und Anspannung. Alles trägt denselben Stempel: diese Texte wurden aus zwingender Notwendigkeit geschrieben. Und eben das, die Notwendigkeit, unterscheidet einen echten Schriftsteller von einem, der nur Talent hat.

Seine ersten Gedichte schreibt er zwischen 1905 und 1908 in Englisch. In jener Zeit las er Milton, Shelley, Keats, Poe. Später entdeckt er Baudelaire und verkehrt mit mehreren »portugiesischen Subpoeten«. Nur allmählich kehrt er zu seiner Muttersprache zurück, obgleich er nie aufhören wird, in Englisch zu schreiben. Bis 1912 wiegt der Einfluß der symbolistischen Dichtung und des »Saudosismo« (Erinnerungskult) vor. In diesem Jahr veröffentlicht er seine ersten Arbeiten in der Zeitschrift *A Águia* (Der Adler), dem Organ der «portugiesischen Renaissance«. Seine Mitarbeit bestand in einer Artikelserie über die portugiesische Poesie. Es ist für Pessoa typisch, daß er sein Schriftstellerdasein als Literaturkritiker beginnt. Nicht minder bezeichnend ist der Titel eines seiner Texte: *Na Floresta do Alheamento* (Im Wald der Entfremdung). Das Thema der Entfremdung und der Suche nach sich selbst, im verzauberten Wald oder in der abstrakten Stadt, ist mehr als ein Thema: es ist der Stoff seines Werkes. In diesen Jahren ist er auf der Suche nach sich selbst; bald wird er sich erfinden.

Im Jahre 1913 lernt er zwei junge Männer kennen, die in dem kurzen futuristischen Abenteuer seine treuesten Gefährten sein werden: den Maler Almada Negreiros und den Dichter Mário de Sá-Carneiro. Weitere Freundschaften: Armando Côrtes-Rodrigues, Luís de Montalvor, José Pacheco. Noch gefangen vom Zauber der »dekadenten« Poesie, versuchen diese jungen Leute vergebens, die symbolistische Richtung zu erneuern. Pessoa erfindet den »Paulismo«. Und plötzlich, durch Sá-Carneiro, der in Paris lebt und mit dem er eine fieberhafte Korrespondenz führt, die Entdeckung des großen modernen Aufstands: Marinetti. Die Fruchtbarkeit des Futurismus ist unbestreitbar, obgleich sein Glanz später durch die wiederholte Abdankung seines Gründers verblaßt ist. Die Bewegung fand sofort Widerhall, wahrscheinlich weil sie weniger eine Revolution denn eine Meuterei war. Sie war der erste Funke, der Funke, der das Pulverfaß zur Explosion brachte. Der Brand breitete sich schnell aus, von einem Ende Europas zum anderen, von Moskau bis Lissabon. Drei große Dichter: Apollinaire, Majakowski und Pessoa. Das darauffolgende Jahr, 1914, sollte für den Portugiesen das Jahr der Entdeckung werden, oder genauer, das der Geburt: es erscheinen Alberto Caeiro und dessen Schüler, der Futurist Álvaro de Campos und der Klassizist Ricardo Reis.

Auf die Freisetzung der Heteronyme, ein inneres Ereignis, folgt die öffentliche Tat: *Orpheu*: die Explosion. Im April 1915 erscheint die erste Nummer der Zeitschrift; im Juli die zweite und letzte. Wenig? Eher zuviel. Die Gruppe war nicht homogen. Schon der Name »Orpheus« zeigt deutlich den symbolistischen Einschlag. Selbst bei Sá-Carneiro, trotz dessen Ungestüm, stellen die portugiesischen Kritiker fest, daß der »Decadentismo« fortdauert. Bei Pessoa ist die Spaltung eindeutig: Álvaro de Campos ist ein ganzer Futurist, während Fernando Pessoa immer noch ein »paulistischer« Dichter ist. Die Öffentlichkeit nahm die Zeitschrift mit Entrüstung auf. Die Texte von Sá-Carneiro und Campos bewirkten, daß die Journalisten, wie üblich, tobten. Auf die Beschimpfungen folgte der Spott; auf den Spott Schweigen. Der Kreis schloß sich. Ist etwas geblieben? In der ersten Nummer war die *Ode triunfal* (Triumph-Ode) erschienen; in der zweiten die *Ode marítima*. Die erste Ode ist ein Gedicht, das ungeachtet seiner Tricks und seiner Künsteleien bereits den direkten Ton von *Tabacaria* (Tabakladen) hat, die Erkenntnis der Gewichtslosigkeit des Menschen gegenüber dem Schwergewicht des gesellschaftlichen Lebens. Das zweite Gedicht ist mehr als nur das Feuerwerk der futuristischen Poesie: ein großer Geist deliriert mit lauter Stimme, und sein Schrei ist nie animalisch noch übermenschlich. Der Dichter ist kein »kleiner Gott«, sondern ein gefallener Mensch. Die beiden Gedichte gemahnen eher an Whitman denn an Marinetti, an einen grüblerischen und negativen Whitman. Doch das ist noch nicht alles.

Der Widerspruch ist System, bildet die Kohärenz seines Lebens: zur gleichen Zeit schreibt er *O Guardador de Rebanhos* (dt. *Hüter der Herden*), ein postumes Buch von Alberto Caeiro, die latinisierenden Gedichte von Reis und *Epithalamium* und *Antinous*, »zwei meiner englischen Gedichte, sehr indezent und deshalb in England nicht zu veröffentlichen«.

Das Abenteuer *Orpheu* wird jäh unterbrochen. Angesichts der Angriffe der Journalisten, und wohl auch erschrocken über die Maßlosigkeit Álvaro de Campos', machen einige nicht mehr mit. Sá-Carneiro, immer unstet, kehrt nach Paris zurück. Ein Jahr darauf begeht er Selbstmord. 1917 ein neuer Versuch: die einzige Nummer von *Portugal Futurista*, herausgegeben von Almada Negreiros, in der das *Ultimatum* von Álvaro de Campos erscheint. Es fällt heute schwer, diesen Schwall von Invektiven zu lesen, obgleich einige ihre heilsame Virulenz bewahrt haben: »D'Annunzio, Don Juan auf Patmos; Shaw, kalte Geschwulst des Ibsenismus; Kipling, Schrotthandel-Imperialist ...« Die Episode *Orpheu* endet mit der Auflösung der Gruppe und dem Tod eines ihrer Anführer. Man wird fünfzehn Jahre warten müssen, bis eine neue Generation kommt. Nichts ist daran ungewöhnlich. Das Erstaunliche ist das Auftreten der Gruppe, die ihrer Zeit und ihrer Gesellschaft voraus ist. Was wurde in diesen Jahren in Spanien und in Hispanoamerika geschrieben?

Die folgende Periode ist relativ glanzlos. Pessoa veröffentlicht zwei Bändchen mit englischen Gedichten, *35 Sonnets* und *Antinous* (beide 1918), die von der Londoner *Times* und vom *Glasgow Herald* sehr höflich und mit wenig Begeisterung besprochen werden. 1922 erscheint der erste Beitrag Pessoas für *Contemporânea*, eine neue literarische Zeitschrift: *O Banqueiro Anarquista* (Der anarchistische Bankier). In diesen Jahren auch hat er seine politischen Anwandlungen: Lobeshymnen auf den Nationalismus und das autoritäre Regime. Die Wirklichkeit öffnet ihm die Augen und nötigt ihn zum Widerruf: bei zwei Anlässen widersetzt er sich der Staatsgewalt, der Kirche und der Gesellschaftsmoral. Das erste Mal, um António Botto zu verteidigen, den Autor von *Canções*, in denen die uranische Liebe besungen wird. Das zweite Mal opponiert er gegen den »Kampfbund der Studenten«, der unter dem Vorwand, mit der sogenannten »Sodom-Literatur« Schluß zu machen, das freie Denken verfolgte. Cäsar ist immer Moralist. Álvaro de Campos verteilt ein Flugblatt: *Aviso por causa da moral* (Ein Wort in Sachen Moral); Pessoa veröffentlicht eine Erklärung; und der Angegriffene, Raúl Leal, verfaßt das Flugblatt: *Uma lição de moral aos estudantes de Lisboa e o descaramento da Igreja Católica* (Eine Morallektion für die Studenten von Lissabon und die Dreistigkeit der katholischen Kirche). Der Schwerpunkt hat sich von der freien Kunst auf die Freiheit der Kunst verlagert. Unsere Gesellschaft ist so beschaffen, daß der schöpferische Mensch zur Heterodoxie und zur Opposition verurteilt ist. Der klarsichtige Künstler weicht dieser moralischen Gefahr nicht aus.

Im Jahre 1924 eine neue Zeitschrift: *Atena.* Sie bringt es nur auf fünf Nummern. Nie war ein zweiter Aufguß gut. In Wirklichkeit ist *Atena* eine Brücke zwischen *Orpheu* und den jungen Leuten von *Presença* (1927). Jede Generation wählt sich scheint's ihre eigene Tradition. Die neue Gruppe entdeckt Pessoa: endlich hat er Gesprächspartner gefunden. Zu spät, wie immer. Kurz darauf, ein Jahr vor seinem Tode, ereignet sich der groteske Zwischenfall: ein Dichter-Wettbewerb, ausgeschrieben vom Ministerium für Nationale Propaganda. Das Thema war natürlich ein Lied zum Ruhme der Nation und des Reiches. Pessoa schickt *Mensagem* (Botschaft), Gedichte, die eine »okkultistische« und symbolische Interpretation der portugiesischen Geschichte sind. Das Buch muß die beamteten Juroren des Wettbewerbs in große Verlegenheit gebracht haben. Sie verliehen ihm den Preis »zweiter Klasse«. Es war sein letzter literarischer Versuch.

Alles beginnt am 8. März 1914. Doch es ist besser, hier einen Auszug aus einem Brief Pessoas an einen der jungen Männer von *Presença*, Adolfo Casais Monteiro, zu zitieren: »Gegen 1912 kam ich auf den Gedanken, einige Gedichte heidnischer Art zu schreiben. Ich entwarf ein paar Sachen in freien Versen (nicht im Stil von Álvaro de Campos) und gab dann den Versuch auf. Doch im Halbdunkel sah ich verschwommen das Bild der Person, die diese Verse schrieb (ohne mein Wissen war

Ricardo Reis geboren). Anderthalb oder zwei Jahre später kam ich auf den Einfall, Sá-Carneiro einen Streich zu spielen, einen etwas verzwickten bukolischen Dichter zu erfinden und ihn so zu präsentieren, ich weiß nicht mehr wie, als wäre er ein wirkliches Wesen. Ich verbrachte damit mehrere Tage, doch es wollte mir nicht gelingen. Eines Tages, als ich es schon aufgegeben hatte – es war der 8. März 1914 –, stellte ich mich vor eine hohe Kommode, nahm einen Stapel Papier und begann im Stehen zu schreiben, wie ich das nach Möglichkeit immer tue. Und ich schrieb über dreißig Gedichte hintereinander, in einer Art von Ekstase, die ich nicht näher beschreiben kann. Es war der triumphale Tag meines Lebens, nie werde ich so einen noch einmal erleben. Ich begann mit einem Titel, *O Guardador de Rebanhos*. Und dann erschien jemand in mir, dem ich sofort den Namen Alberto Caeiro gab. Entschuldigen Sie das Absurde des Satzes: in mir war mein Meister erschienen. Das war mein unmittelbares Gefühl. Und es war so stark, daß ich, kaum waren die dreißig Gedichte geschrieben, auf einem neuen Blatt Papier, ebenfalls in einem Zuge *Chuva oblíqua* (Schräger Regen) von Fernando Pessoa schrieb. Unmittelbar und bis zum Ende [...] Es war die Rückkehr von Fernando Pessoa – Alberto Caeiro zu Fernando Pessoa schlechthin. Oder besser: es war die Reaktion Fernando Pessoas auf seine Nichtexistenz als Alberto Caeiro [...] Als Caeiro erschienen war, versuchte ich sogleich, unbewußt und instinktiv, Schüler für ihn zu entdecken. Ich entriß den latent existierenden Ricardo Reis seinem falschen Heldentum, fand für ihn einen Namen und glich ihn sich selber an, denn in diesem Augenblick *sah* ich ihn schon. Und plötzlich, entgegengesetzter Herkunft zu Reis, tauchte gebieterisch noch eine Person auf. In einem Zug, ohne Unterbrechung noch Verbesserung, entstand die *Ode triunfal* von Álvaro de Campos. Die Ode mit diesem Namen und der Mensch mit seinem Namen.« Ich weiß nicht, was diesem Bekenntnis hinzuzufügen wäre.

Die Psychologie bietet uns verschiedene Erklärungen. Pessoa selbst, der sich für seinen Fall interessierte, findet zwei oder drei. Eine krude pathologische: »Wahrscheinlich bin ich ein neurasthenischer Hysteriker [...] und das erklärt recht oder schlecht den organischen Ursprung der Heteronyme.« Ich würde nicht sagen, »recht oder schlecht«, sondern kaum. Die Fragwürdigkeit dieser Hypothesen besteht nicht darin, daß sie falsch wären: sie sind unvollständig. Ein Neurotiker ist ein Besessener; ist derjenige, der seine psychischen Störungen meistert, ein Kranker? Der Neurotiker erleidet seine Obsessionen; der schöpferische Mensch wird ihrer Herr und wandelt sie um. Pessoa erzählt, daß er seit seiner Kindheit mit imaginären Personen lebte. (»Ich weiß natürlich nicht, ob sie es sind, die nicht existieren, oder ob ich es bin, der nicht existiert: in diesen Dingen dürfen wir nicht dogmatisch sein.«) Die Heteronyme sind umgeben von einer wabernden Menge von Halbwesen: der Barón de Teive; Jean Seul, französischer satirischer Journalist; Bernardo Soares, Gespenst des gespenstischen Vicente Guedes; Pacheco, eine blasse Kopie Campos' ... Nicht alle sind Schriftsteller: es gibt einen Mr. Cross, unermüdlicher Teilnehmer an den Wettbewerben in Silben- und Kreuzworträtseln der englischen Zeitschriften (ein unfehlbares Mittel, wie Pessoa glaubte, um reich zu werden), Alexander Search und andere. All das – wie seine Einsamkeit, sein heimlicher Alkoholismus und vieles andere – wirft ein Licht auf seinen Charakter, aber erklärt uns nicht seine Gedichte, worauf allein es uns ankommt.

Gleiches ist zu sagen von der »okkultistischen« Hypothese, zu der Pessoa, der viel zu kritisch ist, zwar nicht offen greift, doch auf die er immerhin anspielt. Bekanntlich verraten die Geister, die den Medien die Feder führen, auch wenn es die Geister von Euripides oder Victor Hugo sind, eine erstaunliche literarische Ungewandtheit. Manche Leute vermuten, daß es sich um eine »Mystifikation« handelt. Der Irrtum ist ein doppelt großer: weder ist Pessoa ein Lügner, noch ist sein Werk Schwindel. Der moderne Geist hat etwas schrecklich Vulgäres: Im wirklichen Leben dulden die Leute jede Art von schändlichen Wirklichkeiten, aber die Existenz der Fabel können sie nicht ertragen. Und eben das ist Pessoas Werk: eine Fabel, eine Fiktion. Wenn man vergißt, daß Caeiro, Reis und Campos dichterische Schöpfungen sind, vergißt man zuviel. Wie jede Schöpfung, wurden diese Dichter im Spiel geboren. Kunst ist Spiel – und anderes. Doch ohne Spiel gibt es keine Kunst.

Die Authentizität der Heteronyme hängt von ihrer poetischen Kohärenz, von ihrer Wahrscheinlichkeit ab. Sie waren notwendige Schöpfungen, andernfalls hätte Pessoa sein Leben nicht darauf verwandt, sie zu leben und zu erschaffen; was heute zählt, ist nicht, daß sie für ihren Autor notwendig gewesen sind, sondern ob sie das auch für uns sind. Pessoa, ihr erster Leser, zweifelte nicht an ihrer Wirklichkeit. Reis und Campos sagten Dinge, die er vielleicht nie gesagt haben würde. Indem sie ihm widersprachen, gaben sie ihm Ausdruck; indem sie ihm Ausdruck gaben, zwangen sie ihn, sich zu erfinden. Wir schreiben, um zu sein, was wir sind, oder um das zu sein, was wir nicht sind. In dem einen wie in dem anderen Fall suchen wir uns selbst. Und wenn wir das Glück haben, uns zu finden – ein Zeichen von Schöpfung –, werden wir entdecken, daß wir ein Unbekannter sind. Immer der andere, immer er, untrennbar mit uns verbunden und uns ein Fremder, mit deinem Gesicht und mit dem meinen, du immer bei mir und immer allein.

Die Heteronyme sind keine literarischen Masken: »Das, was Fernando Pessoa schreibt, gehört zwei Arten von Werken an, die wir orthonym und heteronym nennen könnten. Man kann nicht sagen, daß sie anonyme oder pseudonyme Werke sind, da sie es wirklich nicht sind. Das pseudonyme Werk ist das des Autors in Person, nur daß er es mit einem anderen Namen zeichnet; das heteronyme ist das des Autors, der seiner Person entäußert ist [...].« Gérard de Nerval ist das Pseudonym von Gérard Labrunie: dieselbe Person und dasselbe Werk; Caeiro ist ein Heteronym von Pessoa: es ist unmöglich, sie zu verwechseln. Auch der Fall Antonio Machado ist ein anderer. Abel Martín und Juan de Mairena sind nicht ganz und gar der Dichter Antonio Machado. Sie sind Masken, doch durchsichtige Masken: ein Text von Machado unterscheidet sich nicht von einem Text von Mairena. Zudem ist Machado von seinen Fiktionen nicht besessen, es sind keine Geschöpfe, die ihn heimsuchen, ihm widersprechen oder ihn negieren. Dagegen sind Caeiro, Reis und Campos die Helden eines Romans, den Pessoa nie geschrieben hat. »Ich bin ein dramatischer Dichter«, bekannte er in einem Brief an J. G. Simões. Trotzdem ist die Beziehung zwischen Pessoa und seinen Heteronymen nicht gleich der des Dramatikers oder Romanciers zu seinen Personen. Er ist kein Erfinder von Dichter-Persönlichkeiten, sondern ein Schöpfer von Dichter-Werken. Das ist ein wesentlicher Unterschied. Wie A. Casais Monteiro sagt: »Er erfand die Biographien für die Werke und nicht die Werke für die Biographien.« Diese Werke und die im Hinblick auf sie, für oder gegen sie geschriebenen Gedichte Pessoas sind sein dichterisches Werk. Er selbst wird zu einem der Werke seines Werks. Und er hat nicht einmal das Vorrecht, der Kritiker dieser Clique zu sein: Reis und Campos behandeln ihn ziemlich herablassend; der Barón de Teive grüßt ihn nicht immer; Vicente Guedes, der Archivar, sieht ihm so ähnlich, daß er sich selbst ein wenig bemitleidet, wenn er ihn in einem Wirtshaus des Viertels trifft. Er ist der behexte Zauberer, von seinen Phantasmagorien so völlig besessen, daß er sich von ihnen beobachtet, gar verachtet oder bemitleidet fühlt. Unsere Werke beurteilen uns ...

Alberto Caeiro ist mein Lehrmeister. Diese Aussage ist der Prüfstein eines ganzen Werkes. Und man könnte hinzufügen, daß das Werk Caeiros die einzige positive Aussage ist, die Pessoa gemacht hat. Caeiro ist die Sonne, und um sie kreisen Reis, Campos und Pessoa selbst. In ihnen allen gibt es Partikel der Negation oder der Irrealität: Reis glaubt an die Form, Campos an die Sinneswahrnehmung, Pessoa an die Symbole. Caeiro glaubt an nichts: er existiert. Die Sonne ist das von sich erfüllte Leben; die Sonne sieht nicht, denn alle ihre Strahlen sind Blicke, die sich in Wärme und Licht verwandelt haben; die Sonne hat kein Bewußtsein ihrer selbst, denn bei ihr sind Denken und Sein ein und dasselbe. Caeiro ist all das, was Pessoa nicht ist, und zudem all das, was kein moderner Dichter sein kann: der mit der Natur versöhnte Mensch. Der Mensch vor dem Christentum, gewiß, aber auch noch vor der Arbeit und vor der Geschichte. Vor dem Bewußtsein. Caeiro negiert durch die bloße Tatsache seiner Existenz nicht nur die symbolistische Ästhetik Pessoas, sondern alle Ästhetiken, alle Werte, alle Ideen. Bleibt nichts? Alles bleibt, aber frei von den Phantasmen und Spinnweben der Kultur. Die Welt existiert, weil meine Sinne mir das sagen; und indem sie mir das sagen, sagen sie mir, daß auch ich existiere. Ja, ich werde sterben, und auch die Welt wird sterben, doch sterben heißt leben. Die Aussage Caeiros annulliert den Tod; indem er das Bewußtsein negiert, negiert er das Nichts. Er behauptet nicht, daß alles *ist*, denn das hieße, eine Idee zu vertreten; er sagt, daß alles *existiert*. Und mehr noch: er sagt, daß nur ist, was existiert. Alles übrige sind Täuschungen. Campos setzt dann das Tüpfelchen auf das i: »Mein Lehrmeister Caeiro war kein Heide; er war das Heidentum.« Ich würde sagen: ein Bild des Heidentums.

Caeiro hat kaum Schulen besucht.[1] Als er erfuhr, daß man ihn einen »materialistischen Dichter« nannte, wollte er wissen, was das für eine Lehre sei. Als er Campos' Erklärung hörte, war er zuhöchst verwundert: »Das ist eine Idee von Geistlichen ohne Religion! Sie sagen, sagen Sie, der Raum sei unendlich? In welchem Raum haben Sie das gesehen?« Vor seinem verblüfften Schüler behauptete Caeiro, der Raum sei endlich: »Was keine Grenzen hat, existiert nicht ...« Der andere entgegnete: »Und die Zahlen? Nach der 34 kommt die 35 und dann die 36 und so fort ...« Caeiro sah ihn mitleidig an: »Aber das sind doch nur Zahlen!« und fuhr *mit umwerfender Kindlichkeit* fort: »Gibt es eine Zahl 34 etwa in der Wirklichkeit?« Eine andere Anekdote: man fragte ihn: »Sind Sie mit sich selbst zufrieden?« Und er antwortete: »Nein, ich bin zufrieden.« Caeiro ist kein Philosoph, er ist ein Weiser. Die Denker haben Ideen: für den Weisen sind Leben und Denken nichts voneinander Geschiedenes. Deshalb ist es unmöglich, die Ideen Sokrates' oder Laotses darzulegen. Sie hinterließen keine Lehren, sondern eine Handvoll Anekdoten, Rätsel und Gedichte. Chuang Tzu, redlicher als Platon, will uns keine Philosophie vermitteln, sondern ein paar kurze Geschichten erzählen: die Philosophie ist von der Erzählung untrennbar, sie ist Erzählung. Die Lehre des Philosophen reizt zur Widerlegung; das Leben des Weisen ist unwiderlegbar. Kein Weiser hat je verkündet, daß die Wahrheit erlernbar sei; alle, oder fast alle, haben gesagt, daß das einzige, wofür sich zu leben lohnt, die *Erfahrung* der Wahrheit ist. Caeiros' schwacher Punkt sind nicht seine Ideen (diese Schwäche ist eher seine Stärke), sondern die Irrealität der Erfahrung, die er zu verkörpern behauptet.

Adam in einem Landhaus der portugiesischen Provinz, ohne Frau, ohne Kinder und ohne Schöpfer: ohne Bewußtsein, ohne Arbeit und ohne Religion. Eine Sinnlichkeit unter Sinnlichkeiten, ein Existieren unter Existenzen. Hier und jetzt ist Stein Stein und Caeiro Caeiro. Danach wird jeder etwas anderes sein. Oder das gleiche. Gleiches oder Verschiedenes: alles ist gleich, da alles verschieden ist. Benennen heißt sein. Das Wort, mit dem er den Stein benennt, ist nicht der Stein, aber es ist geradeso wirklich wie der Stein. Caeiro will die Wesen nicht benennen, und deshalb sagt er uns nie, ob der Stein ein Achat oder ein Kiesel ist, ob der Baum eine Pinie oder eine Steineiche ist. Auch will er keine Beziehungen zwischen den Dingen herstellen; das Wort *wie* kommt in seinem Vokabular nicht vor. Jedes Ding ist in seine eigene Wirklichkeit vertieft. Wenn Caeiro spricht, so deshalb, weil der Mensch ein Lebewesen ist, das sprechen kann, so wie der Vogel ein Lebewesen ist, das fliegen kann. Der Mensch spricht, wie der Fluß fließt oder der Regen fällt. Der unschuldige Dichter braucht die Dinge nicht zu benennen; seine Worte *sind* Bäume, Wolken, Spinnen, Eidechsen. Nicht die Spinnen, die ich sehe, sondern die, die ich sage. Caeiro wundert sich angesichts der Idee, daß die Wirklichkeit nicht greifbar sei: hier liegt sie vor uns, man braucht sie nur zu berühren. Man braucht nur zu sprechen.

Reis, Campos und Pessoa sagen sterbliche und geschichtliche Worte, Worte des Untergangs und der Auflösung: sie sind die Vorahnung der Einheit oder das Heimweh nach ihr. Wir hören sie vor dem Hintergrund des Schweigens dieser Einheit. Es ist kein Zufall, daß Caeiro jung stirbt, noch bevor seine Schüler ihr Werk beginnen. Er ist ihre Grundlage, das Schweigen, das sie nährt.

Caeiro, der von den Heteronymen der Natürlichste und Schlichteste ist, ist der am wenigsten Wirkliche. Er ist es durch ein Übermaß an Wirklichkeit. Der Mensch, zumal der moderne Mensch, ist nicht ganz wirklich. Er ist kein kompaktes Seiendes wie die Natur oder die Dinge; das Bewußtsein seiner selbst ist seine substanzlose Wirklichkeit. Caeiro ist eine absolute Bejahung des Existierens, und deshalb scheinen uns seine Worte Wahrheiten einer anderen Zeit, jener Zeit, in der alles ein und dasselbe war. Sinnlich wahrnehmbare und unberührbare Gegenwart: sobald wir sie benennen, verflüchtigt sie sich! Die Maske der Unschuld, die Caeiro uns zeigt, ist nicht die Weisheit: weise sein heißt, sich mit dem Wissen abfinden, daß wir nicht unschuldig sind. Pessoa, der das wußte, war der Weisheit näher.

Das andere Extrem ist Álvaro de Campos.[2] Caeiro lebt in der zeitlosen Gegenwart der Kinder und der Tiere; der Futurist Campos im Augenblick. Für den ersteren ist sein Dorf die Mitte der Welt; der andere, Kosmopolit, hat keine Mitte; er lebt verbannt in diesem Nirgendwo, das überall ist. Trotzdem ähneln sie sich: beide kultivieren den freien Vers; beide tun dem Portugiesischen Gewalt an; beide verschmähen nicht die Prosaismen. Sie glauben nur an das, was sie berühren können, sie sind Pessimisten, sie lieben die konkrete Wirklichkeit, nicht jedoch ihresgleichen, sie verachten die Ideen und leben außerhalb der Geschichte, der eine in der Fülle des Seins, der andere im äußersten Mangel an Sein. Caeiro, der unschuldige Dichter, ist das, was Pessoa nicht sein konnte; Campos, der vagabundierende Dandy, was er hätte sein können, aber nicht war. Sie sind Pessoas unmögliche Lebensmöglichkeiten.

Campos' erstes Gedicht ist von trügerischer Originalität. Die *Ode triunfal* ist dem Anschein nach ein brillantes Echo Whitmans und der Futuristen. Doch sobald man dieses Gedicht mit jenen vergleicht, die in denselben Jahren in Frankreich, Rußland und anderen Ländern geschrieben wurden, wird man den Unterschied gewahr.[3] Whitman glaubte tatsächlich und fest an den Menschen und an die Maschinen; besser gesagt, er glaubte, daß der *natürliche Mensch* mit den Maschinen nicht unvereinbar sei. Sein Pantheismus umfaßte auch die Industrie. Die meisten seiner Nachkommen hegen solche Illusionen nicht. Einige sehen in den Maschinen ein wunderbares Spielzeug. Ich denke an Valéry Larbaud und seinen *Barnabooth*, der mit Álvaro de Campos mehr als eine Ähnlichkeit besitzt.[4] Die Einstellung Larbauds zur Maschine ist epikureisch; die der Futuristen visionär. Sie betrachten sie als Mittel zur Vernichtung des falschen Humanismus, allerdings auch des *natürlichen Menschen.* Sie wollen die Maschine nicht vermenschlichen, sondern eine ihr ähnliche neue Gattung Mensch schaffen. Ausgenommen vielleicht Majakowski, doch selbst er ... Die *Ode triunfal* ist weder epikureisch noch romantisch noch triumphal: sie ist ein Gesang des Zorns und der Niederlage. Und darauf beruht ihre Originalität.

Eine Fabrik ist »eine tropische Landschaft«, bevölkert mit riesigen lasziven wilden Tieren. Eine endlose Hurerei von Rädern, Kolben und Rollen. In dem Maße wie der mechanische Rhythmus schärfer wird, verwandelt sich das Paradies aus Eisen und Elektrizität in eine Folterkammer. Die Maschinen sind Geschlechtsorgane der Zerstörung: Campos möchte von diesen rasenden Propellern zerfetzt werden. Diese seltsame Vision ist noch so phantastisch, wie es scheint, und nicht nur eine Obsession von Campos. Die Maschinen sind Nachbildung, Vereinfachung und Vervielfachung der Lebensprozesse. Sie bezaubern uns und erfüllen uns mit Entsetzen, weil sie uns zugleich das Gefühl von Intelligenz und Unbewußtsein geben: alles, was sie machen, machen sie gut, doch sie wissen nicht, was sie machen. Ist nicht dies ein Bild des modernen Menschen? Doch die Maschinen sind nur eine Seite der heutigen Zivilisation. Die andere ist die gesellschaftliche Promiskuität. Die *Ode triunfal* endet mit einem Aufschrei; in ein Bündel, eine Kiste, ein Paket, ein Rad verwandelt, verliert Álvaro de Campos den Gebrauch des Wortes: er zischt, er kreischt, er klappert, er hämmert, er knattert, er birst. Das Wort Caeiros evoziert die Einheit des Menschen, des Steins und des Insekts; das Campos' das zusammenhanglose Geräusch der Geschichte. Pantheismus und Panmaschinismus, zwei Möglichkeiten, das Bewußtsein zu vernichten.

Tabacaria ist das Gedicht des wiedererlangten Bewußtseins. Caeiro fragt sich, was bin ich?; Campos: wer bin ich? Von seinem Zimmer aus betrachtet er die Straße: Autos, Passanten, Hunde, alles wirklich und alles hohl, alles ganz nah und dabei so fern. Gegenüber, selbstsicher wie ein Gott, änigmatisch lächelnd wie ein Gott, sich die Hände reibend wie Gott Vater nach seiner entsetzlichen Schöpfung, taucht der Besitzer des Tabakladens auf und verschwindet wieder. Da kommt in seine Kramladen-Tempel-Höhle Esteva, der Unbekümmerte, Esteva *ohne Metaphysik*, der spricht und ißt, der Gefühle hat und politische

Meinungen und der die gebotenen Feiertage einhält. Von seinem Fenster, seinem Bewußtsein aus betrachtet sich Campos die beiden Marionetten und, sie sehend, sieht er sich selbst. Wo ist die Wirklichkeit: in mir oder Esteva? Der Inhaber des Tabakladens lächelt und antwortet nicht. Als futuristischer Dichter behauptet Campos zuerst, daß die einzige Wirklichkeit die Sinnesempfindung ist, ein paar Jahre später fragt er sich, ob er selbst irgendeine Wirklichkeit besitzt.

Indem er das Bewußtsein seiner selbst annulliert, negiert Caeiro die Geschichte; jetzt ist es die Geschichte, die Campos negiert. Ein marginales Leben: seine Geschwister, wenn er welche hat, sind die Prostituierten, die Herumtreiber, der Dandy, der Bettler, das Gesindel der Unter- wie der Oberschicht. Seine Rebellion hat nichts zu tun mit den Ideen der Erlösung oder der Gerechtigkeit: *Nein: alles andere, nur keine Gründe haben! Alles, nur nicht die Menschheit wichtig nehmen! Alles, nur keine Menschenfreundlichkeit!* Campos rebelliert auch gegen die Idee der Rebellion. Sie ist keine Tugend, kein Bewußtseinszustand – sie ist das Bewußtsein eines Gefühls: »Ricardo Reis ist Heide aus Überzeugung; Antonio Mora aus Intelligenz; ich bin es aus Rebellion, das heißt, vom Temperament her.« Seine Sympathie für die Elenden ist gefärbt von Verachtung, doch diese Verachtung fühlt er vor allem für sich selbst:

> Ich habe Sympathie für alle diese Leute,
> Vor allem, wenn sie keine Sympathie verdienen.
> Ja, auch ich bin Vagabund und aufdringlicher Bettler [...]
> Ein Vagabund und Bettler sein heißt nicht, ein Vagabund
> und Bettler sein:
> Es heißt, außerhalb der gesellschaftlichen Rangordnung
> stehen [...]

Ihre Streunerei und Bettelei sind durch keinen äußeren Umstand bedingt; sie sind Unheilbare ohne Erlösung. Ein solcher Herumtreiber sein heißt, *seelisch einsam sein.* Und weiter unten, mit dieser Brutalität, die Pessoas Ärgernis erregte: *Ich kann nicht einmal Zuflucht nehmen zu Meinungen über soziale Verhältnisse* [...] *Ich bin bei Verstand. Nichts da von Ästhetik mit Herz: ich bin bei Verstand. Scheiße! Ich bin bei Verstand.*

Das Bewußtsein der Verbannung ist seit anderthalb Jahrhunderten ein permanentes Merkmal der modernen Poesie. Gérard de Nerval gibt vor, Prinz von Aquitanien zu sein; Álvaro de Campos wählt die Maske des Vagabunden. Der Wandel ist aufschlußreich. Troubadour oder Bettler, was verbirgt diese Maske? Nichts vielleicht. Der Dichter ist das Bewußtsein seiner geschichtlichen Irrealität. Nur wenn dieses Bewußtsein sich von der Geschichte zurückzieht, versinkt die Gesellschaft in ihrer eigenen Opakheit, sie wird Esteva oder der Besitzer des Tabakladens. Manch einer wird sagen, daß Campos' Einstellung nicht »positiv« ist. Auf solche Kritik entgegnete A. Casais-Monteiro: »Das Werk Pessoas ist *tatsächlich* ein negatives Werk. Es dient nicht als Vorbild, es lehrt weder zu regieren noch regiert zu werden. Es dient ganz im Gegenteil dazu, den Geist zum Ungehorsam zu erziehen.«

Campos ist nicht, wie Caeiro, darauf aus, alles zu sein, sondern alle zu sein und überall zu sein. Die Dispersion in die Pluralität bezahlt er mit dem Verlust der Identität. Ricardo Reis wählt die andere in der Poesie seines Lehrmeisters latente Möglichkeit.[5] Reis ist ein Eremit, wie Campos ein Vagabund ist. Seine Eremitage ist eine Philosophie und eine Form. Die Philosophie ist eine Mischung aus Stoizismus und Epikureismus. Die Form ist das Epigramm, die Ode und die Elegie der klassizistischen Dichter. Nur daß der Klassizismus eine Nostalgie ist, das heißt, eine Romantik, die nicht um sich weiß oder die sich maskiert. Während Campos seine langen Monologe schreibt, die der Introspektion immer näher sind als der Hymne, bosselt sein Freund Reis kleine Oden über die Freude, die Flucht der Zeit, die Rosen Lydias, die trügerische Freiheit des Menschen, die Eitelkeit der Götter. In einer Jesuitenschule erzogen, Arzt von Beruf, Monarchist, seit 1919 in Brasilien in der Verbannung lebend, Heide und Skeptiker aus Überzeugung, Latinist durch Erziehung, lebt Reis außerhalb der Zeit. Er scheint, aber ist es nicht, ein Mann der Vergangenheit: er hat gewählt, in einer zeitlosen Weisheit zu leben. Cioran wies kürzlich darauf hin, daß unser Jahrhundert, das so viele Dinge erfunden hat, nicht geschaffen hat, was wir am nötigsten brauchen. So ist es denn nicht verwunderlich, daß einige in der östlichen Tradition danach suchen: im Taoismus, im Zen-Buddhismus: in Wirklichkeit erfüllen diese Lehren die gleiche Funktion wie die Moral-Philosophien am Ausgang der Antike. Reis' Stoizismus ist eine Möglichkeit, nicht in der Welt zu sein – und dabei in ihr zu bleiben. Seine politischen Anschauungen haben einen ähnlichen Stellenwert: sie sind kein Programm, sondern eine Negation der Umstände seiner Zeit. Er haßt Christus nicht, doch er liebt ihn auch nicht; er verabscheut das Christentum, obgleich er, schließlich ein Ästhet, im Hinblick auf Jesus zugibt, daß »seine schwermütige, schmerzliche Art uns etwas gegeben hat, das uns fehlte«. Reis' wahrer Gott ist das Schicksal, und alle, Menschen und Mythen, sind seiner Herrschaft unterworfen.

Reis' Form ist bewundernswert und eintönig, wie alles, was von kunstreicher Vollkommenheit ist. In diesen kleinen Gedichten bemerkt man, von der Vertrautheit mit den lateinischen und griechischen Originalen abgesehen, eine kluge, durch Destillation gewonnene Mixtur aus der lusitanischen Klassik und der ins Englische übersetzten *Anthologia Graeca*. Die Korrektheit seiner Sprache beunruhigte Pessoa: »Caeiro schreibt ein schlechtes Portugiesisch; Campos schreibt es hinlänglich gut, obgleich ihm Fehler unterlaufen und er zum Beispiel sagt *›eu próprio‹* statt *›eu mesmo‹*; Reis schreibt es besser als ich, doch mit einem Purismus, den ich für übertrieben halte.« Die somnambule Übertreibung Campos' schlägt ins Gegenteil um und wird zur übertriebenen Genauigkeit von Reis. Weder die Form noch die Philosophie rechtfertigen Reis: sie rechtfertigen ein Phantasma. Die Wahrheit ist, daß auch Reis nicht existiert, und er weiß das. Klarsichtig, mit einer Klarsicht, die tiefer dringt als die erbitterte von Campos, betrachtet er sich:

> Ich weiß nicht, wessen sie ist, meine Vergangenheit,
> Die ich erinnere,
> Ein anderer war ich, auch erkenn ich mich nicht,
> Wenn meine Seele
> Jene fremde erfühlt, die ich fühlend erinnere.
> Von Tag zu Tag verlassen wir uns,
> Nichts Gewisses, das uns mit uns verbindet,

Wir sind, wer wir sind, und was
Wir waren, ist etwas von innen Geschautes.

Das Labyrinth, in dem Reis sich verirrt, ist das seiner selbst. Der innere Blick des Dichters, etwas ganz anders als Introspektion, rückt ihn in die Nähe Pessoas. Obgleich beide feste Versmaße und Formen benutzen, verbindet der Traditionalismus sie nicht, da sie verschiedenen Traditionen angehören. Was sie verbindet, ist das Gefühl der Zeit – nicht als etwas, das vor unseren Augen abläuft, sondern als etwas, wozu wir werden. Dem Augenblick verhaftet, affirmieren Caeiro und Campos freiweg das Sein oder den Mangel an Sein. Reis und Campos verirren sich auf den Gebirgspfaden ihres Denkens, in einer Wegbiegung finden sie sich und, indem sie eins werden mit sich selbst, umarmen sie einen Schatten. Das Gedicht ist nicht der Ausdruck des Seins, sondern das Gedenken dieses Augenblicks der Einswerdung. Ein leeres Monument: Pessoa baut dem Unbekannten einen Tempel; Reis, der karger ist, schreibt ein Epigramm, das auch ein Epitaph ist:

Mag das Verhängnis, außer ihn zu erblicken,
Mir alles versagen: Stoiker ohne Härte,
Des Schicksals eingemeißelten Spruch
Genießen, Letter um Letter.

Álvaro de Campos zitierte einen Ausspruch von Ricardo Reis: *Ich hasse die Lüge, weil sie eine Ungenauigkeit ist.* Diese Worte könnte man auch auf Pessoa beziehen, vorausgesetzt, daß man Lüge nicht mit Imagination oder Genauigkeit mit Strenge verwechselt. Die Poesie von Reis ist präzis und einfach wie eine Linearzeichnung; die von Pessoa exakt und komplex wie die Musik. Komplex und mannigfaltig, geht sie in verschiedene Richtungen: die Prosa, die Poesie in Portugiesisch und die Poesie in Englisch (die französischen Gedichte kann man als irrelevant außer acht lassen). Die Prosaschriften, obgleich noch nicht vollständig veröffentlicht, lassen sich in zwei große Gruppen einteilen: die mit seinem Namen gezeichneten und die seiner Pseudonyme, insbesondere des Barón de Teive, verarmter Aristokrat, und Bernardo Soares', »Handlungsgehilfe«. An verschiedenen Stellen betont Pessoa, daß sie keine Heteronyme sind: »Beide schreiben in einem Stil, der, ob gut oder schlecht, der meine ist ...« Es ist nicht unbedingt notwendig, sich mit den englischen Gedichten zu befassen; sie sind von literarischem und psychologischem Interesse, doch fügen sie der englischen Poesie, wie mir scheint, nicht viel hinzu. Das dichterische Werk in Portugiesisch, von 1902 bis 1935, umfaßt *Mensagem*, die lyrische Dichtung und die dramatischen Gedichte. Diese letzteren sind meines Erachtens von marginaler Bedeutung. Auch wenn man sie beiseite läßt, bleibt ein umfangreiches dichterisches Werk.

Ein erster Unterschied: die Heteronyme schreiben in einer einzigen Richtung und in einer einzigen zeitlichen Strömung. Pessoa gabelt sich wie ein Delta, und jeder seiner Arme bietet uns das Bild, die Bilder, eines Augenblicks. Die lyrische Dichtung verzweigt sich in *Mensagem*, den *Cancioneiro* (Liederbuch) (mit den noch nicht veröffentlichten und verstreuten Gedichten) und in die hermetischen Gedichte. Wie immer, entspricht die Klassifizierung nicht der Wirklichkeit. *Cancioneiro* ist ein symbolistisches Buch, durchsetzt von Hermetismen, obgleich der Dichter nicht direkt zu den Bildern der okkulten Tradition greift. *Mensagem* ist vor allem ein Buch der Heraldik – und die Heraldik ist ein Zweig der Alchimie. Letztlich sind die hermetischen Gedichte in Form und Geist symbolistische; man braucht kein »Initiierter« zu sein, um zu ihnen Zugang zu finden, noch setzt ihr dichterisches Verständnis besondere Kenntnisse voraus. Diese Gedichte, wie sein übriges Werk, verlangen vielmehr ein tiefes und differenziertes Verständnis. Zu wissen, daß Rimbaud sich für die Kabbala interessierte und daß er Poesie mit Alchimie gleichsetzte, ist nützlich und bringt uns sein Werk näher; doch um wirklich in es einzudringen, brauchen wir etwas mehr und etwas weniger. Pessoa definierte dieses Etwas wie folgt: Zuneigung, Intuition, Intelligenz, Verständnis und, das Heikelste: Gnade. Mag sein, daß diese Aufzählung übertrieben erscheint. Doch ich sehe nicht, wie man ohne diese fünf Voraussetzungen Baudelaire, Coleridge oder Yeats wirklich lesen kann. Allerdings bietet die Poesie Pessoas weniger Schwierigkeiten als die Hölderlins, Nervals, Mallarmés ... Bei allen

Dichtern der modernen Tradition ist die Poesie ein System von Symbolen und Analogien, entsprechend dem der hermetischen Wissenschaften. Ihm entsprechend, nicht mit ihm identisch: das Gedicht ist eine Konstellation von Zeichen, die ihr eigenes Licht haben.

Pessoa faßte *Mensagem* als ein *Ritual* auf; oder auch: als ein esoterisches Buch. Wenn man die äußere Perfektion in Betracht zieht, ist dieses sein vollkommenstes Werk. Aber es ist ein fabriziertes Buch, womit ich nicht sagen will, daß es unaufrichtig sei, sondern daß es aus den Spekulationen und nicht aus den Intuitionen des Dichters entstanden ist. Auf den ersten Blick ist es eine Hymne zum Ruhme Portugals und die Prophezeiung eines neuen Reiches (des Fünften), das nicht materiell sein wird, sondern geistig; seine Herrschaft wird sich über den geschichtlichen Raum und die geschichtliche Zeit hinaus erstrecken (ein mexikanischer Leser wird sofort an die »kosmische Rasse« von Vasconcelos gemahnt). Das Buch ist eine Galerie historischer und legendärer Personen, die ihrer überlieferten Wirklichkeit entrückt und in Allegorien einer anderen Tradition und einer anderen Wirklichkeit verwandelt werden. Vielleicht ohne sich seines Tuns voll bewußt zu sein, verflüchtigt Pessoa die Geschichte Portugals und stellt statt dessen eine andere, rein geistige dar, die deren Negation ist. Der esoterische Charakter von *Mensagem* verbietet uns, es als ein rein patriotisches Gedicht zu lesen, wie einige offizielle Kritiker das gern möchten. Man muß hinzufügen, daß sein Symbolismus es nicht einlöst. Damit die Symbole tatsächlich symbolkräftig werden, müssen sie aufhören zu symbolisieren, müssen sinnlich wahrnehmbar werden, lebendige Geschöpfe und keine musealen Embleme. Wie in jedem Werk, in dem mehr der Wille denn die Inspiration im Spiel ist, gibt es in *Mensagem* wenige Gedichte, die diesen »Stand der Gnade« erreichen, der die Poesie vor der schönen Literatur auszeichnet. Doch diese wenigen leben in demselben magischen Raum der besten Gedichte des *Cancioneiro* und einiger seiner hermetischen Sonette. Es ist unmöglich zu beschreiben, worin dieser Raum besteht; für mich ist es der der Poesie schlechthin, ein wirkliches, greifbares Gebiet, das von einem *anderen* Licht erhellt wird. Es macht nichts, daß es wenige Gedichte sind. Benn sagte: *Keiner auch der großen Lyriker unserer Zeit hat mehr als sechs bis acht vollendete Gedichte hinterlassen [...] also um diese sechs Gedichte die dreißig bis fünfzig Jahre Askese, Leiden und Kampf.*

Der *Cancioneiro*: eine Welt aus wenigen lebendigen Wesen und vielen Schattengebilden. Es fehlt die Frau, die zentrale Sonne. Ohne Frau löst das Universum des sinnlich Wahrnehmbaren sich auf, es gibt weder festes Land noch Wasser noch Verkörperung des nicht Greifbaren. Es fehlen die schrecklichen Lüste. Es fehlt die Leidenschaft, diese Liebe, die Verlangen ist nach einem einzigen Sein, welches es auch sei. Da ist ein vages Gefühl der Brüderlichkeit mit der Natur: Bäume, Wolken, Steine, alles flüchtig, alles in einem zeitlichen Vakuum schwebend. Irrealität der Dinge, Abbild unserer Irrealität. Da ist Negation, Überdruß und Trostlosigkeit. In dem *Livro de Desassossego* (dt. *Das Buch der Unruhe*), von dem nur Bruchstücke bekannt sind, beschreibt Pessoa seine geistige Landschaft: »Ich gehöre einer Generation an, die ohne Glauben an das Christentum geboren wurde und die auch keinen Glauben mehr in all die anderen Anschauungen setzte; wir waren von der sozialen Gleichheit, von der Schönheit oder vom Fortschritt nicht begeistert; wir suchten nicht in Orienten und Okzidenten nach anderen religiösen Formen (jede Kultur hat eine innige Beziehung zu der Religion, die sie vertritt; indem wir die unsrige verloren, verloren wir alles); einige von uns widmeten sich der Eroberung des Alltags; wir, aus besserem Hause, verzichteten auf die res publica, wollten nichts und verlangten nichts; andere wieder frönten dem Kult der Konfusion und des Lärms: sie meinten zu leben, wenn sie sich selbst hörten, sie meinten zu lieben, wenn sie auf die Äußerlichkeiten der Liebe stießen; und wir, die übrigen, *Rasse der Endzeit, der geistigen Grenze der Toten Zeit*, leben in Negation, Unzufriedenheit und Trostlosigkeit.« Dieses Porträt ist nicht das Pessoas, aber es ist der Hintergrund, von dem seine Gestalt sich abhebt und mit dem sie manchmal verschwimmt. Geistige Grenze der Toten Zeit: der Dichter ist ein leerer Mensch, der in seiner Hilflosigkeit eine Welt schafft, um seine wahre Identität zu entdecken. Pessoas ganzes Werk ist eine Suche nach der verlorenen Identität.

In einem seiner Gedichte, die am häufigsten zitiert werden, sagt er: *Der Dichter ist ein Simulant, der so perfekt täuscht, daß er selbst noch simuliert, der Schmerz, den er wirklich fühlt, sei simuliert.* Indem er die Wahrheit sagt, lügt er; indem er lügt, sagt er die Wahrheit. Wir haben es nicht mit einer Ästhetik zu tun, sondern mit einem Glaubensbekenntnis. Die Poesie ist die Enthüllung der Irrealität des Dichters:

> Zwischen dem Mondschein und dem Laub,
> Zwischen der Ruhe und dem Wald,
> Zwischen dem Nacktsein und dem Nachtwind
> Zieht ein Geheimnis vorüber,
> Folgt dem Vorüberziehn meiner Seele.

Was da vorüberzieht: ist es Pessoa oder ein anderer? Die Frage stellt sich ihm im Laufe der Jahre und mit weiteren Gedichten immer wieder. Er weiß nicht einmal, ob das, was er schreibt, seins ist. Besser gesagt, er weiß, daß es das nicht ist, obgleich es das ist: »Warum lasse ich mich hinters Licht führen und meine, daß meins ist, was meins ist?« Die Suche nach dem Ich – verloren und gefunden und wieder verloren – endet im Ekel: »Brechreiz, Lust zu nichts: leben, um nicht zu sterben.«

Nur aus dieser Perspektive kann man die volle Bedeutung der Heteronyme verstehen. Sie sind eine literarische Erfindung und eine psychologische Notwendigkeit, doch sie sind noch mehr. In gewissem Sinne sind sie das, was Pessoa hätte sein können oder hatte sein wollen; in anderem, tieferem Sinne das, was er *nicht* sein wollte: eine Persönlichkeit. Zum einen machen sie reinen Tisch mit dem Idealismus und den intellektuellen Überzeugungen ihres Erfinders; zum anderen zeigen sie, daß die unschuldige Weisheit, der Marktplatz und die philosophische Eremitage Selbstbetrug sind. Der Augenblick ist so unbewohnbar wie die Zukunft; und der Stoizismus ist ein Mittel, das tötet. Und trotzdem führt die Vernichtung des Ichs, denn eben das sind die Heteronyme, zu einer geheimen Fruchtbarkeit. Die wahre Einöde ist das Ich, und nicht nur, weil es uns in uns selbst einsperrt und uns so dazu verurteilt, mit einem Phantasma zu leben, sondern auch weil es alles, was es anrührt, zum Welken bringt. Die Erfahrung Pessoas steht, vielleicht ohne daß er selbst das gewollt hat, in der

Tradition der großen Dichter der Moderne seit Nerval und den deutschen Romantikern. Das Ich ist ein Hindernis, ist *das* Hindernis. Deshalb ist jedes rein ästhetische Urteil über sein Werk unzulänglich. Wenn man auch zugeben muß, daß nicht alles, was er geschrieben hat, von der gleichen Qualität ist, so ist doch alles, oder fast alles, geprägt von den Spuren seiner Suche. Sein Werk ist ein Schritt auf das Unbekannte zu. Es ist eine Passion.

Pessoas Welt ist weder diese Welt noch die andere. Das Wort Abwesenheit könnte sie definieren, falls man unter Abwesenheit einen fließenden Zustand versteht, in dem Anwesenheit sich auflöst und Abwesenheit Ankündigung ist – wovon? –, Augenblick ist, in dem das Gegenwärtige nicht mehr ist und andeutungsweise jenes sich zeigt, das vielleicht sein wird. Die städtische Wüste bedeckt sich mit Zeichen: die Steine sagen etwas, der Wind, das erleuchtete Fenster und der einsame Baum an der Ecke sagen etwas, alles sagt etwas, nicht das, was ich sage, sondern etwas anderes, immer etwas anderes, eben das, was sich nie sagen läßt. Abwesenheit ist nicht nur Mangel, sondern auch Vorahnung einer Anwesenheit, die sich nie ganz zeigt. Hermetische Gedichte und Gesänge decken sich: in der Abwesenheit, in der Irrealität, die wir sind, ist etwas gegenwärtig. Staunend unter Leuten und Dingen, geht der Dichter durch eine Straße der Altstadt. Er betritt einen Park, und die Blätter regen sich. Sie sind im Begriff, etwas zu sagen … Nein, sie haben nichts gesagt. Irrealität der Welt im letzten Licht des Tages. Alles ist reglos, in Erwartung. Der Dichter weiß jetzt, daß er keine Identität hat. Wie diese Häuser, fast golden, fast wirklich, wie diese in der Abendstunde schwebenden Bäume ist auch er sich selbst entrückt. Und der andere, der Doppelgänger, der wahre Pessoa, erscheint nicht. Er wird nie erscheinen: es gibt keinen anderen. Was erscheint, sich einschleicht, ist das andere, das, was keinen Namen hat, was man nicht benennen kann und was unsere armen Worte erbetteln. Ist es die Poesie? Nein: die Poesie ist das, was übrigbleibt und uns tröstet, das Bewußtsein der Abwesenheit. Und von neuem, kaum vernehmlich, ein Raunen von etwas: Pessoa oder das nahe Bevorstehen des Unbekannten.

Aus dem Spanischen von Rudolf Wittkopf

Anmerkungen

1 In Lissabon 1889 geboren; starb dort 1915. Er verbrachte fast sein ganzes Leben in einem Landhaus in Ribatejo. Werke: *O Guardador de Rebanhos* (1911-1912); *O Pastor Amoroso*; *Poemas Inconjuntos* (1913-1915).

2 Er wird am 15. Oktober 1890 in Tavira geboren. Das Datum stimmt mit seinem Horoskop überein, sagt Pessoa. Jüdischer Abstammung. Besuch des Gymnasiums; anschließend in Glasgow Ausbildung zum Schiffsbauingenieur. Reisen in den Orient. Künstliche und andere Paradiese. Verfechter einer nicht-aristotelischen Ästhetik, die er bei drei Dichtern verwirklicht sieht: bei Whitman, Caeiro und bei sich selbst. Trug ein Monokel. Jähzornig, gefühllos.

3 Im Spanischen gab es bis zur Generation von Lorca und Neruda nichts Vergleichbares. Es gab lediglich die Prosa des großen Ramón Gómez de la Serna. In Mexiko war ein zaghafter Anfang zu verzeichnen, doch nur ein Anfang: Tablada. Erst 1918 entsteht die moderne Poesie spanischer Sprache wirklich. Doch ihr Initiator, Vicente Huidobro, ist ein Dichter mit einem ganz anderen Ton.

4 Es scheint mir geradezu unmöglich, daß Pessoa das Buch von Larbaud nicht gekannt hat. Die endgültige Ausgabe von *Barnabooth* erschien 1913, im Jahr des intensiven Briefwechsels mit Sá-Carneiro. Ein merkwürdiges Detail: Larbaud besuchte Lissabon im Jahre 1926; Gómez de la Serna, der damals dort lebte, stellte ihn den jungen Schriftstellern vor, die ihm ein Bankett gaben. In dem Bericht, den er über diese Episode schrieb (*Lettre de Lisbonne*, in *Jaune bleu blanc*), spricht Larbaud lobend von Almada Negreiros, doch Pessoa erwähnt er nicht. Kannten sie sich?

5 In Oporto 1887 geboren. Er ist derjenige der Heteronyme, der am ehesten ein mediterraner Typ ist: Caeiro war blond und blauäugig; Campos »zwischen weiß- und dunkelhäutig«, groß, hager und von internationaler Erscheinung; Reis »mattbraun«, dem südlichen Spanier und Portugiesen schon ähnlicher. Die *Odes* sind nicht sein einziges Werk. Man weiß, daß er ein *Ästhetisches Streitgespräch zwischen Ricardo Reis und Álvaro de Campos* geschrieben hat. Seine kritischen Bemerkungen über Caeiro und Campos sind ein Muster von verbaler Genauigkeit und ästhetischem Verstand.

Fernando Pessoa in deutscher Sprache

Da Fernando Pessoas Werk noch immer nicht vollständig ediert ist und auch die Sekundärliteratur inzwischen ins Unermeßliche anwächst, wurden hier vor allem neuere kritische Ausgaben, Bibliographien und Sammelbände sowie Untersuchungen in deutscher Sprache aufgenommen.

Poesie [portug. und deutsch], übers. und mit einem Nachwort von Georg Rudolf Lind, hg. von Hans Magnus Enzensberger, Frankfurt/Main: Suhrkamp 1962 [enthält 2 Gedichte aus *Der Hüter der Herden*].

Dichtungen, übers. und mit einem Nachwort von Georg Rudolf Lind, Frankfurt/Main: S. Fischer 1965 [enthält alle Gedichte aus *Der Hüter der Herden* außer den 2 Gedichten in *Poesie*].

Ein anarchistischer Bänker, übers. und mit einem Nachwort von Reinold Werner, Berlin: Wagenbach 1986.

Alberto Caeiro. Dichtungen/Ricardo Reis. Oden [portug. und deutsch], hg. und übers. von Georg Rudolf Lind, Zürich: Ammann 1986.

Ich legte die Maske ab: Dichtungen, hg. und mit einem Nachwort von Carlos Rincón, übers. von Georg Rudolf Lind (»Der neue Staat« wurde von Curt Meyer-Clason übersetzt). Leipzig: Reclam 1978 [2., durchges. Aufl., Leipzig: Reclam 1986].

Das Buch der Unruhe des Hilfsbuchhalters Bernardo Soares, hg., übers. und mit einem Nachwort von Georg Rudolf Lind, Zürich: Ammann 1985 [dass. als Sonderausgabe mit 16 Illustrationen von Júlio Pomar. Zürich: Ammann 1996].

Álvaro de Campos. Poesias/Dichtungen [portug. und deutsch], hg., übers. und mit einem Nachwort von Georg Rudolf Lind, Zürich: Ammann 1987.

Ein anarchistischer Bankier. Ein ganz ausgefallenes Abendessen, übers. und mit einem Nachwort von Reinold Werner, Berlin: Wagenbach 1988.

Dokumente zur Person und ausgewählte Briefe, hg., übers. und mit einem Nachwort von Georg Rudolf Lind, Zürich: Ammann 1988.

Esoterische Gedichte. Mensagem/Botschaft. Englische Gedichte [portug., engl. und deutsch], hg., übers. und mit einem Nachwort von Georg Rudolf Lind, Zürich: Ammann 1989.

Faust. Eine subjektive Tragödie. Fragmente und Entwürfe [portug. und deutsch], hg., übers. und mit einem Nachwort von Georg Rudolf Lind [Nach der von Teresa Sobral Cunha erstellten Original-Ausgabe], Zürich: Ammann 1990.

Fernando Pessoa. Gedichte des Alberto Caeiro aus ›Der Hüter der Herden‹, hg., ausgewählt und illustriert von Karl Bohrmann, übers. von Georg Rudolf Lind, Hamburg: Maximilian-Gesellschaft 1991.

Lissabon: Eine Stadt und ihre Seele, hg. von Johann Scheibner mit Texten von Fernando Pessoa, Dortmund: Harenberg 1991.

Briefe an die Braut, hg. und übers. von Georg Rudolf und Josefina Lind, Zürich: Ammann 1995.

144 *Vierzeiler*, hg. und übers. von Georg Rudolf und Josefina Lind, Zürich: Ammann 1995.

Lissabon: Was der Tourist sehen sollte, hg. und mit einem Vorwort von Teresa Rita Lopes, übers. von Karin von Schweder-Schreiner, Frankfurt/Main: TFM 1995.

Politische und soziologische Schriften, hg. von Brunello de Cusatis, übers. von Robert Rill, Wien/Leipzig: Karolinger 1995.
Mein Lissabon. Ein Lese-und Bilderbuch, aus dem Englischen übers. von Hans Jürgen Balmes und Sabine Dörlemann, Zürich: Ammann 1996.
Herostrat. Die ästhetische Diskussion I, hg. von Frank Henseleit, übers. von Georg Rudolf und Josefina Lind, Zürich: Ammann 1997.

Werke von Fernando Pessoa (Auswahl)

Mensagem, Lisboa: Parceria António Maria Pereira 1934.
Obras completas, hg. und mit Anmerkungen versehen von João Gaspar Simões und L. de Montalvor, 11 Bde. Lisboa: Ática 1956-1974.
Obra poética, hg. und mit einer Einleitung (und Bibliographie) versehen von M. A. Galhoz, Rio de Janeiro: Aguilar 1960 [Dass., mit einer Einleitung von N. N. Coelho, ^{3}1981].
O livro do desassossego, hg. und mit einem Vorwort von Jacinto do Prado Coelho, 2 Bde. [Textbearb. von Maria Aliete Galhoz und Teresa Sobral Cunha], Lisboa: Ática 1982.
Obra poética e em prosa, hg. und mit einem Vorwort von António Quadros, Porto: Lello 1986.
Obras completas, 3 Bde., Porto: Lello 1986.
Obra poética, hg. und mit einer Einleitung von António Quadros, 7 Bde., Mem Martins: Europa-América 1986.
Obra em prosa, hg. und mit einer Einleitung von António Quadros, 9 Bde., Mem Martins: Europa-América 1987.
Poemas de Álvaro de Campos, hg. und mit einer Einleitung von Cleonice Berardinelli und einem Vorwort von Ivo Castro, Edição crítica de Fernando Pessoa II, Lisboa: Imprensa Nacional – Casa da Moeda 1990.
Livro de versos: edição crítica /Álvaro de Campos, hg., mit einer Einleitung und Anmerkungen von Teresa Rita Lopes, 2. Aufl., Lisboa: Estampa 1993.
Pessoa inédito, hg. von Teresa Rita Lopes, Lisboa: Livros Horizonte 1993.
Poemas Ingleses, hg. und mit einer Einleitung von João Dionísio, Edição crítica de Fernando Pessoa V, Lisboa: Imprensa Nacional – Casa da Moeda 1993.
Poemas de Ricardo Reis, hg. und mit einer Einleitung von Luiz Fagundes Duarte, Edição crítica de Fernando Pessoa III, Lisboa: Imprensa Nacional – Casa da Moeda 1994.
Poemas de Fernando Pessoa, Edição crítica de Fernando Pessoa I, Lisboa: Imprensa Nacional – Casa da Moeda, in Vorbereitung.

Poemas de Alberto Caeiro, Edição crítica de Fernando Pessoa IV, Lisboa: Imprensa Nacional – Casa da Moeda, in Vorbereitung.

Bibliographien

Blanco, José, *Esboço de uma bibliografia*, Lisboa: Imprensa Nacional – Casa da Moeda / Centro de Estudos Pessoanas 1983.

Fernando Pessoa, *Bibliografia*. Palácio Galveias. Bibl. Municipal Central. Nov. 1985. [Katalog], Lisboa: Câmara Municipal, Dir. dos Serviços Centrais e Culturais 1985.

Sekundärliteratur (Auswahl)

Fernando Pessoa, Sondernummer von *Jornal de Letras* 310, 14.6.1988.

Brode, Hanspeter, »Ein Dolmetscher unseres Jahrhunderts. Der Portugiese Fernando Pessoa und sein überraschendes *Buch der Unruhe*«, *FAZ*, 5.10.1985.

Castro, I[vo], *Editar Fernando Pessoa*, Lisboa: Imprensa Nacional – Casa da Moeda 1990.

Coelho, Jacinto do Prado, *Diversidade e unidade em Fernando Pessoa*, Lisboa: Tip. da Ed. Império 1949 [7., rev., aktualisierte und durch eine Bibliographie ergänzte Aufl. 1984].

–, *Camões e Pessoa, poetas da utopia*, Lisboa: Europa-América 1983.

Crespo, Ángel, *Das vervielfältigte Leben. Eine Biographie*, [aus dem Spanischen] übers. von Frank Henseleit-Lucke, Zürich: Ammann 1996 (*La vida plural de Fernando Pessoa*), Barcelona: Seix Barral 1988.

Demetz, Peter, »Geheimnisvoller Tempelritter im Parlament der Poeten«, *FAZ*, 29.8.1987.

–, »Ein Mann, drei Dichter. Die Geheimnisse und Verwandlungen des Fernando Pessoa«, *FAZ*, 3.3.1990.

Güntert, Georges, *Das fremde Ich. Fernando Pessoa*, Berlin/New York: de Gruyter 1971.

Hamm, Peter, »Im Labyrinth des Ich. Gedichte des Álvaro de Campos alias Fernando Pessoa«, *Die Zeit* 46 , 6.11.1987.

–, *Der Wille zur Ohnmacht: über Robert Walser, Fernando Pessoa, Julien Green, Nelly Sachs, Ingeborg Bachmann und andere*, München/Wien: Hanser 1992.

Kreutzer, Winfried, »Bernardo Soares und das *Livro do desassossego* – eine vorläufige Bilanz«, *Portugiesische Forschungen der Görres-Gesellschaft* 19 (1984-1987), S. 127-137.

Hess, Rainer, »Moderne Fiktionspoetik: das Gedicht *Autopsicografia* von Fernando Pessoa«, *De Orbis Hispani Linguis Litteris Historia Moribus* 1 (1994), S. 173-187.

Irmen, Friedrich, »Versmaß, Versrhythmus und Reim bei Fernando Pessoa als Übersetzungsproblem«, *Aufsätze zur Portugiesischen Kulturgeschichte* 19 (1988), S. 172-186.

Lancastre, Maria José de, *Fernando Pessoa. Uma fotobiografia*, Lisboa: Imprensa Nacional – Casa da Moeda 1981 [mit Faks.].

Lind, Georg Rudolf, »Die englische Jugenddichtung Fernando Pessoas«, *Aufsätze zur portugiesischen Kulturgeschichte* 6 (1966), S. 130-163

–, *Teoria poética de Fernando Pessoa*, Porto: Inova 1970 [Erneut unter dem Titel *Estudos sobre Fernando Pessoa*, Lisboa: Imprensa Nacional – Casa da Moeda 1981].

–, »Fernando Pessoas *Livro do desassossego* – ein Brevier der »decadence«-Literatur«, Michael Rössner/Birgit Wagner: *Aufstieg und Krise der Vernunft*, Wien/Köln: Böhlau 1984, S. 319-335.

– (Hg.), *Algebra der Geheimnisse. Ein Lesebuch*, mit Beiträgen von Octavio Paz, Peter Hamm und Georges Güntert [u. a.]. Zürich: Ammann 1986.

Linnartz, Bruno, »Alberto Caeiro als Antipode Fernando Pessoas«, *Romanistisches Jahrbuch* 17 (1966), S. 323-342.

Lopes, Teresa Rita, *Fernando Pessoa et le drame symboliste: héritage et création*, Paris/Lisboa: Fund. Calouste Gulbenkian 1977.

Lourenço, Eduardo, *Pessoa revisitado. Leitura estruturante do drama em gente*, Porto: Inova 1973 [ern. Lisboa: Moraes 1981].

–, *Fernando, rei da nossa baviera*, Lisboa: Imprensa Nacional – Casa da Moeda 1986.

Platschek, Hans, »Verstellte Stimmen. Endlich wird der portugiesische Dichter Fernando Pessoa mit seinem ganzen Werk vorgestellt – *Das Buch der Unruhe*«, *Die Zeit* 38, 13.9.1985.

Pollack, Ilse, *Fernando Pessoa von A-Z. Zur Einführung*, Leibnitz 1988.

Reichenberger, K., »Das Meeresmotiv in Baudelaires *Fleurs du mal* und Pessoas *Mensagem*. Ein Beitrag zur vergleichenden Literaturwissenschaft«, *Aufsätze zur portugiesischen Kulturgeschichte* 3 (1963), S. 131-153.

Roth, Wolfgang, »Die vierfache Poesie Fernando Pessoas«, *Romanische Forschungen* 78/1 (1966), S. 90-114.

Schönberger, Axel, »Interpretação e comparação de três poemas dos principais heterónimos de Fernando Pessoa (Alberto Caeiro, Ricardo Reis, Álvaro de Campos)«, *Lusorama* 4 (1986), S. 13-19.

Schueppen, Franz, »Lyrischer Existentialismus portugiesisch. Anmerkungen zu Lisbon revisited (1923) von Fernando Pessoa«, in: *Aufsätze zur Portugiesischen Kulturgeschichte* 12 (1975), S. 70-88.

Simões, João Gaspar, *Vida e obra de Fernando Pessoa. História de uma geração*, 2 Bde., Lisboa: Bertrand 1950 [5., rev. und aktualisierte Aufl. 1987].

Steinmetz, Martin, *Fernando Pessoa und Gottfried Benn: eine vergleichende Studie zur Identitätsproblematik in der Dichtung des 20. Jahrhunderts*, Frankfurt [u. a.]: Lang 1995.

Stempel, Ute, »Sich sehend verlorengehen. Fernando Pessoa und das *Buch der Unruhe*«, *Frankfurter Rundschau*, 9.10.1985.

–, »Das Leben eine mißliche Denkaufgabe«, *Süddeutsche Zeitung*, 9.10. 1985.

–, »Erfinder und Zerstörer seiner selbst. Gedichte und Oden des Fernando Pessoa, der sich auch Ricardo Reis und Alberto Caeiro nannte«, *Die Zeit* 17, 17.4.1987.

Tabucchi, António, *Wer war Fernando Pessoa?*, aus dem Italienischen übers. von Karin Fleischanderl, München/Wien: Hanser 1992.

Wuthenow, R. R., »›Alle Weltalter im Gehirn‹. Die Gedichte des Portugiesen Álvaro de Campos (i. e. Fernando Pessoa)«, *Frankfurter Rundschau*, 23.1.1988.

Wyss, T., *Dialog und Stille: Max Jacob, Giuseppe Ungaretti, Fernando Pessoa*, Zürich 1969.

Film

Hamm, Peter, *Im Labyrinth des Ich. Fernando Pessoa und Portugal*, Hessischer Rundfunk 1988.

Annäherungen an den portugiesischen Roman des 20. Jahrhunderts

Isabel Pires de Lima

»Ganz sicher hat mich Eça so sehr geprägt, daß ich mir dessen überhaupt nicht mehr bewußt bin.«[1] Gilt dieses Bekenntnis Vergílio Ferreiras, eines der bedeutendsten portugiesischen Romanautoren des 20. Jahrhunderts, über den großen Einfluß, den Eça de Queirós (1845-1900), unser realistischer Meisterautor des 19. Jahrhunderts, auf seine schriftstellerische Entwicklung ausübte, nicht auch für jeden anderen modernen Romancier Portugals?

Tatsächlich wird nach Queirós nichts mehr so sein wie zuvor. Durch sein Schaffen bildet sich, vor allem nach seinem Hauptwerk *Os Maias* (1888; dt. *Die Maias*), der moderne portugiesische Roman heraus, und zwar in dem Sinne, daß Queirós die menschliche Realität aus einer desillusionierten und ambivalenten Perspektive als ein zeitabhängiges Phänomen ansieht und beispielhaft wirkende stilistische Neuerungen einführt, die sich als geeignet erweisen, ontologische Ungewißheit und ein Schwanken zwischen Objektivität und Subjektivität zu gestalten. Sein spezifischer, von Ironie und Wirklichkeitsnähe geprägter Realismus wie auch sein Talent, die literarische Sprache zu revolutionieren und ihr kommunikative Intentionalität zu verleihen, ohne auf eine anspruchsvoll knappe Wortwahl zu verzichten, gaben seiner Prosa im Rahmen des sich während des 19. Jahrhunderts entwickelnden portugiesischen Romans eine archetypische Gültigkeit.[2]

Wenn man den modernen portugiesischen Roman im Überblick behandeln will, scheint es somit sinnvoll, von Queirós auszugehen.

Mit seinem literarischen Schaffen gehört er zur Generation von 1870, einer Gruppe überragender Intellektueller, die sich schon seit Mitte der sechziger Jahre gegen die Erstarrung der portugiesischen Kultur wendet und sich von den Ideen des Positivismus und des utopischen Sozialismus inspirieren läßt, nachdem das neue europäische Gedankengut mit den gerade eröffneten Eisenbahnverbindungen auf die Iberische Halbinsel gelangt war. Bis zu jenem Zeitpunkt hatte die portugiesische Literatur eine überschwenglich rührselige, mittelalterliche und düstere Spätromantik fortgesetzt, und außerdem entstand eine patriotische Phraseologie, mit der sich ein Regierungssystem schmückte, das sich selbst als das der *Regeneração* bezeichnete, also die »Wiedergeburt« Portugals anstrebte. Dieses System führte seit dem Beginn der fünfziger Jahre zu politischer und sozialer Stabilisierung und beschleunigtem technischem Fortschritt, während das Land zuvor etwa ein halbes Jahrhundert lang politische Wirren durchlebt hatte, die sich aus den komplizierten Bedingungen ergaben, unter denen sich der Liberalismus durchsetzte.

Die Generation von 1870 bringt einen belebenden Umschwung, als sie (in der Nachfolge Hugos) eine humanitäre Sichtweise der Romantik und ein stärkeres öffentliches Eingreifen des Intellektuellen und der Kunst fordert, um die kulturelle Erneuerung eines Landes zu erreichen, das sich ihrer Auffassung zufolge auf kulturellem Gebiet weitgehend vom Europa der Ideen (Hegel, Proudhon, Comte, Taine, Darwin, Michelet) abgekapselt hatte und einem historischen und gesellschaftlichen Verfallsprozeß anheimfiel. Ihr charismatischer Führer, der Lyriker Antero de Quental, forderte seit 1865, die *moderne* Dichtung müsse die Stimme der *Revolution* sein.

Unter diesen äußeren Bedingungen erarbeitet Queirós im Jahre 1871 eine sehr originelle Konzeption des Realismus, die von einem rein deskriptiven Realismus weit entfernt ist und anfänglich dem Naturalismus nähersteht – *O Crime do Padre Amaro* (1875; dt. *Das Verbrechen des Paters Amaro*), *O Primo Basílio* (1878; dt. *Vetter Basilio*) –, obwohl Zola ihm damals gewiß unbekannt war; diese Konzeption geht von vielfältigen Vorbildern aus, zu denen Flaubert, Taine und Proudhon gehören. In seinem Werk, das auch den Einfluß Balzacs zeigt, später ebenso den Dickens' und selbst Zolas, nimmt Queirós tatsächlich eine Untersuchung der portugiesischen Gesellschaft seiner Zeit vor und macht daraus einen antiromantischen Kreuzzug, bei dem er keinen Sektor des Bürgertums und der Aristokratie mit ihren Lastern und lächerlichen Seiten verschont. Seine glänzende ironische Begabung, auf die sein sofortiger Erfolg teilweise zurückzuführen ist, offenbart sich in zahlreichen Aspekten, von der sinnlichen Wahrnehmung bis zum äußeren Rahmen der Darstellung und zu Eças eigenem Wirklichkeitsverständnis. Diese doppelbödige und dialektische Ironie, die eine das kritische Urteil aufhebende Haltung bewirkt und ein zwiespältiges Gefühl hervorruft, sowie eine impressionistische Neigung, die er von seinem Lehrmeister Flaubert übernommen hat, geben ihm eine Vorliebe für Symbole und für das Phantastische ein, wie es sich nach *A Relíquia* (1887; dt. *Die Reliquie*) und vor allem nach dem Übergangsroman *Os Maias* deutlicher zeigt; sie erklären, warum sich seine letzten Bücher – *A Correspondência de Fradique Mendes* (1889/90; Die Korrespondenz des Fradique Mendes), *A Cidade e as Serras* (1901; dt. *Stadt und Gebirg*) – eingehender mit Problemen beschäftigen, die für das Jahrhundertende typisch sind, und ihnen ist zum großen Teil der fortdauernde Erfolg seiner Prosa zu verdanken, die heute als ein bereits für moderne Strömungen aufgeschlossenes Werk gelesen wird.

Von diesem Ausnahmefall abgesehen ist unsere realistische Romanliteratur quantitativ reichhaltig, aber qualitativ recht dürftig vertreten, und sie setzt sich während der ersten zwei Jahrzehnte des 20. Jahrhunderts in Formen fort, die sich einer naturalistischen Gestaltungsweise manchmal mehr annähern und sich manchmal eher von ihr entfernen. Die glanzvolle Leistung Queirós' hatte alles in ihrem Umkreis verdunkelt, sie übertraf selbst den Rang des Altmeisters der romantischen Novellistik, Camilo Castelo Branco (1825-1890), obwohl dieser sich um eine Aneignung der naturalistischen Methode bemüht hatte, was ihm in *A Brasileira de Prazins* (1882; Die Brasilianerin auf Prazins) teilweise gelang. Erinnert werden muß allerdings an Júlio Lourenço Pinto (1842-1907), den wichtigsten Theoretiker der Bewegung, der eine »Estética Naturalista« (1885; Naturalistische Ästhetik) veröffentlichte und selbst auch Romancier war, sowie an die Romanautoren Teixeira de Queirós (1849-1919) und Abel Botelho (1856-1917), deren umfangreiche Werke in Serien zusammengefaßt sind: die eher von Balzac inspirierten *Comédia de Campo* (1876-1910; Landkomödie) und *Comédia Burguesa* (1879-1919; Bürgerliche Komödie) des erstgenannten und die strenger mit dem Naturalismus Zolas verbundene, skandalumwitterte *Patologia Social* (1891-1910; Soziale Pathologie) des zweiten.

Am Jahrhundertende erlebt Portugal jedoch große politische und soziale Unruhen. Das Zweiparteiensystem, in dem die *Regeneradores* eine entscheidende Rolle spielten, hatte jahrzehntelang, wie Queirós es nannte, einen »faulen Frieden« gesichert; ihn prägte die bürgerliche Faszination durch Fortschritt und Konsum, und er wurde mit einer Politik durchgesetzt, die man damals als die »materieller Verbesserungen« bezeichnete und die mit Anleihen beim traditionellen englischen Verbündeten finanziert wurde. Das machte uns wirtschaftlich abhängig und ließ uns eine leichte Beute der Besitzansprüche des Empire werden, wie es die Episode des britischen Ultimatums von 1890 überdeutlich zeigen sollte.[3] Die Monarchie wurde von einer wachsenden republikanischen Oppositionsbewegung erschüttert und erlitt ihre erste große Niederlage, als am 31. Januar 1891 in Porto ein Aufstand begann, der sich der vom Ultimatum bewirkten Welle patriotischer Empörung anschloß; nach einer Periode, in der mehr oder weniger diktatorische Regierungen herrschten und die allgemeine Unruhe zur Ermordung des Königs führte, brach die Monarchie schließlich 1910 zusammen.

Die Republik erwies sich als unfähig, die wirtschaftlichen und sozialen Probleme zu lösen, mit denen sie konfrontiert war und die außerdem durch unsere Teilnahme am Ersten Weltkrieg verschärft wurden. Das Land erlebte zahlreiche Staatsstreiche gegensätzlicher Gruppierungen, die ein günstiges Klima für die Errichtung der Militärdiktatur (1926) schufen, und in den 30er Jahren erhielt diese mit der Machtübernahme Salazars den festen institutionellen Rahmen eines autoritären und faschistoiden Regimes – den sogenannten *Estado Novo* (»Neuer Staat«).

Die nationale Identitätskrise, die vom Trauma des Ultimatums ausgelöst wurde, und die für das *fin de siècle* typische dekadente Existenzhaltung wirkten sich entscheidend auf die portugiesische Literatur der Jahrhundertwende aus.

Bereits erwähnt wurden die epigonalen Erscheinungsformen des Naturalismus, die, wie das bei Abel Botelho der Fall ist, durch eine Ästhetisierung der Degeneration – zum Beispiel in *O Barão de Lavos* (1891; Der Baron von Lavos) – jenem Geist der Dekadenz verbunden sind, wie dies auch für einen Erzähler gilt, dessen Entwicklung schon vom Naturalismus geprägt war: Fialho de Almeida (1857-1911), in dessen *Contos* (1881; Erzählungen) sich eine dem Expressionismus nahe dekadente Sensibilität und eine *écriture artiste* mit der Vorliebe für eine streng realistische Darstellung vereinen.

Das Erstarken des patriotischen Geistes angesichts des drohenden Niedergangs der Nation führt zu einer Neubelebung des historischen Romans, der im übrigen nie seine Leserschaft verloren hatte, und es treten Autoren wie Antero de Figueiredo (1866-1953), Júlio Dantas (1876-1962) oder Carlos Malheiro Dias (1875-1941) hervor; dieser hat den gut durchkomponierten Roman *Paixão de Maria do Céu* (1902; Die Passion der Maria do Céu) geschrieben, der in der Zeit der französischen Invasionen spielt; in der historisch sorgfältig dargestellten Situation gewinnt eine Frauengestalt besonderes Interesse, die sich mit ihrem sozialen Milieu auseinandersetzen muß. Mehrere nationalistische ästhetische und ideologische Tendenzen – *Neogarrettismo*, *Nacionalismo*, *Integralismo*, *Lusitanismo* – bilden sich gleichzeitig heraus; sie berufen sich auf die nationalen und volkstümlichen Traditionen, die der romantische Meisterautor Garrett erschlossen hatte, und vertreten eine neuromantische und folkloristische Literatur, die sich ihre Inspiration an den reinsten Quellen der Lusitanität sucht. Diese Theorien äußerten sich vor allem in Gedichten sowie in dörflichen und regionalistischen Prosawerken, und sie führten zur Gründung mehrerer Gruppen und Zeitschriften, die entweder mit republikanischen oder mit monarchistischen Kreisen verbunden waren und deren literarische und politische Aktivitäten sich nicht voneinander trennen ließen. Einen herausragenden Platz nimmt die republikanisch orientierte Gruppe *Renascença Portuguesa* (Portugiesische Wiedergeburt) ein, deren Haltung am stärksten agnostisch, rationalistisch und fortschrittlich ist; ihre wichtigste Zeitschrift *A Águia* (2. Serie: 1912-1921) stellte, vor allem durch die Beiträge von Teixeira de Pascoaes (1877-1952), den *Saudosismo*, den spezifisch portugiesischen »Sehnsuchtskult«, vor. Die vagen und mythischen Ideen des *Saudosismo*, die einen prägnanten Ausdruck in Pascoaes' poetischer Formel finden – »mitunter sehne ich mich nach der Zukunft« –, verwandeln den Fortschritt in einen pantheistischen Mystizismus, der von einer bedeutenden Tradition in der reichen portugiesischen Lyrik ausgeht und in der *Saudade* (Sehnsucht) so etwas wie eine originelle Intuition der lusiadischen Rasse sieht, die sie auf die Zukunft ausrichten solle. Dieser Definition einer Philosophie des lusitanischen Wesens entspricht ein bedeutender Teil der Prosawerke von Pascoaes, die aus romanhaften, von metaphysischen Werten durchdrungenen Biographien bestehen – so etwa *São Paulo* (1934; dt. *Paulus, der Dichter Gottes*) – und sich mit jenen Romanen vergleichen lassen, die Agustina Bessa-Luís, die herausragende Autorin der zweiten Hälfte des 20. Jahrhunderts, besonders seit den 70er Jahren veröffentlicht.

Zu diesen parallelen Tendenzen gehört auch noch die symbolistische Strömung, die in Portugal wie überall ihre natürliche Ausdrucksform in der Lyrik gefunden hat. Außerdem besitzt der bereits erwähnte *Saudosismo* mehrere Gemeinsamkeiten mit dem Symbolismus, die von der okkulten Mystik bis zur Flucht in den Traum, von der hellseherischen Intuition bis zur Vorliebe für Symbole und Mythen reichen. Doch die symbolistische Prosa brachte in Portugal einige interessante Leistungen hervor, denn sie führte insbesondere bei der Darstellungsform, der Ausdrucksweise und der Behandlung literarischer Motive bedeutsame Neuerungen gegenüber der traditionellen realistischen Prosaliteratur ein. Hierbei sind Teixeira-Gomes (1860-1941) und vor allem Raul Brandão (1867-1930) hervorzuheben, wobei es auch nicht an einem Verehrer der dem symbolistischen Geschmack entsprechenden orientalischen Exotik fehlt: Wenceslau de Morais (1854-1929). Teixeira-Gomes, der spätere Präsident der Republik, verkörpert den kultivierten Ästhetizismus, den antinaturalistischen Dilettantismus und das sinnenfreudige Heidentum, wenn er den bildhaften und sinnlichen Genuß hervorheben will, den Landschaft, Kunst und Körper bieten, wobei er erotischen Amoralismus, epikureisches Raffinement und eine burleske Atmosphäre miteinander verbindet. Obwohl er bereits 1899 seinen ersten Roman – *Inventário de Junho* (Juni-Inventur) – veröffentlicht, entsteht erst 1938 sein bestes Werk: *Maria Adelaide*, in dem ein amoralischer und libertiner Erzähler die Geschichte seiner Leidenschaft für ein einfaches Mädchen schildert. Am interessantesten ist jedoch nicht die Geschichte der Leidenschaft, sondern die zynische Distanz, die der Erzähler einnehmen kann und die es ihm erlaubt, das Tempo der Erzählung nach Gutdünken zu gestalten. Brandão hingegen schafft in seinen Büchern – wie etwa *A Farsa* (1903; Die Farce), *Os Pobres* (1906; Die Armen) und vor allem dem langen Prosagedicht *Húmus* (1917; Humus) – durch einen expressionistischen Rausch, der an Dostojewski oder Goya erinnert und Gewissensbisse, Demütigungen, Schmerz, Lebensangst und das schuldbeladene bürgerliche Gewissen veranschaulicht, eine düstere Atmosphäre, in der schattenhafte Personen zwischen dem Pathetischen und dem Lächerlichen schwanken. Mit *Húmus* erfolgt ein entschiedener Bruch in der Erzählweise der portugiesischen Literatur, weil dieses Buch nahezu alle Wesensmerkmale der modernistischen Prosa einbezieht: Ein Traum sucht die verdorbene Stadt heim; sie wird von gespenstischen Wesen bewohnt, die zwar in einigen Fällen noch zu Zärtlichkeiten fähig sind, deren krankhafte Untergangsstimmung jedoch nie nachläßt, und nie entdeckt man den Erzähler, dem beim Entstehen des Textes die Aufgabe zufällt, gewissermaßen als Echo oder durch ein Spiel der Spiegel voranzuschreiten, als erzeugten sich die Sätze gegenseitig. Der Einfluß Brandãos läßt sich noch bei so unterschiedlichen Autoren unseres Jahrhunderts wie den zeitgenössischen Schriftstellern Herberto Helder oder Carlos de Oliveira feststellen.

Einen relativ isolierten Platz nimmt das Werk Aquilino Ribeiros (1885-1963) ein. Er war Anhänger der republikanischen Ideologie und – wie übrigens auch Teixeira-Gomes und Brandão – Mitarbeiter der Zeitschrift *Seara Nova*, die zu den bekanntesten republikanischen Presseorganen gehörte. Gleich den anderen beiden Autoren läßt sich Aquilino von der Thematik des Trieblebens inspirieren, doch im Gegensatz zu Brandão und in weitgehender Übereinstimmung mit Teixeira-Gomes hat der Instinkt bei ihm eine optimistische Bedeutung. Sein umfangreiches, seit 1913 entstandenes Werk ist ein Hymnus auf die Fleischeslust, die heidnische Liebe und die freudespendende Kraft der Natur. Seine Romane sind fest mit volkstümlichen und ländlichen Handlungsorten verbunden; sie schildern das harte Leben der ausgebeuteten, dabei aber auch durchtriebenen Dorfbewohner. Das macht aus diesen Büchern bemerkenswerte gesellschaftliche Dokumente, die in einer farbenprächtigen, oft als barock bezeichneten Sprache gestaltet sind. *Terras do Demo* (1919; Teufelserde), *O Malhadinhas* (1922; Der Prügelknabe) und *Andam Faunos pelos Bosques* (1926; Faune streifen durch die Wälder) sind Beispiele für jenen Romantypus, der die realistische Schilderung sozialer Thematik wieder aufgreift; diese verhindert jedoch nicht, daß auch das Wunderbare, Märchen- und Legendenhafte erscheinen. Nach einer Periode des sozialen Pessimismus, der sich selbst in dem Titel *O Arcanjo Negro* (1947; Der Schwarze Erzengel) zeigt und nur von der Lebenskraft des Liebesakts gemildert wird, verdienen es die Romane *A Grande Casa de Romarigães* (1957; Das Herrenhaus zu Romarigães) und *Quando os Lobos Uivam* (1958; dt. *Wenn die Wölfe heulen*), unter den Werken seiner Endphase besonders hervorgehoben zu werden.

Unterdessen wird auch Portugal vom Erdbeben des *Modernismo* und der avantgardistischen Bewegungen erfaßt, die sich in zahlreichen Zeitschriften zu Wort melden. Hier sind besonders zwei Zeitschriften zu nennen: *Orpheu* (1915), mit der Fernando Pessoa (1888-1935), unser großer Lyriker des 20. Jahrhunderts, eng verbunden war, und die einzige Nummer von *Portugal Futurista* (1917). *Orpheu*, eine Zeitschrift, die nur in zwei Nummern erschien, war vor allem ein poetisches Blatt, das sich selbst als eklektisch bezeichnete und einen Standort zwischen der postsymbolistischen Tradition und der futuristischen Avantgarde einnahm. *Portugal Futurista* verstand sich als Stimme der internationalen Avantgarde; diese Zeitschrift veröffentlichte Marinetti, Apollinaire, Cendrars sowie provokatorische und aggressive Texte, wie sie dem avantgardistischen Geschmack entsprachen.

Aus der modernistischen Prosa, die offenkundig weniger bedeutsam als die Lyrik ist, müssen vor allem Mário de Sá-Carneiro (1890-1916) und José Sobral de Almada Negreiros (1893-1970) erwähnt werden. Der erstgenannte ist unverkennbar der Erbe einer dekadenten und symbolistischen Sensibilität und der zweite ein radikalerer Avantgardist. Fernando Pessoa verfaßt seit 1912, wobei er das *Heteronym* Bernardo Soares benutzt, eine Art Tagebuch, *O Livro do Desassossego* (dt. *Das Buch der Unruhe*), das erst 1982 veröffentlicht wird. In ihm koexistiert die Selbstanalyse der inneren Unruhe und des ersehnten Seelenfriedens mit der Darstellung des Alltäglichen, und dies findet seinen literarischen Ausdruck in einer formvollendeten Ästhetik des Fragments. Innerhalb des Prosawerks Sá-Carneiros – *Princípio* (1912; Beginn), *Céu em Fogo* (1915; Himmel in Flammen) – verdient *A Confissão de Lúcio* (1914; dt. *Lúcios Geständnis*) eine besondere Hervorhebung: Diese Novelle stellt dar, wie Lúcio die Schuld für ein Verbrechen auf sich nimmt, das er nicht begangen hat und wofür er sich bestrafen läßt – die Geschichte eines erotischen Zwiespalts, der zu einer Problematisierung des Realen und des Verlangens, ja zur Aufspaltung der Persönlichkeit führt. Die Sprache ist unzusammenhängend, elliptisch, traumhaft, und obwohl sie die traditionelle Syntax nicht in Frage stellt, erweist sie sich als unfähig, die Erzählung den Tatsachen anzupassen, aus denen sie sich ergeben soll. Der Dichter, Maler und Performer Almada Negreiros hat Erzählungen geschrieben, in denen er sich mit avantgardistischen Experimenten beschäftigt. Sein gelungenster Text ist *A Engomadeira* (1917; Die Plätterin); darin versucht er, intuitiv surrealistisch, den von Pessoa theoretisch behandelten *Interseccionismo* (gewissermaßen eine kubistische Zerlegung der Wahrnehmungsbilder) zu praktizieren, und dabei will er erkunden, wie weitgehend sich die traditionelle narrative Struktur zertrümmern läßt. Das Buch *Nome de Guerra* (1938; Deckname), bereits 1925 geschrieben, ist ein dem Essay nahestehender, modellhaft konzipierter Bildungsroman, in dem der Protagonist durch die Beziehung zu einer Prostituierten wiedergeboren wird, sich selbst in seiner Einfalt entdeckt und ein authentisches Verhältnis zur Realität erreicht; dies rückt das Buch in die Nähe einer psychologistischen Prosaliteratur, die in den 30er Jahren beliebt war, wobei allerdings hier die objektiven Zwänge des Lebens durch einzigartige Bilder wiedergegeben werden.

Die Generation des *Orpheu* oder des »Ersten Modernismo«, wie sie gewöhnlich bezeichnet wird, erreichte öffentliche Anerkennung erst durch die Vermittlung der nächsten Generation, der sogar die Publikation der Werke Pessoas zu verdanken ist, denn er hatte sie beinahe alle als nicht gedruckte Manuskripte hinterlassen. *Presença*, eine Ende der 20er Jahre entstandene Zeitschrift, der ein langes Leben beschieden sein sollte (1927-1940) und die für eine von jeder politischen oder religiösen Bindung freie Literatur eintrat, wirkte sich Anfang der 30er Jahre maßgebend auf die Haltung der portugiesischen Intellektuellen aus. Diese Haltung erklärt sich zum Teil aus dem erstickenden ideologischen Klima, in dem man nach dem Zusammenbruch der Republik und mit der sich verschärfenden faschistischen Ausrichtung des *Estado Novo* lebt. Die Ästhetik von *Presença*, die auf Psychoanalyse, Intuitionismus und Phänomenologie beruht und deren Lehrmeister Brandão, Dostojewski, Proust und Gide sind, befürwortet die Werte der Aufrichtigkeit, des *acte gratuit*, der individuellen Neuerschaffung der Welt durch die originelle Künstlerpersönlichkeit und entscheidet sich für einen gewissen neuromantischen Subjektivismus und eine Dramatik mit expressionistischen Anklängen.

José Régio (1901-1969), der populärste Lyriker der *Presença*-Gruppe und der unermüdliche Theoretiker ihrer Ästhetik, war nicht nur Dramatiker, sondern auch Romanautor. *O Jogo da Cabra-Cega* (1934; Das Blindekuh-Spiel) ist ein in der ersten Person und nach Art eines Tagebuchs geschriebener Bildungsroman (der jugendliche Entwicklungsroman interessierte die *presencistas* außerordentlich), in dem eine einsame und marginale Ichgestalt vergebens versucht, sich selbst und die Welt zu erkennen. Mit einer fragmentarischen Ästhetik wird die innere Auseinandersetzung zwischen der Person und ihrem Doppelgänger dargestellt, wozu auch der manchmal auf dem Weg des Traums erfolgende Abstieg in die Labyrinthe des Unbewußten gehört. Der Kampf zwischen narzißtischem Göttlichkeitsstreben und unkontrolliertem Ausbruch des Triebhaften, insbesondere der Sexualität, wird in expressionistischem Ton wiedergegeben, bei dem das Übermäßige, Groteske und Monströse überwiegt. Die spätere, aus fünf Romanen bestehende Serie *A Velha Casa* (1945-1966; Das alte Haus) bildet, und so hat man sie bereits früher definiert, gewissermaßen eine portugiesische, auf der Autobiographie beruhende Form der Suche nach der verlorenen Zeit. Hier ist, wie dies für Régios Werke im allgemeinen gilt – so auch für *Histórias de Mulheres* (1946; Frauengeschichten) –, eine subtile, wenn auch etwas idealistische Auffassung der menschlichen Beziehungen als Widerspiegelung der gesellschaftlichen Verhältnisse zu konstatieren. Und das trotz der Vorwürfe, die Kunst des *Presença*-Kreises grenze sich nach außen ab, indem sie sich nur mit sich selbst beschäftige, wie einige Anhänger des Sozialistischen Realismus behaupten, der sich inzwischen in Portugal etabliert. Überdies ist das Märchen für Erwachsene *O Príncipe com Orelhas de Burro* (1942; Der Prinz mit den Eselsohren) eine ethische und politische Allegorie, in der auf die Lehrzeit der Jugend nicht das Erwachsenenalter, sondern der – daran sei hier erinnert – damals die Welt bedrohende Tod folgt.

Man muß darauf hinweisen, daß die Werke solch unterschiedlicher Autoren wie João Gaspar Simões (1903-1987), Branquinho da Fonseca (1905-1974) und Miguel Torga (1907-1995) noch zur fiktionalen Prosa der *Presença*-Gruppe gehören oder von ihr ausgehen. Simões, der zahlreiche literaturkritische Schriften und Essays verfaßt hat, ist unter anderem auch der Autor des gelungenen introspektiven Romans *Elói ou Romance numa Cabeça* (1932; Elói oder Roman in einem Kopf), der die inneren Regungen eines Eifersüchtigen während eines Tages verfolgt. Branquinho da Fonseca wurde vor allem als Erzähler bekannt. Seine ersten Erzählungen erscheinen 1938 – *Caminhos Magnéticos* (Magnetische Wege) –, doch die Erzählung, die als sein Meisterwerk angesehen wird, *O Barão* (Der Baron), datiert aus dem Jahr 1942. In ihr gestaltet er vielschichtige Persönlichkeiten, erzeugt eine zwiespältige, geheimnisvolle Atmosphäre, die sich niemals vollständig von der alltäglichen Welt löst, jedoch bis an die Grenze des Außergewöhnlichen geht. Auch Miguel Torga, der zu einem unserer größten Schriftsteller werden sollte, arbeitet mit *Presença* zusammen, wird sich jedoch schließlich – wie übrigens auch Branquinho da Fonseca – von der Gruppe distanzieren und als Einzelgänger weiterschreiben. Der introspektive, autobiographisch angelegte Roman *A Criação do Mundo* (3 Bde., 1937-1939; dt. *Die Erschaffung der Welt*) zeigt, daß er sich die Lehren des *Presença*-Kreises angeeignet hat, und deren Nachwirkungen lassen sich auch noch in den 16 Bänden seines *Diário* (1941-1993; Tagebuch) feststellen. Sein Œuvre, das alle Genres umfaßt, verkündet unablässig seine Liebe zum iberischen Menschen und Heimatboden, zu den einfachen, elementaren Dingen, die sich durch die beschwörende Kraft ländlicher Mythen oder durch das Eingreifen eines ständig geschmähten Schöpfers verwandeln und eine symbolische oder allegorische Dimension gewinnen. Die dramatische Spannung, die das Werk Torgas durchzieht, vibriert in seinen populären Erzählungen – *Bichos* (1940; dt. *Tiere*), *Montanha* (1941; Gebirge) und *Novos Contos da Montanha* (1944; dt. *Neue Erzählungen aus dem Gebirge*).

Einige Schriftsteller, die Zeitgenossen der *Presença*-Generation sind, lassen sich schwer einordnen und stehen nur in einem sehr beschränkten Austausch mit den damals vorherrschenden literarischen Strömungen. Hierbei handelt es sich um so unterschiedliche Autoren wie José Ferreira de Castro (1898-1974), José Rodrigues Miguéis (1901-1980), Irene Lisboa (1892-1958) und Vitorino Nemésio (1901-1978).

Das Schaffen Ferreira de Castros beweist, daß man sich in Portugal wieder für betont realistische Werke interessiert. Seine Entwicklung beginnt mit Romanen, die noch naturalistisch wirken – *Emigrantes* (1928; dt. *Die Auswanderer*), *A Selva* (1930; dt. *Die Kautschukzapfer*) –, aber schon sich am Sozialistischen Realismus inspirierende Prosaformen vorwegnehmen, und sie endet schließlich mit einem Roman – *A Lã e a Neve* (1947; dt. *Wolle und Schnee*) –, der deutlich von dieser letztgenannten Strömung beeinflußt ist. Ferreira de Castro errang einen aufsehenerregenden Erfolg, und mit *A Selva* wurde er zu einem der meistübersetzten portugiesischen Schriftsteller. In diesem Roman schildert der Autor die üppige Lebensfülle des Amazonasurwalds und den grausamen Leidensweg der ein sklavenähnliches Dasein fristenden Kautschukzapfer mit einer dramatischen Eindringlichkeit, die auf seinen harten Erfahrungen als Auswanderer in Brasilien beruht.

José Rodrigues Miguéis wird mit *Páscoa Feliz* (1932; Fröhliche Ostern) bekannt, einem Roman in psychologisierendem Ton, der den Einfluß Brandãos und die Lieblingsthemen der *Presença*-Gruppe zeigt. In seinen übrigen Werken nähert er sich jedoch realistischen Tendenzen: mit Romanen wie *Uma Aventura Inquietante* (1958; Ein beunruhigendes Abenteuer) und *Escola do Paraíso* (1960; Schule des Paradieses) sowie Erzählungen – *Léah* (1958; dt. *Léah*). Die sorgfältige und humorvolle Wiedergabe Lissabonner und ausländischer Lebenssphären (der Autor verbrachte längere Zeit außerhalb Portugals) führt psychologisch sehr überzeugend ausgearbeitete Figuren vor, deren Bemühen vor allem menschlicher Integrität und der Bestätigung ihrer eigenen toleranzbereiten Willenskraft gilt. Die autobiographische Erzählung *Um Homem Sorri à Morte – Com Meia Cara* (1959; Ein Mann trotzt dem Tod mit halbem Lachen) ist der eindringliche Zeugenbericht über die Erfahrungen in einem Krankenhaus, in das der Erzähler wegen einer für unheilbar gehaltenen Krankheit eingeliefert wird.

Irene Lisboa hebt sich als eine einzigartige Erscheinung von der Literatur ihrer Zeit ab, was natürlich auf ihre literarische Außenseiterposition zurückzuführen ist, die sie sich selbst auferlegte. Sie wollte nie Romanschriftstellerin sein, sie wählte eine halb poetische und halb chronistische Schreibweise – *Esta Cidade!* (1942; Diese Stadt!), *O Pouco e o Muito – Crónica Urbana* (1956; Das wenige und das viele – Städtische Chronik) – und schwankte daher zwischen mehreren Genres. Manchmal entschied sie sich für eine tagebuchartige und/oder autobiographische Form – *Solidão – Notas do Punho de uma Mulher* (1939; Einsamkeit – Eigenhändige Aufzeichnungen einer Frau), *Começa uma Vida* (1940; Ein Leben beginnt) –, und hierher gehören auch ihre Kinder- und Jugendbücher. Sie ist von der oralen Tradition geprägt und läßt sich vom vielbeschriebenen »Bewußtseinsstrom« leiten, vertritt eine Ästhetik des Fragmentarischen, mit der sie lebendige Szenen aus dem Alltag wiedergibt, die durch den Dialog oder den inneren Monolog stets einem vereinheitlichenden, intimistischen Kern zugeführt werden. Die Thematik der Einsamkeit und der fehlenden Liebe, die in ihrem Werk stark präsent ist und von einem aufmerksamen und gnadenlosen Blick unterstützt wird, kann sich so mit der anschaulichen Darstellung des Gemeinschaftslebens verbinden.

Vitorino Nemésio, Autor eines umfangreichen lyrischen Werks, das epigonale Momente des *Presencismo* und eine dem Surrealismus gegenüber aufgeschlossene Haltung vereint, die ihn zu einer symbolischen Erkundung der Sprache bewegt, war ein produktiver Chronist und Essayist. Auch hat er humorvolle Erzählungen hinterlassen, die in der paradiesischen Welt seiner auf den Azoren verbrachten Kindheit spielen, zudem war er Autor eines Romans, der mit einmütigem Beifall aufgenommen wurde: *Mau Tempo no Canal* (1944; Schweres Wetter im Kanal). Im Mittelpunkt der Handlung steht hier ebenfalls der heimatliche Archipel. Eingehend wird das jeweilige Milieu in seiner natürlichen Schönheit und seinen erstickend wirkenden gesellschaftlichen Verhältnissen geschildert, während sich das Volk seine frische Kraft bewahrt hat. Hieraus ergibt sich die Entwicklung der Personen, die vom Scheitern der Liebesbeziehungen und Triebregungen gekennzeichnet ist und in einer Art ausweglosem Labyrinth verläuft, als dessen symbolische Andeutungen das die Inseln umgebende Meer, der bleierne Himmel und die blinde Schlange auf dem Ring der Protagonistin Margarida erscheinen, die tragische Größe erreicht.

Unterdessen hatte sich am Ende der 30er Jahre eine Generation profiliert, die eine offene Polemik mit der *Presença*-Generation führte und sich dem Sozialistischen Realismus verschrieb, der sich selbst euphemistisch als »Neo-Realismus« bezeichnete, um so dem aufmerksamen Blick der Zensur zu entgehen. Die von politischer, sozialer und ideologischer Repression gekennzeichnete Lage im Lande sollte sich während dieses Jahrzehnts weiter verschärfen, wozu der Aufstieg des Faschismus in Europa und der drohende, kurz vor dem Ausbruch stehende Zweite Weltkrieg sowie der Bürgerkrieg im benachbarten Spanien beitrugen. Als Reaktion auf diese kulturell und gesellschaftlich lähmende Atmosphäre liefern der Marxismus und der dialektische Materialismus den Neorealisten eine theoretische Grundlage, die sie veranlaßt, für eine Kunst einzutreten, die revolutionäre Ziele verfolgt und von der dialektischen Analyse der Wirklichkeit ausgeht. Die Auseinandersetzung mit den *presencistas*, die einer *l'art pour l'art*-Konzeption anhingen und aus neorealistischer Sicht eine subjektivistisch geartete Literatur schufen, war unvermeidlich und füllte, soweit die Vorzensur dies gestattete, unzählige Seiten in den Zeitschriften, um die sich die Neorealisten gruppierten, von *Sol Nascente* und *O Diabo* bis *Vértice*.

Der Neo-Realismus, der sich seine Vorbilder in den Romanen des sowjetischen Sozialistischen Realismus, des europäischen (vor allem französischen und italienischen) sozialen Realismus, in Roosevelts *New Deal* und im Zyklus der brasilianischen »Nordostromane« suchte, sollte einen stark normativen, auf gesellschaftliche Wirkung ausgerichteten Thesenroman mit klarer pädagogischer Ausrichtung hervorbringen, der die unmenschlichen Bedingungen anprangern wollte, unter denen die arbeitenden Klassen Portugals, insbesondere die Bauern, lebten. Es sollte ein Roman mit offenkundig dokumentarischem Charakter sein, der vor allem die gesellschaftlichen Konflikte aus der Logik des Klassenkampfes heraus darstellte. Dies führte manchmal zu einer vereinseitigenden Schwarzweißmalerei, wobei die Konflikte in einen kollektiven Rahmen gestellt und für sie eine Lösung ersehnt wurde, der eine optimistische und zukunftsorientierte Bedeutung zukam.

Alves Redol (1911-1969) wird als der Autor des ersten eindeutig neorealistischen Romans angesehen. Die einleitenden Worte von *Gaibéus* (1939; Tagelöhner) wurden berühmt, weil sie eine neue Haltung gegenüber dem kritisierten »Ästhetizismus« des *Presença*-Kreises bekunden: »Dieser Roman will nicht als Kunstwerk in die Literatur eingehen. Er will vor allem ein im Ribatejo angesiedelter menschlicher Dokumentarbericht sein.« Dieser Roman wie auch seine späteren Werke bemühen sich um die Wiedergabe sozialer Dramen und großer historischer Konflikte durch eine kollektive Darstellung der handelnden Personen; zunächst geschieht das auf eine allzu didaktische, wenn auch ausdrucksvolle Weise – *Fanga* (1943; Ein Stück Land), der dreibändige *Port-Wine*-Zyklus (1949-1953) –, danach in freierer, stärker den Dialog nutzender Form – *A Barca dos Sete Lemes* (1958; dt. *Der Mann mit den sieben Namen*), *Barranco de Cegos* (1962; Die Schlucht der Blinden).

Der Neo-Realismus sollte das portugiesische Prosaschaffen in den vierziger und fünfziger Jahren bestimmen und qualitativ unterschiedliche Werke hervorbringen. Sie fanden bei der Literaturkritik ein lebhaftes Echo, das aus den Kreisen des Neo-Realismus selbst kam und gleichzeitig motivierend und sanktionierend wirkte, da die umfangreichen theoretischen Äußerungen des Neo-Realismus als selbstverständliche, im voraus verbindliche Normen galten. Naturgemäß erreichte der Neo-Realismus größeren Erfolg in der Prosaliteratur als in der Lyrik. Von den neo-realistischen Schriftstellern muß man Soeiro Pereira Gomes (1909-1949) hervorheben, der das erste bemerkenswerte Werk dieser Strömung verfaßt hat: *Esteiros* (1941; dt. *Esteiros*). Er prangert darin die Ausbeutung der Kinderarbeit an, allerdings schreibt er so, daß diese Anklage aus einer vorwiegend kindlichen Weltsicht vorgetragen wird. Vor allem aber sind die Autoren Manuel da Fonseca (1911-1993), Fernando Namora (1919-1989), Vergílio Ferreira (1916-1996) und Carlos de Oliveira (1921-1981) zu nennen.

Manuel da Fonseca trat als Lyriker, doch vor allem als Erzähler hervor: mit *Aldeia Nova* (1942; Das neue Dorf) und *O Fogo e as Cinzas* (1953; Feuer und Asche). Bei der Schilderung der sozialen Konflikte bemüht er sich nachdrücklich um wirklichkeitsgetreue und zugleich symbolische Wiedergabe des Raums. Diese Konflikte erhalten im Roman *Seara de Vento* (1958; dt. *Saat des Windes*) eine tragische Komponente. In den Werken Namoras und Vergílio Ferreiras wird seit Mitte der fünfziger Jahre die existentialistische Modeströmung spürbar, doch in ihrer ersten Schaffensperiode schließen sie sich den Lehren des Neo-Realismus an. Namora zeigt sich in »Zeugnisromanen« wie etwa *Casa da malta* (1945; Das Gesindehaus), *Retalhos da Vida de um Médico* (1. Bd. 1948, 2. Bd. 1963; dt. *Landarzt in Portugal*) oder *O Trigo e o Joio* (1954; dt. *Spreu und Weizen*) als feinfühliger Schilderer der ländlichen Natur und Interpret eines gewissen pikaresken Humanismus, während sich Vergílio Ferreira mit Romanen wie *Onde tudo foi morrendo* (1944; Wo alles erstarb) oder *Vagão J* (1946; Waggon J) auf die Entwicklungsgeschichte kindlicher Gestalten aus schwierigen Familienverhältnissen konzentriert, deren Wesen von Unruhe und Freiheitsdrang bestimmt wird. Carlos de Oliveira, vielleicht der begabteste Lyriker des Neo-Realismus, ist auch dessen erfolgreichster Prosaautor, weil er, mit außergewöhnlicher stilistischer Zurückhaltung, die individuelle Tragödie auf vielfachen Bedeutungsebenen in die historischen Bedingungen einbettet: *Casa na Duna* (1943; dt. *Haus auf der Düne*), *Pequenos Burgueses* (1948; Kleinbürger), *Uma Abelha na Chuva* (1953; dt. *Eine Biene im Regen*). In diesen Werken gewinnen die beschreibenden Passagen und der materielle Wandlungsprozeß der Objekte eine solche Eindringlichkeit, daß die sich herausbildende und wieder zerfallende Realität schrittweise als eine aus mehreren Zeitschichten bestehende Substanz wahrgenommen werden kann. Sein letzter Roman, *Finisterra* (1978), erreichte einen einzigartigen Rang innerhalb unserer Prosaliteratur und übte starke erneuernde Wirkung aus.

Die bereits erwähnte Hegemonie der neo-realistischen Prosa in den vierziger und fünfziger Jahren läßt sich selbst an dem sporadischen Dialog erkennen, den so unterschiedliche Autoren wie Torga oder Vergílio Ferreira mit dieser Richtung führten, und sie erklärt sich aus soziokulturellen Gründen. Diese Tatsache verhinderte jedoch nicht, daß sich in derselben Zeit auch andere Tendenzen bemerkbar machten, die manchmal schon etwas unzeitgemäß wirkten, wie der Surrealismus, und daß einige Autoren hervortraten, die später zu den bedeutendsten Prosaschriftstellern der zweiten Jahrhunderthälfte gehören sollten, wie etwa Agustina Bessa-Luís (geb. 1922).

Die portugiesische surrealistische Bewegung, für die häufige interne Spaltungen kennzeichnend sind, meldete sich spät zu Wort, mit der erst 1947 erfolgten Gründung der Surrealistischen Gruppe von Lissabon. In Lyrik und bildender Kunst bewies sie eine gewisse Schöpferkraft, und in diesen Bereichen konnte sie ihren Einfluß über längere Zeit erhalten. Allerdings hatte sie mit António Pedro (1909-1966), der selbst Lyriker, bildender Künstler und Dramatiker war, auch einen gelungenen Ausdruck in der fiktionalen Prosa gefunden: *Apenas uma Narrativa* (1942; Nur eine Erzählung). In der Nachfolge des Surrealismus sollte sich, nun schon in den fünfziger Jahren, das Prosawerk von Ruben A. (1920-1975) entwickeln: mit *Caranguejo* (1954; Krebs) und vor allem mit *A Torre da Barbela* (1965; Der Turm der Barbela), Allegorie auf ein Portugal, das einem Konzentrationslager gleicht, in dem Personen aus der mittelalterlichen Vergangenheit anachronistisch mit ihren Nachfahren in der Zeit des Salazar-Regimes zusammenleben. Die Werke von Luiz Pacheco (geb. 1926) oder von Mário-Henrique Leiria (1922-1980) bewahren dieses surrealistische Erbe auch in den folgenden zwei Jahrzehnten, und es läßt sich selbst noch in den 1963 unter dem Titel *Os Passos em Volta* (Die Schritte umher) veröffentlichten Prosafragmenten von Herberto Helder (geb. 1930), einem Hauptvertreter der zeitgenössischen portugiesischen Lyrik, wiederfinden. Die gleiche traumhafte, metaphorisch überhöhte Atmosphäre prägt auch *Apresentação do Rosto* (1968; Vorstellung des Gesichts).

Nachdem Agustina Bessa-Luís mit *Mundo Fechado* (1948; Verschlossene Welt) und mit dem außergewöhnlichen Roman *A Sibila* (1954; dt. *Die Sibylle*) debütiert hatte, rückte sie in die erste Reihe der zeitgenössischen Prosaliteratur auf. Das sich mit beeindruckender Folgerichtigkeit entwickelnde, überaus umfangreiche und beunruhigende Werk der Schriftstellerin offenbart, vor allem in den Romanen, die vor der sogenannten »Nelkenrevolution« von 1974 erschienen – von *Os Incuráveis* (1956; Die Unverbesserlichen) über *As Relações Humanas* (1964-1966; Zwischenmenschliche Beziehungen) oder *A Bíblia dos Pobres* (1967-1970; Die Armenbibel) bis *A Brusca* (1971; Die barsche Frau) –, eine tiefe Einsicht in den Verfall der »verschlossenen Welten«, die bereits in ihrem ersten Romantitel heraufbeschworen wurden. Dies bestätigen auch ihre neuesten Titel – *Vale Abraão* (1991), *Concerto de Flamengos* (1994) und *A Memória de Giz* (1994; Das Kreidegedächtnis). Seit 1974 wendet sich Agustina Bessa-Luís stärker der Entwicklung des revolutionären Prozesses in Portugal zu. In *Crónica do Cruzado Osb.* (1976; Chronik des Kreuzfahrers Osb.) oder *As Fúrias* (1977;

Die Furien) zeigt sie offen seine Widersprüche, in *O Mosteiro* (1980; Das Kloster) oder in *Os Meninos de Ouro* (1983; Die Goldkinder) enthüllt sie seine mythischen Implikationen, während sie in *Adivinhas de Pedro e Inês* (1983; Pedros und Inês' Rätsel) oder *Florbela Espanca* (1979) gleichzeitig tiefes Interesse für den historischen Roman und für romanhafte Biographien zeigt. Ihre fiktionale Welt, deren diffuse Atmosphäre sich jedem realistischen Bezugssystem verweigert, beruht auf einer überschwenglichen Suggestivkraft, auf einer beinahe halluzinatorischen, sich aus aneinandergereihten Bildern ergebenden Präzision, auf gelungenen Umweltschilderungen, auf einem starken Hang zu einer die Themen rasch wechselnden Rhetorik. Dies veranlaßt sie, ursprüngliche Personen und Erzählschwerpunkte zugunsten anderer aufzugeben, die nun ihrer Intuition oder der inbrünstigen Offenbarung verborgener Bedeutungen scheinbar besser entsprechen, so daß der Zugang zum Mythos erreicht wird – der zuweilen in einem Aphorismus, einer Sentenz oder einer sibyllinischen Stimme deutlich hervortritt –, und auf einer konsequenten Vorliebe für Nonsens und Ungewöhnliches sowie schließlich für das Rätsel.

Ein Roman mit dem vielsagenden Titel *Mudança* (1950; Wandlung) – in dem man die angsterfüllte »Wandlung« des Protagonisten miterlebt, der von der Suche nach einem zuverlässigen ideologischen Wertesystem zur Problematisierung seiner individuellen Gefühle übergeht – leitete eine Neuorientierung im Schaffen Vergílio Ferreiras ein, der, wie bereits erwähnt, offen mit dem Neo-Realismus brach, als er sich die Ideen des Existentialismus zu eigen machte und begeistert Sartre und Malraux las, was auch seine umfangreichen essayistischen Reflexionen prägen sollte. Von dieser Zeit an, vor allem seit *Aparição* (1959; Erscheinung), zeigt sein reichhaltiges Œuvre, zu dem Titel wie *Manhã Submersa* (1954; Untergegangener Morgen), *Alegria Breve* (1965; Kurze Freude), *Nítido Nulo* (1971; Klares Nichts), *Signo Sinal* (1979; Signalzeichen), *Para sempre* (1983; Für immer), *Em Nome da Terra* (1990; Im Namen der Erde) und *Na Tua Face* (1993; Vor deinem Angesicht) gehören, sein Bemühen um die Darstellung zeitlicher Grenzsituationen, die mit der Erfahrung des Geheimnisses von Leben und Tod verbunden sind und die Trennung zwischen Ich und Weltordnung aufzuheben vermögen. Die Zeitlichkeit als Erinnerung – das Fundament seiner Prosawerke – führt zu einer Befragung, die zwischen der vergänglichen Gegenwart und einer vorausgeahnten Ewigkeit schwankt, und nach *Rápida, a Sombra* (1974; Schnell kommt der Schatten) zu einer zwanghaften Problematisierung des Alterns und des körperlichen Verfalls.

Der Einfluß des Existentialismus wird seit Ende der fünfziger Jahre ebenfalls spürbar bei Autoren, die von der ersten neorealistischen Welle ausgegangen waren, etwa Fernando Namora – *O Homem Disfarçado* (1957; dt. *Der Mann mit der Maske*), *Domingo à Tarde* (1962; dt. *Sonntagnachmittag*), *Os Clandestinos* (1972; dt. *Im Verborgenen*), *O Rio Triste* (1982; dt. *Der traurige Fluß*), José Marmelo e Silva (1913-1991) – *Adolescente Agrilhoado* (1958; Junger Mann in Ketten), *Desnudez Uivante* (1983; Schreiende Nacktheit). Und er macht sich auch bei einer jüngeren Generation bemerkbar, die sich jedoch noch innerhalb der ästhetischen und ideologischen Tendenz des Neo-Realismus herausgebildet hatte – Urbano Tavares Rodrigues (geb. 1923), Augusto Abelaira (geb. 1926) und José Cardoso Pires (geb. 1925). Der bisher gewöhnlich ländliche Handlungsort der Romane tritt jedoch hinter dem städtischen zurück, die schriftstellerische Praxis wird widersprüchlicher, dialektischer und kritischer. Der Neo-Realismus stellt den angsterfüllten »situationsabhängigen« Menschen auf verzweifelter Suche nach Hoffnung dar, was sich zum Teil daraus erklärt, daß die Salazar-Diktatur sich selbst nach den politischen Veränderungen im Nachkriegseuropa weiter konsolidiert hatte. So äußert sich der Neo-Realismus bei den einzelnen Autoren auch in mehr oder weniger offenem sozialen Engagement.

Tavares Rodrigues hat ein umfangreiches Prosawerk geschaffen, das von *Bastardos do Sol* (1959; dt. *Bastarde der Sonne*) bis zu *Estrada de Morrer* (1972; Straße des Todes), von *Dissolução* (1974; Auflösung) bis *A Hora de Incerteza* (1995; Die Zeit der Ungewißheit) reicht, und er ist außerdem mit Essays hervorgetreten, die von einer inbrünstigen, in ihrem inneren Wesen von sozialen Allegorien bestimmten Erotik mit mythischen Zügen geprägt werden. Das erotische Erlebnis erscheint als eine Grenzerfahrung des Aufruhrs, die im Gegensatz zu einem grauen, zunächst von der Angst, später vom ideologischen Überschwang und in neuerer Zeit von der Ungewißheit des Jahrhundertendes beherrschten Alltag steht.

Augusto Abelaira zeigt seit seinem Erstlingswerk *A Cidade das Flores* (1959; Die Stadt der Blumen) eine starke spielerische und ironische Komponente, die aus der Erkundung des allegorischen Charakters der Sprache, aus der dialektischen Gegenüberstellung zwischen historischer Zeit und erlebter Zeit, aus Montage und Demontage besteht und vor allem auf dem Dialog sowie dem souveränen Durchspielen wahrscheinlicher Möglichkeiten beruht. Dies erinnert zuweilen an die Strategie eines Kriminalromans. *Deste Modo ou Daquele* (1990; Auf diese oder jene Art) offenbart bereits im Titel das Schwanken zwischen mehreren Möglichkeiten, und dieses Schwanken betrifft auch das Erzählen selbst, das sich sogar mit einer postmodernen Metafiktionalität in Verbindung bringen läßt. In ironischem und skeptischem Ton thematisieren seine Romane – *As Boas Intenções* (1963; Die guten Absichten), *Bolor* (1968; Schimmel), *Sem Tecto entre Ruínas* (1979; Obdachlos inmitten von Ruinen), *O Bosque harmonioso* (1982; Der harmonische Wald) und *Outrora Agora* (1996; Einst und jetzt) – die Frustrationen, Erfolge und Schicksalserfahrungen der Intellektuellen seiner Generation.

José Cardoso Pires hat ein Werk geschaffen, das vielleicht zu den kraftvollsten seiner Generation gehört. Seine Allegorien des Alltäglichen sind leidenschaftliche Analysen Portugals und der krankhaften Denk- und Verhaltensmuster der verschiedenen Gesellschaftsschichten dieses Landes. 1972 veröffentlichte er eine niederschmetternde satirische Fabel über Salazar, die den Titel *Dinossauro Excelentíssimo* (dt. *Seine Exzellenz der Dinosaurus*) trägt. Später wandte sich Cardoso Pires jedoch einer innovativen Erzählweise zu, die bei der Behandlung von Raum und Zeit die Technik des *Interseccionismo* verwendet, um so chronologische Unsicherheit zu erzeugen. Auch bezog er zahlreiche Erzählperspektiven ein, die sich durch sorgfältig gestaltete Monologe und Dialoge und getreue Wiedergabe verschiedener Sprachebenen gegenseitig widersprechen und eine höchst originelle Form des Humors erzeugen. Eine derartige Erzählweise kündigte sich seit dem außergewöhnlichen Roman *O Delfim* (1968; dt. *Der Dauphin*) an, geradezu eine Dekonstruktion des Romangenres, den Erzählungen *O Burro-em-pé* (1979; Der aufrechte Esel) und den Romanen *Alexandra Alpha* (1987) sowie *Balada da Praia dos Cães* (1982; dt. *Ballade vom Hundestrand*). Der letztgenannte Roman verdient besondere Erwähnung, weil er mit beinahe kriminalistischer Knappheit das Aufeinanderprallen politischer Leidenschaften vor dem Hintergrund des Regimes schildert – obwohl dieser Erzählweise bereits in *O Anjo Ancorado* (1958; Der gefesselte Engel) oder *O Hóspede de Job* (1963; Hiobs Gast) infolge der Handlungsarmut und des unpersönlichen Deskriptivismus eine gewisse semantische Trockenheit anhaftete.

Am Ende der fünfziger und zu Beginn der sechziger Jahre profilieren sich ebenfalls mehrere Schriftsteller, die sich zwar stark voneinander unterscheiden, jedoch Geschichtspessimismus, kritischen Individualismus und einen Hang zur subjektiven Selbstanalyse gemeinsam haben. Genannt seien hier so verschiedenartige Autoren wie Jorge de Sena (1919-1978), David Mourão-Ferreira (1927-1996), Sophia de Mello Breyner Andresen (geb. 1919), Maria Judite de Carvalho (geb. 1921) und Fernanda Botelho (geb. 1926). Die drei erstgenannten Schriftsteller wurden als Lyriker bekannt, doch sie traten auch als Prosaautoren hervor. Sena schrieb u. a. Essays und Erzählungen, die sich in einem Klima zwischen phantastischem und phänomenologischem Realismus bewegen – *Andanças do Demónio* (1960; Abenteuer des Teufels), *Novas Andanças do Demónio* (1966; Neue Abenteuer des Teufels) und *Os Grão-Capitães* (1976; Die Feldherren) –, sowie den in der Zeit des Spanischen Bürgerkriegs spielenden, die eigene künstlerische Berufung offenbarenden Bildungsroman *Sinais de Fogo* (1979; dt. *Feuerzeichen*), der als erster Band eines unvollendeten Zyklus konzipiert war. Mourão-Ferreira war ebenfalls Essayist und schrieb Erzählungen – *Gaivotas em Terra* (1958; Möwen an Land), *Os Amantes* (1968; Die Liebenden), *As Quatro Estações* (1980; Die vier Jahreszeiten) – sowie den Roman *Um Amor Feliz* (1986; Eine glückliche Liebe), in dem, ausgehend von der Wiedergabe einiger Augenblicke des alltäglichen Liebeserlebens, eine Träumerei über die Welt entsteht. Sophia de Mello Breyner Andresen stellte sich mit *Contos Exemplares* (1962; Beispielhafte Erzählungen) vor, ethischen Allegorien, die einer metaphysischen Erkundung dienen.

Maria Judite de Carvalho sichert sich mit ihren Erzählbänden – *Tanta Gente, Mariana* (1959; So viele Leute, Mariana), *Os Armários Vazios* (1966; Die leeren Schränke), *Além do Quadro* (1983; Außerhalb des Rahmens), *Seta Despedida* (1995; Der abgeschossene Pfeil) – einen hohen Rang in der portugiesischen Literatur. Sie bedient sich einer Poetik der Anspielungen, die aus dünnen Fäden ein dichtes Bedeutungsnetz knüpft, und sie vereint den Ausdruck einer maßvollen Dramatik, die sich aus der extremen Erfahrung einer einsamen und unverstandenen Existenz ergibt, mit einer Gesellschaftskritik, die unausgesprochen in der Selbstironie enthalten ist, von der die banalste Alltagsdarstellung durchdrungen wird. Fernanda Botelho zeichnet sich in der Strukturierung ihrer Romane durch meisterhafte Beherrschung geometrischer und plastischer Darstellungsformen aus: von *O Ângulo Raso* (1957; Gestreckter Winkel) über *Xerazade e os Outros* (1964; Scheherazade und die anderen) bis *Esta Noite Sonhei com Brueghel* (1987; Heute nacht habe ich von Brueghel geträumt). Sie entmythisiert, selbst durch die Relativierung der Erzählperspektiven, die bürgerliche Ethik, mit der sich ihre Personen auseinandersetzen müssen.

In den sechziger Jahren entwickelte sich also das Schaffen dieser Autoren, die ihre vollendeten Werke im folgenden Jahrzehnt gestalten sollten; in dieser Zeit müssen sie sich überdies mit der neuen Herausforderung auseinandersetzen, daß sie seit dem 25. April 1974 ohne die Behinderung durch die Zensur schreiben können. Von den widersprüchlichen und verwirrenden Gefühlen, die diese langersehnte Situation bei einigen Schriftstellern hervorruft, zeugt das Buch von Cardoso Pires *E agora, José?* (1977; Und nun, José?). Am Anfang der sechziger Jahre hatte der *nouveau roman* einen gewissen Einfluß auf die portugiesische Prosaliteratur ausgeübt, der sich allerdings mehr auf theoretischem Gebiet als auf das eigentliche Romanschaffen auswirkte. Am glücklichsten äußert sich dieser formale

Einfluß im ersten Roman [José Benigno de] Almeida Farias (geb. 1943): *Rumor Branco* (1962; Weißes Gerücht). Seine späteren Werke wenden sich von diesem Vorbild ab und konzentrieren sich – aus einer neuen Erzählperspektive, die räumliche und zeitliche Brüche erkundet und den Gesichtspunkten der einzelnen Personen eine gewisse Autonomie gewährt – auf die Darstellung der großen Wandlungsprozesse in der portugiesischen Geschichte der Gegenwart. Die aus *A Paixão* (1965; dt. *Passionstag*), *Cortes* (1978; Brüche), *Lusitânia* (1980; Lusitanien) und *Cavaleiro Andante* (1983; Der fahrende Ritter) bestehende Romantetralogie schildert Unterdrückung, Hoffnung und Enttäuschung sowie die Auswirkungen, die das Ende der Diktatur auf eine Großgrundbesitzerfamilie im Alentejo hat. Almeida Farias bisher letzter Roman *O Conquistador* (1990; Der Eroberer) ist eine parodistische Neuinterpretation des nationalen Mythos vom *Sebastianismo*, dem reaktionären Glauben an die Wiederkehr des Königs Dom Sebastião.

Doch vor allem gegen Ende der sechziger Jahre hatte sich eine experimentierfreudige Richtung herausgebildet, die sich von der Materialität des Textes faszinieren ließ und weitgehend unter dem Einfluß des Strukturalismus stand, wobei sie allerdings gleichzeitig vom Surrealismus die Vorliebe für die metaphorische und traumhafte Freiheit der Sprache übernahm. Die gültigsten Leistungen dieser Tendenz finden sich im einzigartigen Werk von Maria Velho da Costa (geb. 1938) – u. a. *Maina Mendes* (1969), *Casas Pardas* (1977; Graue Häuser) oder *Missa in Albis* (1988). Eindringlich schildert sie die Entstehung und den Verfall der Emotionen, Leidenschaften und Körper und läßt so zugleich alptraumhaft eine soziale Geographie Portugals entstehen. Das gilt ebenso für Nuno Bragança (1927-1985) – *A Noite e o Riso* (1969; Die Nacht und das Lachen), *Directa* (1977; Durchmachen) oder *Square Tolstoi* (1981), Yvette K. Centeno (geb. 1940) – *Quem, se Eu Gritar* (1962; Wer, wenn ich schriee), *As Palavras, que Pena* (1972; Die Worte, wie schade) oder *No Jardim das Nogueiras* (1983; Im Nußbaumgarten), Maria Gabriela Llansol (geb. 1931) – *Os Pregos na Erva* (1962; Die Nägel im Gras) oder die Trilogien *Geografia dos Rebeldes* (1977-1984; Geographie der Rebellen) und *Litoral do Mundo*

(1984-1988; Die Küste der Welt), in jüngerer Zeit Rui Nunes (geb. 1946) – *Sauromaquia* (1976; Kampf der Saurier), *Álbuns de Retratos* (1993; Porträtalben) oder *Que Sinos Dobram por Aqueles que Morrem como Gado?* (1995; Welche Glocken läuten für jene, die wie Vieh sterben?).

Maria Velho da Costa ist zugleich die interessanteste Autorin, die feministische Probleme in Zusammenhang mit dem nach der »Nelkenrevolution« wiederentdeckten Portugal reflektiert. Allerdings erschien bereits vor 1974 ein Buch, das sie sowie Maria Isabel Barreno (geb. 1938) und die Lyrikerin Maria Teresa Horta (geb. 1937) geschrieben hatten: *Novas Cartas Portuguesas* (1972; dt. *Neue Portugiesische Briefe*). Diese Texte gehen von den berühmten aus dem 17. Jahrhundert stammenden, einer portugiesischen Nonne zugeschriebenen erotischen Briefen aus; sie führten zu einem skandalösen Prozeß wegen Verletzung der damals gültigen Regeln des öffentlichen Anstands. Innerhalb dieses weiten Themenbereichs kann man Autorinnen nennen, die allerdings unterschiedliche formale Lösungen verwirklichen. Außer der bereits erwähnten Maria Isabel Barreno, die neben *De Noite as Árvores são Negras* (1968; Nachts sind die Bäume schwarz), *Inventário de Ana* (1982; Anas Bestandsaufnahme), *Crónica do Tempo* (1990; Zeitchronik) auch, u. a. mit O *Chão Salgado* (1992; Salzhaltiger Boden), der phantastischen Literatur zuzurechnende Prosa vorgelegt hat, sind zu erwähnen: Luísa Dacosta (geb. 1927) – *Vovó Ana, Bisavó Filomena e Eu* (1969; Oma Ana, Urgroßmutter Filomena und ich), *Corpo Recusado* (1985; Verweigerter Körper), Maria Ondina Braga (geb. 1932) – *A China fica ao Lado* (1968; China liegt gleich nebenan), *A Casa Suspensa* (1982; Das schwebende Haus), *Nocturno em Macau* (1991; Notturno in Macau), Teolinda Gersão (geb. 1940) – *Paisagem com Mulher e Mar ao Fundo* (1982; dt. *Landschaft mit Frau und Meer im Hintergrund*), *A Casa da Cabeça de Cavalo* (1995; Das Haus mit dem Pferdekopf). In neuester Zeit ist auf Helena Marques (geb. 1953) mit ihrem Romandebüt O *Ultimo Cais* (1993; Der letzte Kai) hinzuweisen.

Wenn sich die portugiesische Literatur nach dem 25. April 1974 auch nicht abrupt veränderte – was teilweise sogar darauf zurückzuführen ist, daß die Dynamik des revolutionären Prozesses für die meisten Autoren und Künstler »einen Moment des Schweigens«[4] mit sich brachte, worauf bereits Eduardo Lourenço hingewiesen hat, so trifft es doch zu, daß das Ende des fünfhundertjährigen Weltreichs und die Annäherung Portugals an das Projekt der Europäischen Gemeinschaft zusammen mit der hierdurch ausgelösten Identitätskrise eine sehr umfangreiche, produktive Literatur der Selbsterkenntnis und der Fiktionalisierung des Vaterlandes veranlaßten. Das bezeugen zu unterschiedlichen Zeitpunkten und in unterschiedlichen Formen viele der bereits erwähnten und zu verschiedenen Richtungen gehörenden Werke.

Es gibt jedoch bestimmte Autoren, denen man sich schwerlich annähern kann, ohne diese Problematik unmittelbar zu berücksichtigen. Das betrifft vor allem jene, deren Werk vom thematischen Schwerpunkt einer Neuinterpretation des Kolonialkriegs oder von den Erinnerungen an ein Afrika ausgeht, das von den Gespenstern der Kolonialzeit heimgesucht wird.[5]

Dies gilt für António Lobo Antunes (geb. 1942), der 1979 zwei Bestseller veröffentlicht hat – *Memória de Elefante* (Elefantengedächtnis) und *Os Cus de Judas* (dt. *Der Judaskuß*) – und dessen überaus umfangreiches späteres Werk niemals auf die schonungslose, karikierende, wenn nicht gar bösartig-parodistische Auseinandersetzung mit dem vergangenen und gegenwärtigen Portugal verzichtet – *Fado Alexandrino* (1983), *Auto dos Danados* (1985; dt. *Der Reigen der Verdammten*), *As Naus* (1988; Die Karavellen), *Tratado das Paixões da Alma* (1990; dt. *Die Leidenschaften der Seele*), *O Manual dos Inquisidores* (1996; dt. *Das Handbuch der Inquisitoren*). Diese Auseinandersetzung bedient sich einer überschwenglich metaphorischen Sprache, einer assoziativen Rhetorik und einer beinahe barocken Maßlosigkeit, die sich auch auf die Romanstruktur selbst überträgt.

Ähnliches trifft auch für João de Melo (geb. 1949) zu mit *A Memória de Ver Matar e Morrer* (1977; Erinnerung an das Töten- und Sterben-Sehen) und *Autópsia de um Mar de Ruínas* (1984; Autopsie eines Ruinenmeeres). Diese Problematik sollte er noch mit einer wichtigen Anthologie von Zeugenberichten aus dem Krieg weiterverfolgen: *Os Anos da Guerra* (1988; Die Kriegsjahre). Eine andere Seite seines schriftstellerischen Schaffens – die sich jedoch ebenfalls direkt mit dem Portugal seiner Zeit auseinandersetzt – ist der Weltsicht der azorianischen Bauern und Auswanderer gewidmet (er wurde auf diesem Archipel geboren), die sich in *O meu Mundo não é deste Reino* (1983; Meine Welt ist nicht von diesem Reich) und *Gente Feliz com Lágrimas* (1988; Glückliche Leute mit Tränen) zeigt. Außerdem sind der Kolonialkrieg und das Exil oder die Auswanderung – die Portugal in den sechziger Jahren veröden ließ – immer wieder auftretende und indirekt miteinander verbundene Themen bei solchen Autoren wie Manuel Alegre (geb. 1936) – in dem Roman *Jornada de África* (1989; Afrikanischer Feldzug) – oder Álvaro Manuel Machado (geb. 1940) – in der Trilogie *Exílio* (1978; Exil), *A Arte da Fuga* (1983; Die Kunst der Fuge/der Flucht) und *O Viandante* (1996; Der Wanderer) – oder auch Olga Gonçalves (geb. 1929) – in *A Floresta de Bremerhaven* (1975; Der Wald in Bremerhaven) und *Este Verão o Emigrante là-bas* (1978; Dieser Sommer der Auswanderer *là-bas*) – sowie schließlich Graciete Besse (geb. 1951) – in *Nas Margens do Exílio* (1993; Am Rand des Exils).

Im Zusammenhang mit dem thematischen Schwerpunkt des Kolonialkriegs sind noch zu erwähnen: *Walt* (1978) von Fernando Assis Pacheco (1937-1995), *Percursos* (1981; Wegstrekken) von Wanda Ramos (geb. 1948), *Corpo Colonial* (1981; Kolonialkorps) und *O Claro Vento do Mar* (1996; Der reine Seewind) von Joana Ruas (geb. 1944), *Nó Cego* (1983; Doppelter Knoten) von Carlos Vale Ferraz (geb. 1947), *Ombro, Arma!* (1978; Gewehr über!) von José Manuel Mendes (geb. 1948), *A Costa dos Murmúrios* (1988; dt. *Die Küste des Raunens*) von Lídia Jorge (geb. 1946) oder *Os Alferes* (1989; Die Fähnriche) von Mário de Carvalho (geb. 1944).

Bei der Auseinandersetzung mit dem Thema des Vaterlands und des portugiesischen Wesens gehören auch noch die Werke einander wegen ihrer Herkunft und ihres ästhetischen Bildungswegs so unähnlicher Autoren zusammen wie die folgenden von Alexandre Pinheiro Torres (geb. 1923) – *A Nau de Quixibá* (1977; Das Schiff von Quixibá) oder *Sou Toda Sua, Meu Guapo*

Cavaleiro (1994; Ich bin ganz die Deine, mein schöner Ritter); von Baptista-Bastos (geb. 1934) – *Um Homem Parado no Inverno* (1991; Ein Mann, der im Winter nichts zu tun hat); von Armando Silva Carvalho (geb. 1938) – *Portuguex* (1977) oder *Em Nome da Mãe* (1994; Im Namen der Mutter); von Alberto Pimenta (geb. 1937) – *Bestiário Lusitano* (1980; Lusitanisches Bestiarium); von Vasco Graça Moura (geb. 1942) – *Naufrágio de Sepúlveda* (1988; Der Schiffbruch Sepúlvedas); von Amadeu Lopes Sabino (geb. 1943) – *O Cavaleiro Cego* (1982; Der blinde Ritter); von Fernando Dacosta (geb. 1945) – *O Viúvo* (1986; Der Witwer); oder Eduarda Dionísio (geb. 1946) – *Retrato dum Amigo enquanto falo* (1979; Porträt eines Freundes während ich spreche).

Eine der ergiebigsten Quellen für die Prosaliteratur der zwei letzten Jahrzehnte kommt aus dem Bereich des Phantastischen. Als Komponente einer manchmal traditionellen, manchmal aber auch experimentellen Ästhetik geht sie gleichzeitig mit einer Meditation über den portugiesischen Heimatboden, seine Menschen und seine Geschichte einher. Man kann diese Richtung als magischen oder phantastischen Realismus bezeichnen, obwohl er kaum eine Flucht aus der Wirklichkeit bedeutet. Auf sie läßt sich in vielen Fällen die gegenwärtige Welle von historischen Romanen zurückführen. Innerhalb dieser Strömung verdienen drei Autoren besondere Hervorhebung: José Saramago (geb. 1922), Lídia Jorge und Mário de Carvalho.

José Saramago galt zwar schon lange als erfahrener Autor und ausgezeichneter Chronist, erringt jedoch erst 1980 als Romancier einen aufsehenerregenden Erfolg mit *Levantado do Chão* (dt. *Hoffnung im Alentejo*), der epischen Geschichte der Landarbeiter auf den Latifundien des Alentejo. Zwar ist der Roman noch dem vom Neo-Realismus übernommenen Thesenroman verhaftet, doch läßt er schon die innovative Kraft vorausahnen, die sich in seinen späteren Werken bestätigen wird – von *Memorial do Convento* (1982; dt. *Das Kloster zu Mafra/Das Memorial*) über *O Ano da Morte de Ricardo Reis* (1984; dt. *Das Todesjahr des Ricardo Reis*), *A Jangada de Pedra* (1986; dt. *Das steinerne Floß*), *História do Cerco de Lisboa* (1989; dt. *Geschichte der Belagerung von Lissabon*), *O Evan-*

gelho segundo Jesus Cristo (1991; dt. *Das Evangelium nach Jesus Christus*) bis zu *Ensaio sobre a Cegueira* (1995; dt. *Die Stadt der Blinden*). Der mit einer überaus lebhaften schöpferischen Phantasie begabte Prosaautor geht er bei der Gestaltung seiner Romane von einem historisch genau festgelegten realistischen Kern und/oder einer wahrscheinlich wirkenden Erzählweise aus, um dann ständig vom Realen zum Phantastischen, vom Bekannten zum Übernatürlichen, vom Prosaischen zum Ungewöhnlichen überzuwechseln, um so den Leser mit der widersprüchlichen Vielfalt der menschlichen Realität zu konfrontieren; und dies geschieht in einer allegorischen Atmosphäre, die sich dem magischen Realismus annähert. Eine moderne erkenntnistheoretische Auffassung der Wahrheitssuche dient seinem Werk als Richtschnur und verwirft den individuellen und kollektiven Immobilismus zugunsten des Dialogs und der Vereinigung des Verschiedenartigen. Seine Bevorzugung des von Vermutungen und Abschweifungen ausgehenden Diskurses – er beruht auf einem stets beibehaltenen Tonfall, der sich aus einem originellen Gebrauch der Interpunktion und der koordinierenden Syntax sowie aus der Integration des Dialogs in das Textgewebe ergibt – bringt zusammen mit der Benutzung eines seine persönliche Meinung äußernden Erzählers, der spielerisch zwischen einem sentenziösen und einem ironischen Ton wechselt, eine sich der Ungewißheit bedienende Rhetorik hervor, in der alles relativiert und unsicher wird, selbst die historischen Ereignisse, die er in einer postmodernen Haltung neu bewertet. Das geschieht etwa in *Memorial do Convento*, seinem meistübersetzten Roman; ihn bearbeitete Azio Corghi für seine Oper *Blimunda*, deren Welturaufführung 1990 an der Mailänder Scala stattfand. In diesem Roman liefert uns Saramago ein überraschendes Panorama des barocken Portugal: erzählt wird nicht aus der kanonischen Geschichtsperspektive der Sieger und Helden, sondern aus der Sicht der von der offiziellen Historie Vergessenen: der Erbauer des Klosters; und das führt zu einer anderen Wahrheit und zu neuen Geschichtsversionen.

Die ersten Bücher von Lídia Jorge untersuchen die Identität des verfallenden ländlichen Portugal – *O Cais das Merendas*

(1982; Der Picknickplatz am Meer) –, zuweilen auch mit Anklängen an den magischen Realismus, *O Dia dos Prodígios* (1980; dt. *Der Tag der Wunder*). Ähnliche Gestaltungsformen finden sich bei einer Autorin wie Hélia Correia (geb. 1949) – in *Montedemo* (1983; Teufelsberg) oder *Soma* (1987). Das spätere Werk Lídia Jorges, das die Erzählstruktur und den Erzählakt selbst systematisch in Frage stellt, bewegt sich zwischen einem Romantyp, der einer realistischeren Tradition folgt und sich aufmerksam mit den Veränderungen im Alltag der Stadt Lissabon beschäftigt – wie etwa *Notícia da Cidade Silvestre* (1984; dt. *Nachricht von der anderen Seite der Straße*) oder *O Jardim sem Limites* (1995; dt. *Paradies ohne Grenzen*) –, und einem Romantyp nach Art von *A Costa dos Murmúrios*, in dem das Erlebnis des Kolonialkriegs aus der Sicht einer Frau verarbeitet und so die offizielle Geschichtsdarstellung neu interpretiert und in Frage gestellt wird.

Mário de Carvalho trat als ironischer Erzähler hervor, sowohl auf dem Gebiet der magisch und phantastisch inspirierten Erzählform – *Contos da Sétima Esfera* (1981; Erzählungen der siebten Sphäre) – als auch in realistisch-satirischen Texten wie *Os Alferes* (Die Fähnriche) oder pseudo-historischen Romanen wie *Quatrocentos Mil Sestércios* (1991; Vierhunderttausend Sesterzien). Seine Novelle *A Paixão do Conde de Fróis* (1986; Die Passion des Grafen von Fróis) und sein Roman *Um Deus passeando pela Brisa da Tarde* (1994; Ein Gott schweift durch die Abendbrise), der die ersten Christenverfolgungen in der Zeit der römischen Besetzung der Iberischen Halbinsel behandelt, bestätigen seine postmoderne Methode, parodistische Geschichtsfälschungen zu komponieren.

Hier können weitere Werke und Autoren erwähnt werden, die Geschichte durch die Erinnerung neu interpretieren oder ironisch dekonstruieren: von Fernando Campos (geb. 1924) mit *A Casa do Pó* (1986; dt. *Das Haus des Staubes*) über Olga Gonçalves mit *Ora Esguardae* (1982; Nun schauet her), Baptista-Bastos mit *A Colina de Cristal* (1987; Der Kristallhügel), Álvaro Guerra (geb. 1936) mit *Trilogia dos Cafés* (1982-1987; Trilogie der Cafés) oder Mário Cláudio (geb. 1941) mit *A Quinta das Virtudes* (1990; Der Garten der Tugenden) bis João

Aguiar (geb. 1944) mit *A Voz dos Deuses* (1984; Die Stimme der Götter).

Zugleich mit diesem intensiven Interesse für die Geschichte ist eine Neubewertung der historischen Hauptpersonen festzustellen, die sich an der beträchtlich steigenden Zahl der biographischen, mehr oder weniger phantasievoll aufbereiteten und mit intertextuellen Bezügen arbeitenden Literatur zeigt. Als Vertreter dieser Richtung ist Mário Cláudio hervorzuheben, der in seiner *Trilogia da Mão* (Trilogie der Hand) – *Amadeo* (1984), *Guilhermina* (1986) und *Rosa* (1988) – drei Hauptvertreter der portugiesischen Malerei, Musik und Töpferkunst darstellt. Dabei gelingt es ihm, aus postmoderner Sicht die Gestaltung des verbalen Diskurses in Frage zu stellen, indem er andere diskursive Formen als Spiegel benutzt, und die schöpferische Phantasie des Schriftstellers in bezug auf die von ihm biographisch dargestellten Personen zu erproben. Er wendet sich erneut der romanhaften Biographie zu, als er sich in *As Batalhas do Caia* (1996; Die Schlachten am Caia) mit der Persönlichkeit Eça de Queirós' beschäftigt. Innerhalb dieser Richtung muß außerdem an *Vida de Ramón* (1991; Das Leben Ramóns) von Luísa Costa Gomes (geb. 1954) erinnert werden, einer Autorin, deren übrige Werke – insbesondere *O Pequeno Mundo* (1988; Die kleine Welt) – sich einer postmodernen Haltung zuordnen lassen, die die herkömmlichen Schreib- und Leseverfahren des Romangenres parodistisch dekonstruiert.

Aus den gleichen Gründen läßt sich ebenfalls eine zunehmende Beschäftigung mit der Tagebuch- und autobiographischen Literatur feststellen. Hier seien die sehr unterschiedlichen Werke folgender Autoren zitiert: Alçada Baptista (geb. 1927) – *Peregrinação Interior* (1971-1982; Innere Wallfahrt), Hélder Macedo (geb. 1935) – *Partes de África* (1991; Teile Afrikas), Vasco Graça Moura (geb. 1942) – *Partida de Sofonisba às Seis e Doze da Manhã* (1993; Der Aufbruch Sophonisbes um sechs Uhr zwölf morgens); die Tagebücher von Maria Gabriela Llansol – *Um Falcão no Punho* (1985; Ein Falke auf der Faust) und *Finita* (1987), Marcello Duarte Mathias (geb. 1932) – *No Devagar Depressa dos Tempos* (1980; Im langsamen und schnellen Lauf der Zeiten), João Palma-Ferreira (geb. 1931) – *Diário*

(1972-1983; Tagebuch), Eduardo Prado Coelho (geb. 1944) – *Tudo o que não escrevi* (1992-1994; Alles, was ich nicht geschrieben habe), Teresa Salema (geb. 1947) – *Educação e Memória de André Maria S.* (1982; dt. *Sich erinnern. André Maria S.*) und *O Lugar Ausente* (1991; Der abwesende Ort) sowie die allgemein anerkannten Tagebücher von Miguel Torga – *Diário* (1941-1993; Tagebuch), Vergílio Ferreira – *Conta-Corrente* (1980-1994; Buchführung) und José Saramago – *Cadernos de Lanzarote* (1994-1997; Lanzaroter Hefte).

Man kann schließlich eine neue Blütezeit des Zeitromans feststellen, die mit einer gewissen hyperrealistischen Vorliebe für die Rückkehr zum Erlebten einhergeht. Dafür stehen sehr unterschiedliche Romane: *O que diz Molero* (1977; dt. *Molero und die verrückte Welt*) von Dinis Machado (geb. 1930), *Onde cai a Sombra* (1983; Wohin der Schatten fällt) und *O Rei dos Lumes* (1984; Der König der Feuer) von Américo Guerreiro de Sousa (geb. 1942), *Fora de Horas* (1989; Zu ungewöhnlicher Stunde) und *Sinais Exteriores* (1993; Äußere Zeichen) von Paulo Castilho (geb. 1944), *Adeus Princesa* (1985; dt. *Auf Wiedersehen, Princesa*) von Clara Pinto Correia (geb. 1960) oder *O Céu Demasiado Azul* (1995; Der allzu blaue Himmel) von Francisco José Viegas (geb. 1962).

Aus dieser Vielfalt, die beinahe alle bekannten Formen des Genres ausdeutet und teilweise neu erfindet, ohne deren traditionelles Wesen zu zerstören, scheint der moderne und zeitgenössische portugiesische Roman zu bestehen, der hier in einem kurzen Überblick skizziert wurde.

Aus dem Portugiesischen von Ulrich Kunzmann

Anmerkungen

1 Vergílio Ferreira, *Espaço do Invisível* II, Lisboa: Bertrand [2]1991, S. 12.

2 Eduardo Lourenço, einer der bedeutendsten portugiesischen Essayisten unserer Zeit, beurteilt das Prosawerk Queirós' als »eine ›archetypische

Fiktion‹, von der man ausgehen kann und sogar muß, um die spätere Entwicklung und selbst den Wandlungsprozeß der modernen portugiesischen Prosaliteratur zu verstehen.« (*O Canto do Signo – Existência e Literatura* (1957-1993), Lisboa: Editorial Presença 1994, S. 303.) Die gleiche Auffassung vertreten António José Saraiva und Oscar Lopes in ihrer bereits klassischen *História da Literatura Portuguesa* (Porto: Porto Editora ^{17}1996, S. 886), wenn sie feststellen: »Eça de Queirós gehört zu den großen Künstlern, die die portugiesische Literatursprache maßgeblich gestaltet haben, und man darf sagen, daß er eine Technik und stilistische Paradigmen geschaffen hat, die in unserer literarischen Prosa noch heute weitverbreitet sind«.

3 In diesem Ultimatum wurde Portugal von Großbritannien aufgefordert, seine Truppen zurückzuziehen, die nach der Berliner Kongokonferenz und den Festlegungen der sogenannten Rosa Landkarte einige Regionen Zentralafrikas besetzt hatten, was zu einem Konflikt mit den englischen Kolonialinteressen führte. Nach anfänglichem kurzen Widerstand beugte sich schließlich die portugiesische Regierung, und diese Haltung führte landesweit zu einem energischen Protest der unterschiedlichsten Kreise der öffentlichen Meinung, außerdem fand der Protest auch auf literarischem Gebiet einen starken Widerhall. Diese Welle patriotischer Unzufriedenheitsbekundungen erschütterte die bereits geschwächte Monarchie tief, und sie war die unmittelbare Ursache des republikanischen Aufstands vom 31. Januar 1891.

4 Vgl. das weiter oben zitierte Buch *O Canto do Signo*, S. 294.

5 Zur Ideologie des *Estado Novo* gehörte stets eine Mystik des portugiesischen Weltreichs, an der Salazar sogar nach dem Zeitalter der im Gefolge des Zweiten Weltkriegs einsetzenden Entkolonialisierung festhielt. Dadurch wurde Portugal seit 1961 an zahlreichen afrikanischen Fronten in einen kolonialen Guerillakrieg verwickelt, der erst mit dem politischen Umsturz vom 25. April 1974 endete.

Portugiesische Romane in deutscher Sprache (Auswahl)

(Hier sei auch auf die Literaturangaben zu den einzelnen Autoren sowie zu den Übersichtsartikeln von Graça Abranches, Erich Kalwa und Nuno Júdice in diesem Band und außerdem auf die Allgemeine Bibliographie verwiesen.)

Branco, Camilo Castelo, *Das Verhängnis der Liebe* (*Amor de perdição*), übers. von C. Meyer-Clason, Freiburg: Beck & Glückler 1988.

Campos, Fernando, *Das Haus des Staubes* (*A casa do pó*), übers. von Maralde Meyer-Minnemann, Freiburg: Beck & Glückler 1990.

Fonseca, Manuel da, *Saat des Windes* (*Seara de vento*), übers. von Ilse Losa, Freiburg: Beck & Glückler 1990.
Namora, Fernando, *Der traurige Fluß* (*O Rio triste*), übers. von Hans Erlewein, München: Bertelsmann 1985.
Oliveira, Carlos de, *Haus auf der Düne* (*Casa na duna*), übers. von C. Meyer-Clason, Freiburg: Beck & Glückler 1989.
Pamplona, Justino/ Luís Rodrigues, *Schatten über Porto*, übers. von Klaus Laabs, Freiburg: Beck & Glückler 1992.
Redol, Alves, *Der Mann mit den sieben Namen* (*A barca dos sete lemes*), übers. von Andreas Klotsch, Berlin: Volk und Welt 1968.
Ribeiro, Aquilino, *Wenn die Wölfe heulen* (*Quando os lobos uivam*), übers. von Peter Eck, Frankfurt/Main: S. Fischer 1965.
Sá-Carneiro, Mário, *Lúcios Geständnis* (*A confissão de Lúcio*), übers. von Berthold Zilly, Frankfurt/Main: Suhrkamp 1997.

Sekundärliteratur (Auswahl)

Coelho, Eduardo Prado, *O Cálculo das Sombras*, Porto: Asa 1997.
Coelho, Jacinto do Prado (Hg.), *Dicionário de Literatura*, Porto: Livraria Figueirinas ^{3}1982.
Eminescu, Roxana, *Novas Coordenadas no Romance Português*, Lisboa: Biblioteca Breve, ICALP 1983.
Hasebrink, Gesa, *Wege der Erneuerung. Portugiesische Romane nach der ›Nelkenrevolution‹*, Berlin: Tranvía 1993.
Hess, Rainer (Hg.), *Portugiesische Romane der Gegenwart: Interpretationen*, Biblioteca Ibero-Americana 40, Frankfurt/Main: Vervuert 1992.
–, (Hg.), *Portugiesische Romane der Gegenwart: Neue Interpretationen*, Frankfurt/Main: TFM / Domus Editoria Europaea 1993.
Júdice, Nuno, *Voyage dans un Siècle de Littérature Portugaise*, Bordeaux: L'Escampette 1993.
–, *Le Roman Portugais Contemporain*, Paris: Fondation C. Gulbenkian/ Centre Culturel Portugais 1984.
Lepecki, Maria Lúcia Torres, *O romance português contemporâneo na busca da história*, Paris: Fondation C. Gulbenkian 1984.
Lopes, Silvina Rodrigues, *Aprendizagem do Incerto*, Litoral Edições 1990.
Machado, Álvaro Manuel, *A Novelística Portuguesa Contemporânea*, Lisboa: Biblioteca Breve, ICALP 1977.
Morão, Paula, *Viagens na Terra das Palavras – Ensaios sobre Literatura Portuguesa*, Lisboa: Cosmos 1993.
Remédios, Maria Luiza Ritzel, *O Romance Português Contemporâneo*, Santa Maria: Edições da Universidade Federal de Santa Maria 1986.

Ribeiro, Maria Aparecida, *História Crítica da Literatura Portuguesa – Realismo e Naturalismo*, Lisboa: Editorial Verbo 1993.
Salema, Álvaro, »Trente Années de Roman Portugais«, *Europe 660*, Avril 1984.
Santilli, Maria Aparecida, *Arte e Representação da Realidade no Romance Português Contemporâneo*, São Paulo: Quiron 1979.
Seixo, Maria Alzira, *A Palavra do Romance – Ensaios de Genologia e Análise*, Lisboa: Horizonte 1986.
–, *Para um estudo da expressão do tempo no romance português contemporâneo*, Lisboa: Imprensa Nacional – Casa da Moeda ²1987.
Serrão, Joel, »A novelística social na década de 40 – esboço de problematização«, *Colóquio-Letras* 9, 1972.
Silva-Brummel, Fernanda, *E todos, todos se vão: Emigration und Emigranten in der portugiesischen Literatur*, Frankfurt/Main: Haag + Herchen 1987.
Simões, João Gaspar, *História do romance português*, 2. Bde., Lisboa 1970/71.
–, *José Regio e a história do movimento da Presença*, Lisboa/Porto: Brasília Ed. 1977.
–, *Geração de 70*, Lisboa: Inquérito ²1984 (Reihe: Cadernos Culturais, Bd. 100).
–, *Perspectiva histórica da ficção portuguesa. Das origens ao século XX*, Lisboa: Dom Quixote ²1992 (Reihe: Col. Nova Enciclopédia).
Simões, Manuel, »A nova narrativa portuguesa: de Almeida Faria a Lídia Jorge«, *Rassegna Iberistica* 21 (Dez. 1984), S. 3-15.
Torres, Alexandre Pinheiro, *Ensaios Escolhidos I*, Lisboa: Caminho 1989.

Die portugiesische Lyrik seit der Nelkenrevolution

Júlio Conrado

Prolog

Im zweiten Jahrzehnt des 20. Jahrhunderts entstand in Portugal eine Gegenbewegung gegen Romantik, Naturalismus und alle konservativen Formen des ästhetisch-literarischen Diskurses, die später unter dem Namen »Erster Modernismus« (*primeiro modernismo*) bekannt wurde und vor allem mit zwei Namen verbunden wird: Fernando Pessoa und Mário de Sá-Carneiro. Eine Gruppe junger Intellektueller und Künstler gab ihren Plänen programmatischen Ausdruck in der Zeitschrift *Orpheu*, deren erste Ausgabe (Januar-März 1915) bereits Texte jener Autoren enthielt, die später zu den wichtigsten Vertretern des ersten Modernismus zählen sollten: Fernando Pessoa, António Ferro, Mário de Sá-Carneiro, Lyriker und Geldgeber der Zeitschrift, José Pacheco, Maler, und José Almada Negreiros, bildender Künstler, Verfasser von Streitschriften, Dramatiker, Provokateur. Obgleich die Zeitschrift auch Beiträge anderer Vertreter der literarischen und künstlerischen Szene der damaligen Zeit vorstellte wie Alfredo Guisado, Armando Côrtes-Rodrigues, Luís de Montalvor und Ronald de Carvalho, waren die Genannten, zusammen mit Santa-Rita Pintor (Pseudonym von Guilherme Augusto da Costa Santa-Rita), Mitarbeiter an der zweiten Ausgabe, und dem futuristischen Maler Amadeo de Souza-Cardoso, der an der damals unveröffentlichten dritten Ausgabe mitwirkte, diejenigen, welche den von Fernando Pessoa dem *Orpheu* zugeschriebenen Anspruch tatsächlich rechtfertigten: »Eine in Zeit und Raum kosmopolitische Kunst zu schaffen«. Ein gewaltiges Vorhaben in einem Land wie dem damaligen Portugal, das dem »Neuen« eher feindlich gegenüberstand, insbesondere, wenn das »Neue« Empfindungen in Versen verdichtete wie »Es fiel mir gerade ein Arm ab / Schau nur, dort geht er gerade Walzer tanzen« (Mário de Sá-Carneiro) oder »Ihr Fabriken, ihr Laboratorien, ihr Music-Halls, ihr Luna-Parks, / Ihr Panzerkreuzer, ihr Brücken. Ihr schwimmenden Docks – / In meinen verworrenen und glühenden Gedanken / Ergreife ich Besitz von euch wie von einer schönen Frau [...]« (Álvaro de Campos/Fernando Pessoa).[1]

Die Veröffentlichung von *Orpheu* in einer Stadt wie Lissabon, die sich von der Errichtung der Republik (1910) noch nicht wieder erholt hatte und nur langsam zu normalen Verhältnissen zurückfand, stellte einen gewaltigen literarischen und gesellschaftlichen Skandal dar. Durch ihre öffentliche Empörung verstärkte die ordnungsgläubige Elite nur noch die Aufmerksamkeit, die *Orpheu* zuteil wurde. Die Presse geißelte die »Vermessenen« unerbittlich: »Eine Kategorie von Individuen, welche die Wissenschaft in Irrenanstalten identifiziert und klassifiziert, die aber ohne weiteres auch außerhalb vorkommen können«, nannte *A Capital* am 30. März 1915 die »Delinquenten«. Der *Século Cómico* meldete in seiner Nummer 8 vom April desselben Jahres, daß vier der Redakteure, welche das Erscheinen der Vierteljahresschrift *Orpheu* zu verantworten hatten, »mit schweren Anzeichen geistiger Umnachtung ins Krankenhaus eingeliefert« worden seien. Die Wagemutigsten der Gruppe aber frohlockten. Noch nicht ganz erholt von den Auswirkungen der mutigen Tat, schrieb Fernando Pessoa am 4. April an Côrtes-Rodrigues: »Wir sind das Gespräch des Tages in Lissabon; ohne Übertreibung, sage ich Ihnen. Der Skandal ist gewaltig. Man zeigt auf der Straße mit dem Finger auf uns, und alle Leute – selbst Nichtliteraten – sprechen von *Orpheu*«.[2] Auch die zweite *Orpheu*-Nummer vom 8. Mai findet keine bessere Aufnahme: Das *Jornal da Noite* vom gleichen Tage spielt auf die »überspannten und amüsanten Orpheus-Burschen« an, und *A Capital* vom 5. Juli merkt tadelnd an, daß »diese armen Jungen doch nichts weiter wollen, als daß man über sie spricht.« In dieser zweiten Nummer zeichnen schon nicht mehr der Portugiese Luís de Montalvor und der Brasilianer Ronald de Carvalho als Chefredakteure; möglicherweise waren sie durch die Proteststürme, welche die erste Nummer hervorgerufen hatte, verängstigt worden. António Ferro blieb weiterhin Herausgeber, aber Fernando Pessoa und Mário de Sá-Carneiro übernahmen nun die Leitung. Die dritte Nummer, obgleich zur Veröffentlichung fertig, erschien nicht zum vorgesehenen Zeitpunkt, da es an Geld mangelte (Mário de Sá-Carneiro schrieb aus Paris an Fernando Pessoa, um ihn über den Konkurs seines Vaters zu informieren, der die Zeitschrift bislang finanziert hatte). Erst Jahrzehnte später (1984) kam eine postume Edition zustande.

Die Episode um *Orpheu* ist im Kontext der damaligen Strömungen der internationalen Avantgarde (Futurismus, Imaginismus, Dadaismus), aber auch der einheimischen Tradition (Anter de Quental, Cesário Verde, Camilo Pessanha) zu sehen. Das Unbehagen an der Kultur, das die in Portugal gültigen Modelle in Frage stellte, war ein allgemein europäisches Phänomen. Der portugiesische Fall zeichnete sich indessen durch bemerkenswerte Besonderheiten aus. Das geniale Gespann Fernando Pessoa/Mário de Sá-Carneiro öffnete *Orpheu* sofort für verschiedene, in ihren Eigenheiten sehr ausgeprägte »Ismen«: *Paulismo*, *Intersеccionismo*, *Simultaneismo* und *Sensacionismo* – angesichts der geistigen Provinzialität Lissabons bedrückende Wortungetüme, die dazu führten, daß die Vertreter so extravaganter Projekte schlichtweg als »Verrückte« abgestempelt wurden. Aber in der »Heteronymie« Fernando Pessoas – Ricardo Reis, Álvaro de Campos, Alberto Caeiro und Bernardo Soares – sollte sich das praktische Ergebnis dessen zeigen, was Pessoa in der in Porto erscheinenden, von Teixeira de Pascoaes herausgegebenen Zeitschrift *A Águia* von der »neuen portugiesischen Lyrik« gefordert hatte. Es ist eines der faszinierendsten Aufspaltungsphänomene des »Ichs« in der Literaturgeschichte. »Ich fühle mich vielfach. Ich bin wie ein Zimmer mit zahllosen wundersamen Spiegeln, die durch falsche Reflexe eine einzige frühere Wirklichkeit brechen, die in keiner und in allen ist«, schrieb der Schöpfer von *Mensagem* (dt. *Botschaft*) auf einem nicht datierten Blatt. Der Literaturwissenschaftler António Quadros, Sohn von António Ferro, schrieb in diesem Zusammenhang 1988: »Vermutlich hätte dieser innere Zwiespalt den Dichter zugrunde gerichtet, so wie es seinem Freund Sá-Carneiro erging (Mário de Sá-Carneiro beging 1916 in Paris Selbstmord – Anm. d. Hg.), wäre es ihm nicht gelungen, seine Zerrissenheit auszudrücken und durch eine wunderbare Erfindung zu sublimieren, eine Gedankenwelt zwar, die aber doch angesichts der Wesenhaftigkeit und der psychologischen Konsistenz der Heteronyme greifbare Realität gewinnt. Die Heteronyme sind andere Dichter als er selbst, jeder von ihnen hat seinen eigenen Stil, seine eigene Weltsicht, seine Metaphysik, sie bilden in ihrer Gesamtheit dennoch ein mehrstimmiges Ich, das in der Summe eine Einheit aufweist.«[3]

1980 benannte der konkretistische Lyriker E. M. Melo e Castro[4] acht Strömungen, die seit Beginn des Jahrhunderts seiner Meinung nach avantgardistische Charakteristika tragen: *Orpheu* (1915), *Presença* (1927), *Neo-Realismo* (1937), *Surrealismo/Abjeccionismo* (1947), *Árvore* (1950), *Poesia 61* (1961), *Experimentalismo* (1964) und *Visualismo Popular* (1974). Es handelt sich offensichtlich um ein sehr weit gefaßtes Kriterium, das unter einem solchen durchaus diskutablen Oberbegriff sowohl den Neo-Realismus als auch den *Visualismo Popular* subsumiert. Da wir uns im folgenden vor allem auf die Strömungen beziehen werden, die das lyrische Schaffen nach dem 25. April 1974, also nach der portugiesischen Nelkenrevolution, geprägt haben, sei hier noch einmal auf die Bedeutung der zweiten modernistischen Bewegung hingewiesen, die im Umkreis der Zeitschrift *Presença* in Coimbra entstand und so bedeutende Lyriker wie José Régio, Adolfo Casais Monteiro, António Navarro, Edmundo de Bettencourt oder Saul Dias hervorbrachte. Auch hier überragt eine Gestalt die übrigen: José Régio, dessen vielseitiges Schaffen aus mystischen und metaphysischen Quellen schöpft, was endlose Auseinandersetzungen mit den Verteidigern einer rationalistischen Literatur, insbesondere den Neo-Realisten, zur Folge hatte. Indem sie sich auf den Bergsonschen Intuitionismus beriefen, wie andere auf den Marxismus (*Neo-Realismo*) oder den »Surrealismus« schworen, stellten die Autoren der *Presença* interessante Verbindungen zwischen dem ersten und dem zweiten Modernismus her, vor allem in der Gestalt des Literaturkritikers, Essayisten und Romanschriftstellers João Gaspar Simões, der zu den herausragenden Vertretern der *Presença* gehört.

Die literarische Periode, die hier im Vordergrund steht, die Entwicklung der Lyrik nach dem 25. April 1974, muß aber auch in größerem zeitlichen und literarischen Zusammenhang gesehen werden.

Bis zur Revolution waren die portugiesischen Schriftsteller politisch mehrheitlich in einer breiten antifaschistischen Front vereinigt und in der Kunst geübt, die Zensur des *Estado Novo* mit einer Vielfalt symbolischer Kunstgriffe in der Weise zu umgehen, daß Protestbotschaften gegen die Diktatur eine Leserschaft erreichten, die sich im Grunde nicht mit den bestehenden Verhältnissen abfand, ein sensibilisiertes staatsbürgerliches Bewußtsein für die Probleme des Landes besaß und dementsprechend aufmerksam alle Zeichen der Veränderung registrierte, welche die Bücher zwischen den Zeilen enthielten. Dann wurde es auf einmal erforderlich zu lernen, in Freiheit und ohne Zensur zu schreiben. Schnell erweiterte sich der Leserkreis in der Zeit der »Demontage« des alten Regimes und des Versuchs der Machtübernahme durch einen Teil der siegreichen Kräfte der Linken. Die Gedankenfreiheit nährte sich jetzt vom stürmischen Klassenkampf in den Betrieben, auf den Straßen und auf dem Land, von den ideologischen Auseinandersetzungen innerhalb der Familie und in gemäßigten Kreisen, die von der Spirale verbaler Gewalt der radikalen Gruppen völlig verunsichert waren. Es verwundert daher nicht, daß die Lyriker ihre Gefühle emotionsgeladen zum Ausdruck brachten und dafür eine Ausdrucksweise verwandten, die möglichst volksnah im Einklang mit der in Gang gesetzten revolutionären Dynamik stand. Es ist der Augenblick, in dem die Schriftsteller »andere« wurden, sei es, weil die Zensur sie geknebelt hatte und die Wirklichkeit heilsamer Unruhe in ihnen jene Wirkung hervorrief, die mit dem Knall des Korkens beim Öffnen einer Sektflasche im Dunklen vergleichbar ist, sei es, weil die sozialen Umwälzungen sie des ethischen Auftrags einer eingreifenden Literatur bewußt werden ließen, sei es schließlich, weil die nun gegebenen günstigen Bedingungen für das Schreiben die freie Option zuließen, auch wenn der sozio-politische Rahmen sie in gewissem Maße wieder einzuengen drohte. Die Rückführung der Nelkenrevolution auf ihr ursprüngliches demokratisches Ziel, der stürmische Dekolonisationsprozeß, der zur Aufgabe des portugiesischen Kolonialreichs in Afrika und Asien führte, und die sogenannte Krise der Ideologien nach dem Fall der Berliner Mauer (1989) und dem sowohl politischen wie auch moralischen Zusammenbruch der Sowjetunion führten dazu, daß einigen Schriftstellern, die ihre Bücher als Beitrag zum unumkehrbaren Aufstieg zur sozialistischen Gesellschaft betrachtet hatten, nun ihr Koordinatengefüge wegbrach. Bei vielen anderen förderten die Geschehnisse das Wiedererleben der Lust am Text dergestalt, daß sie – nach der ersten Euphorie über den Umbruch, nach den heftigen Pendelschlägen und dem Abklingen der Leidenschaften – ihren Erfahrungen in Freiheit Ausdruck geben konnten. Wenn die Revolution die Lyriker in der Gunst der Stunde zum direkten Eingreifen in das Leben der Gemeinschaft aufgerufen und sie damit gleichzeitig gezwungen hatte, ihre eigenen Vorhaben vorübergehend zurückzustellen, so taten es jene, die wirklich etwas über den revolutionären Pragmatismus hinaus zu sagen hatten, schließlich mit außergewöhnlicher Brillanz und bekräftigten auf diese Weise die seit langem verbreitete Überzeugung, wonach die Literatur Portugals am besten durch die Lyrik »repräsentiert« werde.

Lieder trägt der Wind

Beim Versuch, einen umfassenden Überblick über den Zeitraum vom 25. April 1974 bis heute zu geben, lassen sich bestimmte Verallgemeinerungen nur schwer vermeiden. Zum anderen gilt es, bei der eingehenden Deutung auch Namen zu nennen, an Persönlichkeiten zu erinnern, denn, auch wenn auf dem Feld der Lyrik viele die Berufenen und nur wenige die Auserwählten sind, so ist hier weniger die Auswahl als vielmehr die Erwähnung angezeigt. Beginnen wir mit dem politischen Lied (*canção de intervenção*). Die Revolution entstand sozusagen aus dem Lied und bildete den Nährboden für die Lyrik, wie sie damals von Dichtern wie José Carlos Ary dos Santos, Joaquim Pessoa, José Jorge Letria, José Afonso, Adriano Correia de Oliveira, Luís

Cília, Manuel Freire, Sérgio Godinho und Francisco Fanhais verstanden wurde. Einige dieser Barden hatten entscheidenden Einfluß auf die Veränderung des Publikumsgeschmacks in dem Sinne, daß gesungene Lyrik als Waffe gegen die Bourgeoisie (das waren Terminologie und Ziele des *poema-canção* der Revolutionszeit) sich breiten Erfolges zu erfreuen begann. Das Lied war das Instrument, um dem Volk Poesie näherzubringen, und einige derer, die als Lyriker bereits einen Ruf besaßen oder noch erlangen sollten, setzten damals, in der einzigartigen Erfahrung, die Poesie zur Sache des Volkes zu machen, auf die Musik. Der Rundfunk gab mit der Ausstrahlung des von der Zensur verbotenen Liedes »Grândola, vila morena« (»Grândola, erdfarbene Stadt«) von José Afonso das Zeichen für den Beginn der militärischen Operationen im Morgengrauen des 25. April 1974. Ary dos Santos (be)schrieb es so: »Er sagte das erste Wort / im stillen Morgengrauen / ein Dichter, der sang / es ist das Volk, das nun wieder herrscht«. In seinem Glauben an das »vereinte Volk«, das »niemals mehr besiegt werden wird«, paraphrasierte Ary dos Santos in einem *poema-canção* einen aus dem revolutionären Chile importierten berühmten Aufruf. Als Ballade von Manuel Freire hörte man bis zur Erschöpfung António Gedeãos Gedicht »Pedra filosofal« (»Stein der Weisen«), ein Lobpreis der Zukunft und der zu verändernden Welt. Als Lied vernahm Natália Correia tief bewegt am Tag nach dem Schicksalsdatum ihr unter der Diktatur verbotenes Gedicht »Queixa das almas jovens censuradas« (»Klage der zensierten jungen Seelen«) im Radio. »Die Lyrik ist auf der Straße« (»A poesia está na rua«) war eine gängige Feststellung in jenen Tagen, als »Sterne vom Geschirr der Freiheit gegessen wurden«,[5] und das war zum großen Teil den engagierten Liedermachern zu verdanken.

Wenngleich die Euphorie nach dem Sieg der Streitkräfte der gesungenen Dichtung ein ungeahntes Echo verschaffte, kann man in ihrem Gelegenheitscharakter die Schwierigkeiten erahnen, die sich im Verlauf des revolutionären Prozesses und in der späteren Entwicklung der Dichter herausstellten. Die Aprilrevolution war nicht nur Neubeginn, sondern zugleich auch Endpunkt. Die antifaschistische Front der Schriftsteller entsprach nicht einer Übereinstimmung ästhetisch-literarischer Gesinnung: sie setzte sich aus tendenziell verschiedenen Gruppen zusammen, welche den Widerstand gegen die Diktatur auf ganz verschiedene Weise zum Ausdruck gebracht hatten. Im besonderen Fall der Dichter herrschte eine große Spannbreite: es gab gehaltvolle Dichter, es gab Avantgardisten, Hermetiker, Elegiker, Surrealisten, Erotiker, Spiritualisten, Poeten des Alltags, »Fremdtümelnde« (*estrangeirados*), Dichter des Kolonialkriegs und auch solche, die keinerlei innere Verbindung zu den dominierenden Richtungen hatten, und es gab Dichter in der Nachfolge Fernando Pessoas (ein nicht zu übersehender Einfluß, den Fernando J. B. Martinho zu Recht hervorhebt) und Cesário Verdes. Die Schar der Lyriker, vereint in der Opposition gegen den Faschismus, feierte jubelnd den Zusammenbruch des alten Regimes, das »Fallobst gleich« vom Baum der Geschichte fiel. Deutlich wird dies in den Gedichten eines so klarsichtigen und überzeugten Skeptikers wie Jorge de Sena: »Welche Farbe hat die Freiheit? / Sie ist grün, grün und rot. / Panzer auf der Straße / das Volk unmittelbar dahinter: Es bricht endlich aus, selbstbewußt und nackt, mit Kraft, die nicht zurückweicht, / die wahrhaftigste Wahrheit.«[6] Oder in den Versen Manuel Alegres über »Das Leben für einen einzigen Tag« (»A vida por um só dia«): »Es waren verlorene Schlachten, gescheiterte Siege. / Es war das Leben (es waren Leben). Es war Geschichte (es waren Geschichten) / tausend Begegnungen Abschiede. Es waren Leben (es war das Leben) / nur für einen einzigen Tag gelebt.« Die Euphorie klingt durch selbst in dem Zweifel José Gomes Ferreiras hinsichtlich der Legitimität der Militärs, eine Herrschaft der Freiheit zu errichten, Zweifel, die zerstreut werden, sobald der Dichter in der Lage ist, den Verlauf des Geschehens zu deuten. In den spannungsgeladenen, klaren Worten eines José Manuel Mendes: »danach Lissabon / Dock des Morgenrots / so aus Nelken geboren / das Volk auf den Straßen / und der Geschmack der Erde / den nur das Vaterland / hat.«

Schon früh war jedoch zu erkennen, daß mit dem Ende des Festes die Probleme hervorbrechen und daß die kommenden Zeiten eine tiefe Kluft zwischen Menschen aufreißen würden, die ehrenwerte Intellektuelle, jedoch grundverschiedener Auffassung über den einzuschlagenden Kurs in Gesellschaft und

Ästhetik waren. Schon bald bezogen diejenigen Dichter Stellung, die wenig gewillt waren, ihre früheren Positionen aufzugeben (Natália Correia, Miguel Torga, Jorge de Sena, Sophia de Mello Breyner Andresen, Graça Moura): nicht gegen die Freiheit noch gegen die Demokratie, aber gegen die Anzeichen eines neuen totalitären Anspruchs als Gegensignal zur früheren »Ordnung«. Dieser Anspruch hätte ein gut Teil der nichtkonformen (oder zumindest nicht mit dem Gang der Dinge einverstandenen) Schriftsteller einer Rhetorik der Einförmigkeit bürokratischer Prägung geopfert. Dies mündete schließlich in einen Kampf, der über stürmische Monate zwischen dem 25. April 1974 und dem 25. November 1975 währte, einen Zeitraum, in dem sich politisch-ideologisch mäßigendes Vorgehen durchsetzte, das Portugal auf den westlichen Weg »zurückführte«, allerdings nicht ohne Schwankungen und Befürchtungen um einen Identitätsverlust auf der Seite der Linken wie der Rechten angesichts der naheliegenden Risiken, in einem nationalen Eigenheiten gegenüber indifferenten europäischen Verbund aufzugehen. Natália Correia, der Lyrikerin, die in diesem Kampf die Stirn bot, wurde die Hauptverantwortung für das Scheitern des Projekts der Linken zugeschrieben, aber die Integrität, mit der sie später für ihre Überzeugungen stritt, nicht nur als Schriftstellerin, sondern auch als Parlamentsabgeordnete, beweist eine Treue zu den Werten der Freiheit, die nur die ewig Unbelehrbaren in Zweifel zu ziehen wagen.

Daß zwölf Lyriker sich zusammentaten zu einer Hommage für Vasco Gonçalves, der als Soldat und Politiker einer der führenden Köpfe jener Kräfte war, die beschuldigt wurden, die Errichtung einer Volksdemokratie in Portugal anzustreben, kann als Kontrapunkt zu dem »Kampf für die Freiheit« einer Natália Correia betrachtet werden, sei es, weil sein Vorgehen durch gleichermaßen ehrenwerte Ziele legitimiert wurde – eine »gerechtere Gesellschaft« –, sei es weil die Kreise, die den General unterstützten (den berühmten »Óscar« der militärischen April- Operationen), sich auch zwei Jahre nach den November-Konfrontationen noch immer nicht mit der Umkehr des geschichtlichen Verlaufs, der Rücknahme der Revolution, abfinden mochten. Obgleich vom Parteigeist inspiriert, enthält diese

Anthologie Gedichte von unbestreitbarer Qualität, und es ist aufschlußreich, die weitere Entwicklung der begabtesten dieser zwölf apokalyptischen Reiter zu verfolgen: António Ramos Rosa, Armando Silva Carvalho, Casimiro de Brito, Eduardo Olímpio, Egito Gonçalves, Eugénio de Andrade, Gastão Cruz, José Jorge Letria, José Barreiros, José Ferreira Monte, Maria da Graça Varela Cid und Maria Teresa Horta.

Kolonialkrieg: Widerstand und Läuterung

Woher kam die Lyrik, die es in Portugal vor dem 25. April 1974 gab, und wie war sie? Nehmen wir einen der vielen verschlungenen Fäden auf – die Verarbeitung des Kolonialkriegs. Um der historischen Genauigkeit willen muß allerdings betont werden, daß nur wenige Stimmen sich gegen den Krieg erhoben, so daß sich die Lyrik des Widerstandes auf vervielfältigte Textausgaben wie *Discurso claro como o inverno* (1961; Rede, klar wie der Winter) von Liberto Cruz[7] beschränkte, auf Raubdrucke wie *Três natais* (1967; Drei Weihnachten) von José Correia Tavares, auf indizierte Bücher wie *Praça da canção* (1965; Platz des Liedes) und *O canto e as armas* (1967; Der Gesang und die Waffen) von Manuel Alegre oder auf die nur begrenzt kursierenden knappen Gedicht-Berichte von Fernando Assis Pacheco, deren bekanntester Titel *Catalabanza, quilolo e volta* (1972; Catalabanza, Quilolo und zurück, 1976 überarbeitet) ist. Wenngleich die Notwendigkeit, die Gespenster des Krieges auszutreiben, nach dem 25. April 1974 eine beeindruckende Zahl von Zeugnissen hervorbrachte, deren »Halbwertzeit« sie in einen Kontext der Wiederfindung, Erweiterung und Korrektur des kollektiven Bewußtseins einbindet (u. a. Vergílio Alberto Vieira, José Martins Garcia, Eusébio Cardoso Martins, João de Melo, Maria da Graça Varela Cid, J. H. dos Santos Barros, Celso Cruzeiro, Fernando Grade, Fernão de Magalhães Gonçalves und Filomena Cabral), so kann zugleich das Opfer der Vorkämpfer, welche die Wut, den Aufruhr, die Verzweiflung und selbst die Angst zu ihren Leitthemen gemacht hatten, nicht hoch genug bewertet werden. *Jornal de Campanha* (Kriegstagebuch) von Liberto Cruz, 1986 veröffentlicht, vereinigt »Fragmente«, die zwischen Mai 1962 und Januar 1965 in Buela, Luanda und Sintra niedergeschrieben wurden und nach Eugénio Lisboa die »Schüsse« eines »knappen, schnellen, trockenen, tödlichen« Textes darstellen. Unerbittlich gegen den Krieg, artikulieren diese tagebuchartigen Gebilde aus zwei, drei Versen auch die Enttäuschung über den ausgebliebenen Protest der Schriftsteller angesichts der Geschehnisse in Afrika: »Wo sind die Schriftsteller meines Landes, / o António Nobre, die nichts über diesen Krieg schreiben?« Sie können beißend ironisch werden: »Eine Neuigkeit: ab jetzt können Eltern am 10. Juni (portugiesischer Nationalfeiertag, Anm. d. Hg.) auf dem Schloßplatz im Austausch gegen ihre Söhne einen Orden erhalten«, bis an die Grenze des Erträglichen gehen: »Mit einer Küchensäge hat der Arzt vor kurzem abgeschnitten / den Arm eines Soldaten. / Die bewaffnete Hand unversehrt.« Manuel Alegre, ehemaliger Kriegsteilnehmer, thematisiert im algerischen Exil in den Bänden *Praça da canção* und *O canto e as armas* die Sinnlosigkeit des Kriegs und die Ohnmacht der Lyrik: »Auf einmal drei Schüsse in die Erinnerung. / Die Lichter gingen aus. Nacht. Nacht. / Auf einmal drei Schüsse in die Worte, / ein Dichter schwieg, es verstummte das Lied.// Auf einmal wurde ein Gedicht bombardiert [...] / Waren es Granaten? Waren es Feuersilben? [...] / Und ein Dichter / schrieb mit fünf Buchstaben auf den Boden: *warum?* / Mit fünf Buchstaben seines eigenen Blutes.«

José Correia Tavares beschwor schmerzhafte Bilder des Konflikts in Afrika, indem er Weihnachten, ein an sich unverdächtiges Thema, glossierte und auf diese Weise verhinderte, daß das kleine Büchlein *Os três natais* (1967; Die drei Weihnachten) beschlagnahmt wurde, obwohl diese Prosagedichte die Schändlichkeit der Ereignisse in Übersee anprangerten. Es sind dies alles, wie Liberto Cruz schrieb, »Zeugnisse einer Generation«, »die im Krieg entdeckte, daß Schmerz und Trauer, Tod und Selbstmord keine abgedroschenen rhetorischen Figuren sind.«

Um dem Knirschen unterdrückter Wut, dem heimlichem Widerstand, dem Exil der Kriegsgegner entgegenzutreten, hielt es die nationalistische Rechte für angebracht, den Eindruck zu erwekken, daß es schließlich »viele« gab, welche die Fiktion der überseeischen Provinzen Portugals »vom Minho bis Timor« verteidigten, und versuchte lautstark, ihre Getreuen zusammenzutrommeln. Für seine Lyrikanthologie zum Krieg in Übersee *O corpo da pátria* (1961/71; Der Körper / das Corps des Vaterlands) wählte António Almeida Matos »Dichter der Nachhut« und »Dichter der Front« aus. Sowohl in der ersten als auch in der zweiten Gruppe gibt es überraschende Stimmen, wie Rui Cinatti (1915-1986) – wohl aufgrund seiner starken gefühlsmäßigen Bindung an Timor –, Manuel Geraldo und Álamo de Oliveira, die später kritische Positionen hinsichtlich Sinn und Zweck des Krieges bezogen, neben regimetreuen Konservativen wie Amândio César, Fernanda de Castro, Pedro Homem de Melo, Fernando Guedes, Barroso de Fonte und António Salvado. Zeitgleich zum umstrittenen 1. Kongreß der Kriegsteilnehmer erschien eine Anthologie der »Lyriker aus Übersee« mit dem Titel *Vestido de soldado* (Soldatengewand) von António Salvado (1973).

Es mag verwundern, daß, obgleich die bedeutenden Lyriker und Schriftsteller in einer breiten Oppositionsfront gegen die Diktatur vereint waren, der dreizehn Jahre dauernde Kolonialkrieg praktisch an ihnen vorbeigegangen war. Die unerbittliche Kriegszensur machte die Kolonialfrage zu einem Tabu (»über das Vaterland wird nicht diskutiert«). In Portugal mit seiner von der Welt abgeschlossenen Randlage, wo das Volk durch eine gewalttätige und mächtige politische Polizei auf das strengste kontrolliert wurde, gab es keine Antikriegsbewegung, wie sie beispielsweise in den Vereinigten Staaten zur Beendigung des Vietnam-Krieges beitrug oder in Frankreich zur Unabhängigkeit Algeriens führte. Die Schriftsteller meinten, die Kolonialfrage könne gelöst werden, wenn erst im Land Minimalbedingungen für die Demokratie geschaffen würden, die die Diskussion ermöglichten. In Wirklichkeit sollten Rechte, Freiheiten und Garantien, die das portugiesische Volk 1926 mit dem Aufkommen des Salazarismus verloren hatte, erst infolge der Revolution wiedergewonnen werden.

Feststeht, daß kein Lyriker – außer vielleicht Bação Leal (1942-1965), der im Krieg fiel und nur über den Krieg schreiben konnte –, den Afrika-Konflikt zum thematischen Schwerpunkt seines Werkes gemacht hat. Der Krieg stellte einen Alptraum dar, dessen Schrecken »lyrisch« verarbeitet wurde. Es brauchte Zeit, den Alptraum zu bewältigen, und er hinterließ auf den Seiten, die die Dichter ihm widmeten, tiefe Spuren der Verzweiflung. Dann aber waren die Lyriker aufgefordert, sich neuen, faszinierenden Herausforderungen zu stellen, obwohl diejenigen, die »unmittelbar« an den Ereignissen teilgenommen hatten, von Zeit zu Zeit daran erinnerten, damit sie nicht in Vergessenheit gerieten. Der Fall Vergílio Alberto Vieiras ist in mehrfacher Hinsicht exemplarisch. Sein lyrisches Schaffen, anfangs von Eugénio de Andrade beeinflußt, später durch die Erprobung einer Art *poésie pure* farbig bereichert, mündete schließlich in ein kathartisches Buch »kriegerischen Inhalts« – *A paixão das armas* (1983; Die Leidenschaft der Waffen). Sarkastisch und drastisch breitet der Autor darin die Höllenleiden und auch die grotesken Seiten des Kriegs aus. Ständig präsent ist die Vorahnung des Todes, die Urangst eines jeden Kriegsteilnehmers, der wider Willen ins Gemetzel der Kämpfe geworfen war: »Sie haben den Raum metallisiert / Die Augen springen aus den Höhlen: / sie haben den Raum metallisiert. / Die Erde blutet / sie verwest über dem nimbusumgebenen Gesicht / der Toten. / Gegen Tagesanbruch, die Bougainvilleas haben zu singen aufgehört / Der Raum ist aus Eisen, er rüstet sich / mit Schatten / Wir sind im Inneren des Todes.« (»Metalizaram o espaço« / »Sie haben den Raum metallisiert«)

Der Neo-Realismus und die Zeit danach [8]

Die dank der Bewegung der Streitkräfte errungene Freiheit ermöglichte einigen oppositionellen Lyrikern, die sich zuvor um die von der Zeitschrift *Vértice* in Coimbra herausgebrachte Reihe *Novo Cancioneiro* (*Neues Liederbuch* 1941/44) gesammelt hatten, einen neuen Anlauf. Zum Zeitpunkt des 25. April lebten noch sieben der zehn Lyriker, die zu dieser Sammlung beigetragen hatten und die als führende Vertreter der neo-realistischen Lyrik gelten: Fernando Namora, Mário Dionísio, João

José Cochofel, Joaquim Namorado, Manuel da Fonseca, Carlos de Oliveira und Sidónio Muralha. Verstorben waren inzwischen Francisco José Tenreiro (1963), Álvaro Feijó (1941) und Políbio Gomes dos Santos (1939), der 1941 mit einer postumen Ausgabe seiner Gedichte geehrt wurde. Zur Mitarbeit an der nie erschienenen zehnten Nummer der Reihe eingeladen, betrachtete sich José Gomes Ferreira stets als Mitglied dieser Gruppe.

Alle diese Schriftsteller standen marxistischem Gedankengut nahe (Neo-Realismus galt als Tarnbezeichung für Sozialistischen Realismus, um die Zensur irrezuführen und zu umgehen), obgleich ihre ästhetischen Grundpositionen unterschiedlich waren. Fernando Namora bleibt seinem Psychologismus treu, der von seinen Affinitäten zur *Presença* herrührt; Manuel da Fonseca versteht sich als Stimme des Volkes, von dessen Nöten und Schmerzen er in makellosen Versen singt; Carlos de Oliveira verfeinert seine Vorliebe für das unerbittliche und treffsichere Wort und schafft ein einzigartiges Werk, dem manche Anregungen von *Poesia 61* nachweisen wollen, während wieder andere betonen, daß es genau umgekehrt gewesen sein soll; João José Cochofel, »ein Aristokrat, der mit dem Volk sympathisierte«, so António Pedro Pitta, bewahrt seine verinnerlichte, umschattete und verhaltene Stimme und profiliert sich vor allem im Essay; José Gomes Ferreira, metaphernreicher Lyriker des städtischen Alltags, vom Glück begünstigter Verwalter der Dialektik von individuellem und gesellschaftlichem Ich, gibt nun, in der neugewonnenen Freiheit, das Zeichen für einen respektlosen Umgangston in der Auseinandersetzung mit der unmittelbar beobachteten Realität und zieht daraus einen nicht zu unterschätzenden Popularitätsgewinn; Joaquim Namorado wird in seinem Schaffen am deutlichsten vom »Programm« der Veränderung der Gesellschaft geprägt; Mário Dionísio, Theoretiker der Bewegung, widmet sich in der ersten Phase neben der Lyrik besonders dem Essay, der Chronik, der Kritik, der Erzählung und dem Roman. Von der (erweiterten) Gruppe des *Novo Cancioneiro* sind am 25. April lediglich Joaquim Namorado und José Gomes Ferreira »kämpferische Lyriker«. Cochofel exponiert sich kaum. Carlos de Oliveira, Fernando Namora und Manuel da Fonseca sind zu jener Zeit bereits anerkannte Romanschriftsteller. Mário Dionísio beginnt sich auch für Malerei und die Erinnerungschronik (*crônica memorialista*) zu interessieren, nachdem er in einem aufsehenerregenden Roman[9] die von ihm selbst in den vierziger Jahren gestellten Anforderungen in puncto Aufgabe und Wirkung des Neo-Realismus technisch brillant unterlaufen hat. *Pastoral* (1976; Schäferspiel) von Carlos de Oliveira, *Nome para uma casa* (1984; Name für ein Haus) von Fernando Namora und *Terceira idade* (1982; Drittes Zeitalter) von Mário Dionísio sind die Titel von Gedichtsammlungen aus der Feder der letzten Vertreter einer Generation, die sich nach ihrem Debut in der Lyrik vorwiegend in der Prosa einen Namen machten.

Viele der in den vierziger und fünfziger Jahren hervorgetretenen Lyriker hatten zur Zeit der Nelkenrevolution einen Höhepunkt ihres Schaffens erreicht, das durch die Befreiung von der Zensur weiteren Auftrieb erhielt. Das gilt für die stärker ideologisch geprägten Anhänger des Neo-Realismus (Antunes da Silva, Armindo Rodrigues, José Saramago) über Dichter, die dem verspäteten Surrealismus nahestanden und seinerzeit durch ihre provokatorische lyrische Sprache auffielen (António Barahona da Fonseca, Mário Cesariny de Vasconcelos, Alexandre O'Neill, Egito Gonçalves, Natália Correia, António José Forte, Mendes de Carvalho, José Carlos Gonzalez, Vergílio Martinho, Helder Macedo, Rui Cinatti, einige davon Mitglieder des *grupo abjeccionista*, der »Gruppe der Scheußlichen«, ein literarischer Kreis, der im Lissaboner Café »Gêlo« das kulturelle Leben gegen Ende der fünfziger Jahre verstörte), bis hin zu den großen Einzelgängern (Miguel Torga, Jorge de Sena, David Mourão-Ferreira, Sophia de Mello Breyner, Eugénio de Andrade, João Rui de Sousa, António Ramos Rosa und Albano Martins). Alle hatten Grund, die Wiederherstellung der Freiheiten zu begrüßen, vor allem die der Meinungsfreiheit. Nun endlich erhielt ihr Werk jene sichtbare Gültigkeit, die sie einem ungerechten, in einigen Fällen sogar tragischen Schweigen inmitten des eigenen Volkes entriß.

Es ist schwierig, aus den genannten Namen die »Besten« herauszustellen, da es sich um Dichterpersönlichkeiten mit vielen Facetten handelt, die manchmal die metaphysische Erforschung des Lyrischen bis zur äußersten Konsequenz betrieben, wie etwa António Ramos Rosa, über den Vergílio Ferreira schrieb: »Von

Buch zu Buch, von Gedicht zu Gedicht, entzieht sich dieses Wort immer mehr, bis hin zu dem unerbittlichen und absurden Wunsch, vollkommene Sprache in der Stille zu sein. Leises Wort, das kaum ausgesprochen wird, sendet es Signale an andere Wörter in der Ferne, dehnt sich unbestimmt aus bis zur Spitze des ›Bleistifts‹, der es real werden läßt – beschwört es den Geist des Weihevollen und der geheimen Initiation.«[10] Sophia de Mello Breyner evoziert die Sonnenlandschaften der Ägäis (oder des portugiesischen Südens, der ihr am ähnlichsten ist) in Worten, von denen im Akt des Bezeichnens ein geheimnisvoller Zauber von Schönheit und Transparenz ausgeht: »Aus Stein und Kalk ist die Stadt / Mit weißen Glockentürmen / Aus Stein und Kalk ist die Stadt / Mit einigen Feigenbäumen.« (1961; Geografia).[11] David Mourão-Ferreira (1927-1996) singt in klassisch klingender Schreibweise das sinnenfrohe Lob der Frau als erotischen Mythos. Eugénio Lisboa bemerkte scharfsinnig, daß »die gesamte Lyrik David Mourão-Ferreiras mit all ihrem Aufscheinen strahlender Körper von Strömen einer allgegenwärtigen Angst unterhöhlt wird: Das Licht bringt den Schatten hervor, so wie die Wüste den Durst.«[12] Eugénio de Andrade senkte in Verse kristallklaren Wassers Gefühle, Leidenschaft, Einsamkeit und Enttäuschungen, die mit den Dingen, den Naturelementen und dem zerbrechlichen Schicksal des verfallenden Körpers verschmelzen, insbesondere in der Phase, die auf *Obscuro domínio* (1971; *Dunkle Macht*) folgte, dem Wendepunkt zu einer der packendsten lyrischen Erkundungen unserer Zeit. Unter seinen neueren Werken sind besonders zu erwähnen *Matéria solar* (1980; Sonnenmaterie), *O peso da sombra* (1982; Das Gewicht des Schattens), *Branco no branco* (1984; Weiß in Weiß), *Vertentes do olhar* (1987; Blick-Richtungen), *O outro nome da terra* (1988; Der andere Name der Erde) sowie *Rente ao dizer* (1992; Am Rande des Sagens). Jorge de Sena (1920-1978) erhob seine Stimme voll Wut und Abscheu gegen die Heimat, aus der die Umstände ihn vertrieben hatten: »Du bist eine Ziege, du bist Ziegenkot, du bist schlimmer als eine läufige Hündin, du bist Pest und Hunger und Krieg und Herzschmerz. Ich gehöre dir, aber wirst du mein sein, nein.« Sehr spät gewann er sie als die seinige wieder, nach langjährigem und entwürdigendem Exil in verschiedenen Teilen der Welt, zuletzt in Santa Barbara (USA), wo ihn die Nachricht vom Befreiungsschlag überraschte. Als Meister des Wortes und *homme de lettres* gehört er zu den Gebildetsten seiner Zeit, unter der Mißachtung seines Werks durch seine Zeitgenossen leidend, »gequält und wachsam«, wie Ángel Crespo über ihn schrieb. Ein Dichter-Philologe des Manierismus ist er für João Barrento, als »Grenzfall der Identität in der Alterität« erscheint er José Augusto Seabra in Hinblick auf die verschiedenen Masken Camões'. Jorge de Sena beeindruckte durch die exzessive Bejahung dessen, was er verneint, ebenso wie durch die überschießende Kraft der in seinen Texten (seien sie lyrisch oder nicht) zur Schau getragenen Überzeugung, durch das heftige Aufbegehren eines Menschen, der den schmählichen Schimpf einer unverdienten Verbannung nicht akzeptiert.[13] Voll schöpferischer Kraft geht João Rui de Sousa seinen Weg, stets einer lyrischen Stimmung »dunkler« Klarheit verhaftet.[14] Miguel Torga (1907-1995), einsiedlerischer Telluriker, unermüdlich in seiner Liebe für die ihm liebgewordenen Orte, die er mit der Geduld des Pilgers durchwanderte, war der moderne Sänger der Heimat, deren Schmerzen und Wut er erlitt und deren lichte Augenblicke er einfing, ohne dabei jemals das Schicksal seines geopferten Volkes aus den Augen zu verlieren, das immer wach war zur Verteidigung seiner existentiellen Einheit. Er war ein Bote der Freiheit, an dem Fernão de Magalhães Gonçalves den orphischen Weg und den kosmischen soziologischen und theologischen Diskurs rühmte. In der »Verborgenheit des Geistes« bündeln sich diese Bedeutungslinien zu einem aussagestarken und gegenwartsbezogenen Werk.[15]

Egito Gonçalves ist ein Beispiel für anhaltende literarische Beliebtheit: Er gewann kürzlich – zu gleichen Teilen mit Armando da Silva Carvalho – den Preis des portugiesischen PEN-Clubs und wurde außerdem mit dem begehrten Großen Lyrikpreis des portugiesischen Schriftstellerverbandes für den Band *E no entanto move-se* (1995; Und sie bewegt sich doch) ausgezeichnet, in dem einige Literaturkritiker »seine besten Verse« sehen. Der Beginn seines Schaffens fällt in die frühen fünfziger Jahre. Er gehört bereits zu den Mitarbeitern von *Árvore*, einer Zeitschrift unter der Leitung von António Ramos Rosa, António

Luís Moita, José Terra, Luís Amaro und Raul de Carvalho, von der zwar nur vier Nummern erschienen, die aber laut Clara Rocha »einer durch ihr Alter und durch gemeinsame künstlerische Auffassungen verbundenen Gruppe von Lyrikern ein Forum bot«. Bekannt wurden durch diese »Lyrikblätter« neben den Gründern und Egito Gonçalves auch Matilde Rosa Araújo, deren lyrische Sensibilität wir in *Voz nua* (1986; Nackte Stimme) und *A estrada fascinante* (1988; Die faszinierende Straße) wiederentdecken durften, Sebastião da Gama, Alberto Lacerda, Sophia de Mello Breyner, David Mourão-Ferreira, Cristóvam Pavia und Mário Cesariny de Vasconcelos.[16] Egito Gonçalves wird in seiner Frühphase von Óscar Lopes und António José Saraiva in ihrer *História da Literatura Portuguesa* als »bedeutendster Fall eines transzendierenden Imaginismus-Surrealismus« eingeschätzt, und auch als Bewahrer einer Tradition von Liebesdichtung, in der sich Reichtum kühner metaphorischer Wendungen und Klangfarben mit der Dialektik von Abwesenheit-Anwesenheit, Sehnsucht-Verlangen, möglicher-unmöglicher Textualisierung eines/zweier Körper und ihrer Bedingtheiten verbindet. Das Schaffen von Egito Gonçalves bis 1991 liegt in *Pêndulo afectivo* (Gefühlspendel) vor. Alexandre O'Neill (1924-1986), eine widersprüchliche literarische Erscheinung, dem unter anderen die Etiketten »Surrealist«, »Erbe Nicolau Tolentinos« (satirischer Lyriker des 18. Jahrhunderts), »Dichter des Konkreten« und »Publizist« angeheftet wurden, um ihn in die Literaturgeschichte einordnen zu können, machte aus dem unbotmäßigen Wort ein Instrument, mit dem er die Ticks, Manien und Fehlverhalten seiner Zeitgenossen aufs Korn nahm. In kurzen, trockenen Versen entfaltet er wirkungsvoll und witzig ein satirisches Panoptikum städtischer Typen. *Programa para o concreto* (1966; Programm für das Konkrete) liefert für diese Kunst ein treffendes Beispiel. Fernando J. B. Martinho meint, daß O'Neill »stehenbleibt, um die Wirklichkeit kritisch zu beobachten, sie sich in oralem Ton anzueignen, nah, lebendig, in einer bald zärtlich ironischen, bald bitter sarkastischen Vision, um uns im Röntgenbild unserer kleinen Unzulänglichkeiten und Mittelmäßigkeit das genaue Abbild des Landes zu zeigen, das wir sind«, anstatt die Alltäglichkeit durch »Surreales zu ersetzen, wo man die Aufhebung der Widersprüche sucht«.[17] Albano Martins strebt in seiner Dichtung eine Wortökonomie an, die durch eine stark allegorische Schreibweise voller faszinierender symbolischer Assoziationen mit starker Bindung an die Natur und an das Leben charakterisiert ist: »Zuflüsse / eines Stromes: Vereinigung / des Wassers mit dem Wasser« (*Com as flores do salgueiro* 1995; Mit den Blüten der Weide).[18] Raul de Carvalho machte die Lyrik zum Spiegel seiner Schüchternheit und der Verbitterung eines an den Rand gedrängten Menschen. Sein Biograph Serafim Ferreira merkt an, daß die Dichtung Raul de Carvalhos, der aus dem Alentejo stammt, in »Schmerz« und »Leiden« »eintaucht und sich in der Bestimmung, ganz persönliche und eigene Ausdrucksform zu sein, erfüllt, an das Lautréamont-Wort erinnernd, daß ›nur der Dichter die Menschheit tröstet‹«.[19] Und Luís Amaro, ein feinsinniger Lyriker, der seit *Diário íntimo, dádiva e outros poemas* (Intimes Tagebuch, Geschenk und andere Gedichte) von 1975 nichts mehr in Buchform veröffentlicht hat, widmete dem ehemaligen Weggefährten von *Árvore* bei seiner Ehrung in seinem Heimatort Alvito am 23. November 1996 folgende Worte: »Zu einer bestimmten Zeit entdeckte er als Ausflucht die Bedeutung einer Art surrealistischen Humors – und wie sehr mag er im Innersten davon geträumt haben, in den elitären, negativistischen Außenseiterkreis der Lissabonner Surrealisten aufgenommen zu werden! Aber nein: Seine Wurzeln haben sich niemals ganz von der Heimaterde gelöst, von den echten lyrischen Anfängen, auch wenn er, bereichert durch Lektüre, Erfahrungen, künstlerische Versuche, über sie hinauswuchs.«[20] Der Dichter António Gedeão und Rómulo de Carvalho, Professor und Historiker, sind ein und dieselbe Person. Der Dichter trat 1956 mit *Monumento perpétuo* (Ewiges Denkmal) erstmals an die Öffentlichkeit und gab 1964 seine *Poemas completos* mit einem Vorwort von Jorge de Sena heraus. Fernando Guimarães betont[21], daß António Gedeãos poetische Einbildungskraft »vermutlich dem barocken Ausdruck am nächsten kommt«, und nennt als »wichtigen Aspekt« seiner Lyrik »die Art, wie er seine ironischen Mittel einsetzt«. Von den Lyrikern, deren Anfänge in den fünfziger Jahren liegen und die sich mit unverminderter Schaffenskraft dichterisch betätigen, ist Pedro Tamen hervorzuheben, der in seinem ersten Band *Poemas para todos os dias* (1956; Gedichte für jeden Tag) religiöse Fragen aufgreift, sowie sein Generationsgenosse Fernando Echevarría (Sammlungen: *Poesia 1956-1979* und *Poesia 1980-1984*), der später Formen subtiler und ironischer Alltagskritik entwickelte, etwa in *Horácio e Coriácio* (1981; Horaz und Curiaz).[22] Zu erwähnen sind ferner Maria Alberta Menéres (*Poemas escolhidos* 1952-1961 [Ausgewählte Gedichte]), José Carlos Gonzalez (Anthologie: *70 Poemas* 1990), Helder Macedo (*Poesia 1957-1977*, 1979), Rui Knopfli (*Memória consentida – 20 anos de poesia 1959-1979*, 1982; Zugelassene Erinnerung – 20 Jahre Lyrik 1959-1979), Orlando da Costa (*A estrada e a voz* 1951; Der Weg und die Stimme; *Canto civil* 1979), José Blanc de Portugal (*Parva naturália* 1959); *O espaço prometido* [1960; Der versprochene Raum]), José Bento (*Silabário* 1992; ABC-Buch; *Relógio d'água*, Wasseruhr, Gedichte von 1953 bis 1992) und António Cabral (*O mar e as águias* 1956; Das Meer und die Adler; *Os homens cantam a nordeste* 1967; Die Menschen singen nach Nordosten; *Emigração clandestina* 1977; Geheime Emigration; *Novos poemas durienses* 1993; Neue Gedichte vom Douro). Sie alle traten in den fünfziger Jahren erstmals in Erscheinung und haben seitdem mehr oder weniger regelmäßig veröffentlicht. Fernando Guimarães, der zuerst 1956 hervortrat, vereint in bemerkenswerter Weise Dichtung und Kritik (in den Zeitschriften *Colóquio-Letras* und *Jornal de Letras, Artes e Ideias*). Für seine *Poesias* (1956-1988) erhielt er den Großen Preis des portugiesischen Schriftstellerverbandes, und sein Buch *Anel débil* (1994; Schwächstes Glied) wurde mit dem Preis des portugiesischen PEN-Clubs ausgezeichnet.

Die polemischen sechziger Jahre

Die sechziger Jahre (der Lyriker Vasco da Graça Moura, der in ebendiesen Jahren seine ersten Erfolge errang, betrachtet sie als »uma boa merda«, als »eine schöne Scheiße«[23]) sind für die zeitgenössische portugiesische Dichtung Jahre von entscheidender Bedeutung. Mit der Gruppe *Poesia 61*, der fünf Dichter angehörten, die angetreten waren, mit der vorherrschenden »Praxis« zu brechen, veränderte sich das damals bestehende lyrische Gleichgewicht schlagartig. Gegen Redseligkeit, gegen die soziale Litanei, der es nicht mehr gelang, ihre abgegriffenen messianischen Klischees zu behaupten, gegen den vorherrschenden Konformismus setzten sich die fünf Vertreter der *Poesia 61* (Gastão Cruz, Fiama Hasse Pais Brandão, Maria Teresa Horta, Luiza Neto Jorge und Casimiro de Brito) zum Ziel, mit einer gestrafften, dichten, chiffrierten Sprache und strenger, selbstkontrollierter Textökonomie, gepaart mit verstärktem sozialen Engagement, verschlüsselte Botschaften abzusetzen, die von der Zensur nicht gleich geortet werden konnten. Dichterische Innovation ging Hand in Hand mit wacher Aufmerksamkeit für die brennendsten Probleme der portugiesischen Gesellschaft. Neben ihrem bleibenden lyrischen Werk versuchten sich die fünf, wie schon die vorhergehende neo-realistische Generation, in verschiedenen Gattungen: Maria Teresa Horta experimentierte – nicht sonderlich erfolgreich – mit dem intimistisch getönten erotischen Roman; Fiama Hasse Pais Brandão wandte sich neben der Lyrik auch dem Theater zu und setzte sich damit der Kritik[24] aus, die ihr lähmende textüberwuchernde Metaphernobsession vorwarf, was als Zeichen einer »historisch bedingten« Aufwertung »mythischer Traditionen« interpretiert wurde.[25] Casimiro de Brito schrieb erzählerische Prosa (zusammen mit Teresa Salema verfaßte er sozusagen »vierhändig« einen Roman), Chroniken und Kritiken; in der Lyrik entwickelte er nach dem »elegischen« Pessimismus der ersten Verse (*Corpo sitiado* [Belagerter Körper, Gedichtsammlung 1955-1963]) ein überwältigendes hedonistisches Credo. In seinem letzten Band, *Intensidades* (1996; Eindringlichkeiten), verbinden sich Nostalgie, Androgynie und narzißtisches Lob der Liebe als Fluchtweg in das »schöne, unruhige Chaos der sich drehenden Welt« mit einer Aufwertung der Gegenwart und des einzigartigen Augenblicks: »Da ich nun einmal nicht die Welt verändern kann / laß mich schütteln den Sand / aus deinen Sandalen«.[26] Die früh verstorbene Luiza Neto Jorge (1939-1989) stellte in ihren Gedichten kompromißlos die Welt der vorgefertigten Meinungen in Frage – jedoch nicht frei von fordernder formalistischer Strenge –, schrie die Metamorphosen des von Krankheit ausgezehrten oder von erotischem Verlangen beherrschten Körpers heraus und kämpfte für menschliche Würde. Gastão Cruz, den ursprünglichen Zielen der Gruppe am stärksten verhaftet, war zugleich der Theoretiker der Gruppe. [27]

Die mit dem Projekt *Poesia 61* verbundenen Dichter hatten ihr »Gegenstück« in Coimbra, in den ersten Gedichten von José Carlos de Vasconcelos, Fernando Assis Pacheco und Manuel Alegre, die noch im Zeichen von *Vértice* und des Mentors Joaquim Namorado debütierten. Die weiteren Wege dieser drei wichtigen Vertreter ihrer Generation verlaufen sehr unterschiedlich: José Carlos de Vasconcelos widmete sich dem Journalismus und hielt 16 Jahre die Stellung im *Jornal de Letras, Artes e Ideias*, dem angesehensten literarischen Wochenblatt; Fernando Assis Pacheco (1937-1996) entwickelte eine Lyrik surreal-satirischen Zuschnitts, die sich von den Vorsätzen seiner neo-realistischen Phase weit entfernte (*Musa irregular* [1996; Regellose Muse]); Manuel Alegres umfangreiches Werk bewegt sich um Ächtung des Krieges, bürgerlichen Protest und liebevolles »Eintauchen« in das portugiesische lyrische Erbe (von Camões bis Bernardim Ribeiro, von den *trovadores* bis zu Fernando Pessoa) mit dem Vaterland als zentraler mythischer Instanz.[28]

Im Umfeld der Literaturbeilagen von Provinzzeitungen veranstalteten Lyriker unterschiedlicher Herkunft (in der Mehrzahl Neo-Realisten, aber auch Surrealisten wie Carlos Loures und Fernando Grade) Treffen, die ursprünglich jährlich abgehalten werden sollten, jedoch nur dann stattfanden, wenn es möglich war. Sie wollten sich nicht nur gegenseitig besser kennenlernen, sondern verfolgten auch das Ziel, die Diktatur in die Enge zu treiben, was sie zum Teil auch schafften. António Augusto Menano, einem Lyriker aus Figueira da Foz, und Santos Simões, Professor aus Guimarães, gelang es, enormen Schwierigkeiten zum Trotz, diese Begegnungen zu veranstalten. Carlos Loures wurde nach dem Treffen in Cascais (1964) von der politischen Polizei festgenommen. An dieser Bewegung beteiligten sich auch José Ferraz Diogo, Daniel Filipe, Idalécio Cação, Manuel Amaral und António Augusto Sales. Mit Ausnahme von Fernando Grade, der sich nicht von der Lyrik verabschiedete, »verschwanden« die restlichen Vertreter entweder im Strudel des politischen Widerstands oder »verloren« sich in anregenderen Berufen oder schrieben schließlich nur noch Prosa. António Augusto Menano hat insbesondere durch seine Chronik-Romane (*romances-crônicas*) auf sich aufmerksam gemacht, die auf seiner Kenntnis Macaus beruhen, wo er einige Jahre lebte. Seine *Poemas do oriente* (1990; Gedichte des Ostens) weisen ebenfalls Ortsbezüge auf. Carlos Loures beschrieb vorzugsweise Episoden aus dem Kampf gegen den Salazarismus. Luís de Miranda Rocha – dessen erstes Buch aus dem Jahre 1968 stammt (*O corpo e o muro;* Der Körper und die Mauer) – ist ein weiterer Vertreter dieser Gruppe, der in semantisch hochkomplex strukturierten Texten einen eigenen Weg der existentialistischen Suche verfolgt (*Os arredores do mar* 1990; Die Umgebung des Meeres; *Vagas, artifícios* 1995; Wogen, Künste).

1964 erschien das erste Heft der Anthologie *Poesia Experimental* mit Werken namhafter Dichter vom Ende der fünfziger Jahre. Ziel war, eine Front der »Dekonstruktion des Diskurses« zu eröffnen, der eine »traumatisierte und von inneren und äußeren Widersprüchen zerrissene [...], unterdrückte und verriegelte provinzielle Gesellschaft [...] ideologisch unterstützt hatte«.[29] Die experimentelle Lyrik, die nicht spezifisch literarische Mittel nutzte, kollidierte frontal mit der damals einflußreichsten Literaturkritik, nämlich der journalistischen Kritik, denn sie forderte die »pragmatische, objektive und konstruktivistische Textstruktur, visuell, lautlich, morphologisch«, den »produktiven Regelverstoß gegen die Textautonomie«, den »konzeptuell-visuellen Isomorphismus des konkreten Gedichts«. Herausgebracht wurde *Poesia Experimental* von António Aragão, António Ramos Rosa, António Barahona, E. M. de Melo e Castro, Herberto Helder und Salette Tavares. Die Mehrzahl dieser Lyriker verfolgte dabei eigene Interessen, die nicht immer mit den ursprünglichen Zielen der Bewegung übereinstimmten. E. M. de Melo e Castro, Haupttheoretiker und Sprecher der Gruppe, Ana Hatherly, Salette Tavares (1922-1995) und José Alberto Marques, denen sich später ein bilderstürmerischer Lyriker wie Alberto Pimenta anschloß, der mit den Positionen Adornos identifiziert wurde[30], sind die Vertreter einer avantgardistischen Lyrik, wie sie in den sechziger Jahren in Portugal praktiziert wurde. Ihre Wegbereiter waren, ein Jahrzehnt früher in Brasilien, Décio Pignatari sowie Haroldo und Augusto de Campos gewesen.

Die Autoren, die in den sechziger Jahren begannen und über den 25. April hinaus bis heute große Beachtung finden, sind insbesondere Herberto Helder (sein Erstlingswerk *O amor em visita* [Die Liebe in der Inspektion] datiert aus dem Jahr 1958), Gefährte der Mentoren der Experimentellen Lyrik, der seit langem durch Ablehnung des vorherrschenden Kulturbetriebs auffällt,[31] und Ruy Belo (1933-1978), der 1961 mit *Aquele grande rio Eufrates* (Jener große Strom Euphrat) auf den Plan trat. Seine in der katholischen Spiritualität wurzelnde Dichtung, die die zerreißenden ontologischen Widersprüche einer kirchenfernen Gesellschaft aufgreift, ist für viele der wertvollste Teil seines neo-romantisch anmutenden Schreibens, das bis dahin den großen geschichtlichen Taten und dem Lob des Vaterlands als mythischer Schutzwelt galt. »Ich verleugne nicht eine Vergangenheit, die viele kennen, die es erlaubt, erkannt zu werden, durch den, der sie erkennen will. Darüber hinaus habe ich Dinge erduldet, in einer Gesellschaft und in einem Land, wo man viel erduldet. In den zehn Jahren eines mystischen Abenteuers, das vor zehn Jahren endete, bin ich auf die Straße gegangen und in den Alltag mit dieser Handvoll Gedichte, mit diesen Worten, die sie mir zu schreiben erlaubten, in den kurzen Unterbrechungen eines für viele Jahre auferlegten Schweigens, unter dem Vorwand, daß ich sonst Gefahr laufen würde, Schaden an meiner Seele nehmen – wenn ich denn so etwas wie eine Seele hätte, und wenn Gefahr laufen nicht vielleicht der tiefste Seinsgrund meines Lebens wäre.«[32]

Für Fernando J. B. Martinho ist Herberto Helder »ein unauslöschlich vom Surrealismus geprägter« Dichter, »Exzeß«, »furiose Grazie«, »Taumel« und »Fieber« seien die Grundelemente seines Schaffens.[33]

Ruy Belo und Herberto Helder vertreten grundverschiedene Positionen hinsichtlich der Sprachökonomie, wie sie das Programm der *Poesia 61* verlangte. Respektiert Ruy Belo noch den klassischen Kanon, so stürzt Herberto Helder ihn um mit der

Forderung nach Freiheit für den poetischen Text (was völlig seinem Sozialverhalten widerspricht, denn er nimmt keine Auszeichnungen an, gibt keine Interviews, weist systematisch Ehrungen und Posten zurück, verzichtet auf Medienpräsenz und lebt ausschließlich für die Lyrik). Eine der merkwürdigsten Erscheinungen, zeichnet sich Herberto Helder, weitab von der Welt der Eitelkeiten und Starallüren, durch Sprachschöpfertum und Experimentierfreudigkeit als eine der stärksten literarischen Persönlichkeiten Portugals im 20. Jahrhundert ab.

Armando Silva Carvalho trat 1965 mit *Lírica consumível* (Gebrauchslyrik) an die Öffentlichkeit. Unlängst erhielt der Satiriker und Gesellschaftskritiker für sein Buch *Canis Dei* (1995; Hund Gottes) zusammen mit Egito Gonçalves den PEN-Preis.[34] Vasco Graça Moura, der 1963 als erstes Werk *Modo mudando* (Wechselweise) vorlegte, gefolgt von *Semana inglesa* (1965; Englische Woche) und *Quatro sextinas* (1973; Vier Sextinen), erlangte erst nach dem 25. April 1974 größere Bekanntheit, vor allem mit vielfältigen, stets medienwirksamen Aktivitäten und in Verbindung mit seiner Rolle als »intellektuelle Reserve« des *Cavaquismo*.[35] Graça Moura ist vor allem Dichter, trotz anfänglicher – allerdings nur mäßig erfolgreicher – Ausflüge in die Prosa. Stand er zunächst dem Surrealismus nahe, so stilisierte er seinen poetischen Diskurs allmählich immer klassischer, einerseits getragen von seinem weitem Bildungshorizont, andererseits von seinen mit höchstem ästhetischen Anspruch und Humor vorgetragenen »ewigen« Themen (Liebe, Tod, Zeit). Neben 22 Gedichtbüchern stehen 13 Essaybände, zwei Romane, zwei Theaterstücke, Chroniken, Tagebücher. 1996 erschienen *Poemas escolhidos* (Ausgewählte Gedichte 1963-1995).

Fernando Pessoa und Cesário Verde: Die Schatten großer Vorbilder[36]

Zum fünfzigsten Todestag Fernando Pessoas (1985) und zu seinem hundertsten Geburtstag (1988) erschienen nicht nur Neuauflagen seines Werkes und Biographien des Autors, es wurde darüber hinaus auch sein noch immer nachhaltiger Einfluß deutlich. Bereits zuvor hatte jedoch Fernando J. B. Martinho das Nachwirken Pessoas in den Werken der Jüngeren untersucht. Was Martinho als »Invasion«, andere als »Inflation« bezeichnen[37], meint die vielen Versuche, das Erbe des Dichters wachzuhalten, so insbesondere die Fernando Pessoa und dem portugiesischen Modernismus gewidmete Zeitschrift *Persona* und das Pessoa-Forschungszentrum in Porto; Filme und Fernsehsendungen; internationale Kongresse zur Pessoa-Forschung; die Aufführung des Stücks von Jaime Salazar Sampaio, *Fernando (talvez) Pessoa* (Fernando [vielleicht] Pessoa) im Nationaltheater, neben anderen wichtigen Beiträgen der äußerst umfangreichen Pessoa-»Ikonographie«. Eduardo Lourenço hatte es ironisch auf den Nenner gebracht: »Die ganze Erde ist von Anachoreten bevölkert, die sich Tag und Nacht der anthropophagischen Auslegung Pessoas widmen und dabei mit der gleichen abgöttischen Hingabe die Lyrik Pessoas und die Erläuterungen der Erläuterer verschlingen. Die Pessoa-Exegese ist heute wie ein Dschungel, in dem niemand fähig ist, Vater oder Mutter zu erkennen. Ein ›unschuldiger‹ oder unvoreingenommener (freier) Kontakt mit dem Werk Pessoas ist unvorstellbar geworden. Kein Gott entkommt der Perversion des Rituals, das erfunden wurde, um ihn gegenwärtig sein zu lassen. Es kommt der Tag, an dem das Ritual negiert werden muß, um Pessoa noch lebendig zu fühlen.«[38] Nach Fernando Martinho sind zahlreiche Autoren stärker oder schwächer mit der Flamme Pessoas in Berührung gekommen. Praktisch alle Dichter, die den positivistischen lyrischen Diskurs in Frage stellten, sei es durch extrem freie Verse, sei es durch komplexe Vieldeutigkeit, hatten die Lektion des Erfinders der Heteronyme gelernt, in ihm sahen sie die unbestrittene Leitfigur, einige den »Esoteriker«, andere den »Hermetiker«. Sie alle standen in seinem Bannkreis, selbst dann noch, als der Streit um *l'art pour l'art* die Positionen zwischen den Verteidigern der Lyrik als Mittel gesellschaftlichen Engagements und denjenigen verhärtete, die Dichtung als Bereich der totalen Freiheit des Textes verstanden.

Das naturalistische Erbe Cesário Verdes (1855-1886) interessierte in stärkerem Maße die »Materialisten«, ist aber auch bei anderen Lyrikern allgegenwärtig, wie eine Umfrage der Zeitschrift *Colóquio-Letras* von 1986 (Nummer 93) erbrachte. Dort zögert Armando da Silva Carvalho nicht, den Neo-Realismus als »einen seiner Nachfahren« zu bezeichnen; Armindo Rodrigues preist Verdes' »Mitgefühl für die Armen, die Schutzlosen, seine Liebe zum Land«, daß er »ganz natürlich ist und sich natürlich ausdrückt«; Fernando Martinho hält ihn für diejenigen wesentlich, welche »die Lehre des Blicks absolviert haben, des Blicks über sich hinaus«, und sieht in ihm einen Wegbereiter »auf der Höhe einer nationalen Dichtkunst höchsten Anspruchs zum gegenwärtigen Zeitpunkt«; für António Barahona ist Cesário Verde der Lyriker der »Entdeckung und Lobpreisung der Dinge des Alltags und des praktischen Lebens«; Albano Martins sieht als Ausgangspunkt für das lyrische Schaffen des Kaufmanns aus der Rua dos Fanqueiros »die beobachtbare Realität, das tägliche Leben«; der Dichter Nuno Júdice erklärt, daß einige seiner Gedichte an die »klare Härte des Rhythmus Cesários« anknüpften, Fernando Echevarria behauptet sogar, daß Cesário Verde letztlich zum »Tod« des portugiesischen Neo-Realismus beigetragen habe; schließlich schreibt Pedro da Silveira: »Nunmehr sind wir in der Lage, deutlich zu erkennen, wie sein schmales Werk den Ton des Jahrzehnts von 1876 bis 1886 traf«.

Neben *O Ressentimento dum ocidental* (1970; Das Vorurteil eines Abendländers) von Alexandre Pinheiro Torres ist vielleicht *Cesário: instantes da fala* (1989; Cesário: Augenblicke der Rede) von José Jorge Letria das Werk, das heute am deutlichsten den Einfluß Cesário Verdes widerspiegelt. Letria versetzt sich in den Autor, mit einer Einfühlung, die weit über die »Sehnsucht der Begeisterung« hinausgeht und sogar anstrebt, Verde die Biographie zu geben, die er nicht hatte. Er spricht durch ihn, er lebt, virtuell betrachtet, durch ihn, mit Raum-Zeit-Verschiebungen, die die chronologische Zeit auflösen und damit im Text ein erdachtes Universum entstehen lassen, in dem sich zahllose Bezüge kreuzen: »Du sagst, O'Neill, daß du möchtest, daß ich / hier wäre und ich kann es nicht sein, / oder ich kann es nicht sein und bin es, und daran ist / nichts Widersprüchliches oder Unerklärliches / es wohnt dem eine klare

Wahrheit und blendende Offensichtlichkeit inne: / ich nehme Gestalt an in der Landschaft der Augen, entflammt / durch ein Feuer, das aus der Erinnerung der Häuser erwächst / und sich auf die Zimmer ausbreitet und auf die Musik / der Operetten der Dachkammern der Eifersucht und des Überdrusses.« Alexandre Pinheiro Torres berichtet, wie er intertextuell mit Cesário Verde verfährt: »Im Hinblick auf mein Buch mag man behaupten, daß es Cesários Gedichte als Hauptquelle nimmt, allerdings mit einem eher appellativen Ton, zuweilen deklamatorisch, und, in zwei oder drei Fällen, absichtlich polemisch wie ein Pamphlet, was niemals bei dem Meister geschieht, der diese theoretisch nicht immer negativen Versuchungen fast immer meidet.« José do Carmo Francisco dürfte mit seiner Beobachtung des pulsierenden Alltags einer noch immer »cesarianischen« Stadt wie Lissabon der Lyriker der Gegenwart sein, der – ohne eigens darauf Anspruch zu erheben – der Sichtweise des bedeutenden Vorgängers am nächsten steht. *Transporte sentimental* (1987; Sentimentaler Freudentaumel) ist ein Buch, das Cesário Verdes' Vision von der portugiesischen Hauptstadt am Ende des 20. Jahrhunderts sehr nahe kommt.

Gegenwart und Zukunft

Die akademische Neigung, das Schaffen jener Lyriker mit besonderem Lob zu bedenken, die in den letzten zweieinhalb Jahrzehnten für die Dichtung als Ausdruck des Ungehorsams gegen die vorgegebenen logisch-symbolischen Koordinaten gestritten haben, anstatt, wie einige es zu Recht taten, das »realistische« Statut wider die »Ästhetisierung der Utopie«[39] einzufordern –, erkennen wir zum Beispiel darin, daß ein Lyriker, der zufällig Literaturwissenschaft lehrt, zum Hauptvertreter der portugiesischen Gegenwartsliteratur erklärt wird. Fernando Pinto do Amaral zelebriert in seinen Versen einen melancholischen dekadentistischen Gemütszustand, die Zeit ist ausgeblendet zugunsten der Evokation von »Seelenlandschaften« an Orten »unserer Welt, unserer Zeit und an symbolischen Orten ihrer

Brüchigkeit (wie es Esplanaden und Cafés sind)«.[40] In gewisser Weise stellt sich dies als Quelle des zeitgenössischen »Realismus« dar, die zwanzig Jahre zuvor durch einen anderen Universitätsprofessor und Lyriker zum Sprudeln gebracht wurde, einen Vertreter des skeptischen Realismus. Dazwischen gibt es eine ganze Elite von Lyrikern der »Verweigerung«, der »Abwesenheit« und des »Verlustes«, die in unterschiedlichen Formen und im Widerstreit mit der »epischen« Vergangenheit des Subjekts, das sich in den großen Taten der sozialen Befreiung aufgelöst hat, nunmehr die Rolle genau dieses Subjekts aufwertet, sich mit dem beschäftigt, was Manuel Frias Martins als »Ästhetik des Details«[41] bezeichnet. Die minimalistische Lyrik Helder Moura Pereiras dürfte das Konzept am besten illustrieren, aber man muß bis in das Jahr 1971 zurückgehen, um die Anfänge von João Miguel Fernando Jorge zu fassen, der, wie Frias Martins sagt, »jedes Gedicht in einem Akt der Verpflichtung gegenüber den kanonischen Werten darbietet, die der Bedeutung jeder Vokabel eingeschrieben sind«.[42]

Namen wie António Franco Alexandre, Al Berto, Luís Miguel Nava (1957-1995) und Paulo Teixeira[43] stehen für die melancholische Avantgarde, die sich durch Flüstern, Schweigen, Klagen oder wohlerzogene Anti-EU-Proteste von dem enttäuschenden »postmodernen« Panorama abheben, das von ängstlichem Konformismus geprägt ist. Gleiches gilt auch für die Dichtung eines José Agostinho Baptista, dessen magisch-prophetischer Pessimismus den Bezug zur objektiven Realität nicht ausschließt, was ihn zum Beipiel dazu bringt, sich für seine besten Arbeiten von der mexikanischen Kultur inspirieren zu lassen.[44] José Jorge Letria, ein Lyriker, der ebenfalls in den siebziger Jahren hervortrat, sollte sich erst im darauffolgenden Jahrzehnt deutlich von einer »soziologischen« Schreibweise abwenden und ontologischen, jedoch stets mit der »Realität« verknüpften Fragestellungen zuwenden. Die Leichtigkeit, mit der er sich in der Spektralwelt bewegt, und die geschickte Einblendung von Geräuschen und Stimmen, Hoffnungen und Enttäuschungen, Gefahren und Freuden verleihen seinem Werk eine »aktive« Melancholie, in ständigem Widerstreit mit bösen Trugbildern, aber ohne in eine Litanei des Kummers, der Trauer und der Gefühllosigkeit zu verfallen. Die wesentlichen Gedichte José Jorge Letrias liegen in *O fantasma da obra* (1993; Das Trugbild des Schaffens 1993) vor. Wanda Ramos ist eine weitere Stimme der siebziger Jahre, deren Lyrik das surrealistische Erbe aufnimmt und mit einem barockisierenden Stil in Einklang bringt.[45] Ernesto José Rodrigues, Lyriker und Prosaschriftsteller seit 1973, lebt abwechselnd in Trás-os-Montes und Ungarn. Der Gedichtband *Para Ortense: variantes* (1981; Für Hortense: Varianten) vermittelt einen Eindruck von seinem Humor mit starkem sarkastischem Einschlag und seiner eindringlichen Gesellschaftskritik. Seine zweisprachige Ausgabe *Sobre o Danúbio* (Über die Donau) erschien 1996 in Budapest. Der Luso-Mosambikaner João Pedro Grabato Dias, eine der führenden Stimmen in der Zeit vor der Unabhängigkeit seines neuen Landes, hat sich mit seinem pro-revolutionären *O povo é nós* (1979; Wir sind das Volk) weit von *Quybyrycas* (1972) entfernt, einer brillanten Parodie auf das Desaster von Alcácer-Quibir. Einen bedeutenden Platz im Panorama der modernen portugiesischen Lyrik nimmt António Osório ein, der erst spät zur Lyrik fand. In den frühen fünfziger Jahren war er Mitbegründer der Zeitschrift *Anteu*, wo er an der Seite von Pedro Tamen und Cristóvam Pavia zu Wort kam; erst 1972 publizierte er *A raiz afectuosa* (Die zugeneigte Wurzel), auf die *A ignorância da morte* (1978; Die Nichtbeachtung des Todes), *O lugar do amor* (1981; Der Ort der Liebe) und *Décima aurora* (1982; Zehnte Morgenröte) folgten, Gedichtbände, die ihn als eine der authentischsten Stimmen der Liebes-Bekenntnislyrik auswiesen. Eugénio Lisboa charakterisiert ihn treffend: »*Die Nichtbeachtung des Todes* ist behutsam innovativ, gewollt langsam und umsichtig, in seinem Fortgang musikalisch weit ausholend, in seinem faszinierenden mythischen Realismus beschwingt irdisch und distanziert zärtlich, eine der kräftigsten, einzigartigsten, persönlich beunruhigendsten und kompliziert direktesten Stimmen der letzten Jahre.« Das Echo auf die Lyrik António Osórios in den jüngeren Generationen wird besonders durch eine Äußerung von Fernando Pinto do Amaral deutlich: »Die Rückkehr zu einem klassizistischen Ausdruck, die verhaltene Lust am Bekenntnis, das wiederhergestellte Gleichgewicht zwischen Herz und Sinnen, die Treue zu einer Welt, in der die Sprache der Erfahrung stets wichtiger ist als die Erfahrung der Sprache – selbst diejenigen, die anderen ästhetischen Kriterien folgen, müssen angesichts all dessen anerkennen, daß dieses Werk mit kluger Beharrlichkeit der Barbarei der Mehrheit, die uns so oft bedrängt und überfällt, widerstehen lehrt. Was kann man von einem Dichter mehr verlangen?« Und schließlich muß Nuno Júdice erwähnt werden, gegenwärtig auf dem Höhepunkt seiner Kunst, einer der rätselhaftesten Dichter unserer Tage. 1972, als die sozialen Spannungen schon die Saat der Veränderung in sich trugen, zunächst noch einer individualistischen Lyrik verhaftet, wagte Nuno Júdice das »Abenteuer«, sich auf eine lyrische Entdeckungsreise zu begeben, hartnäckig nach den virtuellen Möglichkeiten des Wortes zu schürfen, vom Unterlaufen des logischen Diskurses zu einem aus dem verbalen und kulturellen Informationsfluß aufscheinenden Sinn, der sich in widersprüchlichen, jedoch faszinierenden Metaphern dessen organisiert, der schreibt. Nuno Júdices Werk weist in seiner Gesamtheit starke strukturelle Geschlossenheit und schillernde Bedeutungsvielfalt auf.[46] »Sein Gesang enkleidet den Horizont: und / die Ursprungs-Göttin entblößt die morgendlichen Brüste, / an die sich kein Blick heranwagte und deren Spitzen / feucht werden von der fremdartigen Milch der Worte / der vergessenen. Ich sage: die Liebe, das Leben, der wiederholte Tod / in deinen Armen aus Gold und Salz; und eine Wolke / aus Wind und Schatten zieht über den Himmel / der Strophe. Laß nicht zu, daß ihr Bild / das Gedicht beunruhigt; und stoß es in die Sonne, damit / das maßlose Licht es verbrennt – in der Glut, / die mich daran hindert, die ersten Anzeichen zu sehen / des Frühlings. (»Enumeração de sombras«/»Aufzählung der Schatten« 1989).

Die »neue Lyrik« in Portugal verbindet sich vor allem mit einer elegischen Tradition. Wenn kämpferische Gedichte wie die von José Carlos Ary dos Santos (1937-1984), Joaquim Pessoa oder José Correia Tavares[47] heute angesichts der vielschichtigen stilistischen und erzähltechnischen Komplexität von »Struktur«, »Code«, »Dekonstruktion«, »Intertextualität« und Auslotung des subjektiv-melancholischen Ichs in geradezu virtuell suizidalem, nihilistischem Exzeß »primitiv« erscheinen, ist es auf der anderen Seite ein Erfordernis der Zeit, die Rückkehr zu einem nicht-dysphorischen Realismus erneut zu prüfen, mit dem sich die Lyrik selbst in Krisenszenarien wieder mit schöpferischer Zuversicht der Erfahrungswelt annähern kann. Der ideologische Wechsel, die Hinwendung zu drängenden Fragen, das Streben der Menschen nach Klarheit werden möglicherweise der Lyrik im nächsten Jahrhundert eine neue Orientierung geben, in Richtung auf weniger pessimistische Ziele als die, die heutzutage für »unvermeidlich« gehalten werden, Ziele, die dem menschlichen Glück angemessener sind im Sinne der Utopie, aber auch als gemeinsames Streben, das scheinbar Unmögliche schrittweise in den Bereich des Möglichen zu überführen. Ist das nicht bloßes Wunschdenken, können die Dinge sich nicht ebensogut entgegengesetzt entwickeln? Selbstverständlich. Aber hatte Joaquim Manuel Magalhães 1981 am Schluß von *Os dois crepúsculos* (Die zwei Dämmerungen) nicht genau darauf hingewiesen? »In Portugal wie auch den anderen Ländern, die von den kapitalistischen Reformen erfaßt wurden, muß das Wort der Dichter die Bedeutung der Dinge, die verlorengehen, und der Dinge, die bald kommen werden, wieder besetzen. Wir wissen, das Warten der Lyrik ist wie das der Geschichte: ohne Ungeduld.«

Aus dem Portugiesischen von Petra Thiele

Anmerkungen

Bibliographische Angaben zur Sekundärliteratur finden sich vollständig in der anschließenden Literaturliste sowie in der Allgemeinen Bibliographie am Ende dieses Bandes. Bei den Werken einzelner Dichter werden Ort und Verlag generell nur bei Gesamtausgaben angeführt.

1 Die Übersetzungen der Gedichte stammen, wenn nicht anders angegeben, von der Übersetzerin des Essays.

2 António Quadros, *O primeiro Modernismo português: vanguardia e tradição* 1988.

3 Ebd.
4 E. M. Melo e Castro, *As vanguardas na poesia portuguesa do século XX* 1980.
5 Natália Correia, *Não percas a rosa* 1978. Ihr vollständiges lyrisches Werk wurde 1993 unter dem Titel *O sol nas noites e o luar nos dias* (1957-1993) veröffentlicht (Lisboa: Círculo de Leitores).
6 Jorge de Sena, *40 anos de servidão* 1978.
7 Obgleich die Gedichte des Bandes *Discurso claro como o inverno* von 1961 datieren, wurden sie zum ersten Mal in der Zeitschrift *Estudos de Castelo Branco* 12 am 1. April 1964 publiziert.
8 Einen fundierten Überblick über den Neo-Realismus gibt die Habilitationsschrift von Erich Kalwa, *Philosophisch-weltanschauliche und ästhetische Grundpositionen des portugiesischen Neo-Realismus: ein Beitrag zur Theoriebildung* 1996. Vgl. hierzu auch den Essay von E. Kalwa in diesem Buch.
9 Mário Dionísio, *Não há morte nem princípio*, Mem Martins: Europa-América 1966.
10 Vorwort zu *O incêndio dos aspectos* 1979. António Ramos Rosa hatte, zwischen *Entre o grito claro* 1958 und *Dezassete Poemas* 1992, bereits 52 Bände herausgebracht und publiziert auch weiterhin.
11 Das dichterische Werk von Sophia de Mello Breyner Andresen wird seit 1990 vom Lissabonner Verlag Caminho verlegt.
12 David Mourão-Ferreira, *Obra poética* (1948-1988), Lisboa: Presença 1988.
13 Die wesentlichen Gedichte von Jorge de Sena sind in dem Band *40 anos de servidão* enthalten. Unter den zahlreichen ihm gewidmeten Studien sei hier der Sammelband von Eugénio Lisboa (*Estudos sobre Jorge de Sena* 1984) genannt.
14 Die Hauptwerke von João Rui de Sousa sind: *Fogo repartido* (1960-1983), 1983 veröffentlicht, *Palavra azul e quando* 1991 sowie *Enquanto a noite, a folhagem* 1991.
15 Miguel Torga publizierte im Selbstverlag. Von 1981 datiert eine in Coimbra gedruckte *Antologia poética*.
16 Die wichtigsten Werke von Mário Cesariny de Vasconcelos sind: *Corpo visível* 1950, *Pena capital* 1957, *Poesia* 1944-55, *Planisfério* 1961, *Titânia e cidade queimada* 1977 und *Primavera autónoma das estradas* 1980. Außerdem gab er die Anthologie *Intervenção surrealista* (1966) heraus.
17 Das lyrische Werk von Alexandre O'Neill (1924-1986) ist in seinem Band *Poesias completas* 1951-1981 (Lisboa: Imprensa Nacional 1982) vereint.
18 Andere Werke von Albano Martins sind: *Secura verde* 1950, *Coração de Bússula* 1967, *Paralelo ao vento* 1979, *A margem do azul* 1982,

Rodomel – Rododendro 1989 und *Entre a cicuta e o mosto* 1992.

19 Serafim Ferreira, *Raúl de Carvalho: entre o silêncio e a solidão* 1995.

20 Raul de Carvalho (1920-1984), *Obra publicada em livro*, Lisboa: Caminho 1993, enthält den wichtigsten Teil seines lyrischen Werks.

21 *Jornal de Letras, Artes e Ideias*, 6. November 1996.

22 Pedro Tamen, *Poesia* (1956-1978), erschienen 1978, *Princípio do sol* 1982, *Antologia provisória* 1983, *Dentro de momentos* 1984 und *Depois de ver* 1995.

23 Zeitschrift *Ler*, internationale Ausgabe, August/September 1990.

24 Manuel Frias Martins, *10 anos de poesia em Portugal*, 1974-1984: *leitura de uma década* 1986.

25 Fiama Hasse Pais Brandãos wichtigste Werke sind: *Barcas novas* 1967, *Este rosto* 1970, *O texto de João Zorro* 1974, *Homenagem à literatura* 1976, *F de Fiama* 1986 und *Obra breve* 1991.

26 Andere wichtige Werke von Casimiro de Brito sind: *Ode & Ceia* (*1955-1984*), 1985, *Labirinthus* 1981, *Subitamente o silêncio* 1991.

27 Wichtige Werke von Gastão Cruz sind: *Teoria da fala* 1972, *Os nomes* (Dichtung bis 1974), *Campânula* 1978, *Os nomes desses corpos* 1979 und *Órgão de luzes* 1981. – Die gesammelten Werke von Luisa Neto Jorge (1939-1989) wurden 1996 von Assírio e Alvim veröffentlicht (*Os dias sitiados*, *A lume*, *Dispersos*).

28 Manuel Alegres Hauptwerk ist *30 anos de poesia*, Lisboa: Dom Quixote 1995.

29 E. M. Melo e Castro, a.a.O.

30 Hauptwerke der angeführten Lyriker: Ana Hatherly, *Poesia 1958-1978* (1980) und *O cisne intacto* 1980; E. M. de Melo e Castro, *Cara lhe amas* 1975, *Circulos afins* 1977, *As palavras só-lidas* 1979, *Corpos radiantes* 1982 sowie *Autologia – poemas escolhidos 1951-1982* (1983); Salette Tavares, *Espelho cego* 1957, *Concerto em bi bemol para clarinete e bateria* 1961 und *Quadrada* 1967; José Alberto Marques, *A face do tempo* 1964, *Estórias de coisas* 1972, *Sala hipóstida* 1973, *O elefante de setrai* 1977, *Aprendizagem do corpo* 1983 und *Nuvens no vale* 1985; Alberto Pimenta, *O labirintodonte* 1970, *Os entes e os contraentes* 1970, *Corpos estranhos* 1973, *Homo sapiens* 1977 und *Bestiário lusitano* 1980, *Obra quase incompleta* 1990 und *A magia que tira os pecados do mundo* 1995.

31 Herberto Helder, *Poesia toda*, Lisboa: Assírio e Alvim 1996, vereinigt das gesamte Werk des Dichters.

32 Ruy Belo, *Obra poética de Ruy Belo*, 2 Bde., Lisboa: Presença 1981.

33 Fernando J. B. Martinho, *Pessoa e a moderna poesia portuguesa* 1983.

34 Andere Werke von Armando Silva Carvalho sind: *Armas brancas* 1977, *Técnicas de engate* 1979, *Sentimento dum ocidental* 1981 und *Alexandre bissexto* 1983.

35 Mit *Cavaquismo* bezeichnet man den Regierungsstil des Ministerpräsidenten Cavaco Silva.

36 Vgl. auch die Studie von Rosa Maria Sequeira, *A imagem da cidade na poesia moderna: Cesário Verde e Fernando Pessoa* 1990.

37 Zitiert von Fernando J. B. Martinho, a.a.O.

38 Eduardo Lourenço, *Fernando Pessoa revisitado* ²1981.

39 João Barrento, *A palavra transversal* 1996.

40 Ebda.

41 Manuel Frias Martins, a.a.O.

42 Das Werk von João Miguel Fernandes Jorge wird vom Verlag Presença herausgegeben; 1996 wurde der fünfte Band veröffentlicht. – Wichtige Werke von Helder Moura Pereira sind: *Cartucho* 1976, *Entre o deserto e a vertigem* 1979, *Os tranquilos sobressaltos* 1972, *A luz do mistério* 1983, *Sedução pelo inimigo* 1983, *Mercúrio* 1987 und *Carta de rumos* 1989.

43 Nachstehend sind die wichtigsten Werke der erwähnten Autoren angeführt: António Franco Alexandre, *Poemas* (1996), ein Sammelband all seiner Gedichte; Al Berto, *O medo (1974-1986)*, 1987 sowie *O livro dos regressos* 1989; Paulo Teixeira, *As imaginações da verdade* 1985, *Epos* 1987, *Conhecimento do apocalipse* 1988 und *A região brilhante* 1988; Luís Miguel Nava, *Poemas (1979-1984)*, 1987 und *O céu sob as entranhas* 1989.

44 Wichtige Werke von José Agostinho Baptista sind: *Deste lado onde* 1976, *Jeremias, o louco* 1979, *O último romântico* 1981, *Morrer no sul* 1983, *Autoretrato* 1986 und *O centro do universo* 1989.

45 Von Wanda Ramos' Werken sind hervorzuheben: *Nas coxas do tempo* 1970, *E contudo cantar sempre* 1979, *Intimidade da fala* 1983, *Poemas com-sentidos* 1986.

46 Zu Nuno Júdices Werk vgl. auch *Über die Verfasser* in diesem Buch.

47 Wichtige Werke der genannten Dichter: José Carlos Ary dos Santos, *Obra poética* 1995, Joaquim Pessoa, *O pássaro no espelho* 1975, *O amor infinito* 1983, *Fly* 1984, *Os herdeiros do vento* 1984, *Amor combate* 1985 sowie *125 poemas* 1989, José Correia Tavares, *Dádiva* 1961, *A flor e o muro* 1962, *Porcelama* 1972, *Beijos e pedradas* 1975, *E não me tiveram* 1976, *Fim de citação* 1976, *Rio sem ponte* 1977, *Ganhar ofício* 1977, *Atraído ao engano* 1984, *O verso e o rosto* 1987 und *Todas estas palavras* 1988.

Portugiesische Lyrik in deutscher Sprache (Auswahl)

Aguiar, Fernando: *Visuelle Poesie aus Portugal*, Experimentelle Texte 22, Siegen: K. Riha 1990.

Alexandre, António Franco, »António Franco Alexandre« [Gedichtauswahl], übers. von C. Meyer-Clason, in: Ders. 1993, S. 306-314.

Andrade, Eugénio de, »Eugénio de Andrade« [Gedichtauswahl], übers. von C. Meyer-Clason, in: Ders. 1993, S. 124-135.

–, »Dringend notwendig ist es …; Bewohntes Herz; Kleine September-Elegie; Die Hände und die Früchte; Fast nichts« [Gedichtauswahl], nachgedichtet von E. W. Plan und R. Schwachhofer, in: I. Losa/O. Lopes (Hg.) 1969, S. 93-99.

–, *Stilleben mit Früchten.* Ausgewählte Gedichte, übers. von C. Meyer-Clason, München/Wien: Hanser 1997.

Andresen, Sophia de Mello Breyner, »Brief an die toten Freunde; Weil; Exil; Diese Leute«, nachgedichtet von Helmut Heinrich, in: I. Losa/O. Lopes (Hg.) 1969, S. 78-82.

–, »Sophia de Mello Breyner Andresen« [Gedichtauswahl], übers. von C. Meyer-Clason, in: Ders. 1993, S. 84-92.

Belo, Ruy, »Ruy Belo« [Gedichtauswahl], übers. von C. Meyer-Clason, in: Ders. 1993, S. 229-238.

Botto, António, *Canções – Lieder. Mit einem Essay von Fernando Pessoa*, übers. von Sven Limbeck, Heidelberg: Elfenbein 1997.

Cabral, António M. Pires, *Irgendwo im Nordosten. Algures a nordeste. Gedichte aus Portugal. Poemas de Portugal*, übers. von Michael Petersen. Bremen: Ed. CON 1983.

Carvalho, Armando Silva, »Armando Silva Carvalho« [Gedichtauswahl], übers. von C. Meyer-Clason, in: Ders. 1993, S. 268-276.

Cinatti, Ruy, »Ruy Cinatti« [Gedichtauswahl], übers. von C. Meyer-Clason, in: Ders. 1993, S. 74-83.

Correia, Natália, »Natália Correia« [Gedichtauswahl], übers. von C. Meyer-Clason, in: Ders. 1993, S. 147-158.

Cruz, Gastão, »Gastão Cruz« [Gedichtauswahl], übers. von C. Meyer-Clason, in: Ders. 1993, S. 287-296.

Dionísio, Mário, »Eine offene Gartentür…; Eins von den Traumgedichten; Um später gelesen zu werden« [Gedichtauswahl], nachgedichtet von René Schwachhofer, in: I. Losa/O. Lopes (Hg.) 1969, S. 68-70.

Feijó, Álvaro, »Weihnachten; Gebet; Gedicht des Dori; Das war das gesegnete Netz«, [Gedichtauswahl], nachgedichtet von René Schwachhofer, in: I. Losa/O. Lopes (Hg.) 1969, S. 63-67.

Ferreira, José Gomes, »Immerzu leben ist auch ermüdend; Poesie« [Gedichtauswahl], nachgedichtet von René Schwachhofer, in: I. Losa/O. Lopes (Hg.) 1969, S. 27-33.

Ferreira, José Gomes, »José Gomes Ferreira« [Gedichtauswahl], übers. von C. Meyer-Clason, in: Ders. 1993, S. 9-18.

Fonseca, Manuel de, »Sie haben die Kapelle umgebracht; Sommernacht; Lieder des Maltês« [Gedichtauswahl], nachgedichtet von Klaus Möckel,

in: I. Losa/O. Lopes (Hg.) 1969, S. 53-57.
–, »Manuel da Fonseca« [Gedichtauswahl], übers. von C. Meyer-Clason, in: Ders. 1993, S. 64-73.
Gama, Sebastião da, »Sebastião da Gama« [Gedichtauswahl], übers. von C. Meyer-Clason, in: Ders. 1993, S. 158-167.
Gedeão, António, »Frische Luft!; Hirtenlied; Picasso; Dies Irae« [Gedichtauswahl], nachgedichtet von Klaus Möckel, in: I. Losa/O. Lopes (Hg.) 1969, S. 47-52.
–, »António Gedeão« [Gedichtauswahl], übers. von C. Meyer-Clason, in: Ders. 1993, S. 38-46.
Gonçalves, Egito, »Nachrichten aus einer belagerten Stadt; Der verstümmelte Vagabund; Tod beim Verhör; Kleine Ode an die Schulmädchen meiner Straße« [Gedichtauswahl], nachgedichtet von E. W. Plan und R. Schwachhofer, in: I. Losa/O. Lopes (Hg.) 1969, S. 87-91.
–, »Egito Gonçalves«, [Gedichtauswahl], übers. von C. Meyer-Clason, in: Ders. 1993, S. 115-123.
Helder, Herberto, »Zyklus II; Das Gedicht III; Das Gedicht«, nachgedichtet von Helmut Heinrich, in: I. Losa/O. Lopes (Hg.) 1969, S. 115-120.
–, »Herberto Helder« [Gedichtauswahl], übers. von C. Meyer-Clason, in: Ders. 1993, S. 210-218.
Jorge, João Miguel Fernandes, »João Miguel Fernandes Jorge« [Gedichtauswahl], übers. von C. Meyer-Clason, in: Ders. 1993, S. 297-305.
Jorge, Luiza Neto, »Luiza Neto Jorge« [Gedichtauswahl], übers. von C. Meyer-Clason, in: Ders. 1993, S. 277-286.
Júdice, Nuno, »Nuno Júdice« [Gedichtauswahl], übers. von C. Meyer-Clason, in: Ders. 1993, S. 315-323.
Lacerda, Alberto de, »Alberto de Lacerda« [Gedichtauswahl], übers. von C. Meyer-Clason, in: Ders. 1993, S. 199-209.
Leitão, Luís Veiga, »Widerstand; Auf ein Fahrrad an der Wand seiner Zelle; Nacht aus Stein; Frühling 52« [Gedichtauswahl], nachgedichtet von H. Heinrich, E. W. Plan und I. Losa, in: I. Losa/O. Lopes (Hg.) 1969, S. 59-62.
Melo e Castro, E. M. de, »E. M. de Melo e Castro« [Gedichtauswahl], übers. von C. Meyer-Clason, in: Ders. 1993, S. 219-228.
Mourão-Ferreira, David, »David Mourão-Ferreira, [Gedichtauswahl], übers. von C. Meyer-Clason, in: Ders. 1993, S. 188-198.
Nemésio, Vitorino, »Das Salzschiff; Azorean Torpor; Lied der alten Meermuschel; Poesie 26« [Gedichtauswahl], nachgedichtet von Klaus Möckel, in: I. Losa/O. Lopes (Hg.) 1969, S. 34-40.
–, »Vitorino Nemésio« [Gedichtauswahl], übers. von C. Meyer-Clason, in: Ders. 1993, S. 19-27.
Oliveira, Carlos de, »Lied; Stern; Kindertage; Frei« [Gedichtauswahl], nachgedichtet von Helmut Heinrich, in: I. Losa/O. Lopes (Hg.) 1969, S. 83-86.

–, »Carlos de Oliveira« [Gedichtauswahl], übers. von C. Meyer-Clason, in: Ders. 1993, S. 103-114.
O'Neill, Alexandre, »Ein portugiesischer Abschied; Wenig originelles Gedicht über die Angst; Wir, geprägt von der Angst; Poesie«, nachgedichtet von Klaus Möckel, in: I. Losa/O. Lopes (Hg.) 1969, S. 107-114.
–, »Alexandre O'Neill« [Gedichtauswahl], übers. von C. Meyer-Clason, in: Ders. 1993, S. 168-177.
Pacheco, Fernando Assis, »Fernando Assis Pacheco« [Gedichtauswahl], übers. von C. Meyer-Clason, in: Ders. 1993, S. 249-258.
Pascoaes, Teixeira de, *Napoleon der Antichrist*, übers. und mit einem Nachwort versehen von Albert Vigoleis Thelen. Reicheneck: Aldus-Presse 1989.
Queirós, Carlos,«Carlos Queirós«[Gedichtauswahl], übers. von C. Meyer-Clason, in: Ders. 1993, S. 47-52.
Rosa, António Ramos, »Genau wie du; Der Geduldochse; Ich kann die Liebe nicht vertagen; Wir sind«, nachgedichtet von Ilse Losa und R. Schwachhofer, in: I. Losa/O. Lopes (Hg.) 1969, S. 100-106.
–, »António Ramos Rosa« [Gedichtauswahl], übers. von C. Meyer-Clason, in: Ders. 1993, S. 178-187.
Régio, José, »Frühlingslied; Schwarzer Gesang; Ikarus; Grabinschrift für den armen Unbekannten« [Gedichtauswahl], nachgedichtet von Klaus Möckel, in: I. Losa/O. Lopes (Hg.) 1969, S. 21-26.
–, »José Regio« [Gedichtauswahl], übers. von C. Meyer-Clason, in: Ders. 1993, S. 28-37.
Tamen, Pedro, »Pedro Tamen«, [Gedichtauswahl], übers. von C. Meyer-Clason, in: Ders. 1993, S. 239-248.
Vasconcelos, Mário Cesariny de, »Mário Cesariny de Vasconcelos«, [Gedichtauswahl], übers. von C. Meyer-Clason, in: Ders. 1993, S. 136-147.

Anthologien

Koller, Erwin (Hg.), *Sechzig portugiesische Sonette in oberschwäbischer Übersetzung*, Karl Moritz Rapp (Synoptische Ausgabe), Frankfurt/Main: TFM/Editoria Domus Europaea 1992.
Losa, Ilse/O. Lopes (Hg.), *Ich kann die Liebe nicht vertagen: Moderne portugiesische* Lyrik, übers. von Ilse Losa, mit einem Nachwort von Oscar Lopes. Berlin: Volk und Welt 1969.
Meyer-Clason, Curt (Hg): *Portugiesische Lyrik des 20. Jahrhunderts*, München: dtv 1993.

Sekundärliteratur

Amaral, Fernando Pinto do, *O mosaico fluido*, Lisboa: Assirio e Alvim 1991.

Barrento, João, *A palavra transversal*, Lisboa: Cotovia 1996.

Castro, Ernesto Manuel Melo e, *As vanguardas na poesia portuguesa do século XX*, Lisboa: Instituto de Cultura e Língua Portuguesa (Biblioteca Breve) 1980.

Diogo, Américo/António Lindeza, *Modernismos, Pós-modernismos, anacronismos. Para uma história da poesia portuguesa recente*, Lisboa: Cosmos 1993.

Ferreira, Serafim, *Raúl de Carvalho: entre o silêncio e a solidão*, Lisboa: Campo das Letras 1995.

Fonseca, Celeste da (Hg.), *Portugiesische Lyrik der Renaissance*, Tübingen: Niemeyer 1966.

Frias Martins, Manuel, *10 anos de poesia em Portugal, 1974-1984: leitura de uma década*, Lisboa: Caminho 1986.

Guedes, Maria Estela Almeida, *Herberto Helder, poeta obscuro*, Lisboa: Moraes 1979.

Guimarães, Fernando, *Simbolismo, modernismo e vanguardas*, Lisboa: Imprensa Nacional – Casa da Moeda 1982; Porto: Lello & Irmão ^{2}1992.

–, *Poética do saudosismo*, Lisboa: Editorial Presença 1988.

–, *A poesia portuguesa contemporânea e o fim da modernidade*, Lisboa: Caminho 1989.

–, *Poética do simbolismo em Portugal*, Lisboa: Imprensa Nacional – Casa da Moeda 1990.

Hess, Rainer, *Die Anfänge der modernen Lyrik in Portugal: 1865-1890*, München: W. Fink 1978.

–, »Antero de Quental in Deutschland«, *Lusorama* 16 (1991), S. 4-44.

Kreutzer, Winfried, *Stile der portugiesischen Lyrik im 20. Jahrhundert*. Portugiesische Forschungen der Görres Gesellschaft, Bd. 25, VIII, Münster: Aschendorff 1980.

Letria, José Jorge, »Breve reflexão sobre a poesia portuguesa actual«, *Lusorama* 16 (1991), S. 59-64.

Lisboa, Eugénio (Hg.), *Estudos sobre Jorge de Sena*, Lisboa: Imprensa Nacional 1984.

Lourenço, Eduardo, *Fernando Pessoa revisitado*, Lisboa: Inova 1973; Neuauflage: Lisboa: Moraes 1981.

–, *Sentido e forma da poesia neo-realista*, Lisboa: Dom Quixote ^{2}1983.

–, *Tempo e poesia*, Lisboa: Dom Quixote 1988.

Louro, Regina, »Lyrik: dreistimmig – Sophia de Mello Breyner Andresen, Maria Teresa Horta, Fiama Hasse Brandão«, in: E. Engelmayer/R. Heß (Hg.) 1993, S. 55-68.

Marinho, Maria de Fátima, *O surrealismo em Portugal*, Lisboa: Imprensa Nacional – Casa da Moeda 1987.

–, *Poesia portuguesa nos meados do século XX. Rupturas e continuidades*, Lisboa: Caminho 1989.

Martinho, Fernando J. B., *Pessoa e a moderna poesia portuguesa*, Lisboa: Instituto de Cultura e Língua Portuguesa (Biblioteca Breve) 1983.
Meyer-Clason, Curt, »Nachwort«, in: Ders.(Hg.) 1993, S. 324-335.
Quadros, António, *O primeiro modernismo português: vanguardia e tradição,* Mem Martins: Europa-América 1989.
Rodrigues, Urbano Tavares, *Ensaios de Após-Abril*, Lisboa: Moraes 1977.
Seixo, Maria Alzira, *Discursos do texto*, Lisboa: Bertrand 1977.
Sena, Jorge de, *40 anos de servidão*, Lisboa: Ed. Moraes 1978.
Sequeira, Rosa Maria, *A imagem da cidade na poesia moderna: Cesário Verde e Fernando Pessoa*, Beihefte zu *Lusorama*, 2. Reihe, Studien zur Literatur Portugals und Brasiliens, Bd. 1, Frankfurt/Main: TFM / Domus Editoria Europaea 1990.
Siepmann, Helmut, *Die portugiesische Lyrik des Segundo Modernismo*, Frankfurt/Main: Klostermann 1977.

Postrevolutionäre Dramatik in Portugal

Carlos Porto

Geschichte als Hauptthema stand schon immer im Mittelpunkt der portugiesischen Dramatik, sie bestimmte die vorherrschende Richtung während der Jahrzehnte nach dem Ende des Zweiten Weltkriegs – vor allem während des faschistischen Regimes, dessen Zensur eine metaphorische Verschlüsselung des historischen Diskurses erzwang.

Historische Stoffe als Aufforderung an den Leser, einen offenkundig politischen Diskurs zu dechiffrieren, praktizierten Autoren wie Jorge de Sena (*O Indesejado* 1951; Der Nichtersehnte), Luís de Sttau Monteiro (*Felizmente há Luar!* 1961; Zum Glück scheint der Mond), José Cardoso Pires (*O Render dos Heróis* 1960; Das Versagen der Helden), Bernardo Santareno (*O Judeu* 1966; Der Jude, Drama um den Bühnendichter António José da Silva, 1799-1854, der Opfer der Inquisition wurde), Natália Correia (*A Pécora* 1966; Die Nutte), Miguel Franco (*O Motim* 1965; Der Aufruhr; *A Legenda do Cidadão Miguel Lino* 1973; Die Legende vom Staatsbürger Miguel Lino), um nur einige zu nennen. Dennoch wurden auch sie von der Zensur zum Verstummen gebracht.

Diesen Dramatikern, die ein facettenreiches Werk hinterließen, lassen sich weitere hinzuzählen, die sich anderen Themenbereichen zugewandt haben. So Luiz Francisco Rebello, geprägt vom expressionistischen Theater, der die Demontage kapitalistischer Strukturen anhand der Darstellung von Konflikten betreibt, in denen diese kapitalistischen Verhältnisse sinnfällig werden. Romeo Correia, dessen Dramatik zwischen realistischem und symbolischem Theater angesiedelt ist, bereichert das Theater um spielerische Elemente volkstümlichen Theaters, vor allem des ihm wohlvertrauten Marionettentheaters. Sein Stück *O Vagabundo das Mãos de Oiro* (1957; Der Vagabund mit den goldenen Händen) ist ein gutes Beispiel dafür.

Eines der interessantesten Profile im politischen Theater ist

Virgílio Martinho, der, vom Surrealismus kommend, nicht nur als sprachgewaltiger Autor, sondern auch als Dramaturg dem Grupo Campolide (später C.ª de Teatro de Almada) von der Gründung an bis zu seinem Tod im Jahr 1994 als Mitarbeiter zur Verfügung gestanden hat.

Virgílio Martinho hat einige der eindringlichsten politischen Parabeln des portugiesischen Theaters geschrieben. Sein *Filopópulus* (1973) ist griechische Tragödie, wider den Strich gebürstet, karikierte Shakespeare-Tragödie, politische Satire, (Un-) Sittenstück und höllisches Vaudeville, alles zugleich, darüber hinaus war dieser literarisch hervorragende Theatertext Vorlage für eine Aufführung, deren Fülle von Anspielungen das szenische Potential noch erhöhte. Die Romanadaptation *O Grande Cidadão* (1976; Der Große Staatsbürger) führt uns ebenfalls das Dilemma der totalitären Macht vor, die nur durch eine Volksrevolution überwunden werden kann. In seinen dramatischen Bearbeitungen, z. B. von *A Vida do Grande D. Quixote de la Mancha* (1733; Das Leben des Großen Don Quijote de la Mancha) nach António José da Silva (genannt Judeu) oder *1383*, nach einer Chronik von Fernão Lopes, ebenso wie in seinen eigenen Stücken, zu denen auch kurze Texte im Geiste des Agitprop zählen, erleben wir Virgílio Martinho ständig auf der Suche, die Welt, in der wir leben, zu verstehen, den Dialog zwischen Theater und Gesellschaft aufrechtzuerhalten.

Natália Correias Stück *A Pécora* blieb, durch wiederholtes Eingreifen der Zensur, jahrzehntelang so gut wie verschollen und erlebte erst 1989 seine Uraufführung. Der Autorin gelingt hier das scheinbar Unmögliche: Genet und Brecht unter einen Hut zu bringen. Wenn diese beiden Namen die Wesenszüge von Stück und Aufführung bestimmen, so schränken sie sie doch nicht ein. *A Pécora* ist ein sehr persönliches Stück, dessen überragende literarische Qualität (stilistisch ein Meisterwerk) wenn möglich noch von der Kompromißlosigkeit seiner politischen Aussage übertroffen wird: die erbarmungslose Anklage einer Gesellschaft, die Aberglauben als obszöne Ausdrucksform des »Großen Handels« fordert. Damals schrieb ich: »*A Pécora* ist ein unveröffentlichter Text und wird es bleiben. Weder unser Theater verdient ihn noch unsere Gesellschaft, die, aus eigennützigen Beweggründen – welche der Ton des Stückes genau trifft – größtenteils unfähig ist, die – in ihrer historischen Bedingtheit deutlich umschriebene – unverhüllte Darstellung menschlichen Elends zu verstehen.«

Das Theater des Absurden, das epische Theater (von dem einige der erwähnten Stücke beinflußt sind), das direkt politische Theater (nach dem 25. April 1974, wohlgemerkt), das sind alles Facetten, die der portugiesischen Dramatik eine beachtliche Vielfalt verleihen.

Autoren wie Augusto Sobral, Augusto Abelaira, Vicente Sanches, Manuel Grangeio Crespo, Jaime Salazar Sampaio, Prista Monteiro, Miguel Barbosa, Fiama Hasse Pais Brandão verwenden in ihrem dramatischen Schaffen Mittel des »Absurden« und des Surrealismus, rekurrieren auf den Verfremdungseffekt. Aber auch andere Einflüsse sind sichtbar, ohne daß dadurch jedoch die Eigenständigkeit der portugiesischen Werke verlorenginge. Jaime Salazar Sampaio ist bei so unterschiedlichen Autoren wie Fernando Pessoa und Strindberg in die Schule gegangen, für Prista Monteiro ist Ionesco die wichtigste Bezugsperson, ebenso wie vielleicht auch Kafka. Unverwechselbar bleibt das wenig umfangreiche Werk eines Augusto Sobral, nicht zu übersehen das poetische Theater einer Fiama Hasse Pais Brandão, deren Stück *Quem Move as Árvores* (1970; Wer den Wald in Bewegung setzt) auf *Macbeth* zurückgreift. Die Befreiung des Landes durch die Revolution der Hauptleute war ebenfalls Inspirationsquelle für so manchen portugiesischen Dramatiker. Als einer von vielen sei hier José Cardoso Pires mit *Corpo-Delito na Sala dos Espelhos* (1980; Corpus delicti im Spiegelsaal) erwähnt, der das Spitzelsystem des Salazar-Regimes denunziert.

Nach dem 25. April 1974 läßt sich ein engerer Bezug zwischen Drama und szenischer Sprache feststellen. Dies ist zum Teil darauf zurückzuführen, daß Theaterstücke, im Gegensatz zu dem, was bis dahin üblich war, von nun an von »drinnen nach draußen« geschrieben wurden, will sagen: der Weg verlief vom szenischen zum dramatischen Schreiben, ausgehend vom Diskurs als Instrument, als Prozeß theatralischen Schaffens, nicht als Schrift ohne szenische Übersetzung.

Wir stellen fest, daß sich die Praxis des Theaters in Portugal zwar langsamer als erhofft, aber dennoch zu ändern begann. Nicht nur hinsichtlich Quantität und Qualität, sondern auch hinsichtlich des Verhältnisses zum Publikum, dem im Theater bekanntlich eine wichtige Rolle zukommt. Wir weisen in diesem Zusammenhang auf das noch schüchterne Auftreten einer neuen Dramatikergeneration hin. Nach einer langen Durststrecke scheinen Theaterstücke portugiesischer Autoren endlich wieder das Interesse portugiesischer Regisseure zu wecken.

In manchen dieser dramatischen Experimente begegnen wir Spuren des Gründers des portugiesischen Theaters aus dem 16. Jahrhundert, und durchaus nicht nur in archäologischem Sinne. Anlaß zu hitziger Polemik bot 1991 die mit außerordentlichem Erfolg am Teatro Nacional D. Maria II. aufgeführte Revue-Collage *Passa por Mim no Rossio* (Gehe am Rossio-Platz an mir vorbei) von Filipe la Féria, ein Genre, das deutlich Gil Vicentes Handschrift trägt. Ein anderer »Auftritt« Gil Vicentes auf der portugiesischen Bühne unserer Tage fand im gleichen Jahr 1991 statt mit der *Comédia Rubena* in der Neuschöpfung von Luis Miguel Cintra mit dem Teatro da Cornucópia. Präzise Figurenzeichnung, satirisch zugespitzte Situationen, eine kritische Hinterfragung bestimmter Sozialtypen zeichnen beide Aufführungen aus, wie auch die vielleicht spannendste Inszenierung des Jahres 1991, die einem lebenden portugiesischen Dramatiker zuteil wurde: die Komödie *Nunca Nada de Ninguém* (Niemals Nichts von Niemand). Dieses Theaterdebüt der Romanautorin Luísa Costa Gomes wies sie in ihren kurzen Szenen und prägnanten Charakterisierungen bestimmter gesellschaftlicher Rollen als echte Tochter des großen Gil Vicente aus.

Alle drei Stücke sind repräsentativ für die portugiesische Dramatik und das portugiesische Theater, nicht zuletzt durch die Komik, die ein Grundmerkmal des portugiesischen Theaters im Laufe seiner Geschichte, ein Grundmerkmal der portugiesischen Kultur ist.

Schauspieler und Regisseure begannen sich also fürs Schreiben zu interessieren, und das Ergebnis konnte sich sehen lassen. Es entstanden Texte, die zuallererst Theater, dann erst Literatur waren. Hervorzuheben ist hier Hélder Costa, Autor, Regisseur und, zusammen mit Maria do Céu, Leiter der Gruppe »A Barraca«. Für ihn war Theater immer einerseits politischer, sogar revolutionärer Gestus, andererseits aber ein eigener, eigenständiger theatralischer Diskurs, der allerdings oft unter der Qualität des Geschriebenen litt. In *D. João VI* (1979) ließ er seiner Neigung zum satirisch getönten Historienstück freien Lauf, aber er verfaßte auch kurze Texte mit überdeutlicher politischer Aussage und dramatische Biographien wie *Um Homem É um Homem* (Ein Mann ist ein Mann), in dessen Mittelpunkt Damião de Góis steht, ein von der Inquisition verfolgter Intellektueller (1502-1574), und *A Viagem* (1982; Die Fahrt), die Camões' Irrfahrten auf die Bühne bringt.

Als im Wesen politischer Dramatiker gilt auch Júlio Valarinho. Zum Unterschied von Hélder Costa stand er aber zeitlebens der Theaterpraxis fern und wird vielleicht infolgedessen nur selten gespielt, obwohl aus seinen Texten eine dramatische Energie spricht, die nach szenischer Interpretation verlangt. So aber wurde Júlio Valarinho wie manche andere Autoren ein Opfer der Ausgrenzung, da es ihm selbst nicht möglich war, seinen eigenen dramatischen Diskurs szenisch zu interpretieren.

Zu erwähnen ist hier auch ein anderer Autor des politischen Theaters, Carlos Coutinho, der ebenfalls von den Theatermachern sozusagen verschwiegen wurde. Einer seiner wichtigsten Texte, *A Última Semana Antes da Festa* (1974; dt. *Die letzte Woche vor dem Fest*), wurde erst vor kurzem aufgeführt. Manche seiner Stücke, vor allem die kürzeren, von denen einige bereits inszeniert wurden, machen auf einen Autor aufmerksam, der menschliche, gesellschaftliche und politische Werte darzustellen vermag.

Verfolgen wir weiterhin die Entwicklung des politischen Theaters, wobei darauf hinzuweisen ist, daß die Autoren inzwischen andere Themen abhandeln, so muß der Name Fernando Dacosta fallen. Er greift in *Um Jeep em Segunda Mão* (1978; Ein Jeep aus zweiter Hand) eine in der portugiesischen Dramatik nur selten vorkommende Problematik auf, nämlich den Kolonialkrieg. Hinzuweisen ist auch auf José Saramago, den portugiesischen Schriftsteller mit der vielleicht größten internationalen Resonanz, der ein überzeugendes politisches »Gelegenheitsstück« über die Revolutionsnacht vom 24. auf den 25. April geschrieben hat. Es spielt in der Redaktion einer reaktionären Zeitung, die passenderweise *A Noite* (Die Nacht) heißt. Weitere Stücke des Autors erbringen den Beweis, daß Saramago ein echtes Theatertalent ist, das man im Auge behalten sollte.

Auch Mário de Carvalho, bekannt durch seine Romane und Novellen, hat das Theater entdeckt. Sein Stück *Estilhaços* (Splitter), ein weiterer Text über den Kolonialkrieg, wurde in der Regie von João Brites zu einer erschütternden Aufführung. In *A Rapariga de Varsóvia* (1991; Das Mädchen von Warschau) greift Mário de Carvalho das heikle Thema der verräterischen Revolution und der verratenen Revolutionäre auf. Konventionell konzipiert, berührt dieses Stück trotz seines scheinbar unterkühlten Duktus durch emotionale Dichte.

All die erwähnten Autoren entwerfen ein vielgestaltiges Bild der politischen und gesellschaftlichen Realität, die erst mit der Aprilrevolution möglich wurde. Was die dramatische Gestaltung der Themen betrifft, so kann man schwerlich von einem Bruch mit der Tradition sprechen. Deutlich ist hingegen ein Festhalten an einer mehr oder weniger konformistischen Sprache.

Einer Explosion gleich kam das Erscheinen eines Autors, der, obwohl im Zeichen konventioneller Geschichtsdramatik angetreten, sich anschickte, die überlieferten Kanons zu sprengen. Ich meine Miguel Rovisco, der in den achtziger Jahren über Nacht im Mittelpunkt stand. Von einigen Theaterleuten, unter ihnen Mário Viegas, als Dramatiker und auch als Dichter entdeckt, mit Preisen überhäuft und zum Mythos erhoben, erschien Miguel Rovisco als der große Einsame, der die Moderne verwirft. Konservativ und rebellisch zugleich, lehnte er den vom Staatssekretariat für Kultur verliehenen Almeida-Garrett-Preis in einer bühnenreifen Szene ab, barfuß, mit flammender Protestrede. Er wählte den Tod, mit 27 Jahren, so unerträglich schien ihm die Welt, in der er zu leben verurteilt war. Er hinterließ Dutzende von Stücken und Hunderte von Gedichten, fast alle noch unveröffentlicht. Das Wenige, was man von ihm kennt, zeugt von einer starken dramatischen Begabung, auch wenn die mangelnde Bühnenerfahrung sich bemerkbar macht. Ein Autor, der noch der Entdeckung harrt.

Einigermaßen erstaunlich an der Geschichte der portugiesischen Dramatik scheint die Tatsache, daß der Zwang, sich einer verschlüsselten und metaphorischen Sprache bedienen zu müssen, die Phantasie wohl mehr angeregt hat als die nun wiedergewonnene Freiheit in der Zeit nach der Aprilrevolution. Vielleicht ist das ein normaler Prozeß, wenn wir uns vor Augen halten, daß Theater von Konfliktsituationen lebt, die durch den Wegfall der Zensur, das Fehlen der Verriegelung, abgeschwächt und abgemildert werden.

Aber auch ein Theater, das sich weniger direkt politisch versteht, muß nicht die politische Realität ausklammern, in der es angesiedelt ist, muß ebensowenig darauf verzichten, die Schattenseiten, die unerträglichen Zustände dieser Realität anzuprangern. Zu diesem Theater zählt das Werk der bereits erwähnten Autoren, die an dieser Stelle noch einmal wegen ihres wichtigen Beitrags zum neuen portugiesischen Theater genannt werden müssen.

Es geht hier um ein Theater, das andere Vorgaben hat, andere Texturen aufweist. Hier brechen Einsamkeitssignale durch, werden zwischenmenschliche Beziehungen ausgeleuchtet, wird gesellschaftliche Ausbeutung aufgezeigt, und dies eröffnet als Ganzes eine andere Perspektive des politischen Theaters.

Es ist dies ein Theater, das Laster und Tugenden auslotet, Gefühl und Verweigerung, den Menschen als solchen und in seinen Beziehungen zu den anderen, ein Theater der Einsamkeit, das zum Selbstbildnis des »Absurden« wird, unerträglich im Zeichen eines unausweichlich bedrohlichen Endes. Hier verdient ein Autor besondere Beachtung: Jaime Salazar Sampaio mit seinen meist kurzen Stücken wie *Conceição ou Um Crime Perfeito* (1979; Conceição oder Ein perfektes Verbrechen), *Desconcerto* (1981; Verwirrung) und *Magdalena lé uma Carta* (1991; Magdalena liest einen Brief).

Jaime Salazar Sampaio trägt das Stigma der Einsamkeit, in der er schreibt, gleichzeitig aber ist er imstande, sich an einem Gemeinschaftswerk zu engagieren, was sein Einsatz für die portugiesische Dramatik beweist.

Wie bereits angedeutet, weigern sich unsere Theatergruppen geradezu systematisch, Werke zeitgenössischer portugiesischer Dramatiker aufzuführen. Die Aufführungspraxis einheimischer Dramatik der Gegenwart gleicht einer Wüste. Die Vorliebe für nationale und ausländische Klassiker wie auch die Bevorzugung nicht-theatralischer Texte, die unsere Gruppen immer wieder zeigen – sie bestätigen über den kreativen Akt des Regisseurs und der anderen Mitwirkenden den Primat der szenischen Sprache – haben die portugiesische Dramatik und damit das portugiesische Theater fast ausgelöscht.

Bezeichnend ist der Fall von Bernardo Santarenos postumem Stück *O Punho* (1987; Die Faust), einer schonungslosen Darstellung der Zustände im Alentejo, wo die Macht der Großgrundbesitzer ungebrochen scheint. Das Stück wurde immer noch nicht aufgeführt, vermutlich weil keine Gruppe, kein Ensemble den Mut hat, sich diesem vom Autor so dramatisch in Szene gesetzten Konflikt zu stellen.

Anfang der neunziger Jahre erlebten wir eine einschneidende Änderung im portugiesischen Theater und in der portugiesischen Dramatik. Die Autoren, die von der Theaterpraxis vernachlässigt wurden, traten nach und nach ab, einige starben (Santareno, Sttau Monteiro, Natália Correia, Jorge de Sena, Miguel Rovisco, Virgílio Martinho, Prista Monteiro, Romeu Correia), während andere Aufmerksamkeit auf sich zogen, die, vor allem als Schauspieler, unmittelbar in der Theaterpraxis zu Hause waren.

Neben dem schon erwähnten Hélder Costa sei in diesem Zusammenhang an Luzia Maria Martins erinnert, Gründerin und Leiterin (zusammen mit Helena Félix) des Teatro Estúdio de Lisboa. Die erfahrene Theaterpraktikerin hat sich, nicht immer mit überzeugendem Erfolg, auch als Dramatikerin versucht. Immerhin sei ihr Stück *Bocage, Alma sem Mundo* (1967; Bocage, Seele ohne Welt) erwähnt.

In den letzten Jahren beobachten wir Erneuerungsbestrebungen der portugiesischen Dramatik. *A Ira dos Deuses* (1995; Der Zorn der Götter) von Casimiro Duarte Simões, das in zwei Akten den Phädrastoff wiederaufnimmt, beeindruckte durch dramatische Energie, aber auch durch Sensibilität. *Tempo para Dançar* (Zeit zu tanzen), ein Zweiakter von Duarte Nuno Figueiredo, lebt von der Realitätsnähe der Orte und Personen. *The Breakfast* (1995) von António Vieira Campos, ein Stück in vier Akten, wählt die Parabel, um in einer von audiovisuellen Medien geprägten, synkopierten Sprache politisch-ideologische Verflechtungen einer Vielzahl von Personen aufzudecken.

1995 erlebte die portugiesische Dramatik einen Bruch, der sich mit Sicherheit als historischer Einschnitt erweisen wird. Vollzogen wurde er von einem Theatermann, nicht von einem Schriftsteller. Die Rede ist von Jorge Silva Melo und seinem Stück in fünf Akten *António, Um Rapaz de Lisboa* (António, ein Junge aus Lissabon). Der Text wurde gemeinsam erarbeitet von einer Gruppe junger Schauspieler, die angeleitet wurden von dem ehemaligen Gründungsmitglied des Teatro da Cornucópia, Jorge Silva Melo, der schließlich auch für die endgültige Fassung zeichnete. *António, Um Rapaz de Lisboa* thematisiert einige der Grundsätze, die der Autor ganz polemisch verteidigt: Theater als Text, unter Abwertung des »spektakulären« Faktors, den der Regisseur bestimmt; Text als Vorgabe einer Realität, die nicht ausgeklammert werden darf, sondern, im Gegenteil, aufgewertet werden soll. Textpräsenz und Text als Realitätsvehikel, und dazwischen der Schauspieler, dem die Aufgabe zukommt, die Realität in Theaterrealität umzuwandeln. Das Stück zeichnet das Bild einer Mikro-Gesellschaft, die sich aus einer vor allem jugendlichen Stadtpopulation zusammensetzt oder im Begriff ist, sich herauszubilden, Jugendliche in einer städtischen Welt mit all ihren charakteristischen Zügen, einschließlich der Symptome eines von verschiedenartigsten Ängsten ausgefüllten Kleinbürger-Alltags. Hier stimmt alles. Vielleicht fehlt noch ein wenig Brandãosche Schwärze.

Weniger spannend schien mir die neueste Text-Produktion Jorge Silva Melos, die sich ihre Anregung von Büchners *Woyzeck* holt.

Mário Sério war lange Jahre Theaterkritiker, auch Regisseur, wir schätzten seine wenigen Inszenierungen, wir wußten auch, daß er Stücke schreibt, vor allem in Zusammenarbeit mit Filipe La Féria. *Três Vésperas para um Madrigal* (Drei Vesperandachten für ein Madrigal) ist ein Dreiakter, der in einem spezifischen historischen Rahmen angesiedelt ist. Ein Stück, das überrascht, nicht nur wegen seiner literarischen Qualität, sondern auch wegen der Aggressivität und der Grenzübertretungen, das meisterhaft mit dem literarischen Anspruch jongliert. Zur Debatte steht die Intoleranz der Inquisition und ein Fall von sexueller Gewalt, die zum Tode führt. Die Gewalttätigkeit der Situationen entspricht der Gewaltsamkeit eines Textes, der die Grausamkeit der Figuren und ihre tragische Verstricktheit spiegelt.

Nicht nur diese beiden so unterschiedliche Realitäten aufrufenden dramatischen Werke, auch andere verdienen es, hier genannt zu werden. Zum Beispiel *Será Deus o Dr. Freud?* (1995; Ist Gott Dr. Freud?) von Y. K. Centeno, »ein Stück in drei Akten, verfaßt von Mr. Hyde«. Schon wieder ein Stück über ein Stück, unter einem Stück, zwischen Stücken, in dem die Figuren ganz selbstverständlich Autor, Regisseur, Hauptdarsteller etc. heißen. Ein hinreißendes Lesevergnügen – wie wird die Aufführung aussehen? Denn dieses (Lese-)Vergnügen erwächst auch aus dem rasanten Tempo, das der Text verheißt, was für eine starke Theatralität spricht. Ob Gott nun Dr. Freud ist oder eher das Gegenteil, das ist eine Frage, die das Stück von Yvette Centeno nicht zu klären vermag. Aber von dieser und anderen Vermutungen lebt das Stück, in einer Art Fieberdelirium, das, so meint der Leser, zum Theater wird.

Mit dem zweiteiligen Stück *A Casa de Sêr* (1995; Das Haus des Seins) erfüllt Vicente Sanches seine Pflicht, alljährlich einen dramatischen Text zu publizieren. Wieder einmal geht es um Leben, Tod, Liebe, Gott, Sein und das Nichts, von Vicente Sanches irrlichternd, mit einiger Originalität zur Diskussion gestellt, auf den einzig möglichen Ausgang zutreibend.

In *Sonho, Paixão, Mistério do Infante D. Henrique* (1995; Traum, Passion, Mysterium des Infanten D. Henrique) zieht António Rebordão Navarro uns in ein doppeltes Spiel: ein Stützpunkt für Raumschiffe mit allen technischen Raffinessen der Neuzeit, und der Ort, von dem aus die großen Entdeckungen ausgingen, die mit dem Namen des Infanten verbunden sind. Es ist kein Zufall, daß das Raumschiff, das startet, den Namen Dom Henrique trägt – denn dies ist das Spiel, das uns in die Vergangenheit und in die Zukunft entführt. Ein Spiel, das zugleich ein Aufeinanderprallen von unterschiedlichen Sichtweisen von Vergangenheit und Zukunft ist, ein Raum, der in seiner Dramatik das Parabelhafte rechtfertigt. *O Ser Sepulto* (1995; Das begrabene Sein), ein Einakter desselben Autors, bezieht die Gegenposition zu dieser Vision: hier ist der Ort des Realen, ein anderer Ort. Ein Stück über die Erinnerung und über die Zeit, das an Priestley denken läßt, und, wie es scheint, eine spannende Übung in diesem Spiel um Leben und Tod.

Für 1996 seien einige Texte erwähnt, die es verdienen. Uraufgeführt wurde von und mit Maria do Céu Ricardo *Salazar-Deus-Pátria-Família* (Salazar-Gott-Vaterland-Familie), eine der wenigen Arbeiten mit politischen Bezügen zum zeitgenössischen Portugal, die der Schauspielerin ein Wissen um Theater als Kommunikationsrealität bescheinigt, das sie als echte Autorin ausweist. Von Isabel Medina stammt ein ganz anderer, überaus witziger Text, *Os Novos Confessionários – Cabaret Sentimental* (Die neuen Beichtstühle – Sentimentales Kabarett), der geschlechtsspezifische Verhaltensweisen aufs Korn nimmt.

Für José Meireles hat Theater mit der engen Bindung zwischen Stück und Schauspieler zu tun. Dies, aber auch das Verhältnis des Menschen zur Welt, die ihn umgibt, thematisiert sein Drama *Dor* (Schmerz).

Mit einem politischen Text, *Aristides, o Cônsul* (Aristides, der Konsul), bewegendes Bildnis eines Menschen, der sich für die Rettung anderer opfert, stellte sich ein neuer Autor vor: António de Sousa Mendes. Von Hélder Costa stammt ein anderer politischer Text, der ebenfalls 1996 uraufgeführt wurde: *Viva a Vida!* (Es lebe das Leben!), Evokation und Anklage des Spanischen Bürgerkriegs.

Zur Kenntnis nehmen sollte man zudem ein Stück wie *Todo o Amor É Amor de Perdição* (1994; Jede Liebe ist Verhängnis) von Luiz Francisco Rebello, der den tragischen Roman von Camilo Castelo Branco als *soap opera* aufbereitet. Bemerkenswert sind die Dialogstruktur des Textes und die Authentizität der vom Autor nachgeschaffenen Figuren. Auf Luiz Francisco Rebello ist noch einmal hinzuweisen als Mitherausgeber eines

Gedenkbandes zum 20. Jahrestag des 25. April, der unter dem Titel *Dramaturgia de Abril* (1994; Revolutionstheater) mehrere Einakter der wichtigsten portugiesischen Stückeschreiber der Gegenwart versammelt. Einer unserer regelmäßig produzierenden Dramatiker ist Norberto Ávila, der 1994 als Auftragswerk für das Teatro in Portalegre die geistreiche Komödie *Os doze Mandamentos* (Die Zwölf Gebote) schrieb. Die Persiflage des Sektenunwesens, das leider weniger harmlos ist, besticht durch dramaturgische Sorgfalt und Klarheit, wie wir es bei diesem Autor gewohnt sind, erwies sich allerdings auf dem Theater als wenig robust.

In der Reihe *De Viva Voz* publizierte Teresa Rita Lopes *Rimance da Mal-Maridada* (Gedicht der schlecht Verheirateten), der sie die Neuauflage einer ihrer besten dramatischen Texte, *Sopinhas de Mel* (1994: Honigsüppchen) zur Seite stellte. Der neue Text ist die Geschichte einer Liebe, die an sich selbst zugrunde geht, ein hübscher Text, der sich vermutlich eher zur Lektüre als zur Aufführung eignet.

Das Theater portugiesischer Sprache ist in den letzten Jahren von dramaturgischen Bearbeitungen unterwandert worden, die häufig mehr auf Prosawerken denn auf Theaterstücken basieren. Eine Tendenz, die man auch aus anderen Ländern kennt. Hauptverantwortlicher für diese Alternative zur fragwürdigen These vom Nichtvorhandensein portugiesischer Stücke war vor allem João Brites mit der Gruppe »O Bando«. Ethnologisches Theater zu schaffen war sein Ziel, und so produzierte João Brites einige unserer schönsten Aufführungen der letzten Jahrzehnte, die Werke bedeutender portugiesischer Autoren zur Vorlage hatten.

Zu nennen wären hier *S. Cristovão* (1985; St. Christophorus), nach Eça de Queirós, *Os Cágados* (1985; Die Schlammschildkröten) nach Almada Negreiros, *Nós de um Segredo* (1986; Knoten eines Geheimnisses) über traditionelle Texte, *A Viagem* (Die Reise), nach einem Text von Sophia de Mello Breyner, und *Montedemo*, nach einem Text von Hélia Correia, beide 1987, *Carcaças* (1988; Karkassen) nach traditionellen Werken und Texten von Eduarda Dionísio, *Os Bichos* (1990; dt. *Tiere*) von

Miguel Torga, eine Dramatisierung der Fabeln, die in wechselnden Inszenierungen in ganz Portugal und verschiedenen europäischen Ländern mit außerordentlichem Erfolg gezeigt wurde.

Ebenso verdienen erwähnt zu werden *A Terceira Margem do Rio* (1990; dt. *Das dritte Ufer des Flusses*) nach einem Text des brasilianischen Schriftstellers João Guimarães Rosa, *A Morte do Palhaço* (Der Tod des Bajazzo) über einen Text von Raul Brandão, *Borda d'Água* (Wasserrand) über Gedichte von António Ramos Rosa und *Amanhã* (Morgen), Text von Almada Negreiros, beide 1992, *Gente Singular* (1993; Merkwürdige Leute), Text von M. Teixeira-Gomes.

Diese Richtung verfolgten auch andere Gruppen und Dramatiker. Nur zwei Beispiele: *Clamor* (Wehklage), eine Adaptation von Predigten des Padre António Vieira (1608-1697) von Luísa Costa Gomes, und *A Ilustre Casa* (1995), eine dramatische Bearbeitung des Romans von Eça de Queirós (dt. *Das berühmte Haus Ramires*).

Es fällt eine starke Zunahme von dramatischen Texten portugiesischer Autoren auf, die in den letzten Jahren entstanden sind und von denen Notiz zu nehmen ist: Eduarda Dionísio mit *Antes que a Noite venha* (1992; Bevor die Nacht anbricht) und Prista Monteiro mit *Auto dos Sonâmbulos* (1992; Auto von den Schlafwandlern); António Torrado, mit dem wir zu *Conte Comigo* (1996; Zähl auf mich) und der Beziehung Theater-Fernsehen zurückkehren; Romeu Correia mit *Palmatória* (1996), Mário Cláudio mit *Noites de Anto* (Die Nächte des António Nobre) und *A Ilha de Oriente* (Die Insel im Osten), beide 1996, Luísa Costa Gomes mit *Duas Comédias* (1996; Zwei Komödien): *Um Filho* (Ein Sohn), gefolgt von *A Vingança de Antero ou Boda Deslumbrante* (Anteros Rache oder Strahlende Hochzeit), schließlich Fonseca Lobo mit *A Traicão da Rainha* (1994; Der Verrat der Königin).

Wenn wir uns wieder dem Theater zuwenden, das auf Prosatexte zurückgeht, muß Maria Judite de Carvalhos Novelle *Paisagem sem Barco* (Landschaft ohne Boot) in der Bearbeitung von Anne Petid (1996) erwähnt werden, ferner *Malaquias ou a História de um Homem Barbaramente Agredido* (Malachias oder die Geschichte eines barbarisch überfallenen Mannes), nach dem Roman Manuel de Limas, bearbeitet von Teresa Faria und José Carretas (1995), Aquilino Ribeiros *Teatro de Enormidades Apenas Críveis à Luz Eléctrica* (Theater der Ungeheuerlichkeiten – nur bei elektrischem Licht besehen glaubhaft), fürs Theater adaptiert von Ricardo Pais, oder *O Avião de Tróia* (Das trojanische Flugzeug), eine von Gastão Cruz gezeichnete Dramatisierung von Texten Luíza Neto Jorges (1996).

Autoren, die man sich merken sollte: José Jorge Letria mit *O Ladrão do Tempo* (1992; Der Zeitdieb) und *Pátrias do Coração e Exílio* (1994; Vaterländer des Herzens und Exil) und Hélia Correia mit *Perdição* (Verderben), einer Antigone-Paraphrase.

Was von Theaterpraktikern geschriebenes Theater betrifft, seien genannt: der Schauspieler Francisco Pestana mit dem Stück *A Ilha de Arguim* (1996; Arguims Insel), einer der aufregendsten Texte, die zuletzt veröffentlicht wurden; und der Schauspieler und Regisseur Abel Neves, Autor unter anderem des Stückes *Terra* (1991; Land). Carlos Jorge Pessoa, der sich als Regisseur, Schauspieler und Leiter einer Gruppe einen Namen gemacht hat, behauptet sich als recht origineller Theaterautor. Sein Werk beginnt an Bedeutung zu gewinnen. Zum Beispiel der Text *Café Magnético* (1992).

Ohne Übertreibung kann man sagen, daß die portugiesische Dramatik im Begriff ist, zu neuem Leben zu erwachen.

Aus dem Portugiesischen von Marina Spinu

Sekundärliteratur zum portugiesischen Theater (Auswahl)

Barata, José Oliveira, *História do teatro português*, Lisboa: Universidade Aberta 1991.

Branco, José Luís Freitas, »Das Theater Portugals – Kurzer Überblick in Vergangenheit und Gegenwart«, in: *Stücke aus Portugal*, Berlin: Henschel 1978, S. 253-263.

Brug Manuel, »Pessoas Enkel. Ein Gespräch mit der Schriftstellerin Yvette Centeno«, *Theater heute* 9/1992, S. 18.

Bühler, Simone, *Das portugiesische Theater der 70er und 80er Jahre des*

20. Jahrhunderts. [Magisterarbeit Fachbereich Romanische Philologie der J. W. Goethe-Universität] Frankfurt am Main 1992.

Cruz, Duarte Ivo, *Introdução à História do Teatro Português*, Lisboa: Guimarães 1983.

Gareis, Marianne, »Theaterflaute: Das *teatro independente* Portugals am Ende der achtziger Jahre«, *Lusorama* 12 (1990), S. 61-76.

Karimi, Kian-Harald, *Das portugiesische Gegenwartsdrama unter der politischen Zensur (1960-1974): Auf der Suche nach dem verlorenen Theater*, Frankfurt/Main, New York, Bern: Peter Lang 1991.

Pörtl, Klaus, »Skizzen zum portugiesischen Theater der Gegenwart«, in: Wilfried Floeck (Hg.), *Tendenzen des Gegenwartstheaters – Mainzer Forschungen zu Drama und Theater*, Bd. 2, Tübingen: Francke 1988, S. 101-115.

–, »Gibt es ein portugiesisches Theater heute? Ein Bericht über Lissaboner Theater in der Saison 1982/83«, in: G. Holtus/E. Radtke (Hg.), *Umgangssprache in der Iberoromania. Festschrift für H. Kröll*, Tübingen 1984, S. 229-246.

Porto, Carlos, *Em busca do teatro perdido*, 2 Bde., Lisboa: Plátano 1972.

–, »Theater in Portugal. Unterdrückung in Freiheit«, *Jahresringe* 82-83, Stuttgart 1982, S. 32-40.

–/Teles de Menezes, *10 anos de teatro e cinema em Portugal 1974 -1984*, Lisboa: Caminho 1985, S. 19-154.

Rebello, Luiz Francisco, *100 anos de teatro português*, Porto: Brasília Editora 1984.

–, *História do teatro de revista em Portugal*, 2 Bde., Lisboa: Dom Quixote 1984/85.

–, *História do teatro*, Lisboa: Imprensa Nacional – Casa da Moeda 1991.

–, *Fragmentos de uma dramaturgia*, Lisboa: Imprensa Nacional – Casa da Moeda 1994.

Siepmann, Helmut: »Portugals Theater des 20. Jahrhunderts und das moderne Drama«, *Iberoromania* 12 (Neue Folge), Tübingen 1980, S. 41-53.

Stegagno Picchio, Luciana, *História do Teatro Português*, Lisboa 1969.

Thorau, Henry, »Norberto Ávila und die portugiesische Wirklichkeit« und »Was ist aus unserer Revolution geworden – Norberto Ávila gibt Auskunft«, *Theater heute* 8/1978, S. 34-37.

Werther, Robert, »Das Leiden austreiben – Theater in Portugal«. *Theater heute* 12/1975, S. 34-35.

Theaterstücke in deutscher Sprache

Branco, J. Luís Freitas [Hg.], *Stücke aus Portugal*, Berlin: Henschel 1978.

Verlernen, um zu sprechen: Politik und Poetik portugiesischer Frauen im 20. Jahrhundert*

Graça Abranches

Zur Erinnerung an Elsa Abranches

Pilgernde Penelope: »Vor welcher Mutter fliehen wir? Welche Mutter ist uns entflohen?«[1]

Im Jahr 1900 waren 85 % der portugiesischen Frauen Analphabetinnen;[2] und erst die Republik schaffte 1910 die gesetzliche Regelung ab, nach der eine Autorin nur mit Zustimmung ihres Mannes veröffentlichen durfte.[3] Gewiß finden sich auch in Portugal wie im restlichen Europa, vor allem in der zweiten Hälfte des 19. Jahrhunderts, Zeichen eines wachsenden Bewußtseins für das Recht von Frauen auf Bildung, und in der Öffentlichkeit, auch in der Literatur, melden sich Frauen zu Wort;[4] ebenso gewiß ist jedoch, daß Portugal die den Frauen auferlegte kulturelle Stummheit tiefer und länger und die Herrschaft eines männlichen, monologischen und homosozialen gesellschaftlichen Textes absolutistischer war als im übrigen Europa. Dieser Kontext führte zu einer historischen Verdichtung und Beschleunigung des Prozesses, der es Frauen ermöglichte, die Position sprechender und repräsentierender Subjekte einzunehmen (die Wege und gleichzeitigen Hindernisse dieses Verlernens, nicht zu sprechen, durchliefen in wenigen Jahrzehnten das, was in anderen Kulturen in Jahrhunderten gemessen wurde[5]), und hat in verschiedener Weise die literarische Produktion portugiesischer Frauen im Laufe jener Jahre und ihre Rezeption seitens der Kritik geprägt.

Die Identifizierung mit/als schreibende(n) Frauen wird dadurch erschwert, daß eine Tradition fehlt – ein Mangel, dem als mythisches Ursprungswort die zweifach angeeignete Stimme der portugiesischen Nonne eingeschrieben war (»Was für eine Metapher ist Mariana für uns, daß wir uns beinahe umbringen, um sie wegzulassen?« [*NCP*, S. 35]); und er stellt bis zum heutigen

Tag das Stigma einer Minderheit dar.[6] Die Notwendigkeit, eine andere Herkunft oder andere Schreibtraditionen zu suchen oder zu erfinden, wird daher entweder in das übersetzt, was Naomi Schor als eine *Intersextualität* im engeren Sinne bezeichnet, mit Neu-Akzentuierungen, Neu-Bewertungen oder ausgeprägteren unterschwelligen Unterbrechungen des fremden männlichen Wortes, oder in einem vertrauteren textlichen Dialog mit anderen Literaturtraditionen (der Prozentsatz zeitgenössischer portugiesischer Schriftstellerinnen mit einer akademischen Laufbahn im Bereich »Geisteswissenschaften«, und vor allem in fremden Literaturen, ist außergewöhnlich hoch, und sehr groß ist auch die Anzahl portugiesischer Schriftstellerinnen dieses Jahrhunderts, die sich dem Übersetzen widme(te)n).[7] Ihre doppelte Randstellung – als Frauen und als Portugiesinnen – und ihr problematischeres Verhältnis zur öffentlichen (geschlechtlich markierten) Sprache und zur Vergangenheit (dem, was ist und nicht war) hat so betont interstitielle und verstreute Ortsbestimmungen ermöglicht; diese lassen die Hypothese zu, daß die kulturelle Produktion der portugiesischen Frau in diesem Jahrhundert, der pilgernden Penelope, die die Klausur der ewigen »Erwartung ihres Lebens« (*NCP*, S. 100) zurückweist, sich im nationalen literarischen Diskurs durch ihre besondere Fähigkeit auszeichnet, die »fehlenden Winkel« – »nach und nach sehen« und sprechen und sprechen, »um zu sehen«[8] – zum Ausdruck zu bringen und die Stimme(n) des (der) anderen in unterschiedlichen Graden von Akzeptanz und Auseinandersetzung zu brechen oder, anders gesagt, ihren eigenen Blick und ihre eigene Stimme (als Frau und Portugiesin) zu finden und zu bestätigen, in einem Prozeß, der, wie Díaz-Diocaretz (1993, S. 124) treffend formuliert, »die Fremden, die wir in uns tragen und die in uns sprechen«, zu Wort kommen läßt.

Von der »Rolle der Gestützten« zur Frau, die »für sich selbst geboren werden« will[9]

Die Entstehung einer organisierten Frauenbewegung in Portugal im Kontext der vorrepublikanischen Krise um die Jahrhundertwende fällt mit der Zeit zusammen, in der eine beachtliche

Zahl von Frauen zum ersten Mal in unserer Geschichte schreibt und ihre Schriften veröffentlicht. Die Mehrzahl dieser Schriftstellerinnen teilt ihre Schreibtätigkeit in eine Intervention publizistischen und fordernden und/oder essayistischen und pädagogischen Charakters und eine *literarische* Produktion im engeren Sinne auf,[10] deren Eigenständigkeit und Originalität sie zu verteidigen sucht (manchmal explizit, wie z. B. gegen Beschuldigungen, nachgeahmt oder abgeschrieben zu haben)[11]. Das bedeutet nicht, daß alle diese Frauen feministischen Organisationen angehörten (die in engem Zusammenhang mit der Republikanischen Partei und den Freimaurern standen) oder gar daß sie sich mit dem freiheitlichen Geist der Arbeiterfrauen identifiziert hätten, die von den letzten Jahrzehnten des 19. Jahrhunderts an Teil der anarchistischen Bewegung oder der sozialistischen Gewerkschaften waren;[12] der – zu jener Zeit ausgesprochen heftige – weibliche Widerstand gegen die Frauenbewegung fand auch unter den Schriftstellerinnen ihren Widerhall. Es bedeutet jedoch, daß die literarische Praxis bürgerlicher Frauen dieser Epoche in einer für unsere Kulturgeschichte einmaligen Form von einem starken Bewußtsein der sozialen und kulturellen Exzentrizität der Portugiesinnen ihrer Zeit begleitet war; daß dieses Bewußtein damals durch das Schreiben zum ersten Mal Kontexte gesellschaftlicher Intervention fand und erschuf; und daß eine in der Situation der Frauen zentrierte Auseinandersetzung mit der Sozialpädagogik sich quer durch ihre Produktion zieht, unabhängig von unterschiedlichen ideologischen Ansätzen und dem strategischen Versuch, zwischen einer Praxis des Aufsatzes, der Abhandlung und des Vortrags als bevorzugten Mitteln zur pädagogischen Intervention und zur Behauptung als Bürgerinnen einerseits und einer literarischen Praxis als vollständiger kultureller Behauptung andererseits zu unterscheiden.[13]

Die Erziehung der Frauen (das Recht auf Bildung und auf eine Berufsausbildung und die Kritik an einer deformierenden Erziehung) wird zum »größten Problem« (Osório 1905, S. 45), das sie eint und das die anderen, im Journalismus, im Essayismus und in der Literatur jeweils bevorzugten Themen durchzieht; bei letzterer vor allem in Erzählung und Drama, im allgemeinen ostentativ an Frauen, Jugendliche und Kinder gerichtet,[14] aber besonders aufmerksam den Männern hinter der Tür gegenüber, die unbedingt gewonnen und überzeugt werden müssen. Die Betonung variiert, je nach der ideologischen Haltung und nach dem Ort und der Funktion, den sie für die Frauen im öffentlichen Raum fordern, aber als gemeinsame These kann gelten, daß das weibliche Ideal der Frau-Mutter eine Veränderung der Lage der Frauen durch Bildung und Beteiligung am öffentlichen Leben erfordert und daß diese Beteiligung für die Bildung der (neuen) Gesellschaft unabdinglich ist.

»Jede vollständige Seele muß zwei Geschlechter haben«, sagt in »A Engeitada« (Carvalho, [1877]; Die Verstoßene, S. 235) D. Luís zu Maria. Diese Bestätigung eines Ideals von Androgynität mag aus dem Munde einer Gestalt in der Novelle einer konservativen Intellektuellen wie Maria Amália Vaz de Carvalho (1847-1921) schockierend klingen. Diese Androgynität ist jedoch gleichbedeutend mit dem Ideal der Ehe, das im Paar D. Luís/Maria exemplarisch dargestellt ist,[15] wie es auch gleichbedeutend mit der Zukunft ist, die die Autorin sich für die portugiesische Gesellschaft wünscht: eine Zukunft, in der »der portugiesische Adel in D. Luís verkörpert sein könnte ... und das Volk ... in Maria, [in der] die beiden verfeindeten Rassen sich vereinten und umarmten« (ebda., S. 273). Das heißt, die notwendige Wiederherstellung der Einheit (der Seelen, der Familie und der Gesellschaft) ist, im Einklang mit dem traditionellen Modell des Androgynen in unserer Kultur, nichts anderes als das Ergebnis der Vereinnahmung und Unterwerfung des anderen (des Weiblichen, der Ehefrau, des Volkes) durch sein paternalistisch triumphierendes Gegenstück. Die Schwierigkeiten dieses Modells von Androgynität für die Schriftstellerin werden im Nachruf auf George Sand deutlich, den Vaz de Carvalho in denselben Band aufnimmt: Dort wird vermerkt, daß die »größte Frau dieses Jahrhunderts« im Leben letztlich eine Sünderin war (wenn auch »die glorreichste und sympathischste Sünderin«) und als Autorin »jenes hybride, seltsame, glorreiche, geschlechtslose Produkt« mit allen »leuchtenden Blitzen des Genies«, aber ohne die notwendige »ruhige Klarheit« (ebda., S. 312; 314). Die für Portugal erwünschte Schriftstellerin soll

»Frau« sein: weiblich und mütterlich wie sie (das ist ihr »Geschlecht«), wie sie erzogen zur »ruhigen Klarheit« (die den »Traum« kontrolliert, der den Frauen eigen ist, der den Funken von Leben und Gesellschaft überspringen läßt), und ihre Politik soll eine Politik (ein Vorbild) »des Einflusses« sein, der für das soziale Gleichgewicht und für die Kultur so wichtig ist. Ein Vorbild, dem Maria Amália Vaz de Carvalho ihr Leben weihte, indem sie versuchte, die Portugiesinnen ihrer Zeit zu Marias zu erziehen. Der Preis, den die Schriftstellerin dafür bezahlt, ist, daß das Genie (das männliche, das einzige, das wirklich androgyn sein kann) nicht blitzt, jenes Genie, das »die großen Frauen« wie Madame de Staël und George Sand »außerhalb der Bedingungen ihres Geschlechtes« stellte (Carvalho, 1909, S. 146), das sie aber im gleichen Zuge zu Sünderinnen machte, die aus der Gesellschaft herausfielen.

Für Ana de Castro Osório (1872-1935) sind diese »Bedingungen«, die die Frau an »ihr Geschlecht« fesseln, genau das, was verändert werden muß, damit »die *Phänomene*, die *weiblichen Monster*« (Osório, 1905, S. 18) aufhören und *alle* Frauen zum Status vollkommener Gleichheit gelangen. Für sie beinhaltet diese Veränderung zugleich eine »Neue Welt« (übrigens der Titel eines ihrer Romane), und der Weg zu dieser Welt ist der Weg der Aufklärung, der Weg des Feminismus und der Republik. Im Rahmen der radikalen Forderung nach dem Ende »aller Vorherrschaft und aller Privilegien, sowohl der Rasse als auch der Klasse und des Geschlechts« (ebda., S. 40) wird die Rolle der portugiesischen Frau als »der ewig *Gestützten*«, der »ewig Minderjährigen« (Osório, 1908, S. 15), als »Eindringling in ihrem eigenen Land« verurteilt, die Rolle derjenigen, die durch die Ehe, die »eher Vergewaltigung und Entführung genannt werden sollte« (ebda., S. 26) endgültig in ein »*Ding*« (1905, S. 23) verwandelt wird. In der Überzeugung, daß »ein Buch, und noch mehr ein Flugblatt, wie eine aus der Kanone abgeschossene Granate ist« (1908, S. 6), greift Ana Osório in der Anklage gegen die Gesellschaft ihrer Zeit und in Verteidigung ihrer Ideale militant zur Feder. So wie die Republikanerin Mary Wollstonecraft im revolutionären Kontext am Ende des 18. Jahrhunderts gründet sie eine egalitäre und auf einem Vertrag beruhende Familie, die vom Platz der Frau aus gefordert wird (das heißt, vom Platz der Ehefrau, der Mutter, der Tochter, der Schwester, der ganz gewöhnlichen Frau, und nicht vom Platz des Sohnes oder des bürgerlichen Kapitalisten aus), als Prototyp der demokratischen Gesellschaft; davon ausgehend, verteidigt sie den unvermeidlich politischen Charakter der Organisation des Privaten; sie fordert eine Umwälzung der weiblichen Erziehung und kritisiert scharf die »wehleidigen, nutzlosen« Frauen, die die bürgerliche Erziehung ihrer Zeit (und die »Knechtschaft der Püppchen, diese wahrhaftige moralische Falle« [1908, S. 17]) weiterhin hervorbringt; sie klagt die vom Zivilrecht geheiligte Doppelmoral an; sie verteidigt einen Feminismus »der Gleichheit«, der sich nicht auf die Bestätigung eines positiven Diskurses von Weiblichkeit stützt, sondern auf die Ent-Sexualisierung der Vernunft und auf eine vollständige, allgemeine Beteiligung am öffentlichen Leben. Osório verdanken wir die ersten Entwürfe »neuer Frauen« (*new women*) in der portugiesischen Literatur: Frederica aus »Um passo em falso« (Ein Fehltritt), »eine echte Frau der Tat und der Arbeit«, »frei, weil sie keine Verpflichtungen hat außer sich [selbst] gegenüber« (1925, S. 210), die, ausgesprochen realistisch, im Lissabon jener Zeit keinen Partner findet, der ihr das Wasser reichen könnte; oder Leonor aus *Mundo Novo* (1927; Neue Welt), die mit Bernardo die Stadt Nova Esperança im Inneren Brasiliens gründet.

Aber die »neue Frau« ist die *Möglichkeit*, nach der eine neue Welt verlangt, die jedoch nur von einer neuen Welt eröffnet werden kann – und die Welt bleibt alt, sie reproduziert jene »nutzlosen Püppchen und abgestumpften Dienerinnen« (wie noch 1928 Elina Guimarães in der Eröffnungsrede zum 2. Portugiesischen Feministischen Kongreß beklagte), die das männliche Schreiben »seit Jahrhunderten in die geschwätzige Rolle der Göttin des Heims, Wolke, Engel oder Teufel« drängt (Osório, 1905, S. 58). Der Imperativ scheint zu jener Zeit, in jenen drängenden Jahren der Hoffnung und wachsenden Enttäuschung,[16] zu lauten: weniger »sprechen, um zu sehen« als vielmehr sprechen, um das (persönliche und familiäre) soziale Elend *zu zeigen*, das die »Püppchen« und die »Dienerinnen« hervorbringt, oder beginnen, von den dezentralisierten Leben zu berichten, von »müder Herzensangst« (Lisboa, 1995, S. 189), von denjenigen, die, weder Püppchen noch Dienerinnen, wie Margarida aus »Isolada« (Osório, 1925; Einsam) »allein die Phantasie ... noch aufrechterhielt« (Lisboa, 1976, S. 35). Der Imperativ und das *Mögliche*: das entstehende Bewußtsein des »für sich selbst Geborenwerdens« hat noch nicht den Platz und die Erinnerung des Seins – des Schreibens –, das es der Frau, der Dichterin ermöglicht, »[ihrem] Leben, das zerbricht, verdirbt, sich verbraucht und auflöst«, die »nahtlose Tunika zu entreißen«, die nach Sophias Worten (»Arte Poética II« [1967]; Dichtkunst II; Andresen, 1992: II 95) die *poiesis* erfordert.[17]

Poetik »unzukünftiger Frauen« I: »Ich bin die kahle Heide, die erblüht!«[18]

»Und daß es weder neue Gesten noch neue Worte gibt!« (Espanca, 1981, S. 60). Dies ist der Schrei von Florbela Espanca (1894-1930) in ihrer letzten Tagebucheintragung (2.12.1930), der ersten portugiesischen Dichterin, die eine feministische Poetik anstrebte,[19] die versuchte, ihre schwierige Identität als Frau und Dichterin zu artikulieren, in einer Zeit, in der die beliebteste »weibliche« Schreibweise eine Poesie »saftloser Banalität« war (Ferreira, 1978, S. 18), in der die »Dichterinnen aus Instinkt, ohne Lehrmeister, ohne Schule, ohne Methode, ohne Richtung« nur »singen, träumen und weinen konnten und niemals Verse machen« (Espanca, [1916] 1986a, S. 173), und dies genau in dem Augenblick, in dem der Modernismus der männlichen Dichter (denn diese »machten Verse«) »die Gestalt der Frau« zum »bevorzugten Ort verschiedener symbolischer Textoperationen« (Sapega, 1993, S. 77) erwählte. Wer also sein, welche Maske, welche Kleidung tragen;[20] wie es sagen, welches Wort, welche Geste, welchen Vers wählen? Anfangs experimentiert Florbela, indem sie Antos Gewand (Anspielung auf den Dichter António Nobre, 1867-1900 – Anm. d. Hg.) in neo-romantischem, mit Motiven der Dekadenz verziertem Tuch, auf weibliche Maße zuschneidet, zur Tracht für »Schwester Sehnsucht«, zu einem Umhang für den *poète maudit* als Frau. Sie wendet jenem ererbten Paradigma den Rücken zu, offenbar unsensibel für die Alternative ihrer Epoche, die, wie Natália Correia hervorgehoben hat, als »durch die Krisen des männlichen … Diskurses verursachter Bruch« nicht mehr war als ein »Vortäuschen von Unterschieden, die den Kern des Gleichen umschlossen« (Espanca, 1981, S. 10).

Zwischen den Extremen der narzißtischen Bestätigung und der Entpersonalisierung einer in multiple *personae* aufgesplitterten *Person* findet ihre politische und poetische Revolte zuletzt das eine Wort, neu und gerecht in der Bestätigung des Rechts auf das unschuldige und sündenfreie Verlangen und die Lust, in einem Körper und durch den Körper einer Frau zu leben. In den Sonetten von *Charneca em Flor* (1931) ist, zum ersten Mal in der portugiesischen Poesie durch die Stimme einer Frau, eine radikal hedonistische Erotik zu vernehmen. Als »weiblichen Donjuanismus« würden sie diejenigen klassifizieren, die nur eine adjektivierte Männlichkeit begreifen[21] – in einer Geste, die wie die Verkehrung (Objektivierung) Florbelas zur Dichtermuse oder ihre Mythifizierung zur Erdgöttin eine Form ist, das Geschrei der Furien zum Schweigen zu bringen[22] und der Stimme einer Dichterin die volle poetische Anerkennung zu verweigern.

Im Reich des Diktators I: Die Chronistinnen

Die Ersetzung des Konzepts einer republikanischen rationalen Gemeinschaft durch das Konzept der *nação-família* in einer Art Nebeneinanderstellung von Öffentlichem und Privatem und das Lob der »Weiblichkeit und ihrer Eigenschaften … so weit, daß sie zum Regierungsmodell des Staates wurden«, führte, wie Maria Belo u. a. argumentierten (1987, S. 270-275), zu einer »komplizenhaften Identifikation« einer Gruppe gebildeter Portugiesinnen mit dem Befehlshaber und mit dem Regime, das ihnen nach der Unsichtbarkeit, zu denen die Republik sie verdammt hatte, eine geschätzte »geistige Mutterschaft … angesichts der Männer und der Nation« bot.[23] In gewisser Weise war es, als fände der »androgyne Vater«, von dem Vaz de Carvalho geträumt hatte, seine Verwirklichung in der bäuerlichen, gezähmten *nação-família* von Salazars Estado Novo. Aber die weiterhin bestehende Notwendigkeit, die Frauen zu der Weiblichkeit zu erziehen, die die neu-alten Rollen verlangten (und die zum Beispiel in einem ungeheuren Aufschwung an Benimm-Handbüchern und anderer lehrreicher und apologetischer Literatur zu den »weiblichen« Tugenden zum Ausdruck kam), deutet auf hartnäckigen Widerstand hin, der übrigens ständig, manchmal unterschwellig, in vielen »Frauen«zeitschriften deutlich wurde.[24]

Fest steht, daß der Optimismus einer Fernanda de Castro (1900-1994) von vielen anderen Schriftstellerinnen, die manchmal aus den Reihen des konservativen Feminismus der Republik kamen, in Poesie und Belletristik geteilt wurde; der enttäuschte, bittere Pessimismus jedoch, der sich in den letzten Jahren der Ersten Republik in den Texten der Frauen abzuzeichnen begann, setzt sich zum Beispiel im Widerstand von Maria Archer (1899-1982) mit ihren unnachahmlichen Schilderungen des Bürgertums ihrer Zeit und der Anklage gegen den Status bürgerlicher Unmündigkeit der portugiesischen Frau fort; in der Fiktion von Judite Navarro (geb. 1910) mit ihrem Beharren auf dem Drang der Frauen nach Unabhängigkeit und ihrem Mitgefühl mit den einfachen Menschen; im Schreiben und immer militanten, pädagogischen und solidarischen Handeln von Maria Lamas (1893-1983), der wir *A Mulher no Mundo* (1952; Die Frau in der Welt) und vor allem das großartige soziologische Porträt *Mulheres do Meu País* (1948; Frauen meines Landes) verdanken; in den Aktivitäten von Manuela Porto (1908-1950), einer Vortragskünstlerin, Übersetzerin und Essayistin, die den anderen das fremde, freie Wort zutrug und uns das ihre in ihrer Literatur hinterließ. Dieses Gewebe aus Erzählungen, Chroniken, Fragmenten und Bildern bildet auch den Hintergrund, vor dem Irene Lisboa schreibt.

Poetik »unzukünftiger Frauen« II: »Die blühenden Orangenbäume!/Die portugiesische Erde!/.../Und warum nicht eher die Kartoffel- oder Bohnenfelder?«[25]

Zwischen 1926, dem Jahr, in dem die Erste Republik zu Grabe getragen wird und in dem sie ihr erstes Buch veröffentlicht, und

1958, ihrem Todesjahr und dem Jahr der »Delgado-Erschütterung«, die den Anfang vom Ende des Salazarismus bezeichnet, erstreckt sich der literarische Weg von Irene Lisboa (1892-1958), Dichterin der »beschränkten Leben« des »gewöhnlichen Daseins« jener Zeiten, die sich bedachte und im Schreiben dachte, der vom Unterricht ausgeschlossenen modernen Pädagogin, der von »ihren Leuten« ignorierten Schriftstellerin.[26] »Wenn ich könnte, ich würde die Wörter verwandeln / in Schlagwaffen. / Hart würde ich schreiben. // ... Ich möchte mit Wörtern werfen. / ... Ich möchte, im Gegensatz zur Kühnheit des Spiels des / Steinwurfs, des Angriffs auf die sicheren, verweigerten Dinge ... / Ich möchte schreiben wie ein Wasserrinnsal / Ein Rinnsal, das nichts durchschneidet / Fein und farblos, zaghaft.« (»Escrever«[1936], 1991; Schreiben, S. 300). Zwischen dem »Steinwurf« und dem »Wasserrinnsal«, zwischen »den Gründen« und der »Fiktion« (»outro dia«; Ein anderer Tag, ebda., S. 182), zwischen der Poesie und der Prosa (»Was Euch als Vers erscheint, nennt Vers, / und den Rest nennt Prosa«, *incipit* von *Outono havias de vir* [1937]; Herbst, du mußtest kommen), zwischen Innerlichkeit und Äußerlichkeit[27] schafft Irene Lisboa ihre »arme Ästhetik der Reinlichkeit der Sprache« (»outro dia«, ebda., S. 182) – eine radikal marginale Dichtung, um die Verwirrung und Beunruhigung der Welt auszusprechen und sich in ihr auszusprechen.[28] Der fragmentarische, scheinbar unbeendete Charakter ihrer Textproduktion (in der Poesie, der Chronik, dem Tagebuch, der Fiktion), der Intimismus und die antiheroische Sicht der Eintönigkeit von Leben, die aus »kleinen Nichtigkeiten« bestehen, von denen aus das Dasein erdacht wird, die Befremdung angesichts des Kanons sind Spuren, die in ihrem Schreiben in der Erfahrung eines Körpers, eines Verlangens und des eingeschränkten Lebens einer Frau ohne »Sehnsucht nach irgend etwas, nach keiner Zeit und keinem Ort« zum Ausdruck kommen, die darauf bedacht ist, »nur zu leben, noch« (1966, S. 14). Und es sind andere Frauen, die in der portugiesischen Literatur direkter ihr Erbe antreten: in erster Linie Luísa Dacosta (geb. 1927) und Maria Ondina Braga (geb. 1932); aber auch Graça Pina de Morais (1927-1992), Natália Nunes (geb. 1921) und Fernanda Botelho (geb. 1926).

Im Reich des Diktators II: Die Sibyllen

Anders – und deutlicher hörbar – war die Poetik der »hyperbolischen Befreiung«, der »Rache der weiblichen Magie an der männlichen« (Lourenço, 1993, S. 191), der fabelhaften Archaik der *Sibila* (1953; dt. *Die Sibylle*). In der literarischen Welt von Agustina Bessa-Luís (geb. 1922) liefert die archaische »frühere anonyme Zeit«, in der »die Zeit der anderen« und »ihre eigene Zeit« sich vereinen (ebda., S. 163), die Geheimnisse, die die »eigenständige, ungeordnete und innerlich gewisse [Beschwörung] ... einer schlafwandelnden, aber von der Gegenwart träumenden Welt« zulassen, nicht zu unterscheiden von der »befehlenden, stürmischen, ... ätzenden und lyrischen« Stimme, die sie einberuft und erfindet (ebda., S. 158). Die radikale textliche Eigenständigkeit dieser Romanwelt, in der eine »Frauen-Sprache« sich »an einem männlichen Horizont aus Fabel und Sarkasmus« (ebda., S. 190-191) allwissend und autoritär durchsetzt, sollte (weil im neo-realistischen Kanon deutlicher zu hören und zu sehen?) für Eduardo Lourenço (ebda., S. 158) den Beginn einer neuen kulturellen und literarischen Epoche in Portugal bedeuten.

In derselben Epoche, einer »Zeit / Des finstersten Urwalds« (»Este é o Tempo« ([1958], 1992; Dies ist die Zeit, I S. 306) sind für Sophia de Mello Breyner Andresen (geb. 1919) die Sibyllen andere: diejenigen, die die Aufgabe haben, »Den monströsen Tau / Der inneren Nächte herauszubringen, den Schweiß / Der in sich selbst verankerten Mächte / Wenn die Worte an die Wände schlagen / In großen blinden Flügen gefangener Vögel / Und schrill klingt der Schrecken darüber, die Flügel zu haben / Wie eine Uhr im Leeren« (»Sibilas« ([1950], 1992; Sibyllen, I S. 184). In ihrer geläuterten poetischen Welt ist auch das Wort, das die Dichterin sucht, ein magisches Wort (»Wörter, die ich ihrer Literatur entkleidet habe / Um ihnen ihre primitive, reine Form / Von Zauberformeln zu geben« (»O Jardim e a Noite« [1944], 1992; Der Garten und die Nacht, I S. 21)), von einem Zauber, der es ihr ermöglicht, »dieses immanente Gedicht zu schreiben, ... wesensgleich mit dem Universum, ... Atmung der Dinge« (»Arte Poética V« ([1989], 1992; Dichtkunst V, II S. 349). Die Benennung und Entdeckung, die im Gedicht konkretisiert werden, sind die »meiner Erklärung mit dem Universum, mein Umgang mit den Dingen, meine Teilnahme an der Realität, meine Begegnung mit den Stimmen und Bildern« (»Arte Poética II« [1967], 1992 I S. 95), was »eine dichte und kompakte Hartnäckigkeit ohne Ruhe« verlangt (ebda.) und einen Blick, der auf den Dingen ruht: »Verse machen heißt aufmerksam sein, der Dichter ist ein Zuhörer« (»Arte Poética IV« [1972], 1992 II S. 166). Es ist der Orphismus, den Sophia, Dichterin[29] ihrer Zeit, neu betrachtet, einer Zeit, in der die Ganzheitlichkeit, die Harmonie und die Gerechtigkeit des klassischen Ideals verlorengegangen sind: »Ich weiß, daß es möglich wäre, die richtige Form / Einer menschlichen Stadt zu gründen, die / Der Vollkommenheit des Universums treu wäre // Darum beginne ich unaufhaltsam von der leeren Seite an / Und das ist meine Pflicht als Dichterin bei der Wiedererschaffung der Welt« (»A forma justa« [1977], 1992; Die richtige Form, II S. 238). Von ihrem Vaterland kann sie nur sagen: »Mich schmerzt der Mond mir schluchzt das Meer / Und das Exil meldet sich zur rechten Zeit an« (»Pátria« [1962], 1992; Vaterland, I S. 379).

»Sie ist rückfällig und eine Zauberin / Sie ist verworfen und eine Ketzerin/ Sie ist ein Fall für den Scheiterhaufen / Wenn es einen Gott gibt, der uns beschützt.« Dies ist das Urteil, das in derselben Stadt (der Lusitânia) die Richter über die Zauberin Cotovia (»die Lerche«) fällen, »Die sagt, daß das Schweigen, das nur sie spricht / Auf einer Leier einst die Sprache eines Volkes war / Von Göttern, die sprechen, wenn sie schweigt / Und in der Poesie von neuem anhebt.« (»Communicação« [1959], Correia Mitteilung, 1993 I S. 274; 235). Das ist es, was Natália Correia (1923-1993) erzählt, die Dichterin, die »auf den Aussichtspunkt des Geistes [stieg], von wo sie ... zuletzt die Zukunft, Verursacherin des Anfangs erblickt« (ebda., IV), und sie selbst, die Zauberin Cotovia, diejenige, von der der Inquisitor verlangte »Gib zu, daß du die Sibylle bist / Mit dem Nachtigallenschnabel« (ebda., I S. 238); Sängerin des Mutterlands, wie man sagen sollte, damit es möglich wäre, Bruderland zu sagen,[30] aufsässige Frau, heterodoxe Intellektuelle, kämpferische Bürgerin, facettenreiche Dichterin, sie ist die lebendigste und beunruhigendste Einzelstimme der letzten vier Jahrzehnte der portugiesischen Kultur »zwischen Lachen und Leiden« (ebda., II S. 11) – immer.

Florbela: »Ich bin ausgezogen, Indien zu entdecken und bin nie zurückgekehrt! Ich war jenes Schiff, das nie zurückkam …«
Maina: »Wir müssen nach Indien gehen, Hortelinda, ich mache mit dir das Essen, und du machst mit mir das Kämpfen.«[31]
Von den fünfziger Jahren an, aber vor allem im darauffolgenden Jahrzehnt geschah das, was als »das wichtigste kulturelle Phänomen der letzten Jahrzehnte« betrachtet worden ist; der fortschreitende »literarische Einfluß« von Frauen (Lourenço, 1993, S. 278), der entscheidende Beitrag einer großen Anzahl von Dichterinnen und Prosaschriftstellerinnen zur »neuen Literatur« Portugals, die sich in der Endphase der Krise des Regimes durchsetzt.[32] Ein langes Kapitel, das der Ergreifung des Wortes, nähert sich seinem Ende.[33]

Man kann sagen, daß die Frauen begannen, über eine »Tradition« des Schreibens und der Entschreibung zu verfügen, in der sie sich betrachten konnten, und daß der Platz in den Zwischenzeiten und Zwischenräumen (eher als am Rande), den die intellektuellen Portugiesinnen in der Gesellschaft und in der Literatur einzunehmen begannen, sie besonders dazu befähigte, den »Geist der Zeit«, den Eduardo Lourenço die »Ent-Lesung« der portugiesischen Selbstisolation nannte, die Beschreibung dieses »unseres großen uns selbst Fehlens« (1993, S. 257), zu erfassen und zum Ausdruck zu bringen. In den »leeren Schränken« der »gesparten Wörter«[34] von Maria Judite de Carvalho (geb. 1921), in der aufgebrochenen Linearität der vielfachen Perspektive von Fernanda Botelho (geb. 1926), in der vermittelnden Luzidität der neuen Innerlichkeit von Natália Nunes (geb. 1921), in der mißtönenden und radikal experimentellen Rhetorik der »Neoprosa« (*O Mestre* [1963; Der Meister]) von Ana Hatherly (geb. 1929), im kalten Deskriptivismus der Geschichten ohne Geschichte von Isabel de Nóbrega (geb. 1925), in der ätzenden, trockenen Logik von Maria Isabel Barreno (geb. 1938) erscheint also ein neuer, unversöhnlicher und antisentimentaler Blick, der dem männlichen Blick fremd ist und der in neuen Textualisierungen von strenger Genauigkeit die traurigen, ausgepumpten oder hohlen Kreaturen der bürgerlichen Gesellschaft im klaustrophobischen Portugal am Ende einer Epoche erkennen läßt. Dieser neuen Prosa entspricht in der Poesie – obwohl die Worte Irene Lisboas immer mehr Sinn bekommen: »Was Euch als Vers erscheint, nennt Vers / und den Rest nennt Prosa« – das »kurzsichtige, erschöpfte« Bewußtsein von Fernanda Botelho, die vielfältige Experimentierfreudigkeit von Ana Hatherly und Salette Tavares (1922-1994), die trockene Präzision des reinen Lyrismus von Fiama Hasse Pais Brandão (geb. 1938), das raumzersetzende und zeitvermengende »Lob des Minimums« der Poetik von Luiza Neto Jorge (1939-1989).

»Anders begreife ich mich und nur von der Kehrseite / Das Format Frau paßt sich mir an«;[35] ein verkehrtes Format, da das »triumphierende Patriarchat ... sich [der Frau] bemächtigt hat wie einer plastischen Materie, der der Mann die Form seiner Seele verleiht« (Correia, 1973, S. 13). Der Körper, der politische Ort der ersten Befreiung, das Verlangen und die Lust der Frauen, die endlich ausgesprochen und erfunden werden, brechen das lusitanische erotische Universum auf und stellen seine heuchlerische Moral und seinen althergebrachten Sexismus bloß: Natália Correia, Maria Teresa Horta (geb. 1937).[36]

Und *Maina Mendes* (1969) von Maria Velho da Costa (geb. 1938): diese »verspätete und edle Rache jener Heldin, anonym und eponymisch unter all den anderen unserer Literatur, *die aus dem Haus ihrer Eltern gebracht wurde, ohne den Grund zu kennen, warum man sie fortführte*« (Lourenço, 1993, S. 194), in der mythischen Geschichte einer Stummheit und des Versprechens einer Frauenstimme, die die einsame Stimme der Dienerin Hortelinda und Herrin Maina ist, Schwestern in der Sklaverei, Schwestern in der Freiheit.

»Oder wie Maina Mendes beide Hände auf den Körper legte und den übrigen legitimen Oberen einen Tritt in den Hintern versetzte.«[37]

Novas Cartas Portuguesas, 1972: Das gemeinsame Schreiben dreier Frauen – Maria Isabel Barreno, Maria Teresa Horta und Maria Velho da Costa –, die in einem vielstimmigen Chor vom Exil, von der Entfremdung des Körpers und der Abgeschiedenheit, eine Frau in Portugal zu sein, sprechen, die das Schreiben und das Lesen überdenken, die die Poetik und die Politik in einem experimentellen, theoretisch-kritisch-literarischen Dokument des Umbruchs neu sehen, für das zur damaligen Zeit sogar in einem internationalen Kontext ein Vokabular und eine kritische Theorie fehlten, wie Linda Kauffman (1986, S. 280) unterstrich. »Wenn die Frau sich gegen den Mann auflehnt, bleibt nichts heil« (*NCP*, S. 175) – »das wird die Vorahnung gewesen sein, die die drei Autorinnen ... auf die Gerichtsbank brachte«, bestätigt Maria de Lurdes Pintasilgo in ihrem bemerkenswerten Aufsatz, der der letzten Auflage des Buches als Vorwort vorangestellt ist (1979, S. 7); es wird diese Vorahnung gewesen sein, die diesen in seinem eigenen Land exilierten Text heute wie damals zum Schweigen bringt.[38]

*»Dies ist das Morgengrauen, das ich erwartet habe/
Der erste Tag, ganz und rein«*

»Die Leute haben gelernt, Dinge zu tun und zu sagen. Wenn dem nicht so wäre, wüßten sie in ihrem Inneren nicht, was die Dinge wert sind und wohin sie gehören, und ich denke, das wird auf immer und ewig im Gedächtnis des Volkes als das Wichtigste bleiben, was passiert ist, selbst wenn es verlorenging, bevor es wiedererobert wurde«[39]

Eduardo Lourenço hat in seinem wichtigen Aufsatz »Literatura e Revolução« (Literatur und Revolution) geschrieben, »das wahre *Schreiben*« der Revolutionszeit habe nicht »von den Generationen der Fünfzig- bis Sechzigjährigen – und auch der Vierzigjährigen« kommen können, die sie nur »mit den Augen der

Vergangenheit oder von Vergangenheit überschwemmt« erleben konnten, trotz der »anderen Erinnerung an uns selbst«, »in der Gegenwart wie in der Vergangenheit«, sondern die Revolution habe uns erfunden (Lourenço, 1993, S. 298; 300). Im Falle der Schriftstellerinnen glaube ich jedoch, daß im wesentlichen die Kontinuität der ihnen eigenen Vision mindestens in gleichem Maße auf die besondere Erinnerung der Zukunft, die ihnen schon den Blick »überschwemmte«, zurückzuführen ist – eine Erinnerung, die im besonderen Habitus derer wurzelt, die ihre Teilnahme an einer Kultur und einem Alltag, die dem Weiblichen und dem Männlichen ungleiche und hierarchisierende Positionen zuschreiben, neu schreibt und die darum »eine wenig universale Berufung« besitzt (Dionísio, 1988, S. 84). Deshalb werden die Stimmen von Maria Velho da Costa, Maria Gabriela Llansol (geb. 1931), Maria Ondina Braga (geb. 1932) und Maria Isabel Barreno so neu geklungen haben oder als neu wiederentdeckt worden sein – trotz des (verräterischen) Schweigens, das sich über *A morte da mãe* (1979; Der Tod der Mutter), ihren wunderbaren »Versuch, Weg und Geleit zu finden«, senkte.

Vielleicht erklärt das auch das Fehlen eines Grundes für den Schrecken darüber, daß »die Geschichte« – der 25. April, der Kolonialkrieg – mit einem Mal in das Schreiben der portugiesischen Schriftstellerinnen, von der ältesten bis zur jüngsten Generation, als untrennbarer Teil des Lebens ihrer Protagonistinnen eindrang – Agustina Bessa Luís (*As Pessoas Felizes* [1975; Die glücklichen Leute]), Lídia Jorge (*O Dia dos Prodígios* [1980; dt. *Der Tag der Wunder*], *Notícia da Cidade Silvestre* [1984; dt. *Nachrichten von der anderen Seite der Straße*], *A Costa dos Murmúrios* [1988; dt. *Die Küste des Raunens*]), Wanda Ramos (*Percursos (Do Luachimo ao Luena)* [1981; Wege vom Luachimo zum Luena]), Joana Ruas (*Corpo Colonial* [1981; Kolonialkorps]), Teolinda Gersão (*Paisagem com Mulher e Mar ao Fundo* [1982; dt. *Landschaft mit Frau und Meer im Hintergrund*]), Maria Velho da Costa (*Lúcialima* 1983), Olga Gonçalves (*Ora Esguardae* [1892; Also aufgepaßt]), Luísa Costa Gomes (*O Pequeno Mundo* [1988; Die kleine Welt]). Oder daß Eduarda Dionísio die scharfsichtigste und leidenschaftlichste Chronik der Veränderung, der Widersprüche und der Enttäuschungen einer Revolution, die verloren war, bevor sie wiedererobert wurde, zu verdanken ist (*Retrato dum amigo enquanto falo* [1979; Bildnis eines Freundes, während ich spreche]; *Histórias, Memórias, Imagens e Mitos duma Geração Curiosa* [1981; Geschichten, Erinnerungen, Bilder und Mythen einer neugierigen Generation]; *Pouco Tempo Depois (as Tentações)* [1984; Kurz darauf (die Versuchungen)]; *Alguns Lugares Muito Comuns (Diário de uns quantos dias que não abalaram o mundo)* [1987; Einige sehr allgemeine Plätze – Tagebuch einiger Tage, die die Welt nicht erschütterten]).

Die Geschichte der Gegenwart ist eingetreten und in der »Wartezeit« einer unbefriedigten Gegenwart auch ihre »Verteilung zwischen dem bereits Gewesenen und dem Künftigen« (Magalhães, 1987, S. 506; 502), da »der neue Ort im Streupunkt liegt« (Llansol, 1987, S. 39).[40]

Portugiesische Schriftstellerinnen nach dem 25. April: In diesem Zeitraum hieße der Versuch zu sagen, »wer«, »was« und »wie«, auf noch brutalere Weise Stimmen zum Schweigen zu bringen und zu verstümmeln, sogar innerhalb eines Horizonts, der durch die Grenzen meiner Lokalisierung eingeschränkt ist. Wenn seit Anbeginn der Zeiten »ein Mann mal zwei eine Frau ist«, so ist heute in der portugiesischen Literatur endlich »ein Schriftsteller mal zwei eine Schriftstellerin«. Ich kann nur zur Lektüre anderer Routen einladen, von den Reisenden, die sich mit den unterschiedlichen Formen der zeitgenössischen portugiesischen Dichterinnen, »eine andere zu sein«, beschäftigen (Santos/Amaral, 1993, S. 38), von den Reisenden, die weiter gegangen sind als ich in dieser kurzen Rekonstruktion einer Tradition der Entschreibung.[41]

Ich habe sie aus der Überzeugung heraus verfaßt, daß es politisch und poetisch wichtig ist, uns in unseren Müttern und Schwestern, so viele von ihnen noch stumm, und in ihren Geschichten und Texten zu lesen; und daß es notwendig ist, es zu tun, alle zusammen »bilden [wir] ... eine Runde des Lachens« (*NCP*, S. 384).

Aus dem Portugiesischen von Kirsten Brandt

Anmerkungen

* Ich danke Elfriede Engelmayer, die am Anfang dieses Textes stand, für ihre kritische Aufmerksamkeit und Schwesterlichkeit. Maria Irene Ramalho de Sousa Santos danke ich für die Großzügigkeit, mit der sie mich Einblick in ihre Manuskripte (Santos/Amaral 1996, Santos 1997) nehmen ließ, und für die geistige Anregung durch ihr Wissen und ihre Freundschaft.

1 Anna Klobucka (1993, S. 61) verwendet den Begriff *pilgernde Penelope* für die Dichterin/Penelope der »Cíclades« (Zykladen) von Sophia de Mello Breyner Andresen (*O Nome das Coisas* 1977; Der Name der Dinge); das folgende Zitat stammt aus den *Novas Cartas Portuguesas* (1972; dt. *Neue portugiesische Briefe*, Barreno et al., 132), die in Folge mit *NCP* abgekürzt werden. Die deutsche Übersetzung der *NCP* von Ludwig Graf von Schönfeldt wurde 1996 mit einem Nachwort von Elfriede Engelmayer bei edition tranvia, Berlin, neu aufgelegt.

2 Das bedeutet, daß wenig mehr als 400.000 Frauen lesen konnten, und die Mehrzahl dieser Frauen lebte in Lissabon oder Porto (der Prozentsatz der Frauen am Analphabetismus sank in Lissabon auf 51,1 % und in Porto auf 64,7 %); 1930 waren noch 70 % der portugiesischen Frauen Analphabetinnen (45,4 % in Lissabon, 54,3 % in Porto), und 1960 konnten 36,7 % weder lesen noch schreiben. Die Volkszählung von 1991 registriert 12,7 % Analphabeten, davon 3/5 Frauen (mehr als 900.000); aber betrachtet man die Gruppe der 20-29jährigen, stellt man fest, daß Anfang der neunziger Jahre mehr Frauen als Männer niedere, mittlere und höhere akademische Qualifikationen besitzen (auf der höchsten Ebene sind es fast doppelt so viele Frauen wie Männer: 40.000 zu 25.000). Es ist jedoch festzustellen, daß sich dieser Wechsel im Bereich der sozialen Praktiken und Repräsentationen sehr viel langsamer vollzogen hat und daß »weiterhin zwischen dem, was sich für Männer oder Frauen schickt, dem, was einer Frau gut oder schlecht ansteht, den Verhaltensweisen, die vom einen und vom anderen Geschlecht erwartet werden, unerklärliche Unterscheidungen bestehen« (Costa, 1991, S. 133).

3 Die Streichung dieser »lächerlichen« Regelung (wie sie genannt wurde) aus dem portugiesischen Bürgerlichen Gesetzbuch von 1867 (Art. 187) war einer der Anträge, den 1910 die Liga Republicana das Mulheres Portuguesas (Republikanische Liga Portugiesischer Frauen) in ihrer »Representação entregue ao Governo Provisório da República« (Vorschlag, der provisorischen Regierung der Republik vorgelegt) einreichte.

4 Zur wachsenden Beteiligung von Frauen an der Presse des 18. Jahrhunderts, als Mitarbeiterinnen oder Herausgeberinnen, vgl. die Studien von Ivone Leal, bes. Leal 1992. Von ihrer mehr oder weniger regelmäßigen Mitarbeit an Zeitungen und Zeitschriften einmal abgesehen, publizierten

im 19. Jahrhundert selbständig unter anderem Antónia Gertrudes Pusich (1805-1883), Dichterin, Eigentümerin und Direktorin von *A Assembleia Literária* (1849-51; Die literarische Versammlung), »eine Zeitschrift, die der Bildung des weiblichen Geschlechts gewidmet ist«, und anderer kurzlebiger Zeitschriften; Ana Augusta Plácido (1831-1895), die Dichterinnen Mariana Angélica de Andrade (1840-1882) und Amélia Janny (1841-1914), Guiomar Torresão (1844-1898), die erste portugiesische Frau, die, wenn auch mit Mühe, von ihrem Beruf als Schriftstellerin und Journalistin leben konnte, Begründerin des *Almanaque das Senhoras* (1871; Damen-Almanach) und Direktorin und Mitarbeiterin verschiedener anderer Zeitschriften, und Angelina Vidal (1835-1917), glühende Propagandistin republikanischer und sozialistischer Ideen, Publizistin und Pamphlet-Dichterin, Dramatikerin und Romanschriftstellerin (zur schriftlichen Produktion der letzten beiden Autorinnen vgl. Dacosta, 1973, S. 534-541).

5 So findet zum Beispiel die historische Entwicklung, die Elaine Showalter (*A Literature of Their Own* 1977) in der englischen Literatur von einer »femininen« (*feminine*) Textualisierung über ein »feministisches« (*feminist*) bis hin zu einem »weiblichen« (*female*) Stadium feststellte, in Portugal keine Parallele, obwohl sich vergleichbare Dominanten in den Textpraktiken und -strategien entdecken lassen, die die Portugiesinnen individuell zu jeder Zeit anwendeten, um ihre eigene Poetik zu verschlüsseln. Vgl. die »drei Verhaltensweisen«, die Maria Irene Ramalho de Sousa Santos und Ana Luísa Amaral (Santos/Amaral, 1996, S. 29 ff.) im Schreiben zeitgenössischer portugiesischer Dichterinnen identifiziert haben.

6 Das von Virginia Woolf so formulierte Dilemma: »entweder ist man eine erstklassige(r) Schriftsteller(in) und eine zweitklassige Frau, oder man ist zweitklassige(r) Schriftsteller(in) und erstklassige Frau« hat sich besonders in Portugal gehalten und ist bis heute gültig, und das trotz der kanonischen Anerkennung einer beträchtlichen Anzahl von Dichterinnen und Romanschriftstellerinnen dieses Jahrhunderts, einer großen Zahl an Autorinnen und Literaturkritikerinnen; die Ablehnung der Kategorie Geschlecht (oder des »sexuellen Genres«, wie einige bevorzugen) bei der Interpretation, zweifellos eine explizite oder implizite Reaktion auf Lesarten, die bio(logi)grafisch sind oder das Ungleichgewicht der dichotomen Dualität männlich/weiblich reproduzieren, und die willkürliche Betrachtung der Schriftstellerin als »Autor« ohne »geschlechtlichen Unterschied« dient letztlich jedoch der effektiven Bestätigung traditioneller Stereotypen, wie Anna Klobucka (1993, S. 58) argumentiert und an Beispielen belegt. Daher sind die Vorschläge zur Lektüre und Erforschung portugiesischer Schriftstellerinnen nach der archäologischen Pionierarbeit von Thereza Leitão de Barros *Escritoras de Portugal, Génio*

Feminino Revelado na Literatura Portuguesa (1924; Schriftstellerinnen Portugals, weibliches Genie, entdeckt in der portugiesischen Literatur) auch außerhalb, von anderen Seiten aus, durchgeführt oder initiiert worden: von Isabel Allegro de Magalhães in Kalifornien (1987), Darlene Sadlier (1989), Hilary Owen (1992), Elfriede Engelmayer und Renate Heß (1993). Und der Widerstand gegen die Anerkennung der *zentralen* Bedeutung (auch für das Verständnis des *Zentrums*) der Untersuchungen, die Isabel Allegro de Magalhães in den letzten Jahren in Portugal entwickelt hat, ist nichts als ein anderer Ausdruck desselben Phänomens.

7 Es wäre interessant, die Übersetzungspraktik portugiesischer Schriftstellerinnen zu untersuchen (eine Arbeit, die noch aussteht), nicht nur im Bezug der Texte zu ihrer selbständigen Schreibaktivität, sondern auch und vor allem im Vergleich zur ersten Hälfte dieses Jahrhunderts unter dem Gesichtspunkt, den Díaz-Diocaretz (1993, S. 103) vorschlägt, als »strategische Praktik, die die Frauen anwenden, um ihre Poetik der Marginalisierung zu verschlüsseln«, um »das auszudrücken, was sie in einem selbständigen Text nicht ausdrücken können«.

8 Sophia de Mello Breyner Andresen »Ich spreche, um zu sehen« (»Lisboa« [1977], Andresen, 1992 II S. 247) oder wie Luiza Neto Jorge es ausdrückt: »Leben jedoch ist sehen, nach und nach sehen / und sehen beinhaltet auch schlafen / ohne daß etwas sich / im Inneren der Träume / auflöste oder ausschlösse« (»Recanto 2« ([1969], Winkel 2), Jorge 1993, S. 179) und »Die Frauen, ein schweres Parfüm ist es, daran zu erinnern / haben fehlende Winkel in dem, was sie sehen und sagen und in den verborgenen / nebulösen ihres Körpers / errät der Geliebte wie ein verratener Mann« (»Recanto 13«, ebda., S. 194).

9 Ana de Castro Osório, 1908, S. 15, 1905, S. 33.

10 Diese Abgrenzung ist zum Beispiel aus der Form ersichtlich, in der die Werke, in Bereiche gegliedert, angekündigt werden: Romane, Novellen, Theater; Soziale Fragen; Pädagogische Werke und Kinderliteratur (Osório, 1925, S. 2).

11 Man betrachte den exemplarischen Fall von Caïel (Alice Pestana): ihr Vorwort zur zweiten Auflage von *Às Mães e às Filhas* (1888 [1886]; Für Mütter und Töchter) oder die belehrenden »Erklärungen« im Vorwort zu *Amor à Antiga* (1894; Altmodische Liebe). Die Verwendung eines männlichen oder zweideutigen Pseudonyms (und Caïel war manchmal, vor allem zu Beginn, Eduardo Caïel) und seine Beibehaltung, selbst wenn erkannt wurde, daß die Werke »nur von einer Frau stammen können« (Rezension von »*Às Mães e às Filhas*« von D. Antónia da Costa, im Vorwort zur zweiten Auflage abgedruckt), ist eine andere, übrigens geläufige Strategie der Bestätigung, wenn das Vorrecht des geschriebenen Wortes männlich ist.

12 Zur Beteiligung von Schriftstellerinnen dieser Zeit an der Frauenbewegung vgl. Silva (1982). Zur Bedeutung der Beteiligung von Frauen an der Arbeiterbewegung dieser Zeit und ihrem Interesse an den feministischen Forderungen vgl. Belo (1989, S. 164-6).

13 Die strategische Bedeutung dieser Unterscheidung für die schreibenden Frauen wird in den bereits erwähnten »Explicações« von Caïel deutlich: Dort wird die Ansicht verteidigt, in der Literatur müsse »der Autor völlig sich selbst ausliefern, in all seinen Fähigkeiten erbeben, den Rest der Welt vergessen, ergriffen vom Mitgefühl mit seinem Werk und sein Sklave!«; des weiteren wird erklärt, warum dieser Autor, der (oder da er) eine Frau ist, seine Schriften *veröffentlicht* (und sie nicht für ein halbes Dutzend Freunde bewahrt, wie ihm vorgeschlagen wurde): »aus einem entscheidenden positiven Grund, den hier aufzuführen ... nicht lohnt, ... ganz und gar unabhängig von jener Eitelkeit, die wir im allgemeinen demjenigen unterstellen, der seine intimen Gedanken öffentlich preisgibt« (Caïel, 1894 XIII und XVI). Daß dieser »entscheidende Grund« dazu führt, daß die Mehrzahl dieser Schriftstellerinnen nichts anderes als eine Thesenliteratur produzieren konnte, hinderte sie nicht daran, strategisch eine »autonome Kunst« zu verteidigen, in der die Schriftstellerin, frei von den gesellschaftlichen Beschränkungen der Frau, sich einfach als Autorin behaupten konnte.

14 Zu dieser Zeit nimmt mit Ana de Castro Osório eine Tradition der Kinderliteratur ihren Anfang, die bis heute wichtige Beiträge von Schriftstellerinnen wie Virgínia de Castro e Almeida, Emília de Sousa Costa und Maria O'Neill, Irene Lisboa, Maria Lamas, Maria Archer, Fernanda de Castro, Matilde Rosa Araújo, Sophia de Melo Breyner Andresen, Ester de Lemos, Ilse Losa, Maria Alberta Meneres, Luísa Dacosta zu verzeichnen hat.

15 Man beachte, daß, während für die moralische Erziehung von D. Luís seine guten Anlagen und die Lehre, die das Leben ihm erteilt (vor allem der durch den väterlichen Leichtsinn verursachte Ruin), genug sind, bei Maria eine formale Bildung nötig war, damit sie verstand, daß »das Gesetz nicht für alle Wesen gleich ist« (Carvalho, [1877], 221), damit sie ihre »kleinen Pflichten« erlernte, und vor allem, damit sie lernte, »den Traum zu töten« (ebda., S. 230).

16 Der »Verrat« der Republik an ihren Frauen, denen sie das Wahlrecht verweigerte, trotz der Konzessionen, die das Scheidungs- und das Familiengesetz im rechtlichen Bereich darstellten, findet seinen paradigmatischen Ausdruck im Schicksal, das die Dichterin Angelina Vidal (s. Anmerkung 4) ereilte. Sie starb im Elend und in der Verwahrlosung, zu der sie die Monarchie verurteilte, die ihr aus politischen Gründen die Witwenrente verweigert hatte, auf die sie Anspruch hatte. Der Kontext der zunehmenden Unsichtbarkeit der Beteiligung von Frauen am

politischen Leben von 1913 an und der Hindernisse, durch die die Republik immer stärker ihr öffentliches Handeln einschränkte (Belo u. a., 1987, S. 263), wird in der Literatur der Frauen, an der traditionellen Zuflucht ins Ländliche und der Hinwendung zu Lösungen *ex machina* als Formen positiver Auflösung des Schicksals weiblicher Gestalten deutlich.

17 Die Beziehungen zwischen »Geschlecht und Poesie«, »Poetik und Geschlecht«, »Poesie und Geschlecht« sind Objekt einer brillanten theoretischen Problematisierung in einer neueren Studie von Maria Irene Ramalho de Sousa Santos und Ana Luísa Amaral (Santos/Amaral, 1996).

18 Florbela Espanca, »Charneca em Flor« ([1931] 1985; Blühende Heide, S. 166).

19 Unter feministischer Poetik verstehe ich eine Poetik, »die sich der im herrschenden Diskurs eingeschriebenen patriarchalischen Struktur von Privilegien und Unterdrückungen bewußt ist und die für die verschiedenen Weisen sensibel ist, in denen die sexuelle Ungleichheit sich in den symbolischen Formen des Phänomens Poetik ausdrückt« (Santos/Amaral, 1996, S. 4). Diese Aufmerksamkeit und bewußte Sensibilität kommt bei Florbela in ihrer »Furcht vor allen Konventionen, fertigen Sätzen, ausgedienten Worten« (Espanca, [1930] 1986b, S. 148) zum Ausdruck, in ihrem Wunsch zu »ver-lernen, ... nicht zu wissen, meine eigene Sprache nicht lesen und schreiben zu können« (ebda., S. 174), und in ihrer Entscheidung, »sie nicht zu lesen, ihnen nicht zu glauben«, den männlichen Dichtern, sondern »sich zu lesen« ([1920]1986a, S. 231), bis sie sich auswendig kennt (»Ich habe in mir gelesen, ich kenne mich auswendig«, »O meu mal« ([1932] 1985; Mein Leid, S. 125).

20 »Was weiß ich denn, wer ich bin?! Was weiß ich! Ich bin die Kleidung / Eines Verrückten, der auf Wallfahrt ging / Und niemals mehr zurückkam! Was weiß ich, wer! ...« (»Minha culpa« ([1931], 1985; Meine Schuld, S. 211).

21 Als Argument führte Natália Correia (s. d. [1966], S. 31) an »... der verstörende Schwung [der weiblichen Sicht der Erotik] wird die Männer dazu verleiten, irrtümlicherweise das als weiblichen Donjuanismus zu bezeichnen, was nicht mehr ist als der Aufstand einer Frau gegen das Ideal, das sie entstellt.«

22 »In diesen Versen [Florbelas] glauben wir die tellurischen Gottheiten, die Furien, zu hören, die mit Macht ihre Existenz verkünden, wie sie es von Zeit zu Zeit tun, sei es in der Stimme der Dichter, sei es im konvulsivischen Dröhnen der sich auflehnenden Völker« (Sena, 1947).

23 Hatte die Republik gleiches Recht für die Geschlechter in zentralen Lebensbereichen wie Familie und Arbeit eingeführt, aber die absolute Einschränkung des Wahlrechts für Frauen beibehalten, so weitete das repressive Regime des Estado Novo, das soziale und politische Rechte

und Freiheiten einschränkte und unterdrückte, zwischen 1931 und 1968 sukzessive das Wahlrecht für Frauen aus (beide Regimes gingen vom Glauben an das »natürlich« konservative Wahlverhalten der Frauen aus). Diesem scheinbaren Widerspruch des Salazarismus entsprach die Anerkennung des sozialen Wertes der portugiesischen Frau als wichtiger Faktor zur Normalisierung der Kleinfamilie, die für die Disziplinierung der *nação-família* entscheidend war: In den engen Grenzen der »weiblichen« Rolle (Art. 5 der Verfassung von 1933 gesteht der Frau, während er das Prinzip der Gleichheit aller Bürger vor dem Gesetz betont, »die Unterschiede [zu], die aus ihrer Natur und dem Wohle der Familie resultieren«). Immerhin wurde den Frauen der Zugang zu einer symbolischen sozialen Sichtbarkeit zugestanden, die ihnen während der Republik verweigert worden war. Es muß unterstrichen werden, daß das Modell von Weiblichkeit, das von der »neuen Frau« des neo-realistischen Widerstands vorgeschlagen wurde (vgl. Ferreira, 1996), sich auf das gleiche Prinzip der Abhängigkeit von der Familie stützte (die Existenz und der soziale Wert der Frauen beruhen ausschließlich auf ihrer Rolle als Element der sozialen Gruppe Familie).

24 Verschiedene Zeitschriften wurden von feministischen Intellektuellen wie Elina Guimarães, Maria Lamas, Manuela Porto geleitet oder standen für deren Mitarbeit offen.

25 Irene Lisboa, »Os laranjais em flor« ([1937] 1991; Die blühenden Orangenbäume, S. 297).

26 Trotz der positiven oder sogar begeisterten Rezeption seitens ihrer Gleichgesinnten (vgl. Paula Morão, »Irene Lisboa e a Crítica« 1994; Irene Lisboa und die Kritik; *Colóquio-Letras*, 25-36) wurde Irene Lisboa bis vor kurzem vom breiten Publikum ignoriert. Vor allem dank der Arbeit von Paula Morão (die außer den Studien, die sich mit ihr auseinandersetzen, die Gesamtausgabe ihres Werkes leitet) scheint die Situation sich heute zu ändern.

27 Vgl. den Aufsatz von Isabel Allegro de Magalhães »Interioridade e exterioridade na obra de Irene Lisboa (Innerlichkeit und Äußerlichkeit im Werk Irene Lisboas), (Magalhães, 1995, S. 55-66).

28 Laut José Gomes Ferreira war dies »eine Art Dada, die alles in der Poesie zerstörte«, die sie »zu den letzten Konsequenzen der formalen Beunruhigung ...« führte, »*sie entheiligte*, aller Rituale entkleidete« (Ferreira, 1978, S. 19).

29 Zu einer Lektüre von Sophias Poetik als einem Raum, in dem »der Diskurs, der das lyrische Ich setzt, und die Vektoren der symbolischen Unterscheidung zwischen dem Weiblichen und dem Männlichen miteinander verwoben sind«, siehe Klobucka, 1996.

30 »Nachdem das Vaterland verbraucht ist, müßte man Mutterland sagen können, damit die Liebenden auf die Haut der Zeit den Namen der

Einenden Realität schreiben könnten: BRUDERLAND« (Motto von *As Núpcias* 1992; Die Hochzeit).

31 *Maina Mendes* [1967] (Costa, 1977, S. 83).

32 Es ist bezeichnend, daß die auf Regierungsbeschluß erfolgte Abschaffung des Conselho Nacional das Mulheres Portuguesas (Nationalrat portugiesischer Frauen, 1914-1947) im Augenblick seiner Wiederbelebung und im Anschluß an die Organisation einer internationalen Ausstellung »Bücher, die von Frauen geschrieben wurden« in der Sociedade Nacional de Belas-Artes (Nationalgesellschaft der Schönen Künste, Januar 1947) geschah. Und es ist von poetischer Gerechtigkeit, daß die folgenden Jahrzehnte vom immer deutlicheren Widerhall des kulturellen und literarischen Diskurses der portugiesischen Frauen geprägt waren.

33 Auch wenn der »Regionalismus des Geschlechts« – António Ferro hatte in »Colette, Colette Willy, Colette« (1921) die von Frauen verfaßte Literatur als »Regionalismus des Geschlechts« und »literarische Blinddarmentzündung« bezeichnet (vgl. Lopes, 1984, 112, 114) – weiterhin Anhänger findet und viele, die den Werken von Frauen einen Platz in der »einen Literatur« zugestehen, darauf beharren, in diesen Texten nicht die Infragestellung der Kriterien des eigenen kritischen Diskurses zu lesen, eines Diskurses, der beginnt, sie als Schriftstellerinnen zu akzeptieren.

34 Maria Judite de Carvalho, *As Palavras Poupadas* (1961; Die gesparten Wörter, Novelle und Erzählungen), *Os Armários Vazios* (1966; Die leeren Schränke, Roman).

35 »Minibiografia« (Jorge, 1993; Minibiographie, S. 254).

36 Es ist kein Zufall, daß einer Frau, Natália Correia, 1966 die Herausgabe der ersten *Antologia de Poesia Portuguesa Erótica e Satírica* (Anthologie der erotischen und satirischen portugiesischen Poesie) zu verdanken ist (in der außer Natália selbst Leonor de Almeida, Ana Hatherly und Maria Teresa Horta vertreten sind). Es ist auch bezeichnend, daß der Band beschlagnahmt wurde und zu einem Gerichtsprozeß führte, eine Vorankündigung dessen, was 1972 *NCP* widerfahren sollte. Die Zensur verfügte auch die Beschlagnahme von *Minha Senhora de Mim* (1971; Meine Herrin von mir) von Maria Teresa Horta.

37 Untertitel zu den *Novas Cartas Portuguesas*.

38 Seit Jahren sind die drei Auflagen vergriffen, die in Portugal von den *NCP* gedruckt wurden, was dazu führt, daß der Text weder von den jüngeren Generationen noch von den einheimischen Kritikern, die ihn beharrlich ignorieren, gelesen wird, obwohl er außerhalb weiterlebt (in Deutschland erlebt er seit 1976 seine vierte Auflage, s. Anmerkung 1) und eine ergiebige Quelle für kritisch-literarische Theoriebildung darstellt. Vgl. Owen 1992, zum Vorschlag, die *NCP* wieder in den portugie-

sischen Kontext einzugliedern, als theoretische Kartographie nachfolgender literarischer Praktiken von zeitgenössischen Schriftstellerinnen; und den Gedichtband *O Marquês de Chamilly (Kabale und Liebe)* von Adília Lopes (1987), eine wunderschöne satirische Neuerfindung der unglücklichen Liebe zwischen Mariana und Chamilly, in der die *NCP* ihren Widerhall finden.

39 Das erste Zitat stammt aus dem Gedicht »25 de Abril« von Sophia (Andresen, 1992 II S. 195), das zweite von Eduarda Dionísio (Dionísio, 1988 [1979], S. 74).

40 Isabel Allegro de Magalhães (1987, 1995, S. 38-40) ist diejenige unter uns, die Theorien über die Besonderheit des Zeiterlebens durch die Frauen und seine Übersetzung in den Text entwickelt hat.

41 Zur Poesie vgl. Santos/Amaral (1996) und Santos (1997), zur Epik Magalhães (1987; 1985). In deutscher Sprache vgl. Engelmayer/Heß (1993), das Nachwort von Engelmayer zu der nützlichen Anthologie, die sie aus Erzählungen zeitgenössischer portugiesischer Schriftstellerinnen zusammengestellt hat (1997, S. 201-207), und die zahlreichen Aufsätze und Rezensionen, die in den letzten zehn Jahren in *Tranvía – Revue der Iberischen Halbinsel* (Berlin) veröffentlicht worden sind.

Portugiesische Schriftstellerinnen in deutscher Sprache (Auswahl)

(Bibliographische Angaben zu Agustina Bessa-Luís und Lídia Jorge finden sich bei den betreffenden Aufsätzen in diesem Buch.)

Andresen, Sophia de Mello Breyner, »Brief an die toten Freunde; Weil; Exil; Diese Leute« [vier Gedichte], übers. von Helmut Heinrich, in: O. Lopes/I. Losa (Hg.) 1969, S. 78-82.

–, »Die Reise«, übers. von Frederico Berna, in: C. Meyer-Clason (Hg.) 1972, S. 257-270.

–, »Mónicas Konterfei« (aus *Contos exemplares*), übers. von Andreas Klotsch, in: I. Losa/E. Gonçalves (Hg.) 1973, S. 58-60.

–, »*Sophia de Mello Breyner Andresen*« [Gedichtauswahl], übers. von C. Meyer-Clason, in: Ders. (Hg.) 1993, S. 84-92.

–, »Homer« (»Homero« aus *Contos exemplares*), übers. von Ulrike Schuldes, in: Dies. (Hg.) 1996, S. 130/131-138/140.

–, »Der Henker« (»O carrasco«), übers. von E. Engelmayer, in: Dies. (Hg.) 1997, S. 50-56.

Barreno, Isabel/Maria Velho da Costa/Maria Teresa Horta, *Neue Portugiesische Briefe* (*Novas Cartas Portuguesas*), übers. von Ludwig Graf von

Schönfeldt, Berlin: Ullstein 1976 [Berlin: tranvía ^{4}1995 mit einem Nachwort von E. Engelmayer].

Barreno, Maria Isabel, »Das Beispiel und das Haus« (aus *Contos*, 1985), übers. von C. Meyer-Clason, in: C. Meyer-Clason/D. Offenhäußer (Hg.) 1988, S. 357-361.

–, »Der Gesandte« (»O enviado«), übers. von Andres Klotsch, in: Ders. (Hg.) 1993, S. 228-235.

–, »Die ergebene Sekretärin« (»A secretaria humilde« aus *Os sensos incomuns*), übers. von Ulrike Schuldes, in: Dies. (Hg.) 1996, S. 156/157-162/163.

–, »Der Herr der Inseln« (Auszug aus dem Roman *O senhor das ilhas*), übers. von E. Engelmayer, in: Dies. (Hg.) 1997, S. 7-22.

–, *Der gestohlene Diamant. O diamante roubado* [zweisprachig], übers. von Karin von Schweder-Schreiner, Frankfurt/Main: TFM 1997. [Mit Interview und biographischer Einführung]

Botelho, Fernanda, »Heißes Bett, kühler Rasen ... oder die Unkeuschheit« (aus *Die sieben Todsünden*), übers. von C. Meyer-Clason, in: Ders. (Hg.) 1972, S. 351-362.

–, »Dramatisch schwarz gekleidet« (Auszug aus *Dramaticamente vestida de negro*), übers. von Kirsten Brandt, in: E. Engelmayer (Hg.) 1997, S. 164-181.

Braga, Maria Ondina, »Die Tochter des Teufels« (aus dem Sammelband *Fantástico no feminino*), übers. von C. Meyer-Clason, in: C. Meyer-Clason /D. Offenhäußer (Hg.) 1988, S. 380-387.

–, »Das blinde Fenster« (»A janela fingida«), übers. von Ilse Pollack, in: E. Engelmayer (Hg.) 1997, S. 79-92.

Brandão, Fiama Hasse Pais, »Fiama Hasse Pais Brandão« [Gedichtauswahl], übers. von C. Meyer-Clason, in: Ders. (Hg.) 1993, S. 259-267.

–, »Immerwährende Bewegung« (*Movimento perpétuo. Novela poética*), übers. von Kirsten Brandt, in: E. Engelmayer (Hg.) 1997, S. 57-69.

Carvalho, Maria Judite de, »Veranda mit Blumen« (aus *As palavras poupadas*), übers. von C. Meyer-Clason, in: Ders. (Hg.) 1972, S. 390-396.

–, »Leben und Traum« (aus *Tanta gente Mariana*), übers. von Andreas Klotsch, in: I. Losa/E. Gonçalves (Hg.) 1973, S. 46-50.

–, »Das Leben und der Traum« (»A vida e o sonho« aus *Tanta gente Mariana*), übers. von Ulrike Schuldes, in: Dies. (Hg.) 1996, S. 106/107-116/117.

–, »Eine irrsinnige Eile« (»Uma pressa louca«), übers. von Ilse Pollack, in: E. Engelmayer (Hg.) 1997, S. 182-190.

Correia, Clara Pinto, *Das Alphabet der Frauen* (*Ponto pé de flor*), übers. von Marianne Gareis, Berlin: Byblos 1992; München: dtv 1996 [Neuauflage].

–, *Auf Wiedersehehen, Princesa* (*Adeus, Princesa*), übers. von Marianne Gareis. München: dtv 1995.
–, »Feuerzeichen« (»Sinais de fogo« aus *Campos de morangos para sempre*), übers. von Ulrike Schuldes, in: Dies. (Hg.) 1996, S. 164/165-166/167.
Correia, Natália, »Wo ist das Jesuskind?« (aus *Contos*, 1985), übers. von Christiane Meyer-Clason, in: C. Meyer-Clason / D. Offenhäußer (Hg.) 1988, S. 450-461.
–, »Natália Correia« [Gedichtauswahl], übers. von C. Meyer-Clason, in: Dies. (Hg.) 1993, S. 147-157.
Costa, Maria Velho da, »Nachtwache« (aus *O lugar comun*), übers. von Christiane Meyer-Clason, in: C. Meyer-Clason / D. Offenhäußer (Hg.) 1988, S. 320-333.
–, »Zwanzig portugiesische Worte zur Revolution« [übers. von C. Meyer-Clason], in: C. Meyer-Clason (Hg.), *Portugal. Lied der Revolution*, München: Kürbiskern 4 Damnitz: 1975, S. 23-25.
–, *Corpo Verde. Körper, Grün* (*Corpo Verde*), übers. von E. Engelmayer, Berlin: tranvía 1989.
–, »Der seltene Vogel«, »Perle und die Säue«, »Fátima« (»A ave rara«, »Pérola e os porcos«, »Fátima«), übers. von Kirsten Brandt, in: E. Engelmayer (Hg.) 1997, S. 23-41.
Dacosta, Luísa, »Schachspielen verboten«, (aus *Vovó Ana, Bisavó Filomena e eu*), übers. von Andreas Klotsch, in: I. Losa / E. Gonçalves (Hg.) 1973, S. 289-296.
Espanca, Florbela, *Der Rest ist Parfum: Erzählungen, Briefe, Aufzeichnungen* (*O resto é perfume*), hg. und übers. von Gesa Hasebrink, Freiburg: Beck & Glückler 1994.
Gersão, Teolinda, *Landschaft mit Frau und Meer im Hintergrund* (*Paisagem com mulher e mar ao fundo*), übers. von Karin von Schweder-Schreiner, München: Frauenbuchverlag 1985.
–, *Das Schweigen* (*O silencio*), übers. von Karin von Schweder-Schreiner, München: Frauenbuchverlag 1987.
–, »Das Sonnenpferd« (Auszug aus dem Roman *O cavalo do sol*), übers. von Ilse Pollack, in: E. Engelmayer (Hg.) 1997, S. 93-102.
Gomes, Luísa Costa, »Rex« (»Rex«), übers. von Karin von Schweder-Schreiner, in: A. Klotsch (Hg.) 1993, S. 165-170.
Gonçalves, Olga, »Konditorei Gôndola« (aus *Contos*, 1985), übers. von C. Meyer-Clason, in: C. Meyer-Clason / D. Offenhäußer (Hg.) 1988, S. 410-421.
–, »Muringue« (aus dem Erzählband *Contar de subversão*), übers. von Renate Heß, in: E. Engelmayer (Hg.) 1997, S. 103-114.
Horta, Maria Teresa, »Lídia« (aus *Contos*, 1985), übers. von C. Meyer-Clason, in: C. Meyer-Clason/D. Offenhäußer (Hg.)1988, S. 368-379.

–, »Die Passion nach Constança H.« (Auszug aus dem Roman *A paixão segundo Constança H.*), übers. von Kirsten Brandt, in: E. Engelmayer (Hg.) 1997, S. 42-49.

Jorge, Luiza Neto, »Luiza Neto Jorge« [Gedichtauswahl], übers. von C. Meyer-Clason, in: Ders. (Hg.) 1993, S. 277-286.

Lisboa, Irene, »Altersschwäche«, übers. von I. Losa, in: O. Lopes/I.Losa (Hg.) 1962, S. 71-86.

Llansol, Maria Gabriela, »Die umzingelten Körper« (aus *Os pregos na erva*), übers. von C. Meyer-Clason, in: Ders. (Hg.) 1972, S. 417-423.

–, »Ein philosophischer Gefährte« (»Um companheiro filosófico« ist das 4. Kapitel aus *Um beijo dado mais tarde*), übers. von E. Engelmayer, in: Dies. (Hg.) 1997, S. 122-133.

Marques, Helena, »Der Traktat«, »Kinder des Monds«, »Samstag um acht« (»O tratado«, »Filhos da lua«, »Sábado às oito«), übers. von E. Engelmayer, in: Dies. (Hg.) 1997, S. 191-200.

Nunes, Natália, »Die grüne Mücke« (aus *A mosca verde*), übers. von C. Meyer-Clason, in: Ders. (Hg.) 1972, S. 307-309.

–, »Der Fall Zulmira L.« (aus *O caso de Zulmira L.*), übers. von Kristina Hering, in: I. Losa/E. Gonçalves (Hg.) 1973, S. 228-255.

Salema, Teresa, *Sich erinnern. André Maria S.* (*Educação e memória de André Maria S.*), übers. von Kristina Hering, Leipzig: Reclam 1990.

–, »Salzmond« (»Lua de sal«, unveröff.), übers. von Andreas Klotsch, in: Ders. (Hg.) 1993; S. 9-17.

–, »Monolog des Schiffes an Land« (»Monólogo do barco em terra«), übers. von Kirsten Brandt, in: E. Engelmayer (Hg.) 1997, S. 141-152.

Veiga, Teresa, »Folgen des Entkolonialisierungsprozesses« (»Consequéncias do processo da descolonização«), übers. von Andreas Klotsch, in: Ders. (Hg.) 1993, S. 206-220.

–, »Der Schatzi« (»O queridezas« aus *História da bela fria*), übers. von E. Engelmayer in: Dies. (Hg.) 1997, S. 153-163.

Werke (Auswahl)

Andresen, Sophia de Mello Breyner, *Obra poética*, 2 Bde. Lisboa: Caminho 1992.

Barreno, Isabel/Maria Velho da Costa/Maria Teresa Horta, *Novas Cartas Portuguesas* (dt. *Neue Portugiesische Briefe*), Lisboa: Estúdios Cor 1972.

Caïel, [A. Pestana], *Amor à antiga*, Lisboa: Livraria de António Maria Pereira 1894.

Carvalho, Maria Amália Vaz de, *Serões no campo*, Porto: Domingos Barreira o.J. [um 1877].

Carvalho, Maria Amália Vaz de, »As mulheres na política« [1909], in: *Páginas Escolhidas*. Lisboa: Portugal-Brasil 1920.
Correia, Natália (Hg.), *Antologia de poesia portuguesa erótica e satírica*, Lisboa: Afrodite o.J. [um 1966].
– (Hg.), *A mulher: Antologia poética*, Lisboa: Estúdios Cor 1973.
–, *O sol nas noites e o luar nos dias*, 2 Bde. Lisboa: Círculo de Leitores 1993.
Costa, Adélia, *Representações sociais de homens e mulheres, Portugal 1991*, Lisboa: CIDM 1991.
Costa, Maria Velho de: *Maina Mendes*. Lisboa: Moraes 1977 [[1]1969].
Dionísio, Eduarda, *Retrato de um amigo enquanto falo*, Lisboa: Quimera 1988 [[1]1979].
Espanca, Florbela, *Diário do último ano, seguido de um poema sem título*, Faksimile mit einem Vorwort von Natália Correia, Lisboa: Bertrand 1981.
–, *Poesia 1918-1930*, Lisboa: Dom Quixote 1985.
–, *Cartas (1906-1922)*, Lisboa: Dom Quixote 1986.
–, *Cartas (1923-1930)*, Lisboa: Dom Quixote 1986.
Jorge, Luiza Neto, *Poesia 1960-1989*, Lisboa: Assírio & Alvim 1993.
Llansol, Maria Gabriela, *Finita*, Lisboa: Rolim 1987.
Lisboa, Irene, *Solidão II*, Lisboa: Portugália o.J. [um 1966].
–, *Uma mão cheia de nada outra de coisa nenhuma*, Porto: Figueirinhas 1976.
–, *Poesia I*, mit einem Vorwort von Paula Morão (Hg.), Lisboa: Presença 1991.
–, *Esta cidade!*, mit einem Vorwort von Paula Morão (Hg.), Lisboa: Presença 1995.
Osório, Ana de Castro, *Às mulheres portuguesas*, Lisboa: Livraria V. Tavares Cardoso 1905.
–, *A educação cívica da mulher: conferência feita no Centro Dr. Affonso Costa*, Lisboa, Typographia Liberty 1908.
–, *O direito da mãe*, Porto: Livraria Civilização 1925.

Sekundärliteratur (Auswahl)

Alves de Sousa, Inés M. Monteiro de Lima, *Teolinda Gersão: o processo de uma escrita*, Porto 1988.
Ambrosy, Katja, »Die schriftstellerische Weiterentwicklung der *Três Marias*: Weiblichkeitsmuster im Werk von Maria Teresa Horta, Maria Isabel Barreno und Maria Velho da Costa nach den *Novas Cartas Portugueses*, in: Axel Schönberger (Hg.) 1996, S. 27-44.

Belo, Maria/Ana P. Adão/I. Neves Cabral, »O Estado Novo e as Mulheres«, in: *O Estado Novo. Das origens ao fim da autarquia* 1926-1959, Bd. 2. Lisboa: Fragmentos 1987.

Briesemeister, Dietrich, »Die *Neuen Portugiesischen Briefe*«, in: A. Schönberger (Hg.) 1996, S. 19-25.

Dacosta, Luísa, »Literatura de autoria feminina«, in: O. Lopes (Hg.), *Literatura portuguesa. História ilustrada das grandes literaturas VIII*. Bd. 2, Lisboa: Estúdios Cor 1973, S. 534-541.

Díaz-Diocaretz, Myriam, »›La palabra no olvida de dónde vino‹. Para una poética dialógiaca de la diferencia«, in: Dies./Iris M. Zavala (Hg.), *Breve historia feminista de literatura española (en lengua castellana), I Teoria feminista: Discursos y diferencia*. Barcelona: Anthropos 1993.

»Discursos femininos«, *Discursos. Estudos de língua e cultura portuguesa* 5 (1993).

Engelmayer, E./R. Hess (Hg.), *Die Schwestern der Mariana Alcoforado*, Berlin: tranvía 1993. [U. a. Aufsätze zu: Maria Isabel Barreno, Maria Velho da Costa, Sophia de Mello Breyner Andresen, Maria Teresa Horta, Fiama Hasse Pais Brandão, Agustina Bessa-Luís, Maria Ondina Braga, Teolinda Gersão, Olga Gonçalves, Lídia Jorge, Maria Gabriela Llansol, Ilse Losa, Teresa Salema].

Ferreira, Ana Paula, »Díscursos femininos, teoria crítica feminista: para uma resposta que não é«, *Discursos: Estudos de Língua e Cultura Portuguesa* 5 (Outubro 1993), S. 13-27.

–, »Discursos femininos/teoria crítica feminista: bibliografia selectiva«, *Discursos: Estudos de Língua e Cultura Portuguesa* 5 (Outubro 1993), S. 137-154 [kommentierte Bibliographie].

–, »Um casamento infeliz ou os neo-realistas e o feminismo«, *Colóquio-Letras* 140/141 (1996), S. 147-155.

Ferreira, José Gomes, »Breve introdução à poesia de Irene Lisboa«, in: I. Lisboa (1991), S. 17-30.

Hasebrink, Gesa, *Wege der Erneuerung. Portugiesische Romane nach der ›Nelkenrevolution‹*, Dissertation, Berlin 1993.

–, »Aufbrüche von Frauen und Künstlern in den fiktionalen Welten von Teolinda Gersão«, in: E. Engelmayer/R. Hess (Hg.) 1993, S. 103-118.

Kaufmann, Linda S., *Discourses of desire. Gender, genre and epistolary fictions*, Ithaca/London 1986.

Klobucka, Anna, »Teoricamente falando: algumas observações sobre a sexualidade do discurso crítico em Portugal«, *Colóquio-Letras* 125/126 (Julho/Dezembro 1992), S. 169-176.

–, »De autores e autoras«, *Discursos: Estudos de Língua e Cultura Portuguesa* 5 (Outubro 1993), S. 49-65.

–, »Sophia *escreve* Pessoa«, *Colóquio-Letras* 140/141 (1996), S. 157-176.

Leal, Maria Ivone, *Um século de periódicos femininos: arrolamento de periódicos entre 1807-1926*, Lisboa: Cadernos Condição Feminina 1992.

Lopes, Teresa Rita, »O regionalismo do sexo na literatura portuguesa«, *Boletim Comissão da Condição Feminina* 1-2 (Actas do Seminário de Estudos sobre a Mulher 1983), S. 110-120.

Lourenço, Eduardo, *O canto do signo. Existência e literatura (1957-1993)*, Lisboa: Presença 1993.

Magalhães, Isabel Allegro de, *O tempo das mulheres: A dimensão temporal na escrita feminina contemporânea*, Lisboa: 1987.

–, »Gibt es eine weibliche Schreibweise? Zwei Beispiele aus Portugal: *Die Sibylle* und *Das Schweigen*«, *Tranvia* 10 (1987), S. 36-42.

–, *O Sexo do texto e outras leituras*, Lisboa: Caminho 1995.

–, »Spuren der Weiblichkeit in der portugiesischen Erzählliteratur der letzten Jahrzehnte«, in: E. Engelmayer/R. Hess 1993, S. 210-223.

Moutinho, Isabel, » A collapsing empire: cultural decay and personal transformation in the recent work of portuguese women novelists«, *RLA: Roman Languages Annual* 5 (1993), S. 484-490.

Owen, Hilary, *[W] rites of passage: Portuguese women's narrative after the three Marias*. University of Nottinham (polic.) 1992.

Pintasilgo, Maria de Lurdes, »Maria Isabel Barreno, Maria Teresa Horta, Maria Velho da Costa: *Neue Portugiesische Briefe*«, E. Engelmayer / R. Hess (Hg.) 1993, S. 11-29.

–, »Pré-prefácio« e »Prefácio«, in: Barreno, I. / Costa, M. Velho da / Horta, M. T., *Novas cartas portuguesas*, Lisboa: Moraes ^{3}1980.

Sadlier, Darlene J., *The question of How – Women Writers and New Portuguese Literature*, New York 1989.

Santos, Maria Irene Ramalho de Sousa, »Re-inventing Orpheus: Women and poetry today«, im Druck.

– / Ana Luísa Amaral, »Sobre a ›escrita feminina‹«, im Druck.

Sapega, Ellen, »Para uma aproximação feminista do modernismo português«, *Discursos. Estudos de língua e cultura portuguesa* 5 (1993), S. 67-80.

Schönberger, Axel, »Texte haben kein Geschlecht: über Unsinn und Sinn der »gynozentrischen« Literaturwissenschaft«, in: Ders. (Hg.) 1996, S. 373-398.

Schurig, Dorothea, »Teolinda Gersão und ihre Romane *O Silencio* und *Paisagem com mulher e mar ao fundo*«, in: Rainer Heß (Hg.) 1992, S. 173-184.

Sena, Jorge de, *Florbela Espanca ou a expressão do feminino na poesia portuguesa*, Porto 1947.

Silva, Maria Regina Tavares da, *Feminismo em Portugal na voz de mulheres escritoras do início do século XX.*, Lisboa: Cadernos Condição Feminina 1982.

Silva-Brummel, Fernanda, »Teolinda Gersão: *Paisagem com mulher e mar ao fundo* (1982) oder der portugiesische Widerstand im literarischen Werk der Frau«, in: A. Schönberger (Hg.) 1996, S. 65-74.
»Voltar a Irene Lisboa«, Sondernummer von *Colóquio-Letras* 131 (1994).

›Es wird nicht diskutiert!‹
Die Ordnung des Diskurses im Neuen Staat

Kian-Harald Karimi

ch abe eschlossen meinen Ext selbs zu treichen;
ch rspare damit emjenigen ie Rbeit, der treicht.
Eue Orthographie, 1972

In seinem 1960 herausgegebenen *Kritischen Wörterbuch*, das alsbald nur unter dem Ladentisch verkauft werden konnte und bei polizeilichen Aushebungen regelmäßig konfisziert wurde, dokumentiert Portugals renommiertester Philologe José A. Saraiva das Vermögen der Sprache, solch eine realitätsbildende Wirkung auszuüben, daß eine von den Erfahrungswelten der Menschen völlig losgelöste Wirklichkeit entsteht. So erwächst aus ihren Gebilden ein Arkadien, in dem die Spielregeln des von berufener Hand einstudierten Programms stets eingehalten werden und das sich als beste aller möglichen Welten, als »kleine paradiesische Buchten im Schutz vor großen Unwettern«[1] wohltuend vom Chaos der anderen abhebt. Auf dieser Insel der Seligen sind es allenfalls Naturkatastrophen, die das Bild einer in sich ruhenden idyllischen Gemeinschaft ein wenig trüben könnten. Aber sofern das Zusammenleben in diesem »Märchenland«[2] nur vom Menschen selbst abhängt, hat sich alles einem diskreten Arrangement zu beugen. Jedermann ist verpflichtet, eine bestimmte Kleiderordnung einzuhalten und in der Öffentlichkeit nicht aus der Rolle zu fallen. Die Kinder schulden der Autorität des Lehrers unbedingten Respekt, wie das gesamte Land seinen weisen Vätern an der Spitze des Staates zu gehorchen hat. In der Kunst hat der Maler schlichte Stilleben zu bevorzugen, um die Harmonie von Mensch und Natur, Staat und Gesellschaft nachzugestalten. In der Literatur ist es eine erbauliche Poesie, die den Leser in morgendlicher Frische zu immer neuen und guten Taten auffordert. Während wohlgenährte Bürger von Tagesmeldungen über hungernde Menschen verschont bleiben, welche bei soviel Gleichklang und Glück kaum portugiesische Gesichtszüge haben dürften, ergehen sich Zeitungen, Rundfunk- und Fernsehsender in Verlautbarungen über feierliche Reden, Besuche, Einweihungen und Glückwünsche.

Wer die politischen Verhältnisse im Portugal der sechziger Jahre kannte, wußte die in dieser Karikatur beschriebene Idylle augenblicklich zu deuten. Wer sich noch an seine portugiesische Schullektüre erinnern kann, entsann sich dabei gewiß auch jener bedeutungsschweren Frage, die ihm in einem Lesebuch gestellt wurde: ob er denn wisse, was das Vaterland sei.[3] Auch wenn ihm vielleicht auf Grund eigener Erfahrungen damals schon ganz andere Erwiderungen auf der Zunge gelegen hätten, erinnerte er sich – unter Umständen zumal gerade deshalb – der bukolischen Bilder, die sich in den dann folgenden Worten abzeichnen sollten: Das Vaterland war da ein weiter schöner Garten, in dem Felder und Wälder blühten, in dem jedem Kind eine Heimat, ein Dorf oder eine Stadt, eine gelehrsame Schule und eine liebe Familie zugedacht war. Was es aber überdies zum Stolz auf den eigenen Geburtsort treiben sollte, waren mehr noch die Toten als die Lebenden: die heroischen Gestalten, deren Opfer die ruhmreiche Geschichte geschrieben hatten und das Land beständig daran erinnerten, daß es, wie ein anderer Text es erklärte, auf Grund seiner ausgedehnten überseeischen Territorien in der Welt sehr groß und nur in Europa sehr klein sei.[4]

Diese sprachlichen Kodierungen verwiesen nur allzu unverkennbar auf jene harmonische Ordnung, wie sie das aus dem Militärputsch von 1926 hervorgegangene Regime gerne für das gesamte Land und seine Menschen zu entwerfen pflegte. Das Leitbild dieses Neuen Staates, über dessen Anspruch schon Fernando Pessoa in Gelächter ausbrach,[5] war ein nach vertikalen Maßstäben durchstrukturiertes Gemeinwesen, in dem die Hierarchien der Väter bis zu den höchsten Autoritäten des Staates die Geschicke ihrer Untergebenen bestimmen und sich so mit einer von Gott gewollten Ordnung einig wissen. So heißt es etwa in Schulbüchern, die am deutlichsten über die von einem autoritären Staat erwünschte Modellierung menschlichen Verhaltens Auskunft zu geben pflegen:

Innerhalb unserer Familie haben die Eltern und andere Vorgesetzte den Auftrag, über unsere Erziehung und über alles zu wachen, was für unser Leben notwendig ist. Sie üben also eine Autorität aus, der wir zu gehorchen haben. In der großen Familie, die die portugiesische Nation ist, gibt es auch Autoritäten, die uns regieren und denen es obliegt, die öffentlichen Dienste zu organisieren und zu lenken [...]. Alle Portugiesen schulden der Regierung Respekt und Gehorsam.[6]

Eingedenk dieser Worte mag das innovative Selbstverständnis im Namen des Staates eher an die modernistische Avantgarde erinnern, die sich in den zwanziger Jahren mit dem Machthabern des faschistischen Italien verbündeten,[7] in Portugal aber auf weniger Gegenliebe beim Diktator Salazar stießen. Eher aber ist es daher wohl der Versuch, das eigentlich Alte dieser Staatsidee in die Sprache der Erneuerung zu kleiden, um sie nach einer von Militärrevolten, gewaltsamen Erhebungen und Staatsbankrotten durchlittenen Zeit der ersten Republik einer skeptisch gewordenen Öffentlichkeit als Quelle allgemeiner Stabilität und Ordnung anbieten zu können. Denn tatsächlich ging es doch darum, die alte patriarchale Familie wieder in ihr Recht zu setzen, die der Neue Staat als eine seiner wichtigsten Grundlagen betrachtete, um so die brüchig gewordene Kette des Gehorsams wieder schließen zu können. In der Verpflichtung der unteren Einheiten gegenüber den nächsthöheren konnte sich das Autoritätssystem jener Volksweisheiten bedienen, in denen sich die Erfahrungen von Generationen zu verdichten schienen: So habe der Herr dem Burschen zu befehlen, der Bursche der Katze und diese wiederum der Maus.[8]

Aber es sind nicht diese und andere Grundsätze des Regimes allein, welche die außerordentliche Rolle erklären, die einer mit bedeutenden Funktionen ausgestatteten Zensurbehörde zugedacht wurden. Nicht sie allein machen verständlich, warum diese jede publizistische Tätigkeit mehr als vierzig Jahre lang ihrer Kontrolle unterwerfen sollte, warum die Texte so unterschiedlicher Autoren wie Amado, Camus, Dos Passos, Faulkner, Gogol, Malraux, B. Russell, Steinbeck oder Tolstoi, erst recht aber die von Vertretern des sogenannten Sozialistischen Realismus wie etwa Scholochov oder Gorki neben denen von mehr als sechzig Portugiesen auf den Verbotslisten des Regimes figurierten, warum Theaterstücke von Brecht, Sartre und Peter Weiss grundsätzlich nicht auf den Spielplänen portugiesischer Bühnen erscheinen durften, warum aber auch neben großen Teilen des portugiesischen Gegenwartstheaters Dramen von E. Albee, F. Arrabal, E. Ionesco, W. Borchert, M. Frisch, T. Williams (um nur einige zu nennen) nicht zur Aufführung gelangen durften, warum selbst Inszenierungen von Shakespeares *Julius Caesar* und Lope de Vegas *Fuenteovejuna* dem Veto der Zensur zum Opfer fielen.

Diese aus heutiger Sicht wahrscheinlich entscheidendste Frage läßt sich nicht allein aus der Perspektive jener Zensoren beantworten, die diese Verbote aussprachen, sondern muß auch die Seite der zensierten Journalisten, Schriftsteller und Dramatiker berücksichtigen. Dem wenig originellen Lehrgebäude, mit dem das Regime ein ideologisches Zollsystem um das Land errichtete, kommt mit seinen Stützen in Gott, Autorität, Familie und Arbeit nur ein bedingter Informationswert zu, da die in ihm verflochtenen, archaisch anmutenden Ideologeme, wie die Erwartung eines neuen ›Goldenen Zeitalters‹ im Geiste einer neuen *Cruzada* oder die Idealität eines genügsamen Lebens auf dem Lande, auch selbst nur Antworten auf die Moderne in der Moderne sind. Der von der Zensur entfaltete Diskurs erhält erst dann eine gewisse Plausibilität, wenn man ihn als Gegentyp zu den der Moderne unweigerlich zugrundeliegenden Entwicklungstendenzen begreift, die mit ihrer geschichtlich einzigartigen Dynamik seit dem ausgehenden XIX. Jahrhundert auch in Portugal den Gegentyp zu allen vormodernen, sakral bestimmten und statischen Gesellschaftskonzeptionen markieren. Denn eine ideologisch motivierte Zensur mußte doch einer Zeiterfahrung widersprechen, in der sich »Normen zwischenmenschlichen Zusammenlebens nicht mehr durch den autoritativen Geltungsanspruch von Glaubenssätzen legitimieren«[9] lassen und daher durch Debatten ermittelt werden müssen. Mit diesem Verständnis erklärt sich für den historisch interessierten Leser zudem, warum es zwischen dem epochalen Konzept der Moderne und der vom ›Neuen Staat‹ angestrebten Ordnung zum Konflikt kommen mußte, der die Diskurspolizei über ihre engere Bedeutung als bloße ›Zensur‹ von Schrift, Bild und Ton hinaushebt. Ihre außerordentliche Rolle besteht vielmehr darin, einen Beitrag zu jener Regierungskunst zu leisten, die mit dem Verbot aller politischen Parteien (außer der staatlich geführten), der Aufhebung des Wahlrechtes, der Stärkung des bürokratischen Staatszentralismus und einem katholisch inspirierten Antikosmopolitismus »dem normalen Entwicklungsprozeß in allen Bereichen des gesellschaftlichen Lebens (entgegenwirkt)«[10] und dabei eine ähnliche Karriere im benachbarten Spanien erleben sollte.[11]

In der Zensur kristallisiert sich also das, was wir mit historischem Apriori beschreiben können und was die Bedingungen festlegt, unter denen bestimmte Erfahrungen, Denkweisen und spezifisches Wissen möglich werden sowie bestimmte Aussagen überhaupt erst gemacht werden können.[12] In dieser historischen Formation finden sich alle Diskurse unabhängig von ihren Orientierungen oder ihrem ideologischen Selbstverständnis wieder, beziehen sie sich doch in einer umstrittenen Moderne auf gemeinsame Fragestellungen und nehmen in diesem Sinne ein dialogisch strukturiertes Verhältnis zueinander auf. Doch ist angesichts dieses historischen Apriori eine Vielfalt von Optionen denkbar. So gehört das ständige Ausspielen von Chancen und Risiken eines selbstbestimmten Lebens im privilegierten Bereich der Literatur ebenso zu den Strategien, der neuen Zeit zu begegnen, wie die Versuche, die Entfaltung dieser Diskurse mit operativen Gegenangriffen zu unterlaufen, womit sicherlich nur die äußersten Grenzen dieses weitläufigen Feldes genannt sein dürften. Doch der Gegensatz zwischen einem Staat, der über sein Gewaltmonopol hinaus auch einen Anspruch auf diskursive Überwachung erhebt, und einer sich in unterschiedliche Interessen und Rollen ausdifferenzierenden Öffentlichkeit verträgt keine friedliche Lösung: Zwangsläufig muß ein solches Vorhaben, gesellschaftlichen Prozessen mit administrativen Mitteln eine von staatlichen Apparaten erwünschte Entwicklungsrichtung zu geben, zur Einrichtung einer Zensur führen. Zunächst aber gilt es, den verhaltenswirksamen Glauben an außerirdische Sanktionen, der der irdischen Autorität seit Menschengedenken zu Hilfe kam, wieder in seine alten Rechte einzusetzen. Angesichts neuartiger Lebensperspektiven in der Moderne ist er ins Wanken geraten, so daß man in Schule und Gesellschaft nicht müde wird, den Gehorsam als Grundlage aller Tugenden zu empfehlen. Sein Verlust birgt Gefahren, da die legitime Macht des Staates sich letztendlich als Abglanz jenes allmächtigen Gottes versteht:

Man hatte Gott geleugnet, die Gewißheit, die Wahrheit, die Gerechtigkeit, die Moral im Namen von Skeptizismus, Pragmatismus, Genußsucht und tausend konfusen Systemen, deren Leere schwerlich gefüllt werden konnte. Taten entstehen nämlich nicht auf Grundlage der Negation, der Gleichgültigkeit und des Zweifels. Denn das Leben ist Aktion.[13]

Der Zweifel an einem absolutistisch herrschenden Gott ist daher für den Diktator Salazar eine der wichtigsten Ursachen für einen Staat, der an sich selbst zweifelt und in seiner inneren Zerrüttung der ersten portugiesischen Republik gleichkommt. Für ihn ist Regieren nicht im Namen des Zweifels möglich, sondern nur im Namen einer Wahrheit, der sich ein den Häresien der Moderne abgewandter Staat um so entschlossener verpflichtet weiß.[14] Die diskursive Strategie einer Staatsführung, die sich vornimmt, die gesamte Gesellschaft ihrem Diktat zu unterwerfen, läßt sich unter dem der *Action française* abgewonnenen Schlagwort *Politique d'abord* zusammenfassen.[15] Da es die Zensur gewissermaßen im Diskurs des Regimes legitimiert, empfiehlt es sich, an dieser Stelle einen Blick auf dieses Primat des Politischen zu werfen. Die polemische Schärfe, in der es hier erscheint, verdankt sich abermals dem verbotenen *Kritischen Wörterbuch*. Wie Menschen erst dann ihrer wirklichen Bestimmung gerecht werden, wenn sie die Materie dem Geist und die Instinkte dem Verstand unterwerfen,[16] so hat sich auch der Staat über die Ökonomie zu erheben, um den Verlauf der Geschichte als dessen *genius* steuern zu können. Doch ist es gerechtfertigt, aus dieser Distanz zu materialistischen Konzeptionen auf die Nähe zu entgegengesetzten Vorstellungen zu schließen? Mitnichten, denn die Autonomie des menschlichen Gewissens wird wiederum den Erfordernissen der Politik untergeordnet, so daß diese (natürlich ausschließlich über ihre offiziellen Träger) allein darüber zu entscheiden hat, was gedacht, geschrieben und gelehrt wird. Einerseits setzt sich diese Politik mit dem Verweis auf ›höhere geistige Werte‹ jener Dynamik entgegen, die eine marktwirtschaftliche Entwicklung eröffnet. Andererseits hemmt man die Verbreitung von Ideen, welche ja die Existenz ebensolcher Werte hinlänglich belegen könnten, mit dem Argument, daß sich diese nicht mit den Realitäten und den beschränkten materiellen Möglichkeiten vertrügen. So ist diese antimoderne Strategie in dem Maße ›materialistisch‹, wie sie die Vielfalt von Diskursen zugunsten pragmatischer Ordnungsvorstellungen zu unterbinden sucht, anstatt die Menschen im fliegenden Wechsel von einer Agrar- zu einer Industriegesellschaft mit kulturellen Techniken auszustatten. Es ist hingegen ›idealistisch‹, wenn sie einen sozialen Immobilismus verficht und ein dem primären Sektor abgewonnenes Modell als Paradigma für eine Gesellschaft festsetzt, die mit der Entstehung autonomer Lebenswelten und Subkulturen in den Städten diesem immer weniger entspricht und einer völlig anderen Diskursivierung der Wirklichkeit gehorcht.[17]

Denn auch in Portugal erkämpft sich ein wachsender Kreis von Menschen die Autonomie ihrer Lebenswelt gegenüber Kollektiven, Gemeinschaften und Milieus, um ihre sozialen Beziehungen selbst zu gestalten. Auch hier durchzieht ein hedonistischer Grundzug die Lebenspraxis und ersetzt damit die christliche Erwartung eines ›ewigen Lebens‹, dessen Sicherheit zugunsten eines Hier und Jetzt verblaßt. Da ein derartiges Lebensgefühl in seinem Programm nicht vorgesehen ist, hat der Diktator schon 1937 gute Gründe, in Klagen über den ›Materialismus‹ einer Zeit auszubrechen, die ihm zusehends unverständlicher zu werden scheint[18]:

> Die moralische und religiöse Einheit ist unglücklicherweise schon nicht mehr in allen Teilen vorhanden, aber jede Nation verfügt noch über einen Vorrat an Empfindungen, deren *noblesse* gesteigert werden muß, damit sie uns nicht verlustig gehen. Die Elite, die als Trägerin dieser Gefühle gilt, wird von Tag zu Tag abnehmen, im Wahnsinn unserer Zeit, die nach materiellen Wohltaten verlangt und die Verwüstung der guten Sitten, den Reichtum und seine Quellen, die Arbeit und ihre besonderen Tätigkeiten, die Familie und ihren sozialen Wert korrumpieren.[19]

Der Staat, der in den kulturellen und sozialen Unwägbarkeiten dieses neuen subjektbezogenen Machttypus eine Gefahr für die von ihm usurpierten Rechte erblickte, suchte der Auflösung dieser Einheit mittels einer sogenannten Politik des Geistes entgegenzuwirken. Sollte diese Politik dem Staat auch kulturelle Verpflichtungen auferlegen, wie die Förderung von Theater, Film und Literatur,[20] so sollte diese Seite aus der Sicht Salazars auch ein notwendiges repressives Pendant in der Zensur haben, die der Freiheit unvermeidliche Grenzen setzen sollte. Was aber den essentiellen Teil dieser Politik ausmachte und die Schwäche staatlichen Räsonnierens hinlänglich offenbarte, war die Zensur, die von Abgeordneten der Staatspartei am Anfang der siebziger Jahre gar zu deren Vehikel und Stimulator aufgewertet wurde. So wird der Diskurspolizei unter Hinweis auf P. Morands *Éloge de la censure* auch noch eine pharmakologische Wirkung abgewonnen:

Wenn das Regime der Zensur im Laufe der Zeit auch Nachteile hat, dann soll dennoch nicht die andere Seite der Medaille vergessen werden, die darin besteht, für die Schriftsteller einen jener ›feinen Zwänge‹ geschaffen zu haben, von denen Paul Valéry spricht [...]. In einer geradezu vollendeten Sprache fügte er hinzu, daß die Zensur den Schriftsteller dazu nötigt, aus seiner Feder eine spitzfindige Waffe zu machen. Auf der anderen Seite zwingt sie den Leser, genau zu lesen, zwischen den Zeilen zu lesen, in den halb ausgesprochenen Worten, um sich zu bemühen das zu erfahren, was der Schriftsteller zwar sagen wollte, aber nicht konnte.[21]

Mit diesen und ähnlichen Standpunkten[22] konnte das Regime freilich kaum einen nennenswerten Kreis von Intellektuellen an sich binden, wie dies im faschistischen Italien der Fall war. Auf Grund seiner so akzentuiert kulturfeindlichen Politik mußte es,[23] so Tavares Rodrigues, nahezu alle Schriftsteller gegen sich aufbringen,[24] was viele, wie etwa Ferreira de Castro, zum Verlassen ihres Landes veranlaßte oder zu geächteten Wesen machte. Ihr intellektueller Tod ist dabei durchaus eingeschlossen, wie Direktiven der Pressezensur an das *Jornal de Notícias* zwischen November 1965 und Mai 1966 verdeutlichen:

Jeglicher Bezug auf die folgenden Schriftsteller ist zu streichen: Luís Francisco Rebello, Urbano Tavares Rodrigues, Sofia de Mello Breyner Andresen, Francisco de Sousa Tavares, Mário Sacramento, Fausto Lopo de Carvalho, José-Augusto França, Jorge Reis, Natália Correia, Manuel Mendes Atanásio, Alexandre Pinheiro Torres, Augusto Abelaira, Fernanda Botelho,

Manuel da Fonseca e Jacinto do Prado Coelho. DIESE NAMEN SIND GESTRICHEN. DIESE SCHRIFTSTELLER SIND GESTORBEN![25]

Diese Aufzählung prominenter Romanciers, Dramatiker, Philologen und Literaturkritiker legt nahe, daß es dem Regime nicht allein um inkriminierte Texte ging, sondern in deren Urhebern vor allem um intellektuelle Eigenständigkeit selbst. Der Protagonist eines Theaterstückes, gegen dessen Aufführung die Zensur 1970 ihr Veto einlegte, drückt das Lebensgefühl seiner Generation so aus:

Es fehlt uns die Zeit, um glücklich zu sein. Wenn man als Baum in einem Land lebt, wo große Bäume gefällt werden.[26]

Wollte man das Selbstverständnis staatlicher Bürokratien wie das der Zensur auf den Punkt bringen, so könnte dies mit jener Zauberformel *inconveniente* geschehen.[27] Der Leser kann ihre häufige Wirkung in unzähligen Gutachten der Presse- und Theaterzensur ermessen,[28] die ihm in der Ostentation indiskutabler staatlicher Autorität auch die unvermeidliche Arbeitsweise der Zensur vor Augen führen: Was der »Ordnung auf den Straßen und dem Frieden in den Gemütern«[29] sowie »der guten Entwicklung des Gemeinwesens«[30] abträglich ist, wird mit Verboten belegt, die im Sinne eines Verwaltungsaktes zunächst nur einer entsprechenden Registrierung bedürfen, um erst dann auf diskursive Weise begründet zu werden.

Doch desto eindringlicher dieses politische Modell als oligarchisch, historisch anachronistisch und technisch überholt gekennzeichnet wird,[31] desto tiefgreifender ist es wie die Zensur selbst im beschriebenen Apriori befangen: Einerseits überanstrengt diese mit ihrem Vorhaben, aus dem ganzen Staat eine mentale Einheit zu machen, »die menschlichen Möglichkeiten – jedenfalls die bürgerlichen«,[32] ohne dabei in der Lage zu sein, sich selbst zur Disposition zu stellen. Andererseits kann sie nicht verhindern, daß ebendies von unterschiedlichen Seiten geschieht und ihre Intervention erforderlich macht. Aus diesem Paradox ergibt sich für die Zensur die Notwendigkeit, größtmöglichen Einfluß auf andere Diskurse zu gewinnen, nicht allein, um die Weitergabe subversiven Wissens an den Rezipienten in größtmöglichem Umfang zu verhindern. Es muß auch zu ihrem Auftrag gehören, ein ebensolches abzuschöpfen, um die Bedeutungen zu erfassen, die in den überprüften Texten gesetzt werden, wie sich an einem späteren Beispiel unschwer ermitteln lassen wird.

Auf einen ähnlichen Widersinn trifft man im Verhältnis, das das Regime gegenüber der öffentlichen Meinung einnimmt: Räumt der Diktator dieser gar eine Autonomie gegenüber staatlichen Apparaten ein,[33] so fällt dem Staat die Aufgabe zu, sie zu ihrem eigenen Wohlergehen zu steuern, womit die entsprechenden Pressegesetze[34] auch die Notwendigkeit einer Zensur begründen. Namentlich in die Verfassung, mit der sich der ›Neue Staat‹ 1933 konstituierte, haben sich mit den Freiheitsgarantien für alle Bürger (Artikel 8) die Prämissen der neuen Zeit eingeschrieben, ohne allerdings bei ihren Herausgebern selbst auf ernstzunehmendes Gehör zu stoßen. Denn anders als alle anderen vorangegangenen portugiesischen Verfassungen, die die Vorzensur auf Periodika *expressis verbis* mißbilligten, betrachtete jene genau das als verfassungskonforme Regierungspraxis:

> Die Zensur hat lediglich das Ziel, die Entartung der öffentlichen Meinung in ihrer Rolle als gesellschaftliche Kraft zu verhindern. Sie soll so ausgeübt werden, daß sie vor allen Erscheinungen geschützt wird, die sie gegen die Wahrheit, die Gerechtigkeit, die Moral, die Verwaltung und das Gemeinwohl aufbringen und sie davon abhalten, daß entscheidende Grundsätze angegriffen werden, die die Ordnung der Gesellschaft berühren.

Die Bedeutung, die der Zensur zudem im neuen Staatswesen zugedacht wurde, läßt sich an dem Umstand ablesen, daß ein neues Zensurdekret mit dem 11. April 1933 eben an jenem Tag in Kraft trat, an dem mit der neuen Verfassung auch die korporative Republik verkündet wurde. So heißt es in Artikel 2 des Gesetzes:

> Der Vorzensur unterliegen auch weiterhin alle periodischen Veröffentlichungen, wie sie als solche im Pressegesetz festgelegt sind. Dies gilt ebenso für Flugblätter, Broschüren, Plakate und andere Veröffentlichungen, sofern in diesen politische oder soziale Themen behandelt werden.[35]

Nichtperiodische Publikationen waren demgemäß von ähnlichen Auflagen ausgenommen, so daß die Verleger keine Gewähr dafür haben konnten, ob ihre Bücher das Lesepublikum auch unbehelligt von staatlichen Interventionen und polizeilicher Willkür erreichen. Bei dem nachträglichen Verbot eines Romans konnte die Staatspolizei PIDE willkürliche Beschlagnahmungen in Buchhandlungen durchführen und gesamte Auflagen verbrennen lassen.[36] Was Verlage in den Ruin stürzen konnte, ließ Autoren die Arbeit an ihren Texten zur Qual werden, wie Ferreira de Castro seine Erfahrungen beschreibt:

Schreiben ist so eine wahre Tortur, weil das Übel nicht nur darin besteht, was die Zensur verbietet, sondern auch in der Sorge, was sie verbieten könnte. Jeder stellt sich beim Schreiben einen unsichtbaren Zensor über den Schreibtisch, und diese unsichtbare, körperlose Anwesenheit nimmt uns jegliche Spontaneität, nimmt uns den Elan, zwingt uns, das eigene Denken hinter einer Maske zu verstecken, wenn wir es nicht ganz aufgeben, immer mit der fixen Idee im Kopf: ›Lassen sie das durchgehen?‹[37]

Die Überwachung jener, »die als Leser, Hörer und Zuschauer, Besitz und Bildung vorausgesetzt, über den Markt der Diskussionsgegenstände sich bemächtigen können«[38], zeigt sich aber vornehmlich in der dem Staat zugedachten sprachbildenden Funktion. In Gesetzen, Institutionen und Anschauungen verankert, nimmt er sich als sehendes und allwissendes Auge zugleich wahr, dem es obliegt, die Menschen vor sich und ihren Trugbildern zu bewahren:

Ein Mann sieht einen Straßenkilometer, der stark beschädigt ist und durch sein Dorf führt. Ein anderer, der auf der Reise ist, kommt mit einigen Minuten Verspätung an seinem Zielort an. Ein weiterer hat von einem Kind erfahren, das tot aufgefunden wurde. Vorschnelle Verallgemeinerungen werden diese drei Beobachter zur Annahme verleiten lassen, daß unsere Straßen nicht befahrbar sind, die Züge zu spät kommen und es im Land keine medizinische Versorgung für Kinder gibt.
Dieses Stück Land wird nicht bestellt, weil es verlassen wurde oder weil der Besitzer verstorben ist. Und schon kommt man auf die Idee, daß ein großer Teil unseres Landes brachliegt. Das grenznahe Gebirge ist noch nackt, und der Boden ist von den Unwettern ausgewaschen. Und sogleich scheint es so, daß nicht ein Baum gepflanzt und nicht ein Tannenwald angelegt wurde. Man schließt die Schule, weil Schüler fehlen, und sieht es als Beleg dafür, daß nichts für die Schulbildung getan wird. Es ist immer sehr problematisch, die Welt von unserem Zimmerfenster aus zu beurteilen.
Eine Nation ist eine sehr viel weitere Realität als die unseres Hauses, unserer Straße, unseres Dorfes, unserer Stadt, unserer Schule. Aber jemand hat notwendigerweise die ständige Sorge dafür zu tragen, dem singulären Umstand

die Allgemeinheit der Fakten, dem persönlichen oder ortsgebundenen Fall den nationalen entgegenzusetzen und die Vorstellung richtigzustellen, daß jeder einzelne intuitiv die nationale Wirklichkeit gestalten könne, indem er an der Schwelle seiner Haustür philosophiert. Auf diese Weise müssen alle die gleichen Tatsachen im Leben der Nation erfahren.[39]

Aus der Erkenntnis, daß »die Menschen, Gruppen und Klassen die Dinge und Ereignisse vom Standpunkt ihres Interesses aus wahrnehmen«,[40] ergibt sich die für den Staat unerläßliche Konsequenz, eine Körperschaft ins Leben zu rufen, die als Zensur dem Gemeinwohl verpflichtet ist. Diese kann jedoch die ihr gesteckten Ziele nur dann erreichen, wenn sie dem Leser die kritische Immunität gegenüber der zensierten Schrift nimmt. Aus diesem Grund muß sie ihren Blick als unerschütterliches Objektiv einsetzen, das hinter der von ihr geschaffenen Objektivität zu verschwinden bemüht ist. So sieht die Gesetzgebung für die Pressezensur explizit vor, daß

freigehaltene, gedehnte oder zusammengerückte Stellen, Platzhalter für Zeichnungen oder Anzeigen oder irgendein anderer Hinweis, aus dem man auf das Einwirken der Zensur schließen kann, nicht genehmigt sind. Dies gilt auch dann, wenn dies jeder Grundlage entbehrte.[41]

Indem die Zensur bemüht ist, die Erfahrungen des einzelnen in der öffentlichen Sprache auszublenden, versieht sie sich der Wittgensteinschen Einsicht, daß »die Grenzen meiner Sprache die Grenzen meiner Welt«[42] bedeuten. Diese nach ihrem Belieben zu ziehen und für verbindlich festzuschreiben bedeutet als Aufgabe nichts geringeres als den Aufbau einer Repräsentation, die alle einschließt, ohne alle darzustellen:

Politisch existiert nur das, von dem das Publikum weiß, daß es existiert. Das Nichtwissen der Realitäten, der Arbeit der öffentlichen Dienste, der tatsächlichen Verbesserungen ist ein Grund für die Unzufriedenheit, für die Gleichgültigkeit in den Seelen, für den Mangel an patriotischem Selbstbewußtsein, für fehlendes Vertrauen und Lebensfreude. Das Faktum ist von politischem Interesse, weil es den inneren Zusammenhalt und die Lebenskraft der Nation berührt.[43]

Aus der Einsicht, daß die Repräsentation der Wirklichkeit eine Auswahl von Wirklichkeitsmomenten zu sein hat, die sich politischen Interessen des Regimes verdankt, geht hervor, daß die

Kommunikation selbst Gegenstand der Zensur ist und sich nicht mit einem passiven Verhältnis zu dem ihr vorgelegten Text begnügen kann, wie etwa mit dem Tilgen bestimmter Textstellen oder dem Auslöschen bestimmter Bedeutungen. Eine umfassende Zensur muß bemüht sein, Geschichte und die gegenwärtige Wirklichkeit so zu rekodifizieren, daß diesen in ihrer sprachlichen Ordnung neue Bedeutungschwerpunkte zugewiesen werden. Die Ökonomie der Zeichen ist einer beständigen Kontrolle zu unterziehen, die etwa in der Verknappung des Diskurses,[44] der Einschränkung und Steuerung des Teilnehmerkreises, der wirtschaftlichen Auszehrung oppositioneller Verlage oder in der Ausgrenzung von Theatergruppen besteht. In diesem Vorgehen zeichnet sich die Erkenntnis ab, daß eine reale Diskurskontrolle erst dann zu erzielen ist, wenn diese ebenso umfassend ist wie das Zeichensystem selbst und damit neben der ideologisch-semantischen auch die syntaktische, pragmatische und sigmatische Ebene berücksichtigt. Am anschaulichsten stellen sich diese im Theater dar, das nach R. Barthes im Zusammenwirken von Licht, Mimik, Tanz und Sprache ein privilegiertes semiotisches System bildet und schon wegen seiner unmittelbaren Wirkung auf ein präsentes Publikum einer besonders rigiden Kontrolle unterworfen ist. In ihrer kleinen Geschichte der literarischen Zensur in Portugal weist Almeida Rodrigues darauf hin, daß es über Jahrhunderte einen offenkundigen Zusammenhang zwischen Pressefreiheit und historisch wenig ergiebigem Theaterschaffen gegeben haben muß.[45] Gerade hier erweist sich Zensur als ein vielfältiges Netz notwendiger Rücksichten und unerwünschter Abhängigkeiten. Noch bevor die Proben eines Theaterstücks überhaupt ihren Anfang nehmen durften, mußte es vom antragstellenden Schauspielhaus einer Behörde vorgelegt werden, die gegenüber der Pressezensur eigenständig war und schon in ihrem Namen sowohl moderne technische[46] als auch zensorische Aufgaben in sich vereinte: die *Kommission für Überprüfung und Klassifikation*.

Wie aus Statistiken zu ersehen ist, die zwischen 1945 und 1974 erstellt wurden, hat diese Behörde die Aufführung von über dreißig Prozent aller zensierten Theaterstücke lediglich mit Auflagen gestattet bzw. diese gänzlich verboten. Was sich hier noch so zurückhaltend mitzuteilen scheint, sollte für die moderne portugiesische Dramatik auch über die Nelkenrevolution von 1974 hinaus tragische Konsequenzen haben. Das Drama war von der Zensur am stärksten betroffen. Der hohe Zensuranteil erklärt auch, warum kaum ein Theaterstück im Ausland bekannt wurde. An keinem anderen Schicksal läßt sich diese Tragik besser ablesen als bei dem wohl begabtesten Dramatiker, B. Santareno, der von 1957 bis zu seinem frühen Tod 1980 über zwanzig Theaterstücke schrieb. In einem Brief vom Frühjahr 1964 an die Leitung des Teatro Nacional gibt er seiner Enttäuschung Ausdruck:

> Zehn Jahre sind vergangen, seitdem dieses Stück[47] als Buch erschienen ist. Seine Aufführung ist erst jetzt genehmigt worden. Ich habe das schon mehrmals mit anderen Stücken erlebt. Das ist furchtbar. Ich kann nur ständig, mich selbst, meine Schauspieler, den Regisseur und die Zuschauer bedauern, die das Stück nun für überholt halten. Meine gesamte Arbeit der letzten Jahre ist verboten worden. [...] Theater ohne Publikum hat doch keinen Sinn.[48]

Selbst nach einer Genehmigung des Textes konnte noch in nichtöffentlichen Proben erkundet werden, ob die Gebärden der Schauspieler, das Dekor der Bühne oder die Einstellungen des Lichts dem Zuschauer nicht doch Zeichen einer Botschaft mitteilten, die der Text noch in Metaphern zu verbergen verstand. Doch auch der Satzbau eines Textes selbst konnte die Zensur zum Verbot veranlassen: Wie Soziolekte in der Schule vorwiegend aufgrund ihrer Herkunft geächtet wurden,[49] so legte sie, wie am Beispiel von *Os três fósforos* (1961) von Teresa Rita Lopes erkennbar ist, erheblichen Wert auf den Gebrauch der Hochsprache.[50]

Auf der semantischen Ebene werden bestimmte Begriffe, Namen und Kontexte von seiten der Zensur mit Verbot belegt, weil sie in ihnen eine dem Regime feindliche Bedeutung erkennt. Obwohl dies auch auf expositorische Texte zutreffen mag,[51] bildet sich besonders in der Literatur ein umfangreicher Bestand an Metaphern, Parabeln und Metonymen heraus, die Sender und Empfänger zu Komplizen einer subversiven Verständigung machen. Die hier poetisierte Wirklichkeit bietet sich dazu an, die von der Zensur gesetzte Grenze zu überschreiten oder zu unterlaufen. Salazar hat diese in einer Negativbeschreibung folgendermaßen umrissen:

Über Gott und seine Eigenschaften wird nicht diskutiert. Über das Vaterland und die Nation wird nicht diskutiert. Über die Autorität und ihr Ansehen wird nicht diskutiert.[52]

Innerhalb dieser Grenze verdichtet sich die von Umberto Eco beschriebene ideologische Natur der Ideologien, die daher rührt,

daß man die partiellen semantischen Felder als definitiv betrachtet und nicht erkennt, daß sie auf weiträumigere Korrelationen innerhalb des umfassenden semantischen Systems bezogen werden können – so daß man sie nicht nur zusammenfügen, sondern durch Vergleich auch widerlegen kann.[53]

Dem Schreibenden muß es also darum gehen, die ihm auferlegte semantische Reduktion seiner Expressivität mit ästhetischen Mitteln so zu durchkreuzen, daß Begriffe wie Vaterland, Gott oder Autorität zu Objekten der Erzählung werden und damit zwangsläufig in Wechselwirkung mit anderen Begriffen und Bildern treten. Diese Kontamination des reinen Sinns zeigt sich etwa in Salazar Sampaios Theaterstück *Nos Jardins de Alto Maior* (Die Gärten von Alto Maior)[54], in dem die zu Mineralien erstarrten Protagonisten die imperativen und unbeweglichen Sinnbestände einer anderen Epoche nachgestalten, aber mit motorischen und intellektuellen Experimenten den Versuch ins Spiel bringen, sich immer wieder, wenn auch nicht mit Erfolg, aus diesem Immobilismus zu befreien. Aber auch dieser Symbolismus kann vom Zensor als einem mit besonderen Machtmitteln und Strategien ausgestatteten Leser durchschaut werden, da er mit der Botschaft gleichermaßen das Verfahren im Auge hat, in dem diese erfolgt. So kann man nach einer Interpretation des Stückes, die jedem Sinnbild eine politische Kodierung zuweist, in der ersten Verbotsbegründung nachlesen:

[...] Diese Symbole hüllen sich bewußt in Masken, welche oftmals den eigentlichen Sinn verzerren. Zweifellos sollte das Stück noch ein anderer Kollege lesen. Trotz meiner Anerkennung seines [literarischen] Wertes und meines damit erklärbaren Wunsches, es nicht mit einem Verbot zu belegen, kann ich seine Aufführung nicht genehmigen.[55]

Obwohl es der Kommission primär um die Wirkung geht, welche die Aufführung eines Bühnenstückes auf ein potentielles Publikum ausüben kann, hat sie mit der Botschaft gleichermaßen das Verfahren zu untersuchen, in dem diese erfolgt. Der Literarizität eines Textes kann dabei eine durchaus politische Funktion zukommen, wie ein weiterer Zensor bestätigt:

Ich schließe mich der Meinung meines Kollegen an. Das Stück ist von gutem literarischen Niveau, hat aber politische Intentionen, die seine Genehmigung zum jetzigen Zeitpunkt nicht erlauben.[56]

Freilich entsprach der Typus eines Zensors, der mit literarischen Kenntnissen sprachliche Sensibilität bekundet, nicht gerade der Regel, bei der Kommission für Theater und Film nicht, bei denen der Presse noch weniger[57] und bei den unteren Kadern der Staatspolizei, die für Durchsuchungen von Buchhandlungen und Bibliotheken zuständig waren, wahrscheinlich am wenigsten. Diese hatten vornehmlich in den ersten Jahren des Regimes nur allzu deutlich zu erkennen gegeben, daß es ihnen bei dieser Aufgabe am nötigen kulturellen Wissen fehlte.[58] Auch die Zentrale der Pressezensur wandte sich am Ende der sechziger Jahre in einem Schreiben an ihre Nebenstellen gegen die Arglosigkeit mancher Kollegen:

[...] um ein guter Zensor zu sein, reicht Intelligenz nicht aus. Es ist wichtig, herauszufinden, worauf der Journalist hinauswill. Und es ist fast immer ein kurzer Satz, der einem ohne längere Erfahrungen entgehen kann und der auf eine sehr staatsabträgliche Angelegenheit eingeht, die in der Provinz sogar unbekannt sein kann.[59]

Allerdings zeigt sich in diesen Schwierigkeiten, daß eine Diskurskontrolle nach bloßen ideologischen Kriterien nur oberflächliche Effekte zeitigt. Zwar lassen sich die Themen, die etwa in der Presse keine Erwähnung finden durften, unschwer zusammenfassen: allgemeine Angriffe oder Kritiken auf Staat und Regierung, deren Vertreter und Institutionen; respektlose Bemerkungen über Behörden und öffentliche Einrichtungen; Nachrichten, die geeignet sind, Unruhe unter der Bevölkerung zu stiften; Schriften, die Glaubensbekenntnisse (besonders natürlich das römisch-katholische) und religiöse Bräuche beleidigen; Einzelheiten über Selbstmorde oder Verbrechen, wie etwa Kindesmorde, sofern sie nicht durch Meldungen über die Verhaftung und Bestrafung der Verbrecher ergänzt werden; Artikel, Direktreportagen oder Anzeigen über Astrologen, Hexen oder Wahrsager; Artikel, die die diplomatischen Beziehungen mit anderen Ländern beeinträchtigen können.[60]

Diese allgemeinen Regeln teilten dem Zensor aber wenig über die zeitkritischen Risiken mit, die sich zwischen 1926 und 1974 notwendigerweise aus dem Gebrauch öffentlicher Sprache ergaben und daher kaum eine statistisch gefaßte Katalogisierung zulassen konnten. So hat etwa der Kolonialkrieg, den Portugal seit Beginn der sechziger Jahre führte, die Scheidung zwischen erlaubter und verbotener Rede maßgeblich mitbestimmt. Was sich vorher aus der Sicht der Zensoren als unproblematisch erwiesen hatte, mußte nun auf Grund pazifistischer Tendenzen unter Umständen dem Stift weichen. Aber in diesem Kontext war auch von Bedeutung, ob es oppositionelle Zeitungen, politisch verdächtige Theatergruppen und nicht zuletzt auch mißliebige Autoren waren, die ihre Stimme erhoben. Natürlich gehörte es zu den Aufgaben der Zensur, die am wenigsten kooperativen Kräfte von jenen Zeitgenossen zu trennen, die ihre Resignation zu kleineren oder größeren Kompromissen trieb.

Dennoch konnten die von der Zensur gesetzten Grenzen nicht so verriegelt sein, als daß die in den Köpfen reisende Konterbande nicht in der Lage gewesen wäre, sie zu überschreiten oder gar, vornehmlich seit den sechziger Jahren, zu versetzen. Aus den überschaubaren Inseln städtischen Lebens wurden Orte intellektueller Unruhe, die auf Bibliotheken, Buchhandlungen, Zeitungen und Theater übergriff. In dem Maße, wie sich unter Studenten, Journalisten, organisierten Arbeitern, Beamten und Geschäftsleuten eine politische Subkultur entwickelte,[61] entstanden illegale Distributoren in- und ausländischen Schrifttums, die alsbald auf den Verbotslisten der Zensur erschienen. Auf diese raschen Veränderungen der Kommunikationsstruktur, die hier nur angedeutet werden konnten, war die *censura analfabeta*, wie sie von der politischen Opposition des Regimes genannt wurde, in jenen Jahren nicht vorbereitet: Die bislang bewährten Mechanismen der Zensur zeitigten nun eine zusehends nachlassende Wirkung:

Die augenblickliche Struktur der Zensur ist veraltet und kann nicht verhindern, daß ihr die Dinge immer wieder entgleiten. [...][62]

Dieses offizielle Portugal, beobachtete Meyer-Clason ein Jahr später, gleiche einem Mann in einem geschlossenen Raum, aus dessen Wänden alle Augenblicke Nagetiere, Ratten, Hausmarder dringen. Der Mann habe alle Hände voll zu tun, die Eindringlinge mal hier zurückzustoßen, mal dort niederzutrampeln, die hinterlassenen Löcher notdürftig zu verstopfen.[63] Mit dem 25. April 1974 schließt sich dieser Kreis: Die Zensur und ihre Institutionen werden abgeschafft, eine zwei Jahre später verkündete Verfassung garantiert das Recht auf freien Ausdruck in Wort, Schrift und Bild. Jene Zensur, die mit dem historischen Apriori der Moderne verflochten war, ihm aber beständig zu entgehen versuchte, ist von ebendiesem Widerspruch eingeholt worden. Nun bedarf es keines separaten staatlichen Apparates mehr, der den Diskurs in öffentlichen Medien und Literatur zu regulieren hätte. Es sind nun die sich rasch entwickelnden Marktverhältnisse allein, die diese Aufgabe selbst auf völlig unspektakuläre Weise erfüllen, nicht ohne den Zeitgenossen in der Gewißheit zu wiegen, daß gerade sie durch ihr vielfältiges Angebot die Freiheit der Rede sicherten. Dieser erwartet immer noch da eine Verknappung, wo doch unaufhörliches Sprechen den Diskurs zum Schweigen bringen kann:

Heute lehrt uns die Erfahrung mit der Freiheit, daß die Wahrheit nicht nur durch die Zensur verschwiegen wird: sie mit Geschwätz und Chaos zuzudecken ist eine Form, sie der Anarchie und ohne Gewicht der Zerstreuung zu überantworten [...]. Was die Zensur angeht, so wissen wir, daß sie nicht nur durch die Gewalttätigkeit von Inquisitoren in Diktaturen ausgeübt wird, sondern auch mit Hilfe offizieller Haushaltspläne und durch die Vermarktung von Kultur.[64]

1 Saraiva 1984, S. 145.
2 Saraiva 1984, S. 143 ff.
3 *Terceira Classe* 1954, S. 5-6.
4 Pamplona o.J., S. 5-6.
5 Zit. in Meyer-Clason 1979, S. 67: »Der Neue Staat ist's, ja, und das Volk / Hörte, las und war einverstanden. / Ja, das ist ein neuer Stand / Der Dinge, und er macht gehörig Staat / Und war bisher nie vorhanden. // Allerorts herrscht Fröhlichkeit. / Doch ist sie so tief fundiert / Wie Gott der Gottesgelehrsamkeit, / Daß sie überall existiert, / Aber nicht zu sehen ist weit und breit. [...] Und das Kolonialreich? Ein weiter Weg. / Aus diesem führen mit Liebespassion / Solche, welche die Macht auskehrt, / Unsere christliche Zivilisation, / Von der eigentlich keiner weiß, was sie eigentlich wert. // Richtungsweisend für die Künste / Knüpft man an die Tradition / Und vereint Apoll mit Mars / Im Theater der Nation, / Einstmals Sitz der Inquisition. [...]«
6 *Terceira Classe* 1954, S. 176-178.
7 Vgl. Isnenghi 1979.
8 Grave 1930, S. 107.
9 Bürger 1983, S. 19.
10 Saraiva 1984, S. 147.
11 Vilar 1977, S. 101-110.
12 Vgl. Foucault 1981, S. 183-184.
13 Salazar 1977, S. 81.
14 Ferro 1978, S. 269.
15 Vgl. dazu Maurras 1968, S. 155: »Quand nous disons ›politique d'abord‹, nous disons: la politique la première, la première dans l'ordre du temps, nullement dans l'ordre de la dignité. Autant dire que la route doit être prise avant que d'arriver son point terminus [...].«
16 *Secretariado de Propaganda Nacional:* Salazar *says*. Lisboa o.J. zit. in: Figueiredo 1975, S. 50.
17 Vgl. Magalhães Godinho o.A., 1983. Auf den Agrar-, Industrie- und Tertiärsektor verteilten sich die Portugiesen 1900 mit 61,1 %, 19,4 % und 19,5 %; 1930 mit 46 %, 17 % und 37 %; 1950 mit 47 %, ca. 25 % und ca. 26 %; 1966 mit 33,5 %, 33,3 % und 32,2 %.
18 So schreibt der offiziöse *Diario de Manhã* am 2. Nov. 1933: »Wer einen Blick auf die sozialen Verhältnisse geworfen hat, weiß, daß die Ehe und die traditionelle Verfassung der Familie in den Volksschichten der großen Städte und großen industriellen Zentren an Ansehen verloren hat.«
19 Salazar 1977, S. 63.
20 Ferro 1978, S. 264.
21 Cardoso Pires 1977, S. 202.

22 Ferro 1978, S. 264. Ähnliche Äußerungen über die Selbstzensur sind auch von Salazar bekannt: Autoritäre Staaten, so läßt er verlauten, schuldeten der Kunst mehr, weil sie in unserer Zeit dauerhafte Spuren zu hinterlassen versuchten (Vgl. dazu Salazar 1978, S. 266).

23 Vgl. Figueiredo 1975, S. 78. Ein von den ideologischen Vätern des ›Neuen Staates‹ herausgegebenes Blatt verstand sich als »eine antimoderne, antiliberale, antidemokratische, antibürgerliche und antibolschewistische Zeitschrift; konterrevolutionär und reaktionär; katholisch, römisch-apostolisch; monarchistisch, intolerant und unversöhnlich; nicht solidarisch mit Schriftstellern, Journalisten oder irgendwelchen Angehörigen künstlerischer, literarischer oder journalistischer Berufe.«

24 Tavares Rodrigues 1982, S. 456.

25 Zit. in *Jornal de Notícias,* 29. Juni 1974.

26 Costa Ferreira 1974, S. 26.

27 In ihrem Wortfeld begegnet man den Adjektiven *unpassend*, *ungelegen* oder im Sinne von ›indecente‹ *unschicklich* und *ungebührlich*.

28 Vgl. Karimi 1991, S. 353-390 (Anhang).

29 Vgl. Mónica 1978, S. 85.

30 Vgl. Livro Negro II 1980, S. 250.

31 Tamames 1977, S. 609.

32 Sternberger 1986, S. 228.

33 Ferro 1978, S. 272.

34 Die Pressezensur im *Estado Novo* konnte sich wenigstens auf drei Gesetze berufen, die Dekrete 12.008 vom 29. Juli 1926, 22.469 vom 11. April 1933 und 26.589 vom 14. Mai 1936.

35 Almeida Rodrigues 1980, S. 70.

36 Almeida Rodrigues 1980, S. 73.

37 *Diário de Lisboa*, 17. 11. 1945, zit. nach Almeida Rodrigues 1980, S. 79.

38 Habermas 1990, S. 98.

39 Zit. nach Almeida Rodrigues 1980, S. 77.

40 Salazar 1961, S. 264.

41 Zit. nach Almeida Rodrigues 1980, S. 72 (Verordnung 26589 vom 14. Mai 1936).

42 Wittgenstein 1968, S. 89.

43 Salazar, A. de O.: *Discursos e notas políticas*. Bd. 1, S. 262.

44 Vgl dazu A. Abelairas Theaterstück *A Palavra é de oiro* (dt. *Das Wort ist aus Gold*). Alle Worte gehören einem Monopolisten, der sie gegen Gebühren an die Verbraucher verkauft. Mit den Einkünften des Einzelnen wächst bzw. sinkt demnach auch die Möglichkeit, sich der Sprache bedienen zu können. Natürlich wurde dieses Theaterstück nicht zur Aufführung zugelassen.

45 Almeida Rodrigues 1980, S. 95.

46 Diese bestanden u. a. in der Aufsicht über die baupolizeiliche Sicherheit von Räumen, in denen künstlerische Veranstaltungen stattfinden (Art. 5), oder über das Copyright von Autoren (Art. 57). Auch oblagen ihr Aufgaben, wie sie in Deutschland von der Bundesstelle für jugendgefährdende Schriften wahrgenommen werden.
47 Gemeint ist Santarenos Stück *O Duelo* 1964.
48 Vgl. Karimi 1991, S. 389 (Anhang).
49 Mónica 1978, S. 285.
50 Die Einführung des sogenannten *calão* auf der Bühne gibt dem Hunger und der Einsamkeit eines Landstreichers einen Ausdruck, der die soziale Botschaft des Stückes um so stärker hervorzuheben vermag.
51 Ein umfassendes und doch ungeschriebenes Wörterbuch, das den Jargon der Regierungspresse ebenso in sich aufnimmt wie den sprachlichen Widerstand, könnte nach einer vollständigen Aufzeichnung viele Seiten füllen. Vgl. Cardoso Pires 1977, S. 213: *Aurora* (Morgenröte) bedeutete ›siegreicher Sozialismus‹, *primavera* (Frühling) ›Revolution‹, *companheiro* ›Genosse‹, *vampiro* ›Spitzel‹ und *papoula* (Mohnblume) ›Rote Fahne‹.
52 Salazar 1977, S. 107.
53 Eco 1977, S. 186.
54 In *Seis Peças,* Lisboa: Plátano 1974.
55 Vgl. Karimi 1991, S. 379 f. (Anhang).
56 Ebda.
57 Vgl. dazu die erhellenden Telegramme der Zensur an eine Tageszeitung in Príncipe 1979.
58 Vgl. Figueiredo 1975, S. 173. So wurde in einer Privatbibliothek z. B. die *Encyclopédie Larousse* beschlagnahmt, weil sie für ein russisches und damit bolschewistisches Machwerk gehalten wurde. Ein anderes Mal ging man von der nicht unberechtigten Annahme aus, die Opposition verfüge auch über ausländische Bücher. Dabei verfiel man auf die sublime Idee, neben denen, die das portugiesische Suffix *ismo* im Titel haben, auch jene zu konfiszieren, die auf *isme* oder *ism* endeten. Dies führte dazu, daß vielen Medizinstudenten ausgerechnet vor dem Examen englisch- und französischsprachige Fachbücher über ›Metabolismus‹, ›Parkinsonismus‹ oder ›Rheumatismus‹ fehlten.
59 Internes Schreiben, 31. 1. 1969 in: Livro Negro II 1980, S. 230.
60 Vgl. Figueiredo 1975, S. 192.
61 Figueiredo 1975, S. 290.
62 Internes Schreiben vom 31.1.1969, in: Livro Negro II 1980.
63 Meyer-Clason 1987, S. 100 f.
64 Cardoso Pires 1982, S. 28 f.

Almeida Rodrigues, A., *Breve história da censura literária em Portugal*, Lisboa 1980.

Bürger, P., »Institution Literatur und Modernisierungsprozeß«, in: Ders. (Hg.), *Zum Funktionswandel der Literatur*, Frankfurt/M. 1983, S. 9-32.

Carvalho, A. A. de/A. Monteiro Cardoso, *A liberdade de imprensa*, Lisboa 1971.

Carvalho, A. A. de, *A censura e as leis de imprensa*, Lisboa 1973.

Comissão do Livro Negro sobre o Regime Fascista (Hg.), *A política da informação no regime fascista*, 2 Bde., [Lisboa] 1980.

Eco, U., *Zeichen. Einführung in einen Begriff und seine Geschichte*, Frankfurt/M.: Suhrkamp 1977.

Ferreira, Costa, *O Quarto*, Lisboa 1974.

Ferro, A., *Salazar.* Com prefácio de Oliveira Salazar, o.O. 1978.

Figueiredo, António de, *Portugal – 50 Anos de Dictadura*, Lisboa: Dom Quixote 1975.

Foucault, M., *Archäologie des Wissens*, Frankfurt/M.: Suhrkamp [5]1992.

Grave, J., *Livro de Leitura para a 3.ª Classe*, o.O. 1930.

Habermas, J., *Strukturwandel der Öffentlichkeit. Untersuchungen zu einer Kategorie der bürgerlichen Gesellschaft*, Frankfurt/M. 1990, S. 98.

Isnenghi, M., *Intellettuali militanti e intellettuali funzionari. Appunti sulla cultura fascista*, Torino 1979.

Karimi, K.-H., *Auf der Suche nach dem verlorenen Theater. Das portugiesische Gegenwartsdrama unter der politischen Zensur 1960-1974*, Frankfurt/M./Bern/New York: Peter Lang 1991.

Lopes, Teresa Rita, »Três Fósforos«, *Teatro 62* o.J.

Lourenço, E., »Fascismo e cultura no antigo regime«, in: Gabinete de Investigações Sociais (Hg.): *A formação de Portugal contemporâneo. 1900-1980. Comunicações ao colóquio organizado pelo Gabinete de Investigações Sociais (Dezembro 1981*, in: *Análise Social* 1982, Bd. 18 (72, 73, 74) S. 1431-1436.

Magalhães Godinho, V., *Estrutura da antiga sociedade portuguesa*, Lisboa [4]o. J.

Maurras, Ch., *Mes idées politiques*, Paris: Fayard 1968.

Meyer-Clason, C., *Portugiesische Tagebücher* 1969-1976, Bergisch-Gladbach: Bastei-Lübbe 1987 [Neuauflage].

Ministério da Educação Nacional, *Ensino Primário elementar. O livro da Terceira Classe.*, Lisboa [2]1954.

Mónica, M. F., *Educação e sociedade no Portugal de Salazar. A escola primária salazarista.* 1926-1939, Lisboa 1978.

Pamplona, F. de, *Portugal gigante. Narrativas históricas para o ciclo prepa-*

ratório, o curso complementar de aprendizagem e o ensino de aperfeiçoamento, Lisboa [9]o.J.
Pires, J. C., *E agora, José?* Lisboa 1977.
–, »Hier in der Dämmerung«, in: *Jahrbuch für Kunst und Literatur. Schwerpunkt-Thema: Portugal,* 29, Köln 1982, S. 27-31.
Príncipe, C., *Os segredos da censura,* Lisboa 1979.
Salazar, A. de O., *Como se levanta um estado. (Um texto do passado que o presente desenterrou),* Lisboa 1977.
–, *Discursos.* 7 Bde. Bd. I.: 1928-1934, Coimbra [5]1961-1967.
Saraiva, A. J., *A inquisição portuguesa,* Lisboa 1956.
–, *Dicionário crítico. Texto integral de 1960 com um prólogo de 1983,* Lisboa 1984.
– u. a., *O 25 de Abril visto da história. Do 25 de Abril às presidenciais; falando do século XIX, da República, de Salazar,* Amadora [2]1976.
Tamames, R., *La República. La Era de Franco,* Madrid: Alianza [6]1977.
Tavares Rodrigues, U., »Literatura contra o fascismo e subliteratura fascista«, in: *O fascismo em Portugal. Actas do colóquio realizado na Faculdade de Letras em Março de 1980,* Lisboa 1982, S. 455-467.
Vilar, S., *La naturaleza del franquismo,* Barcelona: Península 1977.
Wittgenstein, L., *Tractatus logico-philosophicus,* Frankfurt/M.: Suhrkamp 1968, S. 89.

Der theoretische Diskurs des portugiesischen Neo-Realismus

Erich Kalwa

Der Begriff »theoretischer Diskurs« meint hier einige wesentliche Probleme, die in der philosophisch-weltanschaulichen und literaturtheoretischen Diskussion des Neo-Realismus von den dreißiger bis in die fünfziger Jahre eine wichtige Rolle spielten und für den geistigen Formierungsprozeß der Bewegung und darüber hinaus für die Entwicklung der portugiesischen Literatur relevant waren. Auf weltanschaulichem Gebiet war die Aneignung und Verarbeitung des sogenannten »Neuen Humanismus« (Novo Humanismo) ein zentrales Anliegen der neorealistischen Theoretiker. Im Mittelpunkt der literaturtheoretischen Debatte standen Probleme wie literarisches Engagement, Funktionalität der Kunst bzw. der Literatur sowie der Realismus. Das Ziel bestand in der Begründung einer neuen, vom »Neuen Humanismus« getragenen Ästhetik.

Im Vorwort zu seinem 1972 erschienenen Essayband *O Reino Flutuante* (Das treibende Reich) schreibt der Literaturkritiker Eduardo Prado Coelho:

> In der gegenwärtigen portugiesischen Situation hat der Ausdruck ›Neo-Realismus‹ aufgehört, irgendeine kohärente ästhetische Tendenz, irgendeinen wirksamen theoretischen Prozeß oder irgendeine auch nur minimal strukturierte Praxis zu bezeichnen.[1]

Diese Wertung reflektiert scheinbar einen Tatbestand und könnte als Ausstellung des Totenscheins für eine vielgeschmähte Bewegung gedeutet werden, der heute nur noch eine literarhistorische, wenn nicht gar eine mythische, mit Fetischen und Symbolen befrachtete Bedeutung zukommt. Für ihre gerechte Bewertung ist deshalb die Beachtung des sozio-historischen Kontextes, in dem sie entstand, um so notwendiger. Neben politischen Ereignissen beeinflußten auch philosophische und literarische Strömungen die Herausbildung des Neo-Realismus und prägten seinen Charakter. Die Weltwirtschaftskrise mit ihren sozialen Folgen, die Errichtung faschistischer oder faschistoider Regime in Italien, Spanien, Portugal und Deutschland sowie der Ausbruch des 2. Weltkriegs schärften das gesellschaftspolitische Bewußtsein der neo-realistischen Schriftsteller und Theoretiker. Von der französischen Volksfrontbewegung (1935) und besonders dem Spanischen Bürgerkrieg gingen wohl die stärksten Impulse aus. Rückschauend bemerkt Mário Dionísio, einer der führenden Theoretiker des Neo-Realismus, zur Wirkung des Spanienkriegs:

> Die schrecklichste Zeit war die des Spanischen Bürgerkriegs; sie war aber auch die der größten Hoffnung [...]. Genau da begann der Neo-Realismus [...], begannen wir, eine Haltung der aktiven Opposition, des politischen Kampfes und auch des Schreibens einzunehmen.[2]

Auf philosophisch-weltanschaulichem Gebiet war der Einfluß des dialektischen und historischen Materialismus am tiefsten und nachhaltigsten. Literarische Anregungen kamen von jenen zeitgenössischen Schriftstellern, die vorzugsweise soziale Probleme in ihren Werken thematisierten. Ausgehend von der Behandlung dieses Themas in theoretischen Organen des Neo-Realismus (*O Diabo*, *Sol Nascente*), sind neben französischen (Aragon, Malraux, Nizan) und italienischen Autoren[3] (Silone, Moravia, Vittorini) nordamerikanische (Steinbeck, Dos Passos, Caldwell, Lewis, Sinclair, Gold), sowjetische (Gorki, Gladkow, Ehrenburg) und insbesondere brasilianische Romanciers (Jorge Amado, José Lins do Rego, Amando Fontes, Graciliano Ramos, Raquel de Queiroz) hervorzuheben, deren Namen mit dem sogenannten Nordostroman der dreißiger Jahre verbunden sind. Von der künstlerischen Methode oder Richtung her galt die Sympathie der Neo-Realisten solchen Schriftstellern, die Positionen eines neuen kritischen Realismus bezogen bzw. sich tendenziell dem Sozialistischen Realismus annäherten. So verfaßte A. Ventura Ferreira 1942/43 eine ganze Artikelserie über »moderne nordamerikanische Romanciers«.[4] Werke sowjetischer Schriftsteller waren den Neo-Realisten über französische und spanische Übersetzungen bekannt. Die stärksten Anregungen scheinen von Gorki und Gladkow ausgegangen zu sein. Gladkows Roman *Zement* (1925), der portugiesischen Lesern in spanischer Übersetzung seit Ende der dreißiger Jahre zugänglich war, beeinflußte die künstlerische Entwicklung Alves Redols und Joaquim Soeiro Pereira Gomes'. An Gorkis Werken schätzte man neben dem Engagement für soziale Gerechtigkeit die lebensnahe und das Typische erfassende Gestaltungsweise.[5] Anregungen empfingen einige Neo-Realisten auch vom Ersten Allunionskongreß der sowjetischen Schriftsteller (1934) und dabei hauptsächlich von den Reden Gorkis und Shdanows zum Sozialistischen Realismus. Die Kongreßberichte sind ihnen allerdings erst Jahre danach zugänglich gewesen.[6]

Aus sprachlichen, kulturellen und nicht zuletzt auch emotionalen Gründen ging der bedeutendste literarische Einfluß von dem brasilianischen Nordostroman aus, der für die portugiesischen Neo-Realisten exemplarischen und wegweisenden Charakter besaß. In ihm entdeckten sie Gemeinsamkeiten auf weltanschaulichem, kunsttheoretischem und sprachlich-stilistischem Gebiet. Jorge Amado, dessen *Bahia*-Zyklus im Werk von Alves Redol und Soeiro Pereira Gomes Spuren hinterlassen hat, war eine der stärksten Inspirationsquellen. Einfachheit und Natürlichkeit der Sprache, Übernahme brasilianischer Spracheigentümlichkeiten, Wiederholung von bisweilen ganzen Wortgruppen, betonter Lyrismus und das z. B. für Amado charakteristische Pathos sind Merkmale, die bei neo-realistischen Romanciers wiederkehren. In den theoretischen Organen des Neo-Realismus erschienen zudem seit 1937 zahlreiche Beiträge über moderne brasilianische Romanciers,[7] die fast durchweg einen überschwenglich lobenden Charakter haben. Diese intensive Rezeptionstätigkeit wurde von Artikeln zum portugiesisch-brasilianischen Bücher- und Kulturaustausch begleitet. Den Neo-Realisten fällt damit das Verdienst zu, die kulturell-literarischen Beziehungen zwischen Portugal und Brasilien wiederbelebt und befördert zu haben. Die häufige Verwendung neorealistischer Schlüsselbegriffe in der Auseinandersetzung mit Werken brasilianischer Romanciers (z. B. »Leben«, »neuer Humanismus«, »humane Literatur«, »neuer Realismus«, »Wahrheit«, »realistische« und »soziale Kunst«) zeigt, in welch hohem Maße sie ihre eigenen weltanschaulichen und ästhetischen

Auffassungen bestätigt fanden. Dies bekräftigen die Worte von J. Namorado, einem der Begründer des Neo-Realismus, der den »sozialen« brasilianischen Roman als Bestandteil der weltweiten »neo-realistischen Bewegung« betrachtete:

Der neue brasilianische Roman ordnet sich mit seinem besten Teil in diese Bewegung ein und entspricht mithin den organischen (auch geistigen) Bedürfnissen der jüngsten portugiesischen Generation. Dies ist der Ort der Begegnung in dieser sympathischen Beziehung, die zwischen den zwei Ländern hergestellt wird – der zum erstenmal verwirklichte portugiesisch-brasilianische Austausch.[8]

Nur vereinzelt waren Stimmen zu vernehmen, die auch kritische Einwände vorbrachten. So tadelt A. Ramos de Almeida[9] das in dem Roman *A Rua do Siriri* von Amando Fontes praktizierte »photographische Verfahren«. Kunst, so hält er dem Autor vor, habe nichts mit mechanischer Reproduktion der Wirklichkeit, dagegen viel mit Wirklichkeitsähnlichkeit (*verosimilhança*) zu tun. Noch ausgeprägter ist dieses Herangehen bei M. Dionísio[10], der sich mit frühen Romanen Amados auseinandersetzt. *Cacau* (dt. Kakao) und *Suor* (Schweiß) z. B. bezeichnet er als »politische« bzw. »dokumentierte Pamphlete«. Ausgehend von Engels' Äußerung zum Realismus, derzufolge ein Werk um so weniger überzeuge, je mehr sich die Absicht des Autors aufdränge, charakterisiert er diese Art zu schreiben als »Kinderkrankheit der sozialen Literatur«. Im Grunde drücke dies ein unzureichendes Realismusverständnis aus. Dagegen finden die folgenden Romane Amados (*Jubiabá* [dt. *Jubiabá*], *Mar Morto* [dt. *Tote See*], *Capitães de Areia* [dt. *Herren des Strandes*]) als Zeugnisse einer reiferen Phase sein uneingeschränktes Lob.

So bleibt festzuhalten, daß die vorrangige Thematisierung sozialer Probleme in neo-realistischen Romanen und, damit verbunden, die Einführung von Angehörigen unterer Volksschichten (Bauern, Hirten, Tagelöhner, Fischer, seltener Industriearbeiter) in die portugiesische Literatur im wesentlichen auf die Berührung mit neuen kritisch-realistischen und »sozialistisch-realistischen« Literaturtendenzen zurückzuführen sind. Dies belegen Romane von Alves Redol (von *Gaibéus* [Tagelöhner] bis zu O *Muro Branco* [Die weiße Mauer]), Soeiro Pereira Gomes (*Esteiros* [dt. *Esteiros*], *Engrenagem* [Räderwerk]), Manuel da Fonseca (*Cerromaior, Seara de Vento* [dt. *Saat des Windes*]), Fernando Namora (*Casa da Malta* [Gesindehaus], *Minas de San Francisco* [dt. *Gold aus schwarzen Steinen*], *A noite e a Madrugada* [Die Nacht und die Morgendämmerung]) und Carlos de Oliveira (*Casa na Duna* [dt. *Haus auf der Düne*], *Pequenos Burgueses* [dt. *Kleinbürger*]), die für die neo-realistische Romanproduktion repräsentativ sind.

Eine Beschäftigung mit dem portugiesischen Neo-Realismus sieht sich mit einer für ihn charakteristischen doppelten Problematik konfrontiert: zum einen mit den der Bewegung zugrundeliegenden prononciert historischen, soziokulturellen und weltanschaulichen Motivationen und zum anderen mit dem ästhetisch-literarischen Innovationsanspruch, demgemäß der Neo-Realismus ein neues Phänomen in der portugiesischen Literatur, ja eine Alternative zum literarischen Erbe und auch zur zeitgenössischen modernistischen *Presença* darstellt. Vom theoretischen Selbstverständnis her lassen sich strenggenommen die zwei Hauptkomponenten der Bewegung – die philosophisch-weltanschauliche und die ästhetisch-literarische – nicht trennen. Es ist daher zweckmäßig, den portugiesischen Neo-Realismus als Einheit von Literatur, Kultur und Ideologie aufzufassen. Zudem ist bei der Analyse des Verhältnisses von weltanschaulicher Theorie und literarischer Praxis der für die Entstehung literarischer Strömungen in Portugal keinesfalls typische Umstand zu berücksichtigen, daß die weltanschaulich-theoretische Reflexion die literarische Praxis antizipiert. Diese Besonderheit blieb nicht ohne Folgen für die künstlerische Umsetzung der weltanschaulichen Postulate.

Die Bildung des Begriffs *Neo-Realismo* und die Konstituierung der gleichnamigen Bewegung sind quasikoinzidente Phänomene. Als weltanschaulich-theoretische Bewegung entstand der Neo-Realismus etwa in der Mitte der dreißiger Jahre, als literarische Praxis am Ende jenes Jahrzehnts. Der erste neo-realistische Roman – im allgemeinen wird *Gaibéus* von Alves Redol als solcher deklariert – erschien 1939. Die Bezeichnung *Neo-Realismo* tauchte ungefähr auf dem Höhepunkt der neo-realistisch-presencistischen Polemik auf. Joaquim Namorado, ihr Erfinder, gebrauchte sie erstmals im Dezember 1938 in einem Artikel über den brasilianischen Romancier Amando Fontes.[11] Darin spricht er im Zusammenhang mit der von Aragon am 25. Juni 1935 auf dem Pariser Schriftstellerkongreß zur Verteidigung der Kultur erhobenen Forderung nach »Rückkehr zur Wirklichkeit« von einer »auf allen Kontinenten anwachsenden umfassenden neo-realistischen Bewegung«. Daß Begriff und Inhalt des Neologismus zu einer gleichzeitig auch international erfolgenden Hinwendung der Literatur zum sozialen Engagement tatsächlich in Beziehung standen, ist an zahlreichen sinnverwandten Bezeichnungen ablesbar, die schon vor der Erfindung des Begriffs und auch noch danach in Umlauf waren. Zu nennen sind u. a.: soziale Kunst und soziale Literatur, oft gebraucht in Verbindung mit deren sozialem Charakter bzw. Funktion; proletarische Literatur; neuer, moderner, handelnder und realistischer Humanismus; neuer, humanistischer und dynamischer Realismus. All diese Bezeichnungen spiegeln bestimmte Ebenen und unterschiedlich interpretierbare Inhalte des neo-realistischen Literaturverständnisses wider. So ist z. B. »humane Literatur« für den Theoretiker M. Martins[12] diejenige, die, wie er sich ausdrückt, »die größte Quantität von Mensch« beinhaltet und den Menschen »humaner« und »sozialer« macht. Unter »dynamischem« oder »dialektischem Realismus« verstanden dagegen andere Neo-Realisten den Sozialistischen Realismus. Mit dem Begriff »Neuer Humanismus« tarnten die meisten Theoretiker den dialektischen und historischen Materialismus.

War mit dem Begriff »Neo-Realismus« tatsächlich das gemeint, was auf dem Ersten Allunionskongreß der sowjetischen Schriftsteller als Sozialistischer Realismus proklamiert wurde? Konnte letztere Bezeichnung nur aus Zensurgründen nicht geschrieben werden? Nach J. Namorado[13] verhielt es sich in der Tat so. Die Neubildung habe ausschließlich der Tarnung gedient: »Da eine Zensur existierte, würde das ›Neo‹ Bezüge zu einem sozialistischen Realismus vermeiden [...]«. Dieses Urteil erscheint uns zu undifferenziert. Obwohl einigen neo-realistischen Theoretikern der Sozialistische Realismus als Ziel vorgeschwebt haben mag, wiesen die Vorstellungen anderer viel dezidierter in die Richtung eines sozialen, d. h. neuen kritischen Realismus. Zudem ist auch zu fragen, inwieweit das dem Neo-Realismus zugeschriebene wahre Wesen mit der literarischen Praxis übereinstimmt. Im Hinblick auf den Roman dürfte der Sozialistische Realismus die seltene Ausnahme sein, wie etwa *Engrenagem* von Soeiro Pereira Gomes. Der Wahrheit näher kommt das vorsichtige Urteil von M. Sacramento[14], demzufolge der portugiesische Neo-Realismus als Sozialistischer Realismus primär in der Form der Theoretisierung nach französischem Modell oder bestenfalls als Matrix für dessen zukünftige Form existierte.

Die Versuche der Neo-Realisten, Begriff und Inhalt ihrer Bewegung zu definieren, sind nicht zahlreich und zum Teil auch widersprüchlich. Sie schwanken zwischen Überbewertungen entweder des ästhetisch-literarischen oder des politisch-weltanschaulichen Aspekts. Hiernach erscheint der Neo-Realismus als »literarische Schule« oder als soziologisch-politische Strömung. Einen genaueren Einblick in das Wesen des Neo-Realismus ermöglichen die definitorischen Überlegungen von M. Dionísio. Das, was er 1943 »Grundtheorie des Neo-Realismus« nennt, beinhaltet zwei Hauptbestandteile: »Opposition gegen die subjektivistischen und dekadenten Ideologien und Verwertung der gesamten Kunst- und Literaturentwicklung der Vergangenheit, einschließlich der technischen Errungenschaften der Subjektivisten selbst«.[15] Zwar bleibt hier die weltanschauliche Kontraposition zur modernistischen Kunst und Literatur gültig, doch werden letztere als ästhetisch-literarische Phänomene keinesfalls verworfen. Die Technik modernistischer Künstler wie auch das romantische und realistische Erbe erscheinen als notwendige Voraussetzung für die Existenz des Neo-Realismus. In dem Bemühen, das Problem der literarischen Technik in eine Neo-Realismus-Definition mit aufzunehmen, treten gerade hier die Schwierigkeiten offen zutage, da die Bewegung über eine eigene Technik noch nicht verfügte. In einem zwei Jahre später veröffentlichten Interview[16] definiert M. Dionísio dann auch den Neo-Realismus als »neue Haltung zu Mensch und Natur« oder verschlüsselt auch als »ästhetische Konkretisierung des Denkens der sozialen Gruppe, das dem Denken jener Gruppe, das die anderen literarischen und künstlerischen Strömungen repräsentierten und repräsentieren, entgegengesetzt ist«. Mithin reflektiert der Neo-Realismus das Denken der »proletarischen Gruppe«. Sein Ziel ist die Veränderung von Natur und Gesellschaft:

Dem Neo-Realismus geht es weder darum, die Natur zu kopieren, wie es die Absicht des Naturalismus war, noch darum, sie zu interpretieren, wie es der Modernismus mit so großem Erfolg getan hat, sondern darum, sie zu verändern.

Repräsentanz der »proletarischen Gruppe« und Veränderung der Gesellschaft scheinen in der Tat Merkmale des Sozialistischen Realismus auszudrücken. Ein 1944 anonym erschienener Beitrag[17] enthält in konzentrierter Form eine Definition des Neuen Humanismus und des Neo-Realismus. Der Neue Humanismus wird als Gegenpol des abstrakten, seiner Progressivität verlustig gegangenen »bürgerlichen Humanismus« bestimmt. Als Repräsentant der diesem entgegengesetzten sozialen Gruppe strebe er die »konkrete Befreiung und Gleichheit des Menschen« an. Er sei nicht vergangenheits-, sondern zukunftsorientiert, obschon er alles, was in der Vergangenheit Fortschrittswerte repräsentierte, als sein Erbe ansieht. Im einzelnen definiert er sich wie folgt:

[...] eine Philosophie des Fortschritts, gestützt auf die Technik gewordene Wissenschaft; Bejahung der Wirklichkeit in der Kunst und der Veränderung der Wirklichkeit durch die Kunst; Bekämpfung der Mystik; Nutzung der Erfahrung und des Verstandes in den theoretischen und praktischen Errungenschaften; Eingliederung des Individuums in die Gruppe als geistige Bereicherung des Individuums; eine dialektische Naturauffassung, die die Einheit von Geist und Materie und ihre Wechselbeziehung innerhalb der Einheit in ständiger Veränderung anerkennt.

Von hier ausgehend wird der Neo-Realismus als künstlerisch-literarischer Ausdruck des Neuen Humanismus bestimmt. Ihn kennzeichnen folgende Merkmale:

a) eine wirklichkeitsbejahende Bewegung; b) er wird weltanschaulich von den theoretischen Konzeptionen des Neuen Humanismus getragen; c) er berücksichtigt uneingeschränkt das Denken einer neuen sozialen Gruppe, die zum erstenmal eine aktive Stimme in der Kunst hat.

Zweifelsohne weist dieser Text in Inhalt und Diktion auf die dialektisch-materialistische Philosophie, die unter dem Tarnbegriff des Neuen Humanismus sich als das philosophisch-weltanschauliche Fundament des Neo-Realismus erweist. Die begrifflich und inhaltlich weniger klar formulierte Bestimmung des Neo-Realismus deutet auf eine neue, vom Realismus des 19. Jahrhunderts sich abhebende Konzeption, die zu einem neuen kritischen Realismus bzw. – theoretisch und tendenziell – zum Sozialistischen Realismus tendiert.

Die Rezeption und Propagierung des dialektischen und historischen Materialismus erfolgte hauptsächlich über Publikationen von marxistischen oder dem Marxismus nahestehenden französischen Philosophen und Soziologen. Großen Anklang fanden in neo-realistischen Kreisen besonders zwei 1936 erschienene Werke: *La Crise du Progrès* von G. Friedman und *La Conscience Mystifiée* von H. Lefèbvre und N. Gutermann. Über die beiden französischen Autoren lief neben Aragon auch die Theoretisierung des »Sozialistischen Realismus«. Stalins simplifizierende Interpretation der marxistischen Philosophie prägte maßgeblich die geistige Formierung eines Teils der neorealistischen Intellektuellen. Texte von Marx, Engels und Lenin standen in nur wenigen Ausgaben, zumeist in französischer Übersetzung, zur Verfügung. Einer der stärksten Einflüsse ging von Plechanows Essay »Die Kunst und das gesellschaftliche Leben« aus, der in Portugal seit 1934 zugänglich war. In seinem am 17. Juni 1936 in Vila Franca de Xira gehaltenen Vortrag über Kunst, dem fundamentale Bedeutung für die programmatisch-theoretische Fundierung des Neo-Realismus zukommt, folgt Redol fast wörtlich dem russischen Theoretiker. Plechanow lieferte den Neo-Realisten den theoretischen Fundus für eine Alternativargumentation gegen die Kunstkonzeption der *Presença*, die in ihren Augen den *l'art pour l'art*-Standpunkt und das Konzept von der »Nutzlosigkeit« der Kunst verkörperte und daher bekämpft werden mußte.

Aufnahme und Verbreitung der marxistischen Philosophie erfolgten durch eine relativ kleine Gruppe von Intellektuellen (J. Amaral Nogueira, M. Ramos, A. Ramos de Almeida, M. Dionísio, M. Campos Lima, Rodrigo Soares, M. Filipe, A. Ventura Ferreira und Avelino Cunhal), die sozusagen das »theoretische Bewußtsein« des Neo-Realismus repräsentierten, aber in bezug auf Umfang und Tiefe der rezipierten Weltanschauung keinesfalls homogen waren. Zudem zeichneten sich unter ihnen von Anfang an dogmatische Positionen (R. Soares) und offene Betrachtungsweisen (M. Dionísio) ab. Dem Umfang und dem theoretischen Niveau dieser Tätigkeit waren Grenzen gesetzt, die sich teils aus der Repressionspolitik Salazars, teils aus der stalinistischen Deformation des Marxismus erklären. Zensurbedingt erfolgte die Vermittlung in verschlüsselter Form. Statt Marx und Engels schrieb man z. B. Maxengels, statt Karl Marx Carlos Marques oder auch Carlos, Carl und K. M. Um nicht »dialektischer Materialismus« schreiben zu müssen, portugiesierte man die englische Kurzform für *dialectical materialism* (*diamatic*). Es entstanden daraus die Neubildungen *diamática* und *diamático*. Die Begriffe Sozialismus und Marxismus waren tabu. Deshalb trat z. B. an die Stelle von Marxismus die Bezeichnung *Novo Humanismo* (seltener auch *Neo-Humanismo*) oder von kommunistisch das von Camões abgeleitet *camonista*. Statt der portugiesischen Bezeichnung für Klassenkampf gebrauchte man das deutsche Wort. Der Begriff »dialektischer Materialismus« wurde durch die Bezeichnungen *Racionalismo concreto* (konkreter Rationalismus) und *Realismo* (Realismus) getarnt. So erschien z. B. 1940 ein zweiteiliger Artikel mit dem Titel »Die Grundlagen des konkreten Rationalismus«, dessen Autor mit dem Namen José Vasco Salinas[18] zeichnete. Seine Anfangsbuchstaben stimmen mit denen des Namens Jossif Vissarionovitsch Stalin überein. Tatsächlich ergibt sich aus einem Textvergleich, daß es sich um eine gekürzte Fassung von dessen Essay »Über dialektischen und historischen Materialismus« vom September 1938 handelt. Die ersten neo-realistischen Bemühungen um Aneignung und Verbreitung der marxistischen Philosophie sind indes schon für die Mitte der dreißiger Jahre belegbar. So veröffentlichte die republikanische Wochenzeitung *Liberdade*, an der u. a. Mário Dionísio und Álvaro Cunhal mitarbeiteten, 1935 eine mit Nicolau[19] gezeichnete Artikelserie über »Determinismus und Indeterminismus«. Dieser Text erweist sich als die Übersetzung des mit »Determinismus und Indeterminismus (Notwendigkeit und Willensfreiheit)« überschriebenen zweiten Kapitels der *Theorie des historischen Materialismus* von N. I. Bucharin.

Begleitet wurde die Veröffentlichung von marxistischen Texten und Textauszügen von einer ansehnlichen Zahl mehr theoretisch gehaltener Artikel, in denen Prinzipien und Probleme der marxistischen Philosophie erörtert wurden. Der Zensor handhabte dabei den Blaustift unterschiedlich streng. So kann A. M. Antunes[20] 1940 öffentlich kundtun, daß die neo-realistische Generation »im Zeichen von Marx geboren sei« und eine neue, »auf den Prinzipien des Klassenkampfes beruhende Ästhetik« zum Ziel habe, in der der »Geschmack des Menschlich-Psychologisch-Individuellen« durch den »Geschmack des Humanitär-Sozialen« ersetzt werde. Zur gleichen Zeit kleidet A. Ventura Ferreira[21] das weltanschauliche Credo der Neo-Realisten in die Worte:

> Die neue Generation glaubt nicht an die gesellschaftliche Immobilität [...]. Indem sie sich auf die Geschichte stützt, deren Ursachen erkennt, und an die Massen glaubt, die Bewußtsein erlangt haben, hat sie die Gewißheit, daß eine neue Synthese entstehen wird, so wie jene Synthese entstanden ist, in deren Ergebnis die Bourgeoisie durch die Französische Revolution zur ökonomischen Herrschaft emporgehoben wurde.

Im Vergleich zu den philosophisch-weltanschaulichen Fragen hatte die theoretische Erörterung ästhetisch-literarischer Probleme – zumindest in der Frühphase des Neo-Realismus – quantitativ und qualitativ nicht das gleiche Gewicht. Sie rückte erst in den fünfziger Jahren in den Vordergrund. Als ein Grundelement des ästhetischen Denkens der neo-realistischen Theoretiker gilt das Konzept der »littérature engagée«. Inspiriert durch den Essay *La Trahison des Clercs* (1927) von J. Benda, in dem orthodoxe Neo-Realisten einen Appell zum politischen Abstentionismus sahen, entwickelten einige Exponenten der Bewegung zwischen 1937 und 1939 rigorose und normative Vorstellungen von »Pflicht« und »Parteinahme« bzw. von einer »dienenden« und »nützlichen Mission« des Intellektuellen. So definierte z. B. M. Filipe[22] den »wahren« Intellektuellen als »den Gefährten und das Gewissen der zum Leben erwachenden Massen«. Dieser habe die »Pflicht«, den »Elfenbeinturm« zu verlassen und auf den »öffentlichen Platz« herabzusteigen, wenn er nicht als »Traumwandler« und »Konformist« enden wolle. Auf Engels' Realismusdefinition gestützt, verlangte er vom neo-realistischen

Romancier die Gestaltung typischer Charaktere unter typischen Umständen und das Verdeutlichen der »Tendenz«. Von letzterer leitete er die »Parteinahme« her:

> Das ist der Grund, weshalb ich glaube, daß ein Schriftsteller sich nicht zum Ausdruck bringen kann, ohne Partei zu ergreifen. Mehr noch: Partei zu ergreifen [...], scheint mir eine Verpflichtung für den Schriftsteller zu sein.

Die Konzipierung der Engagementauffassung erfolgte vor dem Hintergrund einer harschen Polemik gegen die *Presença*. Deren geistiges Haupt, José Régio[23], veröffentlichte 1937 »Briefe« zur Literatur, in denen die Haltung des künstlerischen Individualismus prononciert und die Zentrierung auf außerliterarische, d. h. vor allem politische und soziale Gegenstände, zurückgewiesen wurde. Die von Álvaro Cunhal[24] vorgebrachten Gegenargumente geben zu erkennen, daß das Wesen dieser Fehde nicht eigentlich in einem ästhetisch-literarischen, sondern weltanschaulichen Gegensatz bestand. Nach Cunhal sei die Menschheit an einem historischen »Scheideweg« angekommen, wo jeder seine »Wahl« treffen müsse. Der Geschichtsverlauf zwinge gewissermaßen den Künstler, sein Werk entweder in den Dienst der Menschheit oder, wie er – auf Régio gemünzt – sich ausdrückt, in den Dienst der »Bauchnabelbetrachtung« zu stellen. Die Präsenz von sozialen und politischen Problemen im literarischen Werk sei kein »Fremdkörper« für den engagierten Künstler. Deren Thematisierung bedeute keinesfalls, Literatur mit Politik, Soziologie oder Propaganda gleichzusetzen. Es gehe lediglich um das Prinzip, daß jedes Kunstwerk – ob mit oder ohne Absicht – »eine politische und soziale Position ausdrückt«, also auch jenes Kunstwerk, das sich vermeintlich nur künstlerischen Zielen verpflichtet fühlt. An der Argumentation Cunhals lassen sich negativ-kritische Referenzen zu ästhetisch-literarischen Auffassungen der *Presença* nicht erkennen, außer daß deren »verinnerlichter« und »entfremdeter« Kunst offenbar eine den gesellschaftlich-historischen Raum akzentuierende realistische oder neo-realistische Gestaltungsweise entgegengesetzt wird.

In engem Zusammenhang mit der Engagementproblematik wurde die Frage der Funktion oder Funktionen der Kunst und der Literatur diskutiert, der im Prozeß der neo-realistischen Theoriebildung eine zentrale Bedeutung zukommt. Denn von hier konnte der Übergang zur Diskussion von konkreten Problemen der künstlerisch-literarischen Gestaltung erfolgen. Den Ausgangspunkt bildete eine *a priori* gesetzte Kausalrelation zwischen Literatur und Gesellschaft, die sich theoretisch hauptsächlich auf G. V. Plechanow, M. Gorki, H. Lefèbvre, G. Friedman und N. Gutermann stützte. Motiviert wurde diese Debatte durch Veröffentlichungen der Presencisten (José Régio, Gaspar Simões, Casais Monteiro) seit Mitte der dreißiger Jahre, in denen die These von der Funktionslosigkeit oder »Nutzlosigkeit« der Kunst und der Literatur mehr oder weniger explizit propagiert wurde. Die neo-realistischen Theoretiker konterten mit dem apodiktisch vertretenen Konzept der sozialen Funktionsbestimmung und definierten Kunst und Literatur mithin als »Ausdruck des Lebens«, d. h. als menschliche und gesellschaftliche Praxis. Zugleich verknüpften sie diese Bestimmung mit der Vision einer neuen Gesellschaftsordnung. Sehr klar bringt M. Filipe[25] diese Vorstellungen 1938 zum Ausdruck:

> Wir sind bei einer neuen Kunstauffassung angekommen: Der Künstler soll sich der menschlichen Größe bewußt sein, die er bei der Ausarbeitung und Ausführung seines Werkes verwirklicht. Die Kunst wird mithin sozial sein [...]. Die neue Kunst wird Funktion einer neuen Gesellschaft, eines neuen Menschen, einer neuen Gesellschaftsordnung sein.

In der polemisch bestimmten Kontroverse verkürzten die neorealistischen Theoretiker zunächst die Funktionsproblematik auf den schematischen Gegensatz von »sozialer« und »reiner« Kunst (*arte pura/arte social*). Für sie war jedoch die Auseinandersetzung keine – wie von seiten der *Presença* unterstellt – zwischen »Soziologen« und »Künstlern«, sondern eine zwischen Künstlern und Künstlern, zwischen zwei Kulturen, zwischen zwei philosophischen Kunstauffassungen. So tadelt zwar A. Ramos de Almeida[26] den »Hypersubjektivismus«, »Egozentrismus« und die Indifferenz der »reinen Kunst« gegenüber der »menschlichen« und »sozialen« Tragödie der Epoche, aber kritische Bezüge zu künstlerischen Schaffensmethoden finden sich bei ihm nicht. So erscheint der Streit um »reine« oder »soziale Kunst« als »sterile Polemik«, als Pseudoproblem. Denn:

> Jede Kunst ist sozial, sogar jene, die scheinbar mit dem Sozialen nichts zu schaffen hat [...]. Es gibt weder reine Kunst noch reine Schriftsteller noch reine Literatur [...]. Jede Kunst ist rein und zugleich sozial.

Eine Unterscheidung zwischen den zwei künstlerischen Haltungen ist folglich nur formallogisch möglich und von relativer Bedeutung. In diesem eingeschränkten Sinn wird das Charakteristische der »reinen Kunst« in folgendem gesehen: aufrichtiger, spontaner und freier Ausdruck des menschlichen Bewußtseins und vorrangige Betrachtung des Kunstwerks unter ästhetischen Gesichtspunkten bei gleichzeitiger Widerspiegelung der »Unruhe der Epoche« und des »Bildes« des Künstlers in seiner geistigen und gesellschaftlichen Komplexität. Das Spezifische der »sozialen Kunst« besteht dagegen in der Enthüllung der Beziehungen des Künstlers zu anderen Menschen und der Gestaltung der sozialen, politischen und geistig-moralischen Konflikte der Gesellschaft.

Mit dem offenen Ausbruch der ideologischen Richtungskämpfe innerhalb des Neo-Realismus in der ersten Hälfte der fünfziger Jahre nahmen die Kontroversen um Begriff und Inhalt der »reinen Kunst« an Schärfe zu. Der dabei hervortretende dogmatische Standpunkt ist evident in einem 1954 erschienenen, »Fünf Anmerkungen zu Inhalt und Form« überschriebenen Grundsatzartikel, als dessen Autor ein gewisser A. Vale[27] zeichnete. Hinter der Tarnung verbarg sich Álvaro Cunhal, der die Auffassungen M. Dionísios über Inhalt und Form aufs Korn nahm. Indem Cunhal das Primat dem Inhalt und der Form lediglich eine nach-, wenn nicht untergeordnete Rolle zuwies, trennte er faktisch das Kategorienpaar, um dessen dialektische Betrachtung sein Kontrahent bemüht war. Die zwei Jahre vor dem Erscheinen dieses Artikels beginnenden und nun eskalierenden Auseinandersetzungen, denen divergierende Haltungen zum »Shdanowismus« zugrunde lagen, führten zur Ruptur des weltanschaulich und ästhetisch bis dahin weitgehend geschlossenen Neo-Realismus.

Neben der Auseinandersetzung mit weltanschaulich-ästhetischen Auffassungen der *Presença* war die Klärung des Verhältnisses des Neo-Realismus zum literarischen Erbe, d. h. vor allem zum Realismus und Naturalismus des 19. Jahrhunderts, von grundsätzlicher Bedeutung für die Bestimmung des eigenen Standorts. M. Dionísio[28] zufolge stellt der Neo-Realismus »die Synthese der gesamten Literatur der Vergangenheit« dar, insbesondere des Realismus und der Romantik. Er erscheint hiernach als völlig neues künstlerisches Phänomen. Wenn A. Salema[29] 1935 im Zusammenhang mit der *Generation von 1870* von »realistischer Disziplinlosigkeit« spricht, so ist damit die Abkehr von deren »Metaphysik« und »Positivismus« gemeint. Hier zeichnet sich ab, daß die Hauptdifferenz überwiegend in den philosophisch-weltanschaulichen Grundlagen und faktisch nicht in den thematischen Optionen und der literarischen Technik gesehen wird. Allerdings konstatierten nicht wenige Neo-Realisten, daß der entscheidende Unterschied im »Wirklichkeitsverhältnis« bestehe. Unter Berufung auf Stalin (sic!) bemerkt z. B. M. Ramos:[30]

Der wirkliche Unterschied, der zwischen dem vergangenen Realismus und dem heutigen Realismus – dem Humanistischen Realismus – besteht, liegt im wesentlichen in seiner Haltung zur Wirklichkeit.

Dem alten Realismus – man denkt besonders an Balzac – wird eine »passive« und »kontemplative« Haltung angelastet. Er kopiere und beschreibe lediglich. Dagegen betrachte der Humanistische Realismus, d. h. der Neo-Realismus, die Wirklichkeit als Einheit von Aktion und Kontemplation. Die »Natur« interessiere ihn nicht isoliert, sondern nur in Beziehung zum Menschen, der als »bewußtes« Wesen im Kampf mit der »Materie« dargestellt werde. Der »humanistisch-realistische« Schriftsteller mischt sich ein und trägt dadurch zur Verwirklichung des Humanismus im realen Leben bei.

Der als »statisch« bewertete Realismus wird nicht verworfen, er ist vielmehr im Neo-Realismus »aufgehoben«. Dieser unterscheidet sich von ersterem nach R. Sequeira[31] durch seinen »dynamischen« oder »dialektischen« Charakter: »Dieser [der Neo-Realismus] ist dynamisch. Er stellt den Menschen in ewigem Werden und in seiner Veränderung im Verlauf der Geschichte dar«. Die dargelegten neo-realistischen Positionen lassen erkennen, daß der Neo-Realismus weder als Kontraposition noch als einfache Neuauflage des traditionellen Realismus aufgefaßt werden kann. Er ist vielmehr dessen Kontinuität *und* Diskontinuität. Dabei ist zu fragen, inwieweit überhaupt hinsichtlich der realistischen Gestaltungsweise Differenzen bestehen. Die Diskontinuität ist manifest in dem Versuch oder Anspruch, einen »neuen« kritischen Realismus oder tendenziell auch »Sozialistischen Realismus« zu begründen. Wenn dieses Bestreben als theoretisches Postulat relativ problemlos artikuliert werden konnte, so traten erst bei dessen praktischer Umsetzung, d. h. im realistischen Gestaltungsprozeß, die Probleme deutlich zutage. Denn nun waren die vom Autor auszuwählenden »bedrückenden« Ausschnitte aus der gesellschaftlichen Wirklichkeit in Beziehung zu adäquaten Mitteln und Verfahren der literarischen Technik zu setzen und zu gestalten. Zwei ästhetische Positionen erschwerten diesen Prozeß: zum einen die für die Frühphase des Neo-Realismus charakteristische mechanistische Auffassung der künstlerischen Wirklichkeitsaneignung und -verarbeitung[32] und zum anderen die der *Presença* unterstellte »Entfremdungskonzeption«, deren Bekämpfung eine Konzentration der Kräfte erforderte.

Die Auseinandersetzung mit dem realistischen Erbe, die mit dem mehr oder weniger deutlich formulierten Ziel geführt wurde, eine eigene, d. h. neo-realistische Romankonzeption zu begründen, schloß zugleich die Klärung des Verhältnisses zum presencistischen Roman mit ein. Dieser, in der Frühphase des Neo-Realismus von nicht wenigen Theoretikern als »psychologisch« oder »subjektiv« stigmatisiert, erschien als der Antipode des neo-realistischen Romans, da er angeblich die Handlung ausschließlich auf Bewußtseinskonflikte reduzierte oder diese zumindest akzentuierte. Gegen ihn entwickelten die Neo-Realisten das Konzept des »menschlichen Dokumentarberichts«[33] oder richtiger: des »sozialen« bzw. »historischen Romans«. Gestützt auf die wissenschaftlich begründete Geschichtstheorie des Neuen Humanismus, sollte dieser neue Romantyp die gesellschaftliche Wirklichkeit der Vergangenheit und Gegenwart in ihrer historischen Entwicklungstendenz darstellen. In diesem Sinn bestimmt R. Soares[34], einer der radikalsten Wortführer des Neo-Realismus, 1940 den neo-realistischen Roman schlechthin als »historischen Roman«:

Der Neo-Realismus wandelt den ganzen Roman in einen historischen Roman um. Der Roman, der die Vergangenheit zum Gegenstand hat, unterscheidet sich nicht von dem Roman, der die Gegenwart zum Gegenstand hat, weil der Gegenstand des Romans immer die gesellschaftliche Wirklichkeit ist.

Erschienen zunächst das »Psychologische« und das »Soziale« bzw. das »Subjektive« und das »Objektive« als unvereinbare Gegensätze, so wurde ihr Verhältnis in der Folge als unlösbare Einheit, als Frage der literarischen Technik und prinzipiell als Voraussetzung für »echten Realismus« aufgefaßt. So fällt M. Campos Lima[35] 1949 das kategorische Urteil: »Es besteht keinerlei Unterschied zwischen sozialer Literatur und psychologischer Literatur«. Mehr noch: Da vom neo-realistischen Standpunkt der portugiesische Roman als »Schule« mit spezifischen Merkmalen und fruchtbaren Wirkungen strenggenommen gar nicht existiert habe, erschien der Neo-Realismus als eigentlicher Begründer dieser Schule. Mit gewisser Berechtigung formuliert A. J. Saraiva[36] 1955 diesen Anspruch:

Zum erstenmal in unserer Literaturgeschichte existiert heute dank des Neo-Realismus eine portugiesische Romanschule [...]. Eine Atmosphäre, eine Tradition, eine Schule – das ist es, was der portugiesische neo-realistische Roman geschaffen hat, das ist das große Ereignis, das seine revolutionäre Stellung in der Geschichte der portugiesischen Literatur kennzeichnet.

Mit dem Eindringen des französischen Existentialismus in die portugiesische Literatur zu Beginn der fünfziger Jahre trat der Neo-Realismus in eine neue, seine Entwicklung bereichernde Phase ein. Existentialistische Fragestellungen erweiterten sein thematisches Spektrum. Obwohl er in der Folge als Bewegung verschwand, enthalten die narrativen Texte der fünfziger und noch der sechziger Jahre zumindest neo-realistische Komponenten, die die Aktualität seines Grundanliegens bezeugen, auch wenn der rigorose Kanon der frühen Jahre als überwunden angesehen werden kann. Reflexe dieser Bewegung finden sich bei den Vertreterinnen der sogenannten »Frauenliteratur« wie Maria Archer, Judite Navarro und Celeste de Andrade, aber auch bei männlichen Autoren wie Luís Cajão und Antunes da Silva, in deren Romanen und Erzählungen der »soziale Realismus« bewahrt wird. Andere Autoren blieben dem traditionellen Neo-Realismus mehr oder weniger verhaftet oder beschritten, von ihm ausgehend, neue Wege. Dies gilt u. a. für Júlio Graça, Jorge Reis, Armando Ventura Ferreira, Mário Braga, Mário Ventura, Rogério de Freitas und José Cardoso Pires. In den sechziger Jahren thematisierten fast nur noch neo-realistisch orientierte Autoren soziale Probleme. Auf literaturtheoretischem Gebiet sorgten A. Ramos de Almeida, M. Dionísio, M. Campos Lima, A. J. Saraiva, A. Bacelar und M. Sacramento für die weltanschaulich-ästhetische Weiterentwicklung der Bewegung.

Als Fazit läßt sich feststellen: Der Neo-Realismus stellt den Versuch dar, einen neuen Typus von Literatur und Schriftsteller zu begründen. Gemeint war ein neuer kritischer Realismus oder auch Sozialistischer Realismus, letzteres zumindest als theoretische Forderung erhoben, in der literarischen Praxis aber kaum verwirklicht. Aus der dominanten weltanschaulichen Fragestellung resultierte eine Ideologielastigkeit, deren reglementierender Charakter sich zum Teil auch negativ auf den künstlerischen Schaffensprozeß auswirkte. Die Folge war ein stärkeres Auseinanderdriften von Theorie und Praxis in den fünfziger Jahren. Diese Grundproblematik des portugiesischen Neo-Realismus beschreibt der dem Neo-Realismus anfänglich verbundene Kritiker und Essayist E. Lourenço[37] wie folgt:

Man kann sagen, daß die ganze Dialektik und das innere Drama des portugiesischen Neo-Realismus sich herleitet aus dieser singulären Beziehung zwischen ideologischer Theorie und literarischer Praxis, zwischen der Antizipation eines ideologischen Horizonts, der, obgleich in Widerspruch mit sich selbst, nach Art des Kantschen regulierenden Ideals funktioniert, und der Notwendigkeit und dem Willen, diesem einen entsprechenden Körper zu bieten.

Anmerkungen

Die Übersetzung der Zitate stammt vom Autor.

1 Eduardo Prado Coelho, *O Reino Flutante: Exercícios sobre a Razão e o Discurso*, Lisboa: Edições 70 1972, S. 10.

2 Mário Dionísio, »Mário Dionísio: ›Fui sempre anti-stalinista‹«, *Expresso* 24.4.1982, S. 20-R.

3 Obwohl es naheliegt anzunehmen, daß eine enge Beziehung zwischen dem portugiesischen und dem italienischen Neo-Realismus besteht, kann dies durch Textbelege nicht bestätigt werden. Zumindest die theoretischen Organe des Neo-Realismus enthalten dazu keine Bezüge. Erst viel später wird in allgemeiner Form auf diesen Einfluß verwiesen, wobei besonders der Roman *Fontamara* (1930) von I. Silone genannt wird. (Vgl. Álvaro Salema, *Alves Redol: a obra e o homem*, Lisboa: Arcádia 1980, S. 12; Mário Sacramento, *Fernando Namora*, Lisboa: Arcádia, um 1968, S. 68). Dies überrascht um so mehr, als – von dem Hauptunterschied abgesehen (Dominanz christlich-ethisch-humanitärer Ideen im italienischen und marxistisches Fundament im portugiesischen Neo-Realismus) – beide Bewegungen unter ähnlichen inneren und äußeren Bedingungen entstanden und darüber hinaus Ähnlichkeiten im Literaturverständnis (soziale Funktion der Literatur und deren dokumentarischer Abbildcharakter, Darstellung von Personen aus unterprivilegierten Schichten u. a. m) aufweisen.

4 *Seara Nova* 789 (1942), S. 195-197; 793 (1942), S. 259-261; 803 (1943), S. 107-109; 814 (1943), S. 281-283.

5 Vgl. Avelino Cunhal, »Maxim Gorki«, *O Diabo* 109, 26.7.1936, S. 5.

6 So zitiert z. B. A. Ramos de Almeida, einer der führenden neo-realistischen Theoretiker, erst im März 1941 während eines Vortrags aus der Rede Gorkis. (Vgl. António Ramos de Almeida, *A arte e a vida: para esclarecimento e compreensão da literatura moderna portuguesa e da estéril polémica arte pura e arte social*, Porto: Livraria Joaquim Maria da Costa 1941. (Porto: ^{2}1945, S. 41). *O Diabo* und *Sol Nascente* enthalten – vermutlich aus Zensurgründen – keine Bezüge zu dieser für die theoretische Fundierung des Neo-Realismus wichtigen Frage.

7 Vgl. die Jahrgänge 1937 und 1938 von *Sol Nascente* (ab Okt.) und *O Diabo* (ab Nov.). Unter den Autoren sind zu nennen A. Ribeiro, M. Dionísio, A. Redol, A. Ramos de Almeida, J. Domingues, J. Namorado und vor allem A. de Castro Senda, der eine ganze Artikelfolge veröffentlicht.

8 Joaquim Namorado, »Amando Fontes«, *O Diabo* 223, 31.12.1938, S. 2.

9 Vgl. António Ramos de Almeida, »O romance brasileiro contemporâneo através dos seus principais intérpretes: Amando Fontes e José Lins do Rêgo (II)«, *Sol Nascente* 32, 1.12.1938, S. 6-7.

10 Mário Dionísio, »A propósito de Jorge Amado (I-III)«, *O Diabo* 164, 14.11.1937, S. 3; 165, 21.11.1937, S. 2; 167, 5.12.1937, S. 6. Die folgenden Zitate ebda. 165, 21.11.1937, S. 2.

11 Joaquim Namorado, a.a.O., S. 2. Das folgende Zitat ebda.

12 Mando Martins, »Literatura humana«, *Sol Nascente* 4, 15.3.1937, S. 11. Das folgende Zitat ebda.

13 Joaquim Namorado, »Staline só é problema para os anticomunistas«, *Expresso*, 24.4.1982, S. 22-R. Das folgende Zitat ebda. Vgl. auch: Ders., »Le néo-réalisme portugais. Résistance et combat au salazarisme« in: *Acta Universitatis Carolinae: Philologica* 2-3, 1982; *Romanistica Pragensia* XIV (1983), S. 18 und 62.

14 Mário Sacramento, *Fernando Namora*, Lisboa: Arcádia [um 1968], S. 67.

15 Mário Dionísio, »Ficha 13-A«, *Seara Nova* 833, 31.7.1943, S. 270.

16 »Que é o Neo-Realismo? Declarações do escritor Mário Dionísio«, *O Primeiro de Janeiro*, 3.1.1945. Die folgenden Zitate sind hieraus entnommen.

17 »Consultório Cultural«, *O Globo* 32, 1.10.1945. Die folgenden Zitate sind hieraus entnommen. Als Autoren des Beitrags werden – jeweils auf persönliche Informationen gestützt – M. Sacramento und M. Campos Lima genannt.

18 José Vasco Salinas, »Os fundamentos do racionalismo concreto, I – Bases do método dialectico; II – Bases de Concepção Realista«, *Síntese* 6 (Mai 1940), S. 2-3; 7 (Juni/Juli 1940), S. 2-3.

19 Nicolau, »Determinismo e Indeterminismo«, *Liberdade*, 11.2.1935, S. 2, 3; 24.2.1935, S. 2, 3; 17.3.1935, S. 2; 24.3.1935, S. 2.

20 A. Manuel Antunes, »A poesia modernista do ›Orpheu‹ a ›Altitude‹«, *Brotéria* 31 (1940), S. 318-319. Die folgenden Zitate ebda.

21 Armando Ventura Ferreira, »Documentário«, *A Mocidade* 321, 24.3.1940. Das folgende Zitat ebda. Auszug in: António Pedro Pita, »Estudos e Documentos do Neo-Realismo – II: A Imprensa Coimbrã na Génese do Neo-Realismo (Subsídios para o estudo da formação da problemática neo-realista)«, *Vértice* 40/428-429 (Jan./Feb. 1980), S. 147-148.

22 Manuel Filipe, »Cartas do nosso tempo (III)«, *O Diabo* 196, 26.6.1938, S. 7. Die folgenden Zitate ebda.

23 José Régio, »Cartas do nosso tempo (IX): sôbre o ›eu‹ e o mundo«, *Seara Nova* 528, 25.9.1937, S. 463-466.

24 Álvaro Cunhal, »Numa encruzilhada dos homens (A propósito das Cartas Intemporais de José Régio publicadas na ›Seara Nova‹, n.os 608 e 609)«, *Seara Nova* 615 (1959), 285-286. Die folgenden Zitate nach *Sol Nascente* 37, 1.6.1939, S. 7.

25 Manuel Filipe, a.a.O., S. 7.

26 António Ramos de Almeida, »A propósito dos Novos Temas de Gaspar Simões (III)«, *O Diabo* 229, 11.2.1939, S. 7. Die folgenden Zitate ebda.

27 António Vale, »Cinco notas sobre forma e conteúdo«, *Vertice* 14/131-132 (Aug./Sept. 1954), S. 466-484. Zur Entschlüsselung des Decknamens vgl. A[ugusto] S[eabra], »O nome é Álvaro Cunhal«, *Expresso*, 24.4.1982, S. 18-R.

28 Mário Dionísio, »Ficha 13-A«, S. 270. Das folgende Zitat ebda.

29 Álvaro Salema, »O anti-burguesismo da cultura nova«, *Gládio* 1, 31.1.1935, S. 4. Das folgende Zitat ebda.

30 Mário Ramos, »Realismo humanista: extractos dumas notas«, *Diabo* 235, 25.3.1939, S. 3, 7. Die folgenden Zitate ebda.

31 Raúl Sequeira, »Uma época duas literaturas«, *Síntese* 6 (Mai 1940), S. 9. Das folgende Zitat ebda.

32 So faßt J. Domingues z. B. die künstlerische Abbildung als ein »spezielles Aufnahmeverfahren« auf. (Jorge Domingues, »O real e o irreal em literatura«, *O Diabo* 169, 19.12.1937, S. 5).

33 Symptomatisch ist dafür das Motto, das Redol *Gaibéus* 1939 voranstellt: »Dieser Roman beabsichtigt nicht, in der Literatur als Kunstwerk zu verbleiben. Er will zuallererst ein menschliches Dokument sein [...].«

34 R[odrigo] S[oares], »O romance histórico«, *Síntese* 5 (April 1940), S. 21. Das folgende Zitat ebda.

35 Manuel Campos Lima, Rezension zu: »Ciclo ›Port Wine‹ I – Horizonte Cerrado: romance de Alves Redol«, *Vértice* 74 (Okt. 1949), S. 244. Das folgende Zitat ebda.

36 António José Saraiva, »O Neo-Realismo em crise? A significação histórica do Neo-Realismo português«, *O Comércio do Porto*, 13.12. 1955, S. 5. Das folgende Zitat ebda.

37 Eduardo Lourenço, *Sentido e Forma da Poesia Neo-Realista*, Lisboa: Ulisseia 1968, S. 11-12. Das folgende Zitat ebda.

Primärliteratur zum Neo-Realismus

Die in Zeitungen und Zeitschriften erschienene Primärliteratur ist sehr umfangreich. Als Ergänzung zu den in den Anmerkungen genannten Titeln sind hier noch weitere erwähnt, die für das theoretische Selbstverständnis des Neo-Realismus wichtig sind. Fehlende editorische Angaben (Ort, Jahr) sind größtenteils darauf zurückzuführen, daß die Werke der Neo-Realisten oft klandestin gedruckt wurden.

Almeida, António Ramos de, »Notas para o Neo-Realismo«, *O Diabo* 21.9., 5.10. und 9.11.1940.

Andrade, João Pedro de, *A Poesia da Moderníssima Geração (Génese duma Atitude Poética)*, Porto: Livraria Latina Editora 1943.
Bacelar, Armando, »Sobre o Neo-Realismo«, *Vértice* 238 (1963), S. 350-366.
»Consultório Cultural«, *O Globo*, 1.10.1944.
Dionísio, Mário, »Ficha 14«, Lisboa 1944.
Namora, Fernando, »Esboço Histórico do Neo-Realismo«, Academia das Ciências de Lisboa, Separata das »Memórias« (Classe de Letras – Bd. VII), Lisboa 1961.
Pita, António Pedro, »Estudos e Documentos do Neo-Realismo – I: A Imprensa Coimbrã na Génese do Neo-Realismo (Subsídios para o estudo da formação da problemática neo-realista)«, *Vértice* 426-427 (1979); »Estudos e Documentos do Neo-Realismo – II: (Subsídios para o estudo da formação da problemática neo-realista)«, *Vértice* 428-429 (1980); »Estudos e Documentos do Neo-Realismo – III: Notas sobre a Mocidade, de Ponte de Sôr«, *Vértice* 430-431 (1980); »Estudos e Documentos do Neo-Realismo – IV: Notas sobre a Mocidade, de Ponte de Sôr: 2. As noções de Arte e de Artista«, *Vértice* 440-441 (1981).
Reis, Carlos (Hg.), *Textos teóricos do Neo-Realismo Português*, Lisboa: Seara Nova; Comunicação 1981.
Soares, Rodrigo [Pseudonym von Fernando Pinto Loureiro], *Por um novo humanismo: Ensaios*, Porto [1947].

Sekundärliteratur zum Neo-Realismus

Aus der sehr umfangreichen Sekundärliteratur werden einige seit den sechziger Jahren erschienene wichtige Arbeiten angeführt.

Abdala Jr., Benjamim, *A Escrita Neo-Realista: Análise Sócio-Estilística dos Romances de Carlos de Oliveira e Graciliano Ramos*, São Paulo: Ática 1981.
Alvarenga, Fernando, *Afluentes Teórico-Estéticos do Neo-Realismo Visual Português*, Porto: Afrontamento 1989.
Calheiros, Pedro, *Néo-Réalisme ou Néo-Naturalisme?*, Paris: Fondation Calouste Gulbenkian, Centre Culturel Portugais 1984.
Guimarães, Fernando, *A poesia da Presença e o aparecimento do Neo-Realismo*, Porto: Editorial Inova 1969. (Porto: Brasília Editora ²1981).
Ille, Hans-Jürgen, *›Realismo‹ und ›Neo-Realismo‹: historische und typologische Probleme des Realismus in der portugiesischen Literatur*, Diss. (B), Humboldt-Universität Berlin 1990.
Kalwa, Erich, *Philosophisch-weltanschauliche und ästhetische Grundpositionen des portugiesischen Neo-Realismus: ein Beitrag zur Theoriebildung*, Frankfurt/Main: TFM, Domus Editoria Europaea 1996.

Lourenço, Eduardo, *Sentido e forma da poesia neo-realista*, Lisboa: Ulisseia 1968.

McNab, Gregory, *Neo-Realismo in Portugal: Literature as a political weapon*, New York University 1973.

Mendes, José Manuel, *Por uma literatura de combate: textos de crítica literária*, Amadora: Bertrand 1975.

Mendonça, Fernando, *O Romance Português Contemporâneo*, Assis: Faculdade de Filosofia, Ciências e Letras 1966.

–, »O Romance Nordestino e o Romance Neo-Realista«, in: Ders., *Três Ensaios de Literatura*, Assis: Faculdade de Filosofia, Ciências e Letras 1967, S. 27-41.

Reis, Carlos, *O Discurso Ideológico do Neo-Realismo Português*, Coimbra: Almedina 1981.

Riauzova, Elena Aleksandrovna, *Roman v sovremennykh portugalo-iazychnykh literaturakh: problem tipologii i vzaimodeistviia*, Moskau: Nauka 1980.

Rodrigues, Urbano Tavares, *Um novo olhar sobre o Neo-Realismo*, Lisboa: Moraes 1981.

Sacramento, Mário, *Há uma estética neo-realista?* Lisboa: Dom Quixote 1968.

Santili, Maria Aparecida, *Arte e representação da realidade no romance português contemporâneo*, São Paulo: Quiron 1979.

Torres, Alexandre Pinheiro, *O Neo-Realismo literário português*, Lisboa: Moraes 1977.

–, *O movimento neo-realista em Portugal na sua primeira fase*, Lisboa: Instituto de Cultura e Língua Portuguesa 1977. (^{2}1983).

Autoren im Umkreis des Neo-Realismus

António Alves Redol

* 1911 in Vila Franca de Xira, Distrikt Lissabon
† 1969 in Lissabon

Alves Redol stammte aus einer Kaufmannsfamilie. Von 1923 bis 1927 erhielt er eine kaufmännische Ausbildung am Colégio Arriaga in Lissabon. Danach arbeitete er im Geschäft des Vaters. Mit sechzehn Jahren veröffentlichte er seinen ersten Artikel und mit einundzwanzig seine erste Novelle, *Gente Rude* (Rohe Leute). Wegen wirtschaftlicher Schwierigkeiten der Familie ging er 1928 nach Angola. In Luanda war er u. a. Autoreifenverkäufer und Angestellter in einer Finanzdirektion. 1931 kehrte er, malaria- und leberkrank, nach Portugal zurück und arbeitete als Büroangestellter in Lissabon. Seine Bildung erwarb er als Autodidakt. Von 1932 bis 1934 schrieb er mehrere kleine Novellen für die Wochenschrift *Notícias Ilustrado*. 1936 hielt er in Vila Franca de Xira einen für seine Entwicklung richtungweisenden Vortrag über »Arte« (Kunst). Unter dem Einfluß von Plechanows Essay »Die Kunst und das gesellschaftliche Leben« (1912) schrieb er der Literatur eine strikt soziale, utilitaristische und revolutionäre Funktion zu. Im selben Jahr wurde er Mitarbeiter der Zeitung *O Diabo*, eines der theoretischen Organe des Neo-Realismus, und trat der Kommunistischen Partei bei. In *O Diabo* veröffentlichte er 1936 die Afrika-Erzählung *Kangondo* und Chroniken aus dem Ribatejo. Wie viele andere portugiesische Neo-Realisten empfing auch Redol starke Impulse von den Vertretern des brasilianischen *romance nordestino* (Nordostroman), insbesondere von Jorge Amado, Lins do Rego und Amando Fontes. 1942 beteiligte er sich aktiv am Widerstandskampf gegen das Salazarregime, das ihn 1944 zu einer Gefängnisstrafe verurteilte (zweite Haft 1963). 1945 repräsentierte er die Kommunistische Partei in dem *Movimento da Unidade Democrática* (Bewegung der demokratischen Einheit) und gehörte verschiedenen Leitungsgremien dieser Bewegung an, u. a. der Zentralen Politischen Kommission, der Kommission der Schriftsteller und Künstler und der Kommission für Koordinierung der Intellektuellen. 1947 wurde er zum Generalsekretär der portugiesischen Sektion des Internationalen PEN-Clubs gewählt. 1948 war er Mitglied der portugiesischen Delegation, die am *Weltkongreß der Intellektuellen für den Frieden* in Wrocław teilnahm, auf dem er eine Rede hielt. 1950 wurde er mit dem Ricardo-Malheiros-Preis der Akademie der Wissenschaften zu Lissabon für den Roman *Horizonte Cerrado* (1949; Geschlossener Horizont) ausgezeichnet. Redol war einer der Begründer des portugiesischen Neo-Realismus. Sein Werk umfaßt sechzehn Romane, zahlreiche Erzählungen, Novellen, Kinderbücher, Theaterstücke und Studien. Zu seinen fundamentalen Romanen zählen *Gaibéus* (1939; Tagelöhner), *A Barca dos Sete Lemes* (1958; dt. *Der Mann mit den sieben Namen*), *Barranco de Cegos* (1961; Schlucht der Blinden) und *O Muro Branco* (1966; Die weiße Mauer). Das Hauptcharakteristikum seiner Werke, die in mehrere Sprachen, kaum allerdings ins Deutsche übersetzt worden sind, ist das Engagement des Autors für die unterprivilegierten Schichten, die in einem repräsentativen Querschnitt dargestellt werden. In bezug auf ihre stilistische und technische Perfektion bieten die einzelnen Romane ein ungleiches Bild. Die erste Gesamtausgabe erschien 1972.

Alves Redol in deutscher Sprache

Romane

Der Mann mit den sieben Namen (*A Barca dos Sete Lemes*), übers. von A. Klotsch, Berlin: Volk und Welt 1968.

Erzählungen

»Die Nelke« (»O Cravo«), übers. von Ilse Losa, in: O. Lopes/I. Losa (Hg.) 1961. Zuletzt in: C. Meyer-Clason/D. Offenhäußer (Hg.)1988.

Werke von Alves Redol

Romane

Gaibéus, Lisboa: Selbstverlag. Distribuição da Livraria Portugália 1939.

Marés, Lisboa: Portugália 1941.

Avieiros, Lisboa: Portugália 1942.

Fanga, Lisboa: Portugália 1943.

Anúncio, Novelle, Lisboa: Inquérito 1945, zum Roman erweitert: Lisboa: Portugália 1963.

Porto Manso, Lisboa: Inquérito 1946.

Horizonte Cerrado, Lisboa: Cosmos 1949; *Os Homens e as Sombras*, Lisboa: Europa-América 1951 und *Vindima de Sangue*, Lisboa: Selbstverlag 1953. [Portweinzyklus]

Olhos de Água, Lisboa: Centro Bibliográfico 1954.

A Barca dos Sete Lemes (dt. *Der Mann mit den sieben Namen*), Lisboa: Europa-América 1958.

O Cavalo Espantado, Lisboa: Portugália 1960.

Barranco de Cegos, Lisboa: Portugália 1961.

O Muro Branco, Lisboa: Europa-América 1966.

Os Reinegros, Lisboa: Europa-América 1972.

Erzählungen

Nasci com Passaporte de Turista, Lisboa: Portugália 1940.

Espólio, Lisboa: Selbstverlag 1943.

»O Comboio das Seis«, in: *Contos e Novelas*, Coimbra: Edições Academia 1946.

Noite Esquecida, Lisboa 1959.

Histórias Afluentes, Lisboa: Portugália 1963.

Kinder- und Jugendbücher

A Vida Mágica da Sementinha: uma Breve História do Trigo, Lisboa: Selbstverlag 1956.

Constantino, Guardador de Vacas e de Sonhos, Lisboa: Portugália Editora 1962.
A Flor Vai Ver o Mar, Lisboa: Europa-América 1968.
A Flor Vai Pescar num Bote. Lisboa: Europa-América 1968.
Uma Flor Chamada Maria (1969).
Maria Flor Abre o Livro das Surpresas, Lisboa: Europa-América 1970.

Theater
Maria Emília, *Vértice* 12-16 (Mai 1945); 2. Aufl. in: *Teatro I* (*Obras Completas de Alves Redol*), Lisboa: Europa-América 1966.
Forja, Lisboa: Selbstverlag 1948; 2. Aufl. in: *Teatro I* 1966.
O Destino Morreu de Repente, in: *Teatro II* (*Obras Completas de Alves Redol*), Lisboa: Europa-América 1967.
Fronteira Fechada, in: *Teatro III* (*Obras Completas de Alves Redol*), Lisboa: Europa-América 1972.

Studien und Anthologien
Glória – uma Aldeia do Ribatejo, ethnographische Studie, Barcelos: Selbstverlag 1938.
A França – Da Resistência à Renascença, historisch-politischer Essay, Lisboa: Inquérito 1949.
Cancioneiro do Ribatejo – A Vida do Povo Cantada pelo Povo, Hg. und Vorwort, Lisboa: Centro Bibliográfico 1950.
»Ribatejo«, in: João de Barros (Hg.), *Portugal Maravilhoso*, Bd. 2, Lisboa: Universo 1952, S. 90-176.
Romanceiro Geral do Povo Português. Texto literário organizado, prefaciado e anotado por Alves Redol. Texto musical escolhido, comentado e prefaciado por Fernandes Lopes Graça. Lisboa: Iniciativas Editoriais 1964.
Le Roman du Tage (Ausgabe der Union Française Universitaire, Paris).
A Semente nas Palavras, o.O.: ^{2}1977. [Anthologie].

Gesamtausgaben
Obras Completas de Alves Redol. Mem Martins: Europa-América 1972 ff.

Sekundärliteratur (Auswahl)

Die Sekundärliteratur zum Werk von Alves Redol ist sehr umfangreich. Daher werden hier nur seit den fünfziger Jahren in Buchform erschienene Arbeiten und eine dem Autor gewidmete Sondernummer von *Vértice* genannt.

Ferreira, Ana Paula, *Alves Redol e o Neo-Realismo Português: Da Memória da Tradição à Herança do Futuro*, Lisboa: Caminho 1992.

Mendes, José Manuel (Hg.), *Charrua em Campo de Pedras: Uma Antologia de Estudos sobre Redol*, Lisboa: Seara Nova 1975.
Pavão, José de Almeida, *Alves Redol e o Neo-realismo*, Lisboa: Selbstverlag 1960.
Rietzel, Maria Luiza, *Gaibéus: Narrativa Metafórica de Estruturação Metonímica*, Porto Alegre: Metacomunicação 1975.
Salema, Álvaro, *Alves Redol: A Obra e o Homem*, Lisboa: Arcádia 1980.
Salvado, António, *Traços Humanos e Literários dos »Gaibéus« de Alves Redol*, Castelo-Branco: Museu Tavares Proença Júnior 1985.
Silva, Garcez da, *Alves Redol e o Grupo Neo-Realista de Vila Franca*, Lisboa: Caminho 1990.
–, *A Experiência Africana de Alves Redol*. Lisboa: Caminho 1994.
A Nazaré na Obra de Alves Redol. Nazaré: Secretaria de Estado da Cultura, Museu Etnográfico e Arqueológico Dr. Joaquim Manso 1980.
Teixeira, Ramiro, *Neo-Realismo, Alves Redol e seus Reflexos (testemunho pessoal sobre os reflexos do neo-realismo em geral e os de Alves Redol em particular na minha geração)*, Porto 1981.
Torres, Alexandre Pinheiro, *Os romances de Alves Redol: Ensaio de Interpretação*, Lisboa: Moraes 1979.
Vértice 322-323 (Nov.-Dez. 1970), S. 781-1027 (Número especial de Homenagem a Alves Redol).

Joaquim Soeiro Pereira Gomes

* 1909 in Gestaçô, Distrikt Porto
† 1949 in Lissabon

Die Biographie von Soeiro Pereira Gomes ist noch weitgehend unerforscht. Nach dem Besuch einer Landwirtschaftsschule in Coimbra ging er Ende 1930 nach Angola in der Hoffnung, eine Anstellung zu finden. 1931 kehrte er aber schon nach Portugal zurück und arbeitete als Büroangestellter in einer Zementfabrik in Alhandra, einem Industrievorort von Lissabon. Dort engagierte er sich für die Verbesserung des sozialen und kulturellen Lebens der Arbeiter. Er organisierte u. a. Alphabetisierungskurse für Erwachsene und Bibliotheken für Arbeiter. Seit Ende der dreißiger oder Anfang der vierziger Jahre gehörte er der Kommunistischen Partei an und war in deren Regionalkomitee in Vila Franca de Xira tätig. Wegen seiner Teilnahme an der Organisierung eines Arbeiterstreiks von der Geheimpolizei gesucht, ging er 1944 in den Untergrund, wo er, kaum vierzigjährig, an Lungenkrebs starb. Soeiro Pereira Gomes, einer der Begründer des Neo-Realismus, hinterließ zwei Romane, *Esteiros* (1941 dt. gleicher Titel) und *Engrenagem*

(Räderwerk), dieser schon 1944 geschrieben, unter der Hand im Privatdruck aber erst 1951 verkauft, sowie Erzählungen und Chroniken, die, zwischen 1940 und 1943 entstanden, in dem Band *Refúgio Perdido* (dt. *Verlorene Zuflucht*) 1950 veröffentlicht wurden. 1957 erschienen die gleichfalls in den vierziger Jahren geschriebenen *Contos Vermelhos* (Rote Erzählungen).

Joaquim Soeiro Pereira Gomes in deutscher Sprache

Romane
Esteiros, übers. von Rudolf Krügel, Berlin: Aufbau 1954.

Erzählungen
»Wie es gemacht wird« (Auszug aus *Engrenagem*), übers. von Ilse Losa, in: O.Lopes/I. Losa (Hg.) 1961.
»Verlorene Zuflucht« (Refúgio Perdido), übers. von Curt Meyer-Clason, in: *Liebesgeschichte mit Datum: Erzählungen aus Portugal*, Berlin/Weimar: Aufbau 1976. Auch in: C. Meyer-Clason/D. Offenhäußer (Hg.) 1988.

Werke von Joaquim Soeiro Pereira Gomes

Romane
Esteiros, Lisboa: Sírius 1941.
Engrenagem, Lisboa: Selbstverlag 1951.

Erzählungen und Chroniken (Auswahl)
»As Crianças da minha Rua«, *O Diabo*, 12.8.1939.
»O meu Vizinho ao Lado«, *O Diabo*, 4.11.1939.
»Companheiros de um dia«, *O Diabo*, 5.10.1940.
»O Pástiure«, *O Diabo*, 26.10.1940.
»Alguém«, *República*, 16.11.1942.
»Coisas quase inacreditáveis«, in: *Contos e Poemas*, Lisboa 1942.
»Breve História de um Sábio«, *O Castanheirense*, 20.9.1943.
Refúgio Perdido (dt. *Verlorene Zuflucht*) 1950.
Contos Vermelhos [1957].

Gesamtausgaben
Obras Completas de Soeiro Pereira Gomes, Lisboa: Avante! 1979.

Sekundärliteratur (Auswahl)

Costa Dias, Augusto da, *Literatura e Luta de Classes: Soeiro Pereira Gomes*, Lisboa: Estampa 1975.

–, »›Contos‹ de um romance neo-realista ou nota introdutória a uma selecção de textos«, Vila Franca de Xira: Museu do Neo-Realismo 1991.
Pina, Álvaro, *Soeiro Pereira Gomes e o futuro do realismo em Portugal*, Lisboa: Caminho 1977.
Reis, Manuela Câncio, *Eles Vieram de Madrugada: Cartas para a Clandestinidade a Soeiro Pereira Gomes*. Lisboa: Caminho 1981.
Ricciardi, Giovanni, »Pedagogia e scrittura neo-realista in Soeiro Pereira Gomes«, in: Ders., *Avanguardia e stabilizzazione della coscienza*, Bari: Libreria Universitaria 1988, S. 119-158.
»50 anos a ler Esteiros e Soeiro Pereira Gomes, 1941-1991«, Vila Franca de Xira: Museu do Neo-Realismo 1991.

Manuel Dias da Fonseca

* 1911 in Santiago do Cacém, Alentejo
† 1993 in Lissabon

Nach dem Besuch des Gymnasiums in Lissabon war Manuel da Fonseca u. a. als kaufmännischer Angestellter, Werbeagent und Zeitschriftenredakteur tätig. Er zählte von Anfang an zu dem Kreis der Begründer des Neo-Realismus und gilt als einer seiner markantesten Vertreter in Poesie und Prosa. 1940 debütierte er mit dem Gedichtband *Rosa dos Ventos* (Windrose), der in die neo-realistische Sammlung *Novo Cancioneiro* aufgenommen wurde. 1941 folgte sein zweiter Gedichtband, *Planície* (Ebene). Die genannten Werke sowie die *Poemas Dispersos* (Verstreute Gedichte) fanden Eingang in die 1958 erschienenen *Poemas Completos*. Sie trugen entscheidend zum Wiedererstehen der sozialen Poesie in der portugiesischen Literatur bei. Als Erzähler debütierte er 1942 mit dem Band *Aldeia Nova* (Neues Dorf). Viele der in ihm enthaltenen Erzählungen wurden u. a. ins Deutsche und Englische übersetzt. Sein erster Roman, *Cerromaior*, erschien 1943, sein zweiter und letzter, *Seara de Vento* (dt. *Gesäter Wind* und *Saat des Windes*), 1958. Dieser, kurz nach seinem Erscheinen von der Zensur verboten, gilt als sein reifstes Werk. Das zentrale Thema des Romanciers ist die soziale Dorflandschaft des Alentejo. Obgleich das Gesamtwerk nicht sehr umfangreich ist, hat sein Autor den Ruf, einer der besten zeitgenössischen Erzähler Portugals zu sein. Dies belegen überzeugend die nach *Aldeia Nova* veröffentlichten Erzählbände *O Fogo e as Cinzas* (1951; Feuer und Asche), *Nortada* (1959; Nordwind), *Um Anjo no Trapézio* (1968; Ein Engel am Trapez) und *Tempo de Solidão* (1973; Zeit der Einsamkeit). Seine Werke wurden in viele europäische Sprachen übersetzt und dienten in Portugal als Vorlage für Drehbücher und Dramatisierungen.

Manuel da Fonseca in deutscher Sprache

Romane

Gesäter Wind (*Seara de Vento*), übers. von Ilse Losa, Berlin: Volk und Welt 1967. (Auch als: *Saat des Windes,* übers. von Ilse Losa, Freiburg: Beck & Glückler 1990)

Erzählungen

»Maria Altinha« (aus *Aldeia Nova*), übers. von Ilse Losa, in: O. Lopes/I. Losa (Hg.) 1961. Zuletzt in: Curt Meyer-Clason/Dieter Offenhäußer (Hg.) 1988.

Werke von Manuel da Fonseca

Romane

Cerromaior 1943.
Seara do Vento, Lisboa: Ulisseia 1958.

Erzählungen

Aldeia Nova 1942.
O Fogo e as Cinzas 1951.
Nortada 1959.
Um Anjo no Trapézio 1968.
Tempo de Solidão, Lisboa: Estúdios Cor 1969.

Chroniken

Crónicas Algarvias 1986.

Lyrik

Rosa dos Ventos, Lisboa 1940.
»Planície«, in: *Novo Cancioneiro*, Coimbra 1941.
Solidão povoada 1953.
Poemas Completos, Lisboa 1958.
Obra Poética ^{7}1984.

Gesamtausgaben

Obra Completa de Manuel da Fonseca, Lisboa: Caminho 1990.

Sekundärliteratur (Auswahl)

Lopes, João de Oliveira, *Estruturas da narrativa na »Seara de Vento« de Manuel da Fonseca*, Coimbra: Instituto Nacional de Investigação Científica 1980.

Pontes, Maria de Lourdes Belchior/Maria Isabel Rocheta/Maria Alzira Seixo, *Três ensaios sobre a obra de Manuel da Fonseca: A poesia, O Fogo e as Cinzas, Seara de vento*, Lisboa: Seara Nova; Editorial Comunicação 1980.

Simões, Manuel, *Garcia Lorca e Manuel da Fonseca: Dois Poetas em Confronto*, Milano: Cisalpina-Goliardica 1979.

Manuel da Fonseca – 50 Anos de Vida literária, Vila Franca de Xira: Museu do Neo-Realismo 1991.

Fernando Gonçalves Namora

* 1919 in Condeixa-a-Nova, Distrikt Coimbra
† 1989 in Lissabon

Namora stammte aus einer kleinbürgerlichen Familie bäuerlichen Ursprungs. Von 1936 bis 1942 studierte er Medizin in Coimbra. 1938 veröffentlichte er seinen ersten Gedichtband, *Relevos* (Erhebungen), und seinen ersten Roman, *As Sete Partidas do Mundo* (Die sieben Teile der Welt), für den er den Almeida-Garrett-Preis erhielt. In Coimbra schloß er sich einer Gruppe neo-realistischer Schriftsteller an und arbeitete an der Herausgabe der *Cadernos da Juventude* (1938) mit. 1940 und 1941 folgten die Gedichtbände *Mar de Sargaços* (Sargassomeer) und *Terra* (Erde), letzterer in der neo-realistischen Sammlung *Novo Cancioneiro*. 1943 veröffentlichte er den Studentenroman *Fogo na Noite Escura* (Feuer in dunkler Nacht), in dem seine Erfahrungen zu einem realistischen Bild des akademischen Lebens in Coimbra verdichtet sind. Nach Beendigung des Studiums war er in verschiedenen Provinzorten als Arzt tätig, zuerst in Condeixa (1942) und Tinalhas (1943), wo er die Novelle *Casa da Malta* (1945; Gesindehaus) in acht Tagen schrieb, dann in Monsanto (1943), hier entstanden der Roman *Minas de San Francisco* (1946; dt. *Gold aus schwarzen Steinen*) und die erste Serie der Erzählungen *Retalhos da Vida de um Médico* (1949; dt. *Landarzt in Portugal*), und zuletzt in Pavia (1946) und Lissabon (1950). 1950 wurde Namora Assistenzarzt am *Instituto Português de Oncologia* in Lissabon. *A Noite e a Madrugada* (1950; Die Nacht und die Morgendämmerung) und *O Trigo e o Joio* (1954; dt. *Spreu und Weizen*; *Loas und sein Esel*) sind die letzten

Romane des »ländlichen Zyklus«. Auf seiner ersten Auslandsreise besuchte er 1952 Frankreich, Belgien und Holland; spätere Reisen, deren Eindrücke sich in den Chroniken widerspiegeln, führten ihn u. a. nach Skandinavien, Afrika und Südamerika. 1955 wurde er in die Akademie der Wissenschaften zu Lissabon aufgenommen. Mit *O Homem Disfarçado* (1957; dt. *Der Mann mit der Maske*) eröffnete er den »städtischen Zyklus«, dessen Höhepunkt der Roman *Domingo à Tarde*(1961; dt. *Sonntagnachmittag*) bildet, für den er mit dem José Lins do Rego-Preis ausgezeichnet wurde. Unter dem Einfluß des französischen Existentialismus rückte nun die existentielle Problematik in den Mittelpunkt, ohne daß die neo-realistischen Prinzipien geopfert wurden. Zwischendurch (1959) veröffentlichte er einen Band Erzählungen mit dem Titel *Cidade Solitária* (Einsame Stadt) und einen Gedichtband, *As Frias Madrugadas* (Kalter Morgen), der erstmals sein gesamtes poetisches Werk vereinigte. 1965 folgte er einer Einladung zu den Internationalen Begegnungen in Genf, die ihn zu der romanartigen Chronik *Diálogo em Setembro* (1966; Dialog im September) anregten und zu einer neuen Schreibweise, einer Mischung aus Essay und Fiktion, führten. Die portugiesische Problematik erschien fortan unter einem universellen Blickpunkt. 1965 gab er den Arztberuf auf. Seitdem widmete er sich ausschließlich der schriftstellerischen Arbeit. 1968 veröffentlichte er *Um Sino na Montanha* (dt. *Eine Glocke im Gebirge*), den ersten Band der Serie *Cadernos de um Escritor* (Hefte eines Schriftstellers), dem *Os Adoradores do Sol* (1971; Die Sonnenanbeter), *A Nave de Pedra* (1975; Das steinerne Schiff) und *Jornal sem Data* (1988; Journal ohne Datum) als letzter Band folgten. Der 1969 erschienene Gedichtband *Marketing* vereinigte das seit 1959 entstandene poetische Werk. Die beiden letzten Romane, *Os Clandestinos* (1972; dt. *Im Verborgenen*) und *O Rio Triste* (1982; dt. *Der traurige Fluß*) sind die künstlerischen Höhepunkte des späten Namora. Anläßlich seiner 50jährigen schriftstellerischen Tätigkeit fand 1988 eine nationale Jubiläumsfeier statt, an der er, bereits schwerkrank, nicht mehr teilnehmen konnte. Er wurde mit hohen nationalen und internationalen Preisen ausgezeichnet, u. a. 1972 mit dem »Grande Prémio Sopem« für sein Gesamtwerk. Von seinen Werken, die in etwa zwanzig Sprachen übersetzt worden sind, wurden *Retalhos da Vida de um Médico* 1962, *O Trigo e o Joio* 1965 und *Domingo à Tarde* 1966 verfilmt.

Fernando Namora in deutscher Sprache

Romane

Landarzt in Portugal (*Retalhos da Vida de um Médico*), übers. von Ursula von Wiese, Zürich: Arche 1958. Auch übers. von Curt Meyer-Clason, Berlin: Ed. qi 1992.

Sonntagnachmittag (*Domingo à Tarde*) übers. von Hans Kundert. Einsiedeln: Benziger 1962.

Spreu und Weizen (*O Trigo e o Joio*), übers. von Curt Meyer-Clason, Einsiedeln: Benziger 1963. Auch als *Loas und sein Esel*, Berlin: Volk und Welt 1963.

Gold aus schwarzen Steinen (*Minas de San Francisco*), übers. von Lotte und Hermann Pflüger, Berlin: Volk und Welt 1966.

Der Mann mit der Maske (*O Homem Disfarçado*), übers. von Lieselotte Kolanoske, Berlin: Volk und Welt 1974. (Auch Berlin: Buchklub 65, 1974).

Im Verborgenen (*Os Clandestinos*), übers. von Gudrun Hohl, Berlin: Volk und Welt 1979.

Der traurige Fluß (*O Rio Triste*), übers. von Hans Erlewein, München: Bertelsmann 1985. Auch Berlin: Volk und Welt 1986.

Erzählungen

»Der kleine Trommler« (»O Rapaz do Tambor«) übers. von Ilse Losa, in: O. Lopes/I. Losa (Hg.) 1961.

Es hat am Vorabend geregnet, Leipzig: Reclam 1965.

«Es hat am Vorabend geregnet« («Tinha Chovido na Véspera«), übers. von Karl-Heinz Barck, in: *Es hat am Vorabend geregnet ...*

»Picknick« (»Piquenique«), übers. von Gudrun Reichardt, in: Ebda. Zuletzt in C. Meyer-Clason/D. Offenhäußer (Hg.) 1988.

»Der Mann, der sterben wollte (»O Homem que queria morrer«), übers. von Barbara Dahm, in: *Es hat am Vorabend geregnet ...*

»Der Einflußreiche« (»O Influente«), übers. von Gudrun Reichardt, in: Ebda. Auch in: *Liebesgeschichte mit Datum: Erzählungen aus Portugal*, Berlin/Weimar: Aufbau 1976.

»Sabotage« (»Sabotagem«), übers. von Barbara Dahm, in: *Es hat am Vorabend geregnet ...*

Eine Glocke im Gebirge (*Um Sino na Montanha*) übers. von Andreas Klotsch, in: I. Losa/E. Gonçalves (Hg.) 1973.

Werke von Fernando Namora

Romane

As Sete Partidas do Mundo, Coimbra 1938.

Fogo na Noite Escura, Coimbra: Coimbra Editora 1943.

Casa da Malta, Novelle, Coimbra: Coimbra Editora 1945.

Minas de San Francisco (dt. *Gold aus schwarzen Steinen*), Coimbra 1946.

A Noite e a Madrugada, Lisboa 1950.

O Trigo e o Joio (dt. *Spreu und Weizen*), Lisboa: Guimarães 1954.
O Homem Disfarçado (dt. *Der Mann mit der Maske)*, Lisboa: Arcádia 1957.
Domingo à Tarde (dt. *Sonntagnachmittag*), Lisboa: Livros do Brasil 1961.
Os Clandestinos (dt. *Im Verborgenen*), [Lisboa]: Europa-América 1972.
O Rio Triste (dt. *Der traurige Fluß*), Rio de Janeiro: Nórdica 1982.

Erzählungen
Cabeças de Barro [mit Carlos de Oliveira und Artur Varela], Coimbra 1937.
Retalhos da Vida de um Médico (dt. *Landarzt in Portugal*), Lisboa 1949; 2. Serie Lisboa: Arcádia 1963.
Cidade Solitária, Lisboa 1959.
Estamos no Vento, Amadora: Bertrand 1975.
Cavalgada Cinzenta, Amadora: Bertrand 1977.
Resposta a Matilde, Amadora: Bertrand 1980.

Reisechroniken, Romanbiographien, Interviews
Deuses e Demónios da Medicina, Romanbiographien Bd. 1: Lisboa: Livros do Brasil 1952; Bd. 2: Lisboa: Arcádia 1963.
Diálogo em Setembro, Romanchronik, Lisboa: Europa-América 1966.
Um Sino na Montanha (dt. *Eine Glocke im Gebirge*), Lisboa: Europa-América 1968.
Os Adoradores do Sol, Lisboa: Europa-América 1971.
A Nave de Pedra, Amadora: Bertrand 1975 und *Jornal sem Data*, Amadora: Bertrand 1988 (Serie »Cadernos de um Escritor«).
Encontros, Interviews, Porto: Nova Crítica 1979.
Sentados na Relva, Amadora: Bertrand 1986.
Autobiografia, Lisboa: O Jornal 1987.

Lyrik
Relevos, Coimbra 1938.
Mar de Sargaços, Coimbra: Atlântida 1940.
Terra, in: *Novo Cancioneiro*, Coimbra 1941.
As Frias Madrugadas, Lisboa: Arcádia 1959.
Marketing, Lisboa: Europa-América 1969.
Nome para uma Casa, Amadora: Bertrand 1984.

Gesamtausgaben
Obras de Fernando Namora, Amadora: Bertrand 1977 ff.

Sekundärliteratur (Auswahl)

Andrade, Euclides Marques, *A Obra de Fernando Namora*, Belo Horizonte: Academia de Letras de Minas Gerais 1965.

Brückner, Heidrun, *Die soziale und psychologische Problematik im Werk Fernando Namoras: Ein literatursoziologischer Beitrag zur Geschichte des Neo-Realismus in Portugal*, München 1972.

Camocardi, Elêusis M., *Fernando Namora: um cronista no território da ficção*, Assis: ILHPA-HUCITEC 1978.

Carvalho, Júlio, *Fernando Namora e a técnica do romance*, Rio de Janeiro: Universidade de Guanabara 1967.

Chalendar, Pierrette/Gérard Chalendar, *Temas e Estruturas na Obra de Fernando Namora*, Lisboa: Moraes 1979.

Jannini, P. A., »Un medico, il maggior rappresentante del neo-realismo portoghese«, Separata de *Il Sofà Letterario*, Milano 1960.

Lopes, Oscar, »Fernando Namora: ensaio crítico seguido de um Inquérito ao autor criticado«, Separata da LUSÍADA, vol. III-N° 10, Porto: Marânus 1957.

Mendes, José Manuel, *Por uma literatura de combate*, Amadora: Bertrand 1975.

Pinharanda Gomes, *Perspectiva da obra de Fernando Namora*, Lisboa 1960.

Sacramento, Mário, *Fernando Namora*, Lisboa: Arcádia [um 1968].

Urbano, Ana Maria, *Propostas de Análises Textuais, Aplicadas a »Era um desconhecido«, »Resposta a Matilde«, de Fernando Namora*, Coimbra: Almedina 1982.

Vasconcelos, Taborda de, *Fernando Namora e selecção de textos de análise crítica*, Lisboa: Arcádia 1972.

– (Org.), *Fernando Namora*, Lisboa: Arcádia 1978. (Album comemorativo de *Fernando Namora – 40 Anos de Vida Literária*).

Carlos Alberto Serra de Oliveira

* 1921 in Belém, Brasilien
† 1981 in Lissabon

Carlos de Oliveira wurde als Sohn emigrierter portugiesischer Eltern in Brasilien geboren. 1923 kehrte die Familie nach Portugal zurück und ließ sich in der nordportugiesischen Region Gândara nieder, wo sein Vater als Landarzt tätig war. Diese Gegend, in der er seine Kindheit verbrachte, hinterließ mit ihrer bizarren Landschaft und ihren armen Bewohnern tiefe Spuren in seinem Werk, dessen vorrangiges Thema das niedergehende Provinzbürgertum ist. Mit sechzehn Jahren begann er seine literarische Tätigkeit. Er studierte Geschichte und Philosophie in Coimbra (Lizentiatur 1947) und schloß sich dort der Gruppe neo-realistischer Schriftsteller um Joaquim Namorado und Manuel da Fonseca an. So gehörte er zu den Initiatoren der neo-realistischen Bewegung. Er übersetzte Cassou, Éluard und Aragon ins Portugiesische und arbeitete an verschiedenen Zeitschriften (*Altitude*, *Seara Nova*, *Vértice*) sowie an Sammelbänden (*Marchas, Danças e Canções*; *Contos e Novelas*) mit. In dem von João Gaspar Simões herausgegebenen Band *Perspectiva da Literatura Portuguesa do Século XIX* (1949) ist er mit einem bedeutenden Essay über Abel Botelho vertreten. Als Lyriker und Romancier gilt Carlos de Oliveira als ein Klassiker der portugiesischen Literatur des 20. Jahrhunderts.

Carlos de Oliveira in deutscher Sprache

Romane

Eine Biene im Regen (*Uma Abelha na Chuva*), übers. von Curt Meyer-Clason, Freiburg: Beck & Glückler 1988.

Haus auf der Düne (*Casa na Duna*), übers. von Curt Meyer-Clason, Freiburg: Beck & Glückler 1989.

Kleinbürger (*Pequenos Burgueses*), übers. von Curt Meyer-Clason, Freiburg: Beck & Glückler 1991.

Erzählungen

»Die Flucht«, übers. von C. Meyer-Clason, in: Ders. (Hg.) 1972. Zuletzt in: C. Meyer-Clason/D. Offenhäußer (Hg.), 1988.

»Raben« (»Corvos), übers. von A. Klotsch, in: I. Losa/E. Gonçalves (Hg.), *Erkundungen: 30 portugiesische Erzähler* , Berlin: Volk und Welt 1973.

Werke von Carlos de Oliveira

Romane

Casa na Duna (dt. *Haus auf der Düne*), Coimbra: Coimbra Editora 1943.

Alcateia, Coimbra: Coimbra Editora 1944.

Pequenos Burgueses, (dt. *Kleinbürger)*, Coimbra: Coimbra Editora 1948.

Uma Abelha na Chuva (dt. *Eine Biene im Regen*), Coimbra: Coimbra Editora 1953.

Finisterra: paisagem e povoamento, Lisboa: Sá da Costa 1978.

Chroniken
O Aprendiz do Feiticeiro, Essays, Lisboa: Dom Quixote 1971.

Lyrik
»Turismo«, Coimbra, in: *Novo Cancioneiro*, Coimbra 1942.
Mãe Pobre, Coimbra: Coimbra Editora 1945.
Colheita Perdida, Coimbra: Colecção Galo 1948.
Descida aos Infernos, Porto: Cadernos das Nove Musas 1949.
Terra de Harmonia, Lisboa: Centro Bibliográfico 1950.
Cantata, Lisboa: Iniciativas Editoriais 1960.
Poesia, Lisboa: Portugália 1962.
Sobre o Lado Esquerdo, o Lado do Coração, Lisboa: Iniciativas Editoriais 1968.
Micropaisagem, Lisboa: Dom Quixote 1968.
Entre duas Memórias, Lisboa: Dom Quixote 1971.
Trabalho Poético, 2 Bde., Lisboa: Sá da Costa [1976].
Pastoral, Lisboa: Sá da Costa 1977.

Sammlungen
Contos tradicionais portugueses. Escolhidos e comentados por Carlos de Oliveira e José Gomes Ferreira, Lisboa: Iniciativas Editoriais 1957-58.
Exemplos, sentenças e proveitos. Contos tradicionais portugueses. Escolhidos por Carlos de Oliveira e José Gomes Ferreira, Lisboa: Iniciativas Editoriais [um 1968].

Gesamtausgaben
Obras de Carlos de Oliveira, Lisboa: Caminho 1992.

Sekundärliteratur (Auswahl)

Abdala Jr., Benjamim, *A Escrita Neo-Realista: Análise Sócio-Estilística dos Romances de Carlos de Oliveira e Graciliano Ramos*, São Paulo: Ática 1981.
Chalendar, Pierrette/Gérard Chalendar, *Carlos de Oliveira et le roman*, Paris: Fondation Calouste Gulbenkian, Centre Culturel Portugais 1978.
Cravidão, Fernanda, *A População e o Povoamento da Gândara*, Coimbra: Faculdade de Letras 1988.
Goulart, Rosa M., *Carlos de Oliveira: Arte Poética*, Universidade dos Açores 1990.
Morgádez, Manuel del Pino, *Neorealismo literario portugués: Monólogo Interior en la Narrativa de Carlos de Oliveira*, Universidade de Salamanca 1979.

Reis, Carlos, *Introdução à Leitura de »Uma Abelha na Chuva«*, Coimbra: Almedina 1980.
Silvestre, Osvaldo Manuel, *Slow Motion: Carlos de Oliveira e a Pós-Modernidade*, Angelus Novus 1995.
Tavani, Giuseppe (Org.), *Da Pessoa a Oliveira: la moderna poesia portoghese: modernismo – surrealismo – neorealismo*, Milano: Accademia 1973.

Der Riese aus den Bergen – Miguel Torga

Curt Meyer-Clason

Der sechzehnte, letzte Band des *Diário* (Tagebuch), das Miguel Torga 1941, vierunddreißigjährig, begann und das mancher Kenner als sein Hauptwerk – 3200 Seiten, darunter 689 Gedichte – wertet, endet am 10. Dezember 1993, ein Jahr vor seinem Tod am 17. Januar 1995, mit »Requiem por mim«:

Requiem für mich

Das Ende naht.
Es schmerzt mich so zu enden,
Statt vollendeter Natur
Menschliche Ruine.
Behindert am Körper
Und gelähmt in der Seele.
Tot in allen Organen und Sinnen.
Lang war der Weg und übermäßig
Die Träume unterwegs.
Aber niemand lebt
Gegen die Gesetze des Schicksals.
Und das Schicksal wollte nicht
Daß ich mich erfüllte wie ich es erstrebte,
Und aufrecht, herausfordernd, stürzte.
Glücklich der Fluß der ins Meer
Mündet
Und im weiten Ozean
den reißenden Glanz des Flusses verewigt.

In der vorletzten Eintragung – Coimbra, 9. Dezember 1993 – schreibt Torga:

Ich begann diesen Band fast gewiß, daß ich ihn nicht beenden würde. Das Ergebnis legt es nahe: eine Anhäufung von Zweifeln und Ächzen. Doch vielleicht lohnt es trotzdem, daß sie sich zu den anderen als natürlicher Abschluß gesellt. Es sind weniger Seiten der Betrachtung als Schreie der Seele, die ununterdrückbaren eines Sterblichen, der sich wand, aber nicht zerbrach, der ohne auszuhalten bis zur Erschöpfung aushielt. Und sich von seinen Nächsten ohne Verbitterung und ohne Groll verabschiedet, im Frieden, weil er versucht hat, sie im richtigen Maß zu sehen und zu verstehen. Und der auf das Urteil der Nachwelt vertraut, die ihm sicherlich seine zahlreichen Mängel nachweisen, aber dabei die wenigen, jedoch geduldigen Tugenden berücksichtigen wird. Zu irgend etwas werden mir die Narben des unermüdlichen Verteidigers der Liebe, der Wahrheit und der Freiheit nützen, diese gesegnete Dreiheit, die den Weg eines jeden Menschen durch diese Welt rechtfertigt.

Miguel Torga, geboren als Adolfo Correia Rocha am 12. August 1907 in S. Martinho da Anta, einem Dorf im Bezirk Sabrosa, Landkreis Vila Real in der Provinz Trás-os-Montes – nomen est omen: Hinter-den-Bergen –, dem durch Armut und Abwanderung entvölkertsten Teil Portugals, als Sohn des Tagelöhners und Fuhrmanns Francisco Correia Rocha und der Maria da Conceição de Barros, ist ein Dichter Iberiens. Iberien ist für diesen Menschen Portugal, Portugal ist für ihn Trás-os-Montes, und Trás-os-Montes ist für ihn S. Martinho da Anta, Hauptstadt der Welt, kurz: Welt. Mit ihrem rauhen Bergland, mit ihrem Granit, mit ihrem Heidekraut. Mit ihren Generationen von Landarbeitern, Maultiertreibern, Kärrnern, beharrlichen und mutigen Menschen. Machtvolle Stimme der Lusitanität. Torgas Portugal ist körperlich und drückt sich aus in Stil und Inhalt, Idee und Gefühl, gesehen von außen nach innen und von innen nach außen. Hier ist Reflexion Fühlen, Fühlen Denken, und Denken ist eine objektive Feststellung. Manche Kritiker nennen Torgas Ausdruck tellurisch.

Miguel Torga wurde geboren, als die sterbende Monarchie der Republik den Rang überließ. Der Großvater lehrte den Knaben mit Gedichten religiösen Inhalts die poetische Doktrin. Dieser lernte in der Dorfschule Lesen und Schreiben, gerade als das *ph* durch das *f* der neuen Rechtschreibung ersetzt wurde. Seine ersten Erlebnisse waren Prüfungen, Kommunion, Prozessionen, Messerstechereien. Nach Abschluß der vierten Klasse sagte der Vater: »Es gibt für dich nur zwei Lösungen – entweder Brasilien oder das Priesterseminar. Ich will dich nicht die Hacke schwingen sehen. Mit deinem Vater reicht es.« Er wußte, was er sagte. Der Zehnjährige hatte ihn, der einen steinigen Hang über einer

Wiese umgrub, gefragt: »Warum beackerst du diese Erde?« Und der Vater hatte erwidert: »Um den Tag herumzubringen.« Nach Hausdienst bei reichen Damen in Porto, die ihn bald entließen, trat er nach des Priors Entscheidung in das Seminar von Lamego ein: man schrieb das Jahr 1918. Sein Aufenthalt dort währte nur ein Jahr: rosa, rosae ... Dazwischen verbrachte er lange Ferien zu Hause, die in ihm die Entscheidung reifen ließen, kein Priester werden zu wollen. An einem Tagesanbruch im Oktober des Jahres 1920 schiffte sich der Dreizehnjährige nach Brasilien ein, um auf der Fazenda eines Onkels väterlicherseits im Staate Minas Gerais Wasser zu schleppen, Kühe zu melken, Schweine zu füttern, Holz zu spalten, den Hof zu fegen, Tabak, Schnaps und Trockenfleisch einzukaufen, auf die entfernt gelegene Post zu gehen ... Aus Argwohn, ihr Mann könnte den fleißigen Jungen als Erben einsetzen, behandelte die Tante ihn schlecht. Der Vater daheim ermahnte ihn brieflich zu Verstand und Gehorsam. Um ihn zu beschützen, schickte der Onkel ihn aufs Gymnasium nach Leopoldina. 1925 kehrte Adolfo nach Portugal zurück, beendete daselbst das Gymnasium und begann 1928 sein Studium in Coimbra, der ältesten Universitätsstadt der Iberischen Halbinsel.

»Nach meiner Immatrikulation veröffentlichte ich mein erstes Buch mit Versen. Eine armselige Sammlung von Sonetten und Liedern, die ich später vernichtete«, lesen wir in »Der Dritte Tag« seines vielbändigen autobiographischen Werks *A Criação do Mundo* (dt. *Die Erschaffung der Welt*). Leichen sezieren und fünftausend Seiten Anatomie auswendig lernen war dagegen nicht seine Sache. Angesichts eines toten Körpers schwand seine Eignung zu einem guten Studenten. Etwas Stärkeres und Erregenderes als Muskeln und Knochen hinderte ihn daran, das Gelernte zu systematisieren. Der Mensch in seinem Innern, Eingeweide und Seele, war es, den sein Instinkt und sein Verstand berühren wollten, erfahren wir von dem jungen Dichter.

In Coimbra lernte er das Akademikerleben kennen mit seinen »Republiken« (eine Art studentischer Wohngemeinschaften); man suchte einen offenen Weg zur Freiheit und Schönheit. »Die Studienkollegen waren intellektualistisch von Kopf bis Fuß, sie berührten kaum die Wirklichkeit, sie waren platonisch in der Liebe, theoretisch im Sport, metaphysisch im Zusammenleben; ihr Bewußtsein, einzigartig zu sein, trennte sie vom gewöhnlichen Volk und machte sie unfähig zu dauernder Berührung mit den niedereren Kräften der Natur.«

Dort wurde der Dichter geboren, 1928, mit seinem ersten Lyrikband *Ansiedade* (Angst, Ängstlichkeit, Verlangen). Er unterzeichnete seine Hervorbringungen mit Adolfo Rocha, und um zu schockieren, antwortete er auf die Frage der Kommilitonen nach seinem Wohin: »Zu den Huren!« Mittlerweile arbeitete er bei der literarischen Zeitschrift *Presença* mit, die bis zum Jahre 1940 für die Dichtung des Landes Maßstäbe setzen und Richtungen weisen sollte.

Torgas Menschenfreundlichkeit, seine Zärtlichkeit äußerten sich zunächst durch die rauhe Schale der Verletzlichkeit. Doch seine Instinkte blieben unversehrt und fruchtbar. Einer Auseinandersetzung, einem Ideenaustausch vermochte er sich nur zu stellen, wenn er fühlte, daß seine Wurzeln sich nicht aus ihrem Boden lösten. 1930 veröffentlichte er *Rampa* (Rampe); böswillige Studenten tauften das Buch *Trampa* (Ränke). Gleichzeitig löste er sich von *Presença* und gründete mit einem Freund eine eigene Zeitschrift, *Sinal*, mit dem kargen Erfolg einer einzigen Nummer. Im selben Jahr promovierte Miguel Torga in Medizin und ließ sich in seinem Heimatdorf nieder. Über seine Tätigkeit als Landarzt schreibt er in *Diário I*: »Dieses Dorfleben ist ein widerwärtiges und zugleich wunderbares Schauspiel. Mist vom Kopf bis zu den Füßen. Zwischen dem Schwein und seinem Besitzer ist kaum ein Unterschied. Doch am Ende ist diese Animalität in ihrer Natürlichkeit ebenso rein und sauber wie der Kuhmist.« Nicht umsonst hatte Aquilino Ribeiro geschrieben: »Das Beste des Landes riecht nach Stall.«

1934 erschien auf dem Buchumschlag des Bandes *A Terceira Voz* (Die dritte Stimme) das Pseudonym *Miguel Torga*. Den Vornamen hatte er seinen iberischen Wahlverwandten Miguel de Cervantes und Miguel de Unamuno, seinen Nachnamen dem zähesten Gewächs der heimatlichen Berge, der *torga* (Heidekraut) entliehen, das bis zu seinem Tode den Vorgarten seines Hauses in Coimbras Rua Fernando Pessoa schmückte. 1936 gründete er eine neue Zeitschrift, *Manifesto*, die fünf Nummern erlebte. Und dazu sein Wunsch in *Diário I*, 16.8.36: »Ich möchte mich einem außerbiologischen Schicksal verbunden fühlen, einem Leben, das nicht mit dem letzten Herzschlag aufhört.« Im gleichen Jahr reiste er zum ersten Mal ins europäische Ausland und erlebt den Spanischen Bürgerkrieg, die Schweiz, Frankreich, Belgien. In Paris bedrängten ihn alte Freunde und neue Bekannte, politische Emigranten aus Salazars Diktatur, dazubleiben, die notwendigen Prüfungen zu machen, sich als Arzt niederzulassen und nebenbei zu schreiben. Die Antwort darauf lesen wir in »Der Vierte Tag« aus *A Criação do Mundo*:

Zum Glück oder zum Unglück kenne ich meine Grenzen, und die habe ich merkwürdigerweise dank dieser Spazierfahrt durch Europa genauer kennengelernt. Ich wäre imstande, als Emigrant, der sein Brot verdienen muß, fern von der Heimat zu leben. Aber als Schriftsteller könnte ich nie fern von ihr leben. Mir würde das Wörterbuch der Erde fehlen, die Grammatik der Landschaft, der Heilige Geist des Volkes. Zudem muß man einen Preis für die Freiheit bezahlen. Und meine liegt dort. Hier, da bin ich fast sicher, würde ich nie mehr sein als ein entwurzelter lyrischer Revolutionär mit schlechtem Gewissen ... Daher sehe ich keinen anderen Ausweg als heimzufahren. Auf Gedeih und Verderb ... Als aufsässiger Sohn von Angepaßten würde ich fortan mit mehr Überlegung und verdoppelter Unverschämtheit ein solches Gleichgewicht zu finden suchen. Als Mensch, im Rahmen seiner Möglichkeiten und für seine Handlungen verantwortlich. Ohne Furcht und Mutlosigkeit würde ich alles tun, um das Werk zu schaffen, dem Tavares keine Chance gibt.

Oder hätte Miguel Torga sich anderen Dichtern anschließen sollen, die in Madrids Schützengräben sangen und kämpften? Wie Spender, Machado, Hernández, Alberti? 1939 ließ Miguel Torga sich in Leiria als Hals-Nasen-Ohren-Arzt nieder, um bald darauf nach Coimbra überzusiedeln und die Belgierin Andrée Crabbé zu heiraten, die an der Klassischen Universität Lissabon Literaturwissenschaften lehrte. Nach Veröffentlichung von »Der Vierte Tag« seiner *Criação do Mundo* wurde er noch in Leiria im November 1939 von Portugals Geheimer Staatspolizei, der berüchtigten PIDE, wegen seiner Stellungnahme gegen die spanischen Nationalisten und seiner Gegnerschaft zu Salazar, der Franco begünstigte, verhaftet und im Lissaboner Gefängnis Aljube drei Monate festgehalten. Weitere Verhaftungen und Reisebehinderungen mit Paßentzug folgten im Lauf der Jahre.

In der Haft entsteht eine seiner eindrucksvollsten Erzählungen, die Geschichte des Raben, der, Gottes Gebot zuwiderhandelnd, nach vierzig Tagen die Arche Noah verläßt und davonfliegt. »Das sinnvolle Leben« – lesen wir am Schluß von »Vicente« – »war unlösbar mit dem Akt der Auflehnung verknüpft. Denn kein Bewohner der Arche empfand sich mehr am Leben. Nun waren Blut, Atmung, Lebenssaft jener schwarze Rabe, naß von Kopf bis Fuß, der, ruhig und hartnäckig auf der allerletzten Warte natürlichen Überlebens kauernd, die Allmacht herausforderte. Dreimal beleckte eine aufschäumendeWoge im letzten Ansturm die Krallen des Raben, doch dreimal wich sie zurück. Bei jeder Welle erbebte schreckhaft das von Vicentes entschlossenem Herzschlag abhängige schwache Herz der Arche. Der Tod fürchtete den Tod. Doch kurz darauf wurde offenbar, daß der Herr nachgeben werde. Daß er nichts vermochte gegen jenen unerschütterlichen Willen, frei zu sein.«

Man könnte folgern: Torga verkörpert die Unruhe des Menschen angesichts aller Erscheinungen des Lebens in der Welt. In seinen Büchern entspricht der äußere Bau dem inneren. Vom Wort zum Gedicht, zum Bild, zur Szene, von diesem zum Buch, vom Buch zum Werk ist alles richtig, gerecht, genau, lapidar.

Es entstehen in organischer Folge seine Bände mit Erzählungen: *Bichos* (1940; dt. *Tiere*), *Contos da Montanha* (1941; Erzählungen aus dem Gebirge), *O Senhor Ventura* (1943; Roman der Aus- und Rückwanderung), *Novos Contos da Montanha* (1943; dt. *Neue Erzählungen aus dem Gebirge*), der Roman *Vindima* (1945; dt. *Weinlese*). »Zwischen den anstrengenden, bedachtsamen Stunden in der Praxis und meinen Streifzügen durch Berge und Täler, auf denen ich meinem Wandertrieb und meiner unbotmäßigen Neugierde freien Lauf ließ, lagen die Aufschwünge schöpferischer Spannung, die am schwierigsten zum Erfolg zu führen sind«, lesen wir in »Der Fünfte Tag« seines Lebensromans. »Aber während im Beruf die Praxis dessen Ausübung guthieß, wuchsen die Schwierigkeiten von Buch zu Buch. Nach einigen Jahren literarischer Plackerei war ich noch immer linkisch, befangen, zaudernd und gehemmt wie auf den ersten Seiten.« *Diário V* vom 21.11.49: »Schriftsteller in Portugal sein ist wie in einem Grab liegen und auf den Deckel kritzeln.«

In diesem Zusammenhang seien zwei Erzählungen erwähnt. Die erste aus *Contos da Montanha*: »Maria Lionça«, die Löwin, gebürtig aus Alto da Fega, Sinnbild der leidensfähigen Frau Portugals, legendär durch ihren Mut, mit dem sie sich ihrem harten einsamen Lebens stellt, durch die heldenhafte Anstrengung, ihren toten Sohn, als sei er noch am Leben, ins Bergland zurückzuholen, durch die vorbildliche Würde, mit der sie sich verhält. Und »O Alma Grande«, Der Große-Seele aus *Neue Erzählungen aus dem Gebirge*. In einer Gemeinde, in der hinter der heiligen Fibel der Pentateuch in Blut aufgepflanzt steht, stürzt der Würger sich ins Verderben, wenn er seine Mission nicht zu Ende führt: geständige Sterbende zum Schweigen zu bringen und damit die Identität der Sippe zu wahren. Dieses sein Versagen wird er mit dem Leben bezahlen, wobei es gleichgültig ist, ob Isaak aus Rache tötet oder aus einem anderen persönlichen Antrieb, denn der Totschlag wird in jedem Fall von einer Kraft gelenkt, die der Kosmognosis der Gruppe angehört. Er ist reines Ersatzwerkzeug einer Ordnung, die, da ihre Werkzeuge nicht mehr arbeiten, durch eine andere, noch wirksame, nicht mehr sichergestellt werden kann.

Miguel Torga ist vielleicht der einzige Schriftsteller Europas in unserem Jahrhundert, der dank seiner Wanderungen durch sein Vaterland ein Buch wie *Portugal* schreiben konnte: das Porträt seines Landes, das heißt, des Phänotyps von vierzehn Provinzen, vom Minho bis Sagres, eine unvergleichliche Leistung des physiognomischen Einblicks und der Einsicht in die gefühlsmäßige, kulturelle und moralische Geographie der verschiedenen Landstriche und ihrer Menschentypen. Darin beschreibt er in »Ein wunderbares Reich« (»Um reino maravilhoso«) Trás-os-Montes, seine Heimat, die Bauern, »deren Herz weder Verbannung noch Verlassenheit, Unwissenheit noch Armut zu verbittern vermögen«, vielleicht weil sie jedem, gleich ob In- oder Ausländer, der an ihre Tür klopft, mit gleichbleibender Freundlichkeit antworten: »Treten Sie ein, wer Sie auch sind.« Dementsprechend ist für Miguel Torga auch das Universelle das Dorf ohne Wände. Das heißt, in seiner Umwelt wird das irdische durch das gelebte Leben transparent und dadurch transzendent.

Im Verlauf der Jahre hatte sich meine Praxis in den weniger geschäftigen Stunden zu einem Mittelpunkt des Gesprächs und der Verschwörung entwickelt, den die Beamten des Staatssicherheitsdienstes aufmerksam vom gegenüberliegenden Gehsteig beobachteten ... Es erschienen die verschiedensten Menschen ... Sie waren das Ergebnis einer tragischen Epoche und charakterlich mit Narben versehen, die von dieser Zeit Zeugnis ablegten. Auch sie versuchte ich zu verstehen. Ich hatte immer diese Eigenschaft besessen, den anderen zuzuhören, nicht die Stunden zu zählen, die man mir abverlangte, gar nicht zu reden von den Patienten, die sich nach der Untersuchung meistens in Vertraulichkeiten ergingen, so daß ich mich alle Augenblicke einem gepeinigten Gewissen gegenübersah, das sich das Herz erleichtern wollte ... (»Der Sechste Tag«)

1951 erschien sein Erzählband *Pedras lavradas* (dt. *Findlinge*), für dessen Inhalt eine Aufzeichnung aus *Diário V*, 4.7.49, aufschlußreich ist: »Eine Literatur zu schaffen, die der Untergrundliteratur so nahe wie möglich kommt, aber doch veröffentlicht werden kann, ist die einzige Hoffnung auf Rettung, die dem Künstler bleibt.« Und: »Es ist hart, das Leben als Ausgebürgerter im eigenen Land zu durchqueren.« (30.1.49)

1954, im Alter von siebenundvierzig Jahren, reist Miguel Torga auf Einladung brasilianischer Autoren zu einem internationalen Schriftstellerkongreß nach Rio de Janeiro. Ausreisegenehmigung nebst Paß erzwang die brasilianische Diplomatie bei Salazars Regierung für deren ungeliebten größten Dichter. Den jüngst aus der Haft entlassenen einstigen Auswanderer reizte es, den Geist auszulüften, Schriftsteller von Rang kennenzulernen und vor allem das Brasilien seiner Kindheit wiederzusehen. Das Wiedererkennen schildert Torga in »Der Sechste Tag«. Auch in *Diário VII*, 1956, finden wir zahlreiche Berichte:

Rio, 8. August 1954: Überwältigt vom Anblick des mich umgebenden menschlichen Kaleidoskops. Die Welt wird Brasilien niemals dankbar genug sein für die Würdigung des Negers, dessen Triumph auf moralischer wie ästhetischer Ebene. Mit seiner wunderbaren Farbe macht der Schwarze alles samten und fügt alle Makel der Disharmonie in seine Reinheit ein. Er zeichnet sich selbst. Ein weißer Arm, eine weiße Brust oder ein weißes Gesicht sezten nur ihre Umwelt fort, sie gliedern sich in das Licht ein und lösen sich darin auf. Doch wie klar sind die Konturen einer Gegenwart, in der Wirklichkeit und Schatten verschmelzen! ...

Rio, 16. August 1954: Welch herrliches Schauspiel ist doch dieses Brasilien, das siedet, erhitzt von der Sonne und vom Feuer der Leidenschaften! Wenn ich daran denke, daß ich in die klimatische und gesellschaftliche Asche Europas zurückkehren muß, überlaufen mich Kälteschauer. Jenes maßvolle Alter mag Geschichte haben, Erfahrung, Kunst, Weisheit, es mag alles haben. Was es aber nicht hat, ist der Zauber einer vollständigen Offenheit, die vom Erdboden bis zu den Seelen und Institutionen reicht und die nur in Worte gefaßt zu werden braucht. Während ich dort nie ein Feldmaß ohne Besitzer, eine Maske ohne Tragödie, einen Palast ohne Gespenster gesehen habe, erinnert die Erde mich hier an ein riesiges Brachland, nur mühsam unterdrükken die Gesichter das jugendliche Lächeln, die öffentlichen Gebäude sind noch unbewohnte Sinnbilder. Nichts ist endgültig an seinem Platz eingerichtet, nicht einmal die Leidensfalten. Im großen tropischen Kessel brodeln die Werte durcheinander und sind noch fern vom Kristallisationspunkt …

Dagegen wird eine Reise in die von Salazar euphemistisch »Überseeprovinzen« getauften afrikanischen Kolonien Angola und Moçambique den Dichter enttäuschen. Im Vergleich zu seiner brasilianischen Erfahrung hält er das Experiment der Verschmelzung von Portugal und Afrika für mißlungen. Darüber hat er in »Der Sechste Tag« manches anzumerken.

Miguel Torga hat den Estado Novo, den Neuen Staat Salazars, seit 1928, damals einundzwanzigjährig, Tag für Tag miterlebt und miterlitten. Diesen Zustand und Stillstand im Seelenhaushalt der Nation beschwört er am 7. März 1970 an seinem mit Rezepten und Manuskripten überhäuften Praxistisch in Coimbra in »Auto-retrato português«:

Portugiesisches Selbstbildnis

Vom großen Menschenatlas nur ein Menschstrich,
Hier, in der Sonne und im Westen, schlummre ich;
Der Mantel der Unendlichkeit
Bekleidet meine Nichtigkeit:
Das himmelblaue Meer zu meiner Seite
Leiht meinem blauen portugiesischen Nirwana
Weite.

König, der müde abgedankt
dem Zepter seiner Pein,
Ich sage nein,
Ich sage ja
Im gleich verlorenen Ton…

Genau so fern von mir
Wie von dem Thron …
Ich lebte vor der Stunde mein Erleben.
Und vegetiere nun,
Glückselig nichts zu sein,
Nichts zu erstreben,
Und nichts zu fühlen.
Dankbar dem Meer mich niemals mehr zu wecken,
Dankbar dem Himmel auch mich immer zu bedecken.

Gibt der Dichter auf oder wettert er nur durch Hohn, Trauer und Bitterkeit gegen den versteinerten Stillstand?

Endlich, am 25. April 1974 (*Diário XII*), dem unblutigen Tag der »Revolution der Nelken«, stimmt Miguel Torga trotz eines Gefühls der Erleichterung nicht ein in die lähmende Begeisterung. Sondern er bemerkt:

Militärputsch. Ich sollte also an die Militärs glauben. Sie waren es, die während der letzten fünfzig geknebelten Heimatjahre uns verhaftet, uns zensiert, uns geschunden und mit ihren Bajonetten die Macht der Tyrannei sichergestellt haben. Wer wird das vergessen können? Doch Schluß: immerhin ist es ein Schritt. Hoffentlich kein Paradeschritt auf immer …
27. April: Besetzung des PIDE-Hauptquartiers. Während im Verein mit Veteranengegnern des Faschismus die Wut einiger Berserker brandete, die das Niedermetzeln der dort eingepferchten Polizisten forderten und deren Fahrzeuge zertrümmerten, dachte ich an die merkwürdige Tatsache, daß Rache selten von den Opfern der Unterdrückung geübt wird. In ihnen lebt ein Schamgefühl, das sie das Leiden nicht besudeln läßt. Die anderen, die nicht gelitten haben, sind es, die über die Stränge schlagen, als hätten sie ein schlechtes Gewissen und wollten mit einer Verzweiflung prahlen, die sie nicht gefühlt haben.
22. Juli: Wir gleichen Bären im Zirkus. Statt bescheiden die ersten Schritte der Demokratie zu lernen, schlagen wir in der Arena Kapriolen in Erwartung, daß die Welt Beifall klatscht. Und die Welt lacht nur. Wir Armen! Alle wollen wir auf der Fotografie der Geschichte erscheinen. Alle leben wir in der Selbsttäuschung, die Zukunft zu inszenieren, als sei die Zukunft ein bloßes Schauspiel der Eitelkeiten und hätte nur auf uns gewartet, um zu beginnen!

1976 erhält der Dichter den Großen Internationalen Poesiepreis der XII. Biennale von Knokke-Heist in Belgien, für ihn »der Preis dafür, seinen Ursprüngen treugeblieben zu sein und wie die

Vorfahren immer mit gleicher Bescheidenheit und Hartnäckigkeit geschuftet zu haben (*mourejado* leitet sich nicht zufällig von *mouro* – Maure – ab; Anm. d. Verf.), Hacke in der Faust oder Schreibfeder in der Hand«. Der Gefeierte brach eine Lanze für Sprache und Dichtung seines Landes, er sprach vom Portugiesischen, »dieser uralten, edlen, lateinischen, über die fünf Kontinente verstreuten Sprache, in der große, beflügelte Gestalten sangen und singen. Aber das gebildete Europa kennt sie nicht, und die maßvolle Leier an den iberischen Grenzen, ›wo die Erde endet und das Meer beginnt‹, obwohl sie vom äußersten Westen bis zum äußersten Osten mit allen Saiten vibriert, ist Jahrhunderte hindurch von der Teilnahme am vielstimmigen Chor der Nationen zu Unrecht ausgeschlossen und daran gehindert worden, bei der weltweiten Orchestrierung mit tief erlebter, naturhaft-kosmischer Sympathie beizutragen«.

Anläßlich dieser Reise erklärte der Dichter in einem Interview mit *Le Soir*:

Ich bin hartnäckig, und wie immer habe ich mich geweigert, meine Bücher der Zensur vorzulegen, ich habe sie im Selbstverlag herausgebracht: vierzig Bücher, Romane, Novellen, Erzählungen, Theaterstücke und natürlich Gedichte. Um dieser Arbeit willen habe ich auf vieles verzichtet, Bequemlichkeiten, die andere sich leisten konnten. Immerhin war die Erfahrung hart, besonders anfangs, da meine Bücher sich schlecht verkauften. Später änderte sich alles. Ein portugiesischer Politiker sagte nach der Lektüre eines meiner Bücher, ich verwende im Hinblick auf Salazar die Besredka-Methode, eine klinische Methode, die darin besteht, anfangs eine minimale Dosis des Medikaments zu verabreichen, dann eine etwas stärkere und schließlich die ganze. In meinem *Diário* verfolge ich die gleiche Taktik wie in meinen anderen Büchern. So veröffentlichte ich ein Werk. Wurde es beschlagnahmt, brachte ich ein anderes heraus. Wenn auch dieses aus dem Umlauf gezogen wurde, gab ich ein drittes heraus, das dann normal zirkulierte. Ich wagte, was Verleger nicht wagen konnten.

Manche seiner Landsleute identifizierten Miguel Torga mit dem »alten Portugal«, einem sterbenden Land mit seinen Gespensterdörfern, seinen verschmutzten Flüssen, seiner heruntergekommenen Landwirtschaft, seiner Legion hoffnungsloser alter Menschen. Tatsächlich kommt seine Stimme aus eben diesem »alten Portugal«, aber einem älteren als Portugals Geschichte, weil sie aus den Tiefen der Zeit ertönt.

Torga verkörpert das »alte Portugal« auf zwei Weisen: durch seine Verschworenheit mit der Erde, den Menschen und dem ethischen Richtmaß, das sein Leben lenkte und ihn zum »kritischen Bewußtsein der Nation« machte. In ihm verbanden sich die Tugenden portugiesischer Helden: Ehrbarkeit, Schroffheit, Kargheit, Liebe zur Natur, stolze Bescheidenheit, männliche Empfindsamkeit, Brüderlichkeit. Er war das Sprachrohr einer Ethik der Solidarität, so fern von der modisch verordneten Oberflächlichkeit. Sein Blick war nicht rückwärts gewandt im Sinne der *saudade*, des *fado*; er war revolutionär, treffsicher, in die Zukunft gerichtet. Daher auch sein prophetischer Widerstand gegen die in Maastricht entworfene europäische Integration. Wie alle Propheten wies er auf die Zeichen der Zeit hin, in denen er Verfall fühlte, Verwahrlosung, Irrweg. Aber die moralische Autorität, die alle in ihm sehen, rührte nicht nur von den hinterlassenen Prophezeiungen her – sie kommt auch aus der von ihm erteilten Lebenslehre. Das Höchstmaß an Strenge, das Höchstmaß an Anspruch, das Höchstmaß an Menschlichkeit – selbst wenn er sich damit vom Alltagsbetrieb entfernte. Von dem, was er bis zum Ende verschmähte: sich neuen Schreibweisen anzupassen, sich Dogmen oder Trends zu bequemen, sich von Uniformisierung, Normalisierung, Manipulierung, modischen Mythologien verführen zu lassen. »Ich hasse Routine«, lautete sein bündiges Urteil.

Ich sehe Miguel Torga in seinem Haus: Gastgeber eines Abendessens im kleinen Freundeskreis. Während aufgetragen wird, steht der Dichter auf, holt vom Büffet die Flasche *Dão*-Wein und, Krönung der Bewirtung, schenkt ein, freundschaftlich, unauffällig. Er setzt sich ans Kopfende und trinkt seinen Freunden zu, lächelnd. Das Gespräch kommt in Gang. Hinter der Tür ahne ich jetzt weder Länder noch Kontinente. Ein Gefühl wie auf einem Schiff auf dem Ozean der Welt: Dasein. Die Welt als Gegenwart, verläßlich, dauerhaft, vertreten durch den Dichter Portugals, Iberiens. Wir fühlen: alles liegt vor uns, deutlich, nah, alles Geschehene ist Rückhalt, Nahrung, der Zukunft verpflichtet. Was auch geschieht, das Leben trügt nicht und trägt. Das Unsrige. Miguel Torga – Hort der Hoffnung.

Miguel Torga in deutscher Sprache

»Madalena« (aus *Bichos*), übers. von Ilse Losa, in: O. Lopes/I. Losa (Hg.) 1962, S. 37-43.

»Zwei Tierfabeln. (Bambo, die Kröte; Vinzenz, der Rabe)« (aus *Bichos*), übers. von Erika Farny, mit einer Einführung der Übersetzerin, *Merkur* 11 (1962), S. 1022-1031.

Weinlese (*Vindima*), übers. von Erika Farny, Bern/München: Scherz 1965; Freiburg: Beck & Glückler 1997 (überarb. Neuaufl.)

»Frische Luft; Hirtenlied; Picasso; Dies irae« [vier Gedichte], nachgedichtet von Andreas Klotsch, in: O. Lopes/I. Losa (Hg.) 1969, S. 42-46.

»Der Große-Seele« (»O Alma Grande« aus *Novos Contos da Montanha*), übers. von C. Meyer-Clason, in: Ders. (Hg.) 1972, S. 133-139.

»Maria Lionça« (aus *Contos da Montanha*), übers. von Henry Thorau, *Freibeuter* 16 Berlin: Wagenbach 1983, S. 117-120.

»Die Sprechstunde« (aus *Pedras lavradas*), übers. von Henry Thorau, *Freibeuter* 16 Berlin: Wagenbach 1983, S. 121-125.

Tiere (*Bichos*), übers. von C. Meyer-Clason, mit einer Einführung des Übersetzers, Freiburg: Beck & Glückler 1989.

Die Erschaffung der Welt (*A criação do mundo*, 1937-1981), übers. von C. Meyer-Clason, mit einem Glossar des Übersetzers, Freiburg: Beck & Glückler 1991.

Neue Erzählungen aus dem Gebirge (*Novos contos da montanha*), übers. von C. Meyer-Clason [Nach der 12. Ausg., Coimbra 1986]. Freiburg: Beck & Glückler 1990.

Senhor Ventura (*O Senhor Ventura*), übers. von C. Meyer-Clason, mit einem Vorwort von Miguel Torga und einem Nachwort von Claire Cayron, Freiburg: Beck & Glückler 1992.

Findlinge (*Pedras lavradas*), übers. von C. Meyer-Clason, mit einem Vorwort von Gesa Hasebrink, Freiburg: Beck & Glückler 1993.

O Brasil: Die Erschaffung der Welt, zweiter Tag (*A criação do mundo segundo dia*), übers. von C. Meyer-Clason, mit einem Vorwort und einem Glossar des Übersetzers, Freiburg: Beck & Glückler 1994 [Zuerst auf deutsch erschienen in *Die Erschaffung der Welt*, 1991: 79-150.]

»Die Personenfeststellung« (»A identificação« aus *Pedras lavradas*), übers. von Ulrike Schuldes, in: Dies. (Hg.) 1996, S. 34/35- 44/45.

Werke

(Miguel Torgas Bücher sind bis auf wenige Ausnahmen im Selbstverlag Coimbra Ed. in Coimbra erschienen.)

Gedichte

Ansiedade 1928.

Rampa 1930.
Tributo 1931.
Abismo 1932.
O outro livro de Job 1936.
Lamentação 1943.
Libertação 1944.
Odes 1946.
Nihil sibi 1948.
Cântico do homem 1950.
Alguns poemas ibéricos 1952.
Penas do purgatório 1954.
Orfeu rebelde 1958.
Câmara ardente 1962.
Poemas ibéricos 1965.
Antologia poética 1981.

Prosa
Pão azima 1931.
A terceira voz 1934.
Bichos (dt. *Tiere*) 1940.
Contos da montanha 1941.
Um reino maravilhoso 1941.
O Senhor Ventura (dt. *Senhor Ventura*) 1943,
Rua 1942.
O Porto 1944.
Portugal 1950.
Pedras lavradas (dt. *Findlinge*) 1951.
Novos contos da montanha (dt. *Neue Erzählungen aus dem Gebirge*) 1944.
Vindima (dt. *Weinlese*) 1945.
Traço de união 1955.
Fogo preso 1976.

Theaterstücke
Terra firme 1941.
Mar 1941.
Sinfonia 1947.
O paraíso 1949.

Autobiographie/Tagebücher
A criação do mundo (dt. *Die Erschaffung der Welt*) 1937-1981 [*A criação do mundo – Os dois primeiros dias* 1937; *O terceiro dia da criação do mundo* 1939; *O quarto dia da criação do mundo* 1939; *O quinto dia da criação do mundo* 1974; *O sexto dia da criação do mundo* 1981].
Diário [1. bis 16. Bd] 1941-1993.

Sekundärliteratur (Auswahl)

Miguel Torga no 50.° aniversário da sua trajectória literária 1928-1978, Sondernummer von *Colóquio-Letras* 43 (1978), S. 7-74.

Homenagem a Miguel Torga, Sondernummer von *Colóquio-Letras* 98 (1987).

Anido, Nayade, »Miguel Torga e a ›Recusa divina‹«, *Colóquio-Letras* 24 (1975), S. 31-40.

Arnaut, António, *Estudos torguianos*, Coimbra: Fora do texto 1992.

Bento, Maria da Conceição/Maria Jacinta Martins/Miguel Torga, *Leitura orientada das obras ›A festa‹, ›Destinos‹ de Miguel Torga: 10° ano*, Porto: Porto Editora 1995.

Beyerle, Marianne, »Miguel Torga und der Rabe Noahs«, *Archiv für das Studium der neueren Sprachen und Literaturen* 219 (1982), S. 78-88.

Brass, Denis, »The art and poetry of Miguel Torga«, *Sillages* 2 (1973), S. 67-93.

Cayron, Claire, »Bio-bibliographie de Miguel Torga«, *Bulletin des études portugaises et brésiliennes* 42/43 (1981/82), S. 199-224.

Critz, Mary Anne, *The Narrative of Miguel Torga*, Dissertation, University of Iowa 1979.

Cunha, Narciso Rodrigues da, *Representações da justiça em Miguel Torga: Conferência-homenagem a Miguel Torga, realizada no Salão Nobre do Tribunal da Relação de Coimbra, em 9 de Julho de 1994*, [Kongreßschrift/Festschrift] Coimbra: Coimbra Ed. 1995.

Delille, Karl Heinz (Hg.), *Hommage für/Homenagem a Miguel Torga*. Goethe-Institut, Coimbra 1990.

Filipe, Rafael Gonçalo P. Gomes (Hg.), *Miguel Torga: Lavrador de palavras e ideias*, Lisboa: Ministério da Comunicação Social 1978.

Freire, António, S.J., *Lendo Miguel Torga*, Porto: Ed. Salesianas 1990.

Gonçalves, Fernão de Magalhães, *Ser e ler Torga*, Lisboa: Vega 1986.

–, *Sete meditações sobre Miguel Torga*, Coimbra [1976].

Lisboa, Maria Manuel, »Madwomen, whores and Torga: Desecrating the canon?«, *Portuguese Studies* 7 (1991), S. 170-183.

Lopes, Teresa Rita, »Miguel Torga: mito, rito e disfemismo«, *Bulletin des Etudes Portugaises et de l'Institut Français au Portugal* 35/36 (1974-75), S. 205-233.

–, »Alem, aqui e aquem em Miguel Torga«, *Colóquio-Letras* 25 (1975), S. 24-49.

Lourenço, Eduardo, *O desespero humanista de Miguel Torga e o das novas gerações*, Coimbra 1955.

–, »O Portugal de Torga: homenagem a Miguel Torga«, *Colóquio-Letras* 135/136 (1995), S. 5-12.

Machado, Alvaro Manuel, »Miguel Torga ou a impureza da criação«, *Colóquio-Letras* 43 (1978) S. 44-50.

Melià, Ferran Ferrando (Rez.), »Miguel Torga: *Die Erschaffung der Welt*, Roman aus dem Portugiesischen übersetzt von C. Meyer-Clason, mit einem Nachwort des Übersetzers, Freiburg: Beck & Glückler 1991«, *Lusorama* 19 (1990), S. 14-28.

Melo, José de, *Miguel Torga. A obra e o homem*, Lisboa: Arcádia 1960.

–, *Miguel Torga. Ensaio bio-bibliográfico*, Aveiro: Lions Club de Aveiro 1983.

Meyer-Clason, C., »Einführung« zu Miguel Torga: *Tiere*, Freiburg 1989, S. 7-28.

Mourão-Ferreira, David, »Poética e poesia no diário de Miguel Torga«, *Colóquio-Letras* 43 (1978), S. 7-19.

Oliveira, Zacarias de, »O problema religioso em Miguel Torga«, *Estudos* 37 (1959), S. 402-422.

Rocha, Clara Crabbé, *O espaço autobiográfico em Miguel Torga*, Coimbra: Almedina 1977.

Thorau, Henry, »Orpheus als Rebell. Der portugiesische Lyriker und Erzähler Miguel Torga«, *Die Zeit* 51, 14.12.1984.

–, »Nachruf«, *Die Zeit* 1, 3.1.1995.

Vergílio Ferreira
oder
Der Dialog mit dem Schatten

Helder Godinho

Vergílio Ferreira wurde am 28. Januar 1916 in Melo (Serra da Estrela) geboren, und er starb am 1. März 1996 in Lissabon. Von 1926 bis 1932 besuchte er das von katholischen Priestern geführte Seminar in Fundão. 1935 absolvierte er das Gymnasium in Guarda. Anschließend studierte er, bis 1940, Klassische Philologie an der Universität von Coimbra; diese Universität verlieh ihm 1993 den Doktor honoris causa.

Er war ein Schriftsteller, der zeit seines Lebens an allen literarischen Bewegungen regen Anteil nahm und sich, als Bürger, gleichermaßen für die wichtigsten politischen und sozialen Probleme engagierte. Am Beginn seines literarischen Schaffens steht ein neorealistischer Roman, *O Caminho Fica Longe* (1943; Der Weg ist lang), der allerdings noch einen gewissen intimistischen Einfluß der Zeitschrift *Presença* aufweist. Diesem folgten zwei Romane eindeutig neo-realistischer Prägung, doch dann löste sich Ferreira vom Neo-Realismus, der ihm nie sonderlich gelegen hatte. Mit *Mudança* (1949; Wandel) begab er sich an eine existentialistisch orientierte Problematisierung des Lebens und blieb dieser, bei interessanter innerer Entfaltung, bis zu seinem letzten Werk verhaftet. Sie findet außer in Romanen auch in seinen Essays statt, die ein weiteres wichtiges »Register« in dem durch Genremischung gekennzeichneten Gesamtwerk darstellen. In der Tat, seine Romane haben essayistischen Charakter, so sehr wie seine Essays zuweilen eine ausgeprägte lyrische Dimension, denn, so betont er, Vernunftschluß und Gefühl bedingen sich gegenseitig, und kein Problem vergegenwärtigt sich der Vernunft, ehe es nicht zuvor den Weg über das Empfinden genommen hat, jenen »Ort«, an dem es, realiter, als Problem erfaßt wurde.

Sofern wir die neo-realistischen Romane – Frucht politisch-kultureller Zeitbezogenheit – ausnehmen, besteht in Vergílio Ferreiras gesamtem Werk, ab *Mudança*, das Grundproblem in der Hinwendung zu einem Bereich des Seins, in dem sich die wahre Dimension unserer selbst, der anderen und des Lebens auftut: die Ursprungswelt (hiervon ist übrigens, später, der Titel seines ersten Essaybandes abgeleitet). In dieser Ursprungswelt vermögen wir unser metaphysisches Ich zu finden, das sich uns jäh und lichtvoll enthüllen wird, und zwar für den unendlich winzigen Bruchteil eines Augenblicks, denn um von Dauer zu sein, müßte es in die Zeit eintreten, doch jene Welt und jene Dimension unserer selbst befinden sich außerhalb der Zeit. Es verdient durchaus Hervorhebung, daß die gedankliche Ergründung dieser Welt als auch dieser Dimension unserer selbst und der anderen, außer verstreut in den Romanen und sogar im Tagebuch *Conta-Corrente* (1980-94; Buchführung), in den unterschiedlichen Essaybänden als theoretischer Corpus strukturiert erscheint, in *Do Mundo Original* (1957; Von der Ursprungswelt), *Invocação ao meu Corpo* (1969; Anrufung meines Körpers) und *Espaço do Invisível* (1965-87; Raum des Unsichtbaren). Dieses Ergründen zentriert sich auf die Entdeckung des metaphysischen Ich und Du, der universellen Ordnung, und ebenso auf die Zeit und das Licht. Das Inerscheinungtreten dieser ursprünglichen Welt ist gleichbedeutend mit einer momentanen Aufhebung der Zeit, da wir in einen Bereich der Zeitlosigkeit geführt werden, der identisch ist mit einem Einbruch des Lichts ins Dunkel des Alltagslebens, in dem wir unsere wahre Dimension nicht sehen. Überdies, uns selbst oder den anderen zu finden impliziert, daß wir auch das finden, was er die universelle Ordnung nennen wird, denn die metaphysische Dimension ist, über die Diversität hinaus, in der sie sich zeitlichen Ausdruck gibt, ein in sich geschlossenes Eins. In Vergílio Ferreiras Werk gilt es, zwei Disjunktionen, vielmehr eine doppelgesichtige Disjunktion zu beachten: Wir stehen außerhalb einer essentiellen und ursprünglichen Einheitlichkeit, darum bewegen wir uns durch die Welt und die Zeit als disjunkte Wesen; andererseits aber ist diese ursprüngliche und essentielle Welt von uns erschaffen, weil wir unsere Sehnsüchte in einen »verzerrten«

anderen projizieren, der uns behaust, erschaffen von unserer Unzufriedendenheit.

> Sicherlich hier zum ersten Mal schwankte die Dingwelt vor uns, und das schreckliche Licht, das wir sind, kündigte sich bar als Licht an, ohne zu erhellen. So entdeckte der ursprüngliche und schöpferische Akt der Welt sich selbst als einen Akt der Schöpfung und befragte sich selbst im Taumel des Anbeginns. Jenseits der Dinge, des objektivierten »Ichs«, wer ist es, der da objektiviert und sieht? Gewiß zum ersten Mal merken wir, daß es *jemand* in uns gab, von dessen Vorhandensein wir nichts gewußt hatten, jemand, der in uns haust, der durch unseren Mund spricht, der in unseren Gesten existiert, im Haß, in der Liebe, in der Berechnung, im Leben, jemand der verzerrt in unserem Blick lebt, ein Gespenst des Schreckens, reglose Gegenwärtigkeit und doch so lebendig, [...] jemand – wer? wo? wie? [...] Mit der höchst lebhaften Aufmerksamkeit, mit der fast wunderbaren Hingabe von dir an dich wird dieser Jemand sich dir ankündigen [...] als blitzhafte Gegenwart, in einem Maße, daß die Augen fast bersten und man zum Äußersten gelangt, und wir halten inne und kehren zurück in die Sicherheit des Beständigen und Plausiblen. Dann wird man erkennen, daß diese Kraft, die in uns lebt, nicht Anbeginn und nicht Ende hat, sie ist ein reines Licht des Selbstseins, reglos, ewig, notwendig. (*Invocação ao meu Corpo,* S. 35-37)

Vergílio Ferreiras Romanwerk wird, in unterschiedlichen Dramatisierungen, diesen fundamentalen Kern entfalten, vermöge eines in der portugiesischen Literatur fast unvergleichlichen Lyrismus, unter Einsatz erzählerisch-stilistischer Techniken, bei denen die Dekonstruktion der Zeitlichkeit dominiert. Diese, auch wenn vom *nouveau roman* inspiriert, bewerkstelligt den Zugang in besagte Ursprungswelt, die außerhalb der Zeitlichkeit liegt. Letztere aufzubrechen, sie zu fragmentieren, dient als vorbereitender Akt, eröffnet den Zugang zum metaphysischen Ich, sobald das Ich des Erzählers die Fragmente der Zeitlichkeit nutzt, die, in der Mehrzahl der Fälle, von der Erinnerung eingebracht werden – um das zu transportieren, was das Ich des Erzählers desto kraftvoller in den gesuchten Bereich der Wesentlichkeit zu führen vermag, dann, wenn die Erzähler, oder die Archifigur, die sie in sich entfaltet, gänzlich eingebunden sind in dieses Suchen und sich bemühen, aus den Geschichten, die sie leben oder lebten, das wiederzugewinnen, was ihnen die angestrebte metaphysische Dimension besser aufzuzeigen vermag.

Der mit dieser fundamentalen Problematik verknüpfte thematische Komplex wird die »belebenden« Elemente in Vergílio Ferreiras Fiktion zeitigen; es sind: die Erscheinung, das Licht, der Andere, die Liebe, die Disjunktion, die Gegenwart, der Tod, die Ordnung sowie das von dieser ursprünglichen Welt vorgebrachte Wort.

In *Mudança* wird die handlungsführende Figur einer Welt gegenübertreten, die der New Yorker Börsenkrach zum Einsturz brachte. Statt stabiler Prosperität nun materiell ungesichertes Überleben, gleichzeitig gekennzeichnet durch weltanschauliche, und nicht nur weltanschauliche, Suche nach einem absoluten Wert, um den herum sich das Leben in Sicherheit organisieren ließe, wobei hierunter die Beständigkeit – die Permanenz – eines für immer gültigen Wertes verstanden wird. Doch der Held findet nur fortwährenden Wechsel in allem und die Instabilität aller Werte, von Zeitlauf und Konjunktur abhängig. Momentaner Notstand ist es, der in Vergílio Ferreiras Werken dieser Zeit die Permanenz verdeckt und uns, folglich, fernhält vom »ursprünglichen« Bereich unserer selbst, der anderen als auch des Lebens, das die Zeit, sofern diese enteilende Zeitlichkeit, verbirgt.

Erst *Aparição* (1959; Erscheinung) wird das Problem der Begegnung mit unserem »metaphysischen« Bereich explizit darlegen, das Problem unseres Erscheinens vor uns selbst, vielmehr das Erscheinen des anderen, der in uns haust und in dem wir wirklich sind, wesenhaft. Hiermit verbunden die Suche nach dem anderen, nach jenem verzerrten Anderen, der uns behaust, jenseits des augenscheinlichen Körpers der geliebten Frau – was weiter entwickelt wird in *Estrela Polar* (1962; Polarstern). In diesen beiden Romanen ist die wahrhaftige Gegenwärtigkeit der geliebten Frau anderenorts, nicht im sichtbaren Körper, und diese Suche führt zur Ermordung der Frau, auf daß der Mann das besagte *Du* jenseits des sichtbaren Körpers findet, in den sie sich entdoppelt. »So berühren wir im Tode von nahem, noch intimer, die Realität jenes *Du*«. (*Invocação ao meu Corpo*, S. 77).

Diese Problematik ist nicht neu bei Vergílio Ferreira, wird jedoch erst in den letztgenannten beiden Büchern klarer entfaltet. Schon in seinem Romanerstling, *O Caminho Fica Longe*, war sie skizziert und angekündigt, und nicht lediglich in der Entdopplung der geliebten Frau, die der Held verläßt und in seinem Herzen, oder zumindest in der Phantasie, durch eine andere junge Frau ersetzt, die dann stirbt und deren Leichenbegängnis er sich als ihren Brautzug vorstellt, sondern auch, zum Beispiel, in einem Liebeserlebnis, das einer seiner Freunde in einem Nebengemach jenes Zimmers hat, in dem eine Tote aufgebahrt liegt. Dieser erste Roman ist sehr wichtig; er birgt bereits die meisten der im Gesamtwerk des Autors vertretenen Themen, besonders im noch vom Intimismus der *Presença* mitgeprägten ersten Teil, während der letzte Teil dem Neo-Realismus den Vorzug gibt; nur daß hier die Gebrochenheit der Figuren psychologischer, in den Romanen ab *Mudança* aber metaphysischer Natur ist.

Zurück zu *Aparição*. Wichtig bei diesem Roman ist noch ein weiterer Aspekt: das Auftauchen dessen, den der Autor in einigen seiner Essays (*Invocação ao meu Corpo* etc.) den »neuen Menschen« nennen wird. Dieser neue Mensch erwächst aus der metaphysischen Vision seiner selbst als auch der ursprünglichen Welt, jener Welt von anderer Wirklichkeit, die uns behaust, jedoch bar eigener Wirklichkeit ist, weil lediglich ein Produkt unserer Schöpfung, geboren aus unserem Bedürfnis, das zu finden, was wir als den Kern der Kohärenz unserer selbst (das metaphysische Ich und Du) und der Welt (die universelle Ordnung) bezeichnen könnten. Doch all das, weiß der heutige Mensch, ist lediglich Frucht der Disjunktion, unserer Angst davor, uns selbst zu begegnen, jedenfalls sind wir es, die Angst haben und diese Bilder erschaffen. Hiermit distanziert sich Ferreira von Gott und von jedweder idealen Welt des Scheins, und es erwächst aus dieser *Klarheit*, mit der der heutige Mensch jene Art von Schatten sieht, den er selbst schuf, das Konzept des »klaren Nichts« – ein Begriff, der zum Titel eines weiteren seiner Romane wird –, denn diese andere Dimension, die wir suchen und die wir klar sehen, birgt außerhalb unser selbst keine Substanz, sie ist null. Hier in *Aparição* taucht bei Ferreira erstmals der erwähnte neue Mensch auf (und erfährt fortan als »Archifigur«, wie ich ihn nannte, im Romanwerk des

Autors weitere Entfaltung), in Verbindung gebracht mit Aeneas, dem Gründer einer neuen Zivilisation.

Das Problem der Disjunktion unser selbst mit unserem »fundamentalen« Schatten setzt sich fiktional in einem Spiel der Dopplungen fort, wozu *Estrela Polar* ein vorzügliches Beispiel liefert: in Gestalt der Zwillingsschwestern, die der Erzähler aufeinanderfolgend liebt, und zwar lediglich, weil eine jede die andere ist, und die Erscheinung nur Bestand haben kann, wenn sie, in unendlich winzigen Schritten, dem der Zeit unterworfenen Leben erwächst. Wechselweise wird die jeweils geliebte Frau gewissermaßen zur Hypostase einer abwesenden Gegenwärtigkeit, zu deren zeitweiser, sich jedoch abnutzender Inkarnation. Diese Gegenwärtigkeit ist ein anderer Name für den metaphysischen Schatten, den wir von uns selbst und den anderen, vor allem von der geliebten Frau, schaffen. Lassen wir, kurz, Vergílio Ferreira sprechen:

> In der unsäglichen Schwierigkeit, das Licht zu sein, das wir sind, und es existieren zu sehen, in der von mir erwähnten Erfahrung (die Erscheinung betreffend) werden wir uns als eine zeitlose, ewige Gegenwärtigkeit fühlen, von uns zu uns selbst – fühlen wirst du gleichsam sprachlos, schrecklich; es ist, als sähest du jemand drin in dir leben. (Ebda., S. 73)

Diese Hinwendung zu den geliebten Frauen hat ihre Dopplung in der Hinwendung zu den unterschiedlichen und auch sterblichen, weil datierten, kulturellen Manifestationen. Ein besonderes augenscheinliches und klares Beispiel solchen Bemühens, in Ferreiras gesamtem Romanschaffen, stellt *Rápida, a Sombra* (1975; Rasch fällt der Schatten) dar. Er führt uns zu dem Schluß, daß auch die Manifestationen der Kultur Sinnentleerung erfahren, sich verbrauchen, nachdem sie einst so voll Leben gewesen, daß man für sie zu kämpfen und zu sterben bereit war. Die Zeit nivelliert sie in Bedeutung und Funktion, die sie einst hatten, und was von ihnen – wie bei allen Abläufen in Natur und Kultur, ins Auge fällt, das ist die universelle Ordnung, ein Bereich ewigwährender Gegenwart, die alles subsumiert und alles am Funktionieren hält. Ein diesbezüglich wichtiger Roman ist *Signo Sinal* (1979; Signum, Signal). In ihm zerstört ein Erdbeben das Dorf des Erzählers, und der mit dem Wiederaufbau betraute Architekt (der vielleicht gar nicht existiert) legt, zentriert auf unterschiedliche Werte (Schule, Kirche, Gericht, etc.) mögliche Rekonstruktionspläne vor, die alle gleichermaßen vertretbar und gültig sind – oder, ebenso, nicht gültig. So wie die weiblichen Zwillinge in *Estrela Polar* einander gleich, so vollkommen gleich sind, daß der Erzähler, mit der einen verheiratet, diese für die andere hält. In der Tat sind bei Ferreira Liebe und Vernunftschluß zwei Wege eines Suchens, und ebendiese Verschränkung bedingt die dramatische und lyrische Intensität seiner Werke. Weil der andere, der uns behaust und den wir in der Erscheinung von uns und im Du der geliebten Frau suchen, der Mittler zwischen uns und der Ordnung ist, die Gegenwart der Ordnung in uns, sind die Liebe und die Vernunft jene metaphysische Dimension des Lebens, wo Mensch und Welt aufeinandertreffen, sind die »Ursprungswelt«. Der andere in uns müßte sich zu jenem anderen gesellen, der in der geliebten Frau haust, damit eine beständige Verbindung zustande käme in der ursprünglichen Welt, an der die Ordnung teilhat, und wo die Individualitäten, paradoxerweise, oder vielleicht auch nicht, abgeschafft sind:

Dann wird man erkennen, daß diese Kraft, die uns lebt, nicht Anbeginn und nicht Ende hat, sie ist ein reines Licht des Selbstseins, reglos, ewig, notwendig. (Ebda., S. 35-37)

Diese Problematik insgesamt, die der Beziehung zum »Schatten« sozusagen, wird in Begriffen des *Lichts* dargeboten. Die ursprüngliche Welt samt und sonders ist eine lichtvolle Welt, die wir nicht sehen, weil wir uns in der Nacht befinden, weshalb denn die Sterne – daher der Titel *Polarstern* – das Abbild des Lichts sind, das in dieser Menschheitsnacht sichtbar ist, indessen wir den Morgen des neuen Menschen erwarten, der in ebenjenem Augenblick seinen Anbeginn hatte, als der Mensch entdeckte, daß die Bilder lediglich Bilder seiner selbst waren. Desto bezeichnender, daß in den auf *Alegria Breve* (1965; Kurze Freude) folgenden Romanen die Geschehnisse sich am Meeresstrand und im Licht vollziehen, worin sich ausdrückt, daß des Autors Archifigur gewissermaßen glückhafte Entfaltung erfährt.

Tatsächlich dominieren in *Alegria Breve* letztmalig die Nacht, der Winter und das Gebirge. Die bisherigen Romane hatte der Autor fast alle im Winter geschrieben, zur Nachtzeit, in der Stunde der Befragung und des Zweifels. *Alegria Breve* ist ein Buch des Wandels, in ihm legt sich über Gebirg und alte Welt genesishafter Schnee, und zur Wüstung verkommt das Dorf, harrend auf den Sohn des Erzählers, der eine neue Ära beginnen wird. Die folgenden Bücher spielen am Strand und im Sonnenlicht; oder wenn nicht, fehlt ihnen dennoch das lastende nächtliche Ambiente der *Alegria Breve* vorausgegangenen Romane. Der Roman *Nítido Nulo* (1971; Klares Nichts) veranschaulicht trefflichst die Fortentwicklung der dem Autort eigenen Problematik, denn er zeigt auf, daß besagte neue Welt, im Anschluß an *Alegria Breve*, letztlich eine lichthafte ist (die »Ursprungswelt« der Gegenwart ist in der Theorie allemal lichthaft) und also eine klare, nur allerdings auch, wie wir bereits sahen, nichtig, denn was da entdeckt wird, oder besser das, dem Ferreiras Archifigur sich zu nähern beginnt, ist nur eine von ihr selbst erschaffene Welt, ein von ihren Ängsten geworfenes Bild oder Schatten. Über den Menschen hinaus gibt es da nichts, außer seine unendlichen Bilder. Doch daß in Ferreiras Prosa fortan das Licht dominiert, unterstreicht, über die Zweifel und beständigen Fragen hinaus, daß die Archifigur dieser ursprünglichen Welt entgegenschreitet, die, durch das Licht symbolisiert, hervorzutreten beginnt. In *Para Sempre* (1983; Für immer) hätte die Mutter des Erzählenden bei ihrem Ableben jenes eine Wort aussprechen müssen, das das Losungswort zum Eintritt in die ursprüngliche Welt gewesen wäre, doch auch wenn er es nicht vernahm, es war, weil er sich ihr »genähert« hatte, dennoch Wort.

Das Wort, das geeignet sein könnte, die ursprüngliche Welt auszudrücken, liegt jeglichem Bemühen von Vernunft und Kunst zugrunde, denn einzig das Wort könnte dauerhaft die Türen jener Welt aufstoßen, weil die (an Worten bare) Erscheinung äußerst flüchtig und unendlich winzig ist:

Denn wo ist das verläßliche Wort, das uns einen an den anderen bindet? Nun, dieses Wort gab es, eines Tages, früher, nicht wohl als treffend verläßliches Wort (weil das Verläßliche den Irrtum impliziert), sondern als die absolute Transparenz eines reinen offenen Blicks. (Ebda., S. 28)

Oder:

Doch das große Absolute spricht die totale Sprache, spricht jene, wovon die Stimme der Liebe und des hehren Ziels und des Mehr lediglich Dialekte sind. (Ebda., S. 32)

Wie wir soeben sahen, ist diese Ursprungswelt der »metaphysischen« Dimension mit Vergangenheit behaftet. Vergangenheit, die es aufzuheben gilt in einer Perspektive, die platonisch sein könnte, wäre sie nicht schlechtweg nichtig, da sich ja, sagen wir es ebenfalls, lediglich jene Bilder von uns, die wir selber uns schufen, dort vorfinden:

Erst wenn wir erfahren, daß nichts die Fackel reflektiert, daß kein Echo der Stimme antwortet, werden wir die Befragung des Lebens beginnen. (Ebda., S. 37);

… das Unergründbare, das dich durchdringt, und das du noch bist in dem, was du mehr bist als du. (Ebda., S. 52)

Alles vollzieht sich in unserem Körper:

Alles geschieht in einem Körper. In ihm hausen wir, in ihm sind wir – wir und das übergewaltige Wunder. Unnütz, daß wir nach den Göttern rufen. (Ebda., S. 37)

Darum auch trägt der Essayband, in dem Vergílio Ferreira das urtümliche Problem seines gesamten literarischen Werkes am vorzüglichsten erhellt, treffenderweise den Titel »Anrufung meines Körpers« – er setzt die Fragestellung von *Do Mundo Original*, seinem ersten Essayband, fort. Und die vierbändige Sammlung, in der er den größten Teil der bis dahin verstreut publizierten Essays zusammenfaßte, trägt den Titel *Espaço do Invisível* (Raum des Unsichtbaren). Diese, noch ergänzt um *Pensar* (1992; Denken), seine letzte Sammlung mit verstreuten Gedanken, präsentieren, oder reflektieren, die Fundamente des Œuvres von Vergílio Ferreira.

Doch das in Essays niedergelegte Ideengut allein langt nicht hin, um die originäre Wahrheit eines Lebens zu erfassen, das, wie wir sahen, mit einer Vergangenheit behaftet ist, wo sich in dieser ursprünglichen Welt das metaphysische Ich nahtlos mit dem psychologischen Ich verbindet. Der Fortgang der Eltern in die USA, vom Erzähler in *Nítido Nulo* schmerzlich berichtet, ist im Schaffen Ferreiras einer jener Momente, wo die Trennung von der ursprünglichen Welt psychologische Verdinglichung erfährt, wiewohl diese stets einem Theoretisieren untergeordnet bleibt, bei dem die Vergangenheit der originären Wahrheit des Lebens die metaphysische Dimension eines Bildes hat, das vom Ich in einem zeitlosen Augenblick projiziert wurde, oder vor jener Zeit, die der Mensch vereinnahmen muß, um mit dieser Ewigkeit die hinfließende Zeitlichkeit auszutarieren, in der er von sich selbst losgelöst ist. Diese ursprüngliche Welt und diese ursprüngliche Dimension sind *Schatten* von uns, die wir werfen, um unserem Exzeß, der sich ausschließlich in unserem Körper vollzieht, Ausdruck zu geben. Nicht wir sind der Schatten dieser ursprünglichen Welt, sondern sie ist der Schatten von uns:

Das Reich des Menschen ist das Reich des Menschlichen, und der Ausdruck seiner Macht ist nicht eigentlich die Herrschaft über die Erde, die Meere oder die Gestirne, sondern die Herrschaft über die Schatten. (Ebda., S. 20)

Unserer Zeit obliegt es, das zu verstehen und die Welt wiederzuerschaffen, den neuen Menschen zu gebären. Daher die Verweise auf den Mythos von Deukalion und Pyrrha.

Und um dieser Welt der Schatten Ausdruck zu geben, gilt es, den Essay noch um die Kunst zu komplettieren, denn sie allein ist der Ort, wo das »Undenkbare« durch die Worte, welche die Schattenwelt zu denken versuchen, durchscheinen kann.

Doch das mühevolle Tun des Dichters ist dieses: in Einklang zu bringen das Unsagbare mit dem Sagbaren, indem er, listig, den Weg nicht über das Wort sucht, sondern über das Geheimnis, das dieses umhüllt und das man vergaß, also nicht über das, was erhellt, sondern durch die Erhellung an sich. (*Pensar*, S. 10)

Vergílio Ferreira hat praktisch sein Leben lang über die Kunst theoretisiert. Die Kunst ist es, die der ursprünglichen Welt Ausdruck zu geben und uns ihr nahe zu bringen vermag. »Denn das Kunstwerk ist die Komposition dieses originären Anstoßes, ist seine Inkarnation in wahrnehmbarer Wirklichkeit«. (*Invocação ao meu Corpo*, S. 211). Darum ist die Kunst dem Essay überlegen:

Denn eine Idee endgültig zu konsekrieren, das vermag nur die Kunst. Die Koordinierung der »Ideen« erlangt Wirksamkeit erst dann, wenn diese Ideen Ausdruck einer originären Kraft sind, die sich an die Kunst anlegt und sich urtümlich für eine originäre Evidenz entscheidet. (*Espaço do Invisível* I, S. 91)

Die Welt der Kunst ist »die Welt der Erscheinung, wovon sie das spürbare Zeichen und das wirksame Zugangsmittel ist [...] Als ein Erbeben von grenzenloser Gegenwart spricht die Kunst die Sprache der Ursprünge, sie wiedererwirbt dem Menschen die Gabe der Initiation, der Evidenz« (*Do Mundo Original*, S. 15). Unsere Welt hat dies begriffen: »... das Bezeichnende an den Kunstideen ist, daß sie *Blut* haben. Es ist deshalb symptomatisch, daß die Philosophie heute vom »System« abrückt und sich, wie der Essay, von der literarischen Kunst anstecken läßt.« (Ebda., S. 132) Sosehr Ferreiras Romane essayistische Dimension haben, so sehr haben seine Essays daher, umgekehrt, eine literarische Dimension, sind mitunter von großem Lyrismus getragen, ohne indes an Gedankenstrenge einzubüßen. Und auch die Romane verlieren nichts von ihrer ästhetischen Dimension, wenn sie ein Problem essayistisch entfalten. Selten in der Literaturgeschichte erlangte der essayistische Roman ein so hohes ästhetisches Niveau; er erhob seinen Autor in den Rang eines der größten portugiesischen Romanciers.

Die existentielle Problematik in Ferreiras erzählerischem Werk, mit *Mudança* begonnen, wie wir sahen, und in *Aparição* und *Alegria Breve* zu Höhepunkten geführt, fand ihre Fortsetzung, wie wir ebenfalls sahen, in *Nítido Nulo*. Dieses Buch initiierte, über den Trümmern des aufgelassenen Dorfes von *Alegria Breve*, eine neue Welt; jene der nichtigen Klarheit, nämlich daß wir wissen: Es gibt eine ursprüngliche Welt, die lediglich der geworfene Schatten unseres Exzesses ist. »Der Mensch ist der Traum eines Schattens«, vermerkt das Pindar zitierende Motto von *Rápida, a Sombra*, des Romans, der auf *Nítido Nulo* folgte, und in dem die kulturellen Unternehmungen des Erzählers nur eben Versuche sind, sich diesem Schatten zu nähern. Versuche, die an die Zeit gebunden sind, in ihr vergehen und sich verbrauchen, zwangsläufig dann durch andere ersetzt, auf daß die Menschheit das ewige Spiel mit dem Schatten ihres Exzesses fortführe.

Wir sahen bereits, daß die Suche nach der Wahrheit und nach der Liebe in Vergílio Ferreiras Werk Hand in Hand gehen. Der in *Estrela Polar* beschrittene Weg, über die Zwillinge hin, auf der Suche nach der jenseits von diesen befindlichen Gegenwärtigkeit, oder anders, die Suche nach dem metaphysischen Du, erscheint in *Rápida, a Sombra* etwas abgewandelt. Nun liebt der alte Erzähler eine junge Frau, wobei der Zirkel der Zeit sich schließt, eine Art Rückkehr zum Anfang erfolgt. Denn aus der Konfrontierung des Beginns mit dem Ende tritt die Zeit selbst hervor, in ihrem Ablauf, die Zeit jenseits von sich selbst, mit anderen Worten, die universelle Ordnung als der Bereich »ursprünglicher« Essentialität. Die zwei Seiten im Streben von Ferreiras Archifigur, nämlich die Liebe und die Wahrheit, führen diese in den Bereich des »Schattens«, in den Bereich der Permanenz jenseits der vergehenden und verändernden Welt. Denn in der ursprünglichen Welt,

> ... in dieser absoluten Dimension, vermögen wir die Ewigkeit jenseits der Zeit zu berühren, die reine Erinnerung jenseits des Erinnerns und gar jenseits der Evozierung, die vollständige Freiheit jenseits dessen, was mich determiniert, das Geheiligte jenseits der Religion, die Notwendigkeit am Leben zu sein jenseits von Zufälligkeit und Tod.« (*Invocação ao meu Corpo*, S. 85)

Die folgenden Romane Vergílio Ferreiras sollten die Entdekkung des Fortdauerns sein, hinweg über das schmerzlich empfundene Altern, denn schon die Zeit des *cursum peregi* von *Rápida, a Sombra* kündigte, in totalisierender Vision, an, daß die bald sich vollendende Zeit die »Gleichmachung« der Erlebnisse bedingt und so den Ablauf der Zeit und des Lebens hervorhebt als Ordnung, die unweigerlich und ewig befolgt wird, jenseits ihrer konkreten Manifestationen. In den letzten Romanen dann ragen drei Permanenzen hervor, als Schlußsaldo nach nimmermüder Suche, welche die fiktive Archifigur ihr ganzes Leben lang betrieb: die Gegenwart, die Ordnung und die Kunst.

Die Ordnung, sahen wir bereits, entspringt dem normalen Funktionieren der Zeit, in diesem »finalen« Augenblick, in dem eine Form der Zeit mit immer mehr Vergangenheit und immer weniger Zukunft Gestalt gewinnt. In *Invocação ao meu Corpo* erklärte Ferreira, die Zeit komme unserem Innersten nicht entgegen, da es in ihm nur das Absolute der Dauer gebe (S. 93), bemerkte an anderer Stelle jedoch:

> Die Zeit ist vom Menschen geschaffen, ist die ihm wesenhafte Form, über sich selbst hinauszugehen, größer zu sein, als er es ist, auf daß er just das sei, was er ist, denn um zu verstehen, was wir sind, und es zu sein, muß es uns gegeben sein, aus der Zeit herauszutreten und sie uns abgesondert im Morgen und im Gestern vorzustellen [...]. Die Zeit, ein Gewinst unseres Elends, ist der Zugang zu unserer Größe. (S. 87)

Das lang gelebte Leben der alt gewordenen Helden in den letzten Romanen (oder das des Autors, der *Pensar* erdenkt), ermöglicht es diesen, sich den Ablauf der Zeit jenseits des konkreten Lebens vorzustellen, und so also erhellt sich das Konzept der universellen Ordnung, wird zum Lauf der Zeit jenseits der Zeit selbst; anders gesagt, zum ursprünglichen Bereich, in dem die Zeit nicht existiert. Als Beispiel:

> Was war ich im Unbeständigen und Provisorischen? Es gefiel mir, denken zu können ... ja was? Es muß ein ewig geltendes Gesetz geben, zu erfüllen im Unendlichen, wo alle Rechnungen beglichen werden, ein Gesetz, in das eingeschrieben stehen der tötende Mensch, der Wolf, das Lamm, die Ameise, und auch der Maulwurf, der meines Großvaters Pflanzkulturen zerstörte. Und das die Götter befolgen. Und die Sterne. Ich gefiel mir in dem Gedanken, daß ich sogar in Irrtum und Stupidität und Ungerechtigkeit das Gesetz befolgte; es befolgte im Bruchteil eines ins Unabänderbare und Unmögliche eingeschriebenen sehr weiträumigen Gesetzes, fürwahr. (*Em Nome da Terra*, S. 153; 1990; Im Namen der Erde)

Oder:

> Die Große Ordnung. Sie ist ein Undenkbares. Denn es gibt eine Grenze, all das denken zu können, was da ist, und es hat seine Behausung dort, wo zwei Parallelen einander berühren. Dort nämlich werden alle Rechnungen für das beglichen, was wir sind und was wir tun. Es ist das nicht mehr Verkleinerbare des Seins, der Endpunkt alles Überschreitbaren. Der letzte Sinn allen Nicht-Sinns. Das nichtige Antlitz all der Götter, die dieses nur noch zu dem Zwecke haben, unserem drängenden Bedürfnis nach wirklichem Sinn zu entsprechen. Ein Name zu sein ohne Namen. (*Pensar*, S. 213)

So brachte das Zeiterleben die Ordnung zur Geltung. Doch auch die Gegenwärtigkeit, das metaphysische Du der geliebten Frau, wird berührt bei der Wiedererschaffung der alsdann Toten, die sie zur Kunst erhebt, wie etwa in *Em Nome da Terra* (1990). In diesem seinem vorletzten Roman – *Cartas a Sandra* (1996; Briefe an Sandra), auf *Na Tua Face* (Vor deinem Angesicht) folgend, gelingt es nicht, Roman zu sein – wird die Verstorbene wiedererschaffen durch die Kunst, kraft der Erinnerung, jedoch nicht die konkrete Frau, die sie einst war: »Nicht mit dir rede ich, hör nicht hin.« (S. 11) Die von der Kunst wiedererschaffene Frau hat nun die kosmische Dimension jener Gegenwärtigkeit, die der universellen Ordnung auferlegt ist:

> Und an der Zeit sein wird es, daß wir zum Fluß hinabsteigen. Morgen vielleicht? Heute. Eines Tages. Es wird eine warme Nacht sein, und wir gehen Hand in Hand. Der Engel wird fortbleiben. Was auch sollte er da tun? Wir gehen allein. Nicht fürchten werde ich deine Gegenwärtigkeit, sosehr sie auch imstande ist, mich auf die Knie niederzuzwingen. Ich werde deinen Leib in seiner unbestechlichen Transparenz sehen. Erleiden werde ich in mir die Entladung des Universums und werde deinen Namen nicht herausschreien. Weil er in mir sein wird, und ich es dann weiß. Bleich glänzen wird der Sand, und wir schreiten kraftvoll drüber hin, gemach. Nackt wir seit Anbeginn, ohne je in Scham gewesen. Ursprüngliche Nacktheit, derer wir uns nicht bewußt, weil sie aus Zeiten vor der Götter Geburt. Dann tauchen wir in die Wasser des Flusses, legen uns später über den Sand. Und wir werden den reinen Himmel betrachten, den sternenlosen. Und finden das alles ganz natürlich, weil die Erleuchtung in uns ist. Zuletzt erheben wir uns, ich gehe zum Fluß hinab, bringe Wasser im Hohl der Hände, gieße es im Schwall langsam über dein Haupt. Und ich sage zu aller künftigen Geschichte, in der Ewigkeit unserer selbst:
> »Ich taufe dich im Namen der Erde, der Gestirne und der Vollkommenheit.«
> Und du wirst erwidern, daß es gut ist so. (S. 294-95)

Wie aus dieser sehr schönen Passage zu ersehen, vollzieht sich hier die Begegnung von Ich, Gegenwärtigkeit und Ordnung dank der Kunst. Es ist dies der volle Kraftaufwand eines literarischen Lebens, das die Begegnung besagter drei Erscheinungen erstrebte oder dieser drei Seiten der Erscheinung, die sich hier in der Überlagerung der von der Kunst wiedererschaffenen »metaphysischen« Frau und des Kosmos kundtut, in einer Begegnung, an welcher der Erzähler teilhat, da er sich in ihr realisiert, versetzt in den essentiellen Bereich unbestechlicher Transparenz, wobei er die Entladung des Universums in einer primitiven Nacktheit erlebt, ohne die einen auf die Knie zwingende gewalthafte Gegenwärtigkeit zu fürchten.

Diese Begegnung mit der Gegenwärtigkeit erfolgt auch im letzten Roman des Autors, in *Na Tua Face*, nimmt da jedoch, in humoristischem Ton, das Thema der Degradierung wieder auf, das die Gegenwart, überhaupt jedwede Erscheinung, im Ablauf der Zeit erleidet: Die Frau von einst ist gealtert und hat ein anomales Kind. Da hier die Frau nicht von der Kunst wiedererschaffen wurde, erscheint sie in diesem Roman gleichsam als ein Einbruch in die »reale« Welt des Erzählers.

Die Kunst ist jener Ort, wo die ursprüngliche Welt erschaffen wird, und sie tut es hier so hoch lyrisch wie selten je im portugiesischen Roman (und nicht nur da). In dieser Hervorbringung verbinden sich Kunst und jenseits der Zeit befindliche Permanenz, in jenem fortgesetzten Bestreben, das Vergílio Ferreiras gesamtem belletristischen Werk so eigen ist: nämlich das Undenkbare mittels jener Aura zu sagen, die sich nicht durch das Wort, sondern, wie wir bereits darlegten, durch das Wort hindurch zum Ausdruck bringt und so selbst zur Manifestation der Permanenz wird. Dies auch mag der Grund sein, weshalb der Autor sich in etlichen Romanen fremder Sprachen bedient; um mit ihnen das zu evozieren, was sich jenseits unseres üblichen Sprachgebrauchs befindet und auf dem das Schöpferische der Romankunst gründet. Es ist – wie die Gegenwärtigkeit oder das metaphysische Ich – ein von den Erzählern jenseits der Wörter gesuchtes Wort, jenes, das der Erzähler in *Para Sempre* aus dem Munde der sterbenden Mutter beinahe vernommen hätte. Hier, in *Em Nome da Terra*, wird dieses Wort neuerlich ersehnt, zur Wiedererschaffung der toten Frau:

> Und ein Wort, das ich nicht kenne, durchdrang sie alle, und es mochte wahr sein, weil ich es nicht kenne [...] Ein Wort der Freude und des Todes. Ein Wort, das nach allen Wörtern steht, und das noch kein Gott je aussprach. (S. 267)

Bezüglich dieses von Vergílio Ferreira verfolgten ästhetischen Bemühens verdient der Einfluß des *nouveau roman* auf die bereits erwähnte Fragmentierung der Zeit einmal mehr Herausstellung. Ferreiras Romane, mehrheitlich in der Ich-Form geschrieben, schöpfen in Fakten oder Situationen emotional nachhaltige Erinnerungen des Erzählers aus, jedoch nicht um die Vergangenheit wiederzugeben, sondern um Atmosphäre oder eine Geschichte zu erschaffen mit diesen Fragmenten, durch die sich das Faszinierende der ursprünglichen Welt mitteilt. Weil aber die Wiedererschaffung der Vergangenheit, als solcher, den Erzähler und den Leser dem Faszinierenden der ursprünglichen Welt nicht näherbrächte – und ebendiese Annäherung ist für Vergílio Ferreira der Grund zum Schreiben –, trägt die Fragmentierung der Zeit, indem sie die Linearität der einstigen Geschehnisse zerstört, mit dazu bei, das, wie es in *Pensar* lautete, »zwischen« den Wörtern sich mitteilende Undenkbare aufzufinden. Die Fragmentierung der erzählten Zeit wird so zum Manipulieren der Zeit angewandt, mit initiatischem Zweck. Denn bekanntermaßen manipulieren die Initiationen die innere Zeit des Initianden in der Weise, daß sie ihn voranbringen auf dem Wege der Reifung oder der Erkenntnis. Ferreiras Archifigur gewinnt auf ihrem Weg Reife und Wissen. In der Tat, die Archifigur oder Idealfigur – entstanden durch Überlagerung der Personen, die in Vergílio Ferreiras Œuvre von Buch zu Buch leben und sich fortentfalten, hin zum Bereich der ursprünglichen Welt – »wächst« nicht lediglich in der Form, wie sie die Probleme darlegt und sich dem von ihr angestrebten ursprünglichen Leben nähert, vielmehr wird dieses Streben auch noch dadurch belohnt, daß sie Kenntnisse über eine zeitlose Ordnung gewinnt, die sich nicht durch die Wörter mitteilt, sondern durch das Inerscheinungtreten oder aber die aktive Vereinnahmung der erwähnten Permanenzen. Diese zeitlose Ordnung steht übrigens der manchen Initiationen eigenen mystischen Erhellung sehr nahe. Sie entspricht jener Romantechnik, die sich zuinnerst verbindet mit dem theoretischen Bemühen jeglichen narrativen Textes.

Gerüstet mit diesem Grundproblem, das sich durch sein gesamtes Werk zieht, wiederkehrend, jedoch stets in ästhetischen Umsetzungen von unvergleichlicher Schönheit, und dem der Dialog mit der zeitgenössischen Kultur Gestalt gab, gehörte Vergílio Ferreira zu jenen Intellektuellen, die überragenden Einfluß auf das kulturelle und politische Leben ihrer Zeit hatten. Seine theoretischen Texte finden sich vereint in den vier Bänden von *Espaço Invisível*, in *Um Escritor Apresenta-se* (1981; Ein Schriftsteller stellt sich vor) sowie in *Conta-Corrente*. Letzteres, ein Tagebuch, enthält die direktesten und aktuellsten Stellungnahmen. *Um Ecritor Apresenta-se*, zusammengestellt von Maria da Glória Padrão, vereint Interviews, die Vergílio Ferreira zwischen 1947 und 1981 gab. *Espaço do Invisível* enthält die meisten seiner zu Kunst, zum Roman sowie zu literarischen Strömungen oder Doktrinen (Neo-Realismus, *nouveau roman*, Strukturalismus, etc.) verfaßten Texte, auch Äußerungen über zeitgenössische Schriftsteller, unter ihnen Malraux, dessen großen Einfluß auf sein gesamtes Schaffen Vergílio Ferreira stets anerkannte und dem er einen Essay in Buchform widmete: *André Malraux – Interrogação ao Destino* (1963; André Malraux – Befragung des Schicksals).

Politisch engagierte sich Vergílio Ferreira zeit seines Lebens gegen die Diktaturen, von rechts wie von links, und gegen jede Form von Freiheitsbeschneidung. Bezeichnend, daß einer seiner Romane, *Manhã Submersa* (1954, Versunkener Morgen), der seine Jugenderfahrungen im Seminar von Fundão festhält, darauf abzielt, ein – so in *Conta-Corrente* nachzulesen – konzentrationslagerähnliches Universum nachzuschaffen und damit alle Einrichtungen dieser Art anzuprangern.

Über die Einflüsse, die Vergílio Ferreiras literarisches Schaffen prägten – zumal er fast erschöpfend nicht nur die grundlegenden Texte zur Geschichte der Literatur und der Philosophie, sondern auch jene beinahe der gesamten zeitgenössischen literarischen und philosophischen Produktion Portugals und Europas kannte –, ist festzuhalten, daß er selber während der letzten Jahre seines Lebens als für ihn wesentlich anerkannte: Aischylos und Sophokles (das Problem Mensch und Fatum), Lukrez (*De rerum natura*), Vergil (*Eklogen* und *Aeneis*), Marc Aurel (*Selbstbetrachtungen*), Augustinus (*Bekenntnisse*), Pascal (*Gedanken*), Dostojewski, Jaspers und Heidegger. Im übrigen, so unterstrich er, habe einst *O Primo Basílio* (dt. *Vetter Basilio*) von Eça de Queirós ihm die Literatur aufgetan, gefolgt von einigen brasilianischen Autoren, z. B. Érico Veríssimo mit *Um Lugar ao Sol* (*Ein Platz an der Sonne*) und Jorge Amado mit *Capitães da Areia* (dt. *Herren des Strandes*), abgesehen von den in brasilianischen Übersetzungen vorliegenden Autoren Hemingway, John dos Passos und Steinbeck. Erst später sollten ihn einige Franzosen beeinflussen, Malraux selbstverständlich, auch Camus und Saint-Exupéry; Sartre indes, nach Ferreiras Bestätigung, in geringerem Maße als viele Kritiker meinen.

Vergílio Ferreiras Einfluß auf Portugals Kultur und Literatur war sehr groß und ist es auch weiterhin. Sein Werk, seit vielen Jahren Gegenstand von Studien, Dissertationen inbegriffen, erfährt seit seinem Tode eine noch stärkere wissenschaftliche Zuwendung. Zwei seiner Romane wurden verfilmt: *Cántico Final* (1974; Schlußgesang) und *Manhã Submersa*, ebenso seine Erzählungen *Encontro* (1978; Begegnung) und *Mãe Genoveva* (1983; Mutter Genoveva). Viele wurden übersetzt (ins Spanische, Französische, Deutsche, Polnische, Russische, Griechische). Er erhielt in Portugal und im Ausland eine Reihe von Literaturpreisen, unter anderen den Prémio Camilo Castelo Branco des Portugiesischen Schriftstellerverbandes (1960) für den Roman *Aparição* und den Preis der Casa da Imprensa (1965) für *Alegria Breve*; 1983 prämiierten sein Gesamtwerk der PEN-Club, die Internationale Vereinigung der Literaturkritiker sowie die Stadt Lissabon; im selben Jahr empfing er den Prémio D. Dinis der Casa de Mateus, 1988 den Großen Preis des Portugiesischen Schriftstellerverbandes für den Roman *Até ao Fim* (1987; dt. *Bis zum Ende*), 1990 den Prix Fémina für die französische Ausgabe von *Manhã Submersa* (*Matin perdu*). 1990 nahm er in Brüssel den Prix Europalia für sein Gesamtwerk entgegen, 1992 den von einer portugiesisch-brasilianischen Jury vergebenen Prémio Camões.

Aus dem Portugiesischen von Andreas Klotsch

Vergílio Ferreira in deutscher Sprache

Bis zum Ende (*Até ao fim*), übers. von Georg Rudolf Lind, Zürich: Ammann-Verlag 1990.

»Jacinto der Freie« (aus *A face sangrenta*), übers. von Ilse Losa in: O. Lopes/I. Losa (Hg.) 1962, S. 186-201.

»Das Huhn« (»A Galinha«) übers. von C. Meyer-Clason, in: Ders. (Hg.) 1972, S. 234-241.

»Das Stelldichein« (aus *Os melhores contos portugueses*), übers. von Roland Erb, in: I. Losa/E. Gonçalves (Hg.) 1973, S. 113-127.

Werke von Vergílio Ferreira

Prosa

O caminho fica longe, Lisboa: Inquérito 1943 [beschlagnahmt].

Onde tudo foi morrendo, Coimbra: Coimbra Editora 1944.

Vagão J, Coimbra: Coimbra Editora 1946.

Mudança, Lisboa: Portugália 1949.

A face sangrenta, Lisboa: Contraponto 1953.

Manhã submersa, Lisboa: Sociedade de Expansão Cultural 1954.

Aparição, Lisboa: Portugália 1959 [Sonderauflage mit Illustrationen von Júlio Resende, Porto: Inova 1968].

Cântico final, Lisboa: Ulisseia 1960.

Estrela polar, Lisboa: Portugália 1962.

Apelo da noite, Lisboa: Portugália 1963.

Alegria breve, Lisboa: Portugália 1965.

Nítido nulo, Lisboa: Portugália 1971.

Apenas homens, Porto: Inova 1972.

Rápida, a sombra, Lisboa: Arcádia 1975.

Contos, Lisboa: Arcádia 1979.

Signo sinal, Lisboa: Bertrand 1979.

Para sempre, Lisboa: Bertrand 1983 [Sonderedition mit Illustrationen von Júlio Resende und einem Vorwort von Fernanda Irene Fonseca anläßlich des fünfzigjährigen literarischen Schaffensjubiläums Ferreiras, Porto: Asa 1993].

Uma esplanada sobre o mar, Lisboa: Difel 1986.

Até ao fim (dt. *Bis zum Ende*), Lisboa: Bertrand 1987.

Em nome da terra, Lisboa: Bertrand 1990.

Na tua face, Lisboa: Bertrand 1993.

Cartas a Sandra, Lisboa: Bertrand 1996.

Essays (Auswahl)

Do mundo original, Coimbra: Vértice 1957.

Carta ao futuro, Coimbra: Vértice 1958.

André Malraux – Interrogação ao destino, Lisboa: Presença 1963.

Espaço do invisível I-III, Lisboa: Arcádia 1965-1977.

Invocação ao meu corpo, Lisboa: Portugália 1969.

Um escritor apresenta-se [Interviews mit einem Vorwort und Anmerkungen von Maria da Gloria Padrão]. Biblioteca de autores portugueses. Lisboa: Imprensa Nacional – Casa da Moeda 1981.

Espaço do invisível IV, Lisboa: Imprensa Nacional – Casa da Moeda 1987.
Arte tempo, Lisboa: Rolim 1988.
Pensar, Lisboa: Bertrand 1992.

Tagebücher
Conta-corrente I-V [fünf Bde.]. Lisboa: Bertrand 1980-1987.
Conta-corrente – nova série I-IV [vier Bde.]. Lisboa: Bertrand 1993-1994.

Verfilmungen
Cântico final, Portugal 1974 [Uraufführung 1976], Regie: Manuel Guimarães.
Manhã submersa, Portugal 1980, Regie: Lauro António (mit Vergílio Ferreira).
Prefácio a Vergílio Ferreira, [Kurzfilm] Portugal 1975, Regie: Lauro António.

Sekundärliteratur (Auswahl)

Décio, João, *Vergílio Ferreira, a ficção e o ensaio*, São Paulo: Século XXI – Livros 1977.
Dal Farra, Maria Lúcia, »Vergílio Ferreira e as duas faces do *mythos*«, *Colóquio-Letras* 21 (1974), S. 65-79.
–, *O narrador ensimesmado. O foco narrativo em Vergílio Ferreira*, São Paulo: Ática 1978.
Ferreira, Vergílio/Fernanda I. Fonseca/Francisco Topa (Hg.), *Vergílio Ferreira: cinquenta anos da vida literária; actas do colóquio interdisciplinar organizado pela Faculdade de Letras do Porto na Fundação Eng. António de Almeida, 28, 29 e 30 de Janeiro de 1993*, Porto: Fundação Eng. António de Almeida 1995.
Fonseca, Fernanda Irene, *Vergílio Ferreira – A celebração da palavra*, Coimbra: Almedina 1992.
Godinho, Helder (Hg.), *Estudos sobre Vergílio Ferreira*, Lisboa: Imprensa Nacional – Casa da Moeda 1982.
–, *O universo imaginário de Vergílio Ferreira*, Lisboa: Instituto Nacional de Investigação Científica 1985.
Goulart, Rosa Maria, *Romance lírico. O percurso de Vergílio Ferreira*, Diss., Lisboa: Bertrand 1990.
Laso, José Luís Gavilanes, *Vergílio Ferreira: espaço simbólico e metafísico*, Diss., Salamanca, übers. von António José Massano. Lisboa: Dom Quixote 1989.
Lind, Georg Rudolf, »Lebensmut im Angesicht des Todes. Eine Einführung in das Werk von Vergílio Ferreira«, Nachwort zur Übersetzung von *Até*

ao Fim (dt. *Bis zum Ende*), Zürich: Ammann-Verlag 1990, S. 305-320.

Lucchesi, Ivo, *Crise e escritura. Uma leitura de Clarice Lispector e Vergílio Ferreira*, Rio de Janeiro: Forense-Universitária 1987.

Mendonça, Aniceta de, *O romance de Vergílio Ferreira: Existencialismo e ficção*, São Paulo: ILHPA [Inst. de Letras, História e Psicologia de Assis], HUCITEC [Ed. de Humanismo, Ciência e Tecnologia] 1978.

Mourão, Luís, *Conta-corrente 6. Ensaio sobre o diário de Vergílio Ferreira*, Magisterarbeit, Câmara Municipal de Sintra 1990.

N.N., »Homenagem a Vergílio Ferreira«, *Colóquio-Letras* 90 (1986), S. 24-46.

Paiva, José Rodrigues de, *O espaço-limite no romance de Vergílio Ferreira*, Recife: Encontro/Gabinete Português de Leitura 1984.

Palma-Ferreira, João, *Breve perspectiva de la obra literária de Vergílio Ferreira*, Salamanca: Publ. de los cursos de verano de la Universidad de Salamanca 1972.

–, *Vergílio Ferreira. Análise crítica e selecção de textos*, Lisboa: Arcádia 1972.

Silva, Isidro Ribeiro da, »Vergílio Ferreira: obras de *Conta-Corrente*«, *Brotéria* 6, vol. 113 (1981), S. 534-544.

Agustina Bessa-Luís
Erinnerndes Schreiben als Weg zur Erkenntnis menschlichen Handelns

Georges Güntert

Literaturhistorische Betrachtungen

Der 1954 erschienene und gleich zweifach preisgekrönte Roman *A Sibila* (dt. *Die Sibylle* 1987), durch den die damals zweiunddreißigjährige Agustina Bessa-Luís literarische Berühmtheit erlangte, scheint in der Geschichte der portugiesischen Literatur eine neue Epoche eingeleitet zu haben.[1] Dies zumindest wird in Handbüchern immer wieder behauptet: Nach den eher neorealistisch orientierten vierziger Jahren habe sich mit dem Erscheinen der ersten Werke der Bessa-Luís eine Wende zu einem neuen, poetisch-symbolischen Erzählstil vollzogen.[2] Fast gleichzeitig mit dieser Autorin sei zudem eine ganze Reihe von Erzählerinnen und Dichterinnen (Fernanda Botelho, Maria Judite de Carvalho, Sophia de Mello Breyner Andresen) an die Öffentlichkeit getreten und habe die portugiesische Leserschaft erstmals mit weiblichen Formen der Welterfahrung bekannt gemacht.[3]

Solchen Periodisierungsversuchen ist mit Vorsicht zu begegnen. Gewiß begünstigte die Diktatur Salazars – indirekt – das Entstehen einer engagierten Protestliteratur, deren Hauptanliegen das Denunzieren sozialer Mißstände war. Doch entwickelte sich das erzählerische Schaffen der Neo-Realisten und dasjenige der Autoren, die der 1927 gegründeten Zeitschrift *Presença* nahestanden (und die ihre Vorbilder in der hochliterarischen Schreibkunst eines Proust oder eines Dostojewski sahen), nahezu gleichzeitig. Zwischen 1940 und 1950 schrieben nicht nur die Neo-Realisten Alves Redol und Mário Dionísio, sondern auch die *presencistas* Vitorino Nemésio, José Rodrigues Miguéis und Branquinho da Fonseca ihre Meisterwerke – vom unabhängigen Genie eines Miguel Torga ganz zu schweigen. Festzustellen ist, daß seit der Mitte der fünfziger Jahre, wie anderswo in Südeuropa, die theoretisch ohnehin ungenügend fundierte neorealistische Poetik allmählich anspruchsvolleren Erzählformen weicht. In Portugal wird sie zunächst durch den existentialistischen Roman eines Vergílio Ferreira, dann durch den *nouveau roman* abgelöst. Der Neo-Realismus selbst wird von seinen eigenen Anhängern weiterentwickelt und allmählich überwunden.

Von einer Tendenzwende um 1955 kann daher zweifellos gesprochen werden. Allerdings ist diese nicht auf einen einzigen Autor oder gar auf ein einziges Werk zurückzuführen. Die früher in Coimbra und heute in Porto wohnhafte Bessa-Luís hat keine literarische Schule ins Leben gerufen. Auch ist sie – im Unterschied zu anderen Autorinnen der portugiesischen Gegenwartsliteratur – selber nie als Feministin hervorgetreten. Sie, die von Anfang an ihren eigenen Weg zu gehen wußte, muß vielmehr als interessante, stark profilierte Einzelerscheinung eingestuft werden. Ihre literarischen Vorbilder fand sie teils in der einheimischen Tradition, von Camilo Castelo Branco bis zu Raul Brandão (*Húmus* 1917), teils – wie schon die Dichter der *Presença* – bei den großen Autoren des europäischen Romans. Dostojewskis Fähigkeit zur psychologischen Analyse hat sie stets bewundert, und am Beispiel Prousts scheint sich der gewandte Duktus ihrer bilderreichen Sprache orientiert zu haben. Deren auffallendster Zug liegt vielleicht in den gleitenden Übergängen vom konkreten Bild zur gedanklichen Assoziation: über das aufmerksame Notieren von Sinneseindrücken und das Beobachten kleinster Einzelheiten gelangt sie unmittelbar zur Erkenntnis einer die *conditio humana* betreffenden Wahrheit, die sich in Form einer Sentenz oder eines Aphorismus äußert.

Leben und Werk

Agustina Ferreira Bessa wurde am 15. Oktober 1922 in Vila Meã bei Amarante, Provinz Minho, geboren. Ihre Vorfahren waren Landwirte gewesen, doch ihr Vater fand sein Auskommen als Kinobesitzer in der Stadt Porto. Die Familie der Mutter stammte ursprünglich aus Spanien, aus der Gegend von Zamora. Nach dem Besuch einer Nonnenschule eignete sich Agustina autodidaktisch – durch intensives Lesen – jene umfassende Bildung an, die in ihrem Werk, das ja auch mehrere Biographien und historische Romane umfaßt, immer wieder durchscheint. 1945 heiratete sie in Coimbra den Rechtsanwalt Alberto de Oliveira Luís und gebar ihm – ein Jahr darauf – eine Tochter, die sich inzwischen als Malerin einen Namen gemacht hat. 1948 veröffentlichte sie ihr erstes Buch mit dem Titel *Mundo Fechado* (Verschlossene Welt), das von bedeutenden Autoren wie Aquilino Ribeiro und Teixeira de Pascoaes gewürdigt wurde. Ihr zweites Werk, *Os Super-Homens* (Die Übermenschen) löste eine Polemik aus, in der es weniger um den Roman selbst als um die kulturelle Situation Portugals ging, welche die Autorin schon damals sehr kritisch beurteilte. Als drittes Werk folgte der Novellenband *Contos Impopulares* (Unpopuläre Geschichten), der vom angesehenen Literaturkritiker Oscar Lopes enthusiastisch besprochen wurde.[4] Ihm fiel auf, wie bei dieser Autorin »das feinsinnige Notieren von realistischen Einzelheiten wie durch einen übernatürlichen Wind vorangetrieben wird«.[5] Anstatt vom »Wind« hätte der Rezensent auch von der »alles belebenden Strömung« sprechen können, denn in der Novelle *Espaço para Sonhar* (Raum zum Träumen), die vom Werden des Schriftstellers Gil berichtet, erscheint erstmals das für unsere Autorin signifikant werdende Motiv des Flusses.[6] Der Held der Erzählung, ein Waisenkind, stammt aus dem mittleren Dourotal und wird als Fünfzehnjähriger in die Stadt zum Geldverdienen geschickt. Nach der Ankunft in Porto erinnert er sich an seinen ländlichen Geburtsort in Fontes, wo der Douro breit und schwer vorbeiströmte und ihm noch nicht so trüb und übelriechend erschien wie in der Stadt. Der Fluß wird hier zunächst zum bedrückenden Sinnbild für die Bedingtheit des Lebens. Später dann, nach ersten literarischen Erfahrungen, betrachtet Gil das städtische Leben und Treiben aus der reflektierenden Distanz desjenigen, der es beschreiben möchte. Er vergleicht nun die Vielfalt des Lebens mit einem vom Licht belebten, breit dahinströmenden Fluß, der nicht mehr direkt beobachtet, sondern als pulsierendes Strömen empfunden wird: Gil identifiziert sich mit dem Rhythmus des Lebens und versucht, diesen über die Erinnerung in die Sprache zu übertragen. Was ihn fortan bewegt, ist nicht so sehr das ihm auferlegte Schicksal des Ausgestoßenen, sondern die *Geschichte* dieses Ausgestoßenseins, das *erzählte* Leben.

Die Novelle *Espaço para Sonhar* entstand noch vor dem Roman *A Sibila*, für dessen Manuskript die Autorin 1953 den Preis »Delfim Guimarães« erhielt. Ein Jahr darauf wurde ihr für das inzwischen veröffentlichte Buch der Eça de Queirós-Preis zugesprochen. Seither hat sie nicht aufgehört zu schreiben. Ihr Werk ist inzwischen auf die stattliche Anzahl von über zwanzig Romanen, Novellenbänden, Biographien, Chroniken und Theaterstücken angewachsen, zu denen noch zahlreiche literaturkritische Aufsätze (z. B. über Camilo Castelo Branco, Fernando Pessoa, José Régio, Ferreira de Castro, Dostojewski) hinzukommen.

Das Gesamtwerk der Bessa-Luís hat sich aus jenem inneren Kern heraus entwickelt, den ihre persönlichen Lebenserfahrungen mit sich und der eigenen Familie bilden. Diese lieferten schon den Stoff zu *A Sibila* und – zwei Jahre später – zu der Familiensaga *Os Incuráveis* (Die Unverbesserlichen). In den siebziger Jahren, als sich in Portugal der Umsturz vollzog, weitete sich der Themenkreis ihrer Romane ins Überregionale und Nationale aus, wobei nun auffallend oft Kapitel aus der portugiesischen Geschichte in romanhafter Form nachgestaltet wurden. Der Legende des in Afrika verschollenen Königs Sebastian geht sie in O *Mosteiro* (Das Kloster) nach.[7] Dieser Roman verfolgt aber auch – über fünf Generationen hinweg – das Schicksal der Familie Teixeira und präsentiert auf diese Weise ein Stück portugiesischer Zeitgeschichte. In thematischer Hinsicht zeigt die Bessa-Luís eine erstaunliche Flexibilität: ob sie Stoffe aus dem XIX. oder aus dem XX. Jahrhundert aufgreift, immer vertieft sie sich mit gleicher Intensität in die zu gestaltende Materie.

Auffallend ist ihre Neigung, Dichter zu Romanhelden zu machen. Im 1958 erschienenen Roman *O Susto* (Der Schrecken) geht sie der Begegnung zweier grundverschiedener Dichtertypen nach und stellt den emotionalen Nordportugiesen Teixeira de Pascoaes (den sie persönlich gut kannte) dem zerebralen Álvaro de Campos, ein Heteronym Pessoas, gegenüber. In einem anderen, inzwischen auch ins Deutsche übertragenen Werk, dem 1979 entstandenen Roman *Fanny Owen*, spürt sie dem Schicksal des spätromantischen Bohemiens und Frauenhelden Camilo Castelo Branco nach, dem sie 1981 zusätzlich einen Essay widmete.[8] Auch der Dichterin Florbela Espanca hat sie mit einer Lebensbeschreibung ein erzählerisches Denkmal gesetzt.

Als Inspirationsquelle dienen ihr zuweilen auch literarische Werke. In dem 1991 veröffentlichten Roman *Vale Abraão* hält sie sich an die Vorlage von *Madame Bovary*. Die Ähnlichkeit mit Flauberts berühmtem Roman wird nicht etwa kaschiert, im Gegenteil: Die beiden Hauptdarsteller – Carlos Paiva und seine Gattin Ema – werden absichtlich so benannt, damit der Leser die vielen an das Flaubertsche Romangeschehen gemahnenden Parallelen beachte. Der Roman spielt indes in der Gegenwart, vor und nach der Nelkenrevolution, in einer durch die »Zivilisation der Jeans und der Lederstiefel« bestimmten Epoche. Es ist eine Zeit der Mittelmäßigkeit und der Permissivität, selbst in der Provinz, wo das Gerede über die Affären einer verheirateten Frau zwar noch die Langeweile vertreibt, die Sache selbst jedoch kaum mehr Aufsehen erregt. Die Gesellschaft fühlt sich durch ein solches Verhalten weder herausgefordert noch in ihrem Bestand bedroht und enthält sich daher des Schuldspruchs. Darin zeigt sich ein Unterschied zu der bürgerlichen Ordnung des 19. Jahrhunderts, deren Konventionen doch um einiges strikter waren und die das Abweichen von der Norm sowie den Hang zur Ausschweifung und Luxus schon aus materiellen Gründen nicht dulden konnte. In *Vale Abraão* bleibt die Sanktion aus, was die Heldin andererseits der Möglichkeit beraubt, mit sich selbst ins reine zu kommen. Ihrem einsamen Tod durch Ertrinken eignet daher nichts Kathartisches. Für den Leser kommt dieses Ende indessen nicht unerwartet, da er die Vereinsamung des Opfers schrittweise verfolgen konnte. In diesem Roman geht es nicht nur um das Erfassen des Zeitgeistes, sondern auch um das Ausleuchten der psychologischen Hintergründe, die eine Figur wie diese portugiesische Bovary verständlicher machen könnten. Nicht in der Sexualität, so äußert sich die Autorin in einem Interview, sondern im Streben nach Macht lägen die Gründe von Emas Handeln und Scheitern, denn Sexualität sei nie primäre Ursache des psychischen Verhaltens.[9]

Öffentliche Ehrungen blieben nicht aus. Seit 1979 ist Agustina Bessa-Luís korrespondierendes Mitglied der Lissaboner Akademie der Wissenschaften. 1981 wurde sie vom portugiesischen PEN-Club zur Anwärterin auf den Nobelpreis ernannt. Wichtige nationale Preise erhielt sie insbesondere für ihre Romane *A Sibila*, *Homens e Mulheres*, *As Fúrias* und *Os Meninos de Ouro*. An der Erneuerung des portugiesischen Gegenwartsromans, wie sie sich seit dem politischen Umschwung immer deutlicher abzeichnet, ist sie maßgebend beteiligt, muß sie doch als Vorläuferin dieser Entwicklung betrachtet werden. Ihren Ruf als erste Schriftstellerin des Landes hat sie seit dem Erscheinen von *A Sibila* bewahrt. Inzwischen haben Übersetzungen in die wichtigsten Sprachen ihr Werk über die Grenzen der Nation hinaus bekannt gemacht. Als Vertreterin Portugals hat sie an zahlreichen internationalen Schriftstellerkongressen teilgenommen. Zu dieser intensiven literarischen Tätigkeit sind immer wieder neue Aufgaben an sie herangetreten: so war sie vorübergehend Chefredakteurin der Zeitung *O Primeiro de Janeiro* und leitete in den neunziger Jahren das Nationaltheater.

Agustina Bessa-Luís und ihr Meisterwerk: »Die Sibylle« (1954)

Soziale und psychologische Aspekte

Der noch immer berühmteste Roman der Bessa-Luís erzählt die Geschichte der Familie Teixeira, in deren Zentrum die mythisierte Hauptfigur Joaquina Augusta Teixeira steht – kurz Quina oder wegen ihres höheren Wissens auch »die Sibylle« genannt. Die Sippe der Teixeira ist besonders zahlreich, und jedes der Familienmitglieder hat seine eigene Geschichte, die wiederum mit anderen Schicksalen verflochten ist. Da zudem die Lebensgeschichten der Dorfbewohner, Dienstboten und entfernten Verwandten in das Romangeschehen einbezogen werden, entsteht bald der Eindruck eines ländlichen Universums, dessen geographischer Mittelpunkt sich in dem 1870 nach einem Brand wiederaufgebauten Haus Vessada, einem im Douro-Tal gelegenen Gutshof, befindet. Hier wächst Quina mit ihrer älteren Schwester Estina und ihren drei Brüdern auf, von denen nur zwei überleben; hier leben, arbeiten und sterben ihre Eltern, die tüchtige, stolze, etwas kühle Maria und der leichtsinnige, aber im Grunde gutmütige Francisco. In zeitlicher Hinsicht wird eine Epoche vergegenwärtigt, die kurz nach 1870 einsetzt und das Leben von drei Generationen umfaßt.

Auch wenn die *sozialen* Probleme in diesem Roman nicht im Vordergrund stehen, erfährt der Leser doch einiges über die allmählichen Veränderungen der ländlichen Gesellschaft Nordportugals; über die Landflucht ganzer Familien und über die wenigen, die den sozialen Aufstieg schaffen; über die Emigration nach Argentinien oder Brasilien, die für viele oft der einzige Ausweg ist; über Sitten und Gebräuche der Dorfbevölkerung, ihre traditionelle Gläubigkeit und vor allem über den noch weit verbreiteten Aberglauben, dem auch die Hauptfigur einen Teil ihres Ansehens verdankt. Politische Veränderungen werden nur am Rand wahrgenommen: eine solche spiegelt sich etwa in der Begeisterung des in Porto wohnenden Onkels José für die Republik, deren – 1910 erfolgte – Proklamation prompt dazu führt, daß im Hause Vessada die das Kopfende der Eisenbetten verzierenden Kronen abgesägt werden. Vom ersten Weltkrieg ist dagegen nie die Rede; offenbar hat dieses Ereignis im Bewußtsein der Dorfbewohner keinen nachhaltigen Eindruck hinterlassen. Was sich in Europa abspielt, scheint für diese ohnehin weniger wichtig zu sein als die wirtschaftliche Situation in Übersee, wo die Auswanderer ihr Glück versuchen und einige sogar zu Reichtum gelangen.

Der Roman ist in dem Maße realistisch, als auf eine uns bekannte, überprüfbare Welt verwiesen und diese detailliert beschrieben wird; daraus eine realistische Poetik abzuleiten wäre jedoch verfehlt. Die ländliche Szenerie dient der Autorin lediglich als Stoff, mit dem sie ihre dichterische Welt gestaltet. Der Roman erschöpft sich nicht in der Darstellung bäuerlicher oder regionaler Existenz- und Denkformen. Er versucht vielmehr, die tieferen Beweggründe menschlichen Handelns zu erfassen und daraus allgemeine Gesetzmäßigkeiten abzuleiten. Die dargestellte Welt des *Entre-Douro e Minho* ist daher stellvertretend für die Menschheit, und der einzelne ist nur insofern angesprochen, als er Teil eines größeren Ganzen ist. Die Menschen erscheinen als Glieder einer Kette, Teile einer Menschheit, die sich noch immer auf dem Wege zu sich selbst befindet. So werden Regionalismus und Familiensaga in einen größeren Zusammenhang transponiert, der verschiedene Deutungen dieser Welt zuläßt.

Einen ersten Zugang zu Sinn und Bedeutung des Werkes findet der Leser dann, wenn er dem *psychologischen* Aspekt der Personendarstellung Beachtung schenkt. Zunächst wird er sich mit dem nicht leicht zu definierenden Charakter der Hauptfigur auseinandersetzen, denn die Frage, die ihm gleich zu Anfang vorgelegt wird, lautet ja: Wer war Quina? Im Monolog Germas – sie ist Quinas Nichte, wohnt in der Stadt und übt einen künstlerischen Beruf aus – steht diese Frage von Anfang an im Zentrum. Germa, die auch von ihrer Jugend berichtet, sagt von sich selbst, sie habe als Kind das widerspruchsvolle Wesen ihrer Tante noch nicht verstehen können. Doch die Erzählerin interveniert hier belehrend: »Germa war noch sehr jung und wußte nicht, daß *das Widersprüchliche, Inkonsequente* bei Quina *ein Teil ihres Menschseins war«* (S. 126). Eine entsprechende Aussage finden wir gegen Ende des Romans (Kap. XIX), an einer für die Strukturierung des Textes strategisch wichtigen Stelle. Diese Aussage ist ganz aus der Sicht der gereiften Germa formuliert, die im Laufe der Jahre zu einem tieferen Verständnis gelangt und nun zu einem abgewogenen Urteil über Quina fähig ist: »Wer war Quina? Ihre mystische Frömmigkeit war doch sehr menschlich und irdisch; sie war als Revolte zu verstehen, es war die kühne, bewundernswerte Revolte ihrer Unwissenheit; *der tiefste, unleugbarste Ausdruck ihrer Menschlichkeit«* (S. 288). Beidemal geht es um das Zwiespältige, Widersprüchliche im Menschen, das Quina mit anderen Figuren der Bessa-Luís gemeinsam hat und das bei dieser Autorin als unverkennbares Zeichen des Menschseins erscheint.

Bei der Schilderung der Dorfbewohner fällt auf, daß keiner von ihnen einen einfachen Charakter hat. Im Gegenteil, die scheinbar einfältigsten Geschöpfe erweisen sich als komplizierte, manchmal sogar abgründige Wesen. Es ist unter anderem viel von Dieben und Mördern die Rede, die durchaus menschliche Züge zeigen. Man denke nur an die Geschichte der Leichenwäscherin Domingas, die ihre zwei Ehemänner vergiftet hat; dieselbe wird Quina einst in den Sarg betten und den verwirrten Hausbewohnern Trost zusprechen. Auch der Dorfpfarrer, der bei seinem Tod vier Witwen hinterläßt, war trotz seiner Schwächen ein vielgeachteter Mann. Das Widersprüchliche prägt auch Quinas mißratenen Pflegesohn Custódio: dieser scheint ganz dem Müßiggang und Laster verfallen und hat dennoch eine entwaffnende Naivität bewahrt. Während ihrer Krankheit wird sich Quina dessen bewußt, und sie nimmt sich vor, den längst Erwachsenen »wie ein Kind anzuschauen, dem man unendliche Geduld und Nachsicht schuldig ist«, und ihn zu betrachten »wie den Keim zu einem Geschöpf, das vielleicht eines Tages die Vollkommenheit erreichen könnte« (S. 264). Da ist ferner der Dorftrottel Augusto, ein tölpelhafter Bursche, der mit dem Vieh besser umzugehen weiß als mit den Menschen. Wie alle hat auch er eine dunkle Kehrseite: man weiß von falschen Zeugenaussagen, von unrühmlichen Liebsabenteuern, von Sodomie, von der Verleugnung der eigenen Kinder. Der in einer Nonnenschule erzogenen Germa wird bei solchen Schilderungen übel: »Das ist ja schrecklich!« meint sie schaudernd. »Ein solcher Kerl müßte von allen geschnitten werden!« Doch Quina belehrt sie eines anderen:

So etwas sagt man nicht, Mädchen. [...] Er ist unser Nachbar, wir kennen ihn schon von klein auf, seit er an unserer Tür vorbeikam und das Vieh zur Tränke führte. Und schon damals redete er grob daher ... Aber wir wußten, daß er den Mund hielt, wenn er uns erblickte, weil er Respekt vor uns hatte. Im übrigen war sein Geschwätz nicht boshaft, er war eben nur ein Grobian – und wer konnte ihn dafür zur Rechenschaft ziehen? Sein Vater war sehr mit unserem Vater befreundet, und als unser Haus bankrott und zugrunde gerichtet war, hat er nie das Geld zurückverlangt, das wir ihm schuldeten; er ging uns aus dem Wege, damit wir nicht bei seinem Anblick an die Schuldensumme denken sollten. Niemals darf man die Kinder unserer Freunde schlecht behandeln, denn das heißt die Toten ohrfeigen. Die häßlichen Dinge gehören so gut zur Welt wie die hübschen. Du bist noch sehr jung, Kind, und auf der Schule halten sie euch ständig die Augen zu – und das ist falsch.

Das Böse zu kennen heißt auf der Hut sein. Wo keine Unschuld ist, kann Sünde sein; aber wo keine Kenntnis vorhanden ist, gibt es immer Unglück. (S. 125)

Hier zeigt sich zum ersten Mal, daß das umfassende Wissen der Quina zu der im Roman angelegten Menschenkenntnis in *analoger* Beziehung steht: der Roman selbst verfügt über eine gleiche Weisheit bezüglich der Welt und ihrer Bewohner. Die Schlußfolgerungen der Erzählerin entsprechen substantiell dem lebensbejahenden Wissen der Hauptfigur Quina, auch wenn dieses stets auf eine kleine Welt beschränkt bleibt und erst Germas Gedankengänge größere Zusammenhänge zu erfassen vermögen.

Eine gewisse Zwiespältigkeit, wie sie den meisten Gestalten der Bessa-Luís eignet, weisen auch die Angehörigen der Familie Teixeira auf. Quinas Vater, Francisco, ist ein unverbesserlicher Schürzenjäger, der nach der Heirat sein Bohémiendasein fortführt, wobei er sich immer weiter verschuldet. Für die Verwaltung seiner Güter findet er kaum Zeit. Er ist leicht beeinflußbar, feige und läßt sich von seinen Geliebten übertölpeln. Doch obschon er seiner Familie viel Ärgernis bereitet, wird er von Quina verehrt. Nur von ihm fühlt sie sich verstanden; nur er hat liebevolle Blicke für sie, wenn sie von ihrer Mutter ungerecht bestraft wird. Maria mag Quina weniger leiden als die erstgeborene Estina, denn diese ist hübsch und hat ihr kühles, reserviertes Wesen geerbt. Die unansehnliche Quina hingegen wird schlicht zur Magd erzogen. Doch dieselbe Maria wird nach Estinas Wegzug Quinas Tüchtigkeit schätzen lernen. Sie bewundert ihre zweite Tochter sogar, als sie erkennt, wie diese – gleichsam zur Kompensierung des väterlichen Verschwendertums – alles daran setzt, der Familie wieder zu Wohlstand und Ansehen zu verhelfen.

Quina wird ihre Begabung als Familienoberhaupt um so mehr entfalten, als sämtliche Männer ihrer Sippe als Versager erscheinen. Ihr zunehmend autonomes Verhalten wird von der Autorin selber auf die teilweise matriarchalischen Zustände, die in der ländlichen Kultur Nordportugals überlebt hätten, zurückgeführt.[10] Doch Quina ist Trägerin eines Stigmas, das anderer Erklärungen bedarf. Ihr zwiespältiges Wesen erscheint Germa zunächst als Rätsel. Einerseits ist Quina eine durch und durch egoistische Person, immer auch auf ihren Vorteil bedacht; andererseits versteht sie die menschliche Seele von Grund auf, nimmt sich für andere Zeit, weiß mit ihnen umzugehen und wird in der ganzen Gegend wegen ihrer magischen Kräfte verehrt. Tatsächlich verfügt Quina über eine tiefe Einsicht in die grundlegenden Zusammenhänge des Lebens – alles Dinge, die Germa so stark beeindrucken, daß ihr abschließendes Urteil positiv ausfällt:

Da ist nun Quina, ein Beispiel menschlicher Energien, die sich gegenseitig verschlangen und einander doch belebten. Eitelkeit und Geistigkeit waren die Pole ihres Wesens; ein Gleichgewicht zwischen beiden suchend, siegte sie und wurde besiegt, und ihr Streben war der Schlüssel für die Verklärung, die die Menschen ewig zu erreichen suchen und sich von Geschlecht zu Geschlecht wie ein Geheimnis und einen Zweifel weitervererben. (S. 290)

Quinas Lebensbeschreibung und die Romanstruktur

Die Lebensgeschichte der Quina strukturiert den Roman. Mit seinen neunzehn Kapiteln gliedert sich dieser, abgesehen von der Darlegung der »Erzählsituation«, die ganz am Anfang und wiederum am Schluß erfolgt, in zwei Hauptteile. Die Kapitel I-XII, die den ersten Teil bilden, erzählen von der eher tristen Jugendzeit Quinas, wobei zunächst das Leben ihrer Eltern, Geschwister und Verwandten geschildert wird (Kap. I-III). Die folgenden Kapitel berichten von ihrer Erkrankung und ihrem schweren Leiden zu Beginn des fünfzehnten Altersjahres (IV), von ihrer überraschenden Genesung und der tiefgreifenden Veränderung, die sie nun erfaßt; von ihrem sechsten Sinn und ihrem Arbeitseifer, dank dem die vom Ruin bedrängte Familie bald wieder zu bescheidenem Wohlstand gelangt (V); aber auch von ihrem höheren Wissen, das sie in der ländlichen Umgebung zur Seherin prädestiniert (VI).

Die schwere Erkrankung, die Quinas Leben verändert, muß als *Initiation* gedeutet werden. Während sie bettlägerig ist und von Tag zu Tag schwächer wird, spürt sie die Aufmerksamkeit anderer Menschen um sich. Das ungeliebte Kind begreift, wie seine Natur auf Zuneigung und Bewunderung angewiesen ist. Es spürt instinktiv, daß es auf diesen Anspruch nicht verzichten kann. Schon als Kranke nimmt Quina eine »sibyllinische« Ausdrucksweise an, welche die Zuhörer in Erstaunen versetzt. Als sie endlich wieder zu Kräften kommt, ist sie ein neuer Mensch. Sie wird nicht heiraten, denn sie fühlt sich zu Höherem berufen. Aufgrund ihres intuitiv erworbenen Wissens genießt sie bald in allen Bevölkerungsschichten hohe Achtung. Selbst bei adeligen Familien ist sie ein beliebter Gast. Ihre Freundschaft mit der Gräfin Aida Elisa (VII-VIII) bildet die Krönung dieses sozialen Aufstiegs. Die Geburt und die ihr zeitweise auferlegte Erziehung der Nichte Germa (IX), der Tod ihrer Mutter (X) und der ihrer Freundin, der Gräfin (XI), kennzeichnet weitere wichtige Abschnitte dieses ersten Teils, in dem Quinas *erfolgreiche Selbstbehauptung* geschildert wird. Der Tod der Gräfin ist für das Romangeschehen insofern von Belang, als einer ihrer Pagen, vermutlich ihr außerehelicher Sohn, sich mit Quina anfreundet und ihr eines Tages gesteht, seine verstorbene Geliebte hinterlasse ein Kind, das verwahrlosen werde. Dieses Kindes nun nimmt sich Quina an. Sie zieht es großzügig bei sich auf und sorgt dafür, daß sein Vater sämtliche Rechte über es verliert.

Die Gliederung der Erzählung in einen ersten und einen zweiten Teil – Germa spricht einmal von Quinas Sieg und Niederlage – ist auf das (den Roman bestimmende) Kriterium der menschlichen *Widersprüchlichkeit* zurückzuführen. Nach dem kontinuierlichen Aufstieg folgt nun das Unerklärliche, das die egoistische Quina von einer uns noch nicht bekannten Seite zeigt. »Sie war eine Burg der Klugheit, deren Bergfried immer die Eitelkeit war. Und doch war sie eine ganz unwissende, närrische, im Herzen verwundbare Frau an dem Tag, an dem sie dieses Kind ohne langes Bedenken in ihrem Hause aufnahm.« (S. 158) Quinas Beziehung zu Custódio bildet denn auch das Hauptthema des zweiten Teils, der mit dem zwölften Kapitel einsetzt. Mit achtundfünfzig Jahren ist Quina auf dem Höhepunkt ihrer Macht angelangt. Der Zuwachs an Besitz und zinsträchtigen Geldern gibt ihr ein Anrecht auf die Anrede »Dona«. Ihr Leben tritt jedoch allmählich in die absteigende Phase. Quinas Abstieg ist altersbedingt, doch wird er durch Sorgen und Rückschläge, die ihr das Leben mit dem schwer erziehbaren Adoptivkind bringt, beschleunigt. War ihre Jugend von den Folgen der Verschwendungssucht ihres Vaters überschattet, so ist es im Alter ihr nichtsnutziger Sohn, der sie um Hab und Gut zu bringen droht. Der schöne Custódio erweist sich als willensschwach und arbeitsscheu; er gerät in schlechte Gesellschaft und macht sich gegenüber dem Gesetz schuldig. Es bleibt Quina nicht erspart, für seine Verschuldungen aufzukommen, und doch entdeckt sie an ihm auch jetzt noch bewundernswerte Seiten. Einmal glaubt sie sogar, in ihm Anzeichen einer seherischen Begabung erkannt zu haben. Angesichts von Quinas schwärmerischer Bewunderung für Custódio fürchten ihre Brüder, enterbt zu werden. Sie schicken Germa auf eine Erkundigungsreise. Diese benutzt die Gelegenheit, ihre Erzieherin nach vielen Jahren der Trennung wieder zu besuchen. Sie findet eine gealterte, sichtlich gewandelte Quina vor, die auf sie sanfter wirkt, als hätte sie ihr früheres forsches Wesen verloren.

Eine weitere Veränderung in Quina bewirken die durch das Alter hervorgerufenen Krankheiten. In der Einsamkeit des Alters findet ihr Leben zu einer einzigartigen Erfüllung. Sie fängt an, es von außen und aus der Erinnerung zu betrachten. Da die kluge, lebenserfahrenere Quina – in bezug auf den Romandiskurs – als *Figur der Welthaltigkeit* konzipiert ist, kommt dieser letzten Phase ihrer Entwicklung eine besondere Bedeutung zu. Quina nimmt hier zusehends Abschied von ihrer früheren, lebensbejahenden Wesensart und entdeckt in sich neue geistige Dimensionen. Solche Erfahrungen macht sie nicht nur während ihrer Krankheit, sondern auch noch nach erfolgter Genesung, etwa bei ihrer nächtlichen Rückkehr zum Gutshof, während der sie eine Art Wesensveränderung erlebt. Zum Hause Vessada, in dem sie aufgewachsen ist, steht ihre Person in engster Beziehung: sie hat es vom Elend befreit, hat ihm und seinen Bewohnern Anerkennung verschafft. Was hier über das Haus ausgesagt wird, gilt daher *mutatis mutandis* auch für Quina selbst. Nun erscheint ihr dieses Haus erstmals dunkel und leer, als wäre es Vergangenheit geworden, indes die ganze Umgebung in magischem Mondlicht erstrahlt:

Das Haus Vessada mit seiner großen hellen Tenne, auf der ovale Heuschober standen, seinen alten Veranden und den spitz zulaufenden Tonziegeln an den Dachenden lag im Dunkeln; kein Funken Licht leuchtete hinter den in Blau getauchten Scheiben. Zum ersten Mal erblickte Quina das Haus geschlossen und leer, wie geschrumpft in der Dunkelheit und schon zur Erinnerung, zur Vergangenheit, zur Ruine geworden. Und sie hatte den Eindruck, sie wohne einem unwiderruflichen Geschehnis bei und entferne sich von ihm; ihre Schritte streiften nicht mehr den Boden, sie vernahm nicht mehr das Gleiten ihrer Schuhe auf den wie Glassplitter knisternden Nadeln, und die kleine Plattform am Fuße des Berges kam ihr unüberschreitbar vor. Im schönen Mondlicht erblickte sie die lila Becher der Blumen, die stengellos aus der Erde ragten und kleinen Trompeten glichen; Marmorgestein glänzte; ein sich leicht bewegender Dornstrauch stand plötzlich still, und seine Zweige verharrten so reglos, daß man meinen konnte, sie veränderten ihre Gestalt und erbebten. Und in dem unermeßlichen Schweigen hallte der Klang einer Glocke nach; ihr Echo entfaltete sich, durchdringender als der ursprüngliche Klang, in anderen Echos, verknäuelte sich mit ihnen und bildete einen Wirbel aus silbrigem, machtvollem Geräusch, ohne daß man den Eindruck hatte, das Gehör nehme diesen Klang wirklich auf. Der Hall dieses Klanges verband sich mit dem von Millionen kleiner Silberklappern, die durch die Nachwirkung ihres Vibrierens gleichzeitig aneinanderstießen, erfüllte das ganze Tal und nahm den ganzen Raum wie einen festen Körper in Besitz. (S. 234)

Die verklärte Vision der todgeweihten Quina kann in dem Sinne gedeutet werden, daß die früher so fest im Leben stehende Frau sich hier erstmals wie vom Boden abgehoben fühlt, ins Schweben gerät und die ganze nächtliche Landschaft – und damit ihre eigene Welt – »poetisch« erlebt. Denn ihr wird hier ein sowohl *existentielles* als auch *ästhetisches* Erlebnis zuteil. Ihr Abrücken vom unmittelbaren Leben erinnert an eine künstlerische Welterfahrung, die an sich Privileg der Erzählerin oder des Lesers wäre. Durch die von Quina in solcher Weise wahrgenommene Distanz wird das Gesehene selbständig und erhebt sich zur poetisch autonomen Vision: nicht nur die beschriebene nächtliche Landschaft, auch die Beschreibung selbst erhalten so ihr Eigenleben.

Trotz dieser Grenzerfahrung ist Quina keine Dichterin, denn, so heißt es an anderer Stelle, »ihr leidenschaftliches Haften am Augenblick hielt sie immer im Bereich des Vorübergehenden fest. Sie schuf sich Flügel, ohne fliegen zu können. Sie besaß eine bewundernswerte Fähigkeit zur überschwenglichen Begeisterung, doch ihre praktische Veranlagung lag ihr wie Blei im Herzen, und *sie opferte den nächstliegenden Interessen das Feuer des Prometheus, dessen Wert sie niemals verstand.*« (S. 105) Nein, »Sibylle« ist zu sehr im Irdischen befangen, als daß man sie mit einer Dichterin vergleichen dürfte, und auch ihre Magie, die vor allem auf naturgegebenen Talenten beruht, hat mit der Sprachmagie des Romans wenig zu tun. Dennoch wird Quina ausnahmsweise Zeugin einer poetischen Vision, als ob sie für einmal über ihre eigene Kondition hinausgehen und die Erzähler-Rolle übernehmen könnte. Was in der vibrierenden, in ein magisches Silberlicht getauchten Landschaft aufscheint, ist ein Konzentrat jener poetischen, *aus der Erinnerung gewonnen Weltsicht*, die uns der Roman als literarisches Kunstwerk vermittelt. Ästhetisch betrachtet ist *A Sibila* ein »klingender Raum«, ein magischer Resonanzkörper, und der oben zitierte Abschnitt mutet an wie eine *mise en abyme* des ganzen Werks, das seinen inneren Zusammenhang erst durch die Sprachmagie erhält.

Welthaltigkeit und Erkenntnis aus der Erinnerung

Germas Bewußtsein ist der Ort, in dem die Erinnerung ihre Bilder erzeugt und sich die im Gedächtnis auftauchenden Visionen zu Gedankenvorgängen verdichten. Um sich dem Strom ihrer Erinnerungen ganz überlassen zu können, setzt sich Germa in einen alten Schaukelstuhl, von dem mehrmals die Rede ist. Ihre schaukelnden Bewegungen haben mit der Fähigkeit zu tun, Dinge abzuwägen und ausgewogen darzustellen. »Ich besitze die Gabe des Gleichgewichts«, sagt sie einmal zu ihrem Partner Bernardo (S. 287). Das ist keine belanglose Bemerkung in einer als Selbstgespräch getarnten Erzählung, in der es darum geht, die Komplexität menschlichen Verhaltens und die Taten des einzelnen ins richtige Licht zu stellen. Nicht zufällig heißt es von Quina, der »Spruch der Richter« hätte bei so viel Widersprüchlichkeit »in der Schwebe bleiben müssen« (S. 119).

Schon als Kind liebte es Germa, allein mit Figürchen oder Puppen zu spielen, die ihr Quina aus allerhand Lumpen oder

Papierfetzen anfertigte. »Sie besaß gern Legionen von diesen Figürchen, aus Papier ausgeschnitten oder aus Lappen geformt, und ihre Mannigfaltigkeit entzückte sie, denn sie setzte die ganze Schar zu einem von ihr erdachten Ränkespiel in Bewegung, bevor sie noch wußte, daß solche Handlungen zu Wirklichkeit werden konnten« (S. 118). Später war sie fasziniert von »jenem verwickelten Spiel mit Familien, Schicksalen und Generationen, die einander überkreuzen, verlieren und wiederauftauchen« (S. 121). Gespannt lauschte sie an Winterabenden den Erzählungen ihrer Tante, in denen »die ganze Gemeinde mit ihren Häusern, ihren Feldern und ihren Leuten und deren Ahnen an diesem Herd vorüberzog« (S. 121). Sie merkte, wie eine Geschichte die andere mit sich bringt und wie Schicksale trotz aller Verschiedenheit sich gleichen. Hier drängt sich nochmals ein Vergleich zwischen den beiden Frauenfiguren auf: während Quina als Kind keine Puppen besaß und statt solcher ihre jüngeren Geschwister im Arm hielt, während sie schon früh in Küche und Stall selber zupacken mußte und sehr wohl wußte, woher die Früchte der Arbeit kamen, erlebt die in bürgerlichen Verhältnissen aufgewachsene Germa das bäuerliche Dasein von Anfang an als erzählte Welt, als Geschichtensammlung, als Welttheater.[11] Und ein weiterer Unterschied fällt auf: Quina ist durch eigene Erfahrung zu ihren Kenntnissen gelangt und verfügt darüber auf intuitive Weise. Germa werden diese Kenntnisse vermittelt: sie steht auf jener nächsthöheren Stufe der menschlichen Entwicklung, auf welcher der Zugang vor allem mittelbar – über die Sprache – erfolgt.

In welchem Verhältnis zum Romandiskurs stehen nun Quinas intuitives Wissen einerseits und Germas Erinnerungsvermögen, das jenes erst begreifbar macht, andererseits? Was die »Sibylle« betrifft, haben wir gesehen, daß die einfache, kluge Frau, obschon sie eine seherische Begabung entwickelt, nicht etwa als Dichterin eingestuft werden darf, denn nur ausnahmsweise betrachtet sie ihre eigene Welt und sich selbst aus kritischer Distanz. Ihr praktischer Sinn für die konkrete Wirklichkeit, ihre Beobachtungsgabe und ihre Einsicht in die grundlegenden Zusammenhänge des Lebens verweisen aber dennoch auf jene tiefere Welt- und Seinserfahrung, die auch dem Roman innewohnt. Quinas besondere Begabung entspricht daher metaphorisch dem im Roman angelegten Wissen über die Welt: seiner *Welthaltigkeit*.

Die Erzählerin, die sich auf einer höheren Reflexionsstufe bewegt, besitzt hingegen die Gaben der evozierenden Erinnerung, der Selbstanalyse und des adäquaten sprachlichen Ausdrucks, mit einem Hang zum prägnanten Werturteil, zur vertiefenden Reflexion, zum aphoristischen Stil. Germa erscheint sowohl als Beschwörerin vergangener Zeiten als auch als Richterin und Interpretin von Quinas früherem Leben. Als Person, die die Erzählinstanz verkörpert oder zumindest auf diese verweist, ist sie Trägerin jener geistigen Kraft, die dem Geschehen Form gibt. Ihr Meditieren ist sichtbar werdender Ausdruck des Aussageprozesses: wenn auf der Ebene der Erzählung die Kommunikation zwischen Germa und ihr selbst stattfindet, so verbindet eine höhere Kommunikationsebene den Leser mit dem Text. Germa ist daher Figur nicht so sehr der schreibenden Dichterin – denn die Autorin als solche bleibt außerhalb des Romangeschehens –, als vielmehr der *organisierenden Intelligenz*, die den Roman gestaltet und ihm seine intellektuelle Qualität verleiht. Daß aber ein Kunstwerk nicht bloß aus einem Akt des Intellekts, sondern immer auch aus jener tieferen Einfühlung in die Grundgegebenheiten des Lebens entsteht, dafür gibt es in *A Sibila* genügend Hinweise: erst Quina und Germa *zusammen* besitzen (d. h. versinnbildlichen) die Fähigkeiten, die zur Schaffung dieses Kunstwerks nötig waren; erst wenn wir beide Figuren und deren grundverschiedene Begabungen zueinander in Beziehung setzen und sie miteinander kombinieren, wird uns klar, aus welcher Vielschichtigkeit von Welterkenntnis und Reflexion dieser Roman besteht.

Anmerkungen

1 Wir berufen uns auf die portugiesische Originalausgabe: Agustina Bessa-Luís, *A Sibila*, Lisboa: Guimarães [10]1987. Für die Zitate stützen wir uns auf die Übersetzung von Georg Rudolf Lind: Agustina Bessa-Luís, *Die Sibylle*, Frankfurt/M.: Suhrkamp 1987. Wo Lind uns wichtig scheinende Textstellen wegläßt, folgt unsere eigene Übersetzung dem Original.

2 Die Behauptung, das Erscheinen von *A Sibila* habe für die Geschichte des portugiesischen Romans eine Wende bedeutet, findet sich schon bald in der Literaturkritik. So schrieb Eduardo Lourenço 1963 in der Zeitschrift *Colóquio*: »Jene Romanwelt der Bessa-Luís verschob das Zentrum des literarischen Interesses [...]. Es war eine *neue* Literatur, die *A Sibila* bei uns einführte« (*Colóquio – Revista de Artes e Letras* 26, Dez. 1963). Im gleichen Sinn äußert sich G. R. Lind in seinem Nachwort zur deutschen Ausgabe: »Das Erscheinen von A. Bessa-Luís' Roman *A Sibila* im Jahre 1954 ist daher zu Recht von der Kritik als markanter Einschnitt in die Entwicklungsgeschichte des portugiesischen Romans in unserm Jahrhundert angesehen worden«, a.a.O., S. 293.

3 Georg Rudolf Lind schreibt dazu in seinem Nachwort zur deutschen Ausgabe von *Die Sibylle*: »Zudem tritt mit A. Bessa-Luís oder wenig später zugleich eine ganze Phalanx von Dichterinnen und Erzählerinnen auf den Plan«, a.a.O., S. 294. Damit wird ein uns fragwürdiger scheinender Zusammenhang zwischen dem Auftreten der Bessa-Luís und dem neueren feministischen Schrifttum postuliert.

4 Von diesen Erzählungen ist bisher nur *O Noivo* ins Deutsche übersetzt und unter unterschiedlichen Titeln [»Der Geliebte« bzw. »Der Bräutigam«] in zwei verschiedenen Anthologien (Oscar Lopes/Ilse Losa [Hg.] 1962 S. 202-214, und E. Engelmayer [Hg.] 1997, S. 70-78) publiziert worden.

5 Oscar Lopes, »Agustina Bessa-Luís – *Contos impopulares*«, in: *Comércio do Porto* 1952, zit. bei Alvaro Manuel Machado, *A. Bessa-Luís. O imaginário total*, 1983, S. 22.

6 Agustina Bessa-Luís, *Contos Impopulares*, Lisboa: Guimarães 1984, S. 51-93 (Erstausgabe im Selbstverlag 1951/53).

7 Vgl. dazu den Aufsatz von Mechthild Häussler, »Agustina Bessa-Luís, O Mosteiro«, in: R. Hess (Hg.), 1992.

8 Agustina Bessa-Luís, *Camilo e as Circunstâncias*, Porto: O Oiro do Dia 1981.

9 Agustina Bessa-Luís, »A bondade e a maldade«, *Ler*, Herbst 1990, Nr. 12, S. 11-17 (Interview mit Francisco José Viegas). Vgl. auch unseren Aufsatz: Georges Güntert, »Eine Bovary von heute: Der Roman *Vale Abraão* von A. Bessa-Luís«, *Lusorama*, 23. März 1995, S. 17-25.

10 Zum Thema der Familienstruktur vgl. auch: Laura F. Bulger, *A Sibila, uma superação inconclusa* 1990.

11 In Interviews weist die Autorin immer wieder auf die Bedeutung hin, die für sie die mündliche Tradition (Geschichten am Herd, das Erzählen der Leute) gehabt habe. Sie vergleicht die Erzählweise der einfachen Leute Nordportugals mit der Fabulierkunst des modernen und besonders des lateinamerikanischen Romans. Vgl. Cremilda de Araújo Medina, *Viagem à literatura portuguesa contemporânea* 1983, S. 127.

Agustina Bessa-Luís in deutscher Sprache

»Der Geliebte« (»O noivo« aus *Contos impopulares*), übers. von Ilse Losa, in: O. Lopes/I. Losa (Hg.) 1962, S. 202-214.

»Eine Fischpartie« (Aus dem Band *A brusca*), übers. von Jeanne Adler, in: Curt Meyer-Clason (Hg.) 1972, S. 320-324.

»Armenspeisung« (aus *A brusca*), übers. von Kristina Hering, in: I. Losa/E. Gonçalves (Hg.) 1973, S. 108-112.

Die Sibylle (*A Sibila*), übers. von Georg Rudolf Lind, mit einem Nachwort des Übersetzers, Frankfurt/Main: Suhrkamp 1987.

Fanny Owen (*Fanny Owen*), übers. von Georg Rudolf Lind, Frankfurt/Main: Suhrkamp 1993.

»Eine Frau aus der Provinz« (»Uma provinciana« aus *A brusca*), übers. von Ulrike Schuldes, in: dies. (Hg.) 1996, S. 118/119-122/123.

»Der Bräutigam« (»O noivo« aus *Contos impopulares*), übers. von Ilse Pollack, in: E. Engelmayer (Hg.) 1997, S. 70-78.

Werke von Agustina Bessa-Luís (Auswahl)

Prosa

Mundo fechado, Coimbra: Mensagem 1948.

Os super-homens, Porto: [o.Vlg.] 1950.

Contos impopulares, Selbstverlag 1951-1953.

A Sibila (*Die Sibylle*), Lisboa: Guimarães 1954.

Os incuráveis, Lisboa: Guimarães 1956.

A muralha, Lisboa: Guimarães 1957.

O susto, Lisboa: Guimarães 1958.

Ternos guerreiros, Lisboa: Guimarães 1960.

O manto, Lisboa: Bertrand 1961.

O sermão do fogo, Lisboa: Bertrand 1963.

Os quatro rios, Lisboa: Guimarães 1964.

A dança das espadas, Lisboa: Guimarães 1965.

Canção diante de uma porta fechada, Lisboa: Guimarães 1966.

Homens e mulheres, Lisboa: Guimarães 1967.

As categorias, Lisboa: Guimarães 1970.

A brusca, Lisboa: Verbo 1971.

As pessoas felizes, Lisboa: Guimarães 1975.

Crónica do cruzado Osb., Lisboa: Guimarães 1976.

As fúrias, Lisboa: Guimarães 1977.

Fanny Owen, Lisboa. Guimarães 1979.

O mosteiro, Lisboa: Guimarães 1980.

Os meninos de ouro, Lisboa: Guimarães 1983.

Um bicho da terra 1984.
Os irmãos 1984.
Contos amarantinos, Porto: Asa 1984.
A monja de Lisboa, Lisboa: Guimarães 1985.
A corte do norte, Lisboa: Guimarães 1987.
Aforismos, Lisboa: Guimarães 1988.
Prazer e glória, Lisboa: Guimarães 1988.
Eugénio e Silvina, Lisboa: Guimarães 1989.
Vale Abraão, Lisboa: Guimarães 1992.
Breviário do Brasil: diário de viagem, Porto: ASA 1992.
Ordens menores, Lisboa: Guimarães 1992.
As terras do risco, Lisboa: Guimarães 1994.
O concerto dos flamengos, Lisboa: Guimarães 1994.
Camilo – génio e figura, Lisboa: Notícias 1994.
Aquário e sagitário 1995.
Memórias laurentinas, Lisboa: Guimarães 1996.
Alegria do mundo, Lisboa: Guimarães 1996.

Biographien
Santo António, Lisboa: Guimarães 1973.
Florbela Espanca, Lisboa: Arcádia 1979.
Sebastião José, Lisboa: Imprensa Nacional – Casa da Moeda 1981.
Longos dias têm cem anos – Presença de Vieira da Silva, Lisboa: Imprensa Nacional – Casa da Moeda 1982.
Martha Telles, Lisboa: Imprensa Nacional – Casa da Moeda 1986.

Theater
O inseparável, Lisboa: Guimarães 1953.
Ana Plácido, Fernsehspiel 1975.
A bela portuguesa, Lisboa: Rolim 1986.

Chroniken/Autobiographisches
Embaixada a Calígula, Lisboa: Bertrand 1961.
Conversações com Dmitri e outras fantasias, Lisboa: Na Regra do Jogo 1979.
Camilo e as circunstâncias, Porto: O Oiro do Dia 1981.
Apocalipse de Albrecht Dürer, Lisboa: Guimarães 1986.
Livro do cinquentenário da vida literária de Ferreira de Castro. 1916-1966, Lisboa: Portugália 1967.

Verfilmungen
Francisca [Nach dem Roman *Fanny Owen*] Portugal 1981, Regie: Manoel de Oliveira.

Vale Abraão [Nach dem Roman *Vale Abraão*] Portugal 1993, Regie: Manoel de Oliveira.
Party [Dialoge von Agustina Bessa-Luís und Manoel de Oliveira] Portugal 1996, Regie: Manoel de Oliveira.

Sekundärliteratur (Auswahl)

»Agustina Bessa-Luís – 30 anos de actividade literária« [Álvaro Manuel Machado, »O absoluto do relativo«; António Navarrro, »O nome, a obra, o tempo«; Isabel Pires de Lima, »*As fúrias* – um título, um mito, a revolução«; Jacinto do Prado Coelho, »Agustina: uma leitura da Revolução«; Maria da Glória Padrão, »Depois do palácio de Versalhes«] *Jornal de Notícias*/Cultura, Porto, 13.2.1978.
Barahona, M. A., *Para o estudo da expressão do tempo no romance português contemporâneo*, Lisboa: 1968, S. 45-98.
Borges, Maria da Graça T. de Melo, »A Sibila: sob o signo do espelho«, *Arquipélago* 6 (1984), S. 187-197.
Bulger, Laura F., *A Sibila, uma superação inconclusa*, Lisboa: Guimarães 1990.
–, »Configurações e transfigurações em *Vale Abraão* de Agustina Bessa-Luís«, *Colóquio-Letras* 131 (1994), S. 178-190.
Costa, Alice Gomes da, *De voz viva*, Lisboa: Texto 1996.
Dumas, Cathérine, »Agustina Bessa-Luís: Wandlungen weiblicher Identität in *Eugénia e Silvina*«, in: E. Engelmayer/R. Heß (Hg.) 1993, S. 69-83.
Güntert, Georges, »Agustina Bessa-Luís, *A Sibila*. Sprachmagie und erinnerte Welt«, in: R. Hess (Hg.) 1992, S. 35-49.
–, »Literatura como discurso terapéutico: *Eugénia e Silvina* de Agustina Bessa-Luís« (übers. von Maria Isabel de Azevedo), *Colóquio-Letras* 120 (1991), S. 95-106.
–, »Agustina Bessa-Luís: *Vale Abraão* (1991): ein Bovary-Roman von heute«, in: R. Hess (Hg.) 1993, S. 67-82.
Häussler, Mechthild, »Agustina Bessa Luís, O *mosteiro* (1980)«, in: R. Hess (Hg.) 1992, S. 51-60.
Kong-Dumas, Cathérine, *Mystère et réalité dans l'œuvre d'Agustina Bessa-Luís*, Paris: Université de Sorbonne 1980.
Kreutzer, Winfried, »Agustina Bessa Luís, *Os meninos de ouro*«, in: R. Hess (Hg.) 1992, S. 61-71.
Lind, Georg Rudolf, »Nachwort«, in: Bessa-Luís, Agustina, *Die Sibylle*, übers. von Georg Rudolf Lind, Frankfurt/Main 1987, S. 293-301.
–, »Kann der Übersetzer den Autor korrigieren?«, *Lusorama* 7 (1988), S. 60-72.

Listopad, Jorge, »Agustina Bessa-Luís: ›Os livros, para mim, não correspondem a uma crise‹«, *Jornal de Letras, Artes e Ideias* 313, 5.7.-11.7.1988, S. 13-15.
Lopes, Silvina Rodrigues, *A Alegria da Comunicação*, Lisboa: Imprensa Nacional – Casa da Moeda 1989.
–, *Agustina Bessa-Luís. As hipóteses do romance*, Lisboa: Asa 1992.
Lourenço, Eduardo, »Agustina Bessa-Luís ou o neo-romantismo«, *Colóquio-Letras* 26 (1963), S. 49-52.
Machado, Álvaro Manuel, *A vida e a obra de Agustina Bessa-Luís*, Lisboa: Arcádia 1979.
–, *Agustina Bessa-Luís: O imaginário total*, Lisboa: Dom Quixote 1983.
–, »Agustina Bessa-Luís et le roman portugais contemporain, *Actes du Colloque*, Paris: Fondation C. Gulbenkian 1984, S. 235-244.
Magalhães, Isabel Allegro de, »Gibt es eine weibliche Schreibweise? Zwei Beispiele aus Portugal: *Die Sibylle* und *Das Schweigen*«, *Tranvia* 10 (1987), S. 36-42.
–, »*Eugénia e Silvina* de Agustina Bessa-Luís: um romance policial?«, *Colóquio-Letras* 115/116 (1990), S. 148-154.
Maia, João, »Agustina Bessa-Luís: um *caso* na literatura portuguesa«, *Brotéria* 111: 5 (1980), S. 443-452.
Medina, Cremilda de Araújo, »Agustina Bessa-Luís«, in: Dies., *Viagem à literatura portuguesa contemporânea*, Rio de Janeiro: Nórdica 1983, S. 125-130.
Nunes, Manuela, »Agustina Bessa-Luís: *Um bicho da terra* (1984)«, in: R. Hess (Hg.) 1993, S. 53-66.
Oliveira, Simone Monteiro de, *O estatuto do narrador na ficção de Agustina Bessa-Luís*, Tese de doutoramento, Rio de Janeiro, UFRJ 1978.
Padrão, M. Glória/M. Helena Padrão (Hg.), ›*A Sibila*‹ *de Agustina Bessa-Luís* [Zusammenstellung von Aufsätzen von A. J. Saraiva, M. A. Barahona Seixo, T. de Vasconcelos, J. Décio, F. Mendonça, O. Lopes, J. P. de Andrade, A. Portela, A. Quadros, M. Lopes, M. Récio, V. Miranda, N. de Sampayo], Porto: Asa 1982.
Pinto, Elisa Guimarães, *O fragmentário em busca de todo, Um estudo do romance A Sibila de Agustina Bessa-Luís*, Tese de doutoramento, São Paulo: USP 1981.
Portela, Artur, *Uma entrevista de Artur Portela: Agustina por Agustina*, Lisboa: Dom Quixote 1986.
Seixo, Maria Alzira, »Agustina Bessa-Luís: um tempo de derivação«, in: *Para um estudo da expressão do tempo no romance português contemporâneo*, Lisboa: Imprensa Nacional – Casa da Moeda 1977, S. 55-114.
Thorau, Henry, »Seelenlabyrinthe: Nach dreißig Jahren endlich auf deutsch. Agustina Bessa-Luís' *Die Sibylle*«, *Die Zeit* 24, 10.6.1988.
Viegas, Francisco José, »Outra Agustina«, *Jornal de Letras, Artes e Ideias* 7:259 (1987), S. 25.

Jorge de Sena, der Wortalchemist

Luís Adriano Carlos

Jorge de Sena wird 1919 in Lissabon geboren, wo er auch zur Schule geht. Mit sechzehn Jahren beginnt er Gedichte zu schreiben, veröffentlicht erstmals 1939, nach erfolglosem Besuch der Marineschule, in einer Studentenzeitschrift. 1944 schließt er ein Ingenieurstudium an der Universität Porto ab, nach einer Zeit schwerer Krankheit, aber auch intensiver geistiger Produktivität. Während seiner Dienstzeit als Offizier des Heeres beteiligt er sich 1945 an einer landesweiten Unterschriftensammlung für freie Wahlen und entgeht der Verbannung nur dank einflußreicher Freunde Salazars. Von 1946 an lernt er als Bauingenieur verschiedener Behörden die Wirklichkeit des Landes kennen und besucht in den fünfziger Jahren zweimal England. 1955 wird einer seiner Gedichtbände vorübergehend von der Politischen Polizei beschlagnahmt. 1959 beteiligt er sich an einem Militärputsch, der scheitert, und wählt, bereits Vater von sieben Kindern, das brasilianische Exil. In Brasilien tritt er dem Redaktionsrat der Oppositionszeitung *Portugal Democrático* bei und wird Professor der Literaturwissenschaft. Er hat inzwischen mit einer Arbeit über Camões promoviert und ist bereits, aus beruflichen Gründen, brasilianischer Staatsbürger, als er 1965, besorgt über den politischen Verfall des Landes, in die USA übersiedelt. Dort wird er Professor an der Universität von Wisconsin in Madison, danach an der Universität von Kalifornien in Santa Barbara. 1968 besucht er mehrere europäische Länder, darunter auch Deutschland. Bei der Einreise zu einem kurzen Aufenthalt in Portugal, wo er sich einem chirurgischen Eingriff unterziehen will, wird er von den Behörden stundenlang festgehalten. Im darauffolgenden Jahrzehnt kommt er regelmäßig zu Vortragsreisen nach Europa. 1977 erhält er den Großen Internationalen Poesie-Preis Etna-Taormina in Italien. Im selben Jahr erhält er auch eine hohe Auszeichnung von der demokratischen Regierung Portugals. Er stirbt 1978 in Santa Barbara an einer unheilbaren Krankheit.

Jorge de Sena betrachtete sich vor allem als Dichter – er veröffentlichte achtzehn Gedichtbände –, aber er ist auch als Erzähler, als Autor von Novellen, Romanen und Theaterstücken, als Kritiker und Essayist sowie als Literatur- und Kulturhistoriker mit einer beachtlichen Anzahl von Arbeiten hervorgetreten.

Seine literarische Laufbahn beginnt bei der Zeitschrift *Cadernos de Poesia* (Gedichthefte), die ihn im Jahre 1940 unter dem Pseudonym Teles de Abreu vorstellt – das er bald wieder aufgibt – und die 1942 die Schirmherrschaft für seinen ersten Gedichtband *Perseguição* (Verfolgung) übernimmt. Neben Tomaz Kim, José Blanc de Portugal, Ruy Cinnati und José-Augusto França vertritt Jorge de Sena mit Nachdruck in der zweiten und dritten Erscheinungsfolge der *Cadernos de Poesia* in den Jahren 1951 und 1952 den Grundsatz ideologischer Unbhängigkeit, der schon die Anfänge der Zeitschrift geprägt hatte. Zugleich wirkt er für eine ethische Ebene der Verständigung zwischen den Auffassungen der *poesia pura* und der *poesia social*, der »reinen« und der »sozialen« Dichtung, die während des Zweiten Weltkriegs die Dichter der *Presença* und die Neo-Realisten des *Novo Cancioneiro* spalteten, und er setzt sich für eine ästhetisch verantwortliche, jedoch vom hellsichtigen Bewußtsein menschlicher Würde untrennbare Poesie der »Zeugenschaft« ein. Ihm ist vor allem zu verdanken, daß die *Cadernos de Poesia* ein unmittelbares Zwiegespräch mit dem Modernismus von Fernando Pessoa, Mário de Sá-Carneiro und Almada Negreiros einleiten, frei von der deutenden Mittlerschaft der eher prämodernistischen *Presença* und gegen die aus neo-realistischen Kreisen stammende schroff anti-ästhetische historische Abwertung. Die vermeintlichen Modernisten, die die Forderung nach dem Primat der Form und der Autonomie literarischen Schaffens gegenüber jedwedem psychologischen oder soziologischen Determinismus erheben, offenbaren dennoch eine humanistische Haltung ethischer und existentieller Verantwortlichkeit der Dichtung, ihre spannungsgeladene Ausdrucksweise verrät ein neues Bewußtsein der Modernität, erweckt neue sprachliche Eindringlichkeit auf so verschiedenartigen Wegen wie der unmittelbarsten Rauheit, der strengsten Bildhaftigkeit, der komplexesten diskursiven und meditativen Spekulation. Darüber hinaus eröffnen die *Cadernos de Poesia* der portugiesischen Literatur neue Horizonte dadurch, daß sie in einer Zeit zunehmenden Einflusses deutschsprachiger Dichtung, von Goethe über Hölderlin bis Rilke, die Aufmerksamkeit auf die angelsächsische Welt lenken.

Die Gedichtbände *Perseguição* (1942), *Coroa da Terra* (1946; Gipfel/Krone der Erde), *Pedra Filosofal* (1950; Stein der Weisen), *As Evidências* (1955; Das Offenkundige) und *Fidelidade* (1958; Treue) bestimmen die großen Linien, welche die Gesamtheit von Jorge de Senas Werk abstecken und sein Leben in Portugal, vor dem brasilianischen Exil, prägen. Dem Sammelband *Poesia I* (1961), der aus herausgeberischen Gründen *Fidelidade* ausschließt und *Post-Scriptum* (1960) einschließt, stellt er, der seit 1942 Zielscheibe einer verständnislosen Kritik ist, als Vorwort einen wichtigen systematisierenden Rückblick voran, der die Grundsätze seiner Dichtkunst erhellt. Er gilt auch für die nachfolgenden Titel der in Portugal erscheinenden Ausgaben: *Metamorfoses*, gefolgt von *Quatro Sonetos a Afrodite Anadiómena* (1963; Vier Sonette an Aphrodite Anadyomene) und *Arte de Música* (1968; Musik-Kunst), zusammengefaßt mit *Fidelidade* in *Poesia II* (1978), *Peregrinatio ad Loca Infecta* (1969), *Exorcismos* (1972), *Conheço o Sal ... E outros Poemas* (1974: Ich kenne das Salz ... Und andere Gedichte), *Camões Dirige-se aos seus Contemporâneos e outros Textos* (1973; dt. »Camões spricht zu seinen Zeitgenossen« und andere Texte) und *Sobre esta Praia ... – Oito Meditações à Beira do Pacífico* (1977; Über diesen Strand ... – Acht Betrachtungen am Rand des Pazifiks), alle in *Poesia III* (1978), wie auch die nachgelassenen Sammelbände *40 Anos de Servidão* (1979; 40 Jahre Knechtschaft), *Sequências* (1980; Sequenzen), *Visão Perpétua* (1982; Ewige Vision) und *Post-Scriptum II* (1985).

Im Vorwort von *Poesia I* charakerisiert de Sena seine Dichtung als Zeugnis ablegende Kunst (»arte testemunhal«), als erzieherische und revolutionäre Kunst: »Stärker als jeder anderen Form der Mitteilung obliegt es der Dichtung, die Welt weniger zu begreifen als zu verändern. [...] Das ›Zeugnis‹ ist in seiner Erwartung, seiner Zurückhaltung, seiner Wächterfunktion die höchste Form der Veränderung der Welt, denn im Zeugnis, mit dem Zeugnis und durch das Zeugnis, das vor allem *Wort* ist, erfolgt die Umgestaltung fertiger Schemata, übernommener Vorstellungen, unbewußt gelebter sozialer Gewohnheiten, konventionell übernommener geeichter Gefühle«. Der Dichter grenzt sich deutlich gegen die bekennerhafte Haltung ab, welche die romantische Überlieferung ins Innere des modernistischen Prozesses zieht und das Pessoasche »Sich-Verstellen« absorbiert, ein ästhetischer Vorgang kritischer Befreiung des Subjekts, in der von der revolutionären Funktion des ›Zeugen‹ als grundlegender ethischer Wert geforderten Treue im Sinn von Wahrhaftigkeit. Schon 1955 betonte der Dichter in seiner Poesie den Ausdruck menschlicher Würde, begriffen als »die der Verantwortung unseres In-der-Welt-Seins innewohnende Treue«. 1958 wählte er als eines der Motti von *Fidelidade* einen Satz aus *Das Kapital* von Karl Marx, der das dialektische Thema des qualitativen Umschlags behandelt. Alle diese Zeichen weisen auf einen der bedeutendsten Aspekte der philosophischen Tiefenstruktur von Jorge de Senas Dichtung hin, die sich als dialektischer Fluß des Sich-Verstellens und des Zeugnis-Ablegens, des Erkennens und des Handelns strukturiert. Wenn Jorge de Sena in dem erwähnten Vorwort schreibt, der Dichtung »obliege es, die Welt weniger zu begreifen als zu verändern«, so überträgt er die letzte von Marx' *Thesen über Feuerbach* aus der Philosophie auf die Poesie. In diesem Sinne läßt sich das Gedicht, wie de Sena 1972 formuliert, als »philosophischer und sozialpolitischer Akt des dichterischen Ausdrucks« denken, ohne dabei zu vergessen, daß, wie in einem Text von 1963 zu lesen ist, »die Veränderung der Welt aus der ästhetischen Ordnung hervortritt, der einzig gültigen, in der Erschaffen und Erkennen einander dialektisch aufheben«.

Jorge de Senas Dichtung als ›Zeugenaussage‹ folgt auf eine vom romantischen Paradigma beherrschte Entwicklungsphase, die durch die Interferenz des philosophisch-theologischen Intertextes eines Dichters aus dem 18. Jahrhundert, Antero de Quental, geprägt wird, aber auch durch den zu jener Zeit in Mode stehenden dekadent-symbolistischen Ästhetizismus und den *Saudosismo* von Teixeira de Pascoaes, einem einflußreichen Dichter der ersten Jahrzehnte des 20. Jahrhunderts. Diese Querverbindungen zeichnen sich ab vor dem Hintergrund der doktrinären Schule von *Presença*, in dem eine neo-romantische und eine post-symbolistische Linie zusammenfließen, die in den dreißiger Jahren mit dem verspäteten Auftreten des Modernismus zusammenfällt. Der unmittelbare Niederschlag von Lektüren in dieser Zeit dichterischer Initiation, die die Zeitspanne zwischen 1938 und 1940 umfaßt, zeigt sich in einem verzweifelten Bemühen um metaphysische Sondierung des Unsichtbaren, das, Rimbaud und Rilke verpflichtet, überbordet in den Jugendgedichten von *Post-Scriptum II* und allmählich versickert in den Arcana von *Perseguição*. In letzterem Buch, das zu sehen ist als Übergangsritus zu einer Ordnung des Bewußtseins, die die mystische Haltung ausschließt, beginnt der Dichter aus seinem vagen Traum zu erwachen. Das Verborgene als thematischer Gegenstand erhält in einem Bündel zweier großer Linien, der Wortalchemie und des Dämonismus, die de Senas Gesamtwerk in unterschiedlichen Spannungsgraden durchziehen werden, eine neue Dimension. Der mystische Diskurs bleibt lediglich als Negativität präsent, die im Sonettzyklus »Genesis« aus *Coroa da Terra* die Betrachtung über die menschliche Zeit trägt (»Es gibt keine Wahrheit: die Welt verbirgt sie nicht./ Alles ist sichtbar: man weiß nur nicht wo./ Ob Sterbliche oder Unsterbliche, alle haben gelogen.«) Wenn dieser innere Zwiespalt den Dichter gelegentlich in einen zögerlichen Pessimismus nihilistischer Färbung stürzt, so erlaubt er ihm auch, sich dem »Ruhm des Daseins« und dem höchsten Lebenswert hinzugeben, den er im »Brief an meine Kinder über Goyas Erschießung der Aufständischen in Madrid« aus *Metamorfoses* besingt: »Glaubt mir, keine Welt, nichts und niemand ist mehr wert als ein Leben oder die Freude, es zu besitzen«. Das Bewußtsein, in der Welt zu sein, durchdringt den Aufbau des Gedichts als kritisches Lebensbewußtsein und erschafft so ein Weltbild, das in *Peregrinatio ad Loca Infecta*, *Exorcismos*, *Conheço o Sal* und *Poemas Políticos e afins* in *40 Anos de Servidão* deutliche Umrisse gewinnt.

Das Bewußtsein der Zeugenschaft artikuliert sich zum ersten Mal klar in *Coroa da Terra*, einer Gedichtsammlung, die die großen Fragen des ausgesetzten Menschen zum Thema macht. In einem von der Kriegsatmosphäre gezeichneten Tonfall ruft der Dichter nach der »Freiheit, Sieg zu singen / für jeden Fußtritt gegen eine alte Welt«. In *Pedra Filosofal* scheint die poetische Dimension Gelegenheitsdichtung vorzugeben und in einer intersubjektiven Dimension angesiedelt zu sein. »Fünf Kriegsweihnachten« bezeugen das Leid der in ihre eigene Vernichtung verstrickten Welt. Der Blick des Dichters richtet sich auf die Finsternis der Welt, sie wird ihm zum qualvollen Bild: »Eine ganze Stadt / nur von einer Seite gesehen wie die Schreie.« In dem Band *As Evidências* gewinnt das Wort durch Verdichtung noch an poetischer Spannung innerhalb der Grenzen des Sonetts, ist aber immer Ausdruck der vom Dichter geforderten Zeugenschaft. Das Wort wird offenbart, um vernichtet zu werden, sobald es zum Werkzeug von Lüge und Verrat verkommt: »Von dieser Schande des Existierens geknebelt / die eitlen schönen Worte zu hören, die / je öfter verräterisch wiederholt / ihrer Schönheit entleert werden.«

Die ausgehenden vierziger und die fünfziger Jahre sind von entscheidender Bedeutung für die Herausbildung der Poetik der Zeugenschaft. *Fidelidade* stellt den Höhepunkt dar, nicht nur, weil der Band dem erwähnten Vorwort zu *Poesia I* unmittelbar vorausgeht, sondern auch, weil sein Titel gleichsam als poetisches Programm fungiert. Die Treue zur Welt und der Verrat an der Welt durch das Wort beschäftigen nach wie vor den Dichter: »Ach Treue, demütiges Ding, Ding das nicht ausreicht, / Ding das nicht lebt, wie die Blüte nennen? [...] / Wie kann ich dich sogar damit verraten?«

In den Bänden der sechziger und siebziger Jahre wird die Poetik der Zeugenschaft neu formuliert in einer Poetik der Gelegenheit. Der Dichter geht dazu über, den Augenschein der Dinge durch die Gegenwart einer im Augenblick künstlerischen Schaffens beobachteten *humanidade* (Menschheit/Menschlichkeit) zu bezeugen wie in *Metamorfoses* und *Arte de Música*, oder im Augenblick der Wanderung durch einen geographischen Raum, der ebenfalls den Blick ins Transzendente freigibt wie in *Peregrinatio ad Loca Infecta*, *Exorcismos*, *Conheço o Sal* und *Sobre esta Praia*. Das Bewußtsein der Gelegenheit als struktureller Komponente des poetischen Akts, das sich als grundlegend für einige Richtungen der jüngsten portugiesischen Dichtung erweisen sollte, geht auf »Circunstâncias«, Teil I von *Pedra Filosofal* zurück, der als Motto ein Satz Goethes aus den *Gesprächen mit Eckermann* vorangestellt ist. Wie Goethe begreift der portugiesische Dichter die Gelegenheit in einem sehr weiten Sinn, der das Individuelle und Subjektive zum Universellen überhöht. *Pedra Filosofal* fängt Schauplätze und Szenen von Straßen ein, Bilder aus der verfallenen Vorstadt, Kriegslärm, einsame Kunstbetrachtung, den Lauf der Tage und den Wechsel der Jahreszeiten. In der Schaffensphase, die *Pedra Filosofal, Fidelidade* und *Post-Scriptum* umfaßt, entstehen Gelegenheitsgedichte in engerem Wortsinn. Mit *Peregrinatio ad Loca Infecta* ist die »Gelegenheit« nicht mehr nur äußerlich und transzendent: sie wird zum inneren Besitz und immanenten Eigentum der poetischen Sprache. Dies verdichtet sich mit zunehmender satirischer Zielrichtung in *Exorcismos* und *Conheço o Sal,* Bücher, in denen Orte und Ereignisse so sehr im Vordergrund stehen, daß das Gedicht mitunter zu einer mit poetischen Anmerkungen versehenen Reiselandkarte wird, um im letzten Band, *Sobre esta Praia,* in dem der Anblick menschlicher Gestalten an einem kalifornischen Strand als ins Mythische überhöhte erotische Vision erscheint, in einen Zustand meditativen und imaginativen Innehaltens zu verfallen.

Aber Dichtung als Zeugenschaft setzt auch noch eine intersubjektive Bedingung voraus, welche die Poesie einer Ich-Welt-Beziehung auf eine Ich-Du-Beziehung neu ausrichtet, worauf bereits das vom spanischen Dichter Antonio Machado stammende Motto in *Perseguição* hinweist: »Es ist nicht das grundlegende Ich, / das der Dichter sucht, / sondern das wesentliche Du.« Der Status des Subjekts drückt eine Intropathie aus, die der Erfahrung des anderen Ausdruck verleiht. Aus dem Zwiegespräch von Bewußtheiten erwächst die Objektivität der Welt, ihre Geschichtlichkeit und ihre Verstehbarkeit. Die Welt ist die Welt das Darin-Seins, eine Welt der Verantwortlichkeiten und Freiheiten, in der die einzige wirklich gültige Subjektivität die menschliche Subjektivität ist. Daher stellt de Sena die »*conditio humana* in einer zunehmend zur Karikatur der Menschheit verkommenden Welt« in Frage, die sich mit ihren Zufälligkeiten abfindet, er konfrontiert sie mit Knechtschaft und Tod (vergleiche »A Morte, o Espaço, a Eternidade« [Tod, Raum, Ewigkeit] in *Metamorfoses*). Humanismus und Antihumanismus oder Optimismus und Pessimismus sind die ethischen Pole, die einander gegenüberstehen als Menschenwürde und Empörung (über Verlust/Verletzung der Menschenwürde). Diese grundsätzliche Polarität bestimmt einen dialektischen Wechsel zwischen Zuständen der Begeisterung und Zuständen der Empörung, von Ode und Satire, widersprüchliche Kräfte, die das Feld des intersubjektiven Ausdrucks beherrschen und die thematische Ordnung strukturieren. Die der Zeugenaussage innewohnende kritische Funktion wird von der oft pessimistisch getönten Satire angestachelt durch Provokation und Verwünschung, Denunziation und Invektive, Diatribe und ätzenden Humor, anekdotische Karikatur und Parodie, schockierende Schilderung und enthemmte Schamlosigkeit der Sprache, die zuweilen an Obszönität grenzt – die poetische Handhabung einer Sprache der Sexualität stellt einen der wichtigsten Beiträge de Senas zur Neuerfindung der modernen portugiesischen Poesie dar. Alle Bände bauen auf einem satirischen Fundus auf, in einem häufig zum Paroxysmus gesteigerten Crescendo. Manchmal nistet sich die Ironie im Zentrum der Dialektik Ode/Satire ein, wodurch beide Positionen negiert und aufgehoben werden und die thematische Dynamik des Diskurses überdeterminiert erscheint, dessen Atome die Zeit und der Tod sind, die *conditio humana* und die menschliche Würde, Treue und Verrat, Knechtschaft und Wandlung, Krieg und Frieden, Exil und Vaterland, Einsamkeit und Liebe, Erotik und Sexualität, Kunst und Kultur, Religion und Universum.

Zwei Bücher, *Metamorfoses* und *Arte de Música*, verwirklichen eines der originellsten Experimente der Moderne, indem sie den Schöpfungsakt im intimen Zwiegespräch von Dichtung, Bildender Kunst und Musik stattfinden lassen. In *Metamorfoses,* einem der Meisterwerke des Jahrhunderts, erfindet der Dichter unter dem Zeichen Ovids nicht nur die dialektischen Metamorphosen neu, sondern auch die Dialektik der Metamorphosen selbst, die ursprüngliche Wandlung der Körper zu neuen Formen, welche die schöpferische Dimension des Menschen in seinem nie endenden Kampf gegen Verfall und Tod aufscheinen läßt. Aber die Metamorphosen gelten für eine ganze Poetik, in der die Themenwelt mit den Verfahren der Komposition zusammengeht. Die Gedichte stellen mittels fotografischer Reproduktionen explizit den Bezug her zu in ihrer Mehrzahl bereits vor ihnen geschaffenen Kunstwerken. In einer ersten Annäherung stellen sie sich dar als Metamorphosen der Plastiken, in Übereinstimmung mit verschiedenen aus der klassischen Tradition bekannten poetischen Ausdrucksformen, die durch den Rückgriff auf Simonides und Horaz (Malerei als »stumme Dichtung« und Dichtung als »sprechende Malerei«) einen rhetorischen Deskriptivismus der Dichtung postulieren (ekphrasis, descriptio), demzufolge das Gedicht die ausführliche Beschreibung (evidentia) eines sichtbaren Gegenstands entlang einer mehr oder minder straffen Linie von Entsprechungen zu leisten hat, wodurch die Gegenwart der Reproduktionen während der Lektüre unentbehrlich wird. Dagegen fällt in *Metamorfoses* ein meditativer Grundton auf, der den Deskriptivismus unterläuft. Ähnliches gilt für *Arte de Música*, Komposition aus »metamorfoses musicais« (musikalischen Metamorphosen), abgeleitet aus dem auditiven und meditativen Erlebnis, das durch Werke großer Komponisten oder Interpreten hervorgerufen wird. Die intentionale Beziehung, welche die Gedichte auf musikalische oder paramusikalische Gegenstände ausrichtet, gleicht der, welche *Metamorfoses* auf Plastiken ausrichtet: die ästhetische Wahrnehmung erfolgt zeitgleich mit dem Schöpfungsakt, die Gedichte sind die Beschreibung der poetischen Bewußtwerdung des Musikphänomens.

Hinzukommt, daß *Metamorfoses* in den *Quatro Sonetos a Afrodite Anadiómena* eine »Super-Metamorphose« nonfigurativer Art unternimmt. Der radikale Gestus de Senas übersetzt sich hier in die Zerstörung des ursprünglichen Elements der Zeugenaussage, der Sprache selbst in ihren morpholexikalischen Bestandteilen, der Sprache, die infiziert von Lüge und Verrat ist, die oft an der Metapher klebenbleibt oder an der durch die konventionelle Sinngebung festgeschriebenen Bedeutung. Diese Zerstörung bedient sich einer Rhetorik des Metaplasmus, des *mot-valise* und des Neologismus, und sie zielt darauf ab, die bedeutsame Erfahrung auf einen ursprünglichen und originären

Sinnzustand zurückzuführen. Dennoch: die Erschließung visueller und erotischer Anregungen für den Text mit Hilfe eines Klangsymbolismus von großer Dichte, das Kreisen morphematischer und lexikalischer Einheiten über einer tragfähigen syntaktischen Struktur, die Gegenwart des mythologischen Paradigmas, die intertextuelle Einbeziehung von Platos *Gastmahl* oder Botticellis *Geburt der Venus* sowie die Verknüpfung verschiedener Sonette mit den Aphrodite-Mythemen, dies alles erlaubt den schrittweisen Zugang zu einer polyvalenten Kette von Sinneinheiten. Die »Super-Metamorphose« stellt einen Höhepunkt der Dichtung als Zeugenschaft dar, dadurch daß die Sprache sich an der genauen Grenze ihrer eigenen Verneinung und einer fortwährenden Alterität bewegt, so daß der Sinn des Textes sich jedweder Art der deutenden Aneignung entzieht.

Die Poetik der Zeugenschaft bringt andererseits eine diskursive und meditative Poesie hervor, die dem Leser nicht nur poetische Kompetenz, sondern, besonders von *Fidelidade* an, auch ein ungewöhnliches Maß an enzyklopädischer und intertextueller Kompetenz abverlangt.

Dieser poetische Akt, der einerseits den Bezug zum unmittelbaren Anlaß, zur »Gelegenheitsdichtung«, aufrechterhält, andererseits im kulturellen Akt des Lesens wurzelt, sollte sich als vorherrschendes Paradigma der portugiesischen Dichtung der letzen Jahrzehnte durchsetzen. So gesehen erhält die poetische Funktion der Kultur im Werk de Senas eine der bewunderungswürdigsten Ausdrucksformen der modernen Literatur. Dennoch muß betont werden, daß der Dichter den schöpferischen Akt als Verbindung von Reflexion und Spontaneität vertritt und ihm eine emotionale Kraft verleiht, welche die Bewußtseins-Dimension der Zeugenschaft stärkt und den überlieferten Dualismus Inspiration – Ratio überwindet. Das »Zeugnis« resultiert somit aus einer »paradoxen Objektivität« und einer »reflektierten Spontaneität«, aus der elaborierten Explosion und der impulsiven Anstrengung des Sagens. Daher die konzeptionelle und abstrahierende Erarbeitung eines zugleich konkreten und referentiellen Diskurses. Und hier wurzelt die für Jorge de Sena so charakteristische spekulative Lyrik, verankert in der intellektualistischen Tradition eines Sá de Miranda, Camões, Antero de

Quental oder Fernando Pessoa. In dieser Art von Lyrik wird der Gedanke *gefühlt*, weil er als Lyrik *erlebt* wird, und dieses Erleben lenkt gewissermaßen den reflexiven Prozeß. Indem Jorge de Senas Dichtung und besonders *Metamorfoses* eine Spiegelfunktion der Gelegenheit vortäuscht, macht sie gleichzeitig sichtbar, daß die Arbeit der Reflexion die Spekular-Bewegung in der spekulativen Bewegung des Diskurses entfaltet. Die reflexive Funktion der Sprache fordert die Verlagerung der lyrischen Grenzen und fügt sich in einen Vorgang der kritischen Entrükkung des Subjekts, der progressiven Objektivierung des Diskurses und folglich der dramatischen Überwindung des lyrischen Fundaments ein, wobei jedoch die Umformung der Diskursivität sich, in unaufhörlicher epischer Rückkehr, in den Ursprungsort einer historischen Aussage und einer Narrativität verwandelt, der in den Reisegedichten von *Peregrinatio ad Loca Infecta* seinen Ausdruck findet. Darüber hinaus erzeugt de Senas Diskursivität einen Sprachtypus, der im Diskursivismus an seine Grenzen stößt und im stenographischen Effekt seine Übertreibung findet. Fraglos eingedenk der Tatsache, daß, wie Paul Valéry sagte, Verfallsliteratur sich durch Vollkommenheit auszeichne, pflegt de Sena eine Rhetorik der Unvollkommenheit, der Rauheit und der Sprödigkeit. Dennoch verrät seine Kompositionstechnik in ihrem Innersten das klassische Wissen um Konstruktion und das barocke Wissen um den Kontrapunkt. In ihren wesentlichen Zügen schreitet die Diskursivität in zweifacher Ordnung vor, in der Spannung zweier rhetorischer Kräfte, expansiv oder redundant und kompressiv oder elliptisch. Es ist das Analytische der Sprache als Folge des diskursiven Begreifens, im Gegensatz zum synthetischen Charakter des metaphorischen Begreifens, das die rhetorische Handhabung der Redundanz und der Elision befehligt, Erzeuger eines komplexen und gewundenen, verknäulten und synkopierten Diskurses voller Erweiterungen und Verdichtungen. In gewissen Augenblicken brechen Konfigurationen ein, welche die Unterdrückung des Diskurses durch eine antidiskursive Haltung anstreben, sei es durch eine räumliche und visuelle Syntax konkretistischer Machart, sei es durch Rückgriffe auf eine Rhetorik der Bedeutsamkeit, die nonfigurative Unverständlichkeit zum Ziel hat, obwohl Gesetz und Tradition eine bestimmende Gegenwart aufrechterhalten über einen umfangreichen Intertext, eine Unendlichkeit literarischer und ästhetischer Referenzen, ein unablässiges Rekurrieren auf konventionelle Versformen. In seinem Bemühen um Spannung zwischen dem Gesetz und seiner Übertretung erschafft de Sena eine Dichtung, die gegenüber der Moderne die Disziplin, gegenüber der Tradition die Disziplinlosigkeit verficht.

Aus all diesen Gründen entzieht sich die Stellung de Senas innerhalb der zeitgenössischen literarischen Strömungen jedem Etikettierungsversuch. Die ästhetische Vielfalt seiner Poesie versteht sich im allgemeinen als Bemühen um den dialektischen Sinn einer »lapidaren, klassischen Ausdrucksform von surrealistischer Befreiung«, die bereits in *Perseguição* sichtbar wird. Außerdem gewinnt der in Portugal spät aufkommende Surrealismus mit de Sena an Offenheit und Verfügbarkeit gegenüber neo-realistischen Impulsen. Andererseits wird die auf die Bekanntschaft mit dem Surrealismus folgende Goethe-Lektüre für den portugiesischen Dichter zu einer »klassischen« Mittlerschaft, die ihm über die grundsätzliche Bedeutung der Gelegenheitsdichtung hinaus Instrumente an die Hand gibt, um die Subjektivität innerhalb der Grenzen der Objektivität zu halten, das Emotionale durch den Zugang zum rationalen und universellen Bewußtsein, durch die handwerkliche und disziplinierte Beherrschung der poetischen Konstruktion in seine Schranken zu weisen. Während der vierziger Jahre verstärkt sich die »klassische« Mittlerschaft im intertextuellen Dialog mit Sá de Miranda und Camões. Dennoch weist die klassizistische Tendenz bei de Sena große Schwankungen auf, dadurch daß der dialektische Charakter seines Systems sie manchmal oszillierenden Gradmessern unterwirft oder aber in einer konkurrierenden neobarocken Strömung untergehen läßt, von *Perseguição* zu *Fidelidade*, vor allem aber in *As Evidências*. Vom Symbolismus und Surrealismus vermittelt, stört die barockisierende Tendenz die klassische Ökonomie der Zeichen und der Darstellung durch Theatralisierung der Subjektivität und Erotisierung der Sprache: die Forderung nach rationaler Klarheit und architektonischem Gleichgewicht, nach emotionaler Nüchternheit und meditativer Gelassenheit weichen einem rhetorischen Paroxismus voller Anspielungen, einem Furor der Zweideutigkeit und der Paradoxien, der Verstellung und der Schaustellung der Formen. Betrachtet man die Experimentierlust als eine seiner Dominanten, so gelangt man zur Schlußfolgerung, daß de Senas Text durch diese barocke Orientierung eine strukturelle Neigung zum poetischen Experiment erfährt. Als in den fünfziger und sechziger Jahren die Bewegungen der »konkreten Poesie« und der »experimentellen Poesie« aufkommen, entwickelt er sprachliche Ausdrucksmöglichkeiten in einer recht ähnlichen Richtung, ohne jedoch seine Dichtung dem experimentellen Programm zu verpflichten: etwa in *As Evidências*, *Quatro Sonetos a Afrodite Anadiómena*, *Peregrinatio ad Loca Infecta*, *Exorcismos* und *Sequências*.

Als einer der einflußreichsten Dichter seiner Zeit und seiner Nachwelt erweist sich Jorge de Sena auch als Prosaautor von großer Originalität und als Verfasser einiger in der portugiesischen Literatur einzigartiger narrativer Texte. Die ersten Prosaversuche entstehen zwischen 1936 und 1940, zusammengefaßt sind sie in den postumen Bänden *Genesis* (1986) und *Monte Cativo e outros Projectos de Ficcão* (1994; Monte Cativo und andere Prosapläne). Die Bände *Andanças do Demónio* (1960; Abenteuer des Teufels) und *Novas Andanças do Demónio* (1966; Neue Abenteuer des Teufels), Gesamtausgabe in *Antigas e Novas Andanças do Demónio* (1978; Alte und Neue Abenteuer des Teufels), versammeln sechzehn Erzählungen, entstanden zwischen 1944 und 1964, in denen dämonische Erscheinungen surrealistisch-expressionistischer Prägung das unsichtbare Antlitz des Phantastischen und Absurden in vielfacher Überlagerung existentieller Ebenen enthüllen und damit ein ganzes System symbolischer, religiöser und ideologischer Werte entmystifizieren. Herausragend in der portugiesischen Erzählkunst sind *A Janela da Esquina* (Das Fenster an der Ecke) und *Super Flumina Babylonis*, die mit seltener deskriptiver Meisterschaft einen Augenblick im Leben des Dichters Camões einfangen – die Entstehung der berühmten Redondilha-Reime »Sobre os Rios« (Über den Flüssen). Das gilt auch für die Novelle *O Físico Prodigioso* (dt. *Der Wundertätige Physicus*), die, von zwei »Beispielen« aus dem *Orto do Esposo* (Der Garten des Gemahls)[1] ausgehend, eine narrative Stereoskopie entwickelt, die die barocke Magie und den faustischen Zauber der Personen und Ereignisse zu einem faszinierend vielschichtigen Erzählen verwebt. Als hyperrealistischer Diskurs, in dem der sarkastische Tonfall und die erzählerische Erbarmungslosigkeit dominieren, erscheint dagegen *Os Grão-Capitães* (1976; Die Großkapitäne), neun zwischen 1961 und 1962 entstandene Erzählungen, fast alle von meisterhaftem Entwurf, getragen von der heftigen Empörung einer scheinbar autobiographischen Zeugenschaft, die die soziale Verkommenheit und moralische Verderbtheit von Individuen und Institutionen anprangert. Hier haben wir die beiden Facetten einer Gesamtschau der Wirklichkeit, welche de Senas Prosadichtung zu erarbeiten sucht, in einer Dialektik realistischer Positionen, die den phantastischen Realismus von *Antigas e Novas Andanças do Demónio* und *O Físico Prodigioso* mit dem phänomenologischen Realismus von *Os Grão-Capitães* verknüpft. Diese zwei Arten des Realismus erreichen einen Höhepunkt im »absoluten Realismus« des nachgelassenenen unvollendeten Romans *Sinais de Fogo* (1979; dt. *Feuerzeichen*), eines der großen Werke der Gattung in diesem Jahrhundert, das 1995 von Luís Filipe Rocha verfilmt wurde. Geplant als erster Band eines *opus magnum* über das Leben des Schriftstellers in Portugal, von der Geburt seines poetischen Bewußtseins bis zum Exil in Brasilien, umfaßt der Zeitraum des Romans lediglich den Sommer 1936 am Strand der portugiesischen Stadt Figueira da Foz, im erstickenden Klima des Neuen Staates und des Spanischen Bürgerkriegs. Der phantastische Realismus und der phänomenologische Realismus verbinden sich zu einem Erzählfluß, der den Aufbruch der Heranwachsenden zur überwältigenden Entdeckung der conditio humana und der existentiellen Widersprüche, der inneren Stimme der Poesie und der Erotik, der Sexualität und der Liebe unverhüllt darstellt. Als Entwicklungsroman stiftete *Sinais de Fogo* einen beachtlichen Beitrag zur Erneuerung der portugiesischen Prosa dadurch, daß er eine radikal neue literarische Sprache der Sexualität erfand, die es vermochte, Licht in einen Bereich zu bringen, den die Literatur bislang dem Schweigen und der Dunkelheit überantwortet hatte.

Auf dem Gebiet des Theaters trat de Sena mit der Tragödie in vier Akten *O Indesejado (António Rei)* (1951; Der Nichtersehnte [António, König])[2] hervor. Das Werk, das eine Ausnahmestellung im portugiesischen Theater einnimmt, wurde allerdings erst im Jahre 1986 uraufgeführt. In zehnsilbigen Versen verbinden sich der rhythmische Fluß des Aufbaus und die klassische Klarheit der Diktion mit der historischen Bedeutung der Fakten, die um die menschliche Tragödie von Dom António, Prior von Crato, Anwärter auf den portugiesischen Thron im 16. Jahrhundert, kreisen, und übertragen sie auf eine zugleich mythische wie zeitgenössische Ebene. Mit *Amparo de Mãe e mais 5 Peças em 1 Acto* (1974; Mütterlicher Schutz und noch 5 Einakter) zählt de Senas dramatisches Schaffen von 1948 bis 1971 sechs Komödien, in denen der realistische Expressionismus und der satirische Beigeschmack der Dialoge mit dem Absurden und dem surrealisierenden Humor zusammengehen, sei es im schwarzen Humor von *Amparo de Mãe*, in der schrillen Vielstimmigkeit von *Ulisseia Adúltera* (Ehebrecherische Odyssee), in der höhnischen Ironie von *A Morte do Papa* (Der Tod des Papstes), im Bildersturm von *O Império do Oriente* (Das Reich des Orients) oder in der absurd-boshaften Dämonie von *O Banquete de Diónisos* (Das Gastmahl des Dionysos) und *Epimeteu ou O Homem que Pensava depois* (Epimetheus oder Der Mann, der nachher dachte). Diese Stücke wurden im Band *Mater Imperialis* (1990) vor unveröffentlichten Fragmenten und Entwürfen aus dem Zeitraum 1938-1964 postum neu aufgelegt.

Jorge de Sena gehört überdies noch immer zu den glänzendsten Kritikern, Essayisten und Historikern der portugiesischen Literatur und Kultur. Erneuerer, auf manchen Gebieten sogar Wegbereiter der Camões- und Pessoa-Forschung, widmete er sich mit scharfem Blick und sicherem Gespür zahlreichen Autoren und wichtigen Fragen der portugiesischen und abendländischen Literaturgeschichte vom Mittelalter bis zur Neuzeit. Seiner unablässigen Beschäftigung mit philologischen Theorien verdankt die Literaturwissenschaft originäre methodologische Beiträge, vor allem in der typologischen, statistischen und arithmosophischen Analyse. Aus seinem umfangreichen wissenschaftlichen Werk seien hervorgehoben: die Sammlungen kritischer Essays und Studien *Da Poesia Portuguesa* (1959; Von der portugiesischen Dichtung); »O Poeta é um Fingidor« (1961; »Der Dichter ist ein Heuchler«); *A Literatura Inglesa* (1963; Die englische Literatur); *Uma Canção de Camões* (1966; Einer der Gesänge des Camões); *Estudos de História e de Cultura* (1967; Studien zur Geschichte und Kultur); *Os Sonetos de Camões e o Soneto Quinhentista Peninsular* (1969; Camões' Sonette und das iberische Sonett des sechzehnten Jahrhunderts); *Dialécticas da Literatura* (1973; Dialektiken der Literatur); *Trinta anos de Camões* (1980; Dreißig Jahre Camões); *Estudos de Literatura Portuguesa* (1982 und 1988; Studien zur portugiesischen Literatur); *Fernando Pessoa & C.ª Heterónima* (1982; Fernando Pessoa & Co. Heteronyme); *Sobre o Romance* (1986; Über den Roman) und *Estudos de Cultura e Literatura Brasileira* (1988; Studien zur brasilianischen Kultur und Literatur). Ferner die Sammlungen von Theater- und Filmkritiken *Do Teatro em Portugal* (1988; Vom Theater in Portugal) und *Sobre Cinema* (1988; Über Kino) sowie die Bände mit Satiren und Chroniken *O Reino da Estupidez* (1961 und 1978; Das Reich der Dummheit) und *Inglaterra Revisitada* (1986; England revisited).

Auch hat Jorge de Sena selbst einige der bedeutendsten Gedichte der Weltliteratur ins Portugiesische übertragen. Zu erwähnen sind die Bände *90 e mais Quatro Poemas* (1970; 90 und noch Vier Gedichte) von Konstantin Kavafis, *Poesia de 26 Séculos* (1971 und 1972; Dichtung aus 26 Jahrhunderten); *Poemas Ingleses* (1974; Englische Gedichte) von Fernando Pessoa (Mitarbeit); *Poesia do Século XX* (1978; Gedichte des Zwanzigsten Jahrhunderts) und *80 poemas de Emily Dickinson* (1979). Jorge de Sena übersetzte auch Romane und Theaterstücke von Edgar Allan Poe und Graham Greene, Ernest Hemingway und Erskine Caldwell, Evelyn Waugh und André Malraux, William Faulkner und Eugene O'Neill, Molière und Bertolt Brecht.

Aus dem Portugiesischen von Curt Meyer-Clason

Anmerkungen des Herausgebers

1 *Orto do Esposo* (Der Garten des Gemahls): Sammlung religiöser Meditationen mit zahlreichen erbaulichen »Exempla« vom Ende des 14., Anfang des 15. Jahrhunderts, Verfasser unbekannt.

2 *O Indesejado* (Der Nichtersehnte): Im Gegensatz zu *O Desejado* (der Ersehnte), dem nach der verlorenen Schlacht bei Alcácer Quibir (1578) verschollenen jungen König Dom Sebastião, dessen wunderbare Wiederkehr in jahrhundertealtem portugiesischen Erlösungsglauben erwartet wurde (*Sebastianismo*). Vgl. hierzu den Aufsatz von H. Siepmann in diesem Buch.

Jorge de Sena in deutscher Sprache

Der wundertätige Physicus (*O físico prodigioso*), übers. von Curt Meyer-Clason, Frankfurt/Main: Suhrkamp 1989.

Feuerzeichen (*Sinais de fogo*), übers. von Frank Heibert, Frankfurt/Main: Suhrkamp 1997.

»Brief an meine Kinder; Verschlungene Hände; Dies; Camões spricht zu seinen Zeitgenossen« [vier Gedichte], nachgedichtet von Andreas Klotsch und G. R. Lind, in: O. Lopes/I. Losa (Hg.) 1969, S. 71-77.

»Super Flumina Babylonis«, übers. von C. Meyer-Clason, in: Ders. (Hg.) 1972, S. 242-256.

»Die Gedenkfeier« (aus *Andanças do demónio*), übers. von Andreas Klotsch, in: I. Losa/E. Gonçalves (Hg.) 1973, S. 61-75.

»Jorge de Sena« [Gedichtauswahl], übers. von C. Meyer-Clason, in: Ders. (Hg.) 1993, S. 93-103.

Werke (Auswahl)

Lyrik

Perseguição, [Coimbra: Tip. Atlantida] 1942.

Coroa da terra, [Porto: Tip. Artes Gráficas] 1946.

Pedro filosofal, Lisboa: Confluência 1950.

As Evidências, Lisboa: Centro Bibliográfica 1955.

Fidelidade, Lisboa: Moraes 1958.

Post-Scriptum, 1960 [wurde dem 1. Band seiner Werkausgabe *Poesia I*, 1961, hinzugefügt].

Poesia I – III, Lisboa: Moraes 1961-1978.

Metamorfoses, Lisboa: Moraes 1963 [enthält auch *Quatro sonetos a Afrodite Anadiómena*].

Arte de música, Lisboa: Moraes 1968.
Peregrinatio ad Loca infecta, Lisboa: Portugália 1969.
Exorcismos, Lisboa: Moraes 1972.
Camões dirige-se aos seus contemporâneos e outros textos, Porto: Inova 1973 [zuerst erschienen in *Revista Ocidente* 35, vol. 83 (415) (1972)].
Conheço o sal .... E outros poemas, Lisboa: Moraes 1974.
Sobre esta praia ... – Oito meditações à beira do Mar Pacifico, Porto [o.V.] 1977.
40 anos de servidão, hg. von Mécia de Sena, Lisboa: Moraes 1979.
Sequências, hg. von M. de Sena, Lisboa: Moraes 1980.
Visão perpétua, hg. von M. de Sena, Lisboa: Imprensa Nacional – Casa da Moeda 1982.
Post-Scriptum II, hg. von M. de Sena, 2 Bde., Lisboa: Moraes 1985.

Prosa
Andanças do demónio, Lisboa: Estudios Cor 1960.
O reino da estupidez, Lisboa: Morais 1961.
Novas andanças do demónio, Lisboa: Portugália 1966 [enthält auch *Super Flumina Babylonis*].
Os grão-capitães, Lisboa: Ed. 70, 1976.
O físico prodigioso, Lisboa: Ed. 70, 1977 [zuerst erschienen in *Novas andanças do demónio*, 1966].
Antigas e novas andanças de demónio, Lisboa: Ed. 70, 1978.
Sinais de fogo, hg. von Arnaldo Saraiva, Lisboa: Ed. 70, 1979.
Genesis, Lisboa: Ed. 70 1986.
Inglaterra revisitada, Lisboa: Ed. 70, 1986.
Monte cativo e outros projectos de ficção, Porto: Asa 1994.

Theater
O Indesejado (António Rei), Porto: Ed. Marânus 1951 [zuerst erschienen in *Portucale* 2 (1949)].
Amparo de mãe, e mais cinco peças em um acto, Lisboa: Plátano 1974.
Mater imperialis, Lisboa: Ed. 70, 1989.

Essays
Da poesia portuguesa, Lisboa: Ática 1959.
»O poeta é um fingidor«, Lisboa: Ática 1961.
Uma canção de Camões, Lisboa: Portugália 1966.
Estudos de história e de cultura, Reihe der *Revista Ocidente* (1963-1967) [*Revista Ocidente* 65 (1963): 123-128; 66-67 (1964): 129-304; 68-69 (1965): 305-448; 70-71 (1966): 449-544; 72-73 (1967): 545-618].
Os sonetos de Camões ou o soneto quinhentista peninsular, Lisboa: Portugália 1969.
Dialécticas teóricas da literatura, Lisboa: Ed. 70, 1970.

Trinta anos de Camões, Lisboa: Ed. 70, 1980.
Estudos de literatura portuguesa, Lisboa: Ed. 70, 1982-1988.
Fernando Pessoa & Companhia, Heterónima, Lisboa: Ed. 70, 1982.
Sobre o romance, Lisboa: Ed. 70, 1986.
Estudos de cultura e literatura brasileira, Lisboa: Ed. 70, 1988.
Do teatro em Portugal, Lisboa: Ed. 70, 1989.
Sobra cinema, [Lisboa]: Cinemateca Portuguesa 1988.

Verfilmungen

Sinais de vida, Portugal 1984, Regie: Luís Filipe Rocha [Spielfilm auf der Grundlage von Leben und Werk Jorge de Senas].
Sinais de fogo, Portugal/Frankreich/Spanien 1995, Regie: Luís Filipe Rocha.

Bibliographien

Lourenço, Jorge Fazenda, *Uma bibliografia sobre Jorge de Sena*, Separata von *As Escadas não têm Degraus* [o.N.] (Jan.1991).
–/Williams, Frederick G., *Uma bibliografia cronológica de Jorge de Sena (1939-1994)*, Lisboa: Imprensa Nacional – Casa da Moeda 1994.

Ausgewählte Sekundärliteratur

Jorge de Sena, Sondernummer von *O tempo e o modo* 59 (1968).
»Homenagem a Jorge de Sena« [fünf Aufsätze], *Colóquio-Letras* 67 (1982): 5-52.
Jorge de Sena, Sondernummer von *Quaderni Portoghesi* 13/14 (1983).
Jorge de Sena: o homem que nunca foi [verschiedene Autoren], Lisboa: Instituto de Cultura e Língua Portuguesa 1992.
Carlos, Luís Adriano, *Poética e poesia de Jorge de Sena*, Porto: Universidade do Porto 1993.
Fagundes, Francisco Cota, »History and poetry as *Metamorfoses*«, *Bulletin of Hispanic Studies* 9 (1982), 129-142.
–, *A poet's way with music: humanism in Jorge de Sena's poetry*, Providence/R.I.: Gávea-Brown 1988.
–, »Love on death's edge: Jorge de Sena's *A janela da esquina*«, *Portuguese Studies* 7 (1991), 151-169.
–, *In the beginning there was Jorge de Sena's ›Genesis‹: The birth of a writer,* Santa Barbara/Calif.: Jorge de Sena Center for Portuguese Studies/Bandanna Books 1991.

Huerta, Alberto, »A morte de Jorge de Sena: transcendência do espírito humano«, *Brotéria* 109 (1979), 29-39.

–, »Jorge de Sena na California (1970-1978)«, *Brotéria* 110 (1980), 485-502.

Kreutzer, Winfried, »Überlegungen zu einer Interpretation von Jorge de Senas *As evidências* (1955)«, *Iberoromania* 12 (1980), 54-67.

Leal, Ana Maria Gottardi, *Jorge de Sena: A modernidade da tradição*, Tese de Doutoramento, São Paulo: USP 1984.

Lisboa, Eugénio u. a. (Hg.), *Estudos sobre Jorge de Sena*, mit einer Einführung von Eugénio Lisboa, Lisboa: Imprensa Nacional – Casa da Moeda 1984.

Lourenço, Eduardo, »As evidências de Eros«, *Colóquio-Letras* 67(1982), S. 5-13.

–, »*Sinais de fogo*: a invenção de um poeta«, *Arquivos do Centro Cultural Português*, 25 Paris: Fundação Calouste Gulbenkian/Centro Cultural Português 1988, S. 73-76.

Lourenço, Jorge Fazenda, *O essencial sobre Jorge de Sena*, Lisboa: Imprensa Nacional – Casa da Moeda 1987.

–, *A poesia de Jorge de Sena como testemunho, metamorfose e peregrinação*, PHT, Santa Barbara: University of California 1993.

Magalhães, Joaquim Manuel, »Jorge de Sena«, in: ders., *Os dois crepúsculos*, Lisboa: A Regra do Jogo 1981.

Margarido, Alfredo, »Alguns comentários em torno de Jorge de Sena (119-1978)«, *Arquivos do Centro Cultural Português* 13, Paris: Fundação Calouste Gulbenkian/Centro Cultural Português 1978 [ersch. 1979], 781-800.

Neves, Margarida Braga, *Para uma poética da metamorfose na ficção de Jorge de Sena*, Lisboa: Universidade de Lisboa 1995.

Pinkerneil, B., Rezension von *Der wundertätige Physikus*, FAZ (6.9.1989).

Rosa, António Ramos, »A poesia de Jorge de Sena ou o combate pela consciência livre!«, in: Ders., *Poesia, liberdade livre*, Lisboa: Livraria Moraes Editora 1962.

Santos, Gilda da Conceição, *Uma alquimia de ressonâncias: ›O físico prodigioso‹ de Jorge de Sena*, Rio de Janeiro: UFRJ 1989.

Seixo, Maria Alzira, »Interferências genológicas na obra de Jorge de Sena«, in: Dies., *A palavra do romance*, Lisboa: Livros Horizonte 1986 [Dass. in *Colóquio-Letras* 90 (1986), 57-62].

– (Hg.), *O corpo e os signos. Ensaios sobre ›O físico prodigioso‹ de Jorge de Sena*, Lisboa: Comunicação 1989.

Sharrer, Harvey L./Williams, Frederick G. (Hg.), *Studies on Jorge de Sena by his colleagues and friends. Proceedings of the colloquium in memory of Jorge de Sena ...* 1979, Santa Barbara/Calif.: Jorge de Sena Center for Portuguese Studies/Bandanna Books 1981.

Silva, Cristina Cerdeira da, »Camões e Jorge de Sena: das redondilhas ao conto e do conto às redondilhas«, *Cadernos da Literatura* 25 (1986), 22-32.
Torres, A. Pinheiro, *O código científico-cosmogónico-metafísico de ›Perseguição‹ de Jorge de Sena*, Lisboa: Moraes Editores 1980.
Vasques, Eugénia, *Jorge de Sena: uma ideia de teatro*, PHT, Santa Barbara: University of California 1993.
Williams, Frederick G., *The poetry of Jorge de Sena*, Santa Barbara/Calif.: Mudborn 1980.

José Cardoso Pires
»Schriftsteller der Gemarkung Portugal«

Dietrich Briesemeister

Seit den frühen vierziger Jahren hat Portugal eine bemerkenswerte Reihe von Romanschriftstellerinnnen und -schriftstellern hervorgebracht, deren sozialkritisches, politisches und historisches Zeugnis den Zustand des Landes unter autoritärer Herrschaft schonungslos aufdeckt. Zu den bedeutendsten Gestalten dieses vom Neo-Realismus ausgelösten Aufbruchs gehört Cardoso Pires, der auch im Ausland weite Beachtung und Anerkennung gefunden hat. »In der Zeit des Faschismus war die portugiesische Literatur trotz Zensur und gegen alle Zensur ein geometrischer Ort des nationalen Bewußtseins«, oder, mit anderen Worten aus einem Interview mit Cardoso Pires, Literatur war »eine Form, das Land zu deuten«.

1925 in einem Dorf bei Castelo Branco in Trás-os-Montes geboren, wuchs Cardoso Pires in Lissabon auf und studierte dort zunächst Mathematik, verließ aber die Universität ohne Abschluß, ging zur Handelsmarine und übte verschiedene berufliche Tätigkeiten aus, u. a. als Werbevertreter und Übersetzer, etwa von Norman Mailer. Der junge Schriftsteller stand einem surrealistischen Kreis um Mário Cesariny und Alexandre O'Neill nahe. Als Journalist arbeitete Cardoso Pires für Verlage und in Zeitschriftenredaktionen (*Almanaque*, *Gazeta Musical e de Todas as Artes*), 1974-1975 war er stellvertretender Chefredakteur des *Diário de Lisboa*. Schon 1961 wählte der Portugiesische Schriftstellerverband (Sociedade Portuguesa de Escritores) den Autor in den Vorstand, obwohl der Erzählband *Histórias de Amor* (1952) wegen durchsichtiger Anspielungen auf die Opposition im Untergrund und politische Widerstandsaktionen im Lande von der Zensurbehörde »aus dem Verkehr gezogen« wurde. Von 1969 bis 1971 lehrte Pires als Dozent am bekannten King's College in London portugiesische Literatur. Schriftstellerisch trat er 1949 mit Kurzgeschichten erstmals an die Öffentlichkeit (*Os caminheiros e outros contos*, dt. Der Landstreicher und andere Geschichten), Teile der konfiszierten »Liebesgeschichten« fanden Eingang in den Sammelband *Jogos de azar* (Glücksspiele). Der erste Roman *O anjo ancorado* (Der verankerte Engel) erschien 1958. Die *Cartilha de Marialva, ou das negações libertinas* (Fibel des Marialva oder Von den libertinen Negationen) von 1960 ist ein kulturgeschichtlich-kritischer Essay über den Grafen Marialva aus dem 18. Jahrhundert, der als Inbegriff der patriarchalischen Feudalordnung und des übersteigerten Männlichkeitskultes (machismo) die Erstarrung des gesellschaftlichen Zustands und die Rückständigkeit des Denkens im modernen Portugal verkörpert, eine »historische« Blickrichtung, die der Schriftsteller auch in den Roman *O Delfim* (1968) einführt, um im Spiegel der Geschichte die Gegenwart zu demaskieren. Dem Essay widmete sich Cardoso Pires wiederholt auch später. Nach der Revolution erschien zunächst die Essaysammlung mit der provozierend-sarkastischen Frage »Was nun, José?« (»E agora José?« 1977) im Titel, 1988 folgte die Sammlung kurzer Prosastücke *A República dos Corvos* (Die Republik der Raben), die sich angesichts der Widersprüche und Beschädigungen im demokratischen Neuanfang mit dem Projekt der Zukunft des Landes unter der schweren Last der Traumata der Vergangenheit auseinandersetzen.

Auf der Bühne hat sich Pires ebenfalls versucht. In *O Render dos heróis* (1960; Das Versagen der Helden) sind Brecht-Anklänge deutlich, zwanzig Jahre später erschien das Theaterstück *Corpo-Delito na sala de espelhos* (Corpus delicti im Spiegelsaal). Der bitter-böse Mummenschanz *Dinossauro Excelentíssimo* (1972) erregte in der Agonie des Estado Novo Aufsehen. In dieser »Fabel« einem alptraumhaften Mummenschanz aus szenisch-dialogischen Bildern, ist »Seine Exzellenz der Dinosaurus« der Diktator Salazar, Zielscheibe des bitterbösen Spotts und der Persiflage.

In seinem Roman *O hóspede de Job* (Hiobs Gast), der 1963 mit dem Literaturpreis Camilo Castelo Branco ausgezeichnet wurde, bietet Cardoso Pires vorwiegend mit dialogischen Episoden Einblicke in den Alltag armer Landarbeiter im Alentejo, die über Milieustudien in neo-realistischer Manier hinausgehen.

Mit dem Roman *O Delfim* (Der Delphin, dt. *Der Dauphin*) gelang Cardoso Pires 1968, dem Jahr des Ausscheidens von Oliveira Salazar aus dem Amt des Ministerpräsidenten, ein großer erzählerischer Wurf. Die deutsche Übersetzung stellt das Werk in einem nicht vom Autor selbst stammenden doppelsinnigen Untertitel als den Roman des heutigen Portugal vor. Cardoso Pires hat zweifellos die »portuguesidade o contemporaneidade« fest im Blick, aber das literarische Kunstwerk bezieht seine spannungsreiche zeitlich-mythische und gleichnishafte Tiefendimension gerade aus einem historischen Szenarium, aus einer Dorfchronik, die zugleich Abriß en miniature der Geschichte und Geschicke der ganzen Gemarkung Portugal darstellt.

Der Roman *O Delfim* gehört zu den bedeutendsten Werken der portugiesischen Gegenwartsliteratur, er spielt in mächtigen Spannungen zwischen Mythen, geschichtlicher Vergangenheit und Umbruch in der Gegenwart. Vordergründig wird der Leser in die kriminalistische Rekonstruktion der Vorfälle im Hause eines reichen Landbesitzers verwickelt. Als der im Roman erzählende Escritor (Schriftsteller) genau ein Jahr nach seiner Bekanntschaft mit dem Herrn der Lagune erneut den Ort besucht, um dort auf die Jagd zu gehen, gerät er unfreiwillig in die Rolle des Protokollführers. Indem er Zeugenaussagen, Zeitungsnachrichten, Akten, eigene Erinnerungen, Beobachtungen und Aufzeichnungen sowie die Gebietschronik im Kreuzverhör vor sich selbst vernimmt, kreist er wie ein Detektiv die tatsächlichen Geschehnisse in mühsamer Annäherung ein und filtert die Wahrheit heraus. Die Vergewisserung geschieht im Zimmer einer Herberge mit Ausblick auf den Dorfplatz, als der Escritor, die Eröffnung der Jagd erwartend und aufgewühlt durch die unvermutet auf ihn einstürzenden Neuigkeiten, keinen Schlaf finden kann. Blicke auf das historische Szenarium und in ein altes Lokalgeschichtsbuch eröffnen die zeitlich-mythische Tiefendimension des Dorfes, so daß sich Geschichtlichkeit und zu berichtende Geschichte im Bewußtsein des Escritor ständig überblenden, bedingen und gegenseitig erhellen. Die in *O Delfim* vorgehende Erkundung ist die Enstehungsgeschichte eines Werkes; die Auseinandersetzung zwischen aktualisierendem und schreibendem Ich wird in dieser Innenperspektive zum Roman *in nuce*. Ihr stellen sich die vom früheren Gastgeber erzählten Geschichten gegenüber, die dem Escritor Stoff geben würden für ein ganzes Dutzend Romane. Die eigenen Nachforschungen liefern dagegen das Rohmaterial für eine künftige Beschreibung der Species *Homo Delphinus,* die der Escritor im Prozeß von Hören, Lesen und Schreiben aufspürt. Hier wird das geistreiche Spiel offenbar, das Cardoso Pires mit der Verdoppelung des Schriftstellers betreibt; es ermöglicht sowohl die Reflexion über die Hermeneutik historischen Erkennens an sich als auch die mehrschichtige Spiegelung des Vorgangs bzw. der Hervorbringung epischer Fiktion.

In der Figur des Schriftstellers im Roman (Escritor), der trotz autobiographischer Anspielungen nicht ohne weiteres mit Cardoso Pires gleichgesetzt werden kann, fallen die Stimmen eines fiktiven Autors, Historikers und Essayisten zusammen. Diese komplexe Persönlichkeitsstruktur steigert die faszinierende Virtuosität des Erzählens bei Cardoso Pires, der wie sein Konterfei keine epische Naivität, sondern stets kritische Wachsamkeit gegenüber der Fiktion kennt. Der theoretische und erzähltechnische Hintergrund des französischen *nouveau roman* ist hierbei nicht zu übersehen. Das Selbstverständnis des Escritor hängt aufs engste sowohl mit der Frage nach der historischen Verschlüsselung von »portugiesischer Zeit« als auch mit der eigentümlichen Erzählweise des Romans zusammen. Es schlägt sich nieder in Selbstaussagen, die aus dem Dialog des Escritor mit »seinem kritischen alter ego« fließen. Negativ setzt sich der Escritor vom bürgerlichen »Stadtromancier« ab und bezeichnet sich entschieden als »escritor da comarca de Portugal«, im Unterschied zum Verfasser der *Monografia do Termo da Gafeira* mit seiner völlig geschlossenen Lokalperspektive. Der für die portugiesische Literatur seit dem 19. Jahrhundert wichtige Antagonismus Stadt-Land wird im Bericht des Escritor reflektiert mit soziologisch-marxistischen Positionsbestimmungen, wie sie in Portugal mit der Entwicklung des *Neo-Realismo* eng verknüpft sind. In der *Cartilha do Marialva ou das Negações libertinas redigida a proposta de alguns provincianismos comuns e ilustrado com exemplos rurais* (1960) hat Cardoso Pires einige Determinanten dieses Gegensatzes von Stadt und Land in der portugiesischen Sozialgeschichte untersucht, die auch in *O Delfim* einfließen. Der Escritor distanziert sich von den akademischen Größen und Denkmälern im etablierten Literaturbetrieb. Júlio Dantas und Augusto de Castro werden als Beispiele erwähnt. Dantas, ein Kenner jenes 18. Jahrhunderts, in dem Abt Saraiva, der Autor der *Monografia*, lebte, Verfasser der *Pátria Portuguesa* (1918), sei »von bestrickender Archaizität, in der Gewissenhaftigkeit einer genauen historischen Wiedergabe« vor allem romantischer Zeitläufe gewesen. Ebendies liegt dem Escritor genauso fern wie Cardoso Pires. Beide stellen sich der Gegenwart und übernehmen nicht die Attitüde des »patriarchalischen Erzählers« aus der *Monografia*. Augusto de Castro († 1972), Herausgeber einer großen Lissaboner Tageszeitung, steht für jenen Bereich der Sprachverstümmelung durch Presse, Zensur, Werbung, politische Rede, die Escritor und Cardoso Pires, der zeitweise selbst Journalist war, wiederholt anprangern. Wenn der Escritor von sich bekennt: »Sou um escritor negativo«, so gewiß nicht im Sinne des Geistes, der stets verneint. Vielmehr stellt er klar, daß er nicht affirmativ, konformistisch wie der Abt Saraiva, aber auch anders als die »großen Toten« von Camões bis Fernando Pessoa, dem »Dom Sebastião da Poesia nacional«, schreibt. Im ständigen Kampf gegen Fiktionen verleugnet er sogar die Fiktion, durchbricht sie immer wieder und will rational vorgehen. »Negativer Schriftsteller« mag auch das tadelnde Etikett gewesen sein, das die Wächter über die reine Literatur, die Zensoren, Cardoso Pires und seinem fingierten Double angehängt haben wegen ihrer unstandesgemäßen, gefährlichen Liebhaberei, der Politik. Der Escritor fühlt sich als »geduldetes Tier am Rande der Gesellschaft«, er wird zum Ruhestörer in heiligen Ordnungen, als er seine Revision vornimmt und den Untergang des alten Portugal in visionären Bildern beschwört. Gemessen an Kriterien wie Originalität und Schöpfertum ist schließlich seine Selbstdefinition als »inventor de verdades« negativ, ja paradox. Die ursprüngliche Bedeutung von *invenire* (durch Nachforschungen von anderen erfahren) bestätigt der »unverbesserliche Spürhund« in seinem mit detektivischer Akribie geführten Prozeß der Dechiffrierung von Vergangenheit: »recuperação histórica« ist die Einholung von Geschichte im Bericht über die Vorgänge von Gafeira, aber auch die epochemachende Wiedererlangung der eigentlichen Rechte der Menschen in diesem bislang archaisch-patriarchalisch beherrschten Bezirk. In der doppeldeutigen Verwendung von *inventor* schwingt *inventio* mit als das Finden durch Erinnerung im Sinn der alten Rhetorik (gegen Rhetorik der Lüge, der Gerüchte ziehen Escritor und Cardoso Pires heftig zu Feld). Hintergründig fängt die Formel vom »inventor de verdades« (im Gegensatz zu jenen, die *histórias* erfinden, wie Tomás Manuel, und daran selbst glauben) schließlich all das ein, was die portugiesische Literatur durch den *Neo-Realismo* an Wirklichkeitserfahrung hinzugewonnen hat: unerbittliche Beobachtung und engagierte Zeugenschaft. Der Escritor wie auch Cardoso Pires rekonstruieren Wirklichkeit, und zwar nicht nach Manier einer Kriminalerzählung (das Buch ist eher ein Anti-Kriminalroman), sondern als geschichtlichen Entwicklungsgang der portugiesischen Gesellschaft mit ihren reaktionären und fortschrittlichen Kräften. Die im Roman annäherungsweise zusammengesetzte Wirklichkeit des Falles und seiner Hintergründe eröffnet parabolisch den Blick auf den tatsächlichen Zustand Portugals, in der Weise, wie der Escritor zu Beginn der Sequenz XXIII in kühnem Bogen Vergangenheit und Gegenwart umspannt. In der Gestalt des Escritor, des exemplarischen Lesers, führt Cardoso Pires seine wirklichen Leser zur Einsicht, daß die portugiesische Geschichte nicht in einem alten, ehrwürdigen Buch aufgehoben ist als *tempo vencido* und auch nicht nur aus großen Toten, Ruinen oder einer »parada de grandezas« besteht. Weder sebastianistische Heilserwartungen noch die Reichsvisionen des *Integralismo Lusitano* können die neue Zeit bestimmen. Bei seinem historischen Zusammensetzspiel greift der Escritor auf *Apontamentos* (Notizhefte) zurück: spontane Niederschriften von Erlebnissen, Gesprächsaufzeichnungen, Gedankensplitter, Exzerpte, Entwürfe. Sie bieten Gedächtnisstütze und sind Schreibübungen (»exercícios de caligrafia«, wie in grotesk verzerrter Entsprechung die Geschicklichkeitsproben des vom Analphabeten zum Geschöpf seines Herrn aufsteigenden Dieners Domingos genannt werden). Mittels dieser als Fragment und Zitat in den Bericht des Escritor eingebauten Aufzeichnungen kann Cardoso Pires eine Fülle (im Verhältnis zum Erzählten) außerfiktionaler Reflexionen ausdrücken, die den Roman als Kommentar begleiten. Sie geben Einblick in den Vorgang, wie der Escritor anhand seiner Einträge Klarheit gewinnt. Die Lektüre der Notizhefte umspielt den Prozeß der Findung und Deutung dessen, was geschehen ist und warum es so geschehen mußte. Für den Escritor sind die *Apontamentos* früh wahrgenommene »signos abreviados«, Kürzel und Sinnbilder, deren wahrer Sinn sich ihm erst von dem Augenblick an erschließt, da er sich an die Ausführung der vorgemerkten »idéia a desenvolver« macht. Das aphoristische Selbstzitat, in einer Fußnote beiläufig abgesetzt, kann so die Rechtfertigung zum Roman *O Delfim* werden:

Die Beschreibung der Vergangenheit offenbart im Verhalten der Individuen einen prophetischen Sinn, der sich daraus ergibt, daß wir sie auf einer bereits bekannten historischen Bahn studieren. (S. 183)

Die beiläufigen *Apontamentos* des Escritor stehen zur gelehrten *Monografia* des Abtes in einem Verhältnis der Spannung und negativen Umkehr. Sie sind »ruínas de prosa«, Bruchstücke zu einem Buch *in statu nascendi*, zugleich aber unvollendbar, da Tomás Manuel, aus der Begegnung mit dem sie entstanden, als lebendes Modell nun nicht mehr für Nachfragen, Korrekturen zur Verfügung steht. Jegliche Hinzufügung würde den Escritor wie den Abt zum »Erzähler toter Zeiten« machen, dessen Prosa ein »inventário de ruínas« ist, in der Tat die Chronik des Niedergangs eines Herrenhauses und des Verfalls seit römischer Zeit. Die *Apontamentos* reproduzieren geradezu die ins Mythische gewachsene Kollektivgestalt der acht Palma Bravo wie ein Pastiche aufgrund der früheren Beschäftigung des Escritor mit der Familiengeschichte seines Gastgebers. Im Vexierspiel zwischen Erinnerung, Lektüre der *Monografia,* Vorstellung von der alten Welt (»mundo antigo« im Doppelsinn), Gegenwartserfahrung und entstehendem Werk stellen die *Apontamentos* eine wichtige Zwischenstufe dar sowohl als Erzähl- wie auch als Erkenntnisregister. Sie implizieren auf kunstvolle Weise den ›Autor‹ als idealen Leser.

»Recuperação histórica« – Wiedergewinnung historischen Verständnisses und Wiedereinsetzung ursprünglicher Rechte bewegen Escritor und Cardoso Pires. Beide verbindet mit dem (fiktiven) Historiker Saraiva die »Leidenschaft für das Detail« und mit Nathalie Sarraute die Suche nach den »kleinen, wahren Tatsachen«. Aus der Selbstdefinition des Escritor als »inventor de verdades« ergibt sich sein Ethos der dokumentarischen Strenge. Die Erzählung löst sich auf in eine quasi objektive, dialektische Wiederherstellung von Geschehnissen, wobei der Escritor, die Fiktion ständig durchkreuzend, die protokollarische Exaktheit, die strenge Übereinstimmung mit der *vérité des faits* ständig unterstreicht. Die historischen und biographischen Einzelheiten werden mittels verschiedener Quellen (Zeugen, Akten, Chronik, eigenes Wissen) extrapoliert und zu einem schlüssigen Bild zusammengefügt. Der Escritor besitzt selbst zu Anfang seiner Recherchen keinen Überblick und durchschaut auch die tieferen Zusammenhänge nicht. Filmisch registriert er die Szenen der Zeugenaussagen und nähert sich durch Überlagerungen von einzelnen Referenzbereichen hindurch der »Beweiskraft der Akten«. Parallel dazu verläuft der Vorgang, in dem sich der Escritor anhand der *Monografia* auf der Suche nach Gafeiras wahrer Zeit in konzentrischen Bewegungen Geschichte aneignet.

Die Überlagerungen der verschiedenen mündlichen Informationsquellen, die polyphone Stimmenführung zwischen Hören-Sprechen-Lesen-Aufschreiben, stellt der Escritor mit der Gestalt des Losverkäufers/Dorfausrufers in allegorischer Dichte vor. Gafeira ist voller Gerüchte, mythischer Erwartungen, verkrusteter Meinungen, Tabus. Diesen irrationalen Zustand der Verwirrung beherrscht der alte Ausrufer gleich einem Teufel.

»Jedes amtliche Schriftstück hat seinen Stil«: die Beschreibung von Gafeira in der *Monografia* des Abtes Saraiva zeigt »jahrhundertealte Muster einer Lebensweise« in der Biographie der Palma Bravo. Der letzte Vertreter dieses Geschlechts, eben der kinderlose Dauphin-Kronprinz, der das Erbe nicht verlieren will und schließlich vom eigenen Diener entthront wird, verfolgt die fixe Idee »im Buche (zu) stehen an der Seite der Vorfahren«: er will einen Mythos hinterlassen und ihn zugleich nähren. Die Chronik des Abtes liefert den Spiegel, in dem er sich selbst bestätigt sehen kann. Die Zeit des Geschichtsbuchs und der Herren über Gafeira ist deshalb eigentlich der Zeit enthoben, eine »zeitlose Vergangenheit«, ihre Geschichte ist Stillstand, ein ständiges Kreuzen von Legenden. Geschichte erstarrt zum Totenkult, das Herrschaftsgebiet um die Lagune wird tabu (intocável) »im Namen der Legende und des Brauches«, es wird numinos in der Wolke angezeigt. In dem Maß, wie der Escritor lesend in die *Monografia* eindringt, erkennt er, daß seine Jagdbekanntschaft mit dem Bohemien Tomás Manuel im Grunde nur die fatale zyklische Wiederholung eines uralten Musters ist. Die Enträtselung der Vita des Ingenieurs ergibt die generische Biographie aller Tomás Manuel über die Jahrhunderte hinweg. Indentifizierungen, wie sie die Geschichtsforschung prinzipiell verlangt, werden in der Sage zunichte (daher Tomás, o Fundador, Tomás III usw.). Thomas der Gründer entspricht der legendären Stammvaterfigur des römischen Gafeira, Octavius Theophilus, »Pai de Pátria«. In seiner *Cartilha* bezeichnet Cardoso Pires dieses Phänomen als »divinização do Pater-Familias« im paternalistischen Gesellschaftsgefüge. An der Spitze des neuen Gafeira steht die schillernde Gestalt des Regedor, »capitão dos Noventa e Oito«.

Die Art und Weise, wie der Escritor die Biographie des Dauphin erforscht und, mit ihr verwoben, die Geschichte Portugals entdeckt, entspricht keineswegs dem mittelalterlichen Geschichtsverständnis der *Monografia* und ihrer mündlichen Replik in der apologetischen Wiederholung durch die Wirtin. Der Bericht des Escritor über Geschehnisse in der empirisch-historischen Wirklichkeit schlägt unversehens bei der Lektüre eines Geschichtswerkes in episches Erzählen um, das gerade nicht, wie es sich Tomás Manuel wünschte, dazu herhält, »die gegenläufige Zeit zu überspielen«. Im Gegensatz zu den Hausierern mit alten Zeiten bewältigt der Escritor als Zeuge die Gegenwart aus der Geschichte. Inmitten einer der wie in der *Cartilha* beschriebenen Krisensituationen nationaler Strukturen schickt er sich an, das Land zu überdenken (»repensar a nação«). Daher fällt die Kritik an der Glorifizierung portugiesischer Geschichte der Entdeckerzeit (S. 152), gerahmt von Zeitungsberichten über die jüngsten Weltraumfahrten und den Warnungen des *Velho do Restelo*, auch besonders scharf aus. Saraivas Chronik zeichnet eigentlich den Zustand jener »sterbenden und feinen Gesellschaft«, in die der Escritor bei seinem zweiten Besuch in Gafeira immer tieferen Einblick gewinnt. In der historischen Perspektive durchschaut er die soziale Fassade des Ortes. Wenn Gafeira an der Lagune auch kartographisch genau vermessen wird, so entziehen Ursprungs- und Gründermythen das Gebiet dennoch der raum-zeitlichen Fixierung. Ort und Lagune werden durch Bilder verrätselt und zeichenhaft angedeutet. Da ist die enorme Mauer als steinernes Buch mit der prophetischen Inschrift, die wie in der *Monografia* Widmungsspruch und Epitaph in einem darstellt. Sie ist ein Echo aus ferner, römischer Zeit, dient aber zugleich auch »jetzt« der Eidechse, dem Sinnbild der noch nicht zu sich gekommenen Zeit der portugiesischen Geschichte, als Lebensraum. Da ist ferner der Platz von Gafeira, Theater der Zeiten im kosmischen Zyklus. Und da ist die Lagune, von weitem angezeigt durch eine Wolkenkrone, zugleich Friedhof der toten Fische. Gafeira ist nicht als realer Ort, sondern als Beschreibung eines Zustands wichtig, wie es Cardoso Pires in einem Interview andeutete. Den gegenwärtigen Umbruch von der Agrar- zur Industriegesellschaft und die Folgen der Emigration erfaßt der Escritor im ersten Zugriff mit der soziologischen Kategorie »Bauern-Arbeiter«, die er als Fußnote aus den *Apontamentos* in seinen Bericht übernimmt. Mit bedrückender Dichte evoziert er dann die Vision der in der Dämmmerung von der Fabrik heimkehrenden Arbeiter auf ihren Fahrrädern.

Mit der Landnahme der Lagoa durch die Kooperative hat die Revolution begonnen. Das Fest über den Ruinen (258, nämlich der römischen Vorvergangenheit und der feudalen Zeit) eröffnet die neue Ära. Diese Demonstration der Macht widerlegt die alte Verdammung der »Festschmause und Orgien« aus der *Monografia* durch eine positive Erfüllung als »verwandelnde Gnade«: Gafeira kann erlöst werden! »Jede Zeit hat ihren Preis«, diese Geschichtseinsicht aus dem Munde des Ingenieurs, der den Fortschritt als Schwindel mitmacht, nur um die eigenen Privilegien zu bewahren und das Leben zu genießen, soll sich am Dauphin wie ein Menetekel bewahrheiten.

Als Historiker beruft sich der Escritor auf zwei Musterautoren als Maß für seine *recherche du temps perdu*. Xenophon erscheint ihm als das (verfremdete) antike Vorbild gegenüber dem mittelalterlich denkenden geistlichen Verfasser der *Monografia* von 1801. Den Zisterzienserabt bezeichnet der Escritor als »Vorläufer der Denk-Schrift von Gafeira«. Das Verhältnis des Escritor zu Agostinho Saraivas *Monografia do Termo da Gafeira* ist komplizierter und sehr subtil in Komposition und Bildersprache von *O Delfim* verwoben. Der Escritor hat dieses fromme Werk, das Geschichte sub specie aeternitatis betrachtet, schon früher Zeile für Zeile gelesen und Auszüge in seine Merkhefte übertragen. Für ihn ist das angeblich zwischen 1790 und 1801 entstandene, vom Geist der Französischen Revolution allerdings gänzlich unberührte Buch ein Vorläufer in doppelter Bedeutung des Wortes *memórias*, als persönliche Erinnerung an Gafeira und chronikalischer Bericht über Gafeira. Die in die Tradition der historischen Schule des Klosters Alcobaça (16. bis 18. Jahrhundert, *Monarquia Lusitana*) hineingestellte Abhandlung gibt den Nachforschungen des Escritor ein »Musterbeispiel« wohl eher dafür, wie Geschichtsschreibung heute nicht mehr betrieben werden kann. Wie bei der Beziehung zu Xenophon, so ergibt sich auch hier die volle Bedeutung der *Monografia* erst aus verschiedenen Perspektiven. Der Abt wird mit seinem Werk kritisch in die Reihe der »sábios de livraria« im Gefolge von Buchgelehrten des Humanisten Lúcio André de Resende eingereiht, der in Portugal das Interesse an Archäologie und Epigraphik erweckt hatte. Römische Ruinen und Inschriften behalten auch für den Abt tiefe Bedeutung. Daß schon die apologetisch-patriotische Zielsetzung der *Monografia Lusitana* den Konflikt mit den humanistischen Forderungen nach einer durch Quellen abgesicherten und von den historischen Hilfswissenschaften unterstützten Geschichtsschreibung heraufbeschwor, spiegelt sich in der Einschätzung der *Monografia* durch den Escritor. In pseudoarchäologischer Manier wird hier wie dort Geschichte durch phantastische Auslegung der Bibel, Legenden und antiker Zeugnisse anagogisch zusammengeschrieben. Saraivas Verfahren in der *Monografia* entspricht genau dem des Bernardo de Brito, der sich etwa auf von ihm selbst erfundene antike und neuere Gewährsleute beruft und die portugiesische Geschichte mit erbaulichen Betrachtungen in der Art eines spätmittelalterlichen Ritterromans erzählt. Der anachronistische Titel *Monografia* enthüllt nicht nur die einschichtige (nämlich zeitlose: »presente intemporal«, oder »passado intemporal«) und einzig auf die Herrschenden ausgerichtete Geschichtsauffassung des Abtes, sondern auch die Verkürzung nationaler Historie, die dadurch entsteht, daß »Gemeinschaft, Land oder gesellschaftliches Leben durch Haus« ersetzt wird. Das ist weder des Escritor noch Cardosos historisches Erkenntnisinteresse. Gegenüber der einfachen Monographie und im Gegensatz zu Tomás Manuels Ideal einer alles simplifizierenden Literatur bedient sich der Escritor aller Register einer *poligrafia*, die sich facettenreich zusammenfügt aus eigenen Aufzeichnungen, dokumentarischen Zeugnissen, Zitaten, Gesprächen, Beobachtungen, Reflexionen, Legenden, Gerüchten, Mythen. Wie das Verständnis der *Monografia* als Vorbild konterkariert werden muß, demonstriert der Escritor selbst als »unreiner Leser« des ehrwürdigen Wortes in einem Gesprächsspiel gegenüber dem »comentário« der Herbergswirtin, die ihm die *Monografia* in die Hand gegeben hatte. Die Schlüsselszene korrespondiert mit dem Gespräch, das der Escritor im Weinkeller mit dem Ingenieur-Infanten über Xenophon führt.

Im Ansatz, Vergangenheit zu enträtseln (»decifrar o passado«) weiß sich der Escritor mit dem Abt Saraiva einig, nicht jedoch in dessen Absicht, eine offizielle, *ad usum Delphini* zugeschnittene Lesart zu geben, eine Legende. Die *Monografia* stellt mythisch-epische Zeit dar mit immergleichen Helden, die stets die gleiche Sprache reden und sich gesichtslos übereinanderschieben als erstarrte Schattengestalten aus einem Totenreich. Als Gralshüter der *Antiquitates Lusitaniae* meidet Saraiva die Gegenwart. Kirchliches Imprimatur und königliches Druckerprivileg bekräftigen als Zeichen der Konformität den »offiziellen Geschmack«. Der Abt spannt das lokale Geschehen wie in einem exemplarischen Bilderbogen ein zwischen patriarchalischen Aufgang mit dem Prototyp des Octavius Theophilus (ironisch-anachronistisch »Gottlieb«!) und apokalyptisches Ende. Das Land Portugal kommt darin aber nicht vor. So sieht sich der Escritor zwischen die vergangene Pracht antiker Größe und den Ruin der Gemarkung von Gafeira bis zum Verschwinden des letzten Dynasten gestellt. Als *laudator temporis acti* vermag Saraiva dem Escritor keine Erklärung für Hintergründe des Falles von Tomás Manuel zu bieten.

Der Abt deutet Gafeiras Entwicklung im göttlichen Heilsplan als »Beispiel für Strafe« für heidnische Ausschweifungen, Verheißung und Fluch bedingen einander. Dagegen sinnt der Escritor eine ›Gegen-Rede‹ aus, die den theologischen Providentialismus und die Sündenstrafenpädagogik aus den Angeln heben soll. Der Escritor stellt die Geschehnisse um Tomás Manuel und Maria das Mercês (Immanuel als Messiasname = Gott mit uns – Maria der Gnaden!) durchaus so dar, als würden sich die uralten Voraussagen bei dem prophetischen Dom Abade in vielen düsteren Zeichen der Entsprechung im profanen Sinn erfüllen. Erst die Fortschreibung der *Monografia* bis in die unmittelbare Augenzeugenschaft des beobachtenden, forschenden und kombinierenden Escritor ermöglicht die genaue Ausdeutung des alten Buches. Es wird buchstäblich aufgehoben in der anbrechenden neuen Zeit der ›Revolution‹: das alte Portugal geht endgültig unter. Als Leser wider den Strich übt der Escritor in den kühn verschachtelten Erzählzügen des Romans *O Delfim* historische Kritik an der Chronik, er entmythologisiert sie. Die Fiktion einer historischen Dokumentation im Rahmen des Romans dient Cardoso Pires dazu, portugiesische Geschichte und den Ansatz für ihre Deutung einzuführen. Der innere Vorgang der Vergewisserung und das daraus resultierende, aber vorerst nur imaginierte Buch des Escritor schneiden die *Monografia* des Abtes regelrecht auf. Dies geschieht nun vornehmlich in Bildern, Symbolen, Metaphern. In besonderer Weise organisiert die Jagdbildlichkeit die vielfältigen, im Roman verschlüsselt vorgestellten Bedeutungsebenen und historischen Bezüge. Als Bauelemente verleihen die Jagdvergleiche der »Ezählung« des Escritor einen tiefen strukturellen Zusammenhang durch Zeiten und Räume, angefangen von der tatsächlichen Situation.

Über allem aber bildet die Jagd eine metaphorische Parallele zum Vorgang des Berichterstattens im Escritor-furão (Schnüffler), dem »furão incorrigível«, der mit kriminalistischer Strenge und instinktiver Sicherheit der Vergangenheit auf die Spur kommt. Der Escritor ist tatsächlich ein leidenschaftlicher Jäger und Leser von Jagdbüchern, »escritor caçador« bleibt freilich im Blick auf das Selbstverständnis des *furão* (Frettchen) auch doppelsinnig. Die Jagd ist ausschließlich die Welt des Mannes, des *macho*, als dessen Typ Tomás Manuel erscheint. Der Escritor deckt dessen Verhältnis zu den Frauen, den Unreinen, ebenso wie das zum verstümmelten Mestizen Domingos auf, jener armen, abgerichteten Kreatur »im Dienst des Jägers«. Der Zustand der Hörigkeit wird emblematisch im Bild »Zwei Hunde und ein Schildknappe« gezeigt. Dem entspricht die schriftliche Spiegelung der mittelalterlichen, adeligen Gesellschaftsordnung in der *Monografia* des Abtes oder der Prozession von Herr, Tieren und Diener. Jäger und Wild werden wiederum entsprechend Würden und Wert abgestuft (z. B. Eberjagd). Um so mehr bewundert der Escritor die »bescheidenen Uferschützen«, das einfache Jägervolk. Für die alten und für die neuen Besitzer der Lagune ist die Jagd eine rituelle Machtdemonstration, eine Form des Krieges. Der Tod des letzten Jägerjunkers wird denn auch inmitten einer unheilvollen Naturszenerie – beim Rudern über die Lagune – vorausbedeutet (Sequenz XXVa). Dieser klassischen Schlachtszene, die wie das Jagdthema auf Xenophon verweist, entspricht wiederum die Assoziationskette des bestürzten Padre Novo: »caça-tiros«, »tiros-revolução«, »revolução-subversivo«, die zur Deutung der Jagd auf die aktuelle Umwälzung in Gafeira zurückkehrt. Schließlich wird das Geschehen um Maria, Domingos und Tomás Manuel in einer Jagdfabel von »Wachtel und Hund« resümiert, die der Escritor als Zitat aus dem Traktat über die Vögel seinen *Apontamentos* entnimmt: ein kunstvoller literarischer Spiegelkommentar zur dokumentarischen Erkundung, zugleich aber auch ein erzähltechnisch raffinierter Griff. Innerhalb des fiktionalen Erzählens wird der Roman ausdrücklich durch Zitat bzw. Lektüre eines Stückes naturwissenschaftlicher Prosa interpretiert, das zur Fabel stilisiert ist, im Grunde aber die moralisierende Allegorese der mittelalterlichen *bestiaires* parodiert.

Die Tiersymbolik spielt in *O Delfim* schon vom Titel her (Delphin-Dauphin) eine große Rolle. Während sich der Bericht mit zahlreichen eingestreuten Fiktionsdurchbrechungen betont tatsachengetreu gibt, breitet sich darunter die Rede des Escritor in bilderreicher Umschreibung dessen aus, was er sieht, hört, weiß und denkt. So kommt die Fiktion durch die Hintertür doch wieder zu ihrem Recht. Was die *Monografia* des Abtes wissenschaftlich und die Erhebung des Escritor in wahrheitsgemäßer Reportage erfassen, das erweitert sich fiktional-fiktiv in ein allegorisches, von Tieren – wie es der Phantasie eines Jägers ansteht – bevölkertes Universum. Die Fabel (wie auch Parabel, Emblem, Allegorie und Exempel) bieten sich als Möglichkeit an, Reflexionen, Satire und sozialkritische Raisonnements zu verschlüsseln. Die Welt von Gafeira wiederholt sich in einer Unter-Welt des Tierreichs. Als erstes und häufigstes Symboltier erscheinen in *O Delfim* die Hunde. Die dem Hund zugesprochene Welt liegt zwischen Wildsein und Zivilisation. Das Abhängigkeitsverhältnis des Domingos von Tomás Manuel, der den früheren Taxifahrer und Fabrikarbeiter abrichtet und aufsteigen läßt, kontrolliert von Maria das Mercês, übersetzt sich in das politische Patentrezept: »den Schwarzen fördern, ohne ihn zum Proleten zu machen, den Mischling ausbilden, ohne ihn zum Gebildeten zu machen«. Domingos macht sich willig zum Hund des Infanten. Diese Beziehung wird im Umgang des Dieners mit den Jagdhunden seines Herren gespiegelt; sie schlägt sich auch nieder im Verhältnis zum Jaguar des Ingenieurs sowie in den Beobachtungen hündischen Verhaltens. Herr und Hund verhalten sich wie Bild und Abbild. Ist die Lagune in der Wolke Symbol des Besitzes und der Herrschaftsprivilegien, so verkörpern die Hunde den »instinto de propriedade«. Hunde gelten außerdem als Tiere der Schwelle zwischen Gut und Böse, zwischen den Zeiten, vorab zwischen Diesseits und Jenseits. So geistern sie nach dem Verschwinden ihres Herrn und Betreuers als unreine, räudige Geschöpfe herum, die Tod verkünden.

Das andere wichtige Tiersymbol in *O Delfim* ist die Eidechse, das Wappentier von Gafeira und für den Escritor Sinnbild für »die (portugiesische) Zeit der Geschichte«. Im Volksglauben erscheinen Verzauberte in Eidechsengestalt, sie überleben in der stummen, bescheidenen Eidechse als »tausendjähriger Rest«. Auf antiken Grabsteinen – und die Mauer am Dorfplatz wirkt wie ein riesiges Grabmal – erscheint die Eidechse als Symbol von Tod und Auferstehung, als Sinnbild der Seele, die das Licht der Erkenntnis sucht. Das verlassene Haus des Tomás Manuel erobern Eidechsen, Zeichen der Erneuerung. Daß ein neuer Abschnitt portugiesischer Geschichte nach Jahrhunderten der Selbstentfremdung (Bild des Schlafes) beginnt, erkennt der Escritor im Vorzeichen der sich regenden Eidechse: »die Zeit (die Eidechse, sagt man) erwachte, machte einen Sprung«.

Weitere Tiergleichnisse im Roman sind das Jagd-Spiel der Fliegen mit vorangestelltem Sprichwort zur Erklärung der Moral; der Friedhof der Fische; das Schauspiel der kopulierenden Hunde, der Uhu als Totenvogel, der Paarungsflug der Vögel, die Raben auf dem Telegraphenmast, der Esel, die Pferde als Sinnbild sexueller Begierde, ferner Spinnen, Schneider, Würmer, Libellen, Hai und Frösche, diese als Attribut der Unkeuschheit und des Todes. Umgekehrt können Menschen Tiergestalt annehmen (die Wirtin als Mastodon und »mestra-formiga«; der Werwolf, Hundemenschen). Der Drang zum Exemplifizieren ist in *O Delfim* unaufhaltsam. Die *Monografia* gibt ein Lehrstück göttlicher Heilsökonomie – *speculum exemplorum* –, und Gafeiera selbst bietet ein Beispiel für die Sündenstrafen des Herrn. Mit dem Vorwurf zu einer einzigen großen Fabel vom *homo delphinus* (der Delphin als Zwitter zwischen Fisch und Vogel, als Seelenführer, ›gottähnlich‹) bietet die Enquête des Escritor das Musterbeispiel schechthin. Die Wirtin liest die Ortschronik als Sammlung *De casibus virorum illustrium.* Der Escritor versteht sich als »Sammler von Fällen«; was er im Film seiner Wahrnehmungen sieht, sind »emblemas sociais« oder »emblemas de machismo«. In Schaubildern und mit literarischen Vergleichen wird dieses Demonstrationsbedürfnis reflektiert und hervorgehoben. Der Escritor fixiert immer wieder Bildhinweise, die ein Rebus zu seinem Text sind, z. B. das Halbrelief, die Münzmedaillons, die mittelalterliche Tapisserie, Wappenschild, Stich, Titelblatt, Vignette im (imaginierten) Buch, Photographien, Fernsehausschnitte, schließlich das Plakat mit dem Stierkämpfer Manolete, das wie ein Ex-voto den Weinkeller des Lagunenkönigs ziert, sowie das Werbeplakat »Visitez la Gafeira«.

Der Charakter der Allegorie und der Zug zur Fabel, zur versteckten Anspielung *per tropologiam* sind in *O Delfim* nicht zu übersehen. In dem Maß, wie die rückwärts gerichtete Wirklichkeitserkundung des Escritor auf verschiedenen Fährten und bei ständig wechselnden Standpunkten fortschreitet, greift er immer öfter nach der bündigen Zusammenfassung in einer Fabel. »Die Vergangenheit entschlüsseln« und »verschlüsseln« im sprachlichen Ausdruck verweisen aufeinander wie »soletrar« (Buchstabieren der Inschrift auf der Mauer) und Lesen (der Monographie im Roman, Zitate). Der sich dokumentarisch gebende Bericht wird mit Fabeln, deren Geschehensraum unwirklich ist, durchsetzt und innerhalb der Fiktion interpretiert, so daß umgekehrt der Romanleser in das Verständnis dessen, was in Gafeira vor sich geht, erst über die Fabel und ihre Nutzanwendung eingelassen wird. Als Mann der Feder sieht der Escritor in Äsop den Bruder im Geist. Der sagenhafte, aber vielleicht doch nicht bloß erdichtete Vater der antiken Fabelliteratur ist für ihn als Schriftsteller das, was für den Historiographen Xenophon oder Saraiva darstellen: eine Folie. Wenn Äsop manchen Zeugnissen zufolge nur als ein geschickter Erzähler von Fabeln, nicht jedoch als Schriftsteller oder Erfinder der Fabeln selbst zu gelten hat, so entspricht dies der Selbstauffassung des Escritor, der auch lediglich ›vorfindet‹ und ordnet. Die Wahl der Fabel als Ausdrucksform entspringt freilich nicht allein einem Bedürfnis unseres Erkennens in Bild und Gleichnis; sie entspricht nicht nur folgerichtig dem Selbstverständnis des Escritor als Historiker und Essayist. Durch Zensur und Informationslenkung wird Cardoso Pires die Fabel geradezu auferlegt. Kunstvolle Verschlüsselung spielt die Zensur aus und fordert den Leser heraus. Escritor/Cardoso Pires weisen anklagend auf gesellschaftliche Konflikte und geschichtliche Deformationen hin, sie setzen sich ein für die »Verachteten des 20. Jahrhunderts«. Sozialkritik in der Fabel steht durchaus in der zu revolutionärem Antifeudalismus sich steigernden Tradition europäischer Aufklärungsliteratur. Wie politisch die Fabel des Romans *O Delfim* gemeint ist, zeigen weniger die Anspielungen auf Polizeispitzel u. a. als vielmehr der Appell an die »verständigen Portugiesen« – gegenüber den »verdummten« oder denen »mit geschlossenen Augen« – mit dem »Jogo do Olho Vivo« als »vaterländischem Zeitvertreib«, und das Bedauern, daß es keine *Liga da Inteligência Pública* gibt. Der Escritor selbst empfiehlt also das Lesen zwischen den Zeilen (»leitores das entrelinhas«) als Zugang zur Fabel seines Bericht-Romans.

»Ihr Schriftsteller habt die Manie, alles zu komplizieren«, meint der Dauphin verständnislos gegenüber seinem Gast, dem Literaten. Aber die Welt ist weder so verteufelt einfach, wie der Marialva behauptet, noch machen gute Schriftsteller Bücher nur, um ihre Leser mit Verrätselungen an der Nase herumzuführen. Was wäre Literatur als *terrible simplification*?

Zwischen Verschlüsselung und Vereinfachung die genaue Mitte zu treffen, darin beruht das Geschick, aber auch das Martyrium des Escritor. Es gibt nicht eben viele Werke, in denen es wie in *O Delfim* gelingt, das Nachdenken über das Geschäft des Erzählers und überhaupt die conditio humana im Kunstwerk so spielerisch bruchlos mit dem entschiedenen Eintreten für die leidende Gegenwart zu vereinen.

Zwischen der Veröffentlichung der beiden Romane *O Delfim* (1968) und *Balada da Praia dos Cães* (1982; dt. *Ballade vom Hundestrand*), für den Cardoso Pires 1982 den bedeutendsten portugiesischen Literaturpreis gewann, liegen nicht nur 14 Jahre, sondern auch die Revolution von 1974. Wie *Der Dauphin*, der in Gafeira, dem »Ort der Räude« spielt, so ist auch die *Ballade vom Hundestrand* »ein Buch dieser Zeit und dieser Stunde«. Der Schriftsteller, der schon immer nationale Mythen und Portugals Probleme mit sich selbst aus kritischer Zeitgenossenschaft heraus aufgriff und dabei zugleich das eigene Metier des Schreibens aus der Skepsis gegenüber der Erkenntnis und Darstellbarkeit von Geschichte zwischen Wahrheit und Fiktion in Frage stellt, zeigt sich in der *Ballade vom Hundestrand* erneut als Meister der Romankunst.

Auf den ersten Blick sieht sich der Leser des Romans wie in *O Delfim* (oder auch in Fernando Namoras *Rio triste*, 1982; dt. *Der traurige Fluß*) in die kriminalistische Aufhellung eines Verbrechens hineingezogen, das am 16. März 1960 verübt wurde. Die Mittäter lebten noch, als Cardoso Pires das Werk schrieb und nach 1974 Zugang zu den polizeilichen Ermittlungsakten sowie zu den Gerichtsprotokollen erhielt. Die Gewalttat hatte seinerzeit die öffentliche Meinung im Lande heftig bewegt. Auf der Flucht aus dem berüchtigten Militärgefängnis von Elvas wurde der Hauptmann Almeida Santos von Komplizen ermordet, nachdem am 12. März 1959 ein Putschversuch gescheitert war, der das Salazar-Regime beinahe zum Sturz gebracht hätte. Unter den Flüchtigen war es zu Meinungsverschiedenheiten gekommen. Unter dem psychischen Druck der Konflikte entlud sich die Spannung der Gefühle in tödlichen Schüssen auf den unter Schizophrenie leidenden und schließlich zum Größenwahn neigenden Offizier. Cardoso Pires interessierte sich seit dem aufsehenerregenden Prozeß 1961 für den politisch motivierten Mordfall und trug eine eigene Dokumentation darüber zusammen, überprüfte Zeugenaussagen, Presseberichte, Untersuchungsergebnisse und amtliche Dokumente, um daraus die Wahrheit über Hintergründe, Personen und Tathergang herauszufiltern. Zugleich setzt die fiktionale Umgestaltung der Faktendokumentation ein. *Die Ballade vom Hundestrand* ist kein Schlüsselroman. Aus dem Hauptmann Almeida Santos wurde der Major Dantas Castro, der Gefreite António Gil wandelte sich zum Gefreiten Barroca, Jean Jacques Marques Valente ging in die Gestalt des Architekten Fontenova ein. Die Geliebte des Hauptmanns Maria José Maldonado Sequeira schließlich wurde zu Mena (»Filomena«), einer eindrucksvollen tragischen Frauenfigur in dieser fabuliert-wirklichen Welt. Der mit den Verhören befaßte Chef der Kriminalpolizei, Elias Santana, ein kauziger, voyeuristischer Junggeselle, entwickelt ein zwiespältiges Verhältnis zu Mena. Die Funktion dieses Ermittlers im Gefüge des Romans besteht darin, dem Leser Einblicke in Seeleninnenräume zu eröffnen und ihn durch das Labyrinth von Fakten, Umständen, Vermutungen, Halbwahrheiten und Gedankenspielen hindurchzuführen, die der Inspektor arrangiert und protokolliert. Er dient als Katalysator der Berichterstattung über die Vorfälle in dem Maß, wie deren kriminalistische Aufklärung voranschreitet. Die Ermittlung leisten sowohl die Selbstvergewisserung des Elias als auch die Instruktion des Lesers, indem sie ihm »Lesarten« bietet. Der Inspektor wird zur Instanz oder zum Organ und Spiegel für die Reflexion des Schriftstellers über seine ureigenste schöpferische Aufgabe als Erzähler in einem schwebenden Gleichgewicht zwischen Fakten und Fiktionen (d. h. Mutmaßungen, Erfindungen, noch unbewiesenen heuristischen Annahmen als Zwischenstufen auf dem Weg zur Erkenntnis). In diesem schwankenden Zustand wohnt die Freiheit des Wortes, die im

Lande durch Diktatur und Zensur beschränkt wird. Für den Schriftsteller ist die Figur des Elias das Instrument sowohl der Sicherung als auch der Verwischung der Spuren. Im forschenden Auge des Elias brechen sich die verschiedenen Optiken, Perspektiven und Dimensionen der Authentizität wie der Fiktionalität.

Um sein Romanverständnis zu erklären, verwendet der Autor nicht die geläufigen Gattungsbezeichnungen (*romance*, *novela*), sondern bedient sich bereits im Titel der Wörter, die nicht eigentlich mit der epischen Schreibweise des Romanciers in Verbindung stehen, nämlich »balada« und »dissertação sobre un crime« (Abhandlung über ein Verbrechen).

Die Ballade ist ein dramatisch auf Höhepunkte des Geschehens verdichtetes Erzähllied über einen phantastisch-legendären oder frei ausgestalteten historischen Stoff mit weiter volkstümlicher Verbreitung. Im Mittelpunkt steht meist menschliches Schicksal im Augenblick tragischer Entscheidung. Die Ballade vereinigt lyrische, epische und dramatische Elemente: sie ist lyrisch in der Grundstimmung, episch in der Stoffgestaltung und dramatisch durch die Zuspitzung auf Konfliktsituationen mit tragischem Ausgang. Die Thematik der Balladen ist vielfach durch die Vorliebe für das Außergewöhnliche, Geheimnisvolle und Schreckliche gekennzeichnet, die Auseinandersetzung mit sozialen Problemen muß deshalb auch keineswegs fehlen. In ihrem Aufbau beruht die Ballade auf dem gerafften fragmentarischen, sprunghaften Bericht, der unvermittelt medias in res einsetzt und in einem fulminanten Finale gipfelt. Alle diese formalen, technischen und strukturellen Merkmale kommen den künstlerischen Absichten von Cardoso Pires entgegen. Eine markante musikalische Rhythmisierung tritt in der Gesamttextur durch die eindringliche Wiederholung des »andante, andante« (das portugiesische Zeitmaß) im bedächtigen inneren Monolog des Inspektors hervor. Cardoso Pires orchestriert die Stimmen der verschiedenen Aussagenden in einer Partitur. Sie werden vom Hören-Sagen überlagert und umrankt, wie in *O Delfim*, vom Nachrichtensprecher als offizielle Sprachregelung und amtliche Verlautbarung vorgesagt, von der Vielstimmigkeit des kollektiven Gedächtnisses umspielt, mit lyrischen Einlagen aus volkstümlicher Überlieferung kommentiert. Schließlich unterstreicht Tonuntermalung im Szenenhintergrund das Textgefüge.

Den dramatischen Charakter der *Balada* heben nicht wenige metaphorische Bildhinweise auf Schauspiel, Theater, Tragödie, Maske, Zirkus, Karneval hervor. Der Inspektor stellt mit seiner Verhörfolge geradezu eine *mise en scène* des Geschehens in bewegten episodischen Fragmenten nach. Seine perverse Krankhaftigkeit versetzt Elias gelegentlich in ein »verdadeiro delírio de cenógrafo«: der Protokollant wird zum Regisseur szenischer Imaginationen (oder imaginierter Szenen). Er schreibt ein »autógrafo do drama«, sozusagen die eigenhändige Bühnenfassung aufgrund der polizeilichen Ermittlungen (Polizeibeamte sind die »Wiederhersteller unseliger Szenarien«). Innerhalb der Romanfiktion, der Vorstellungen des Ermittlers und der Erinnerungen vor allem Menas eröffnet sich ein theatralischer Raum, in dem das Spiel der Rekonstruktion oder die (vor)gestellte Wiederholung des Verbrechens abläuft. Die Episode mit der Überschrift »Bazar Ortopédico« bietet das Beispiel eines bitter-bösen, grotesken, absurden Szenenarrangements. Dieses Zwischenspiel setzt im allegorischen Sinn ein stummes Zeichen für den Zustand der Verstümmelung der dramatischen Figuren und der makabren Zustände im Bazar einer kranken Nation (Kolonialkrieg und Meinungsüberwachung, Ohnmacht und Verfall der Glieder der Gesellschaft). Cardoso Pires, der sich gelegentlich als Bühnenautor versucht hat, zeigt hier ähnlich wie in *Corpo-Delito na sala de espelhos* (1980) oder in der grotesken Apotheose als Epilog zu *O Render dos heróis* (1960) eine gespenstische Marionettenszenerie mit Gliederpuppen und verstreuten Prothesen.

Die zweite dramatische Textsequenz im Roman ist erheblich umfangreicher und bildet »die Rekonstruktion« des Verbrechens am Schauplatz. Es ist eine szenische Handlung unter der Regie des Spielleiters Elias mit dem offenen Dossier in der Hand als vorgeschriebenem Textbuch. Die gestellte Wiederholung der Ermordung wird zur filmischen Inszenierung mit Drehbuch, Regieanweisungen und genauen Ausführungsbestimmungen für die wiederholte Tragödie gemäß dem von Kommissar Elias erdachten Plot als Hauptprobe für die Beweisaufnahme. Das nachgestellte Verbrechen wird sogar mit Elias als Darsteller in der

Rolle des Opfers aufgeführt. Dieses Endspiel – ein spannungsgeladener Höhepunkt der Balada – ist ein Schauerstück in Prosaauflösung bzw. im Spiegel der Romanerzählung. Das Romanende gibt Aufschluß über die Bluttat als Antwort auf den Autopsiebericht im dokumentarischen Vorspann zum Roman. Das »außerliterarische« gerichtsmedizinische Dokument wird sozusagen *hors texte* auf einer vorgehefteten Seite als amtlicher Beleg über den Anlaß der Untersuchung (Dissertation) abgedruckt. Im Lichte der letzten Einstellung kann die *Balada* als Tragödie gedeutet werden. Der Autor selbst spricht ein Schlußwort, das dem Detektivroman, der eigentlich keiner ist, eine sozialkritische Bedeutung als Tragödie beimißt, die das ganze Land umgreift.

Das dritte Element, das die Ballade auszeichnet, ist das Epische, die Darstellung des Geschehens in Erzählung und Bericht. Cardoso Pires entfaltet hier raffinierte Erzählstrategien und fügt verschiedenartige Texte in die Romanstruktur ein. Was auf den ersten Blick wie eine Aneinanderreihung – eine Collage – von episodischen Ausschnitten, eine Fragmentierung von Szenenreportagen mit unvermitteltem Wechsel der Einstellungen, als eine lose Folge von Überlagerungen, Einblendungen und filmischer flash-backs zum Ausdruck von Erinnerungen, Ahnungen, Selbstgesprächen erscheint, ist nichts anderes als der künstlerische Versuch, die komplexen Erzählstränge auf beweglich-vielschichtige Weise zu entfalten und zu verflechten. Dabei werden mündliche Teilstücke eingebracht (Rundfunknachrichten, Zeugenberichte, Aussagen, Berichterstattungen, in denen Polizeibeamte »hören«, »sehen« und »prüfen«), zum anderen fügen sich in den fiktionalen Text weitere Untertexte als Zitat ein, die informieren und kommentieren. Seit *O Delfim* liebt es Cardoso Pires, Zitate, amtliche Verlautbarungen, Akten und Gespräche einzuarbeiten, (erfundene oder maßgebende) Bücher heranzuziehen, wie etwa die »Crónica de Gafeira«, um so unter der literarischen Maske der Spurensuche und Erkundung (durch einen Journalisten in *O Delfim,* durch einen Kriminalermittlungsbeamten in der *Balada*) seine Fähigkeiten als Erzähler virtuos auszuspielen. Der Schriftsteller meidet die allwissende Erzählung in chronologischer Abfolge, er fordert vielmehr seinen Leser heraus, die Texte in einer Anstrengung zu ordnen, die im Fall der

Balada den Rekonstruktionsversuch des Mordfalls durch den Inspektor Elias begleitet. Elias wird gleichsam als Prototyp des Lesers zur Zentralfigur, die den Akt der Entzifferung einer rätselhaften Welt vollzieht, und zwar gleichermaßen auf der Ebene der Fakten oder Geschehnisse wie auch im Blick auf das Verständnis der Romanfiktion. Er ist der Inquisitor, der Nachforschende, der Detektiv. Er verfolgt im wahrsten Sinn des Wortes Spuren, Menschen, Schicksale und inventarisiert das Puzzle der einzelnen Geschehensfragmente. Indem er das Verhör durchführt, wird er zum eigentlichen Erzähler. Er fügt die Aussagen über das Geschehen in der Weise zusammen, wie sie der Leser zur Kenntnis nimmt: der Inspektor überträgt die mündliche Vernehmung (»relatos«) in das Register einer schriftlichen Fassung, in ein »Protokoll« entsprechend der »gramática judiciária«. Elias führt die Untersuchung durch und ist zugleich Protokollant des Verbrechens, Schreiber. Im Roman wird er damit zur Präfiguration sowohl des Autors als auch des Lesers, der herausgefordert ist, das Puzzle der Ermittlungsergebnisse zu einer eigenen Lesart zusammenzusetzen durch eine Lektüre wider den Strich. Der Akt des impliziten Lesers ist ein deutender Nachvollzug des Geschehens und eine mögliche Auslegung. Hier zeigt sich die Bedeutung des schöpferischen Lesevorgangs im Rahmen der Fiktion. Elias ist ein begeisterter Leser von Jack Londons *Sea Wolf*, aber auch der Tageszeitung.

Zur Umschreibung seiner Romanauffassung verwendet Cardoso Pires die Ausdrücke »Dissertação« und »investigação« (Nachforschung, Ermittlung), die mit den Eigentümlichkeiten literarischen Schreibens provokativ-paradox nichts gemein haben. Eine Dissertation ist eine wissenschaftliche Abhandlung nach speziellen rational-logischen Untersuchungsmethoden, also das genaue Gegenstück zur Fiktion. Immerhin beruht der Roman auf wirklichen, recherchierten Vorkommnissen und tatsächlichen Personen. Eine Dissertation verlangt dokumentarische Genauigkeit mit nachprüfbaren Daten und Ergebnissen, sie bereitet Materialien wissenschaftlich auf, um zu objektiven, gesicherten Ergebnissen zu gelangen.

Cardoso Pires verknüpft *Balada* und Dissertação in einer dialektischen Spannung und versucht, durch den offensichtlichen

Widerspruch die erkenntnistheoretische Aporie Wirklichkeit – Fiktion nicht nur allgemein ins Bewußtsein zu rücken, sondern auch für die Poetik des Romans und seine tiefere gesellschaftlich-politische Bedeutung zu nutzen. So wird der Leser gefordert, und der Autor kann eigene ungewöhnliche erzähltechnische Verfahrensweisen begründen (Fußnoten, Zitate, bibliographische Hinweise, Erläuterungen, mündliche Informationen). Innerhalb des fiktionalen Diskurses erscheint nicht nur ein »Anhang«, sondern auch eine »Schlußbemerkung«, die das Werkverständnis lenkt. Schon in *O Delfim* hatte Cardoso Pires den Schriftsteller einen »Erfinder von Wahrheiten« genannt, eine durchaus klassische Definition in der Tradition der abendländischen Poetik mit den Grundbegriffen der Inventio und Imitatio. In seiner Leidenschaft für die »serenidade factual« – die einsichtige Klarheit der Fakten –, die etwas anderes ist als angebliche Objektivität oder bloße Belegfülle, vollführt Cardoso Pires ein ebenso faszinierendes wie geistreiches Spiel des Vorgehens »de raciocínio em raciocínio« – in Vernunftschlüssen –, eine Methode, auf die der Leser sich einstimmen muß und die er auch umgekehrt selbst anzuwenden hat. Im Gegensatz zu dem, was der Untertitel »Dissertation« beansprucht, bietet sich das literarische Werk – der Roman – strukturiert als Verschlüsselung einer Botschaft dar, die Kunde von bedenklichen Ereignissen in Portugal zu einem kritischen Zeitpunkt gibt. Die Dissertation widmet sich in verhüllter Form und auf eindringliche Weise über das bloße Geschehen und die individuellen Schicksale hinaus der Analyse der öffentlichen Befindlichkeit des Landes. Die kriminalistische Enthüllung, die der Kommissar bewerkstelligt, ist zugleich die Intrige, das Handlungsgerüst der Fabel. Es herrscht ein ständiger Kampf gegen die reine Fiktion. In diesem Paradox liegt der Zwiespalt zwischen der Ermittlung für ein Gerichtsverfahren und der gleichnishaften Bedeutsamkeit der Beweisaufnahme. Die schriftliche Fassung des Verhörs, die Elias in vier Bänden erstellt, wird zum Bestandteil der Fiktion selbst, die die Wirklichkeit auf ihren Kern – den tatsächlich gelesenen Roman – reduziert. So erfüllt sich jene berühmte Definition vom »roman comme recherche«, die Michel Butor vorgab. Der Romanschriftsteller ist eine Art von »enquêteur«. Der Akt des Schreibens der Dissertation und der (literarische) Erzählakt werden damit in volle Übereinstimmung gebracht. Cardoso Pires bietet eine Fülle von Metaphern auf, um das induktive, hermeneutische Verfahren, die Wahrnehmungsweisen sowohl des Inspektors als auch des Schriftstellers in der Spannung von Finden und Erfinden zu umschreiben. Inspektor und Schriftsteller sind auf merkwürdige Weise wesensverwandt. Elias ist als Ermittlungsbeamter, der ein »Arsenal von Beweisen« sicherstellt, ein »Spurenfestival« veranstaltet, ein Gegenmodell zum Schriftsteller. Er versucht, Vorstellungen zu gewinnen, Rätsel zu lösen, er tastet Wörter ab, ahnt, knüpft Beziehungen, stellt Hypothesen auf, forscht nach, nimmt Spuren auf, erwägt, hat ein untrügliches Gedächtnis und eine Manie alles zu archivieren, rekapituliert. »Inquisidor« spielt unverkennbar auch auf die Inquisition an, auf die Entwürdigung des Menschen, den Zerfall der Beziehungen, die Folgen allgegenwärtiger Überwachung durch die Geheimpolizei. Elias ist ein Verhörer, aber zugleich ein leidenschaftlicher Flaneur, der literarische Typ des unersättlichen Spaziergängers, der den Stadtraum Lissabon durchmißt und mit einem Kameraauge aus dem Fenster blickt, ein Voyeur, der Intimes ausspäht. Die Vernehmung ist ein Kunstgriff, den der Autor virtuos ausspielt, um die Qualität des Elias als *fabulador*, als literarischer Erfinder und Erzähler, aufzuzeigen. Seine Fertigkeit besteht darin, »Fragen stellen« oder »mit Fragen erzählen zu können«, wie es Robert Pinget im Roman *L'inquisitoire* (1962) bereits vorexerziert hatte. Der Roman *Balada da Praia dos Cães* gibt sich als Vorbericht für einen Prozeß. Die Vernehmungsakten stellen den Geschehensablauf dar, dessen Entwurf im Verlauf des Verhörs/Romans ständig ergänzt, strukturiert, veranschaulicht wird. Die Suche als Leitmotiv des Romans verbindet sich mit der Methode kriminalistischer Nachforschung, Indiziensicherung und Ermittlung. Das Verhör bildet die imaginäre dramatische Inszenierung im Frage- und Antwortspiel. Elias führt die Regie in diesem grausamen Theater der Erinnerung, er ist zugleich der erste privilegierte Zuschauer – Voyeur – und Mitspieler, bzw. als Protokollant, Mitautor. Was der Obduktionsbericht für die Gerichtsmedizin leistet, vollführt Elias in einer regelrechten Vivisektion der Seelen beim Verhör der Untersuchungsgefangenen.

Bereits in *O Delfim* bewies Cardoso Pires eine virtuose Handhabung verschiedener Erzähltechniken und -perspektiven, die den Leser ständig verunsichern und zum scharfsinnigen Mitdenken bei der Rekonstruktion des Falles zwingen. Die verschiedenen Ebenen von Zeit, Bewußtsein, Faktizität und Fiktion vermischen sich auf ausgeklügelte Weise. Der Detektiv eröffnet ein Labyrinth von Erinnerungen, Mutmaßungen, Beobachtungen und Schlußfolgerungen, die in der Schwebe zwischen Möglichkeit, Wahrscheinlichkeit und Wirklichkeit, zwischen Tatsache und Erfindung bleiben. Diese vielschichtige Textur ermöglicht eine dichte Einsicht in das Geschehen und die darin verwickelten Menschen. Die *Balada* ist wie *O Delfim* ein Anti-Detektivroman, der dem Schriftsteller die künstlerisch raffinierteste Form bietet, um die Idiosynkrasien und ideologischen Verkrustungen Portugals in der Spätzeit des Salazarismus in einer halluzinatorischen Ansicht aufzuzeigen, in der sich Fabulieren, Erfindung, Spiegelung der Wirklichkeit und Reflexion unentwirrbar miteinander verschränken.

Nach den großen Erfolgen von *O Delfim* und *Balada da Praia dos Cães* brachte Cardoso Pires 1987 den Roman *Alexandra Alpha* heraus, eine fiktive-fingierte Lebensgeschichte, die – wie immer bei seinem Engagement – mitten hinein in Zeit, Konflikte, Nöte der Gegenwart stößt. Hier spiegelt sich die Agonie des Estado Novo und der Ausbruch der Nelkenrevolution 1974 im individuellen Schicksal und persönlichen Geheimnis der Alexandra Alpha, aus deren im Archiv von Beja verwahrten Hinterlassenschaft die Geschehnisse fragmentarisch aufgerollt werden: ein Erzählverfahren der Spurensuche, das der Autor wieder spannend durchspielt und dabei erneut seine dramatisch-szenische Imaginationskraft als Erzähler unter Beweis stellt. In dem 1979 in Lissabon aufgeführten Theaterstück *Corpo-Delito* wird der in allen drei Romanen beschworene düstere Befund eines pathologischen Gesellschaftszustandes der Repression mit seinen qualvollen psychischen Verwerfungen in beklemmender Zuspitzung vorgestellt. Zugleich zeigt sich darin auch die innere Geschlossenheit des Werkes in Grundmotiven, künstlerischen Verfahren, Bildern, Situationen und Gestalten trotz der verschiedenen Formen und Gattungen, mit denen José

Cardoso Pires beharrlich und treu zu sich selbst über die Jahre hinweg meisterhaft umgegangen ist.

José Cardoso Pires in deutscher Sprache

»Der Landstreicher« (aus *Os Caminheiros e outros Contos*), übers. von Ilse Losa, in: O. Lopes/I. Losa (Hg.) 1962, S. 215-230.

Der Dauphin. Der Roman des heutigen Portugal (*O Delfim*), übers. von Curt Meyer-Clason, Tübingen/Basel: Erdmann 1973.

»Das Samenkorn keimt im Verborgenen« (aus *Histórias de Amor*), übers. von Curt Meyer-Clason, in: Ders. (Hg.) 1972, S. 340-350.

»Überlandstraße 43« (aus *Jogos de Azar*), übers. von Andreas Klotsch, in: I. Losa/E. Gonçalves (Hg.) 1973, S. 5-16.

»Sieben Bemerkungen zur Freiheit«, in: C. Meyer-Clason (Hg.), *Portugal. Lied der Revolution*, München: *Kürbiskern* 4 Damnitz 1975, S. 26-31.

Pires, José Cardoso, »Liebesgeschichte mit Datum«, übers. von Tilla Thonig, in: *Liebesgeschichte mit Datum*, Berlin: Aufbau 1976, S. 217.

Seine Exzellenz der Dinosaurus (*Dinossauro Excelentíssimo*), übers. von Gudrun Hohl, Berlin: Rütten & Loening 1978.

»Die Chinesen« (»Os Chinêses« aus *O Burro-em-pé*), übers. von Curt Meyer-Clason, in: Curt Meyer-Clason/Dieter Offenhäußer (Hg.) 1988, S. 435-443.

Ballade vom Hundestrand (*Balada da Praia dos Cães*), übers. von Curt Meyer-Clason, München/Wien: Hanser 1990.

Lissaboner Logbuch (*Lisboa: Livro de Bordo*), übers. von Maralde Meyer-Minnemann, München/Wien: Hanser 1997.

Werke von José Cardoso Pires

Os Caminheiros e outros Contos, Lisboa 1949.

Histórias de Amor, Lisboa 1952 [aus dem Handel gezogen].

O Anjo Ancorado, Lisboa: Ulisseia ²1958; [3., überarbeitete Auflage mit einer Studie von Alexandre Pinheiro Torres, Lisboa 1964].

Cartilha do Marialva: ou das Negações libertinas, 1960 [2. Aufl. Barcelos: Ulisseia 1966, 3., überarbeitete und erweiterte Aufl. Barcelos: Ulisseia 1967].

O Render dos Heróis, 1960 [Neuaufl. Lisboa: Arcádia 1965].

Jogos de Azar, Lisboa: Arcádia 1963.

O Hóspede de Job, Lisboa: Arcádia 1963.

O Delfim (dt. *Der Dauphin*), Lisboa: Moraes 1968 [dass. mit einer Einleitung von Eduardo Prado Coelho Lisboa: Dom Quixote 1988].
Dinossauro Excelentíssimo (dt. *Seine Exzellenz der Dinosaurus)*, Lisboa: Arcádia 1972.
E agora, José?, Lisboa: Moraes 1977.
O Burro-em-pé, Lisboa: Moraes 1979.
Corpo-delito na Sala de Espelhos, mit einem Vorwort von Eduardo Lourenço, Lisboa: Moraes 1980.
Balada da Praia dos Cães (dt. *Ballade vom Hundestrand*), Lisboa: O Jornal 1982.
Alexandra Alpha, Lisboa: Dom Quixote 1987.
A República dos Corvos, Lisboa: Dom Quixote 1988.
»Auto-retrato na geração dos anos 50«, *Lusorama* 20 (März 1993), S. 7-12.
A Cavalo no Diabo, Lisboa: Dom Quixote 1994.

Verfilmungen

Balada da praia dos cães/La playa de los perros, Portugal/Spanien 1986/87. Regie: J. Fonseca e Costa.

Sekundärliteratur (Auswahl)

Briesemeister, Dietrich, »Zur Technik der historischen Verschlüsselung in dem Roman *O Delfim* (1968)«, in: R. Hess (Hg.) 1992, S. 199-215.
–, »José Cardoso Pires: *Balada da Praia dos Cães* (1982)«, in: R. Hess (Hg.) 1993, S. 23-35.
Brunn, Albert von, »Unter einem Porträt von Salazar«, *Orientierung* 54 (1990), S. 122-124.
Campelo, J. Nascimento do, »O animal incômodo ou a criação literária na obra de José Cardoso Pires«, *Arquivos* 3:4 (1980), S. 39-49.
Coelho, Eduardo Prado, »Cardoso Pires, o círculo dos círculos«, in: ders., *A noite do mundo*, Lisboa 1988, S. 83-94.
Coelho, Nelly Novães, »Sobre *O Delfim* de José Cardoso Pires«, *O Tempo e o modo*, 71/72 (1969), S. 494-503.
Cruz, Liberto, *José Cardoso Pires. Análise crítica e selecção de textos*, Lisboa 1971.
Felinto, Marilene, »O anjo ancorado – um romance de cara e coroa«, *Estudos portugueses e africanos* 2 (1983), S. 97-109.
Ferreira, António Mega, »José Cardoso Pires sobre Balada da Praia dos Cães«, *Jornal de Letras* 7, Dez. 1982.

–, »Etapas: e afinal, onde estamos?«, *Jornal de Letras* 24. April 1984, S. 16.

Hammer, Gerd, »Das geduldete Tier am Rande. Der portugiesische Schriftsteller José Cardoso Pires und der 25. April 1974«, *Süddeutsche Zeitung*, 25.4.1994.

–, »Von Bars und Büchern. Die ewigen Chroniken des José Cardoso Pires«, *DU* 9 (1996), S. 28-29.

Hoffmann, Claudia: *José Cardoso Pires: ›O Delfim‹: ein Anti-Detektivroman zwischen Mythos und Wirklichkeit*, Beihefte zu Lusorama: 2. Reihe, Bd. 8, Frankfurt/Main: TFM/Domus Editoria Europaea 1992.

–, »José Cardoso Pires, O Delfim« (1968), in: R. Hess (Hg.) 1993, S. 11-21.

–, »Desafios epistemológicos: O *Delfim* de José Cardoso Pires«, *Actas do 4° Congresso da Associação Internacional de Lusitanistas, Universidade Hamburgo*, 6 a 11 de Setembro de 1993, organização e coordenação de M. Fátima Brauer-Figueiredo, Porto/Lisboa/Coimbra: Lidel 1995, S. 589-596.

Lepecki, Maria Lúcia Torres, *Ideologia e imaginário. Ensaio sobre José Cardoso Pires*, Lisboa: Moraes 1977.

Lopes, Oscar, »Time and voice in the work of José Cardoso Pires«, *Portuguese Studies* 2 (1986), S. 141-165.

Lopes Jr., Francisco Caetano, »*Balada da Praia dos Cães*: o cumprimento da memória«, *Luso-Brazilian Review* 27 (1900), S. 59-75.

Melo, João de, »As funções do narrador em O *delfim* de José Cardoso Pires«, *Colóquio-Letras* 59 (1981), S. 30-41.

Ornelas, José Neves, »Técnica e estrutura d'O Anjo Ancorado de José Cardoso Pires«, Revista de Estudios Hispánicos 15 (1981), S. 323-338.

–, »Ordem, frecüencia e duração: análise do código temporal d' O *Delfim* de José Cardoso Pires«, *Letras de hoje* 59, vol. 18 (1985), S. 79-113.

–, »*Balada da Praia dos Cães* de José Cardoso Pires: Entre a história e a ficção«, in: Fernández-Rubio, R. (Hg.): *Selected Proceedings of the 35th Annual Mountain Interstate Foreign Language Conference*, ed. R. Greenville S.C. 1987, S. 263-271.

–, »Técnica e estrutura d' O *Hóspede de Job* de José Cardoso Pires«, *Atlântida* 33 (1987, 1), S. 35-57.

Palla e Carmo, José, »Significado real e dimensões morais na obra de José Cardoso Pires«, O *tempo e o modo* 11 (1963), S. 6-21.

Pires, Alves, »José Cardoso Pires, um fabulador ›exemplar‹«, *Brotéria* 6, vol. 92 (1971), S. 810-816.

Portela, Artur (Hg.), *José Cardoso Pires por José Cardoso Pires*, Lisboa: Dom Quixote 1991.

Ribeiro, Lúcia M. Moutinho, »Dinossauro Excelentíssimo de J. C. P.«, *Estudos portugueses e africanos* 23 (1994), S. 49-56.

Rodrigues, Rogério, »Reportagem. A verdade por detrás do bestseller«, *O Jornal* 436, 1. 7. 1983, 2-12.
Simões, Manuel, »*Alexandra Alpha*, um romance policial«, *Brotéria* 3, vol. 126 (1988), S. 274-284.
Ventura, Mário, »Fotos, papéis e personagens da Balada da Praia dos Cães«, Diário de Notícias, 13.1.1983.
Warner, Robin, »Narration as critique«, in »Some short stories of José Cardoso Pires«, Romance Quarterly 39 (1992), S. 361-371.

José Saramago
Steinaugen oder
Die Irdische Prophetie des Vergangenen

Orlando Grossegesse

Mit »Steinaugen«[1] ist einer der kurzen Prosatexte betitelt, die Saramago 1968/69 für die Zeitung *A Capital* schrieb:

> eine Steinfigur ist eine Figur versteinerten Fleisches. Sie blieb in einer gewissen Bewegung, in einer gewissen Stellung stehen, spricht nicht, atmet nicht – aber sieht.

In der Fähigkeit des Sehens, so scheint es, steckt das Potential, den Stein wieder zu Fleisch werden zu lassen; der durch den Gebrauch der Sinne in Gang gesetzte menschliche Verstand haucht dem versteinerten Vergangenen wieder Leben und Stimme ein. Als Saramago diese Zeilen niederschrieb, konnte er sicherlich selbst keineswegs erahnen, daß er damit den Kern einer Poetik definiert hatte, die ihn ein bis zwei Jahrzehnte später zum international bekanntesten Romancier Portugals machen sollte. Damals, 1968/69, war der 46jährige Saramago hingegen als Autor unbekannt, hatte nach kaum registrierten ersten literarischen Versuchen (1947/48) lediglich den Gedichtband *Os Poemas Possíveis* (Die möglichen Gedichte) veröffentlicht, war journalistisch tätig und soeben der Portugiesischen Kommunistischen Partei (PCP) beigetreten. Seine dezidierte Hinwendung zum literarischen Schaffen erfolgte durch einen äußeren Umstand, nämlich als Konsequenz der gegenrevolutionären Bewegung vom 25. November 1975, durch die Saramago seine nach dem 25. April 1974 erhaltene leitende Position im *Diário de Notícias* sogleich wieder verloren hatte. Der mittlerweile 52jährige wurde sich rasch bewußt, daß ihm nicht die Poesie als Medium eigne. Doch fand seine lyrische Ader zusammen mit unbändiger Fabulierlust und beharrendem Hang zu Moralistik im offenen Romangenre ein ideales Sammelbecken. Zeugnis über diese Lehrzeit legt *Manual de Pintura e Caligrafia* (dt. *Hand-*

buch der Malerei und Kalligraphie) ab, das bei der Erstveröffentlichung 1977 im Untertitel als »Romanversuch« bezeichnet ist. Ein dem Regime dienstbarer Auftragsmaler wandelt sich befreiend zum Schriftsteller, eingebettet in die ›Erwartungszeit‹ der Revolution, die schließlich erlösend eintritt. Wie in keinem anderen späteren Roman wird hier die Aneignung von Geschichte durch Schrift aus autobiographischen Schreibversuchen hergeleitet. So reflektiert der zwitterhafte »escrepintor« (Schreibmaler) über die (noch) schweigsame Welt der Statuen und Bildwerke, die im Traum und in erinnernder Schrift die Möglichkeit einer Wiedererweckung von individueller und kollektiver Geschichte in sich bergen, und gelangt durch sein Anschauen dazu, tote Figuren zu Fleisch zu entsteinern. So verwandelt sich etwa in Nicolò dell'Arcas *Lamentatio* von 1485 der gekreuzigte Christus in die martyrisierten, verstümmelten Körper der Kolonialkriege:

> Die Frauen, die sich auf den liegenden Körper stürzen, stoßen sehr menschliche Schreie des Leids über einen Leichnam aus, der kein Gott ist: dort wartet niemand auf die Auferstehung des Fleisches.

Nie wieder sollte ein Ich-Erzähler das Zentrum eines Romans bilden, doch das Suchen dieses vormals in seiner mittelmäßigen Existenz erstarrten Maler-Ichs nach seiner Geburt, verstanden im Sinne von Marguerite Yourcenar als erster intelligenter Blick auf sich selbst und die Welt, sowie die Entdeckung der »maieutischen Kraft der Liebe«[2] sind Grundvoraussetzungen für das gesamte nachfolgende Werk: Als »persönliche Geschichte des eigenen Gedächtnisses« trägt es Stimme und Erfahrung des Autors allgegenwärtig in sich, hat hingegen jegliche Markierungen autobiographischen Sprechens verloren:

> Vielleicht ist das Große, was in jedem menschlichen Wesen existieren kann, zu umfangreich, denn es paßt nicht in Worte, mit denen man sich selbst definiert, oder in eine Abfolge von Selbstbildnissen, die sich in einer Vergangenheit bewegen, die nicht nur einem selbst gehört.[3]

Was in kurzen Texten wie »Die Steinaugen« aufkeimt, wächst in *Manual de Pintura e Caligrafia* zum vorausweisenden Dichtungsprogramm: In den folgenden Romanen sollte aus einer

Warte absoluter Allwissenheit einer Vielzahl von individuellen und kollektiven Geschichten erneut Stimme verliehen werden, tote Historie wieder zu Fleisch erweckt werden, erstarrte Existenz zu emanzipativem Tun. Im epischen Unternehmen *Levantado do Chão* (dt. *Hoffnung im Alentejo*) trägt dieses Projekt erste reife Früchte. Wenn wir von Keim, Wachstum und Früchten sprechen, folgen wir einer vegetativen Bildlichkeit, die Saramagos eigenen literarischen Diskurs bis in metadiskursive Reflexionen hinein prägt:

> Die beste Geschichte der Menschheit wäre die, die mit raffender Hand die Ähren, und zwar alle Ähren, am Boden umfassen könnte, den einen schnellen Schnitt vorbereitend und dann die Handbewegung, die sämtliche Zeitalter, reif, aber noch nicht zu Brot geworden, zum Himmel oder zu den Augen hochhält. (*Manual de Pintura e Caligrafia*)

Saramago verleugnet nicht seine ruralen Wurzeln, seine Herkunft aus der Welt der Landarbeiter des Ribatejo und Alto Alentejo, die er 1976 für das Schreiben von *Levantado do Chão* wiederaufsucht, sondern erhebt sie zur mythisierbaren Grundsubstanz einer tellurischen Weltkonzeption, die sich mit einem heterodoxen Providentialismus paart. Daraus resultiert eine irdische Prophetie des Vergangenen. In diesem paradox anmutenden Begriff verdichtet sich Saramagos Grundanliegen, durch eine besondere Fähigkeit des Sehens die stummen, versteinerten Mythen und Geschichten für die Gegenwart und Zukunft der menschlichen Existenz wieder zum Sprechen oder besser zum Schreien zu bringen. Es geht um das vielleicht unabschließbare Projekt, die Schreie des Leidens, die in den Geschichtsbüchern unter einer Abfolge von wichtigen Fakten und Namen begraben werden, hörbar zu machen als ewiges Element der Menschheitsgeschichte[4] und in den Schrei der Freiheit zu verwandeln, in die Hoffnung auf eine humane Geschichte.

In diesem Sinne macht sich Saramago auch wiederholt Benedetto Croces Ausspruch zu eigen, daß die gesamte Geschichte zeitgenössische Geschichte sei, und spricht davon, daß »die Geschichte in gewisser Weise noch zu machen ist«.[5] Es geht immer wieder darum, »*das, was war* zu ersetzen durch *das, was gewesen sein könnte*«[6], d. h. vergangenes Geschehen und Denken als Repertoire von Möglichkeiten der Geschichtswerdung wiederaufzusuchen, wodurch man als Leser dazu aufgefordert wird, sich zugleich der eigenen Verantwortung gegenüber Gegenwart und Zukunft als werdender Geschichte bewußt zu werden. Saramagos erklärtermaßen anachronistisches Erzählen bohrt in der Wunde der Historiographie, die seit Nietzsches Geschichtskritik aufgerissen wurde, und zwar in zweifacher Weise: Welche Geschichte soll ins Gedächtnis eingehen, und wie soll Geschichte vermittelt werden, damit es »ein wirklich nutzbringendes Verständnis von Geschichte« gibt?[7]

Ohne hier geschichtsphilosophische Fragen zu erörtern, läßt sich eine Verbindung zwischen Saramagos Position und der Neubewertung der Narrativität in der neueren Historiographie herstellen, wie sie insbesondere Hayden White bekannt gemacht hat. Wie diesem geht es Saramago darum, die Konstruiertheit allgemein akzeptierter und im Bewußtsein internalisierter Geschichte aufzudecken, ihre selektive und kohärent-lineare, fatalistische Organisation des Vergangenen, die eigentlich in der »Konstruktion einer Fiktion« gipfelt.[8] Der Vorstellung von Objektivität und realistischem Erzählen verpflichtet, verdeckt traditionelle Historiographie ihre Konstruiertheit und ihren fiktionalen Charakter. Genau dieses determinierende Verdecken, das das Vergangene archiviert und versteinert, es von der Gegenwart und Zukunft abtrennt, ist die Kontrastfolie, gegen die Saramago anschreibt, indem er gezielt die Grenzen zwischen gestern, heute und morgen, zwischen dem, was war, und dem, was gewesen sein könnte, zwischen Faktum, Erzählung und Traum, zwischen wahrheitsbeanspruchender Historie und von Wahrheitszwängen befreiter Fiktion verwischt.

Das obige Zitat aus *Manual de Pintura e Caligrafia* beschreibt plastisch dieses Handwerk des anachronistischen Schneidens verschiedener Zeiten und Epochen, die nebeneinanderstehen, statt temporal geordnet aufeinanderzufolgen. Die Zeit wird in den Raum eines Ährenfeldes überführt, um dort die verlorene Zeit abzuernten,[9] die ungeheure Menge unerzählter Geschichten, die von der traditionellen Historiographie und vom traditionellen historischen Roman, die sich auf Geschichtswürdiges konzentrieren, zur Spreu geworfen werden. Doch zugleich sind all diese Epochen, »reif, aber noch nicht zu Brot geworden«, in einer gemeinsamen endzeitlichen Temporalität des vom Boden ausgehenden Wachsens und Reifens gefaßt, d. h. alle Epochen sind nebeneinander in ihren jeweiligen Möglichkeiten des Werdens begriffen, während die grundlegenden Verhältnisse konstant bleiben. Die statisch-zyklische Konzeption von Geschichte negiert den kontinuierlichen geschichtlichen Fortschritt der Menschheit, ihre wachsende Humanisierung im Sinne der bürgerlichen Aufklärung. Sie wird negiert im Sinne marxistischer Ideologie, wenn in *Levantado do Chão* die Allianz von Kirche, Grundbesitz und Staat als repressive Struktur der Ausbeutung begriffen wird. In einer Art Saga der Familie Mau-Tempo (Schlechte Zeit/Wetter) wird über drei Generationen hinweg das immer wieder frustrierte Aufbegehren der Landarbeiter auf den Latifundien des Alentejo beschrieben, das schließlich euphorisch in der revolutionären Besetzung der Ländereien nach dem 25. April 1974 gipfelt. Gegenüber *Manual de Pintura e Caligrafia* ist dieser Roman das Buch einer kollektiven Lehrzeit derjenigen, die bisher ohne Geschichte geblieben sind, also eine erzählerische Umsetzung der »Geschichte von unten« (Georges Duby), die teilweise in *Memorial do Convento* (dt. *Das Memorial*) fortwirken sollte. Die Entwicklung von politischem Bewußtsein, um aktiv einzugreifen in einen Geschichtsprozeß, bei dem sich nur Namen und Fakten ändern, sind in *Levantado do Chão* eben von dieser endzeitlichen Temporalität, von einer messianischen Orientierung auf die Erlösung von den Herrschaftsstrukturen begleitet: »Der Weizen ist reif, die Menschen auch.« Dieses neue Epos der über die Zeiten hinweg geknechteten Landarbeiter, das treffend mit *Levantado do Chão* (vom Boden auferstanden) betitelt ist, kulminiert in einer emanzipatorisch umgedeuteten apokalyptischen Vision: Während die falsche irdische Trinität von Grundbesitz, Klerus und Regime untergeht, erreichen die Mau-Tempos ihr Neues Jerusalem. Hier fließt marxistische Heilslehre einer zukünftigen, sozial gerechten Gesellschaft ohne Ausgebeutete und Ausbeuter zusammen mit dem messianischen Diskurs portugiesischer Identität, der noch vor dem Aufleben des Sebastianismo in der *Crónica de D. João I* von Fernão Lopes eine erste große Literarisierung erfahren hatte, basierend auf der in Portugal besonders fruchtbaren Lehre der drei Zeitalter von Joachim de Fiore. Diese Chronik behandelt die Staatskrise von 1383-85, bei der sich erstmals das Volk als Geschichtsträger zu Wort meldet, all seine Hoffnungen besserer irdischer Zukunft auf ihren Apostel Nun'Álvares Pereira und auf die Erlöserfigur des Mestre de Avis richtet. In *Levantado do Chão* wird die Revolution von 1974 als Neuauflage jenes Aufbruchs begriffen, der Roman selbst als erzählerische Aktualisierung von Fernão Lopes, die Saramago auch in seinem persönlichen Stil bestärken sollte: In simulierter Oralität werden vielfältige Stimmen versammelt, Rede und Gegenrede, die nicht durch Anführungszeichen oder Absätze von der einbettenden Erzählerrede geschieden sind, wodurch im Sinne Bachtins eine Dehierarchisierung und vielfältige Möglichkeiten wechselnder Parodierungen entstehen. Somit wird auf einen ebenso mündlich sprechenden Lektüreprozeß vertraut, der dabei die Stimmen und ihre (ideologische) Position identifiziert. Hinzu tritt ein hypothetisch-futurisches Sprechen, das schon in *Manual de Pintura e Caligrafia* auftritt, aber innerhalb des übergreifenden Projekts der Prophetie des Vergangenen, der erdverbundenen Reaktivierung des messianischen Diskurses einen neuen Sinn erhält. Selbst *Levantado do Chão* ist bereits vor diesem Hintergrund zu lesen, als Gegentext einer realen Utopie für das »innere Meer« der Latifundien gegenüber dem maritimen Nationalepos der *Lusíadas* und der *Mensagem* (dt. *Botschaft*) Fernando Pessoas. In Pessoas jenseitsgerichteter Heilserwartung eines hoffnungslosen Visionarismus verdichtet sich selbstreflexiv der Prozeß wachsender Spiritualisierung des prophetischen Nationaldiskurses Portugals, der seit den *Trovas* des Schusters Bandarra und der *História do Futuro* (Geschichte der Zukunft) des Padre António Vieira auf die Vergangenheit, auf die Wiederkehr gerichtet ist. Saramagos Antwort auf Pessoas vergeistigte »Zukunft der Vergangenheit«[10] ist eine Rückkehr des Messianismus zur Basis, zu den realen Verhältnissen, um eine irdische Prophetie des Vergangenen zu leisten, die statt Resignation Aktion predigt.[11] So sind 1979, als *Levantado do Chão* beendet wurde, die Hoffnungen auf eine tatsächliche Agrarreform bereits sehr gedämpft. Die erneute Prophetie eines mit der Revolution erreichten sozialen Paradieses im Alentejo beinhaltet somit die Forderung, das revolutionäre Projekt im Hier und Jetzt aktiv fortzusetzen. Zugleich entfaltet sich seit *Levantado do Chão* eine tiefe, Dogmen hinterfragende Auseinandersetzung des erklärten Atheisten und Kommunisten mit der christlichen Passionsgeschichte und dem apokalyptischen Diskurs, die im späteren Roman *Evangelho segundo Jesus Cristo* (dt. *Das Evangelium nach Jesus Christus*) unmittelbar unternommen wird. Der Konflikt läßt sich verkürzt als häretische Verkündigung eines Reiches von dieser Welt begreifen. Saramagos Positionen erinnern dabei an Ernst Blochs *Prinzip Hoffnung* und *Atheismus im Christentum.*[12] Andererseits erweist sich die Poetik irdischer Prophetie auch als zutiefst mit dem heimatlichen Kulturerbe verwurzelt.

Ist *Levantado do Chão* noch relativ orthodox marxistischer Heilslehre und einem engen Realitätsbezug in der Tradition des Neo-Realismus verpflichtet, geht es zunehmend generell darum, angesichts der pessimistischen Einschätzung der Menschheitsgeschichte einen wie auch immer ethisch motivierten »sozialen Optimismus« zu bewahren, um gegenwärtigem Handeln überhaupt noch Sinn abzugewinnen[13]: Trotz des klanglosen Untergangs politischer Träume eines Paradieses auf Erden hält Saramago am utopischen Diskurs einer gerechten und solidarischen Gesellschaft fest, wie dies 1995 auch der bislang letzte Roman *Ensaio sobre a Cegueira* (dt. *Die Stadt der Blinden*) trotz vertiefter Skepsis beweist. Man brauche eine Illusion, eine Prophetie, die aber nie aus dem Jenseits kommen könne, sondern immer vom Boden, von den realen Verhältnissen, von der Physis, von der Erde ausgehen müsse. In Saramagos Gesamtwerk wird konstant jegliche von materiellen Bedingungen abgelöste Spiritualität verweigert, und angeblich gottgegebene Bestimmungen werden als menschlich hergestellte Simulakren bloßgelegt, die nur einzelnen zur Macht verhelfen oder Herrschaftssysteme absichern und grausame Kriege und Gemetzel im Namen Gottes ermöglichen. Dies wurde 1991 in *Evangelho segundo Jesus Cristo* und später im Opernlibretto *In Nomine Dei* in einer schonungslosen Offenheit formuliert, die konservative und kirchliche Kreise zu Protest und Widerspruch reizte. Demgegenüber wird das Irdische immer wieder aufs neue in vielfältigen synkretistischen Mythen, Märchen oder heterodox-häretischen Auslegungen von Heilsgeschichte überhöht, die das Aufsteigen in einen jenseitigen Himmel negieren.

In diesem Sinne paradigmatisch ist die Schlußszene des Romans *Memorial do Convento*: Blimunda, die mit dem so diesseitsverhafteten Sehertum ausgestattet ist, durch feste Körper zu schauen, holt die Seele (nichts anderes als eine dichte Wolke) ihres geliebten Gemahls Baltasar, den die Inquisition auf dem Scheiterhaufen verbrennen läßt, zu sich. Die Seelen gehören nicht Gott im großen jenseitigen Himmel, sondern dem kleinen Himmel der Liebe, der nicht nur momentan von Herrschaftsstrukturen befreit ist, von dem darüberhinaus auch maieutische Kraft ausgeht. So durchzieht eine Kette von Frauengestalten die gesamte Fiktion Saramagos, die gleichsam jene undogmatische Wahrheit gebären, die zum aktiven Widerstand gegen den nur scheinbar unabänderlichen Lauf der Welt führt. Angedeutet in Maria Adelaide, die den Familiennamen Mau-Tempo gegen Espada (Schwert) eintauscht, profiliert sich dieses idealisierte Element des Weiblichen erstmals in Blimunda als geheimem Zentrum einer anderen Weltsicht, die die versteinerten Ordnungen auflöst und zum Aufbruch zu einer anderen Geschichte aufruft, die über die Zeiten hinweg als real ungenutzte, aber prophetisch erträumte Möglichkeiten aufblitzt. Ebenso bringt Lídia in *O Ano da Morte de Ricardo Reis* (dt. *Das Todesjahr des Ricardo Reis*) dasjenige Heteronym Pessoas, das sich am meisten einem indifferenten Stoizismus hingibt, zur Schwelle des aufschreienden Lebens angesichts des tristen »Spektakels der Welt« vor dem Anbruch des Zweiten Weltkrieges. Durch Maria de Magdala wird sich Jesus aus Saramagos *Evangelho* bewußt, daß er zum willfährigen Werkzeug von Gottes Machttraum geworden ist, dem er sich vergebens widersetzt. Dank dem weisen und oft verschwiegenen Handeln der Frau wandelt sich der Stein zu Fleisch, rehumanisiert sich die Geschichte. Bereits Piero Ceccucci sprach anläßlich von Joana Carda und Maria Guavaira aus *A Jangada de Pedra* (dt. *Das steinerne Floß*) von »Hüterinnen und Priesterinnen des Gedächtnisses der Zukunft«.[14] Dieser Roman von 1986, bei dem das geologisch vollzogene Ausbrechen der Iberischen Halbinsel aus dem europäischen Kontinent die Menschen zwingt, ihre Position und Existenz zu überdenken, ähnelt in seiner gleichzeitig unwahrscheinlichen und plausiblen Anlage zwischen Wunderbarem, Anachronismus, Hypothetischem und Science Fiction dem späteren *Ensaio sobre a Cegueira*, wo eine namenlose Alltagswelt westlicher Zivilisation epidemisch von »weißer Blindheit« erfaßt wird. Rätselhafterweise behält nur die »Frau des Arztes« das zweifelhafte Privileg, dieses erblindete Diesseits zu schauen, wie sich unter der dünnen Haut des Humanen die hochzivilisierte Gesellschaft als menschenverachtende Diktatur entpuppt, die Bürger im blinden Kampf, nicht ums Überleben, sondern zur egoistischen Erfüllung ihrer Gier, zu Bestien werden. In dieser zweiten Blimunda, die sehen muß, was sie nicht will, bestätigt sich die privilegierte weibliche Rolle, die an Diotima erinnert: Als Priesterin eines schöpferischen Eros kann sie uns Flügel verleihen, mit denen wir in den Liebeshimmel aufsteigen und so für wenige Augenblicke den Begrenzungen menschlicher Existenz und den Gefängnissen weltlicher Macht, die sich Göttliches anmaßt, entkommen.

Eine solche Vision erscheint erstmals 1982 in *Memorial do Convento*, als die *passarola*, der Flugapparat des ketzerischen Paters Bartolomeu Gusmão, dank der seelensammelnden Seherkraft Blimundas über den megalomanen Klosterbau von Mafra, diesem steingewordenen Traum weltlicher und kirchlicher Macht, der Abertausende unter das Joch der Schwerarbeit zwingt, hinwegfliegt. Dieser hypothetische Flug, der historische Daten erzählerisch extrapoliert (selbst eine seherische Frau wie Blimunda ist verbürgt), bildet das emanzipatorische Gegenstück möglicher Geschichte zur offiziellen barocker Prachtentfaltung unter dem »großherzigen« König João V: Die opulente Über-Erfüllung machtorientierter Prophetie (»Wenn der König gelobt, ein Kloster zu bauen, wird ihm ein Thronerbe geboren«) wird vom ersten futuristischen Satz an parodiert. Doch andererseits verfällt der erfindungsreiche Pater Bartolomeu in rauschhafte Selbstvergottung. Gegenüber jenem spektakulären, jedoch unbezeugten Flug des »Riesenvogels« von Menschenhand wird ein anderer, der an der Erde bleibt, in der Regel überlesen: Der Liebesakt Blimundas und Baltasars in der schon von Pflanzen überwucherten *passarola*, das gleichzeitige In-die-Lüfte-Heben und Erdverbundensein ist das verborgene Zentrum tellurischer Weltkonzeption. In dieser irdischen Apotheose gipfelt die im Roman betriebene karnevalisierte Umkehrung jener theozentrischen Barockordnung, die die Menschen im Namen Gottes unterdrückt. Es geht also nicht um die technische Realisierung des Traums vom Fliegen, sondern um sein Fortleben als realisierter Traum in den Gesprächen Baltasars mit den Arbeitern, die die schweren Marmorblöcke zum Klosterbau heranschaffen. Es geht um sein Fortwirken als Kern eines von Dogmen befreiten und befreienden Sprechens, eines vielfältigen, vermischenden Mythisierens als unabschließbarem mündlichen Erzählakt, der den repressiven, versteinerten und verschrifteten Mythos wuchernd unterläuft. Das Wunderbare wird aus einer ambivalenten Haltung von Faszination und Ironie sowohl aufgebaut als auch demontiert, basierend auf dem gesellschaftlichen Umfeld einer streng katholischen Tradition in Historie und Wirklichkeit, die aber auch Wunderglauben, populäre und gelehrte Häresie nährt. In diesem Aspekt berührt sich *Memorial do Convento* mit dem lateinamerikanischen *real maravilloso* (Magischer Realismus), das Saramago auch zitierend aufnimmt.[15] Doch der überwältigende internationale Erfolg, der diesem Roman beschert war, beruht eher auf Lesegewohnheiten, die bereits bei Gabriel García Márquez die exotische oder folkloristische Mischung aus Magisch-Mythischem und Historischem auskosteten und die der Autor selbst ablehnte.[16] Das aus dem Ausland projizierte Image eines Chronisten wunderbarer Wirklichkeit Portugals bestätigte Saramago in den folgenden Romanen keineswegs, wohl aber dasjenige eines postmodernen Romanciers, das in der Folge von Umberto Ecos *Name der Rose* auch auf die Rezeption von *Memorial do Convento* ausstrahlte, insbesondere aber den folgenden Roman *O Ano da Morte de Ricardo Reis* betraf, der zwar nationale und internationale Auszeichnungen erhielt, aber nicht das große Leserpublikum erreichte. Denn hier tritt das intertextuelle Spiel an die Oberfläche eines Romans, der nur am Ende einen Ansatz zu tatsächlicher Handlung bietet, symbolisiert in der Adamastor-Statue, die fähig sein könnte, einen Schrei auszustoßen. Saramagos kritischer

Dialog mit Camões und Pessoa setzt sich in diesem »Nicht-Epos«[17] deutlich fort: Der passive Ricardo Reis, der 1936 bei einer Tasse Kaffee die düsteren Weltereignisse über die Zeitungslektüre konsumiert und Oden von horazischem Klassizismus schmiedet, könnte sich nämlich mit den Marinesoldaten unten am Tejo solidarisieren, die gegen das junge Salazar-Regime revoltieren. Doch er tut es nicht; dieses Wesen von Papier erlangt kein blutendes Leben, obgleich es durch die Kraft der Liebe an seine Schwelle gebracht wurde, sondern folgt seinem Schöpfer Fernando Pessoa in den Tod nach. Dabei nimmt Ricardo auch seine ständige Lektüre *The God of the Labyrinth* (intertextueller Verweis auf J. L. Borges) mit sich, um »der Welt ein Rätsel zu ersparen«. Der Leser ist gefordert, nach der Lösung zu suchen, die sicherlich darin besteht, in den Fluß des nur scheinbar unabänderlichen Geschichtsprozesses einzugreifen, bevor er Historie wird.

Wollte man Argumente für postmodernes Erzählen finden, könnte man auf die Vorläufigkeit der Handlung, die Spatialisierung der Zeit, die diegetische Undifferenziertheit, Intertextualität und Parodie verweisen, dem jedoch eine relative (zyklische) Geschlossenheit und eine nur verhaltene Fragmentarisierung gegenüberstehen. Saramagos historiographische Metafiktion[18] wirkt gleichzeitig innovativ und erzählerischen Traditionen verhaftet. Denn der von Saramago gepflegte auktoriale Roman wird durch Stimmenvielfalt im Sinne Bachtins und durch das Wuchern hypothetisch-futurischen Sprechens im Sinne von Gerald Princes ›Ent-erzählen‹ (*dénarré*) nicht in seiner referentiellen Funktion bestätigt, sondern ausgehöhlt.[19] Saramago unternimmt so ein heterodoxes Neu-Mythisieren aus den aufgesprengten Bruchstücken derjenigen Historiographie und Literatur Portugals, die die nationalen Mythologeme festschrieb. Diese produktive Auseinandersetzung mit dem nationalen Identitätsdiskurs setzt sich verstärkt in den Romanen *A Jangada de Pedra* und *História do Cerco de Lisboa* (dt. *Geschichte der Belagerung von Lissabon*) fort, begleitet von Essays, die sich kritisch zur Position Portugals gegenüber Spanien und der lateinamerikanischen Welt, gegenüber Brasilien und der lusophonen Welt äußern. Saramagos Denken koinzidiert in vielen Punkten mit demjenigen Eduardo Lourenços und ist zutiefst in einer iberischen Tradition verwurzelt (Antero de Quental, Miguel de Unamuno, usw.).[20]

Hochgradig intertextuell verwoben, erhebt *História do Cerco de Lisboa* Schreib- und Leseprozesse selbst zum Zentrum erzählter Geschichte und erweist sich so als explizite historiographische Metafiktion gegenüber den bisherigen impliziten. Der Roman hat hauptsächlich gebildete Leserkreise begeistert und nicht das große Publikum wie frühere Werke, in denen dieses Nein gegenüber offizieller Geschichte nicht ausführlich selbstreflexiv thematisiert wurde, sondern im alternativen Fabulieren präsent war. Jetzt geht es um eine hypothetische Historiographie des rebellischen Verlagskorrektors Raimundo Silva, der die Eroberung des maurischen Lissabons anders erzählt und somit an einem Gründungsmythos des portugiesischen Staates rüttelt. Dabei geht es weniger um konkrete Konsequenzen eines alternativen Geschichtsverlaufs als um die befreiende Tat, mit einem subversiven Deleatur und der Setzung eines Neins sowohl die Begrenzungen vorgegebener Historie als auch eine resignative Haltung gegenüber dem Leben aufzugeben. Angestiftet durch die neue Verlagslektorin Maria Sara erfolgt ein vielfaches Schleifen von Mauern, die Auflösung von Versteinerungen. Alternatives Fabulieren, bewußte Verfälschungen und Anachronismen stehen der spitzfindigen und parodierenden Aufdeckung der mit Objektivität bemäntelten Fälschungen, Anachronismen, Fiktionalisierungen und Verzerrungen der Nationalgeschichte gegenüber. Dazu gehört auch die einseitige Feldherren-Sichtweise der Sieger, die unter dem Etikett des christlichen Glaubenskrieges geschönt wurde, gegenüber den arabischen Bewohnern Lissabons. So durchzieht die Figur eines blinden Muezzins wie ein verborgenes seherisches Zentrum die alternative Geschichtsvision von *História do Cerco de Lisboa*, während unter dem Blick des flanierenden Raimundo Silva die Lissaboner Alfama zu ihrer verschütteten arabischen Identität wiedererwacht. An dieser Stelle läßt sich der Kreis zum eingangs zitierten Text »Steinaugen« schließen: Auch die Statuen und Bildwerke können sehen, wenn wir erweckende Blicke auf sie werfen. Saramagos hierauf basierende Poetik erhält im bislang letzten Roman

Ensaio sobre a Cegueira seinen pessimistischsten Ausdruck, etwa in der Vorstellung, allen Heiligenfiguren und vor allem dem Gekreuzigten die Augen verbinden zu müssen, da es Gott nicht verdiene zu sehen. Und als die Menschen das Ende der epidemischen Blindheit feiern – in einer Euphorie, die an die revolutionäre von *Levantado do Chão* erinnert, unterlaufen die Existenz von Müllbergen und die skeptische Rede der Frau des Arztes das Wunschbild eines humanen Neuanfanges:

> Ich denke, daß wir nicht erblindet sind, ich denke, daß wir blind sind, Blinde, die sehen, Blinde, die sehend nicht sehen.

Und trotzdem wird die Utopie zurückgefordert, besteht ein Quentchen Hoffnung, daß der Mensch eines Tages menschlich wird und wirklich sieht. Seit *Levantado do Chão* schreibt Saramago mit einem karnevalisierenden apokalyptischen Diskurs gegen die vielfachen Kultur- und Zivilisationsuntergänge an. Dabei bewahrt er sich im Gegensatz zu vieler postmoderner Literatur, die sich im Angesicht der Apokalypse in autoreflexiven Gebärden erschöpft, post-aufklärerische humanistische Moralistik. Dies begründet Faszination und Ablehnung seiner Schrift, denn die Geister scheiden sich an der Frage, ob man Saramagos irdische Prophetie des Vergangenen als mögliche Aktualisierung engagierter Literatur oder als anachronistische Missionsgeste für eine bessere Welt sehen soll.

Anmerkungen

1 »Os olhos de pedra« in: *Deste Mundo e do Outro*, Lisboa: Caminho 1986, S. 63-64.

2 Saramago reflektiert diese Entwicklung 1991 in »Os três nascimentos«, *Jornal de Letras* XI/453, S. 43.

3 Zitate aus einem selbstreflexiven Text Saramagos ohne Titel in *El Urogallo* 82 (März 1993), S. 175.

4 Dies wird ebenfalls bereits in früheren Texten prägnant formuliert, etwa in »Os gritos de Giordano Bruno« in: *A Bagagem do Viajante* (1973; Gepäck des Reisenden): »Giordano Bruno schrie, als er verbrannt wurde. Im Lexikon steht nur, daß er verbrannt wurde, aber nicht, daß er schrie.«

5 Saramago im Interview mit Manuel Gusmão, *Vértice* 14 (1989), S. 85.
6 *Cadernos de Lanzarote – Diário III*, 1996, S. 185. Dieses Tagebuch enthält vollständig das Skript des Vortrages »Contar a vida de todos e de cada um« (S. 181-189), in dem Positionen, die seit 1986 an verschiedener Stelle formuliert wurden, zusammengefaßt sind.
7 Friedrich Nietzsche, »Vom Nutzen und Nachtheil der Historie für das Leben« (in: *Zweite unzeitgemäße Betrachtung*).
8 Saramago im Interview mit José Carlos de Vasconcelos, *Jornal de Letras* X/354 (1989), S. 10.
9 Saramago spricht gerne von den Grauzonen der noch formlosen oder der verlorenen Zeit (»tempo perdido e informe«), die ihn faszinieren (»La historia como ficción, la ficción como historia«, *Débats* 27, 1989, S. 12).
10 »O Ocidente, futuro do passado«, Vers aus »Campo dos Castelos«, dem ersten Gedicht der *Mensagem*.
11 Bezeichnenderweise äußerte Saramago wiederholt den Wunsch, einmal eine Biographie von Padre António Vieira zu schreiben.
12 Vom Autor selbst gibt es keinen Hinweis auf eine Lektürebeziehung.
13 Saramago im Interview mit Elías Serra und José Planells, *Boca Bilingüe* 8 (1993), S. 15.
14 Piero Ceccucci, »L'utopia saramaghiana come progetto della storia umana«, in: *El Girador. Studi di Letterature Iberiche e Ibero-Americane offerti a Giuseppe Bellini*, Roma: Bulzoni 1993, S. 215.
15 Siehe explizit das Motto von Alejo Carpentier in *A Jangada de Pedra*. In *Memorial do Convento* gibt es deutliche Bezüge zu Alejo Carpentier (u. a. die Gestalt des Komponisten Domenico Scarlatti), sowie zu *Terra Nostra* von Carlos Fuentes, auf die erstmals Albert von Brunn hingewiesen hat (»Aus portugiesischer Vergangenheit«, *Neue Zürcher Zeitung* 91, 20.4.1983, S. 40).
16 Saramago im Interview mit Henry Thorau, *Die Zeit* 5, 23.1.1987, S. 49.
17 Begriff von Eduardo Lourenço, »Da contra-epopeia a não-epopeia: de Fernão Mendes Pinto a Ricardo Reis«, *Revista Crítica de Ciências Sociais* 18-20 (1986).
18 Dieser zentrale Begriff von Linda Hutcheon wurde erstmals durch Helena Kaufman (»A metaficção historiográfica de José Saramago«, *Colóquio-Letras* 120, 1991) auf Saramago bezogen.
19 Siehe hierzu unsere Studie »La actualidad del ›desnarrar‹: José Saramago ante la Historia«, in: *Mundos de Ficción; Investigaciones Semióticas VI*, (Hg.) J. M. Pozuelo Yvancos und F. Vicente Gómez, Univ. de Murcia, 1996.
20 Im Einklang mit dieser Haltung hat Saramago 1993 Lanzarote als ›exzentrischen‹ Wohnort gewählt. Mit dem kulturpolitischen Skandal um *Evangelho segundo Jesus Cristo* erhielt dieser Rückzug auf eine spanische Insel noch stärker den Charakter eines Exils, eines enttäuschten

Abwendens von der Heimat, das unter der Anklage antipatriotischen Verhaltens (Heirat einer Spanierin!) ganz in der Tradition der *Estrangeirados* seit dem 17. Jahrhundert steht.

Lebenslauf José Saramago

1922 Am 16. November wird José Saramago (eig. José de Sousa) in Azinhaga (Ribatejo) geboren. Sohn einer Landarbeiterfamilie.

1924 Umzug nach Lissabon, wo der Vater als Stadtpolizist arbeitet. Wiederholte und lange Aufenthalte auf dem Land.

1939 Wegen fehlender ökonomischer Mittel abgebrochene höhere Schulbildung, statt dessen Ausbildung zum Maschinenschlosser auf einer Industriefachschule.

1944 Nur kurze Ausübung seines Berufs, danach Technischer Zeichner und Verwaltungsangestellter bei Vorsorgekassen (bis 1954). Erwachen politischen Bewußtseins. Heiratet die Malerin und Grafikerin Ilda Reis.

1947 Geburt seiner einzigen Tochter Violante. Sein erster Roman *Terra do Pecado* (eig. *A Viúva*) erscheint ohne nennenswerte Resonanz.

1955 Gelangt in Literatenkreise (*Café Chiado*), arbeitet im Verlag *Estúdios Cor* (bis 1971). Erste Publikationen in Zeitschriften.

1966 Veröffentlicht seinen ersten Gedichtband *Os Poemas Possíveis*.

1968 Arbeitet als Literaturkritiker an *Seara Nova* mit.

1969 Erste Reise ins Ausland (Paris); Eintritt in die Portugiesische Kommunistische Partei (PCP).

1970 Scheidung von Ilda Reis; lebt mit der Schriftstellerin Isabel da Nóbrega zusammen (bis 1986).

1971-73 In der Redaktion des *Diário de Lisboa* als politischer Kommentator, 1973 Leiter der literarischen Beilage.

1974 Arbeitet für verschiedene Presseprojekte. Nach dem 25. April im Ministério da Comunicação Social.

1975 Arbeitet als »Director-adjunto« im *Diário de Notícias*, bis am 25. November die Redaktion aufgelöst wird. Diese erneute Arbeitslosigkeit sieht der Autor rückblickend als den glücklichen Umstand, durch den er sich nun voll und ganz dem Schreiben widmete. Tätigkeit als Übersetzer.

1976 Lebt für einige Monate mit den Landarbeitern in der UCP »Boa Esperança« in Lavre (Alto Alentejo). Schreibt *Levantado do Chão*.

1977 Veröffentlicht den Roman *Manual de Pintura e Caligrafia*, den er vor 1974 begonnen hatte.

1979 Veröffentlicht sein erstes Theaterstück *A Noite*. Der *Círculo de Leitores* beauftragt ihn mit der Reisebeschreibung *Viagem a Portugal* (1981 publiziert).

1982 Nach seinem großen Erfolgsroman *Memorial do Convento* erscheinen in rascher Folge weitere Romane [siehe Bibliographie].

1988 Heiratet die Sevillaner Journalistin Pilar del Río.

1989 Kandidatur für das Europäische Parlament als Vertreter des PCP.

1990 Aufführung der Oper *Blimunda* (Azio Corghi) in der Mailänder Scala. Ehrendoktorwürde der Universität Turin.

1992 Skandal um *Evangelho segundo Jesus Cristo*: Internationaler Protest gegen die Entscheidung des portugiesischen Staates, den Roman von der Kandidatur zum Literaturpreis der Europäischen Gemeinschaft auszuschließen. Großer Romanpreis des portugiesischen Schriftstellerverbands (APE).

1993 Übersiedelung nach Lanzarote; Mitglied des Internationalen Schriftstellerparlaments in Straßburg; Aufführung der Oper *Divara – Wasser und Blut* in Münster. Nationale und internationale Auszeichnungen.

1994 Es erscheint der erste Band der *Cadernos de Lanzarote*, die jährlich fortgesetzt werden.

1995 Veröffentlicht *Ensaio sobre a Cegueira*. Aufführung der Kantate *Morte di Lazaro* in San Marco (Mailand) nach Texten aus *In Nomine Dei*, *O Evangelho segundo Jesus Cristo* und *Memorial do Convento*. Verleihung des Prémio Camões.

José Saramago in deutscher Sprache

Hoffnung im Alentejo (*Levantado do Chão*), übers. von Rainer und Rosi Bettermann, Berlin/Weimar: Aufbau 1985; dass. Reinbek: Rowohlt 1987.

Das Kloster zu Mafra (*Memorial do Convento*), übers. von Andreas Klotsch, Berlin/Weimar: Aufbau 1986; dass. unter dem Titel *Das Memorial*, Reinbek: Rowohlt 1986.

Das Todesjahr des Ricardo Reis (*O Ano da Morte de Ricardo Reis*), übers. von Rainer Bettermann, Berlin/Weimar: Aufbau 1988; dass. Reinbek: Rowohlt 1988.

Das steinerne Floß (*A Jangada de Pedra*), übers. von Andreas Klotsch, Reinbek: Rowohlt 1990.

»Embargo« (»Embargo« aus dem Band *Objecto quase*), übers. von C. Meyer-Clason, in: Ders./Dieter Offenhäußer (Hg.), S. 422-434.

Handbuch der Malerei und Kalligraphie (*Manual de Pintura e Caligrafia*), übers. von M. E. Alvelos, Reinbek: Rowohlt 1990.

Geschichte der Belagerung von Lissabon (*História do Cerco de Lisboa*), übers. von Andreas Klotsch, Reinbek: Rowohlt 1992.

Das Evangelium nach Jesus Christus (*O Evangelho segundo Jesus Cristo*), übers. von Andreas Klotsch, Reinbek: Rowohlt 1993.

Der Stuhl und andere Dinge (*A Cadeira*; Originaltitel der Sammlung: *Objecto Quase*), übers. von Sarita Brandt und Andreas Klotsch, Reinbek: Rowohlt 1995.

Die Stadt der Blinden (*Ensaio sobre a Cegueira*), übers. von Ray-Güde Mertin, Reinbek: Rowohlt 1997.

Werke von José Saramago

Romane

Manual de Pintura e Caligrafia (dt. *Handbuch der Malerei und Kalligraphie*) Lisboa: Moraes 1977; ern. Lisboa: Caminho 1983.

Levantado do Chão (dt. *Hoffnung im Alentejo*), Lisboa: Caminho 1980.

Memorial do Convento (dt. *Das Kloster zu Mafra* bzw. *Das Memorial*), Lisboa: Caminho 1982.

O Ano da Morte de Ricardo Reis (dt. *Das Todesjahr des Ricardo Reis*), Lisboa: Caminho 1984.

A Jangada de Pedra (dt. *Das steinerne Floß*), Lisboa: Caminho 1986.

História do Cerco de Lisboa (dt. *Geschichte der Belagerung von Lissabon*). Lisboa: Caminho 1989.

O Evangelho segundo Jesus Cristo (dt. *Das Evangelium nach Jesus Christus*), Lisboa: Caminho 1991.

Ensaio sobre a Cegueira (dt. *Die Stadt der Blinden*), Lisboa: Caminho 1995.

Todos os Nomes, Lisboa: Caminho 1997.

Erzählungen und Reisebeschreibung

Objecto quase (dt. *Der Stuhl und andere Dinge)*, Lisboa: Moraes 1978; ern. Lisboa: Caminho 1984.

»O ouvido« in: *Poética dos Cinco Sentidos*, Lisboa: Bertrand 1979.

Viagem a Portugal, Lisboa: Círculo de Leitores 1981; ern. Lisboa: Caminho 1995 (ohne Illustrationen).

Lyrik

Os Poemas Possíveis, Lisboa: Portugália 1966; ern. Lisboa: Caminho 1981 (vom Autor verbessert).

Provavelmente Alegria, Lisboa: Horizonte 1970; ern. Lisboa: Caminho 1985 (vom Autor verbessert).

O Ano de 1993, Lisboa: Futura 1975; ern. Lisboa: Caminho 1987.

Theater

A Noite, Lisboa: Caminho 1979.

Que Farei com este Livro?, Lisboa: Caminho 1980.

A Segunda Vida de Francisco de Assis, Lisboa: Caminho 1987.
In Nomine Dei, Lisboa: Caminho 1993.

Chroniken und Essays
Deste Mundo e do Outro [Texte von 1968-69], Lisboa: Arcádia 1971; ern. Lisboa: Caminho 1985.
A Bagagem do Viajante, Lisboa: Futura 1973, ern. Lisboa: Caminho 1986.
As Opiniões que o D[iário]L[isboa] teve, Lisboa: Seara Nova – Futura 1974.
Os Apontamentos, Lisboa: Seara Nova 1976; ern. Lisboa: Caminho 1990.

Tagebücher
Cadernos de Lanzarote: *Diário – I*, Lisboa: Caminho 1994; *Diário – II*, Lisboa: Caminho 1995; *Diário – III*, Lisboa: Caminho 1996; *Diário – IV*, Lisboa: Caminho 1997.

Gesamtausgabe
Obras de José Saramago, 3 Bde., Porto: Lello & Irmão 1991.

Sekundärliteratur (Auswahl)

Übergreifende Darstellungen und Untersuchungen
Costa, Horácio, *José Saramago: o período formativo*, Lisboa: Caminho 1997 [Diss. Yale 1993].
Grossegesse, Orlando, *Entsteinerte Geschichte: Ein Handbuch zu José Saramago*, Berlin: tranvía 1997.
Seixo, Maria Alzira, *O essencial sobre José Saramago*, Lisboa: Imprensa Nacional – Casa da Moeda 1987.
Silva, Teresa Cristina Cerdeira da, *José Saramago – entre a história e a ficção: uma saga de portugueses*, Estudos portugueses 22, Lisboa: Dom Quixote 1989 [Diss. UFRJ 1987].

Sammelwerke, Akten, thematische Ausgaben
Ceccucci, Piero (Hg.), *Viaggio intorno al Convento di Mafra*, Milano: Guerini 1991 [Symposium zur Uraufführung von *Blimunda*].
espacio/espaço escrito 9/10, Badajoz (Winter 1993) [zusammen mit Juan Goytisolo].
Hess, Rainer (Hg.), *Portugiesische Romane der Gegenwart*, Frankfurt am Main: Vervuert 1992 (Bibliotheca Ibero-Americana 40): Vier Aufsätze zu Saramago.
– (Hg.), *Portugiesische Romane der Gegenwart: Neue Interpretationen*, Frankfurt am Main: TFM/Domus Editoria Europaea 1993 (Beihefte zu *Lusorama*): Zwei Aufsätze zu Saramago.

Lanciani, Giulia (Hg.), *José Saramago: Il bagaglio dello scrittore*, Roma: Bulzoni 1996.
Ornelas, José N./Paulo de Medeiros (Hg.), *Actas do I Colóquio Internacional sobre José Saramago* [Amherst, Mass.], Lisboa: Caminho 1997.
Quimera 150, Barcelona (September 1996).
Revista Crítica de Ciências Sociais 18-20, Coimbra 1986: Zwei Aufsätze zu Saramago von Eduardo Lourenço und Carlos Reis.
Vértice 52, Lisboa (Januar/Februar 1993) [Akten des Seminars in Huelva 1992].

Wichtige Einzelstudien
Costa, Horácio, »Sobre a Pós-modernidade em Portugal. Saramago revisita Pessoa«, *Colóquio-Letras* 109 (1989), S. 33-40.
Daniel, Mary L., »Ebb and Flow: Place as Pretext in the Novels of José Saramago«, *Luso-Brazilian Review* XXVII (1990), S. 25-39.
Fokkema, Douwe, »How to decide whether *Memorial do Convento* by José Saramago is or is not a postmodernist Novel?«, *Dedalus* 1, Lisboa 1991, S. 293-302.
Frier, David, »Ascent and Consent: Hierarchy and popular emancipation in the novels of José Saramago«, *Bulletin of Hispanic Studies* LXXI (1994), S. 125-138.
Glab, Volker, »Zur Rollenverteilung in der «Heiligen Familie» von José Saramagos *O Evangelho segundo Jesus Cristo* (1991)«, in: Schönberger, Axel (Hg): *Geschlechterdiskurse in der modernen Literatur Brasiliens, Portugals und der PALOP*, Frankfurt/Main: TFM/Domus. Ed. Europala 1996, S. 127-139.
Gobbi, Marcia V. Zamboni, »A outra história do cerco de Lisboa: (Des)-arranjos entre fato e ficção«, *Revista de Letras (RDL)* 34 (1994), S. 73-90.
Grossegesse, Orlando, »José Saramago, *Memorial do Convento*«, in: R. Hess (Hg.) 1992, S. 137-150.
–, »José Saramago: O *Evangelho segundo Jesus Cristo* (1991)«, in: R. Hess (Hg.) 1993, S. 123-139.
Hasebrink, Gesa, »*O Ano da Morte de Ricardo Reis* (1984). Eine Untersuchung zur Darstellung von Figuren, Tod und Zeitgeschehen«, in: R. Hess (Hg.) 1992, S. 151-163.
Heilmair, Hans-Peter, »José Saramago, *A Jangada de Pedra*. Europa zur Achtung gerufen«, in: R. Hess (Hg.) 1992, S. 165-172.
Ille, Hans Jürgen, »José Saramago: Das Kloster zu Mafra«, *Weimarer Beiträge: Zeitschrift für Literaturwissenschaft, Ästhetik und Kulturwissenschaften* 34, 3 (1988), S. 471-482.
Kaufman, Helena, »A metaficção historiográfica de José Saramago«, *Colóquio-Letras* 120 (1991), S. 124-136.

–, »Evangelical truths: José Saramago on the life of Christ«, *Revista Hispanica Moderna* 47,2 (1994), S. 449-458.

Mertin, Ray-Güde, »José Saramago – Von der zentralen Peripherie«, *DU* 9 (1996), S. 35-37.

Lopes, Oscar, *Os Sinais e os Sentidos: Literatura Portuguesa no Século XX*, Lisboa: Caminho 1986, S. 195-217 [drei Aufsätze].

Ponteiro, Giovanni, »José Saramago and *O Ano da Morte de Ricardo Reis*: the making of a masterpiece«, *Bulletin of Hispanic Studies* 71, 1 (1994), S. 139-148.

–, »The apotheosis of Blimunda: an opera by Azio Corghi based on Saramago's *Memorial do convento*«, in: Mackenzie, Ann L./Dorothy S. Severin (Hg.), *Hispanic studies in honour of Geoffrey Ribbans*, Liverpool: Liverpool UP 1992, S. 371 ff.

Rebelo, Luís de Sousa, »Os rumos da ficção de José Saramago«, in: *Manual de Pintura e Caligrafia*, Lisboa: Caminho 1983, S. 7-38.

Rouanet, Maria Helena, »Em pedaços de encaixar. Leitura de *Memorial do Convento* de José Saramago«, *Colóquio-Letras* 101 (1988), S. 55-63.

Schmidt, Simone Pereira, »No meu caso, o alvo é Deus: paródia e humanismo no *Evangelho* de Saramago«, *Discursos* 7, Coimbra 1994, S. 63-79.

Schor, Andreas,«José Saramago, *Levantado do chão*. Es bewegt sich doch etwas im südportugiesischen Grundbesitz«, in: R. Hess (Hg.) 1992, S. 123-136.

–, »José Saramago: *História do cerco de Lisboa* (1989): ein historischer Roman«, in: R. Hess (Hg.) 1993, S. 101-121.

Seara, Ana Maria Camargo, *Fictions of nationhood and the contemporary novel written in portuguese: José Saramago, José Luandino Vieira and João Ubaldo Ribeiro*, Diss. University of North Carolina, Chapel Hill 1993.

Seixo, Maria Alzira, »*Memorial do Convento*: entre a pedra e o som«, in: *Memorial do Convento*, Lisboa: Círculo de Leitores 1988, S. VII – XX.

–, »*História do Cerco de Lisboa* ou a respiração da sombra«, *Colóquio-Letras* 109 (1989), S. 33-40.

Siepe, Hans T., »In den Räumen der Phantasie, in der Wahrheit der Geschichte«: Zur dialektischen Vermittlung zweier Welten im *Memorial do convento* (1982) von José Saramago«, *Iberoromania* 37 (1993), S. 28-50.

Silva, Teresa Cristina Cerdeira da, »Reler Portugal em Pessoa e Camões: uma leitura de *O ano da morte de Ricardo Reis* e de *Que farei com este livro?*«, *Vértice* 24 (1990).

Souto, Elvira, »Textos em diálogo: *O Ano da Morte de Ricardo Reis*«, *Vértice* 27 (1990), S. 69-81.

Wichtige Interviews

Jornal de Letras IV/148 (1984) mit Francisco Vale.

Boletim Centro de Estudos Portugueses UFMG 12 (1986) mit Lélia Parreira Duarte u. a.

Die Zeit 5 23.1.1987 mit Henry Thorau.

Expresso (Revista) 22.4.1989 mit Clara Ferreira Alves.

Ler 6 (1989) mit Francisco José Viegas.

Vértice 14 (1989) mit Manuel Gusmão.

Jornal de Letras IX/354 (1989) mit José Carlos de Vasconcelos.

Expresso (Revista) 2.11.1991 mit Clara Ferreira Alves.

Jornal de Letras XI/487 (1991) mit José Carlos de Vasconcelos.

Setembro 1 (1992) mit José Manuel Mendes.

Boca Bilingüe 8 (1993) mit Elías Serra und José Planells.

Jornal de Letras XV/653 (1995) mit Maria Leonor Nunes.

Jornal de Letras XVII/690 (1997) mit Rodrigues da Silva.

Fluß ohne Brücke
Das Schreiben der Ilse Losa

Gerd Hammer

Ilse Losa ist ein Spezialfall nicht nur der portugiesischen Literatur, denn Autoren, die erst in einer Fremdsprache zu schreiben beginnen und damit dann Erfolg und Anerkennung erzielen, gibt es nicht eben viele. Und wenn auch am Anfang dieses Schriftstellerlebens eigenes Unglück infolge des Nationalsozialismus steht, vermag doch das persönliche und literarische Durchsetzen in Portugal als Lichtblick und Trost zu erscheinen.

Als Kind jüdischer Eltern wird Ilse Lieblich 1913 in Buer im Bezirk Osnabrück geboren. So beginnt ein Leben, das sich immer zwischen den Kulturen abspielen wird, das aus ebendiesem Status heraus seine Krisen und seine Energien bezieht. In ihrem ersten, teilweise biographischen Roman *O Mundo em que vivi* (1949, dt. *Die Welt in der ich lebte. Die Geschichte der Rose Frankfurter*) beschreibt Ilse Losa auch das Leben zwischen den Religionen:

> Wenn ich nach dem Gottesdienst an Großvaters Seite blieb, der angeregt mit Freunden schwatzte, beobachtete ich die Gesichter der Vorübergehenden und bemerkte manchmal ein spöttisches Lächeln. Dann überkam mich der Wunsch, zu ihnen zu gehören, den anderen, die sonntags unbeschwert in die Kirche gingen und einen allgemein anerkannten Gott verehrten, einen Gott, der zum Dorf gehörte wie Doktor Dorn, der Arzt, während unser Gott keinen guten Ruf zu haben schien. Außerdem beteten wir in einem Haus, das Synagoge hieß, was gegenüber dem Wort Kirche fremd klang. (*Die Welt in der ich lebte*, S. 52)

Ilse Losas Vater ist Pferdehändler wie auch schon der Großvater. Als die Familie nach Melle umzieht, bleibt das Kind bei den Großeltern, inzwischen ist der Erste Weltkrieg ausgebrochen, und der Vater wird einberufen. Anders als die Eltern sind die Großeltern fromme Juden. Ilse Losa, die selber nicht gläubig ist und auch nicht Hebräisch spricht, erinnert sich vor allem, wie der Großvater sie segnete:

Ich thronte auf zwei Kissen erhöht auf einem Stuhl. War die Mahlzeit beendet, setzte Großvater ein Käppchen auf und betete mit auf dem Schoß übereinandergelegten Händen. Dann hob er mich von meinem Stuhl, nahm mich zwischen seine Knie und legte mir die rechte Hand auf den Kopf. So segnete er mich Tag für Tag, immer mit der gleichen Ruhe, der gleichen Feierlichkeit, der gleichen Liebe. (a.a.O., S. 15)

Als ihr 1934 die Flucht vor den Nationalsozialisten nach Portugal gelingt, glaubt sie, daß es eben dieser Segen war, der sie beschützte.

Den ersten Einbruch in die kindliche Welt erfährt die Sechsjährige, als sie vom Vater bei den Großeltern abgeholt und in das Elternhaus im nahegelegenen Melle mitgenommen wird. In ihrem ersten Roman wird sie die Beziehung zu ihrer Mutter als eine Kette beschreiben, an der die schönsten Perlen fehlen, die Welt der ersten Jahre habe sie nicht mit ihr geteilt. Die Schule besucht Ilse Losa bis zum elften Lebensjahr in Melle, damals im Vergleich zu dem kleinen Dorf Buer schon eine Stadt, anschließend das Lyzeum in Osnabrück und dann in Hildesheim. Das Abitur kann sie nicht mehr machen, da der Vater plötzlich stirbt und der Familie kein Geld hinterläßt. Ilse Losa besucht eine Kaufmannsschule in Hannover, bekommt auch kurz eine Anstellung. In dieser Zeit schreibt sie auch eine erste, verlorengegangene Geschichte, deren Druck aber die Mutter verhindert, da die Zeitung nicht dafür bezahlen wollte.

Mit 17 Jahren geht Ilse Losa dann für ein Jahr als Au-Pair-Mädchen nach England. Nach ihrer Rückkehr arbeitet sie als Röntgenassistentin und geht dann nach Berlin. Die Machtübernahme der NSDAP erlebt sie aber noch in Hannover, nicht in Berlin, wie in ihrem Roman geschildert.

Alle Menschen kamen auf die Straße, ich glaube, ganz Hannover stand auf der Straße, und dann kamen die mit ihren Fackeln anmarschiert. Und dann schrien die: Sieg Heil. Und ich stand dazwischen. Und die hoben alle ihre Hand hoch. Ich habe es aber fertiggebracht, nicht die Hand zu heben. Und dann am nächsten Tag im Krankenhaus sagten sie dann, innerhalb von 24 Stunden müßte ich weg. Ich bin sofort gegangen, habe gesagt: »Ich brauche keine 24 Stunden.« (G. H.: Gespräch mit Ilse Losa vom 19.11.1991.)

Über das jüdische Arbeitsamt findet sie noch eine Stelle in einem Berliner Büro. Als kurz darauf der Leiter dieses Büros und bald auch eine weitere Angestellte fliehen, bleibt Ilse Losa allein zurück. In einem Brief an eine befreundete Pazifistin schreibt sie, Hitler sei ein Verbrecher. Die Post wird offensichtlich kontrolliert, kurz darauf durchsucht und zerstört die Gestapo das Büro. Ilse Losa wird zum Verhör in die Gestapo-Zentrale zitiert. »Wo haben Sie Ihr goldenes Haar gestohlen«, wird der Beamte zu der blonden Jüdin sagen und ihr eine knappe Frist bis zum nächsten Verhör gewähren. Das Ende von *Die Welt in der ich lebte* ist diesem entscheidenden Lebensmoment gewidmet:

> Alexanderplatz. Das Menschenmeer nahm mich auf, mich, den unbedeutenden Tropfen, der lebte, atmete, den Himmel sah und die Sonne. Menschen wie ich. Doch niemand von ihnen wußte, daß mein Leben wenige Minuten vorher auf dem Spiel gestanden hatte, daß mir, der Jüdin Frankfurter, fünf Tage blieben, Deutschland zu verlassen. (a.a.O., S. 231)

Ilse Losa fährt sofort zu ihrer Mutter nach Hildesheim, dann weiter nach Hamburg, von dort mit dem Schiff nach Porto, wo ihr Bruder bereits im Exil auf sie wartet.

Die Familie hatte insgesamt einigermaßen Glück. Der zweite Bruder kommt auch nach Portugal, der Mutter gelingt 1938 die Flucht nach England. Später, nach ihrer Rückkehr nach Deutschland, wird sie an Verfolgungswahn leiden, hält sie jeden in ihrer Umgebung für einen Faschisten. Von der engeren Familie wird der Lieblingsonkel Ilse Losas ins Konzentrationslager verschleppt. Als er nach den Jahren in Buchenwald und Theresienstadt heimkehrt, erkennt ihn die eigene Frau, eine Christin, nicht mehr. In der Erzählung »Der Überlebende, oder: Buchenwald«[1] hat Ilse Losa ihm ein literarisches Denkmal geschaffen.

Mittellos, aber mit dem Vorteil der Jugend kommt Ilse Losa 1934 nach Portugal. Die Zwanzigjährige trifft auf eine extrem arme Bevölkerung. Lange Zeit ging die Rechnung des Diktators Salazar auf: Halte das Volk arm und ungebildet, dann ist die Macht nicht in Gefahr. 1928 wurde António Oliveira Salazar Finanzminister, von 1932 bis 1968 war er Ministerpräsident. Der von ihm geschaffene Neue Staat (Estado Novo) aber kannte, anders als der deutsche Nationalsozialismus, keinen Führerkult und war nicht rassistisch, auch wenn es sich um eine faschistische Diktatur handelte.[2] 1934 war es für Ilse Losa noch kein

Problem, in Portugal zu bleiben und auch zu arbeiten. Erst 1938 änderte sich die Politik Salazars, als der Flüchtlingsstrom so groß wurde, daß Lissabon die Menge nicht mehr aufnehmen konnte. Dann gab es nur noch Transitvisa, und viele Flüchtlinge wurden in sogenannte »residências fixas« (feste Wohnsitze) u. a. in Caldas da Rainha, Ericeira oder Curia untergebracht. Für die Regelung ihrer Visaangelegenheiten in Lissabon mußten sie jedesmal Genehmigungen einholen, da sie sich von diesen Orten nur in einem bestimmten Radius entfernen durften. Wer ohne gültigen Paß oder Aufenthaltsgenehmigung angetroffen wurde, mußte mit seiner Verhaftung rechnen, wie es dem Bruder von Ilse Losa geschah. Ohne es zu wissen, ist Miguel Torga ihm wohl im Gefängnis begegnet. In *Die Erschaffung der Welt* hat er es beschrieben:

Außer meinem Bettnachbarn, Alexis, einem griechischen Hausierer mit wachen Augen, schlagfertiger Gescheitheit und unbezähmbarer Einbildungskraft, der die Vorrechte des Nachbarn weidlich nutzte, kamen neben anderen: Klaus, junger österreichischer Jude, ein Sänger, der mit einem Haarnetz schlief und von rauschenden Erfolgen in Amerika träumte, wohin er auszuwandern suchte.[3]

Kurz darauf wurde der Bruder entlassen und konnte nach Amerika emigrieren, auch wenn sich der Traum einer Karriere als Sänger letztlich nicht erfüllte.

Ilse Losas eigenes Leben aber verläuft eher am Rande dieser Füchtlingstragödien. Der vor ihr schon im Exil angekommmene jüngere Bruder hatte bereits einige Freunde in der Stadt, vor allem unter Studenten der Kunsthochschule. Viele der damals von Ilse Losa geschlossenen Freundschaften haben sich bis heute erhalten. Wie Ilse Losa selbst zählen die damals gewonnenen Freunde heute zu den bekannten Künstlern und Schriftstellern des Landes, darunter der Maler Júlio Pomar, der Dichter Eugénio de Andrade sowie der Kritiker und Literaturhistoriker Óscar Lopes. Hier lernt sie auch den Architekten Arménio Losa kennen, heiratet ihn und wird Portugiesin. Sie ist eine der ganz wenigen Frauen, die man in den Cafés von Porto antreffen kann. Beruflich schlägt sie sich erst mit Deutsch- und Englischunterricht durch, später leitet sie einen Kindergarten und liest an der Pädagogischen Hochschule über Kinderliteratur.

Zwar ist sie so den Nazis in Deutschland entkommen, doch trifft sie in Porto auf eine deutsche Auslandsgemeinde, die weitestgehend nationalsozialistisch orientiert ist. Die Wahl des Portugiesischen als Literatursprache wie auch die Tatsache, daß ihre beiden Töchter die Deutsche Schule in Porto nicht besuchen, hat entscheidend mit diesen Auslandsdeutschen zu tun. Den inneren Konflikt, ob die Entscheidung, eine portugiesische Autorin zu werden, künstlerisch richtig war, hat sie nie ganz bewältigt, obwohl es pragmatisch gewiß angemessen war. Auch hier kann sich der Riß in ihrem Leben nie schließen. Dies ist wohl auch ein Grund für die vielen liebevollen Beschreibungen der Kindheit, auch der eigenen, in ihren Büchern, war es doch lediglich die kurze Zeit bei den Großeltern in Buer, wo sie sich ganz aufgehoben fühlte. In der Erzählung »Ewige Wiederkehr« heißt es:

> Ach, könnte ich mich flüchten in meine lebendige und wahrheitsgetreue Erinnerung, in mein weinumranktes Haus, mein sonnenhelles Zimmer, wo eine Rose am Fenster blüht und liebe Schritte gehen. (*Tagträume* ... a.a.O., S. 232)

Diese fundamentale Fremdheit, dieses Nie ganz zu Hause sein können, drängte Ilse Losa in die Beobachterrolle, schärfte früh schon die Sinne für Details und Zwischentöne des Alltags, die so oft der Ausgangspunkt für ihre jahrzehntelang verfaßten Chroniken wurden.[4]

Schreibanlaß für Ilse Losa war nicht der Wille, Literatur zu produzieren, sondern ein psychologischer Rat. Um sich von regelmäßig auftretenden Depressionen zu befreien, begann sie zuerst ihre Kindheit und Jugend aufzuschreiben und neu zu erfinden. Sprachlich half ihr anfangs dabei Óscar Lopes, der Korrektur las. Das Schlichte und Unprätentiöse ihrer Sprache hat wohl hier seinen Grund. Als 1949 *O Mundo em que vivi* (*Die Welt in der ich lebte*) erschien, reagierte die Kritik äußerst wohlwollend auf diesen frischen und neuen Ton in der portugiesischen Literatur. Die damals wichtigste Kritik stammte aus der Feder von Vitorino Nemésio. Im *Diário Popular* vom 19.4.1950 betonte er den »unnachahmlichen« Stil der »Alltagssprache« und verstand das Buch als Beschreibung einer Kindheit zwischen zwei Kulturen. Dies ist um so bemerkenswerter, weil gerade dieses Buch und die nachfolgenden Romane *Rio Sem Ponte* (Fluß ohne Brücke) und *Sob Céus Estranhos* (1962; dt. *Unter fremden Himmeln*) als autobiographische Berichte (miß)verstanden wurden. Auch der Kritiker Gaspar Simões, bekannt u. a. als Pessoa-Biograph und -Herausgeber schrieb in *Ámo* vom 30.1.1950, kein Portugiese wäre in der Lage, ein Erinnerungsbuch zu schreiben, das zugleich so einzigartig und ergreifend, so unprätentiös und scharfsinnig sei. Heute kennt diesen Roman in Portugal jedes Kind, das Buch ist Schullektüre.

Durch die Aufmerksamkeit dieser Großkritiker wurde Ilse Losa auch in Lissabon sogleich bekannt. Auf dieser Basis entwickelt sich in den folgenden Jahren ihr literarisches Leben, sie pflegt freundschaftlichen Umgang mit den wichtigsten Künstlern Portugals wie dem Musiker Lopes Graça und den Schriftstellern José Cardoso Pires, Vergílio Ferreira, Agustina Bessa-Luís und Miguel Torga, auch wenn sie sich von den beiden letztgenannten später aus persönlichen Gründen distanziert. Sie schreibt und übersetzt auch, u. a. Brecht, Anna Seghers, Max Frisch, Peter Bichsel, Erich Kästner, das *Tagebuch der Anne Frank* (als ihre Tochter Margarida in Coimbra während der Studentenproteste gegen Salazar verhaftet wird, interveniert der Vater der Anne Frank und trägt damit zur Freilassung bei). Für den S. Fischer Verlag empfiehlt sie später mehrere Jahre portugiesische Literatur.

Das einigermaßen erträgliche Leben der Literaten während der Diktatur verdankte sich dem Umstand, daß Zeitungen viel intensiver zensiert wurden als Bücher. Bei den Schriftstellern vertraute das Regime eher auf Selbstzensur, denn Bücher wurden erst nach der Drucklegung begutachtet. Und wenn eines nicht erscheinen durfte, dann konnte das einen Verlag ruinieren.

Die Diktatur in Portugal simplifizierte die politischen Verhältnisse, später auftretende Konflikte zwischen Kommunisten, Sozialisten oder auch progressiven Katholiken wurden durch den gemeinsamen Widerstand gegen die Diktatur zurückgestellt. Obwohl nie einer Partei zugehörig, arbeitet Ilse Losa für die Opposition gegen Salazar. In ihrem Haus finden öfter Verfolgte Zuflucht vor der Geheimpolizei PIDE, unter ihnen auch

Álvaro Cunhal, charismatischer Führer der KP und wichtiger Gegenspieler Salazars. Ebenso unterstützen Ilse Losa und ihr Mann politische Gefangene.

1952 erscheint *Rio sem Ponte*. Der Roman reflektiert das Leben in Deutschland vor und nach der Machtübernahme der Nationalsozialisten. Obwohl die Protagonisten Jutta und Johann deutlich biographische Züge aufweisen – Jutta geht als Au-pair-Mädchen nach England, Johann arbeitet wie der Bruder von Ilse Losa als Tuchhändler –, verstand ihn die Kritik nicht als Autobiographie, sondern eher als »Biographie einer Epoche«[5].

Das Leben in Portugal, vor allem im Porto der 30er und 40er Jahre, reflektiert ihr letzter, 1962 veröffentlichter Roman *Sob Céus Estranhos* (*Unter fremden Himmeln*), mit dem die Exiltrilogie abgeschlossen ist. Drei Jahre nach dem Ende des Zweiten Weltkriegs sitzt der Flüchtling Josef Berger im Krankenhaus und wartet auf die Geburt seines ersten Kindes. Noch einmal läßt er die vergangenen Jahre des Exils an sich vorbeiziehen. Er durchlebt die Zeit seiner Ankunft in Portugal. Die Mutter wollte, daß er nach Amerika ginge, »kleines Land, kleine Möglichkeiten«, hatte sie ihn mit griffiger Überzeugung vor einem Bleiben gewarnt. Das Geld für die Bürgschaft aber fehlte, und aus Josef wurde allmählich José, die Karriere blieb seinem Bruder vorbehalten, der in Amerika zum Tony avancierte – Flüchtlinge müssen sich anpassen, ohne je wirklich anzukommen.

> Ein Kind ist Fortsetzung. Oder Ankunft? Versuche anzukommen, José. Ich habe es versucht, Nils. Ich habe alles darangesetzt. Aber was ist das, ankommen? Die Liebe zu anderen Menschen, die Fortdauer in anderen Menschen, die Illusion der Stabilität? Oder nur eine Zwischenstation auf der ewigen Flucht der Menschen? Ich weiß es nicht, ich weiß es nicht ... Er schloß das Fenster und dann die Läden, damit das immer heller werdende Licht Teresa nicht weckte. (*Unter fremden Himmeln*, S. 244)

In Josés Schicksal ist auch das der Autorin beschrieben. Eine sanfte Melancholie aufgrund des Wissens darum, daß man als Flüchtling im besten Falle gut aufgenommen und anständig behandelt werden kann, auch eine Familiengründung und ein eigenes Leben möglich ist, daß man aber nie ganz zu einer anderen Gemeinschaft gehören wird, Heimat nie wieder möglich ist.

So ist es gewiß nicht verwunderlich, daß dies auch eines der zentralen Themen ihrer Erzählungen ist.

Ilse Losa wurde auch als Kinderbuchautorin mit zwanzig Titeln bekannt, und sie begann damit, als diese Literaturform in Portugal von den meisten Schriftstellern eher naserümpfend betrachtet wurde. Zweimal, 1982 und 1984, wurde sie mit dem Gulbenkian-Preis ausgezeichnet. Hunderte von Chroniken erschienen von ihr in den wichtigen Zeitungen des Landes, sie schrieb ein Buch mit Reiseeindrücken aus Amerika und eines über Kindererziehung. Aber in ihren Erzählungen, kleinen, oft unscheinbaren Geschichten, ist Ilse Losas Literatur am dichtesten. Obwohl sie sich in ihren Erzählungen vielfach portugiesischen Themen zuwendet, ist biographischer Anlaß vieler dieser Geschichten der deutsche Faschismus sowie die tief empfundene und literarisch fruchtbar gewordene Einsamkeit aufgrund kultureller Differenz. »Das versunkene Schiff« handelt von einem untergegangenen Flüchtlingsschiff, das vor den Augen des einsam am Strand sitzenden Erzählers aus dem Meer auftaucht. Gerettet werden die Menschen aber nur auf dem Papier. Ilse Losa schildert ihre Hoffnungen und Ängste und die einzige Gewißheit, den Greueln der Heimat entkommen zu sein.

In Deutschland wurde Ilse Losa, die 1991 das Bundesverdienstkreuz erhielt, erst spät bekannt. Reisen unternahm sie zwar gelegentlich mit ihrem Mann, aber die Kommunikation mit den alten Schulfreundinnen will nicht mehr recht gelingen, die Überlebende des Naziterrors stört allein schon durch Anwesenheit die unheimliche Ruhe des »Wir hatten auch keine leichte Zeit«, (In dem einfühlsamen Filmporträt »Wo haben Sie Ihr blondes Haar gestohlen? Ilse Losa, geb. Lieblich«, das Peter Hamm von Ilse Losa gedreht hat, wird diese unmögliche Konversation bei einem Kaffeetrinken in Melle deutlich.)

Erst 1990 wird im Freiburger Verlag Beck & Glückler *Die Welt in der ich lebte* und in den folgenden Jahren *Unter fremden Himmeln* sowie eine Auswahl der Erzählungen veröffentlicht. *Rio sem Ponte* wartet noch immer auf die deutsche Ausgabe. Die Besprechungen der Bücher in allen wichtigen Feulletons sind ausnahmslos positiv. In der *Süddeutschen Zeitung* vom 5.12.1990 schrieb Hans-Jürgen Schmitt über *Die Welt in der ich lebte*:

Die letzten dreißig Seiten des Buches spielen in Berlin Anfang der dreißiger Jahre; sie gehörem zum Dichtesten, Authentischsten, was ich seit langem über diese unrühmliche Epoche Deuschlands gelesen habe.

Von den vielen Kritiken seien hier noch zwei hervorgehoben. Peter Körte in der *Frankfurter Rundschau* vom 4.7.1991 meint, die Romane seien nicht ganz frei von Schwächen und Unsicherheiten, aber:

Beide Bücher leben von der Fülle der kleinen Eindrücke und biographischen Splitter, von der schmerzhaften Erfahrung eines jüdischen Lebens in diesem Jahrhundert. Für uns ist das allemal lesenswert.

In der *Neuen Zürcher Zeitung* vom 14./15. November 1992 schreibt Dieter Offenhäußer über *Unter fremden Himmeln* und Ilse Losa:

Sie suchte schreibend zu bewahren, was ihr die Zeit entrissen und die politischen Verhältnisse, die je fremde Umgebung vorenthielten [...]. Jean Amerys Erkenntnis schwingt mit: »Man muß eine Heimat haben, um sie nicht zu brauchen«.

Die Entdeckung Ilse Losas in Deutschland fiel in eine Zeit verstärkten Interesses am (literarischen) Exil. Die Gefahr, ihre Bücher erneut vorrangig als Dokumente zu verstehen, ist dadurch gegeben. Ihre Prosa aber, und das wird besonders deutlich in den Erzählungen, ist in ihren gelungensten Momenten der authentische Ausdruck von Fremdheit in ihren besten und schlimmsten Formen.

Anmerkungen

1 In: Ilse Losa, *Tagträume und Erzählungen der Nacht.*

2 Der Ausdruck »faschistische Diktatur« ist bei den portugiesischen Historikern nicht unumstritten. Einige wie A. Costa Pinho oder der Soziologe Manuel Braga bevorzugen es, von »autoritärem Konservatismus« zu sprechen, andere wie Arsénio Nunes oder Fernando Rosas verstehen die Salazar-Diktatur als Variante des europäischen Faschismus dieser Zeit.

3 Zitiert nach Miguel Torga, *Die Erschaffung der Welt*, übers. von Curt Meyer-Clason, Freiburg: Beck & Glückler 1991, S. 446.

4 In seinem Nachwort zu den auf deutsch erschienenen Erzählungen von Ilse Losa schreibt Américo Oliveira Santos: »Der beständige Versuch, sich einzuleben, und die Notwendigkeit, den Boden, den man betritt, zu erkennen, haben Ilse Losas Fähigkeit, die Welt und sich selbst, die sie die Welt durchmißt, genau zu beobachten und zu belauschen, stark verfeinert« (In: *Tagträume*, S. 248).

5 Julião Quintinha im *Diário do Alentejo*, 22.1.1953. Er betont auch die stilistische Einfachheit und literarische Unbekümmertheit. Auch Raul Gomes, Rezensent der *Gazeta Literária* vom Mai 1953, hebt gerade den Verzicht auf schriftstellerische Künstlichkeiten als besonderes Verdienst des Buches hervor.

Ilse Losa in deutscher Sprache

Die Welt in der ich lebte. Die Geschichte der Rosa Frankfurter (*O mundo em que vivi*), übers. von Maralde Meyer-Minnemann unter Mitarbeit von Ilse Losa, Freiburg: Beck & Glückler 1990.

Unter fremden Himmeln (*Sob céus estranhos*), übers. von Ilse Losa, Freiburg: Beck & Glückler 1991.

Das versunkene Schiff (*O barco afundado*), übers. von Ilse Losa, Berlin: Verlag der Nation 1967. [»Eine Geschichte ohne Überraschungen« (Aus dem Band *Aqui havia uma casa*) erschien auch in Curt Meyer-Clason (Hg.) 1972, S. 189-195; »Sicherheitsnadeln« erschien erneut in *Tranvía* 10, 1987].

Tagträume und Erzählungen der Nacht (*Caminhos sem destinos*), übers. von Ilse Losa, Elfriede Engelmayer und Gesa Hasebrink, Freiburg: Beck & Glückler 1992. [»Idalina«, übers. von Ilse Losa, erschien bereits in *Tranvía* 15, 1989; »Treffen im Herbst«, übers. von Ilse Losa, erschien bereits in: Claudia Schoppmann (Hg.), *Im Fluchtgepäck die Sprache. Deutschsprachige Schriftstellerinnen im Exil*, Berlin: Orlanda-Frauenverlag 1991, S. 210-237].

»Nur eine einfache Reportage, mehr nicht«, übers. von Eugen Kretschmann, *tranvía* 12, 1989, S. 18-19.

»Weiße Ostern«, übers. von C. Meyer-Clason, in: I. Losa/E. Gonçalves (Hg.) 1973, S. 192-195.

»Intermezzo« (»Intermezzo« erschien in *Uma pequena onda 20 artistas, 20 escritores*), »Angst« (»Medo« aus *Caminhos sem destino*), »Die Vogelscheuche« (»O trambolho« aus *Caminhos sem destino*), übers. von Renate Heß, in: E. Engelmayer (Hg.), *Samstag um acht. Erzählungen von Schriftstellerinnen aus Portugal*, Berlin: tranvía 1997, S. 134-140.

Werke von Ilse Losa (Auswahl)

O mundo em que vivi (*Die Welt in der ich lebte. Die Geschichte der Rosa Frankfurter*), Porto: Tip. Emp. Ind. Gráfica do Porto 1949 [2. Aufl. Porto: Afrontamento]; [Marânus].

Histórias quase esquecidas, Porto: Emp. Ind. Gráfica do Porto 1950; [Marânus].

Grades brancas, Lisboa: Centro Bibliográfico 1951.

Rio sem ponte, Lisboa: Tip. Of. Editora Gráf. Portuguesa 1952 [2., überarbeitete Auflage, Porto: Afrontamento 1988].

Nós e a criança, Porto Editora 1954 [Ein Buch für Eltern].

Aqui havia uma casa, Lisboa: Portugália Editora 1955.

Retta ou o ciume da morte, Lisboa: Iniciativas Editoriais 1958.

Ida e volta, 1960; 2., überarbeitete Auflage, Porto: Afrontamento 1993.

Sob céus estranhos (*Unter fremden Himmeln*), Lisboa: Portugália 1962 [Porto: Afrontamento ²1987].

Encontro no outono, Lisboa: Portugália 1964.

O barco afundado (*Das versunkene Schiff*), Lisboa: Ed. Novaera 1979 [Nicht die Erstauflage].

Estas searas. Contos e crônicas, Lisboa: Livros Horizonte 1984.

Silka, Porto: Afrontamento 1989.

Caminhos sem destino (*Tagträume und Erzählungen der Nacht*), mit einem Vorwort von Américo Oliveira Santos, Porto: Afrontamento 1991.

Sekundärliteratur (Auswahl)

Engelmayer, E., »Von der Heimat, die man haben muß, um sie nicht zu brauchen. Über zwei Romane von Ilse Losa«, *Tranvía* Nr. 12 (März 1989), S. 20-22.

–, »Denn Sprache ist ja Heimat, dieses furchtbare Wort«, Gespräch mit Ilse Losa, *Tranvía* ebda., S. 22 f.

Gonçalves, Luisa Pomar, »Ilse Losa e a sua actividade literária«, *Boletim da sociedade de Estudos de Moçambique. Lourenço Marques* 120 (1960), S. 173-196.

Letria, José Jorge, »Ilse Losa: uma obra, duas pátrias«, *Jornal de Letras, Artes e Ideias* 11: 474, 6.-12.08.1991, S. 8-9.

Lind, Georg Rudolf, »Ilse Losa, uma testemunha da nossa época«, *Letras & Letras* 1: 6 (Mai 1988), S. 13.

Offenhäußer, D., »Ilse Losa: *Unter fremden Himmeln* ... als zöge die Landschaft und wir ständen fest«, in: E. Engelmayer/R. Heß (Hg.), *Die Schwestern der Mariana Alcoforado*, Berlin: tranvía 1993, S. 170-184.

Santos, Américo Oliveira, »Ilse Losa: A realidade construida«, *Letras & Letras* 1:6 (Mai 1988), S. 12-13.
Schoppmann, Claudia, »Ilse Losa. Portrait«, in: Schoppmann, C. (Hg.) 1991, S. 202-209.

Dokumentarfilm

Wo haben Sie Ihr blondes Haar gestohlen? Ilse Losa, geb. Lieblich. Peter Hamm, Hessischer Rundfunk 1992.

Entdecken wir Angola, Mosambik, Kapverde, Guinea-Bissau, São Tomé e Príncipe … Die luso-afrikanischen Literaturen

Ilse Pollack

Böse Zungen pflegen zu behaupten: Das einzige, was die Portugiesen in Afrika hinterlassen haben, ist ihre Sprache. Zum Glück für die Literatur, fügt man gerne hinzu, denn der freizügige, um nicht zu sagen despektierliche Umgang, den dieses europäische Idiom auf afrikanischem Boden erlitten hat und weiterhin erleidet, wurde zumindest zwei Autoren zur Quelle einer beachtlichen sprachschöpferischen Inspiration – auch wenn der ältere von den beiden angesichts der fortdauernden postkolonialen Katastrophe inzwischen verstummt sein mag.

Der Angolaner Luandino Vieira (geboren 1936) und der Mosambikaner Mia Couto (geboren 1955), beide Söhne portugiesischer Einwanderer, unternahmen mittels Verkuppelung von europäischer Muttersprache und adoptiertem afrikanischen Vaterland den Versuch, der Dichotomie von Herrschen und Beherrschtwerden zu entrinnen. Wenn letzteres auch fraglich bleibt, so haben sie zumindest eines geschafft: daß das Portugiesische sich in ihren Werken als die lebendigste Sprache Europas erweist. In Afrika müssen sie sich den Vorwurf gefallen lassen, »unverständlich« zu sein – mit um so mehr Begeisterung werden sie hingegen in Portugal und Brasilien gelesen. Auch damit schließt sich ein Kreis, den man »Lusofonia« nennt …

Die luso-afrikanische Literatur[1] ist jedoch keineswegs eine Erfindung auf dem Weg zur, oder gar erst nach der sogenannten Unabhängigkeit (1975) der ehemaligen Kolonien Angola und Mosambik (von den Inseln Cabo Verde und São Tomé e Príncipe wird noch die Rede sein, ebenso wie von der »Marginalie« Guinea-Bissau), sondern hat durchaus solide, mehr oder weniger hundertjährige Wurzeln.

Zunächst ist das, was in den Hafenstädten Luanda und Benguela seit der Mitte des vergangenen Jahrhunderts immer wieder aufmüpfte, um erst von den Hütern des salazaristischen Estado Novo vorübergehend zum Schweigen gebracht zu werden, noch nicht mit Literatur zu verwechseln. Die als »Söhne des Landes« bezeichnete Elite von Intellektuellen (Töchter scheint es bis heute wenige zu geben), in der Hauptsache Mestizen*, wenn auch hier und da einige Schwarze und sogar Weiße, bedienten sich der erst einige Jahre nach der offiziellen Abschaffung der Sklaverei (1836) eingeführten Presse, um ihrem Unmut über die koloniale Unterdrückung Luft zu machen und zaghaft autochthone (autonome) Werte einzufordern. Joaquim Dias Cordeiro da Matta (1857-1894), der als bedeutendster Vertreter von zwei Generationen (meist) streitbarer Autodidakten gilt, ist nicht als Lyriker und schon gar nicht als Romancier (da diesbezügliche Werke verschollen sind) in die Geschichte eingegangen, sondern als Verfasser einer bis heute bedeutenden Grammatik der Bantusprache Kimbundu, zu deren Abfassung ihn der Schweizer Missionar Héli Chatelain ermutigt hatte.

Was gerne als erstes Werk angolanischer Literatur in portugiesischer Sprache angesehen wird, entbehrt nicht einer gewissen Ironie: Diese 52 Gedichte, *Espontaneidades da Minha Alma* (Spontaneitäten meiner Seele), 1849 in der neu errichteten Staatspresse von Luanda gedruckt, sind vom Autor nicht näher bestimmten *Senhoras Africanas* gewidmet und huldigen klassischen nordischen Schönheitsidealen. José da Silva Maia Ferreira (1827-1867) zählte übrigens zu jener Elite von einheimischen Kreolen,[2] von denen nicht wenige nach dem Niedergang ihrer ökonomischen Basis, dem Sklavenhandel, Angola verließen, um sich in Brasilien und anderswo niederzulassen.

Als zwar nicht erstes, wohl aber bedeutendstes Zeugnis einer frühen luso-angolanischen Prosa gilt wiederum das auch von seinem Wiederentdecker, dem angolanischen Dichter, Schriftsteller und Essayisten Mário António[3] eher als »Romänchen« denn als »Roman« bezeichnete Werk eines in Coimbra geborenen und ebendort promovierten portugiesischen Doktors der

Rechte, der seinen Beruf danach jahrelang in Luanda ausübte und sich ebenfalls zur Kreol-Elite der Kolonie gehörig fühlen durfte: Alfredo Troni schildert in *Nga Mutúri* (Frau Witwe), ab 1882 in Fortsetzungen in der Lissaboner Tageszeitung *Diário de Manhã* erschienen, gewisse Bräuche der Kreolgesellschaft von Luanda zwar korrekt, aber dennoch nur als beobachtender Außenseiter.[4]

Was in diesem Jahrhundert zunächst der Republik niemals ganz gelang, schaffte der salazaristische Estado Novo dann im Handumdrehen. Alle Versuche einer Autonomie, auf welchem Gebiet auch immer, wurden brutal unterdrückt oder erstickt in der allesumschlingenden Mär von der »Lusotropikalität«, die zu erfinden man gerne dem Brasilianer Gilberto Freyre überließ.

Doch der »große und unabänderliche Stillstand von Friedhöfen unter dem Mond« (Alfredo Margarido), den der »alte Geier« (= Salazar in einem Gedicht von Sophia de Mello Breyner Andresen) über seine kontinentalen und überseeischen Provinzen zu verhängen sich redlich mühte, konnte nicht ewig von Dauer sein. 1948 trat jene Gruppe junger angolanischer Intellektueller auf den Plan, die zunächst mit den Mitteln der Literatur erprobten, was sie bald darauf als Utopie mit den Waffen erkämpften und was heute endgültig (?) wegen der Waffen gescheitert scheint: der Traum eines unabhängigen Angola, in dem statt »Befriedung« Friede herrscht und wo es keinen Rassismus, welcher Schattierung auch immer, gibt.

Vamos descobrir Angola! (Entdecken wir Angola!) – diese lapidare Aufforderung von Viriato da Cruz, dem begabtesten Lyriker jener Gruppe,[5] verwandelte sich in ein Programm, deren »Botschaft« in der gleichnamigen Zeitschrift *Mensagem* erstmals verwirklicht wurde. Neben der Anprangerung konkreter, dem portugiesischen Kolonialsystem inhärenter menschenunwürdiger Zustände, wie dem sogenannten *contrato* (Kontrakt), wie diese Form moderner Sklavenarbeit im amtlichen Sprachgebrauch bemäntelt wurde, kommen in vielen Gedichten und (einigen) Prosatexten jener Zeit nicht nur die klassischen Themen der *négritude* zum Tragen, sondern auch jene messianisch-prophetischen Verkündigungen einer besseren Zukunft, die ihre Legitimation – besonders in den Beiträgen der Weißen und Mestizen – aus einer oft idealisierten »gemeinsamen« Kindheit aller Hautschattierungen ableiten.[6]

Was in der Kolonie bald verboten ist, wird in der *Metrópole*, wie das portugiesische »Mutterland« bis 1974 genannt zu werden pflegte, in der *Casa dos Estudantes do Império* fortgesetzt. In diesem »Haus der Studenten des Imperiums«, das die Afrikaner aus den Kolonien bald in ein Haus gegen das Imperium verwandeln, keimt in materiell bescheidenen Bändchen bereits der mehr als angedeutete Wille zur Revolution. Hier werden die ersten Gedichte des nachmaligen ersten Präsidenten der Volksrepublik Angola, Agostinho Neto, veröffentlicht, und hier finden jene Diskussionen statt, die Pepetela, 1940 als Carlos Artur Maurício dos Santos Pestana in Benguela geboren, inzwischen in einem Roman mit dem bezeichnenden Titel »Die Generation der Utopie« (1992), welcher ihr Scheitern bereits miteinschließt, als mehr oder weniger abgeschlossenes Kapitel angolanischer (Literatur-)geschichte dargestellt hat.

Für die Utopie eines unabhängigen Angola, das die Grundlage einer sozial gerechteren Gesellschaft bilden sollte, hatte sich auch dieser Sohn weißer Eltern der von den Dichtern 1955 gegründeten »Bewegegung für die Befreiung Angolas« (Movimento Popular para a Libertação de Angola, MPLA) angeschlossen und war über den klassischen »Umweg« Lissabon-Paris-Algerien in den sechziger Jahren in seine Heimat zurückgekehrt, um gegen die portugiesische Armee zu kämpfen. 1970 entstand mitten im Guerillakrieg im Tropenwald Mayombe in Cabinda, der in Zaire gelegenen erdölreichen Enklave im Norden des Landes, jener Roman, der ein Jahrzehnt später den Beginn der literarischen Karriere Pepetelas markierte, der als einer der wenigen unter den luso-angolanischen Autoren seiner Generation kontinuierlich bis in die heutige bittere Gegenwart des Exils weitergeschrieben hat.

Mayombe (1980; dt. *Mayombe oder Eine afrikanische Metamorphose*), in dem die einzelnen Personen nach alter Bantu-Tradition ihren Charakter aus ihrem Namen erhalten, ist jedoch kein Heldenepos des Befreiungskrieges, sondern zeigt jene (tribalen) Spannungen auf, die dann im unabhängigen Angola zum Verhängnis werden. In dem Kommandanten Sem Medo (Ohne

Furcht) setzt Pepetela jenen großherzigen Menschen ein Denkmal, die im Kampf gegen fremde Unterdrückung ihr Bestes geben und lieber »im Zustand der Gnade« verschwinden, als daß sie nach der Erreichung ihres Ziels sich selbst untreu werden.

Unweit des Tropenwaldes Mayombe, in dem 1963 der erste bewaffnete Angriff des MPLA gegen die Portugiesen erfolgt war, hatte Manuel dos Santos Lima, ehemals erster schwarzer Offizier der portugiesischen Armee, den Befreiungskrieg abwechselnd aus der Sicht der Portugiesen und jener der *guerrilheiros*, deren Armee er inzwischen in Belgisch-Kongo aufgebaut hatte, darzustellen versucht. Sein (bester) Roman *As Lágrimas e o Vento* (1975; Die Tränen und der Wind) ist wegen der späteren Dissidenz dieses Autors von der »großen Familie des MPLA« in Angola ein fast vergessenes Buch geblieben.[7]

Der Großteil der angolanischen Schriftsteller unterstützte auch nach der Unabhängigkeit des Landes die (marxistisch-leninistische) Partei, in die sich die ehemalige Guerillabewegung MPLA verwandelt hatte. Nicht wenige unter ihnen übernahmen zum Teil hohe Funktionen in Regierung und Verwaltung – was den »auf der anderen Seite der Barrikade« stehenden Autor Sousa Jamba, der 1990 mit seinem im Exil in London auf englisch verfaßten Roman *Patriots* aufhorchen ließ, dazu verleitete, die postkoloniale Literatur Angolas spöttisch als eine »Literatur von Politkommissaren« zu bezeichnen.[8]

Gewiß kommt vieles, was zumindest in den ersten zehn Jahren im Überschwang der Betonung von Patriotismus, Nationalismus und Sozialismus in Lyrik und Prosa produziert und von dem (bis in die späten achtziger Jahre einzigen, staatlichen) Einheitsverlag, der *União dos Escritores Angolanos*, in Angola (und Lissabon) verlegt wurde, dem nahe, was man mit dem umstrittenen Begriff »Tendenzliteratur« zu bezeichnen pflegt; ihr wollten oder konnten sich nicht nur diverse *Jovens Brigadas de Literatura* (Junge Literaturbrigaden) in der zwischen 1976 und 1985 erschienenen Zeitschrift *Lavra & Oficina* (Pflug und Werkstatt), sondern auch so mancher Schriftsteller der vorangegangenen »heroischen« Generation zunächst (noch) nicht entziehen.[9]

»Das kritische Bewußtsein des Schriftstellers kann doch auch gegenteilig ausgeübt werden: Ich sehe nicht ein, warum eine Lobrede auf die Wirklichkeit nicht auch Teil eines kritischen Bewußtseins sein kann«, meinte Luandino Vieira, als man ihn Mitte der achtziger Jahre danach fragte, warum die Schriftsteller dem neuen Staat vorzugsweise in propagandistischer Manier das Wort redeten. Wenige Jahre bevor der »Kalte Krieg«, der seine bewaffneten Auseinandersetzungen jahrzehntelang in Afrika auszutragen beliebte, zu Ende ging und im Gefolge der sowjetischen Perestrojka im portugiesischsprachigen Afrika eine sogenannte *Palopstrojka*[10] entstand, mag ein derartiges Zitat nicht wenige »Erklärungen« für sich beanspruchen: der permanente Krieg, die äußere und innere Bedrängnis, das Fehlen jeglicher materieller Bedingungen und ein eiserner Wille, »trotz alledem« durchzuhalten. Luandino, der sein antikoloniales Engagement einst mit einer langjährigen Haftstrafe (darunter 8 Jahre im Straflager Tarrafal auf der kapverdischen Insel Santiago) gebüßt hatte, wo er auch die meisten seiner nach der Unabhängigkeit veröffentlichten Werke verfaßte, hat jedoch als Schriftsteller andere Konsequenzen gezogen und ist der Autor jener Welt geblieben, in der er sich »am besten auskannte« – und die inzwischen ebenso gründlich verschwunden ist wie die Welt nach der Sintflut: Jener *musseques* (Armenviertel) von Luanda, in der neben Schwarzen und Mestizen auch so manche bitterarme weiße *colonos* lebten, deren Kinder, so wie Luandino selbst, mitunter über das Vorschulalter hinaus, in einer Gemeinsamkeit zusammengeschmiedet wurden, die sie die Elemente der jeweils anderen Kultur auf natürliche, spielerische Weise aufnehmen ließ.[11]

In seinem (halbautobiographischen) Roman *Nós, os de Makuluso* (1975; Wir, die vom Makuluso-Viertel) bilden die weißen Brüder Maninho und Mais-Velho mit ihrem Halbbruder, dem Mulatten Paizinho, sowie dem Schwarzen Kibiarka eine verschworene Gemeinschaft, die später, durch die jeweils unterschiedlichen Positionen ihrer Mitglieder innerhalb der Kolonialgesellschaft, auseinandergerissen wird. Maninho fällt als Soldat der Kolonialarmee, während Paizinho sich der politischen Untergrundarbeit widmet und Kibiarka am bewaffneten

Widerstand teilnimmt. Das Besondere an diesem als vielschichtiges Erzähllabyrinth angelegten Roman ist – abgesehen von der sprachlichen Bravour, mit der hier das bereits von der Bantusprache Kimbundo »kontaminierte« Portugiesisch und umgekehrt das vom Portugiesischen beeinflußte Kimbundo eine Symbiose eingehen – jenes andere Kunststück, durch das es Luandino in Gestalt des Erzählers Mais-Velho gelingt, die verschiedenen Positionen nicht nur zu verstehen, sondern gleichzeitig anzuzweifeln und zu tolerieren.[12]

Seit den achtziger Jahren lassen in der angolanischen Literatur auch Stimmen aufhorchen, die in satirischer Form die sogenannte postkoloniale Wirklichkeit aufs Korn nehmen.

Das erste und wahrscheinlich gelungenste Werk dieser Art ist *Quem me dera ser onda* (1982; Wenn ich nur eine Welle wäre) des 1941 geborenen Mestizen Manuel Rui Monteiro, eigentlich eine Erzählung für Kinder, die dem Autor unter der Hand zu einer fast liebevoll-ironischen Story über die damals noch eher harmlosen Mißlichkeiten des hauptstädtischen Alltagslebens geriet, das Schlangestehen vor noch nicht völlig leeren »Volksläden«, die schäbigen Wohnblocks, in denen bloß »vorübergehend« der Lift, das Telephon, die Elektrizität und das Wasser ausfallen; und wo es immerhin noch möglich ist, ein Schwein aufzutreiben und in einer Mietwohnung mit Speiseresten aus dem für Ausländer bestimmten Luxushotel großzuziehen.[13]

Auch Pepetela, vorübergehend Vize-Erziehungsminister der neuen Volksrepublik Angola, hat, und das noch während seiner Amtsausübung, jene Kluft auszuloten versucht, die sich zwischen himmelhoch schwebender Maxime und erdgebundenem (besser: bauchgebundenem) Handeln auftut. Hauptfigur in seinem 1985 zunächst in Lissabon veröffentlichten Werk *O Cão e os Caluandas* (dt. *Der Hund und die Leute von Luanda*) ist ein Schäferhund, der sich unaufgefordert in das Leben der *caluandas* mengt und endlose Widersprüche zwischen ihrem Sagen und ihrem Tun provoziert. Da gibt es Fischverkäuferinnen und Fabrikarbeiter, die sich auf ihre Weise mit dem »System« arrangieren, junge Poeten, die sich als Volkstribunen gebärden, weil sie ein von revolutionären Phrasen strotzendes Gedicht im *Jornal de Angola* veröffentlicht haben, unfähige Bürokraten und bestechliche Politiker. Inzwischen hat die Wirklichkeit die in dem Buch geschilderten Zustände um ein Vielfaches überholt.[14]

Selbstkritik auf allerhöchster Ebene übte ein weiterer ehemals oppositioneller und nachmaliger Schriftsteller mit Regierungsfunktionen – auch wenn er diese gewissermaßen schizophrene Situation bis heute durch eine strenge Unterscheidung seines Namens in Kimbundo und Portugiesisch zu lindern sucht. Uanhenga Xito, geboren 1924, hat 1972 der angolanischen Literatur ein wahres Meisterwerk oder vielmehr eine Meisterfigur geschenkt: den *Mestre Tamoda*, einen klassischen *ambaquista*. Das Werk ist unübersetzbar, in welche Sprache auch immer... Denn der *ambaquista*, in der Kolonialgesellschaft Angolas traditioneller Vermittler zwischen einer des Portugiesischen unkundigen, Kimbundo sprechenden Landbevölkerung und einer (entgegengesetzt) ignoranten Kolonialverwaltung, gerät in Xitos literarischer Variante aufgrund seiner verzweifelten Liebe zu beiden Idiomen zu einem unnachahmlichen poeta doctus der *sanzala* (Dorf der Einheimischen), den am Ende, und nachdem der Rausch seiner (abstrusen) Wortschöpfungen verflogen ist, niemand mehr verstehen, geschweige denn ertragen mag. *Mestre Tamoda* (Meister Tamoda) genoß in jener vom übrigen Angola streng getrennten Welt, aus der die Hauptstadt Luanda und ihre unmittelbare Umgebung zu bestehen scheint, innerhalb kürzester Zeit eine derartige Popularität, daß sein Autor sich gezwungen sah, die Reden des Meisters in einem eigenen Werk nachzuliefern ...[15]

Als Regierungsmitglied Mendes de Carvalho hat Uanhenga Xitu, wie er selbst einmal zugab, nur hin und wieder Gelegenheit, die Stimme des Volkes in ihren wahren Ansichten über sich und seinesgleichen zu hören: auf dem Friedhof, dem einzigen Ort, wo heute das Reden vogelfrei ist, weil es sich in Form von Ansprachen an die Verstorbenen richtet. Des Volkes Stimmen einzufangen hat er sich in dem Roman O *Ministro* (1991; Der Minister) denn auch redlich bemüht – doch erst in der Bühnenfassung der Theatergruppe *Matumbela Gogo* aus Maputo entfalteten jene Stimmen dann erst die Kraft, welche auch das Publikum faszinierte, obwohl oder weil die Gruppe mehrere

Szenen einzuschmuggeln verstand, die wiederum nur der mosambikanischen Wirklichkeit entsprechen ...

Jegliche Satire ist inzwischen angesichts des entsetzlichen, 1992 in unvorstellbaren Ausmaßen neuerlich aufgeflammten »Bürgerkriegs« zwischen MPLA und UNITA[16] wieder verstummt. Angola, eines der reichsten Länder Schwarzafrikas, ist heute ein Bettelladen, wirtschaftlich abhängig und verkauft wie nie zuvor in seiner Geschichte. Erlöse aus Erdöl und Diamanten erhalten ausschließlich die Kriegsmaschinerie, die ein neuer Trust wendegewohnter Söldner in Ablösung der ehemaligen Regierungen des »Kalten Krieges« bedient – und die bis zu dem (wieder nur vorläufigen?) Waffenstillstand 1995 mehr vernichtet hat als in den dreißig Jahren zuvor. Die Verkehrswege sind zerstört, die Erde ist ein Minenfeld, die Landbevölkerung ist in die wenigen Städte geflüchtet – und die Bildung einer »Regierung der nationalen Versöhnung« derzeit (Februar 1997) noch immer nicht in Sicht.

Angesichts eines derartigen Panoramas ist es nicht verwunderlich, daß die angolanische Literatur inzwischen (wieder) eine Literatur des Exils geworden ist. Viele Autoren leben (auch wenn nur vorübergehend, wie sie meist betonen) in Portugal oder anderswo und vertiefen sich in die Aufarbeitung der Geschichte ihres Landes.[17]

In einem Altersheim bei Lissabon lebt, nachdem er dem angolanischen Staat in einer großzügigen Geste die Bibliothek eines Lebens hinterlassen hat, jener Mann, dem die Literatur seines Landes die größte Sammlung von Geschichten der oralen Tradition in Kimbundo (und deren Transkription in Portugiesisch) verdankt: Óscar Ribas, der in jungen Jahren erblindet ist, hat 1975 – als erstes Buch im unabhängigen Angola – auch den autobiographischen (mehr als sechshundert Seiten umfassenden) Roman *Tudo isto aconteceu* (Dies alles geschah) veröffentlicht, in dem er fast ein dreiviertel Jahrhundert seiner eigenen Familiengeschichte erzählt, aus der man mehr über die komplexen Beziehungen der lusoangolanischen Welt erfahren kann als in hundert soziologischen Büchern.

In Portugal lebt auch David Mestre (geb. 1948),[18] der so wie Arlindo Barbeitos (geb. 1940)[19] und Ruy Duarte de Carvalho (geb. 1939) der angolanischen Poesie zu einer neuen ästhetischen Qualität verholfen hat – und dies zu einer Zeit, als fast ausschließlich der politische Phrasenton die Lyrik beherrschte. Von den drei genannten (und viele andere wären noch zu nennen) ist nur Ruy Duarte de Carvalho in Angola verblieben, wo er, fern von Luanda, der »Quintessenz angolanischen Unglücks«, im Süden des Landes die letzten Nomadenvölker der Welt studiert und seit seinem ersten Gedichtband *Chão de Oferta* (1972; Geschenkter Boden) niemals ganz die lichtvolle, tellurische und feierliche Stimme verklingen ließ, die seine große Vertrautheit mit der epischen Poesie der südlichen Völker Angolas verrät.

Unter den Autoren der jüngeren Generation hat zuletzt José Eduardo Agualusa (geb. 1960), der sich selbst gerne als *africano crioulo* zu bezeichnen pflegt und in *A Conjura* (1989; Die Verschwörung) – zum erstenmal in der angolanischen Literatur – eine romanhafte Darstellung der Kreolgesellschaft des ausgehenden 19. Jahrhunderts versuchte, mit seinem Roman *Estação das Chuvas* (1996; Regenzeit) in Lissabon große Beachtung gefunden. Im Mittelpunkt steht eine (vom Autor erfundene) Dichterin, Gefährtin historischer Persönlichkeiten des MPLA, die, anders als jene, ihren Idealen treu geblieben ist und sich nicht mit einem »Abklatsch von Unabhängigkeit« zufriedengibt, weshalb sie in der bis dato noch wenig erhellten postkolonialen Geschichte, zu der Verfolgung und Ermordung politisch Andersdenkender gehört(en), alle erdenklichen Leiden durchmacht. Das Buch, das die Zeit von den hoffnungsvollen Anfängen der Bewegung »Entdecken wir Angola!« bis unmittelbar nach den (fehlgeschlagenen) Wahlen 1992 umfaßt und das vor allem in den letzten Kapiteln den alltäglichen Wahnsinn in der zur Millionenstadt explodierten »Metropole« Luanda schildert, endet mit dem apokalyptischen Satz: »Dieses Land ist gestorben!«

Mosambik

In jener Fundgrube, die der zwischen 1850 und 1932 publizierte *Almanach de Lembranças* (Almanach der Erinnerungen) für die

Anfänge einer geschriebenen Literatur in den ehemaligen portugiesischen Kolonien darstellt, sind die Beiträger aus Mosambik ausschließlich Europäer oder Indo-Europäer. Erst zu Beginn des zwanzigsten Jahrhunderts erwacht um die Zeitschrift *O Africano*, die die Interessen einer Mittelschicht aus gebildeten Mestizen und (wenigen) Schwarzen vertritt, so etwas wie ein protonationalistischer Geist, dessen Pioniere die Brüder José und João Albasini, Enkel eines der schillerndsten Abenteurer des 19. Jahrhunderts, waren. Als 1920 *O Gremio Africano*, die erste afrikanische Kulturvereinigung, in Mosambik ins Leben gerufen wurde, konnte sie sich bereits auf die Nachfolgerin dieser Zeitung, den 1918 gegründeten *Brado Africano* (Afrikanischer Schrei) stützen, der bis 1974 (!) die vielleicht renommierteste Zeitung des »anderen« (nichtkolonialen) portugiesischsprachigen Afrikas blieb, in dem auch Schriftsteller aus Angola oder São Tomé gerne debutierten.

Als Vorläufer einer genuinen mosambikanischen Literatur, die sich in dieser Kolonie spät und zögerlich entwickelte, gelten der Indo-Afrikaner Rui de Noronha (1909-1943), dessen Gedichte in der europäischen Form des Sonetts zum erstenmal Afrika hinterfragten, sowie João Dias (1926-49), der als schwarzer Medizinstudent in Coimbra nicht wenigen Erniedrigungen ausgesetzt war und dessen Kurzgeschichten nach seinem frühen Tuberkulosetod von einem hartnäckigen kleinen (weißen) Freundeskreis wohl in einer Art postumer »Wiedergutmachung« herausgegeben wurden.[20]

Vielleicht aufgrund der bis vor wenigen Jahren noch spärlichen Existenz von Autoren afrikanischer Herkunft hat sich in der literaturgeschichtlichen Debatte, wer denn nun als mosambikanischer Autor angesehen werden könne, dürfe, müsse, seit den heroischen Zeiten der *Casa dos Estudantes do Império* eine ebenso leidenschaftliche wie kuriose Polemik entwickelt, deren Nachwehen bis in die heutige postkoloniale Gegenwart andauern. Als eines seiner prominentesten »weißen« Opfer sei hier Rui Knopfli genannt, der neben dem Mestizen José Craveirinha als bedeutendster Lyriker der kolonialen Epoche gilt und dem manche es lange nicht verzeihen wollten, daß seine »Mosambikanität« sich nach der Unabhängigkeit nicht in ein flammendes

Bekenntnis zum neuen, von der (ehemaligen Freiheitsbewegung) FRELIMO regierten Staat verwandelte.[21] Der 1932 in Lourenço Marques (heute Maputo) geborene Rui Knopfli (in seinem Nachnamen steckt ein Schweizer Großvater) hat sich jedoch stets der lusitanischen Versuchung, sich in die einlullenden Arme einer alles und nichts umschlingenden Brüderlichkeit zu begeben, hartnäckig entzogen.[22] *No País dos Outros* (1959; Im Land der anderen) hieß sein erster Gedichtband, und er deutete bereits an, was bis in das nach der Unabhängigkeit Mosambiks freiwillig gewählte »Exil« in London Thema seines Lebens geblieben ist: Als Europäer unter Afrikanern ebenso fremd zu sein wie als Luso-Afrikaner in Europa. Mit unbestechlicher Klarheit hat er die koloniale Zeit als gestundete, merkwürdig stillstehende Zeit erkannt, deren kaum wahrnehmbare »Winds of change« (Titel eines Gedichts) ihm nichts Gutes verheißen: »Die Zeit entblößter Lanzen / erwartet uns, grausames / Lachen kampfbereiter Kiefer.« Seine Lyrik hat die Enge des kontinentalen »Mutterlandes« verlassen und zeugt von der Weite geographischer Koordinaten, zu denen kaum die Seine und nicht einmal der Tejo gehören, wohl aber afrikanische Flüsse, die »ihr Europäer erst lernen sollt«: [...] Uanéteze, Mazimechopes, / Massintonto e Sabié / kommt und hört den Pulsschlag einer Musik / in unbekannten Adern, die in den breiten / allesumklammernden Körper des Incomati tauchen / [...] die klangvollen Namen der Flüsse meines Landes / die ungewöhnliche Schönheit seiner Geschichten / und seiner aufrechten Leute die leiden / und kämpfen an den Ufern von Brot und Hunger.«

Wenn auch für die meisten von Knopflis Gedichten jener Ton charakteristisch ist, den man (nach Umberto Saba) als *serena disperazione* bezeichnen kann, so bekunden andere gerade auch eine tellurische Verzauberung, für die José Craveirinha 1991 mit dem Prémio Camões, dem höchsten Preis der »lusitanischen Schicksalsgemeinschaft«, ausgezeichnet wurde. Dieser Sohn einer schwarzen, nur der Bantusprache Ronga mächtigen Mutter und eines aus der portugiesischen Provinz Algarve eingewanderten armen *colono*, verkörperte im kolonialen Lourenço Marques jene »mannhaft empörte Stimme« (Eugénio Lisboa), die damals die Forderungen einer schwarzen Mehrheit am besten zum Ausdruck brachte; nicht nur, weil dies mit den (bekannten) Mitteln der *négritude* geschah,[23] sondern vor allem, weil Craveirinha in einer explosiven Mischung aus väterlichem Portugiesisch und mütterlichem Ronga zum erstenmal auch eine sprachliche Erneuerung wagte, auf deren steilem Grat ihm die Lyriker der nachgeborenen Generationen kaum gefolgt sind.

1975 verursachte ein Band mit insgesamt 27 Gedichten, der zu mehreren tausend Exemplaren von der FRELIMO gedruckt und verteilt wurde, ein Erdbeben, dessen Stöße bis ins ferne Lissabon vernehmbar waren: Mutimati Barnabé João, der mutmaßliche Verfasser, so war es in einer Art »Warnung« im Vorwort zu lesen, sei »die individuelle Stimme, welche die kollektive Stimme verkörpert«. Das schmale Büchlein mit dem bezeichnenden Titel *Eu, o Povo* (Ich, das Volk) werde von nun an dem mosambikanischen Volk gehören, das gewissermaßen sein Autor sei. Wer sich da die Stimme eines afrikanischen Widerstandskämpfers borgte und politische Lyrik ohne Phrasendrescherei schrieb, war niemand anderer als das künstlerische Multitalent António Quadros, dessen schillernde Pseudonyme sich längst nicht auf »Genosse Mutimati« beschränkten.[24] Daß ausgerechnet ein Portugiese, der in Wirklichkeit nie Guerrillakämpfer gewesen war, dem mosambikanischen Freiheitskampf zu seiner besten literarischen Darstellung verholfen haben soll – welche die vielen, u. a. auch in Anthologien mit dem bezeichnenden Titel *Poesia de Combate* (Kampflyrik) veröffentlichten Gedichte tatsächlicher *guerrilheiros* weit hinter sich läßt –, ist jedoch beileibe nicht das einzige Paradox in der Geschichte der luso-afrikanischen Literaturen.

Schneller und radikaler als vergleichsweise in Angola haben jüngere Autoren seither darauf verzichtet, »Volkes Stimme« zu sein, und sich einer sehr persönlichen Lyrik zugewandt, die ihre europäischen Vorbilder bewußt in Szene setzt. In der Hauptsache Weiße und Mestizen, leben und lebten diese Autoren fast alle in der Hauptstadt Maputo und waren von der Realität des übrigen Landes, wo fast zwei Jahrzehnte lang die von Südafrika unterstützte Rebellenbewegung RENAMO mit unvorstellbarer Grausamkeit ihren Krieg vor allem gegen die Zivilbevölkerung ausgetragen hat, Lichtjahre entfernt.[25]

Mosambik teilte mit Angola bis 1991 den Fluch eines Krieges, der in den Seelen der Menschen noch größeren Schaden angerichtet hat als durch die materiellen Zerstörungen im Land.

Daß es auch dort, wo es anscheinend nur mehr ums nackte Überleben geht, Hoffnung auf einen Neubeginn gibt, weil in den ausgebrannten Herzen noch Keime von Menschlichkeit sind, ist die großartige Lektion des Romans *Terra Sonâmbula* (1992; dt. *Das schlafwandelnde Land*), von Mia Couto.[26] Der realistischen Schilderung des Alltags in einer von Hunger und Gewalt beherrschten Welt ist darin eine teils stark phantastische Erzählebene überlagert, auf der afrikanische(r) Mythos und Magie als Gegenpole eingesetzt sind. Dem Leser wird gleichsam spielerisch ein ungemein vielfältiges Bild des heutigen Mosambik vermittelt, in dem die Kraft zum Überleben sich aus Wurzeln speist, die nichts zu zerstören vermag.

Über sein Selbstverständnis als Schriftsteller hat dieser inzwischen bekannteste Autor des lusophonen Afrika einmal gesagt: »Ich fühle mich wie ein alter Mann, der am Feuer sitzt und das erzählt, was er von der Zeit und den anderen Menschen aufbewahrt.« Jede seiner *estórias* (Geschichten)[27] ist in die Aura eines *realismo animista* gehüllt, wo Tod und Leben, Wirklichkeit und Traum ineinander verwoben sind und wo vor allem die Sprache jedesmal neu erfunden wird, da sie alle Grenzen überschreitet, die ihr von der Grammatik auferlegt sind. Mia Couto führt dies auf seine privilegierte Situation zurück, »mit einem Fuß in der Norm und mit dem anderen in der Abweichung zu stehen« und sich an der Freiheit zu orientieren, mit der die verschiedenen Ethnien Mosambiks sich die ehemalige Sprache des Kolonialherren aneignen und diese verändern.[28]

In seinem jüngsten, 1996 erschienenen Roman *A Varanda do Frangipani* (Die Frangipani-Terrasse) verrät Mia Coutos Blick auf die mosambikanische Wirklichkeit einen bis dato an diesem Autor unbekannten Pessimismus, der auch von den Erfahrungen eines umgekehrten Rassismus geprägt ist, wenn Mestizen und Weiße als Sühneopfer einer schwarzen Mehrheit herhalten müssen. Nach Beendigung eines Krieges, »der in uns Wunden zurückläßt, die keine Zeit heilen kann«, und den ersten Wahlen, aus der die RENAMO als politischer Verantwortungsträger hervorging, ist nun alles erlaubt, was der materiellen Bereicherung dient. »Jetzt reißen sie die letzten Wurzeln aus, die uns daran hindern könnten, daß wir Menschen ohne Geschichte bleiben, Menschen die nur als Imitation existieren«, sagt Marta, die junge Krankenpflegerin in einem Heim für Alte, die ihre in der afrikanischen Tradition verankerte Würde als Hüter von Wissen und Weisheit verloren haben und das geworden sind, was sie in der westlichen Gesellschaft schon lange sind: unnütze Esser, die man am besten irgendwohin abschiebt, wo sie niemand sieht.

Gewiß stellt Mia Couto, der afrikanische Schriftsteller europäischer Herkunft, »Zwittergeschöpf aus denen, die sich ihre Welt entreißen ließen, und denen, die glaubten, Schöpfer neuer Wege zu sein«, eine Ausnahme dar in einem Land, das noch bis in die siebziger Jahre dieses Jahrhunderts keine Tradition der Prosa kannte.[29]

Unter den Autoren einer jüngeren Generation, die in den letzten Jahren sozusagen aus dem Nichts mit (hauptsächlich) Erzählungen hervorgetreten ist, sei als (auch politisch) radikalster der Afrikaner Ungulani Ba Ka Khosa (geb. 1957) genannt. Er ist auch der erste, der sich der afrikanischen Vergangenheit zuwendet und versucht, daraus Lehren für die Gegenwart zu ziehen, so in seinem 1989 erschienen Roman *Ualalapi*, einer Darstellung der umstrittenen Persönlichkeit Gungunhanas – so heißt der letzte König von Gaza in der an Geschichten über ihn ebenfalls reichen portugiesischen Überlieferung.[30] In seinem zuletzt veröffentlichten Erzählband *A Orgía dos Loucos* (1990; Die Orgie der Verrückten) hat Khosa den alltäglichen Irrsinn eines durch Hunger und Krieg gedemütigten Volkes in einer surreal übersteigerten, sämtliche Dämme herkömmlichen Erzählens niederreißenden Sturzflut auf Papier gebannt.

Auch Suleiman Cassamo, der arabische, afrikanische und europäische Vorfahren hat, zeigt in seinen Geschichten, die im Gegensatz zu Khosa von einem knappen, konzisen, an nordamerikanischen *short stories* gereiften Erzählstil geprägt sind, Menschen in Extremsituationen und bringt immer wieder Themen ein, die durch die Nähe des Landes zu Südafrika virulent sind.[31]

Als eine der ganz wenigen weiblichen Stimmen des lusophonen Afrika hat sich Paulina Chiziane (geb. 1955) durchzusetzen verstanden, und ihr Thema ist einzig und allein: Frau zu sein in einer durch und durch patriarchalischen Gesellschaft. In bisher zwei Romanen und verstreuten Erzählungen schreibt sie über das »Gewicht der Traditionen, die schwer auf den Frauen lasten«, wobei deren Situation im Mosambik nach der Unabhängigkeit nicht unbedingt besser geworden ist, im Gegenteil. »In jedem Ort dieses Landes haben die Männer vier, fünf, zehn Frauen. Und von allen diesen Frauen haben sie oft gleichzeitig Kinder, die in einer offiziell monogamen Gesellschaft nicht anerkannt werden können. Das ist viel ärger als die Polygamie früherer Zeiten«, meint Paulina Chiziane, deren Familie einst viel Leid von den portugiesischen Kolonialherren erfuhr und die zu Hause in einer »Stimmung gegen die Weißen« erzogen worden ist. In dem Roman *Ventos do Apocalipse* (dt. *Die apokalyptischen Reiter*), der als Hintergrund ebenfalls den jüngsten, verheerenden Krieg ihres Landes zum Thema hat, gelingt es Paulina Chiziane mit den Mitteln einer oralen Erzählkultur, uns eine Ahnung zu vermitteln von der Unterdrückung, aber auch von der Kraft afrikanischer Weiblichkeit.

Die Lebendigkeit einer neuen mosambikanischen Prosa stellen auch Marcelo Panguana, Helder Muteia, Aldino Muianga, Calane da Silva, Anibal Aleluia, Lilia Momplé unter Beweis.

Inseln, verloren im Ozean

Als der Angolaner Mário Pinto de Andrade 1953 die erste Anthologie »schwarze(r) Lyrik in portugiesischer Sprache« herausgab, war Kapverde darin nicht vertreten, und sein Mitstreiter, der Dichter Francisco José Tenreiro aus São Tomé, nannte als Grund dafür das für den Archipel typische Phänomen der *aculturação*, der Vermischung verschiedener Kulturen.[32]

Der Bevölkerung des Archipels Kapverde – zu dem zehn sehr unterschiedliche Inseln zählen,[33] die in einer geopolitisch und strategisch oft als wichtig erwiesenen Position rund fünfhundert Kilometer von der Küste des Senegal entfernt im Einflußbereich der Sahelzone liegen – kann mit Recht als frühestes Beispiel einer europäisch-afrikanischen Rassenmischung angesehen werden. Mitte des fünfzehnten Jahrhunderts von dem portugiesischen Seefahrer Diego Gomes und seinem italienischen Begleiter Antonio Noli entdeckt, wurden die Inseln bald von Europäern verschiedenster Herkunft sowie Sklaven von der Westküste Afrikas (meist aus Guinea) besiedelt. Viele Faktoren haben mitgewirkt, daß sich hier im Laufe der Jahrhunderte eine spezifische Kultur herausgebildet hat, die ihren Ausdruck in einer eigenen Sprache, dem *crioulo*, den charakteristischen *mornas* (einer Symbiose von Poesie, Musik und Tanz), in einer reichen mündlichen Überlieferung, dem *fabulário caboverdiano*, in den Gebräuchen und Gesetzen des Zusammenlebens und nicht zuletzt in einer eigenen kapverdischen Literatur findet.

Wenn man von einer solchen auch erst ab Beginn der dreißiger Jahre dieses Jahrhunderts sprechen kann (wobei hier die Volksliteratur in kreolischer Sprache nicht berücksichtigt wird), so war dem ein »langer unterirdischer Prozeß der Bewußtseinswerdung vorangegangen«, wie es im Vorwort zur ersten Anthologie der Dichtung des Archipels (1961) heißt. Der Anteil kapverdischer Autoren an der portugiesischen Literatur ist nicht unbedeutend,[34] doch erst in den dreißiger Jahren begann ein Teil der dortigen Intelligenz mit den europäischen Vorbildern zu brechen und wandte sich spezifisch kapverdischen Themen zu, so daß die nächste Generation stolz behaupten konnte: »Kapverde war die erste portugiesische Kolonie in Afrika, die sich in ihrer literarischen Produktion vom Einfluß des Mutterlandes befreite und versuchte, mit eigenen Flügeln zu fliegen.« (T. T. Tiofe alias João Manuel Varela)

Das Erwachen eines »regionalen Bewußtseins« erfolgte nicht zuletzt unter dem Einfluß der brasilianischen Autoren José Lins do Rego, Jorge Amado, Manuel Bandeira, die ihrerseits über den Umweg des Archipels dann auch in Portugal Aufnahme fanden.

In ihrer Nachfolge machten sich Jorge Barbosa (1902-1971), Osvaldo Alcântara (= Baltasar Lopes, 1907-1989), Manuel Lopes (geb. 1907) und Pedro Corsino de Azevedo (1905-1942) auf die Suche nach den Wurzeln des kapverdischen Menschen. Mit der Publikation der Zeitschrift *Claridade* (1936-1960; Licht) und dem Wirken der Gruppe, die sich um diese Zeitschrift bildete, »öffnete«, wie der spätere Widerstandskämpfer und Kulturtheoretiker Amilcar Cabral schrieb,[35] »unsere Dichtung die Augen und entdeckt sich selbst. Das Licht beginnt den realen Dingen Form zu geben, es zeigt das Meer, die nackten Felsen, das Volk, das um sein Überleben ringt, den Kampf des anonymen Bewohners. Kapverde ist kein erträumter Garten der Hesperiden,[36] sondern der ›Archipel‹, die ›Umwelt‹, wo die Bäume vor Durst und die Menschen vor Hunger sterben – und wo nur die Hoffnung nie stirbt. Das Meer birgt keine Sirenen, und die Wellen küssen nicht den Strand. Das Meer ist die Straße der Sehnsucht, und das Rauschen der Wellen ist die ständige Versuchung, die permanente Erinnerung an die Verzweiflung darüber, daß man weggehen will und doch bleiben muß.«

Ein Jahr vor Erscheinen von *Claridade* veröffentlichte Jorge Barbosa seinen Lyrikband *Archipélago*, der den physischen Raum dieser Inseln zeichnet, den kargen, unfruchtbaren Boden, das häufige Ausbleiben des Regens, den ohnmächtigen Kampf des Menschen gegen die Natur: »Stumm ist die Tragödie der Trockenheit auf unseren Inseln / kein Schrei und kein Alarm / das passive Talent zum Sterben allein.« Die Emigration ist der einzige Ausweg, jenseits des Meeres tun sich Perspektiven auf, die hier eine unrentable Landwirtschaft schon im Keim erstickt. Das Meer macht Träume weit, würgt aber auch Wünsche ab, wenn die Schiffe nicht mehr zurückkommen vom Walfischabenteuer, von der Fahrt nach Amerika.[37]

Die Emigration ist letzten Endes auch die einzige Perspektive für *Chiquinho*, Titelfigur des ersten kapverdischen Romans (1938 beendet, aber erst 1947 veröffentlicht). Baltasar Lopes (der als Lyriker das Pseudonym Osvaldo Alcântara benutzte) erzählt darin Kindheit und Jugend des Knaben Chiquinho auf den Inseln São Nicolau und São Vicente, eingebettet in die Wärme und Solidarität seiner Bewohner, hauptsächlich Frauen, Kinder und alte Männer. Die gestrandete Existenz seines Onkels Joca vor Augen, dessen im Priesterseminar erworbene Belesenheit[38] in der Monotonie eines kleinen Lebens ohne Horizont versandet, entschließt sich auch Chiquinho, nach einem kurzen

Versuch als Lehrer und da alle seine Schüler in einem Jahr großer Trockenheit gestorben sind, nach Amerika zu gehen.

Der Konflikt zwischen der Verlockung der Emigration und der verzweifelten Liebe zur Erde ist das Thema der Lyrik von Corsino de Azevedo. Hingegen zeichnet sich in den Romanen *Chuva Braba* (1956; Starker Regen) und *Os Flagelados do Vento Leste* (1960; Die vom Ostwind Gepeitschten) von Manuel Lopes (geb. 1907), der seit den vierziger Jahren in Lissabon lebt, wo die Begegnung mit Schriftstellern des portugiesischen Neo-Realismus ihn einst wesentlich beeinflußte, bereits der Wille ab, den bestehenden Verhältnissen zu trotzen.

Als sich Anfang der vierziger Jahre in Mindelo, der Hauptstadt von São Vicente und dem intellektuellen Zentrum des Archipels, eine neue Gruppe um die (nach der dritten Nummer von der Zensur verbotenen) Zeitschrift *Certeza* bildet, kommt ein anderer Ton in die kapverdische Literatur. Das Drama der Inseln wird nicht mehr unter dem Blickwinkel eines Schicksals gesehen, dem man nur durch die Auswanderung entkommen kann, sondern explizit mit der kolonialen Situation in Verbindung gebracht, aus deren Sackgasse nur die Unabhängigkeit führt.[39]

Zur Verschärfung dieses Aspekts trug jene Form moderner Sklavenarbeit bei, die unter dem Estado Novo zunehmend auch die Kapverder erfaßte: der *contrato* in São Tomé. Um dem Hungertod zu entrinnen, ließen sich Tausende trotz des Widerstands gegen die Entwürdigung, den diese Form der »Auswanderung« bedeutete, zur Arbeit auf den dortigen Plantagen verpflichten. »São Tomé bedeutet Ausbeutung. Dort wird der Kapverder als ›Neger‹ behandelt, wie die Leute aus Angola und Mosambik. Es gibt keinen Unterschied« – so heißt es in *Hora di Bai*. Die zurückkamen – und die ersten Tropenkrankheiten auf die Inseln mitbrachten –, erzählten von den Leiden auf S. Tomé. Im Herzen des sprichwörtlich sanften Kreolen wird vor allem diese Erfahrung die Flamme der Revolte schüren, wie es u. a. in der langen Erzählung *Toda a Gente fala: Sim, Senhor* (1960; Wir reden alle, jawohl) von Onésimo Silveira oder in Gedichten von Ovidio Martins nachzulesen ist, in denen auch eine neue Solidarität mit dem »afrikanischen Bruder« zum Ausdruck kommt.

Die kapverdische Dichtung wird zunehmend sarkastischer, bitterer und aggressiver und tritt in eine betont militante Phase ein, wobei das Portugiesische oft zugunsten des Kreol in den Hintergrund tritt.[40]

Nach der Unabhängigkeit gab und gibt es immer wieder Versuche, das Kreol (auch) als Sprache der Literatur zu etablieren, doch hat sich dies – mit wenigen Ausnahmen – vor allem in der Prosa nicht durchgesetzt.[41]

Was die Literatur der Emigration in portugiesischer Sprache betrifft (auf eine beginnende englischsprachige sei zumindest verwiesen), so hat sie in den Romanen von Teixeira de Sousa, der, obwohl er seit vielen Jahren in Lissabon lebt, fast ausschließlich über das konfliktreiche Zusammenleben auf seiner Heimatinsel, der *ilha do fogo*, schreibt, ihren vielleicht prominentesten Vertreter gefunden.[42] Mit Erzählungen über die kapverdische Diaspora in Lissabon[43] hat sich hingegen Orlanda Amarilis (geb. 1926) einen Namen gemacht, die Nichte von António Aurélio Gonçalves, der ebenfalls erst nach der Unabhängigkeit mit einem schmalen, aber bedeutenden Prosawerk an die Öffentlichkeit trat.[44]

Wie in den dreißiger Jahren ging auch nach der Unabhängigkeit die literarische Erneuerung nicht von der politischen Hauptstadt Praia, sondern von der traditionell kosmopolitischen Hafenstadt Mindelo auf der Insel S. Vicente aus. Dort gründeten 1983 Leão Lopes, Rui Figueiredo und Germano Almeida *Ponto & Virgula*, die erste unabhängige »Zeitschrift für Kulturaustausch«, die trotz mannigfaltiger Schwierigkeiten einige Jahre am Leben erhalten werden konnte und die ebenso Schrifsteller der »alten Garde« auf den Inseln wie jene der weltweit zerstreuten kapverdischen Diaspora vereinte. Unter dem Pseudonym Romualdo da Cruz veröffentlichte dort auch jener Mann seine ersten *estórias*, die ein knappes Jahrzehnt später zum wachsenden Ruhm seines wirklichen Namens in der lusophonen Welt beitragen sollten, auch wenn sie sich von seinen anderen Werken grundlegend unterscheiden. Germano Almeida hat nicht nur einen neuen Ton in die kapverdische Literatur gebracht, dessen Ironie sich unter anderem auch seiner juristischen Berufspraxis verdankt, sondern vor allem deren Themenspektrum gründlich revolutioniert. Durch seine bisher fünf veröffentlichten Werke sind die uralten Tragödien von *insularidade*, Trockenheit, Hunger und Auswanderung wie weggeblasen, und es triumphiert eine faszinierende Galerie kreolischer Schwerenöter, deren »Begründer« *Senhor Napumoceno da Silva Araújo* ist, der mit seinem *Testamento*, 1989 zunächst im ersten kapverdischen Privatverlag Ilhéu erschienen, zwei Jahre später von Lissabon aus seinen Siegeszug um die lusitanische Welt angetreten hat.[45]

Mit weitaus weniger Nachsicht, die nur scheinbar von einem über alle Galligkeiten triumphierenden Humor gemildert wird, schildert Germano Almeida in *O meu Poeta* (1992; Mein Dichter) die Zeit nach der Unabhängigkeit, als mit der Herausbildung einer neuen Klasse von sogenannten Dienern des Staates, oder eher seinen Usurpatoren, eine scharfe Zäsur in der kapverdischen Gesellschaft stattgefunden hat. Diese Klasse von Opportunisten, u. a. verkörpert in der Hauptperson des in seiner Freizeit dichtenden Staatsträgers, kurz »mein Poet« genannt, hat sich vom anonymen Volk, in dessen Namen es angeblich angetreten ist, längst getrennt und geht ausschließlich ihren eigenen Geschäften nach.

Wenn der politische Machtkampf als rein männliche Angelegenheit dargestellt wird, erscheint andererseits der Kampf zwischen den Geschlechtern als eigentliches Movens für ersteren. Die Frauen, so zeigt es wenigstens Germano Almeida, bewegen in ihrem ureigensten Raum, der sich auf eine erotische und kulinarische Häuslichkeit beschränkt, im Grunde jene Fäden, die die Welt im allgemeinen und die kapverdische im besonderen regiert. Der Poet ist nicht nur eine Kreatur des PAIGC am Höhepunkt seiner Macht bzw. kurz vor der politischen Wende (1990), ohne die heroische Vergangenheit des vorrevolutionären Kampfes, sondern er ist noch weit mehr das Geschöpf seiner Ehefrau Dura, in deren »afrikanischer« Herkunft (sie läßt eine etwas zu dunkle Vergangenheit auf Guinea-Bissau zurück ...) der Autor Almeida eine immer wiederkehrende Gelegenheit sieht, die überaus komplexen Beziehungen zwischen den einst politisch vereinten und sehr bald getrennten ehemaligen »Brudervölkern« aufs Korn zu nehmen.

Durch seine gesellschaftspolitische Dimension, die eine Fülle von Anspielungen auf konkrete Personen,[46] Institutionen und Ereignisse enthält,[47] ist *O meu Poeta* als erster Nationalroman des unabhängigen Kapverde schlechthin zu bezeichnen, dessen Lektüre freilich dem mit den dortigen Verhältnissen nicht so vertrauten Leser nicht immer leicht fallen mag.

Daß sich die Inseln des Barlavento (zu denen S. Vicente gehört) von jenen des Sotavento nicht nur in bezug auf das »afrikanische Erbe« – von dem auf São Vicente nicht viel Aufhebens gemacht wird – wie Tag und Nacht unterscheiden, führt Germano Almeida in seinem jüngsten Roman *Os Dois Irmãos* (1995; Zwei Brüder) vor Augen. Mit dieser Geschichte eines Brudermordes auf der Insel Santiago (Sotavento) greift er auf einen Fall aus seiner Berufspraxis zurück und findet trotz minutiöser, sich eng an den juristischen Jargon haltender Spurensuche auch literarisch keine wirkliche Erklärung für das Geschehene – und vor allem für die Tatsache, daß der Täter in den Augen des Dorfes als der eigentliche Held gilt, dem ein Freispruch gebührt. Der Roman führt uns nicht nur das Dilemma vor Augen, mit dem sich die Vertreter einer von Europa importierten Justiz, welche von der autochthonen Bevölkerung, die über eine andere Werteskala verfügt, herumschlagen müssen, sondern er spiegelt auch das Dilemma wider, das die Emigration für einen großen Teil der Bevölkerung bedeutet.

Guinea-Bissau

Jahrhundertelang war die portugiesische »Kolonie« Guinea-Bissau nicht viel anderes als ein Reservoir für Sklaven, von denen die ersten tausend »peças« (Stück) bereits im Jahr 1448 aus Afrika nach Portugal verschleppt und in Lagos (Algarve) zum Verkauf angeboten wurden – was selbst dem von der imperialen Mission durchdrungenen Hofchronisten Gomes Eanes de Zurara später ein ungewolltes Gefühl des Mitleids abrang. Als der Sklavenhandel im 19. Jahrhundert zunächst verboten wurde, aber noch lange nicht abgeschafft war, diente Guinea-Bissau weiterhin fast ausschließlich als Umschlageplatz für »Waren aller Art«.

Da das portugiesische Guiné zwischen 1650 und 1879 von Kapverde aus verwaltet wurde, waren es auch Kapverder, die hier als sogenannte »ponteiros« (Speerspitzen) in das Landesinnere vordrangen. Und es war ein Kapverder, der bereits am Ende des 16. Jahrhunderts eine Bestandsaufnahme aller Völker lieferte, die am westafrikanischen Küstenabschnitt zwischen Senegal und Serra Leoa leb(t)en.[48] Auch im zwanzigsten Jahrhundert stammen etliche der über Guinea verfaßten bzw. von Guinea inspirierten Werke in portugiesischer Sprache von Kapverdern, wobei der bekannteste Autor, Fausto Duarte (1903-1953), ebenso als klassischer Kolonialschriftsteller gilt, wie er von einer bis heute äußerst spärlichen guinensischen Literatur als »Stammvater« eingefordert wird.[49] Was die Portugiesen betrifft, so hatten sie bis in die erste Hälfte dieses Jahrhunderts nicht wenig Mühe, die aufständischen Afrikaner zu »befrieden« – um diesen irreführenden euphemistischen Ausdruck zu gebrauchen – und sahen sich zuletzt im Kolonialkrieg in Guinea-Bissau mit dem schwierigsten aller ihrer afrikanischen Kriegsschauplätze konfrontiert.[50]

Abgesehen von einer vielfältigen, die Verschiedenheit ihrer zahlreichen Völker widerspiegelnden Oralliteratur in *crioulo*, mit deren Aufzeichnung einige Unerschrockene im 19. Jahrhundert hier eher begannen als in anderen Kolonien, beschränkt sich die geschriebene Literatur von Guinea-Bissau noch immer auf einige wenige Werke, hauptsächlich Lyrik-Anthologien, die vom Kampf gegen koloniale Unterdrückung über die obligatorische Verherrlichung der Nationalhelden bis zu einer erst jüngst erfolgten Hinwendung zu persönlichen und gleichzeitig universellen Themen zeugen.[51]

In der Prosa kommt Abdulai Sila die Ehre zu, mit *Eterna Paixão* (1994; Ewige Leidenschaft) den ersten Roman des unabhängigen Guinea-Bissau geschrieben zu haben – auch wenn die postkoloniale Kritik darin bei weitem nicht so heiter, ironisch und prägnant ausfällt wie in den *crónicas* (Skizzen und Feuilletons) seines *compatriota* (Landsmannes) Carlos Lopes.

São Tomé e Principe

Im Golf von Guinea-Bissau liegen schließlich jene beiden Inseln, die seit 1975 den Mikrostaat São Tomé e Principe bilden und trotz der Zwergenhaftigkeit ihres insularen Territoriums einige erstaunliche, bis heute die Geister verwirrende Phänomene hervorgebracht haben.

Am Beginn ist da die Lyrik in Forro (Kreolsprache von S. Tomé) eines gewissen Francisco Stockler (1839-1884), dessen Gedichte noch immer in Zeitschriften verstreut ruhen und über dessen Biographie (inklusive deutschem Familiennamen) die spärlichen Forschungen sich in Schweigen hüllen.[52] Auf seine Spuren brachte die Nachwelt jener Mann, der 1895 eine bis heute eindrucksvolle *História e Etnographia da Ilha de S. Tomé* (Geschichte und Ethnographie der Insel S. Tomé) veröffentlichte, auf die ein Jahr später der Gedichtband *Equatoriaes* folgte. Die Leidenschaft des Portugiesen António Lobo de Almada Negreiros (1868-1939) für die tropische Insel S. Tomé erschöpfte sich freilich nicht nur in diesen beiden Werken, sondern schlug sich vor allem in der Verbindung mit einer schönen Afrikanerin nieder, aus der einer der größten iberischen Künstler dieses Jahrhunderts, Freund und Weggefährte Fernando Pessoas, hervorging: José de Almada Negreiros hielt sich, was seine Herkunft anging, allerdings bedeckt, wenn er auch hin und wieder Portugal als das »wildeste Land von Afrika« zu bezeichnen pflegte ...

Aus einer traditionellen Familie jener einheimischen Oberschicht, die von den portugiesischen Plantagenbesitzern im 19. Jahrhundert nach und nach zurückgedrängt wurde, kam wiederum Costa Alegre (1864-1890), der als Zehnjähriger nach Lissabon zur Ausbildung geschickt wurde und ebendort erlitt, was er in den ersten derartigen Versen eines Afrikaners beschreibt: den Zwiespalt, in einer Welt des »weißen (Eben-) maßes« von dunkler Hautfarbe zu sein.

Im Gegensatz zu Alegres passiv erduldeter Widersprüchlichkeit folgte der Mestize Marcelo da Veiga (1892-1976), der für sein antikolonialistisches Engagement im Gefängnis saß, nach mediokren romantisierenden Anfängen in seinen späteren

Jahren dem großen Vorbild der afro-amerikanischen *négritude*. Als deren erster Dichter im portugiesischsprachigen Afrika gilt der um eine Generation jüngere Francisco José Tenreiro (1921-1963); dieser Sohn eines portugiesischen Buchhalters im Dienste zahlreicher *roçeiros* (Plantagenbesitzer) und einer ebenfalls aus euro-afrikanischer Union hervorgegangenen Frau studierte in Portugal und England und machte als Hochschullehrer und Abgeordneter im portugiesischen Parlament eine außergewöhnliche Karriere. Wie sein früher Tod beweist, dürfte es nicht leicht gewesen sein, mit dem »Herzen in Afrika« jene »Wege in Europa« zu gehen, die unter dem salazaristischen Regime nur unter außerordentlichen Kompromissen erreichbar waren.[53]

Ähnliches läßt sich auch von Mário Domingues (1899-1977) sagen, der lange Zeit ausschließlich als portugiesischer Autor galt, hatte dieser »sehr dunkle, fast schwarze Mulatte« doch die Biographien zahlreicher portugiesischer Könige verfaßt und sich jene Themen »einverleibt«, die seine dem Zeitgeist huldigenden Verleger ihm jeweils abverlangten. In seinem autobiographischen Roman *O Menino entre Gigantes* (1960; Das Kind unter den Riesen), der zu den schönsten Werken über das Lissabon der Jahrhunderwende gehört, schildert er mit akribischer Liebe zum Detail, wie es einem Kind afrikanischer Abstammung, das niemals erfahren sollte, wer seine Mutter war, damals in der portugiesischen Gesellschaft erging. Mário Domingues, dem nachgesagt wurde, mehr Bücher geschrieben zu haben als selbst Camilo Castelo Branco, hinterließ auch ein außergewöhnliches journalistisches Werk, das sich mit den (damals wie heute zahlreichen) Afrikanern in Lissabon auseinandersetzt – und inzwischen ebenso vergessen ist wie das Andenken an ihn vom Winde verweht.[54]

An seinem wie auch an anderen hier zitierten Beispielen mag der Leser erahnen, daß es kein leichtes Unterfangen ist, der lusophonen afrikanischen Literatur eine eindeutige Bestimmung zu geben – und durchaus unketzerisch sei hinzugefügt: nicht vor, aber auch nicht immer nach der Unabhängigkeit der ehemals portugiesischen Kolonien.

Anmerkungen

* Der Terminus »Mestize« wird hier in der allgemeinen, dem Portugiesischen entsprechenden Bedeutung von »Mischling« verwendet.

1 Unter dieser Bezeichnung wird allgemein die in portugiesischer Sprache geschriebene Literatur in den bis 1975 zu Portugal gehörenden Kolonien Angola, Mosambik, Kapverde, São Tomé e Príncipe sowie Guinea-Bissau verstanden. Ein ganz anderes Kapitel wäre die Tradition der Oralliteratur in diesen Ländern, deren Sammlung, Aufzeichnung und Transkription sich bislang nur wenige Forscher widmeten.

2 Den Begriff *crioulo* zur Charakterisierung der städtischen Gesellschaft von Luanda hat Mário António (Fernandes de Oliveira, 1934-1989) eingeführt. (Vgl. insbesonders *Luanda, ilha crioula*, Lissabon 1968). Er wird inzwischen als – durchaus umstrittene – soziokulturelle Kategorie verwendet, die ein breites Spektrum heterogener Elemente miteinschließt. Damit bezeichnet werden hier sowohl die in Angola geborenen Abkömmlinge von Weißen und Mestizen (*filhos do país*, in der Terminologie des 19. Jahrhunderts) als auch akkulturierte Schwarzafrikaner (*civilizados* bzw. *assimilados* in der Terminologie des Kolonialismus). Die Wurzeln dieser Kreolgesellschaft gehen auf die Verbindungen zwischen den ersten portugiesischen Kolonisatoren und afrikanischen Frauen im 16. Jahrhundert zurück.

3 Das auch qualitativ beachtliche Werk von Mário António ist in der Zeit der postrevolutionären Euphorie, wohl aus Gründen politischer Sippenhaftung, zu Unrecht in Vergessenheit geraten. Seine Erzählungen (vgl. u. a. *Crónica da Cidade Estranha*, 1964; Chronik einer seltsamen Stadt) handeln von den Spannungen eines Mestizendaseins in der seinerzeit »europäischsten Stadt Afrikas«, seine insgesamt 10 Gedichtbände vom schmerzlichen Zwiespalt eines erst in Europa seine afrikanischen Wurzeln entdeckenden »verpflanzten Herzens« (*Coração Transplantado,* 1970) künden.

4 Gut fünfzig Jahre später (1934) erschien der angolanische Sittenroman *O Segredo da Morta* (Das Geheimnis der Toten) des Mestizen António Assis Júnior (geb. 1878), der wegen seiner Opposition zur Schreckensherrschaft des republikanischen Gouverneurs Norton de Matos Gefängnis und Exil erleiden mußte und 1960 vergessen in Lissabon starb.

5 Er starb 1973 verleugnet und vergessen von seinen ehemaligen Mitstreitern mit 45 Jahren im Exil in Peking.

6 Viele dieser Gedichte genossen und genießen nicht zuletzt dank ihrer Vertonung durch angolanische Musikgruppen (deren wohl bekannteste die von »Liceu« [Carlos Vieira Dias] gegründete »Ngola Ritmos« ist), aber auch durch bekannte portugiesische Sänger in Angola und in Portugal eine bis heute ungebrochene Popularität.

7 In seinem 1984 in Lissabon erschienen Roman *Os anões e os mendigos* (Die Zwerge und die Bettler) versucht Manuel dos Santos Lima eine Art (auch persönlicher) Abrechnung mit der jüngsten angolanischen Geschichte, deren Anfänge er doch so hoffnungsvoll mitgetragen hatte.

8 Sousa Jamba, 1966 in der Nähe von Huambo, der traditionellen Hochburg der (bis 1991 von Südafrika unterstützten) Rebellenbewegung UNITA geboren, flüchtete als Zehnjähriger vor dem »Bürgerkrieg« zwischen MPLA und UNITA nach Sambia; er studierte später in England und kehrte vorübergehend nach Angola zurück, wo er in Jamba, der berühmt-berüchtigten Guerillafestung der UNITA, jene Erfahrungen machte, die in dem genannten (halbautobiographischen) Erstlingswerk geschildert werden. Die unverhohlene Kritik an Savimbis autoritärem Führungsstil sowie – nur in der englischen Fassung – die Darstellung von dessen Verbrechen an den eigenen Leuten haben dazu geführt, daß das Buch unmittelbar vor den ersten »freien« Wahlen (1992) in Angola von der MPLA in die politische Schlammschlacht miteinbezogen wurde.

9 Als Beispiele für letztere seien Manuel Ruis zwischen 1976 und 1980 pünktlich zu jedem Jahrestag der Unabhängigkeit erschienene *11 Poemas de Novembro* (11 Gedichte im November) sowie die »ersten Prosatexte einer neuen Zeit«, in dem Band *Sim, camarada!* (1977; Jawohl, Genosse!) genannt; weiterhin Costa Andrades Gedichte in *O Caderno dos Heróis* (Das Heft der Helden) und sein Theaterstück *No Velho ninguém toca* (Den Alten rührt niemand an), eine Verteidigung des Dichter-Präsidenten Agostinho Neto in dem für die junge Republik so verhängnisvollen Jahr 1977; auch Pepetela übte sich in dem Agit-Prop Stück *A Corda* (1978; Das Seil).

10 Der Begriff PALOP, eine Abkürzung für *Paises Africanos de Língua Oficial Portuguesa* (Afrikanische Länder mit Amtssprache Portugiesisch) hat sich inzwischen, zum Ärgernis nicht weniger Leute, als Bezeichnung für die ehemaligen portugiesischen Kolonien in Afrika allgemein durchgesetzt.

11 Luandino, der als José Mateus Vieira da Graça im portugiesischen Algarve geboren wurde, jedoch im Alter von 2 Jahren nach Angola kam, bezeugt bis heute mit diesem später angenommenen Namen die Liebe zu der Stadt seiner Kindheit; 1965 brachte er mit dem gewissermaßen emphatischen Titel *Luuanda* (1964; dt. *Luuanda*) indirekt die gar nicht altehrwürdige *Sociedade Portuguesa de Escritores* (Portugiesische Schriftstellergesellschaft) zu Fall, als es deren Jury einfiel, ausgerechnet dieses Buch eines »Terroristen« auszuzeichnen. Die Gesellschaft wurde kurzerhand von der Geheimpolizei PIDE aufgelöst.

12 Die koloniale Unterdrückung ist bis heute in vielfältiger Weise ein Thema der angolanischen Literatur geblieben; nur als »Spitze eines Eis-

berges« seien hier die schwarzafrikanischen Autoren Raúl David und Domingos Van-Dunem genannt.

13 In seinen späteren »ernstgemeinten« Satiren über ein neues, korruptes, kleinbürgerliches Beamtentum (vgl. den Roman *Crónica de um Mujimbo* 1989; Chronik eines Gerüchtes) und die Erzählungen in *1 Morto & os Vivos* (1992; 1 Toter & die Lebenden) hat der Autor gewisse Typen und vor allem Sprachticks dieser neuen Klasse, deren verqueres Portugiesisch Grund unfreiwilliger Komik ist, gezeichnet.

14 In dem 1995 erschienen Werk *O Desejo de Kianda (Kiandas Wunsch)* hat Pepetela einen weiteren Vorstoß in Richtung postkoloniale Satire unternommen: In der Stadt Luanda, wo die Clique allzeit opportunistischer Regierungsmitglieder gerade den Übergang von marxistischen Ideologien zu marktwirtschaftlich orientierten Selbstbereicherung erprobt, ist inmitten mehrstöckiger Wohnblocks jener See zurückgekehrt, der sich an dieser Stelle einst vor der Asphaltstadt befand; und mit dem See auch seine Nixe, jene *quianda*, die in alten Zeiten nicht wenig Schrecken verbreitete und der die schwarze Bevölkerung am Tag zur Beschwichtigung Gaben ans Ufer zu legen pflegte, die dann oft in der Nacht von armen weißen *colonos* gestohlen wurden. Die Nixe versucht auch in Pepetelas Roman ihr Bestes, obwohl sie natürlich niemals jene trifft, die es wirklich verdienen.

15 Vgl. Uanhenga Xitu, *Os Discursos do Mestre Tamoda*, Luanda, 1977.

16 Der »Bürgerkrieg« zwischen MPLA und UNITA wurde bis 1991 zwar hinter ideologischen Fassaden geführt, doch war und ist er von jeher ein Krieg zwischen zwei anscheinend unversöhnlichen Kulturen gewesen: einer städtischen Elite (die sich bereits im vergangenen Jahrhundert in Luanda herausgebildet und deren ursprüngliche Bantusprache, Kimbundo, bald dem Portugiesischen Platz gemacht hatte) und der Mehrheit des sogenannten *gentio*, der Eingeborenen. Unter dessen größter Ethnie, den Ovimbundos der fruchtbaren großen Hochebene im Süden Angolas, waren mit Unterstützung protestantischer Missonionare ebenfalls bereits im vergangenen Jahrhundert erste Bestrebungen zur Autonomie laut geworden.

17 Unter anderem Pepetela, der soeben einen großangelegten Roman über die Zeit der holländischen Besetzung Angolas fertiggestellt hat, und Arnaldo Santos, dessen erster Erzählband *Quinaxixi* (1965; Das Quinaxixi-Viertel) die Konflikte einer gehobenen Schicht von Mestizen in einer vermeintlich mehrrassigen Gesellschaft schildert. In dem Roman *A Casa Velha das Margens* (bis dato unveröffentlicht; Das alte Haus am Ufer) setzt Arnaldo Santos der Generation von Cordeiro da Matta ein Denkmal.

Die Ehre, den ersten historischen Roman im unabhängigen Angola geschrieben zu haben, verbucht hingegen der noch immer dort lebende

Manuel Pacavira. *Nzinga Mbandi* (1979; Königin Nzinga) ist eine Darstellung der berühmten, den Portugiesen im 17. Jahrhundert hartnäckig Widerstand leistenden Königin Jinga. Pepetela schuf in *Lueji (*1990) eine sehr persönliche Version einer anderen sagenhaften Königin aus dem berühmten Lunda-Reich; gelungener als dieser Roman ist seine Kolonialsaga mit dem afrikanischen Titel *Yaka* (dt. *Der Schöpfungsregen der Yaka*), die abwechselnd aus der rationalen Sicht der weißen Siedlerfamilie Semedo und der mythologisch gebrochenen Weltsicht der Yaka (eine kleine Bevölkerungsgruppe im Norden Angolas, die für ihre Skulpturen berühmt ist) fast ein Jahrhundert angolanischer Geschichte (bis zur Unabhängigkeit 1975) erzählt.

18 David Mestre hat nicht nur mehrere Gedichtbände veröffentlicht (vgl. v. a. *Do Canto à Idade* [1977; Vom Lied in die Jahre] und *O Relógio de Cafucôlo* [1987; Cafucôlos Uhr], sondern auch als aufmerksamer Kritiker die angolanische Lyrik in unzähligen Essays begleitet.

19 Schon in seinem ersten, 1975 erschienenen Band *Angola Angolé Angolema,* verbindet Arlindo Barbeitos, der in Frankfurt Soziologie und Philosophie studierte und die Weltliteratur zum Teil in deutschen Übersetzungen las, afrikanische Themen mit einer rigoros durchkomponierten Formensprache, die ihre Vorbilder in japanischer und chinesischer Dichtung hat.

20 *Godido e outros Contos*, Edição da Secção da CEI, Lissabon 1952.

21 Und dennoch handelt es sich bei diesem Autor nicht um einen »finsteren Reaktionär«, sondern um den Direktor der im kolonialen Mosambik liberalen Oppositionszeitung *A Tribuna*, die wenige Monate nach der Nelkenrevolution ein Bombenattentat rechtsradikaler *colonos* nicht überlebte.

22 »Wie kann ich verseschmiedend vorgeben, der gedemütigte Schwarze zu sein, der ich nicht bin?« meinte er einmal mit Seitenhieb auf so manche seiner angolanischen (z. B. António Jacinto) und mosambikanischen (z. B. Orlando Mendes) Kollegen, die sich dichtend gerne in die Haut des anderen begaben, um ihre Solidarität mit den Erniedrigten und Beleidigten zu bekunden.

23 Wie in dem geradezu programmatischen – und bis heute zu den Leitgedichten lusitanischer *négritude* zählenden *Grito Negro* (Schwarzer Schrei) der Sammlung *Xigubu* (1964; Kriegsstanz): »Ich bin Kohle! / Und gewaltsam reißt du mich aus dem Boden / und machst aus mir ein Bergwerk, Chef, / damit ich ewig dir diene wie Kraft ohne eigenes Leben. / Aber ewig nicht, Chef! Ich bin Kohle, / und ich muß glühen, / und versengen muß alles die Kraft, mit der ich brenne.«

24 António Quadros wurde 1933 in Santiago de Besteiros (Portugal) geboren und kam als junger Lehrer nach Lourenço Marques, wo er bald als bildender Künstler in Erscheinung trat. Gemeinsam mit Rui Knopfli

und Eugénio Lisboa gründete er Anfang der siebziger Jahre die Lyrikreihe »Caliban«, in der ein fruchtbarer Dialog zwischen europäischen und afrikanischen Autoren geführt wurde. Er ist – unter dem Namen João Pedro Grabato Dias – auch Verfasser des Epos *As Quybyrycas*, eine Fortsetzung der *Lusiaden* von Camões, nach der Schlacht von Alcácer-Quibir ... Quadros kehrte 1985 nach Portugal zurück, wo er, fast unbemerkt von der literarischen Öffentlichkeit, 1994 verstarb. Sein vielfältiges Werk harrt noch der Entdeckung.

25 Ihr bedeutendster Vertreter im heutigen Mosambik ist der Mestize Eduardo White (geb. 1963), der ebenso wie Luis Carlos Patraquim unter der puritanischen FRELIMO-Regierung für seine »zu sinnliche« Liebeslyrik nicht wenig Schelte erfuhr. Von den Autoren portugiesischer Herkunft leben der letztgenannte sowie Sebastião Alba und Heliodor Baptista heute wieder in Portugal. Unter den Lyrikern afrikanischer Herkunft seien Armando Artur (geb. 1962), Helder Muteia (geb. 1960) sowie Nelson Saúte (1967) genannt, wobei letzterer als hellhöriger Chronist und Diagnostiker »PALOP'scher« Widersprüchlichkeiten sich vor allem in Portugal einen Namen gemacht hat.

26 Mia Couto wurde 1955 in der Küstenstadt Beira als Sohn portugiesischer Einwanderer geboren. In seiner Kindheit war »auf der Straße Afrika und zu Hause Europa«, in der Schule alle »Rassen versammelt: (wenige) Schwarze, Weiße, Mestizen, Inder und Chinesen«. – Mia Coutos Weg führte über die jugendliche Revolte gegen die Apartheid, die nicht nur wegen der Nähe Südafrikas in Mosambik herrschte, zur Sympathie mit der FRELIMO und danach geradewegs in die Verantwortung eines hohen Amtes: Mit nur 21 Jahren wurde er Direktor der Staatlichen Nachrichtenagentur im unabhängigen Mosambik und später Chefredakteur der Zeitungen *Tempo* und *Notícias*. 1985 wollte er »nie mehr Direktor von irgend etwas sein« und studierte Biologie, »um die Welt mit anderen Augen zu sehen und zu lernen«. Er reiste durch das ganze Land und fand nicht nur eine afrikanische Flora und Fauna, denen die Portugiesen keine Namen gegeben hatten, sondern auch die Menschen seiner Kindheit (wieder), die Alten, die ihm Geschichten erzählten und deren Lektion ihm als Schriftsteller zum Vorbild wurde.

27 Mia Couto debütierte 1986 mit dem Erzählband *Vozes Anoitecidas* (Verdämmerte Stimmen); es folgten *Cronicando* (1989), *Cada Homem é uma Raça* (1990; Jeder Mensch ist eine Rasse) und *Estórias Abensonhadas* (1994; Traumgesegnete Geschichten).

28 Mia Coutos Wortneuschöpfungen sind für den portugiesischsprachigen Leser höchster Genuß – vom Übersetzer fordern sie oft Unmögliches. Der französische Lusitanist Michel Laban hat sich die Mühe gemacht, mit Hilfe des Autors eine Art »Mia-Couto-Wörterbuch« zu erstellen, das auch interessante Einblicke in die Abweichungen von der Sprach-

norm gibt. In Mosambik haben wenig mehr als 10 Prozent der Bevölkerung das Portugiesische zur Muttersprache, alle anderen müssen es als Zweitsprache erst mühsam erlernen.

29 So galten die 1964 unter dem Titel *Nós matámos o Cão tinhoso* (dt. *Wir haben den räudigen Hund getötet*) erschienenen Erzählungen von Luís Bernardo Honwana lange Zeit als das einzige Werk mosambikanischer Prosaliteratur. Um das Schicksal des Mestizen in der Kolonialgesellschaft geht es in dem ersten mosambikanischen Roman *Portagem* (1966; Maut) von Orlando Mendes, der als Autor portugiesischer Herkunft nach Meinung einiger Kritiker später mit Titeln wie *Produção com que aprendo* (1978; Produktion an der ich lerne) »Verrat an der Kunst« begangen und sich nach der Unabhängigkeit Mosambiks in einen *poeta do povo* verwandelt habe, »den das Volk nicht liest und den seine Kollegen verachten« (Eugénio Lisboa).

30 Sein Leben bis zur schmachvollen Gefangennahme durch die Portugiesen und nachfolgenden Verbannung auf die Azoren (inklusive Zwangsbekehrung) hat zuletzt auch der in Mosambik lehrende deutsche Historiker Gerhard Liesegang ausführlich dargestellt.

31 Vgl. insbesondere die Titelgeschichte des Erzählbandes *O Regresso do Morto* (1991; Die Rückkehr des Toten), in der ein *gaiça* (Mosambikaner, der in den Bergwerken Südafrikas arbeitet) erst als Toter zu seiner alten Mutter zurückkehrt.

32 »Die Abwesenheit von Dichtern aus Kapverde mag befremden, jedoch ist in der Lyrik der kreolischen Inseln unserer Meinung nach – mit sehr wenigen Ausnahmen – nicht jenes Gefühl der *négritude* zu finden, das Sinn und Zweck der Schwarzen Poesie ist. Es handelt sich hingegen um eine Dichtung mit betont regionalen Kennzeichen, Frucht einer Assimilation des afrikanischen Elements.« Vgl. *Poesia Negra de Expressão Portuguesa*, 2. ed. Lisboa 1982, S. 82.

33 Wobei man zwischen der Inselgruppe des Barlavento (u. a. St. Antão, S. Nicolau und S. Vicente) und den von Afrika stärker geprägten des Sotavento (v. a. Santiago und Fogo) unterscheidet.

34 Als Beispiele seien der Dramatiker António Pedro (1909-1966), der einen wesentlichen Beitrag zum eher dürftigen portugiesischen Theaterrepertoire leistete, sowie der Lyriker Daniel Filipe (1925-1964) genannt, dessen Gedichtband *A Invenção do Amor* (1961; Die Erfindung der Liebe) sich bis heute zahlreicher Neuauflagen in Portugal erfreut; Filipes unter dem Pseudonym Raymundo Soares veröffentlichtes Werk *A Ilha e a Solidão* (1957; Die Insel und die Einsamkeit) wurde seinerzeit mit dem Prémio Camilo Pessanha ausgezeichnet, einem der Preise, mit dem der Estado Novo literarische Werke über die sogenannten *províncias ultramarinas* anzuspornen suchte, was freilich selten gelang.

35 Amilcar Cabral entstammte einer kapverdischen Familie, wuchs aber in Guinea-Bissau auf und gründete 1956 die Widerstandbewegung PAIGC (Partido Africano para a Independência de Guiné e Cabo Verde), die einen politischen Zusammenschluß der in jeder Hinsicht gänzlich verschiedenen damaligen *províncias ultramarinas* und nachmaligen unabhängigen Staaten Staaten Guinea-Bissau und Cabo Verde vertrat. Amilcar Cabral, der charismatischste unter den Freiheitshelden des lusophonen Afrika, wurde 1971 unter bis heute nicht ganz geklärten Umständen ermordet.

36 Dieser kleine Seitenhieb bezieht sich auf eine Gedichtsammlung des von späteren Generationen vielgescholtenen Lyrikers José Lopes (1872-1962), der, obwohl er nie über seine Heimatinsel S. Vicente hinauskam, Verse außer in portugiesischer auch in englischer, französischer, griechischer und lateinischer Sprache schrieb, für die er mehrere internationale Auszeichnungen erhielt. Darüber hinaus pflegte er eine weltweite Korrespondenz mit bekannten Persönlichkeiten seiner Zeit. Die Nachwelt hat ihn, dessen Denkmal in Mindelo im Überschwang des »Afrikanismus« unmittelbar nach der Unabhängigkeit entfernt worden ist, von der »Schande seiner Europasucht« mittlerweile reingewaschen. Schließlich hatte derselbe José Lopes ja auch an dem nationalistischen Blatt *O Manduco* mitgewirkt, das Pedro Monteiro Cardoso, der als erster und unter dem Pseudonym *Afro* in flammenden Versen die Unabhängigkeit Kapverdes forderte, in den zwanziger Jahren auf der Ilha do Fogo (Feuerinsel) herausgab.

37 Seit dem 17. Jahrhundert, als Kapverder auf amerikanischen Schiffen für den Walfischfang angeheuert wurden, war Nordamerika für viele Inselbewohner das Land der Verheißung schlechthin, in das sie zwei Jahrhunderte später regelmäßig auszuwandern begannen. In New Bedford wurde 1906 die erste *Associação Caboverdiana* (Kapverdischer Verein) gegründet; heute leben ca. eine halbe Million Kapverder in den USA – diese amerikanischen Staatsbürger sprechen zu Hause noch immer *crioulo*, essen *catchupa* und pflegen die *mornas* –, auch wenn viele von ihnen noch nie »zu Hause« waren, wo heute auf den Inseln ca. 350 000 ihrer *patrícios* (Landsleute) leben.

38 Die Bildung genoß bei den Kapverdern schon immer großes Ansehen; als einzige unter den Kolonien besaß Kapverde bereits 1866 auf der Insel S. Nicolau ein von der katholischen Kirche betriebenes Lyzeum, in dem bis zu seiner Schließung 1911 mehrere Generationen kapverdischer Intellektueller ausgebildet wurden.

39 António Nunes (1917-1951), Arnaldo França (geb. 1917) und Nuno Miranda (geb. 1924) sind die wichtigsten Vertreter dieser Gruppe, zu denen sich ein junger, damals auf den Kapverden seinen Militärdienst ableistender Portugiese gesellte: Manuel Ferreira (1917-1992), dessen

bekanntester Roman *Hora di Bai* (1961; Stunde des Abschieds) so wie fast alle seine Prosawerke spezifisch kapverdische Motive zum Inhalt haben. Manuel Ferreira war auch einer der Pioniere in der Aufarbeitung der Geschichte der Literaturen des lusophonen Afrika. Als eigenes Lehrfach wurden die *Estudos das Literaturas Africanas de Língua Portuguesa* erst nach der Nelkenrevolution an einer portugiesischen Universität eingeführt, und zwar zunächst an der Universidade Clássica in Lissabon, sie wurden zum erstenmal dort von ihm geleitet.

40 Den radikalsten Versuch, Kapverde in einer »afrikanischen Perspektive« zu interpretieren, unternahm Kaoberdiano Dambara, der so wie Ovídio Martins und viele andere Intellektuelle in den Reihen der PAIGC in Guinea-Bissau für die Unabhängigkeit kämpfte.

41 Allerdings ist das Kreol die Sprache der Poesie par excellence der *mornas* geblieben und hat in den letzten Jahren – durch die Vermittlung der Sängerin Cesária Evora – seinen weltweiten Siegeszug geschafft. Nicht der erste, aber immer noch der beste Dichter der *mornas* ist bis heute Eugénio Tavares (1867-1930), dessen lyrisches Werk 1996 in einer ersten umfangreichen Ausgabe in Mindelo herausgegeben wurde. Auch der bereits erwähnte streitbare Journalist Pedro Monteiro Cardoso (1883-1942) hat der – nicht nur literarischen – Entwicklung des *crioulo* wesentliche Impulse gegeben. Zuletzt bezeugt die 1991 in Lissabon herausgegebene umfangreiche Anthologie neuerer kapverdischer Dichtung *Mirabilis de Veias ao Sol* die Lebendigkeit des *crioulo*. Was die Prosa betrifft, so gibt es nach dem Pionierwerk *Negrume* (1973; Schwärze) von Luis Romano und wenigen Erzählungen vereinzelter Autoren, die auch Portugiesisch schreiben, bislang einen einzigen Roman, *Oju d'Agu* (1987) von Manuel Veiga.

42 Vgl. *Ilhéu de Contenda* (1978; Insel des Zwists) – nach diesem Roman wurde kürzlich der erste kapverdische Spielfilm gedreht – sowie *Capitão de Mar e Terra* (1984; Kapitän zur See und auf dem Land) und zuletzt *Na ribeira de Deus* (1992; Am Ufer Gottes).

43 *Cais-do-Sodré té Salamansa* (1974; Von Cais-do-Sodré bis Salamansa) und zuletzt *A Casa dos Mastros* (1989; Das Haus der Masten).

44 Vgl. *Noite de Vento* (1985; Windnacht) und vor allem *Recaida* (1993; Rückfall). António Aurélio Gonçalves (1901-1985), der zur Generation der *Claridade* gehört, lebte ebenfalls lange in Lissabon, wo er über die »Ironie im Werk von Eça de Queirós« promovierte und ein aufmerksamer Leser der Weltliteratur vor allem des 19. Jahrhunderts wurde. Obwohl seine Erzählungen fast alle im Mindelo der zwanziger Jahre angesiedelt sind, erheben sie Anspruch auf allgemeine Gültigkeit und sind von einer die Werke der *claridosos* oft übertreffenden ästhetischen Qualität.

45 *O Testamento do Senhor Napumoceno da Silva Araújo* wurde 1996 auch in einer brasilianisch-kapverdisch-belgischen Koproduktion in

Mindelo verfilmt. Das Buch erzählt die Geschichte eines ehrenwerten Kaufmanns, der sich mit angeborener Bauernschläue vom einfachen Botenjungen im noch von (wenigen) Portugiesen und Engländern belebten Mindelo emporarbeitet und dann, einige Jahre nach der Unabhängigkeit, die er ebenfalls unbeschadet überlebt, friedlich entschläft, wobei sich erst nach seinem Tod sein wahres Leben enthüllt: es bestand, außer in der Jagd nach materiellen Gütern, vor allem in jener nach weiblichen Trophäen, die ihn, obwohl oder gerade weil fast immer unfreiwillig, wesentlich mehr überfordert hat ...

46 So hat man in diesem »Schlüsselroman«, als der *O meu Poeta* zwischen den rivalisierenden Städten Prai und Mindelo gelesen wird, insbesondere in der Hauptfigur Corsino Fortes, den nach der Unabhängigkeit renommiertesten Dichter Kapverdes zu erkennen vermeint.

47 Selbst die Rivalitäten zwischen der Kulturzeitschrift *Ponto & Virgula* und der Literaturbeilage *Voz di Letra* der regierungstreuen Wochenzeitung *Voz di Povo* werden nicht ausgelassen.

48 Vgl. *Tratado Breve do Rios da Guiné do Cabo Verde dês de Sanagá até os baixos de Santa Ana de todas as nações de negros que há na dita costa e de seus costumes, armas, trajos, juramentos, guerras. Feito pelo capitão André Alvares d'Almada natural da Ilha de Santiago de Cabo Verde prático e versado nas ditas partes,* Lisboa 1594.

49 Sein Roman *Auá* (1934) wurde beim Wettbewerb der Kolonialliteratur mit dem 1. Preis ausgezeichnet; er schildert in der Hauptfigur Malam den Konflikt zwischen afrikanischer und europäischer Kultur. Pikantes Detail am Rande: Der sexuellen »schwarzen Magie« erliegt hier ausnahmsweise einmal eine weiße Frau – freilich keine Portugiesin, sondern eine hemmungslose Norddeutsche, Frau Wrede, die das von ihr inszenierte Verführungsspiel mit den Worten »Komm einmal her, du greulicher Bär« (sic! im Original) einleitet.

50 Zahlreiche Werke der portugiesischen Kriegsliteratur kurz vor und nach der Nelkenrevolution haben Guinea-Bissau zum Thema.

51 Was die Phase des Befreiungskampfes betrifft, so stellt sich bei ihren prominentesten Vertretern, Amilcar und Vasco Cabral, wieder das Problem der Zuordung: sind diese nun kapverdische oder guinensische Dichter? Zu ihrer Generation gehört als wichtigster Intellektueller Guinea-Bissaus Pascoal D'Artagnan Aurigemma (1938-1991), dessen umfangreicher Nachlaß noch zum großen Teil unveröffentlicht ist. Jüngere Autoren sind Helder Proença (geb. 1956), Tony Tcheka (= António Soares Lopes, geb. 1951), Félix Siga (geb. 1954) und Odete Semedo (geb. 1960). Außerordentlich populär sind bis heute die Lieder (in *crioulo*) des 1977 in Cuba tödlich verunglückten José Carlos Schwartz (geb. 1949), die große Hoffnung nicht nur der Musik seines Landes.

52 Bis heute weiß man nicht mehr über diesen »ersten populären Dichter von S. Tomé, dem unser kleinliches Milieu so sehr geschadet hat«, als ein anonymer Autor 1901 im bereits zitierten *Almanach de Lembranças* schrieb.

53 Francisco José Tenreiro, der bis heute der bedeutendste Lyriker und Intellektuelle seines Landes geblieben ist, veröffentlichte 1942 als erster Autor des neo-realistischen Dichterkreises von Coimbra den Gedichtband *Ilha de Nome Santo* (Heilig geheißene Insel); zu seinen Lebzeiten erschienen Essays zu verschiedenen afrikanischen Themen und erst postum zwei weitere Lyrikbände.

54 In seiner journalistischen Arbeit war Mário Domingues ein Wallraff avant la lettre, ohne dessen Publicity, aber mit dem Gespür eines hochbegabten Detektivs, dem es anläßlich einer Reportage sogar einmal gelang, einen gesuchten Mörder ausfindig zu machen. Das publizistische Multitalent Domingues, Verfasser von Werken wie *Africanos na Europa* (Afrikaner in Europa) und *Cidadãos da Libéria* (Bürger von Liberia) gründete im Lissabon der zwanziger und dreißiger Jahre mehrere Zeitschriften und war an jener Presse beteiligt, die, nach ihrer brutalen Abwürgung in den Kolonien, in der »Metrópole« versuchte, sich für die Sache der Afrikaner stark zu machen.

Lusophone afrikanische Autoren in deutscher Sprache (Auswahl)

Almeida, Germano, *Das Testament des Herrn Napumoceno da Silva Araújo* (*O Testamento do Senhor Napumoceno da Silva Araújo*), übers. von Maralde Meyer-Minnemann, Frankfurt/Main: Fischer 1997.

Chiziane, Paulina, *Die apokalyptischen Reiter* (*Ventos do Apocalipse*), übers. von Elisa Fuchs, Brandes & Apsel 1997.

Couto, Mia, *Das schlafwandelnde Land* (*Terra Sonâmbula*), übers. von Karin von Schweder-Schreiner, Frankfurt/Main: dipa 1994.

Honwana, Luís Bernardo, *Wir haben den räudigen Hund getötet* (*Nós Matámos o Cão Tinhoso*), übers. von Friedhelm Liene, mit einem Vorwort von Reiner Arnold, Leipzig: Reclam 1980.

Neto, Agostinho, *Angola: Heilige Hoffnung* (*Sagrada Experança*), übers. von Maria Adélia Melo und Hermann Pflueger, Köln: Labbé & Muta 1976.

–, *Gedichte*, übers. von Tilla Thonig, mit einem Vorwort von A. S. Arnold und einem Nachwort von M. Holness, Leipzig: Reclams Universalbibliothek 1977.

Pepetela [Artur Carlos Maurício Pestana dos Santos], *Ngunga* (*Ngunga*), übers. von Tilla Thonig, Berlin: Kinderbuchverlag 1981.

–, *Mayombe oder Eine afrikanische Metamorphose* (*Mayombe*), übers. von Maritta Tkalec, Berlin: Volk und Welt 1983; Berlin & Bonn 1984.
–, *Der Hund und die Leute von Luanda* (*O Cão e os Caluandos*), übers von Inès Koebel [Informationsstelle Südliches Afrika], Bonn: ISSA 1987.
–, *Schöpfungsregen der Yaka* (*Yaka*), übers. von Klaus Laabs, Berlin: Volk und Welt 1988.
Rui, Manuel, *Das Meer und die Erinnerung*. Prosa und Lyrik, Edition Neue Texte, Berlin & Weimar: Aufbau-Verlag 1988.
Soromenho, Castro, *Senhor Américo kehrt nicht zurück* (*Terra Morta*), übers. von Johannes Klare, Berlin: Volk und Welt 1964.
Vieira, Luandino, *Das wahre Leben des Domingos Xavier* (*A Vida verdadeira de Domingos Xavier*) und *Großmutter Xixi und ihr Enkel Zeca Santos* (»Avô Xixi e seu neto Zeca Santos«) aus *Luuanda*, übers. von Kristina Hering, Berlin: Volk und Welt 1974. 2. Auflage mit einem Nachwort von Gerhard Grohs, Frankfurt/Main: Otto Lembeck 1975.

Anthologien
Ahrens, Helga / Margret Amman (Hg.), *Kapverdische Erzählungen* (Verschiedene Übersetzer), Frankfurt/Main: Iko 1994.
Andrade, Mário de, *Poesia Negra. Schwarze Dichter portugiesischer Sprache*, hg. und mit einer Einführung von Mário de Andrade, übers. von Irm Bouvier, München: Nymphenburger 1962.
Fuchs, Elisa / Elsa Fuchs de Melo (Hg.), *Die Liebe aller Tage. Erzählungen aus Moçambique*, übers. und mit einem Nachwort von Elisa Fuchs und Elsa Fuchs de Melo, Frankfurt/Main: dipa 1992.
Pollack, Ilse (Hg.), *Lusophones Afrika. Prosa, Lyrik und Essay aus und über Angola, Mozambik, Kapverde, São Tomé e Principe, Guinea-Bissau*, übers. von (u. a.) Elfriede Engelmayer, Fritz Frosch, Ilse Pollack und Karin von Schweder-Schreiner, *Sterz*, Zeitschrift für Literatur, Kunst und Kulturpolitik (Sonderheft) 71/72, Graz 1996.

Sekundärliteratur (Auswahl)

Augel, Moema Parente, »Literatura em Guiné-Bissau«, *Actas do 4° Congresso da Associação Internacional de Lusitanistas, Universidade Hamburgo, 6 a 11 de Setembro de 1993, organização e coordenação de M. Fátima Brauer-Figueiredo*, Porto/Lissabon/Coimbra: Lidel 1995, S. 313-326.
Burness, Donald (Hg.), *Fire. Six writers from Angola, Mozambique and Cape Verde*, Washington D.C. 1977.
–, *Critical perspectives on lusophone african literature*, Washington D.C. 1981.

Chabal, Patrick with Moema Parente Augel, David Brookshaw, Ana Mafalda Leite, Caroline Shaw, *The Postcolonial Literature of Lusophone Africa,* London: Hurst & Company 1996.

Endruschat, Annette, *Studien zur portugiesischen Sprache in der Volksrepublik Angola*, Beihefte zu *Lusorama*, 3. Reihe, Bd. 1, 1990.

Ferreira, Manuel, *Literaturas africanas de expressão portuguesa*, 2 Bde., Lisboa: Biblioteca Breve 1977.

Gebert, Heike: »Ondina, Lueji, Sara: Frauenfiguren bei Pepetela«, in: Schönberger, Axel (Hg.), *Geschlechterdiskurse in der modernen Literatur Brasiliens, Portugals und der PALOP*, Frankfurt/Main: TFM/Domus Editoria Europaea 1996, S. 365-371.

Gerard, Albert S. (Hg.), *European-language writing in sub-Saharan Africa*, 2 Bde., Budapest: Ed. Akadémisi Kiadó 1986.

Glinga, W., *Der Unabhängigkeitskampf im afrikanischen Gegenwartsroman französischer Sprache. Mit einem Ausblick auf den afrikanischen Gegenwartsroman englischer und portugiesischer Sprache*, Bonn 1979.

Hamilton, Russell, *Literatura africana, Literatura necessária: Angola, Moçambique, Cabo-Verde, Guiné-Bissau, São Tomé e Principe*, 2 Bde., Lisboa: Ed. 70 1981-1984.

Heilmair, Hans-Peter, *Die Entwicklung der kapverdischen Literatur in soziokulturellem Kontext*, Beihefte zu *Lusorama*, 3. Reihe, Bd. 4, 1992.

Laranjeira, Pires, *Literaturas africanas de expressão portuguesa*, Lisboa: Universidade Aberta 1995.

Lepecki, Maria Lúcia Torres, *Sobreimpressão: estudos de literatura portuguesa e africana*, Lisboa: Caminho 1988.

Margarido, Alfredo, *Estudos sobre literaturas das nações africanas de língua portuguesa*, Lisboa: A Regra do Jogo 1980.

Massa/Ferreira/França (Hg.), *Les littératures africaines de langue portugaise. A la recherche de l'identité individuelle et nationale,* Actes du colloque international 1984; Paris, Ed. Fond. Gulbenkian/Centre Culturel Portugais 1985.

Moser, Gerald M./M. Ferreira, *Bibliografia das literaturas africanas de expressão portuguesa*, Lisboa: Imprensa Nacional – Casa da Moeda 1984.

Moser, Gerald & Manuel Ferreira, *A New Bibliography of the Lusophone Literatures of Africa/Nova Bibliografia das Literaturas Africanas de Expressão Portuguesa*, 2., neubearbeitete und erweiterte Auflage, London-Munich-New Jersey: Hans Zell Publishers 1993.

Nwezeh, E. C.: *Literature and colonialism in lusophone Africa*. Lagos (Nigéria): Ed. Center for Black African Studies and Civilization 1986.

Oliveira, Mário António Fernandes de, *A formação da literatura angolana* 1851-1950, Lisboa: Universidade Nova de Lisboa 1985.

Pélissier, René, *Africana. Bibliographie sur l'Afrique Luso-hispanophone 1800-1980*, Orgeval (Frankreich) 1980 (Kommentierte Bibliographie von ca. 400 Werken).
Pollack, Ilse, »Ein sehr schwarzer, fast dunkler Mulatte im Lissabon der Jahrhundertwende. Zu Mário Domingues' Roman: *O Menino entre Gigantes*«, in: Studien zur Lusographie in Afrika, Beihefte zu *Lusorama*, 3. Reihe, Bd. 5, 1993.
–, »Caboverdeanamente suave: Poeten und andere Herren im Werk des Germano Almeida«, in: A. Schönberger (Hg.) 1996, S. 351-363.
–, »Freiheitshelden, Rapper, Wunderheiler. Schlaglichter auf die afrolusitanische Literatur- und Musikszene«, in: *DU*. Die Zeitschrift der Kultur, 9, 1996.
–, »Luanda, ilha crioula. Zu José Eduardo Agualusas ›historischem Roman‹ *A conjura*«, in: *Grenzgänge*. Beiträge zu einer modernen Romanistik, 3. Jahrgang, Heft 5, Leipzig, 1996.
–, *Luso-afrikanische Begegnungen*. Essays zur Literatur und zu den Kulturbeziehungen der portugiesischen Länder Afrikas mit Portugal; Porträts portugiesischsprachiger afrikanischer Autoren, Berlin: tranvía 1997.
Reisman, Phyllis, Anne, *National literary identity in contemporary angolan prose fiction*, Minnesota: Minneapolis & Saint Paul 1986.
Rosa, Luciano Caetano da/Axel Schönberger (Hg.), *Studien zur lusographen Literatur in Afrika*, Beihefte zu *Lusorama*, 3. Reihe, Bd. 2, 1991.
–, (Hg.), *Studien zur Lusographie in Afrika*, Beihefte zu *Lusorama*, 3. Reihe, Bd. 5., 1993.
Rosa, Luciano Caetano da, *A literatura na Guiné-Bissau*, in: ders./A. Schönberger (Hg.), Beihefte zu *Lusorama*, 3. Reihe, Bd. 5, 1993.
–, *Die lusographe Literatur der Inseln São Tomé e Príncipe: Versuch einer literaturgeschichtlichen Darstellung*, Beihefte zu *Lusorama*, 3. Reihe, Bd. 7, 1994.
Soares, A. F., *Literatura angolana de expressão portuguesa*, Porto Alegre 1983.
Trigo, Salvato, *Introducção à literatura angolana de expressão portuguesa*, Porto: Brasília 1977.
–, *Ensaios de literatura comparada afro-luso-brasileira,* Lisboa: Vega [um 1986].
Vogt, Elke, *Die Stellung des Mestizo in der angolanischen Literatur vor der Unabhängigkeit,* Diss., Institut für Ethnologie und Afrikastudien, Mainz 1982.

Kolonialkrieg und Befreiungskampf in den portugiesischsprachigen Literaturen

João de Melo

I. Die portugiesische Kolonisierung: Ein fortgesetzter Kolonialkrieg?

Unser Kolonialkrieg begann Anfang der sechziger Jahre, zu einem Zeitpunkt, als die gegen die portugiesischen Kolonialherren rebellierenden afrikanischen Völker dem Besetzer gegenübertraten und an allen Fronten ihre kollektive Befreiung und nationale Unabhängigkeit einforderten. Es ist jedoch nicht falsch, die Parteilichkeit eines solchen Konzeptes anzufechten – und das werde ich hier tun, indem ich mich auf Fakten, Beweggründe und Absichten stütze, die als Ursache dieser *bewaffneten Antwort* auf die Besetzung angesehen werden können.

Wir müssen die Ursachen für den Aufstand der Afrikaner im eigentlichen historischen Prozeß und in der besonderen Natur unserer Kolonisierung suchen, denn der (politische, soziale und wirtschaftliche) Kreislauf unseres kolonialen Mißgeschicks schloß auch ihre konkrete Wirklichkeit mit ein.

Die portugiesische Kolonisierung, eine Folge der Entdeckungen und der überseeischen Expansion, konzentrierte ihre Haltung im wesentlichen auf eine rhetorische und zweifellos euphemistische Erklärung, die sehr bald Besiedlung, Militärherrschaft und Merkantilismus mit der Durchsetzung einer Ideologie verwechselte – die *Verbreitung des Glaubens und des Imperiums*. Das ist übrigens kein heutiger Ausdruck: er tritt in den Berichten der Chronisten, Historiker und Handlungsreisenden der lusitanischen Transaktionen auf. Die *Verbreitung des* (katholischen) *Glaubens* ging niemals wesentlich über die alte Mystik der Kreuzzüge des mittelalterlichen Europa hinaus, während der (ärmliche) Archetypus unseres *Imperiums* schließlich vielfältige Interpretationen, Gelegenheitsrhetoriken und die unzähligen Sophismen der politischen Regime nach sich zog. So zögerte beispielsweise Salazar[1] keineswegs, die Bezeichnung *Kolonien* aus der nationalen Terminologie zu verbannen, und nannte sie *Überseeprovinzen*; sein Nachfolger Caetano, der gerne Dingen einen anderen Namen gab (ohne damit ihre frühere Dynamik zu verändern), sollte sie als *Portugiesische Staaten* bezeichnen ...[2]

Der Sklavenhandel und der Handel an der Küste, in die Plünderungen, Raubzüge, Tod auf hoher See und Schiffbrüche mit eingeschlossen waren,[3] sind einige Faktoren, die dieser zentralen ideologischen Operation, die bei uns den Kult der *imperialistischen* Attitude schuf, besser und schneller Inhalt und Sinn verleihen. Auch, weil die expansionistische und kriegerische Gesellschaft, die dies alles betrieb, in ihrem Inneren schließlich auf zwei konträre Spannungen stieß: einerseits die humanistischen Ideale, die in ganz Europa wieder aufblühten und mit denen sich frühzeitig ein gewisses portugiesisches Bewußtsein traf; andererseits die Berufung zur Seefahrt eines peripheren Landes, das die Rolle der venezianischen und Genueser Kaufleute zu übernehmen beanspruchte (was teilweise auch gelang) – und sich deshalb weit vorwagte in den Gewässern zwischen Piraterei, Küstenfaktoreien und Gewürz- und Sklavenhandel, im Glanz und Elend der Zwischenhändler. Diese Spannung drückte sich in der Literatur in zwei entgegengesetzten Haltungen aus, wie zahlreiche Werke unserer Schriftsteller aus dem sechzehnten Jahrhundert bezeugen (besonders hervorzuheben ist jenes einzigartige, pikareske, selbst-zensierte und zweifellos ironische Meisterwerk, die erst 1614 publizierte *Peregrinação* [dt. *Denkwürdige Reisen*] von Fernão Mendes Pinto, 1510-1583, der darin die Abenteuer und Unglücksfälle von António de Faria – vermutlich ein Alter ego des Autors – im Orient erzählt). Unser bekanntestes Epos, *Os Lusíadas* (dt. *Die Lusiaden*), offenbart ebenfalls eine gewisse ideologische Ratlosigkeit zwischen dem humanistischen Geist des Dichters und der damaligen kriegerischen Expansion. Aufgrund dieser Spannungen wird es vielleicht nicht ganz klar, daß die archetypische Gestalt des »Velho do Restelo« eine vehemente Verdammung des Krieges bedeutet; doch ist sie zweifellos der Schatten des humanistischen Camões

(1525?-1580), wenn nicht gar sein kritisches Alter ego. Ähnliches gilt für Mendes Pinto: seine Kommentare und die Erfindungen seiner turbulenten Phantasie zeugen vielleicht von einer (schöpferischen) Unruhe in bezug auf eine Wahrheit, die sich der Spitzfindigkeit und Brutalität von Zensur und Inquisition unterworfen wußte.

Diese beiden Operationen (die eine ideologisch und religiös; die andere weltlich und seeräuberisch) wurden früh von den Taten eines Heeres und seines kriegerischen Apparats begleitet – nicht solchen der Befriedung, sondern der Eroberung und territorialen Usurpation. Was die gesellschaftlichen Strukturen anlangt, so brachte die Strategie des individuellen Aufstiegs sogar eine neue Klasse beziehungsweise einen neuen sozialen Typus hervor – die Schildknappen, was bedeutet: die Neureichen des Handels, die erfolgreichen Sklaven- und Gewürzhändler, wurden vom König in den Adelsstand erhoben. Sie konnten für ihre Taten auf Ermunterung durch die Krone zählen.

Was die militärischen Operationen betrifft, so kam es dem Heer zu, mit Waffengewalt sowohl jene zu besiegen, die sich der Aktion von Priestern und Bischöfen widersetzten, als auch jene, die gegen die wissenschaftlichen und militärischen Missionen der Generäle waren. Dazu kam, daß man sich während der langen Odyssee des Eindringens in das Landesinnere (Brasiliens, vor allem aber Afrikas) immer auf die Aktion jener Strafheere stützte und Stämme, Völker und Ethnien vernichtete oder in die Sklaverei führte. Noch heute ist das Ausmaß der Ausrottung, die die *tapferen Mannen* des Infanten Dom Henrique[4] bei diesen *Evangelisierungs*-Missionen verübten, geradezu unvorstellbar – und nur überliefert, was sie kraft des Schwertes, des häufigen Gebrauchs ihrer Gewehre und nicht weniger häufiger des Artilleriefeuers anstellten ...

Der Widerstand der Landbevölkerung gegen den Eindringling gehört zur Geschichte aller afrikanischen Völker, und die Tatsache zu wissen, daß die Geschichtsschreibung darüber eher spärlich ist beziehungsweise ein guter Teil ursprünglich oder von einigen ihrer späteren Richter vernichtet wurde, führt nicht weiter. Man muß die *nicht offizielle* Bedeutung dieser Kolonisierung interpretieren und festhalten, daß sie ein fortgesetzter, systematischer, verbreiteter, heimlicher und andauernder *Kolonialkrieg* war. Die zweite Phase der territorialen Vereinnahmung ist das Werk von Expeditionsteilnehmern und Forschern, mit dem Ziel, die Grenzen der Kolonien festzusetzen und das Landesinnere auf der Suche nach vielversprechenden Reichtümern zu durchstreifen. Wie an der Küste, so werden auch hier Gruppen, die sich dem Eindringen der Weißen widersetzen, Zielscheiben des oben beschriebenen Eifers. Zu dem unentbehrlichen *zivilisatorischen* Vorwand gesellt sich, *mutatis mutandis*, der gewalttätige Begriff der Eroberung oder die Absicht der Christianisierung oder beides. Die Geschichte der Gefangennahme von Gungunhana (?-1906), dem letzten Vátua-König in Mosambik, seine Einkerkerung im Gefängnis Limoeiro in Lissabon und sein Exil auf den Azoren, wo er sich schließlich »bekehrte«, können für jene drei Haltungen stehen. Darin erschöpft sich jedoch noch lange nicht der Widerstand der Afrikaner. Viele andere haben, durch die Hartnäckigkeit, mit der sie Garnisonen, Kasernen und Expeditionskorps der Portugiesen angriffen (und häufig zerstörten), Berühmtheit erlangt.

Dieser *fortgesetzte Kolonialkrieg* erhielt ab Mitte des neunzehnten Jahrhunderts einen verstärkten Impuls in dem Maße, wie die Regierungen in Lissabon die Besetzung jeweils forcierten. Die Militärlegionen deckten das Vorrücken der Zivilisten und schützten Leib und Leben der Missionare; es schlossen sich ihnen Geländeforscher, Kaufleute, Beamte, Abenteurer und alle möglichen Leute an, Freiwillige oder Zwangsrekrutierte, gewöhnliche Strafverbannte, politisch Exilierte und zuletzt Emigranten. Die Verteilung von sogenannten *Niemandsländern* oder *Ländern am Ende der Welt* und, in der Folge, die Etablierung neuer Eigentümer sind Verwirklichungen unserer expansionistischen Berufung. Sie bezeugen zugleich die Großartigkeit eines Lebensentwurfs. Allerdings schlossen sie eine unserer schlimmsten Illusionen mit ein: daß wir an die überlegene Tugend unserer imperialen Träume glaubten …

II. *Die Literatur des Krieges und ihre zeitliche Abgrenzung*

Wenn es also nicht ganz korrekt ist, die Geschichte des Kolonialkriegs auf die üblichen zeitlichen Grenzen zu beschränken (das heißt, erst ab Gründung der Befreiungsbewegungen und deren Übergang zum bewaffneten Kampf gegen die portugiesische Präsenz), dann kann man dasselbe über die Literatur sagen, die sich thematisch damit beschäftigt. Und nicht, weil es von geringerer Bedeutung wäre, daß der portugiesische Kolonialismus sich erst ab 1961 mit jener Antwort von bereits existierenden und meist im politischen Untergrund agierenden Bewegungen auseinandersetzte. Sondern weil unser ganzer Kolonisierungsprozeß nicht viel anderes war als ein Krieg – ein eingedämmter Krieg der Unterdrückung, niemals der Befriedung. Der (ideologische oder aktive) Widerstand der Afrikaner forderte den Ruhm seiner vielen Märtyrer und Helden für sich ein. Und der afrikanische Totenkult hat in seinen rituellen Bräuchen schon immer dem Tod eine doppelte Bedeutung beigemessen: als Ende der Unterdrückung und als Beginn eines gemeinsamen Lebens mit den befreiten Geistern. Deshalb ist es logisch zu behaupten, daß der Krieg eine Angelegenheit von Jahrhunderten war und nicht das Phänomen von eineinhalb Jahrzehnten bewaffneten Kampfes.

Welcher Begriff gilt nun für die Literatur des Krieges? Von einem historischen Standpunkt aus wäre es jede Literatur, die in irgendeiner Weise diesem *fortgesetzten Krieg* Ausdruck verliehen hat, also vom Beginn der weißen Besiedlung bis zum letzten Tag der Kolonialherrschaft. Von einem praktischeren und weniger weitreichenden ideologischen Standpunkt aus betrachtet ist die Frage jedoch nicht so harmlos, wie sie aussieht. Und es fehlt auch nicht an Leuten, die diese historisierende Auffassung gänzlich zurückweisen, weil sie unter Kriegsliteratur nur jene verstehen, die sich mit dem beschäftigt, was an drei Fronten (in Angola, Mosambik und Guinea-Bissau) dreizehn Jahre lang geschah. Auch historisch ist der literarische Begriff zu klären. Wenn es als symptomatisch angesehen werden kann, daß unsere ersten Theoretiker einer »Kriegsliteratur« Personen waren, die ideologisch dem Salazarismus nahestanden, so ist es auch symptomatisch, daß andere unter »Kriegsliteratur« einzig und allein die Literatur der Anklage gegen den Kolonialismus verstehen. Das heißt: letztere verwerfen die apologetische Literatur als solche, indem sie sowohl ihre historische Funktion wie ihre literarische Qualität in Abrede stellen.

Meine Aufgabe wäre wesentlich einfacher, wenn ich nicht die gesamte Literatur, die jenen dreizehn Jahren Kolonialkrieg vorangeht, zur Betrachtung heranziehen wollte. Und noch einfacher wäre es, wenn ich mich dabei nur auf jene Literatur beschränkte, die, obwohl sie sich auf den genannten Zeitraum bezieht, meine ideologischen Überzeugungen bestätigen oder erschüttern könnte. Unsere Literaturgeschichte enthält tatsächlich eine eigene kleine Welt an Romanen, Berichten, Feuilletons, Zeitzeugnissen und anderen Schriften, die etliches zum Fortschritt von »Literatur« beigetragen haben, auch, und sogar wenn einige dieser Texte ein Loblied auf jene anstimmen, die in Afrika die Rolle des Unterdrückers ausübten. Selbst unsere Volksliteratur, die ja in Sprache, Erzählduktus und Symbolik von der Saga des Heldentums und der Kolonisierung »angesteckt« wurde, scheint von diesem ideologischen Komplex dauerhaft gezeichnet.

Diese Dialektik muß sich also durch die historischen Tatsachen rechtfertigen. Sowohl der Unterdrückte als auch der Unterdrücker führen im literarischen Text jene Gründe an, warum sie den (jeweils) *anderen* bekämpfen, und dieser Text engt schließlich die Beziehung ein, die sich zwischen dem Denken der Beteiligten und ihren Handlungen herstellt. Manchmal ist es notwendig, sich auf die Suche nach dem zum begeben, was dabei verborgen wird. Deshalb scheint mir, daß eine authentische Kriegsliteratur zwei unerläßliche Bedingungen erfüllen muß: a) sie muß, innerhalb der herrschenden Qualitätskriterien und ihrer spezifischen Sprache, eine *literarische* Absicht und einen *literarischen* Gehalt aufweisen; b) sie muß von jener Objektivität und Wahrscheinlichkeit sein, die in der Regel den literarischen Gegenstand als Projektion und Erfahrung von Wirklichkeit bestimmen.

So gibt es Schriftsteller, die man sehr wohl als Kriegsautoren betrachten könnte: da sie über den gesellschaftlichen Konflikt des Kolonialismus schrieben, hinterließen sie der portugiesischen Literatur schließlich ein (vielleicht wenig untersuchtes) spezifisches Kapitel dessen, was der *Krieg der Kolonisierung* war. Es bringt nicht nur meine Überlegungen nicht weiter, hier eine lächerlich geringe Anzahl von Namen zu erwähnen, sondern verursacht auch ungerechte und nicht immer entschuldbare Auslassungen. Auf alle Fälle verdienen das außergewöhnliche Werk von Castro Soromenho (1910-1968), dem wahrscheinlich größten Romancier des kolonialen Angola, Autor der Trilogie *Terra Morta* (1949; Totes Land), *Viragem* (1957; Wende) und *A Chaga* (1970; Die Plage), sowie einige Werke von Baltasar Lopes, Luís Romano, Manuel Lopes, Teixeira de Sousa, Manuel Ferreira, Alexandre Pinheiro Torres und Joana Ruas in diesem Kapitel eine besondere Nennung. Das außerordentliche Werk von José Luandino Vieira bezeugt schließlich die Dialektik von jahrhundertelanger Unterdrückung und dem Auftreten eines neuen Phänomens im Alltag der Armenviertel der Stadt Luanda – der Revolte gegen den Weißen. Sowohl *Luuanda* wie *A Vida Verdadeira de Domingos Xavier* (dt. *Das wahre Leben des Domingos Xavier*) und sogar *Vidas Novas* (Neue Leben) und *Nós, os de Makuluso* (Wir, die von Makuluso) verknüpfen gekonnt die Chronik des Alltags mit der Gewalt der Polizeirazzien, der Unordnung, die durch die Weißen verkörpert wird, der Verhaftung von Schwarzen, die im Verdacht einer Verbindung mit der Befreiungsguerilla stehen – welche selbst fernbleibt oder gar unsichtbar ist. Die Fülle an sprachlichen Ausdrucks- und Bildmitteln sowie die Meisterschaft seiner originellen Erzählweise machen das Besondere am Werk Luandinos innerhalb dieser Thematik aus. Deswegen ist es auch möglich, seinen Namen zweifach einzureihen: unter die Schriftstellers des Krieges und unter die besten Interpreten des kolonialen Konflikts.

Ein anderes mögliches Panorama ist das unserer Schriftsteller des sechzehnten Jahrhunderts und ihrer Nachfolger. Kritische Aufzeichnungen, Chroniken und Berichte von Reisen und kolonialen Unternehmungen schrieben Fernão Mendes Pinto, Gaspar Correia, Diogo do Couto, Pêro Vaz de Caminha, Gil Vicente, Camões, Bernardo Gomes de Brito (der Herausgeber der

História Trágico-Marítima), António Vieira (der die Vernichtung der Indianer in Brasilien anklagte, aber nicht den Sklavenhandel an der afrikanischen Küste). Und endlich könnten neben jenen, die sich heute mit dem *zweiten* Kolonialkrieg (1961-1974/5) beschäftigen, unsere Dichter und Schriftsteller aus der Zeit nach dem Zweiten Weltkrieg stehen, jener entscheidenden Etappe in der Geschichte der Menschheit und des Beginns der Befreiung der Kolonien – die außerdem das Ende des schrecklichsten aller Regime bedeutete: den Fall des Nazi-Faschismus in Europa und in der Welt.

Gewissermaßen als Hommage an diese Männer und Frauen des Wortes möchte ich noch einige Namen von portugiesischen Schriftstellerinnen und Schriftstellern anführen, die, obwohl sie nicht zur *literarischen Generation des Kolonialkriegs* gehören, die Formen seiner Gewalt bekämpften und die Regierungen, die ihn unterstützten, anprangerten – auch wenn sie es auf indirekte Weise taten. Zu ihnen gehören Sophia de Mello Breyner Andresen, José Gomes Ferreira, Urbano Tavares Rodrigues, Alberto Ferreira, Fernando Namora, José Cardoso Pires, Ruy Belo, Herberto Helder, Fiama Hasse Pais Brandão, Gastão Cruz, Casimiro de Brito, Egito Gonçalves.

III. Von den Vorläufern zur Gegenwart

Mehr als ein Jahrzehnt nach dem Ende des Krieges, nachdem die Unbeholfenheiten des Gefühls und die politische Absicht in der Brandmarkung des Kolonialismus vorüber sind, ist die Zeit gekommen, wo man verlangen kann, daß die Kriegsliteratur vor allem Literatur zu sein hat. Wenn jenes Prinzip gilt, daß die beste Kriegsliteratur als erstes Hindernis die Zeit besiegen muß, die zwischen dem Geschehenen und seiner Aufzeichnung liegt, so gilt das offensichtlich auch in unserem Fall.

Was die Vorläufer betrifft, so muß man sie grundsätzlich an zwei ideologischen Polen ansiedeln. Waren es Theoretiker des ehemaligen Regimes, die zum ersten Mal von der Existenz einer Kriegsliteratur sprachen, so verdankt sich dies gewiß der Tatsache, daß es auch Schriftsteller aus demselben ideologischen Umfeld waren, welche die ersten Gedichte und Erzählungen sowie die ersten Anthologien darüber veröffentlichten. Jene Literatur, die den Krieg thematisierte, durchquerte eine Wüste des Tot-geschwiegen-werdens, überlebte im Untergrund, wurde verfolgt und verboten, immer nur vor Gelegenheitspublikum rezitiert und von den Chansonniers des Widerstands gesungen. Im einen oder anderen Fall nahm sie sogar zu einer fremden Namensgebung Zuflucht, wie das Buch *Câu Kiên: Um Resumo* (Câu Kiên: Eine Zusammenfassung) von Fernando Assis Pacheco aus dem Jahr 1972.[5] Wegen der unerbittlichen Zensur, der Literatur und Journalismus über den Krieg unterworfen waren, konnte dieses Werk unter der Diktatur nur »verfremdet« verbreitet werden. Sämtliche Anspielungen auf Angola wurden darin durch erdachte vietnamesische Namen ersetzt, so daß es aussah, als handelte es sich um den Krieg in Vietnam. Erst 1976 veröffentlichte der Autor die Originalfassung unter dem Titel *Catalabanza, Quilolo e Volta* (Catalabanza, Quilolo und zurück).

Ein Teil dieser Literatur blieb jahrelang unveröffentlicht. Noch immer gehören die Gedichte von Manuel Alegre[6] durch ihre ungebrochene Aktualität, durch die Wirkung, die sie hervorriefen, und durch die Stimme des Leidens und des Willens, die sie verkörperten, zu den besten dieser Thematik. Nicht nur durch ihre prägnante Heftigkeit und bis heute ausstrahlende Wirkung, sondern vor allem, weil sie ein Beispiel für die Einheit von Gefühl und Protest und literarischer Form darstellen.

Gastão Cruz mit *As Aves* (1969; Die Vögel) sowie Casimiro de Brito mit *Jardins de Guerra* (1966; Gärten des Kriegs), beides Werke von gewisser Bedeutung, wären hier ebenfalls unter den Vorläufern zu erwähnen. In der Prosa stellt die Entwicklung eines Autors wie Álvaro Guerra immer noch einen Bezugspunkt dar, sowohl was wichtige historische Daten als auch die Echtheit einer Stimme betrifft, die in Büchern wie *O Disfarce* (1969; Die Täuschung), *Memória* (1971; Erinnerung), *O Capitão Nemo e Eu* (1973; Kapitän Nemo und Ich) sowie *Do General ao Cabo mais Ocidental* (1976; Vom General zum westlichsten Kap) nach und nach zu sich gefunden hat. Was diese ironischsubtilen Werke vielleicht am besten kennzeichnet, ist die Tatsache, daß sie in Portugal veröffentlicht werden konnten, bevor es hier Demokratie und Meinungsfreiheit gab. Ihr Autor nahm darin zu einem symbolischen, bisweilen euphemistischen Erzählen Zuflucht, und so gelang es ihm auch, daß seine Botschaft durch die Maschen der Zensur schlüpfte.

Als Unbekannter in diesem Kreis hat Mesquita Brehm 1962 die Erzählung *Kambuli, o Despertar da Consciência* (Kambuli, das Erwachen des Bewußtseins) veröffentlicht. Wenn auch kein Beispiel von überdauernder Literatur, erlangt dieser symptomatische Text vor allem als Antwort auf die Lobreden der »patriotischen« Chronisten von damals Geltung. Deren Spuren folgten wiederum Autoren wie Armor Pires Mota und Reis Ventura. Heben wir noch jene Autoren hervor, die das Kriegsthema zum Mittelpunkt eines wichtigen Teils ihres Werkes machten: José Correia Tavares, José Martins Garcia, Vergílio Alberto Vieira, António Lobo Antunes, Asêncio de Freitas, Costa Andrade, Pepetela, Orlando Mendes. In manchen Fällen gesellt sich zur wachsenden Themenvielfalt eine eindeutige Verbesserung der literarischen Mittel: Carlos Coutinho ist in *Uma Noite na Guerra* (1978; Eine Nacht im Krieg) nicht derselbe Autor wie in *O que agora me Inquieta* (1982; Was mich jetzt beunruhigt); ebenso wie Modesto Navarro in *História do Soldado Que Não Foi Condecorado* (1972; Geschichte des Soldaten, dem kein Orden verliehen wurde) ein anderer ist als in *Ir à Guerra* (1974; In den Krieg ziehen). Dasselbe ist von José Martins Garcia zu sagen: Zwischen *Katafaraum é uma Nação* (1974; Katafaraum ist eine Nation), *Lugar de Massacre* (1975; Ort des Massakers) und *Morrer Devagar* (1979; Langsam sterben) verläuft ein Reifungsprozeß, der einige der besten Texte des ersten Jahrzehnts nach der Nelkenrevolution hervorgebracht hat. Allerdings hegt auch der Verfasser des vorliegenden Aufsatzes keine Zweifel daran, welche Beurteilung *Histórias da Resistência* (1975; Geschichten aus dem Widerstand), *A Memória de Ver Matar e Morrer* (1977; Die Erinnerung an das Töten-und-Sterben-Sehen) sowie *Autópsia de um Mar de Ruínas* (1984; Autopsie eines Ruinenmeeres) verdienen, denn nur mit dem letztgenannten Werk ist er einigermaßen zufrieden. Meine Unzufriedenheit bezog sich immer auf zwei Dinge: einerseits auf die thematische Behandlung des Krieges und die gefühlsmäßige Distanzierung des Schriftstellers vom Erlebten, andererseits auf die Entwicklung der Sprache und meine eigenen Maßstäbe von »Literatur«. Deswegen habe ich meine Prosa von Ausgabe zu Ausgabe, von Buch zu Buch überarbeitet. So ist der Roman von 1984 eine vollkommene Neubearbeitung des 1977 veröffentlichten Werks. Und erst in der fünften Auflage und nach drei Revisionen oder Neufassungen habe ich den Text für »endgültig« befunden. Einer meiner Kollegen, Vergílio Alberto Vieira, ging sogar so weit, sein Buch *Guerrilheiro é Terra Móvel* (1977; Ein Guerillero ist bewegliche Erde) völlig zu verwerfen, und ließ nur den späteren stilistischen Prozeß in *Salário de Guerra* (1979; Kriegslohn) und *Chão de Víboras* (1982; Schlangengrund) gelten. Der Autor vertraute mir an, daß ihn an jenem ersten Buch der bekennerhafte Ton und die literarische »Überschwenglichkeit« gestört hätten. Die meisten von uns wurden ja schon als Jugendliche zu Schriftstellern. Sie sprechen, noch ganz im Banne der Gewalt ihrer tiefen Erlebnisse, über den Krieg. Sie schreiben darüber (und dagegen), als wollten sie sich von einem Alptraum befreien. Mit der Zeit spüren sie die Notwendigkeit, die Gelassenheit eines historischen Urteils zu erlangen und neuen ästhetischen Ansprüchen gerecht zu werden. Hoffen wir, daß auch die afrikanischen Schriftsteller einen solchen Prozeß durchmachen. Einer ihrer bedeutendsten, nämlich Pepetela, bewies in *Mayombe* (1980) eine stilistische und formale Sorgfalt, die ihm in *As Aventuras de Ngunga* (1976; dt. *Ngunga*) noch kein Anliegen war; ein anderer Angolaner, Manuel dos Santos Lima, hat in *As Lágrimas e o Vento* (1975; Die Tränen und der Wind) einen zuvor in Brasilien veröffentlichten Roman zu einer gelungeneren Fassung verarbeitet. Es gäbe noch andere, vielleicht weniger bedeutsame, zu zitieren.

Es wäre irrig anzunehmen, daß in diesem Universum, das bereits von vielfältigen und spezifischen Stimmen bevölkert wird, die Portugiesen für sich ein Schreiben beanspruchen könnten, auf das es keine Antwort und zu dem es keine Alternative gibt. Das Problem liegt darin, daß man, trotz der Singularität der jeweiligen Schriftsteller, die Existenz einer über die physischen, gesellschaftlichen und sogar politischen Grenzen hinausgehenden Kriegsliteratur in Betracht ziehen muß, die nicht nur sprachlich gewisse gemeinsame Züge aufweist. Die besten Bücher über den Krieg haben eines gemeinsam: immer den *anderen* und die andere Seite des *eigenen* Krieges zu benennen; auf die Menschenwürde dieses anderen einzugehen, auf seine Rätsel, auf das Geheimnis seiner Identität. Die wesentliche moralische Lehre könnte sogar lauten: *Wer bekämpft wen? Wie? Und warum?*

IV. *Ein erster (und vorläufiger) Überblick*

Wir gehen davon aus, daß sowohl die *Literatur des Kolonialkriegs* (das heißt jene, die von Portugiesen geschrieben wird) wie auch die (von Afrikanern verfaßte) Literatur des *Kampfes* beziehungsweise der *nationalen Befreiungskämpfe* sich in vielen ihrer Gewißheiten und auch in ihren ästhetischen Anliegen ergänzen. Wenn man mit Hilfe dieser Literatur eine konkrete Erinnerung an die Geschichte festhalten möchte, so wäre dies, und weit aufschlußreicher als – wie bisher üblich – durch Einzelanalysen, am ehesten durch ein vergleichendes Studium möglich. Denn diese beiden Literaturen sind nicht nur miteinander vereinbar, sondern gehen sogar ineinander auf. Weit über das Dokumentarische hinaus zeigen sie nämlich, daß ihre (gefühlsmäßige und ideologische) Subjektivität letztendlich ein und dieselbe These über Kolonialismus und Befreiung enthält.

Nun gibt es einige Kritiker, die behaupten, es handle sich bei dieser Literatur um einen *Korpus* reduzierten Ausmaßes, um eine sich noch im Versuchsstadium befindliche Angelegenheit, deren »Gewicht« noch nicht abschätzbar sei. Jenen Kritikern möchte ich fürs erste zwei Fakten entgegenhalten.

Zum ersten hat die Kriegsthematik – abgesehen davon, daß sie im Werk vieler der am häufigsten zitierten portugiesischen und afrikanischen Autoren eine zentrale Stelle einnimmt – dazu beigetragen, der Literatur insgesamt eine beachtliche Anzahl neuer Autoren zuzuführen. So gibt es bereits mehrere Dutzend guter Romane ebenso wie Bände mit Gedichten und Erzählungen, die teilweise oder ganz die Kriegsereignisse zum Thema haben. Zweitens fällt die letzte Etappe des Kolonialismus (darin sind die Jahre der bewaffneten Auseinandersetzung ebenso eingeschlossen wie der vorangegangene und der darauffolgende politische Kampf) nicht nur mit einem entscheidenden Aufschwung der afrikanischen Literaturen zusammen, sondern auch, in Afrika wie in Portugal, mit dem Auftauchen einer neuen Generation und sogar einer neuen Schreibweise. Es wäre müßig und unnütz, hier und jetzt Namen und Werke zu zitieren.

Das Schreiben über den Krieg muß daher eher als Faktor einer gemeinsamen Logik denn als geteilte und getrennte Angelegenheit verstanden werden. Mit anderen Worten: Die Trennung in eine *Literatur des Kolonialkriegs* und eine *Literatur der Befreiungskriege* ist völlig falsch. Ich würde sogar sagen, daß es nur dann einen Sinn hat, von einer Kriegsliteratur zu sprechen, wenn diese die thematische Vielfalt und die historische und ideologische Identifizierung beider »Fronten« miteinschließt. Schon allein darum ist es wünschenswert, daß diese Literatur sowohl in Portugal als auch in Afrika gelesen und diskutiert wird. Selbst eine oberflächliche Untersuchung von Texten aus den fünf Ländern (Portugal, Angola, Mosambik, Guinea-Bissau und Kapverde) würde nämlich zeigen, daß jenseits der kulturellen und traditionellen Besonderheiten sowie des spezifischen Anliegens dieser Bücher eine Dialektik der Gefühle fortdauert, die es in ihrer Gesamtheit festzuhalten gilt.

Amilcar Cabral[7] bezeichnete den bewaffneten Kampf für die Befreiung nicht als kriegerische Auseinandersetzung zwischen zwei Völkern, sondern als potentielle Kulturtat. Agostinho Neto[8] verwendet in den Gedichten seines Buches *Sagrada Esperança* (dt. *Heilige Hoffnung*) diesen Begriff dynamisch, im Verständnis, daß die historischen Ursachen des Kampfes die Zukunft des Volkes und seine Emanzipation bedeuten. Es gibt genügend Gründe anzunehmen, daß derselbe Standpunkt fast unsere gesamte Kriegsliteratur beherrscht. Die Unabhängigkeit der afrikanischen Länder war das Resultat ihrer eigenen Befreiung, fand jedoch als Revolution ihren Widerhall auch im gesellschaftlichen, politischen und ideologischen System der Portugiesen. Und in dem Maße, wie die portugiesischen Schriftsteller des Krieges in ihren Büchern die gleiche kulturelle Haltung einnahmen, trugen sie selbst zur Veränderung bei.

In den Büchern portugiesischer Autoren über den Krieg dominieren das Gefühl des Absurden, Angst und Sinnlosigkeit, trotzdem bedeutet Einsamkeit (*solidão*) nicht Gemeinsamkeit (*solidariedade*). Das unübersehbare Fazit dieser Literatur liegt jedoch darin, daß sie Zeugnis eines historischen Bewußtwerdungsprozesses ist: Der Schreibende ist ein anderer und befand sich wahrscheinlich nie auf der Seite des Aggressors. Deshalb besteht ein Gutteil seines Fasziniertseins in der Erforschung des und in der Annäherung an den *anderen*, das heißt an jenen, der auf der anderen Seite der Barrikade stand und damals *Feind* war. Für viele von uns, die wir damals dabei waren, und nur selten den *Feind* sahen war der Guerillakämpfer eine Mischung aus Engel und Teufel unseres *inneren* Krieges und gleichzeitig Teil des *Guten* wie des *Bösen* unserer gefühlsmäßigen und ideologischen Vorstellungen. Der Guerillakämpfer lehrte uns den Blick auf sein Volk. Und dieser Blick warf uns auf ein Schuldgefühl zurück, von dem uns nur die Zeugenschaft unserer Bücher befreien sollte: sie sind letztlich der materielle Beweis dessen, was verlorenging und in uns befreit wurde. Sie sind unsere neue Moral.

Es ist nicht schwer, eine, in gewissem Sinn identische (wenn auch bedingt eigene) Haltung in zahlreichen afrikanischen Texten über die Befreiung zu finden. Die archetypischen Gestalten des *tuga* (abwertende Bezeichnung für Portugiese) und des *colono* (Kolonialherr, eine Bezeichnung, die schließlich auf jeden Portugiesen ausgedehnt wurde, der nach Afrika emigrierte oder sich nach dem Kriegsdienst dort niederließ, vor allem auf dem Land) gewinnen eine vergleichbare Symbolkraft in Büchern wie *Mayombe* von Pepetela und *As Lágrimas e o Vento* von Manuel dos Santos Lima. Bei der Lektüre der Romane von António Lobo Antunes, Vale Ferraz, Álvaro Guerra, Sérgio Matos Ferreira, Carlos Coutinho, Lídia Jorge, Cristóvão de Aguiar, Manuel Alegre, António Viana, Modesto Navarro sowie meiner eigenen wird man sich wiederum schwer der Zärtlichkeit, dem Geheimnis und der Verführung jener Art nächtlichen Schattenspiels entziehen können, das sich um den Guerillero, seinen Kampf und sein Volksideal rankt. Gleiches gilt für die Erzählungen von Vergílio Alberto Vieira, Ascêncio de Freitas, José Martins Garcia, Mário de Carvalho und Mário Varela Soares, die Lyrik von Manuel Alegre, Fernando Assis Pacheco, J. H. Santos Barros und viele andere. Man muß diese Schriftsteller parallel zu den afrikanischen lesen, ohne jegliches Vorurteil. Als Mittel der Begegnung und der Wahrheitsfindung.

Im übrigen könnten einige Bücher dieser Autoren gleichzeitig von jeder der portugiesischsprachigen Literaturen der Gegenwart für sich beansprucht werden. Die gleiche Logik, welche schon die Angolaner bewog, einen Schriftsteller wie Castro Soromenho als den ihren zu betrachten, (und die Manuel Ferreira zum kapverdischen Schriftsteller erklärte), könnten auch die Mosambikaner in Hinblick auf Ascêncio de Freitas anwenden, wie sie es übrigens schon bei Mutimati Barnabé João, einem Alter ego von João Pedro Grabato Dias (alias António Quadros) taten.

Es ist gewiß nicht leicht, die sogenannte *Kampfliteratur* in diesem anspruchslosen Essay historisch einzuordnen. Wenn man die geschichtliche Breite der Befreiungsmotive betrachtet, wäre die Auslese der hier zu zitierenden Literatur praktisch unbegrenzt.

Die afrikanischen Schriftsteller, und das kann man ihnen nicht abstreiten, sind im allgemeinen autorisierte (und in Hinblick auf die Wirklichkeit des Alltags erfahrene) Stimmen, in eben dem Maße, wie ihr Schreiben sowohl ein Ergebnis des Erlebten und des Gefühls ist, als auch ihrer vernünftigen Taten als Bürger und Patrioten. Was sie eher und besser von den Portugiesen unterscheidet, ist eben dies: Sie nehmen die Rolle der Kämpfenden ein (und setzten sich voll und ganz dafür ein), während wir Europäer in Afrika seit jeher die Rolle der Besiegten, der resignierenden moralischen Versager übernahmen. Wenn ihnen der Stolz einer vollkommenen und aktiven Identifizierung mit der Sache des Volkes zukommt, so haben wir nur die Geschichte unserer gewalttätigen Betrügereien vorzuweisen. Deshalb gibt es zum Beispiel in den (im Gefängnis geschriebenen) Büchern von José Luandino Vieira ebenso wie in jenen von Pepetela und den (im Busch verfaßten) von Fernando Costa Andrade nicht den leisesten Riß, denn sie sind von innen nach außen geschrieben und so natürlich wie das Echo eines kollektiven Atmens, während unsere Bücher zwar heftig sein können, aber kaum über die anti-epische und etwas narzißtische Haltung einer individuellen Rechtfertigung und Beichte reuiger Menschen hinausgelangen. Es muß den portugiesischen Schriftstellern nicht leid tun, im Krieg gewesen zu sein, wenn sich dies schließlich in einer positiven kulturellen Tat und in einem neuen politischen Bewußtsein niederschlägt: was mich selbst betrifft, so wird die Erfahrung des Grauens von keinem moralischen Komplex überlagert.

Nur auf den ersten Blick befremdlich mag es wirken, daß zahlreiche Autoren ebenfalls über den Krieg schreiben, obwohl sie nicht an ihm teilgenommen haben. Nur als Beispiele: Luandino, Ascêncio de Freitas, Mário de Carvalho, Jofre Rocha, David Mestre, Craveirinha, Orlando Mendes – unter anderen – waren nie im Krieg. Dennoch sind ihre Bücher in literarischer Hinsicht besser gelungen als jene einer beträchtlichen Anzahl von Autoren, die sich auf das Erlebte und auf eine tatsächliche Teilnahme am Kampf berufen: Manuel Geraldo, António Calvinho, Ngudia Wendel, Marcelo Curto, Armor Pires Mota, Reis Ventura, Chide Ferrão, Carmo Vicente und eine ganze Reihe von Autoren, die häufig, und ohne literarisches Kriterium, in Anthologien aufgenommen werden oder wurden.

Die folgende Einteilung der Kriegsliteratur entspricht mehr oder weniger dem zeitlichen und räumlichen Verlauf der historischen Ereignisse und meidet bewußt die Chronologie der veröffentlichten Werke.

Auf portugiesischer Seite könnte man mit einem Hinweis auf Texte und Autoren beginnen, die von Vorbereitungen auf den Krieg Nachricht geben, wobei die Handlung in den lusitanischen Kasernen spielt und bis zur Verschiffung nach Afrika geht. Das geschieht in einigen Büchern von José Martins Garcia, Almeida Faria, José Manuel Mendes, Fernando Assis Pacheco und vor allem in dem Roman *O Pé na Paisagem* (Fuß in der Landschaft) von Filipe Leandro Martins. Auf afrikanischer Seite verkörpert Luandino, der nie ein Schriftsteller des Krieges war, die wahrhaftigste Stimme, die zu Recht für die apologetische Absicht der Befreiung steht. Sowohl *Luuanda* als auch *A*

Vida Verdadeira de Domingos Xavier sind der legitimste Beginn einer Literatur, die, obwohl später entstanden, das Echo der Revolte gegen den Kolonialismus weiterhallen läßt. Domingos Xavier wird wegen des bloßen Verdachts, ein »Terrorist« zu sein, verhaftet und zu Tode geprügelt. Eine unmittelbare lyrische Entsprechung finden Luandinos Themen in den ausgezeichneten Anthologien von Mário de Andrade: *Na Noite Grávida de Punhais* (1976; In der von Dolchen schwangeren Nacht) und *O Canto Armado* (1979; Bewaffneter Gesang). Beide Bände zeichnen praktisch den vollständigen Verlauf des Kampfes nach, vom »Vorspiel zur Befreiung« bis zur Chronik des bewaffneten Kampfes. Der Aufruf zu den Waffen wird dann von den exilierten Dichtern Kapverdes, Angolas und Mosambiks weitergetragen: in den Anspielungen auf den 4. Februar (Angola)[9], in den Nachrichten und Elegien über das Massaker von Pidjiguiti (Guinea-Bissau) sowie in den langen und emphatischen Kriegshymnen der drei von der FRELIMO veröffentlichten Bände *Poesia de Combate* (Kampflyrik). Daß Afrikaner und Portugiesen sich dabei im Ton unterscheiden, steht nicht nur außer Zweifel, sondern ist auch verständlich: die Schriftsteller der Befreiung haben die Ehre des Kämpfers auf ihrer Seite und sind deswegen episch, euphorisch und sogar überschwenglich – wohingegen die Portugiesen, verstrickt in die tragische Pose eines neuen Alcácer-Quibir[10] (dessen eindrucksvollster Schöpfer Manuel Alegre ist), kaum über die Untergangsstimmung und den Ausdruck des Grauens und der bevorstehenden Vernichtung hinauskommen. Auch Fernando Assis Pacheco erfindet in *Catalabanza, Quilolo e Volta* diese Art von Anti-Epos, worin es ihm Dichter wie José Correia Tavares, Gastão Cruz, Manuel Alberto Valente und sogar Casimiro de Brito (der nicht im Krieg war) gleichtun, ebenso wie Sophia de Mello Breyner Andresen, Maria Teresa Horta, Wanda Ramos, Lídia Jorge und andere Frauen, die natürlich auch nicht dort waren. Im Gegensatz dazu verkörpern die Dichter auf der anderen Seite der Welt, in Afrika, die kollektive Stimme des zukünftigen Kampfes, indem sie seine epische und heroische Trommel schlagen oder einfach die poetische Chronik der Revolte und des Kampfes an der Front aufzeichnen: Ovídio Martins, Dambará, Corsino Fortes, Osvaldo Osório, Mutimati, Vilanova, Craveirinha, Rui Nogar, José Carlos Schwarz und noch viele andere.

Ein zweiter lyrischer und erzählerischer Block berichtet vom Ausbruch der Revolte, als Folge auf die Ereignisse des 4. Februar (Henrique Guerra, Manuel Rui, Octaviano Correia, Bobela Motta, Mestre etc.). Manuel dos Santos Lima hinterließ in *As Lágrimas e o Vento,* einem Roman, der mindestens ebenso wichtig ist wie *Mayombe*, ein Zeugnis seiner halbautobiographischen Teilnahme am Aufstand gegen die Kolonialherren (Händler, Plantagenbesitzer, Fuhrunternehmer) in den Dörfern. Jofre Rocha (»Os caminhos da liberdade«; Die Wege der Freiheit) und Ascêncio de Freitas (»Quando que gente de nosso gente foi-se embora«; Als Leute von unseren Leuten weggingen) erzählen vom Beschluß der Quimbos, ihre Felder zu verlassen, um sich den Befreiungsbewegungen anzuschließen. Danach kommt die Dichtung (manchmal auch flammende Erzählung) von Costa Andrade (*Poesia com Armas;* Dichtung mit Waffen), und, auf der Ebene der gleichen Thematik, jedoch nicht in gleicher ästhetischer und bekenntnishafter Übereinstimmung, die Lyrik von João-Maria Vilanova (*Caderno Dum Guerrilheiro;* Heft eines Guerrilleiros), Mutimati Barnabé João (*Eu, o Povo;* Ich, das Volk) und Nicolau Spencer, einem großen, im Kampf gefallenen Dichter. Unterschiedlich ausgearbeitete Chroniken des Alltags lieferten David Mestre, Arnaldo Santos, Jorge Monteiro dos Santos (Angola) ebenso wie die Mosambikaner Luís Patraquim, Mia Couto, Jorge Viegas, A. Carneiro Gonçalves, Anton Simba und Orlando Mendes. Sowohl Mutimati wie Vilanova sind Außenstehende und außerdem Pseudonyme.

Zum Schluß wollen wir jenen Prosaschriftstellern Aufmerksamkeit schenken, die in Portugal und Afrika am häufigsten und am besten über den Krieg geschrieben haben, seien sie nun Portugiesen oder Afrikaner. Wenn in der Dichtung die Stimmen von Alegre, Pacheco, Santos Barros, Urbano Bettencourt, Vergílio Alberto Vieira, Borges Martins, Costa Andrade, Craveirinha, Glória de Sant'Ana, Vilanova, Mutimati hervortreten, so müssen wir in der Prosa wenigstens Manuel dos Santos Lima, Carlos Coutinho, José Martins Garcia (*Lugar de Massacre*) hervorheben wie auch António Lobo Antunes (vor allem *Os Cus de*

Judas; dt. *Der Judaskuß*), Carlos Vale Ferraz (*Nó Cego*; Doppelter Knoten), Lídia Jorge (*A Costa dos Murmúrios*; dt. *Die Küste des Raunens*), Manuel Alegre (*Jornada de África*; Afrikanischer Feldzug), Mário de Carvalho (*Os Alferes*; Die Fähnriche), Cristovão de Aguiar (*O Braço Tatuado;* Der tätowierte Arm), António Viana (*A Primeira Coluna da Naipanor*; Die erste Kolonne von Naipanor); außerdem den einmaligen Fall von Pepetela (*As Aventuras de Ngunga* sowie den bereits zitierten Roman *Mayombe)*. Mein eigener Roman *Autópsia de um Mar de Ruínas* ist – abgesehen von Werturteilen, die mir nicht zustehen – vielleicht unser einziges Buch, in dem eine doppelte Annäherung an den Krieg unternommen wird: in jedem Kapitel und mit verschiedenen Sprechweisen und Erzählern wird darin versucht, den Standpunkt des Angreifers ebenso darzustellen wie jenen des Angegriffenen; die Handlung spielt dabei abwechselnd in der Armee der Portugiesen und in einem angolanischen Dorf, dessen Bevölkerung auf der Seite der Revolte und der Revolution steht.

Ob es unter den hier erwähnten Büchern ein anerkanntes Meisterwerk gibt? Ich glaube nicht. Vielleicht ergeben alle zusammen ein solches, in dem Maße, wie sie einander ergänzen, durch ihre verschiedenen *Leidenschaften* und den unterschiedlichen Grad ihrer Ästhetik und Bekenntnishaftigkeit. Während meiner langen Beschäftigung mit der Literatur des Krieges wurde ich mit unzähligen unveröffentlichen Texten konfrontiert, was beweist, daß die Literatur in der portugiesischen Gesellschaft vielleicht der einzige Bereich ist, der die Auslöschung und das Tabu einer Vergangenheit, die eine junge Generation für ihr Leben geprägt und verwandelt hat, nicht akzeptiert. Die Literatur ist (fast) das einzige Medium, das den Riesenbetrug unserer kolonialen Vergangenheit weder verschweigt noch darüber hinweggeht, als hätte er nie existiert. Deshalb wird diese Literatur bei uns sehr diskriminiert. Und deshalb produziert unsere Gesellschaft heute auch weiterhin und selbstgefällig das Schauspiel ihrer eigenen inneren Gewalt – weil sie das Übel ihres Krieges bloß scheinbar verurteilt hat.

Aus dem Portugiesischen von Ilse Pollack

Anmerkungen

1 António de Oliveira Salazar (1889-1970), Diktator und Ideologe des *Estado Novo*, war von 1932 bis 1968 Präsident des Ministerrates von Portugal; er widersetzte sich der Entkolonisierung und befahl den Krieg gegen die Befreiungsbewegungen von Angola, Mosambik und Guinea-Bissau.

2 Marcello Caetano (1906-1980) löste Salazar 1968 als Präsident des Ministerrates ab und trat von Anfang an für die »kompromißlose Verteidigung unserer Überseeprovinzen« ein. So dauerten der Krieg – und das Regime – weiter an. Caetano wurde am 25. April 1974 von der Bewegung der Streitkräfte entmachtet und gezwungen, ins Exil nach Brasilien zu gehen, wo er dann starb.

3 Wie es die bekannten Episoden unserer *História Trágico-Marítima* (Tragische Geschichte der Seefahrten) berichten; diese Berichte von Schiffbrüchen und anderen Verlusten während der Reisen nach Indien wurden von Bernardo Gomes de Brito gesammelt und zwischen 1735 und 1736, zwei Jahrhunderte nach ihrer Aufzeichnung, zum ersten Mal in zwei Bänden veröffentlicht.

4 Dom Henrique (1394-1460), fünfter Sohn von König D. João I und D. Filipa de Lencastre, war im fünfzehnten Jahrhundert der Wegbereiter der portugiesischen Seefahrt und der Entdeckungen.

5 Fernando Assis Pacheco (1937-1995): Journalist, Dichter und Romancier, Autor zahlreicher Gedichtpublikationen, die er 1991 in einem einzigen Band mit dem Titel *A Musa Irregular* (Die irreguläre Muse) zusammenfaßte. Als Romane erschienen *Walt* (1978) und *Trabalhos e Paixões de Benito Prada* (1993; Arbeiten und Leidenschaften des Benito Prada). Durch seine konkreten Erfahrungen im angolanischen Kolonialkrieg gehört er zu den besten Interpreten dieser Thematik in der portugiesischen Literatur.

6 Manuel Alegre (geb. 1936): einer der bekanntesten portugiesischen Dichter der Gegenwart und zweifellos die klarste lyrische Stimme des Kolonialkriegs. 1962 nach Angola einberufen, wurde er dort von der politischen Polizei verhaftet und einer Verschwörung gegen die Diktatur beschuldigt. Später desertierte er aus Portugal nach Paris und Algerien, wo er insgesamt zehn Jahre im Exil lebte. Er kehrte nach der Nelkenrevolution (25. April 1974) nach Portugal zurück und ist Abgeordneter der Sozialistischen Partei im Parlament. Außer Lyrik veröffentlichte er die Romane *Jornada de Africa* (1989) und *Alma* (1995) sowie den Erzählband *O Homem do País Azul* (1989; Der Mann aus dem blauen Land).

7 Vgl. zu Amilcar Cabral den Aufsatz von Ilse Pollack in diesem Buch, insbes. Fn. 35.

8 Agostinho Neto (1924-1979): Arzt, Ideologe und Dichter, erster Präsident von Angola, dessen Unabhängigkeit er am 11. November 1975 ausrief; er war auch Präsident der Regierungspartei MPLA (Bewegung des Volkes zur Befreiung Angolas).

9 4. Februar 1961: Beginn des bewaffneten Kampfes in Angola. An diesem Tag wurde der (vergebliche) Versuch unternommen, die politischen Häftlinge aus den Gefängnissen von Luanda zu befreien. Es folgten Massaker an den Schwarzen in den Armenvierteln der Stadt und im Landesinnern.

10 Die Schlacht von Alcácer-Quibir (1580) ist die größte militärische Niederlage in der Geschichte Portugals. König D. Sebastião organisierte im Kampf gegen die Mauren eine Expedition nach Nordafrika. Seine Niederlage und Gefangennahme (bzw. sein vermutlicher Tod auf dem Schlachtfeld) führten zu der Legende von seiner Wiederkehr an einem Nebelmorgen. Der spanische König Philip II. bemächtigte sich damals des Landes, Portugal verlor seine Unabhängigkeit. 1640 wurden die Spanier vertrieben, es folgte die Epoche der Restauration. Die Parallelität mit dem neuen afrikanischen Abenteuer ließ vorhersehen, daß dem Land ein zweiter historischer Verlust bevorstand.

Literarische Texte (Auswahl)

Portugal

Abecassis, Fernando, *Os Desaparecidos (A Memória d'África),* Lisboa: P. & R. 1987.

Aguiar, Cristóvão de, *O Pão da Palavra*, Coimbra: Cancioneiro Vértice 1977.

Alegre, Manuel, *Jornada de África. Romance de Amor e Morte do Alferes Sebastião*, Lisboa: Dom Quixote 1989.

Azevedo, Licínio, *Coração forte*, Lisboa: Dinossauro 1995.

Belo, Ruy, »A guerra começou há trinta e quatro anos«, in: *Toda a Terra,* Lisboa: Moraes 1976.

Carvalho, Mário de, *Os Alferes*, Lisboa: Caminho 1989.

Coutinho,Carlos, *Uma Noite na Guerra*, Lisboa: Caminho 1978.

Ferraz, Carlos Vale (Pseudonym), *Soldadó*, Lisboa: Euroclube 1988.

–, *Os Lobos não usam Coleira*, Lisboa: Bertrand 1991.

Ferreira, Sérgio Matos, *O Descascar de Pele*, Lisboa: Vega 1982.

Ferreri, Jaime, *Fizeram de mim Soldado*, Braga: Correio do Minho 1986.

Galvão, G. Alpoim/Sérgio A. Pereira, *Contos de Guerra*, Lisboa: Intertermal 1994.

Gonçalves, Egito, *Poemas Políticos*, Porto: Limiar 1981.

Guerra, Álvaro, *O Disfarce*, Lisboa: Prelo 1969.

–, *Memória*, Lisboa: Estampa 1971.
Mendes, Abílio Teixeira, *Henda Xala*, Lisboa: Ulmeiro 1984.
–, *Coisas de África. Arquive-se*, Lisboa: Ulmeiro 1987.
Rosa, Luís, *Depois da Guerra*, Lisboa: Selbstverlag 1990.
Saavedra, Ricardo de, *Azimute de Marcha*, Lisboa: Florida Gráfica 1988.
–, *Os Dias do Fim*, Lisboa: Notícias 1995.
Silveira, António, *Morto em Combate*, Lisboa: Caminho 1990.
Soares, Mário Varela, *A Inutilidade da Memória*, Lisboa: Lince 1976.
Viana, António, *A Primeira Coluna de Napainor*, Lisboa: Caminho 1994.
Vieira, Vergílio Alberto, *A Paixão das Armas*, Porto: Afrontamento 1983.
–, *Salário de Guerra*, Lisboa: Vega 1979.

Angola
Andrade, [Fernando da] Costa, *Poesia com Armas*, Lisboa: Sá da Costa 1975.
Pepetela, *A Geração da Utopia*, Lisboa: Dom Quixote 1992.
Vieira, José Luandino, *Vidas Novas*, Porto: Afrontamento 1975.

Mosambik
Khosa, Ba Ka, *Ualaalapi* (Roman), Lisboa: Caminho 1991.

Sachbücher, Dokumente, Memoiren (Auswahl)

Almeida, Aníbal, *Sobre o Ultramar: Fascismo e Guerra Colonial*, Coimbra: Centelha 1974.
Andrade, Mário de, *A Guerra do Povo na Guiné-Bissau*, Sá de Costa 1974.
Amaro, José, *Massacres na Guerra Colonial: Tete, um Exemplo*, Lisboa: Ulmeiro 1976.
Antunes, José Freire, *A Guerra de África*, 1961-1974, 2 Bde., Lisboa: Círculo de Leitores 1995.
Arriaga, Kaúlza de, *Guerra e Política*, Lisboa: Referendo 1988.
Coelho, Mário Brochado, *Lágrimas de Guerra* (Diário 1963/65 em Angola), Porto: Afrontamento 1989.
Colonialismo e Lutas de Libertacão – Sete Cadernos Sobre a Guerra Colonial, Porto: Afrontamento 1978.
Guerra, João Paulo, *Memória das Guerras Coloniais*, Porto: Afrontamento 1994.
Guerra Colonial, Estado Novo e Regime Democrático, Sondernummer *Vértice*, 2. Série, 58, Lisboa Jan./Fev. 1994.
Humbaraci, Arslan/Nicole Muchnik, *Portugal's african wars: Angola, Guinea Bissão, Mozambique*, Dar-es-Salaam: Tanzania Publ. House 1974.

Medina, João (Hg.), *História Contemporânea de Portugal*, Lisboa: Amigos do Livro 1985.

Melo, João de, *Os Anos da Guerra, 1961-1975. Os Portugueses em África – Crónica, Ficção e História*, 2 Bde., Antologia de textos literários, fotos, estudo introdutório e bibliografias; introduções históricas de Joaquim Vieira, Lisboa: Círculo de Leitores/Dom Quixote 1990.

Memórias da Guerra Colonial. Cruz de Guerra, Lisboa: *Cadernos Andrómeda*, 1984.

Monteiro, Renato/Luís Farinha, *Guerra Colonial: Fotobiografia*, Lisboa: Círculo de Leitores/Dom Quixote 1990.

Rodrigues, Paulo Madeira, *4 Paises libertados – Portugal, Guiné-Bissau, Angola, Moçambique*, Lisboa: Círculo de Leitores e Livraria Bertrand 1975.

Silva, Josué da (e outros), *Era uma Vez ... 3 Guerras em África*, Lisboa: Ró 1981.

Themudo Barata, Manuel Freire (et al.: Comissão para o Estudo das Campanhas de África 1961-1974), *Resenha Histórico-Militar das Campanhas de Àfrica*, Lisboa, Estado Maior do Exército, 1988 ff.

VanderWalls, William K., *Portugal's war in Angola 1961-1974*, Rivonia: Ashanti Publ. 1993.

Allgemeine Literatur zur Kolonialgeschichte Portugals (Auswahl)

Enders, Armelle, *Histoire de l'Afrique lusophone*, Paris: Chandeigne 1994.

Ferreira, Eduardo de S., *Portuguese colonialism in Africa: the end of an era: The effects of Portuguese colonialism on education, science, culture and information*. With an introd. by Basil Davidson/Eduardo de Sousa Ferreira, Paris: Unesco Pr. 1974.

Loth, Heinrich, *Das portugiesische Kolonialreich: Aufstieg und Fall*, Berlin: Deutscher Verlag der Wissenschaften 1982.

Newitt, Malyn D., *Portugal in Africa: the last hundred years*, London: Hurst 1981.

Russell-Wood, Anthony J., *A world on the move: The Portuguese in Africa, Asia, and America, 1415-1608*, New York: St. Martin's Press 1993.

Schreiben heißt: sich erinnern
Zum Werk von Lídia Jorge

Renate Heß

Ohne Zweifel gehört Lídia Jorge nicht nur im eigenen Land zu den anerkannten Namen der portugiesischen Gegenwartsliteratur. Ihre Romane sind in Frankreich, Deutschland, Spanien, den Niederlanden, Italien, USA und Brasilien erschienen und begeistert aufgenommen worden.

Gleich mit ihrem ersten Roman *O Dia dos Prodígios* (1980; dt. *Der Tag der Wunder*) hatte sie die Aufmerksamkeit der Literaturkritik auf sich gezogen. Der bewußte Bruch mit traditionellen Erzählkonventionen wurde als »frischer Wind in der portugiesischen Literatur« gefeiert, und ihr Schriftstellerkollege Vergílio Ferreira prophezeite bereits vor der Veröffentlichung, daß sie sich mit ihrem Werk durchsetzen werde.[1] Innerhalb kurzer Zeit folgten zwei weitere Romane: *O Cais das Merendas* (1982; Der Ausflugskai) und *Notícia da Cidade Silvestre* (1984; dt. *Nachricht von der anderen Seite der Straße*); mit dem letzten ist Lídia Jorge der Durchbruch auf dem internationalen literarischen Markt gelungen. Er erzielte ein vielfältiges Echo und erhielt nicht nur in Portugal, sondern auch in Frankreich und Deutschland überschwengliche Kritiken.[2]

Neun Jahre dauerte es, bis diese »frische Stimme« auch zu uns drang: ihr erster Roman *Der Tag der Wunder* erschien 1989 im Verlag Beck & Glückler, der in bezug auf die Verbreitung portugiesischer Literatur in Deutschland eine Art Vorreiterrolle einnimmt. Mittlerweile dürfte Lídia Jorge – was den deutschen Sprachraum betrifft – sogar die bekannteste weibliche Stimme der portugiesischen Literatur sein. Immerhin liegen vier ihrer insgesamt sechs Romane und zwei Erzählungen in deutscher Übersetzung vor.

Als ihr Erstlingsroman *Der Tag der Wunder* 1980 veröffentlicht wurde, war Lídia Jorge 33 Jahre alt. Sechs Jahre zuvor hatte die *Bewegung der Streitkräfte* in der unblutigen »Revolution der Nelken« Portugal von der am längsten währenden Diktatur Europas befreit. Ein Ereignis, das die portugiesische Gesellschaft vielfältig veränderte. Die Revolution veränderte vor allem auch die gesellschaftliche Rolle und Position der Frauen, die von der »Dreieinigkeit Gott-Vaterland-Familie am stärksten unterdrückt« waren.[3] Die Öffnung einer jahrzehntelang geschlossen gehaltenen Gesellschaft, die Abschaffung der Zensur, die Wiederherstellung der Denk- und Meinungsfreiheit wirkten sich auf das literarische und kulturelle Schaffen insgesamt aus und setzten einen Schaffensprozeß besonders von Frauen in Gang.[4] Und so ist es nicht verwunderlich, daß gerade auch die Schrifstellerinnen diesen gesellschaftlichen und politischen Umwälzungsprozeß in ihrem Schreiben immer wieder thematisieren.[5]

Auch in *Der Tag der Wunder* bildet die Revolution des 25. April 1974 den Hintergrund des Romans. In Vilamaninhos, einem abgeschlossenen (fiktiven) Ort im Hinterland des Algarve, erleben die Bewohner eines Tages, daß eine Schlange, die sie auf dem Dorfplatz totschlagen, sich in die Lüfte erhebt und davonfliegt. Dieses Ereignis, das alle als das »große Wunder der modernen Zeiten ansehen«, bringt das seit Generationen gleiche Leben in Vilamaninhos durcheinander und wird zu einer Zeitenwende für die Dorfbewohner. Während sie darauf warten, daß ihnen irgend jemand diese Zeichen und andere, die noch geschehen, entschlüsseln kann, ereignet sich in Lissabon ein knappes Jahr später eine Revolution der »Soldaten und hohen Befehlshaber«. Alle Zeichen des Himmels scheinen nun einen Sinn zu haben. Von nun an warten die Einwohner Vilamaninhos auf das Erscheinen der Soldaten, die alle Orte Portugals besuchen, um von ihnen die wahre Bedeutung der Zeichen zu erfahren. Aber als die Soldaten endlich kommen, sprechen sie von ganz anderen Dingen als die Dorfbewohner, und diese sehen sich in ihrer Hoffnung enttäuscht. Nur der Straßenwärter José Maria erkennt: »Niemand befreit sich, der sich nicht selbst befreien will«, und zieht die Konsequenz:

> Ich geh weg […] Weil, wenn hier eine Schlange springt, alle sagen, sie fliegt. Aber wenn ein Wagen voller Soldaten erscheint, die von der Veränderung der Dinge reden, schauen sie enttäuscht zu Boden. Und sagen. Veränderung? Was für eine Veränderung? (S. 248)

Aber *Der Tag der Wunder* ist noch weit vielschichtiger. Da ist vor allem das Thema Geschlechterkampf in einer Gesellschaft, in der die Männer den anatomischen Unterschied zwischen den Geschlechtern als Mangel der Frau definieren und daraus ihren Herrschaftsanspruch ableiten; wo die Frauen schon bei der Geburt Mitleid mit ihren Töchtern haben; wo eine Frau mit Weitblick ihren zukünftigen Mann daran erkennt, daß er so aussieht »wie einer, der mich mein ganzes Leben lang schlagen wird«; wo die Frau auf den häuslichen Bereich beschränkt ist, während der Mann nach draußen geht; und wo die Haupttätigkeit der Frauen aller Generationen im Warten besteht.

Ein zentrales Motiv des Romans ist das Aneinandervorbeireden, das bereits im Vorspann thematisiert wird:

> Eine Person stand auf und sprach. Das ist eine Geschichte. Und ich sagte. Ja [...] Eine andere sagte noch. Und wir reden alle gleichzeitig. Und ich sagte. Das wäre zwar gut, um die Verständigungsschwierigkeiten zu verdeutlichen. Aber es wird beredter sein. Für die, die an Worte glauben. Wenn man versteht, was ein jeder sagt. (S. 7)

Im Roman zeigt sich dieses Motiv als konsequenter Ausdruck sowohl des Auseinanderklaffens der Lebensbereiche von Mann und Frau als auch der Ungleichzeitigkeit der portugiesischen Gesellschaft zur Zeit der Revolution, des Nebeneinanders der in der Tradition verhafteten dörflichen Gesellschaft und der revolutionären Veränderungen in der Stadt. Während die Erinnerung José Jorge Júniors, des ältesten Dorfbewohners, um die Geschichte seiner Vorfahren, die das Dorf gegründet haben, kreist, kreist die seiner Frau Esperança um die zwölf Kinder, die sie geboren hat, so daß ihr Gespräch immer ein ineinander verschränktes Monologisieren bleibt.

Die Dorfbewohner erwarten von den Revolutionären eine Art Jüngstes Gericht, das die Gerechtigkeit auf Erden herstellen soll. Aber als die Soldaten mit Pathos von den Idealen der Revolution, der Befreiung der Erniedrigten und Unterdrückten reden, fragen die Dorfbewohner verständnislos: »Wer ist denn das?«

Indem Lídia Jorge den Mikrokosmos des Dorfes zum Schauplatz wählt, wirft sie gleichzeitig Licht auf die Frage, warum die Revolution als soziale Revolution an der Situation der Landbevölkerung vorbeiging. Deutlich wird die gesellschaftliche Asymmetrie zwischen Dorf- und Stadtbevölkerung, die Unterschiedlichkeit der Lebensbedingungen, die auch unterschiedliche Bewußtseinsstrukturen prägen:

In Lissabon. Haben die Leute schon Licht an allen Hauswänden, zu jeder Tages- und Nachtzeit. Die Leute brauchen nur so mit dem kleinen Finger zu machen, und alle Instrumente fangen an, ihre Arbeit ganz allein zu machen, als hätten sie Arme. Leute. Die haben bereits eine eigene Stelle, um ihre Notdurft verrichten zu können, ohne den anderen ihre Scham zu zeigen. [...] Leute, die schon alles haben, was wir uns überhaupt nicht vorstellen können. Denn um sich etwas vorstellen zu können, muß man von der Sache etwas gesehen haben. Und Leute von denen da haben den Staatsstreich gemacht. (S. 203)

Bereits hier zeigt sich der spöttische Blick der Autorin auf das »männliche Gehabe« der Soldaten, der im Roman *A Costa dos Murmúrios* (1988; dt. *Die Küste des Raunens*) mit beißender Satire die »Helden des Kriegs« bloßstellt:

Aber ein Soldat. Der besonders gut gebaut war und zweifellos an einem ganz anderen Ort geboren war. Begann oben auf dem Wagen zu sprechen.[...] Er sagte Dinge. Daß er eine Re-vo-lu-tion gemacht habe und daß sie Mut fassen sollten. Denn alles. Alles. Und er öffnete die Arme wie der Erlöser. Alles würde sich ändern. (S. 219)

Auch der zweite Roman von Lídia Jorge, *O Cais das Merendas*, spielt im Algarve. Diesmal erzählt sie die Geschichte einer Gruppe von Dorfbewohnern, die aus einer ländlich abgeschlossenen Umgebung in die kosmopolitische Umgebung eines Touristenhotels kommen. Sie sehen in den ausländischen Touristen und ihren Gepflogenheiten das »Paradigma der Zivilisation«[6], dem es nachzueifern gilt. Das Bewußtsein der eigenen Tradition wird verdrängt von der ›Erinnerung‹ an amerikanische oder englische Filme, die neue Identifikationsmuster und Wertorientierungen bieten. Nicht Amnesie, sondern eine kollektive Anstrengung, sich nicht an die eigene Vergangenheit zu erinnern, kennzeichnet diese Gesellschaft, in der alles käuflich geworden ist.

In Portugal verkauft man die Liebe klafterweise. Diese Geschichte, daß selbst die Könige aus Gefühl töteten und sich begruben, er und sie melancholisch ganz nah beisammen, ist nicht mehr in Gebrauch. In Portugal.

I'm sorry. Nicht mehr? Ach, wie schade. Nicht mehr, lady, so ist das Leben. (S. 250)[7]

Hier im Algarve ist Lídia Jorge geboren und aufgewachsen, und die Kindheitserfahrungen scheinen prägend für ihr Schreiben zu sein, sowohl hinsichtlich des Stoffes als auch hinsichtlich der Textstruktur ihrer ersten beiden Romane oder, wie die Autorin sagen würde, hinsichtlich »der Gerüche und des Klangs«. Sprachduktus und Textstruktur sind geprägt durch die orale Erzähltradition, bildhafte Episoden werden in einer synchronen Erzählweise verwoben, der man die »Lust zum Fabulieren«[8] deutlich anmerkt. Dennoch haben diese Romane nichts Regionalistisches. Der Mikrokosmos des Dorfes bzw. des Touristenhotels kann als Metapher für die Situation Portugals und seines Standorts in Europa angesehen werden. In einem Interview bestätigte Lídia Jorge:

Ja, es gibt eine Identitätskrise, die man als Wachstumskrise des Bewußtseins bezeichnen könnte. Aber die Bevölkerung erlebt sie nicht als solche. Solange der Wohlstand steigt, kümmert man sich nicht um den Verlust bestimmter kultureller Werte.[9]

Die Stadt Lissabon in den frühen achtziger Jahren ist Schauplatz des dritten Romans, *Nachricht von der anderen Seite der Straße*: Gesellschaft in einer Umbruchsitutation, aus der sich die neuen Strukturen herauskristallisieren und die »Demokratie ihre Wurzelverästelungen im Wasser (verankert)«. Im Mittelpunkt stehen zwei Frauen und deren Lebensentwürfe: Júlia Grei, die junge Witwe eines sehr viel älteren Mannes, eines Bildhauers, muß sich nach dessen Tod neu orientieren. Behilflich ist ihr dabei Anabela Cravo, Sekretärin eines bekannten Rechtsanwalts und Jurastudentin, die zu ihrer besten Freundin und zu ihrem Vorbild wird, weil sie in allem phantastisch organisiert ist. Anabela ist für Júlia »eine Parabel der Aktivität, die dem Leben einen Sinn gibt«.

Während die ehrgeizige Anabela mit Hilfe der verschiedensten Männer Karriere macht und es bis zur Staatsanwältin bringt, bleiben Júlia ähnliche Erfolge versagt, wohl auch, weil sie noch an die Möglichkeit der Liebe glaubt. Erst als ihre romantische Liebe zu Artur Salema, einem Bildhauer und intellektuellen Wirrkopf, gescheitert ist, beginnt auch Júlia, ihr Leben »perfekt zu organisieren«, und bringt es zu zwei Liebhabern – dem gealterten Mão Dianjo, einem guten Freund ihres verstorbenen Mannes, und ihrem Chef, der für ihre Liebesdienste zahlt – sowie einem Verlobten, einem bourgeoisen und biederen Versicherungsangestellten. Während äußerlich alles in Ordnung zu sein scheint und Jóia, Júlias Sohn, anscheinend mitspielt, obwohl sie ihn auf Verlangen ihrer Liebhaber immer wieder vernachlässigt, verliert sie ihre Mitte und »dreht sich wie in einer Kugel«. Erst der Selbstmordversuch ihres Sohnes stoppt dieses Sichtreibenlassen jäh und läßt Júlia mit allen falschen Beziehungen Schluß machen, einschließlich der zu Anabela Cravo, nicht ohne ihre »besten Freunde« in Angst und Schrecken zu versetzen. Über die Erkenntnis »Ich mache Angst, also bin ich« gewinnt Júlia das Bewußtsein ihrer eigenen Identität und Mut für einen Neuanfang.

Der Roman setzt ein mit der Begegnung zwischen Autorin und Protagonistin, bei der letztere der ersteren ein »gelbes Heft« mit tagebuchartigen Aufzeichnungen verkauft. In wiederholten Treffen schildert Júlia Grei der Autorin ihr Leben, das diese niederschreibt. Die »Erzählung« wird von den kursiv gesetzten Tagebuchaufzeichnungen vielfältig unterbrochen, so daß eine kunstvolle Verschränkung unterschiedlicher Zeit- und Erzählebenen entsteht.

Immer wiederkehrendes Thema ist in Lídia Jorges Romanen das Verhältnis zwischen objektiv Geschehenem und individuell Erlebtem, das die Frage provoziert: Was ist Geschichte? Und gleichzeitig wird damit auch das Geschichtenerzählen thematisiert, der Erzählvorgang selbst zum Gegenstand des Erzählens gemacht. »Fiktion ist der Versuch, etwas zu rekonstruieren [...] Das ist ein vielfältiges Spiel von Reinterpretationen.«[10] Das Schreiben in dem Sinn versteht sich als Forschungsarbeit.

In *Die Küste des Raunens* – dem vierten und international am meisten beachteten Roman der Autorin[11] – erreicht dieses Thema einen Höhepunkt im tiefen Mißtrauen von Eva Lopo, der Hauptfigur, gegenüber der Geschichte und Geschichtsschreibung. »Aber warum beharren Sie in diesem Fall auf Geschichte und auf Erinnerung und solchen derart beunruhigenden Begriffen?« läßt die Autorin ihre Protagonistin Eva Lopo den Erzähler des Romans fragen, der andererseits mit seiner dem Roman vorangestellten Erzählung »Die Heuschrecken« ihren Erinnerungsprozeß gerade in Gang gesetzt hat. Sie bestätigt ihm, einen »reizenden Bericht« geschrieben zu haben, der in ästhetischer Hinsicht durchaus wahr ist, aber die Wahrheit der Geschichte – und dieser Begriff ist hier durchaus in seiner doppelten Bedeutung zu verstehen – entspricht nicht der Realität, da sie den Anspruch hat, ganz und einheitlich zu sein, während die Realität Widersprüche und Brüche aufweist.

In meisterhafter Komposition hat Lídia Jorge in diesem Roman eines ihrer Grundmotive zum zentralen Thema gemacht: das Sich-Erinnern. Eva Lopo leistet Erinnerungsarbeit, ein Prozeß, der ausgelöst wird durch die Erzählung »Die Heuschrekken«. Sie erinnert sich an eine Zeit, die zwanzig Jahre zurückliegt, in der sie als junge Frau nach Mosambik ging, um ihren Verlobten, der dort als Soldat im Kolonialkrieg war, zu heiraten. Die Erzählung »Die Heuschrecken« schildert das Hochzeitsfest der jungen Evita – so heißt Eva in der Erzählung –, an dessen Ende sie zur Witwe wird, worauf sie nach Portugal zurückkehrt.

Komprimiert enthält die Erzählung bereits alle Elemente, die auch in den folgenden Erinnerungen Evas eine Rolle spielen: den Kolonialkrieg, der – obwohl im Hintergrund – alles überlagert, und die zynische Rechtfertigung des Kriegs durch die Offiziere; das massenhafte Sterben der Schwarzen, vergiftet durch Methylalkohol; die Heuschreckenplage, die bedrohlich am Ende der Erzählung auftaucht; den toten Weißen – ebenfalls dem Gift zum Opfer gefallen – der das Auftauchen eines Journalisten nach sich zieht, und den Selbstmord des Bräutigams Luís Alex. Geschildert wird dies aus der Perspektive Evitas, die als Neuankömmling in Afrika sozusagen als Außenstehende das Geschehen betrachtet.

Der gekonnt ›naive‹ Blick, der mit großer Liebe zum Detail die gebügelten Haare der Frauen, den Gänseflaum an ihren Pantöffelchen oder den Seidenmorgenrock eines Majors wahrnimmt und mit der gleichen Ernsthaftigkeit beschreibt wie den Tod der Schwarzen, läßt die Erzählung zur Groteske werden.

Der raffiniert durchkomponierten Erzählung setzt Eva ihre fragmentarischen »unvollkommenen Erinnerungen« entgegen und erklärt zum Schluß die Erzählung für »null und nichtig«. Indem sie die Erzählung verwirft, zerstört sie die Legende des Kolonialkriegs. Zwar zeigt »Die Heuschrecken« in der Beschreibung des Sterbens der Schwarzen, die kontrapunktisch zur Beschreibung der Liebesnacht des jungen Paares angelegt ist, sowie in der wie eine biblische Strafe anmutenden Heuschreckenplage Einbrüche in die heile Welt der portugiesischen (Hochzeits-)Gesellschaft, doch bleibt alles scheinbar harmonisch. Erst die Erinnerungen Evas lassen den wahren Charakter und die wahre Dimension des Geschehens deutlich werden. In dem Maße wie Eva in die Tiefen ihres Gedächtnisses vordringt, stellt sie die Verharmlosung in der Erzählung »Die Heuschrecken« bloß.

Die Auseinandersetzung mit dem Kolonialkrieg und der Kolonialgeschichte findet im Roman auf mehreren Ebenen statt. Sie äußert sich direkt in der Denunziation der Massaker und der Greueltaten des Kriegs, die die Männer nicht als »Helden« zeigt, wozu die Propaganda des Salazar-Regimes sie erhob, sondern entmenschlicht; sie äußert sich in der Desavouierung des Männlichkeitswahns, der mit beißender Ironie der Lächerlichkeit preisgegeben wird, und sie äußert sich in einer kritischen Reflexion Eva Lopos über den offiziellen Sprachgebrauch und die inflationäre Verwendung des Begriffes Krieg.[12]

In ihrer Auseinandersetzung mit der Geschichtsschreibung in *Die Küste des Raunens* verwirft Eva Lopo radikal die Erklärungsmuster der traditionellen Geschichtsschreibung, insbesondere wenn sie den »unsichtbaren Muskeln« eine besondere Rolle in der »Verknüpfung der historischen Fakten« einräumt – *»Schauplatz der Geschichte(n) sind weiter die Körper«*, heißt dies bei Klaus Theweleit.[13] Eva schildert, wie die Frau des Leutnants Zurique aufgrund einer mangelnden Kaution für die Aufnahme ins Krankenhaus ihr Kind tot gebiert und wie ihr dabei der Schließmuskel reißt. »Die Erzählerin konstruiert auf sarkastische Weise eine Beziehung zwischen der verborgenen ›schändlichen‹ Narbe der Frau Zuriques und der ›phosphoreszierenden‹, von Heldentum kündenden Narbe des Hauptmanns

Forza Leal«, stellt Erich Kalwa fest.[14] Wieso soll der Wunde eines Hauptmanns, die er im Krieg, der auf das Töten zielt, erlitten hat, mehr geschichtliche Bedeutung zukommen als der Wunde einer Frau, die sie beim Gebären erlitten hat? Diese Gleichberechtigung der in ihrem jeweiligen »Krieg« erlittenen Verletzungen impliziert auch die Behauptung, daß der sogenannte private Raum für die Geschichtsbetrachtung ebenso relevant ist wie der öffentliche Raum. Nicht nur Kriege und Taten großer Männer machen die Geschichte aus, das Kinderkriegen ist mindestens ebenso bedeutsam.

In die Figur Eva Lopos fließen viele autobiographische Erfahrungen Lídia Jorges ein.

> Afrika ist innerhalb meiner Lebenserfahrungen eine Landkarte der Erinnerungen, die mit dem Schreiben verknüpft sind. [...] Dort habe ich die starken Spannungen eines extrem gewalttätigen Kriegsambientes erlebt, und ich habe die Semantik und Syntax einer Gesellschaft in einer Krisensituation und einer totalen Veränderung verstehen gelernt. [...] Niemals und nirgendwo anders hätte ich in so kurzer Zeit einen Spiegel, eine Zusammanfassung all dessen finden können, was tiefgreifende soziale Konflikte, Veränderungen von Verhaltensweisen, Zusammenbruch des Imperiums und Gewaltverhältnisse auf allen Ebenen ausmachte.[15]

Vielleicht ist es nicht zufällig, daß gerade in diesem Roman, der »einen markanten Moment«[16] ihres Lebens und Auslöser für ihr Schreiben behandelt, nämlich den Kolonialkrieg und den daraus folgenden Untergang des faschistischen Regimes, die Schriftstellerin die Bedingungen des Schreibens thematisiert. In ihren Reflexionen über die Darstellbarkeit von Wirklichkeit und Geschichte scheint die Erzählerin die Vorstellung, Fiktion könne die historische Wirklichkeit wahrheitsgetreu und objektiv darstellen, zu verwerfen. Anlage und Gestaltung des Romans können daher auch als innerliterarische Auseinandersetzung mit anderen narrativen Texten über den Kolonialkrieg gelten. So sieht die Literaturwissenschaftlerin Ana Paula Ferreira *Die Küste des Raunens* als bewußte Antwort Lídia Jorges auf Romane über den portugiesischen Kolonialkrieg wie *Os Cus de Judas* (1979; dt. *Der Judaskuß*) von Lobo Antunes und *Autópsia de um Mar de Ruínas* (1984; Autopsie eines Meers von Ruinen) von João de Melo, die so geschrieben seien, als wäre die

Realität eindeutig. »Weil sie sich die ästhetischen, ideologischen und philosophischen Voraussetzungen, auf denen ihr Anspruch auf ›Wahrheit‹ beruht, nicht eingestehen geschweige denn sie problematisieren, reproduziert diese Prosa über den Kolonialkrieg eben die gleiche geheime und verschleierte irrationale Gewalt, die sie anklagen will.«[17] Indem sie die Bedingungen befragt, unter denen Literatur die Vergangenheit rekonstruieren kann, zerlegt und reflektiert Lídia Jorge in *Die Küste des Raunens* die existierenden narrativen Texte über den Kolonialkrieg und schreibt sie um.

Es sei deshalb hier ein kurzer Blick auf den Roman *Der Judaskuß* von António Lobo Antunes erlaubt. Dessen Ich-Erzähler war als Militärarzt im Krieg in Angola. Acht Jahre nach seiner Rückkehr aus dem Krieg ist er »immer noch in Angola«, das heißt, der Krieg steckt in ihm drin, er kriegt die Bilder nicht mehr los. Schmerz, Wut, Verzweiflung über den Krieg und darüber, was der Krieg aus ihm gemacht hat – einen einsamen verbitterten Zyniker, der unfähig ist, Beziehungen einzugehen –, prägen den ununterbrochenen Monolog des Mannes. Beschrieben werden die gleichen oder ähnliche Symptome und Auswirkungen des Kriegs: die Zerstörung der Ehe- und Familienbeziehungen; die Entmenschlichung der Soldaten; die unmittelbare Verbindung von Sexualität und Krieg:

> [...] der Krieg hat uns zu Tieren gemacht, zu grausamen, dummen Tieren, denen man das Töten beigebracht hat, nicht ein freier Zentimeter war an den Kasernenwänden übrig, alles voll mit nackten Frauen, wir onanierten und schossen [...] (S. 60)[18]

die Zerstörung der Wertvorstellungen durch die Mißachtung menschlichen Lebens durch den klerikal-faschistischen Staat:

> Wir waren keine tollwütigen Hunde, als wir herkamen [...] wir waren keine tollwütigen Hunde vor den zensierten Briefen, den Angriffen, den Hinterhalten, den Minen, dem Mangel an Essen, Tabak und Erfrischungsgetränken, an Streichhölzern, Wasser und Särgen, bevor ein Lastwagen mehr wert war als ein Mensch und bevor ein Mann ganze drei Zeilen Nachricht in der Zeitung wert war, Im Kampf gefallen in der Provinz Angola, wir waren keine tollwütigen Hunde, aber wir waren ein Nichts für diesen Sakristei-Staat, dem wir scheißegal waren [...] (S. 161)

Alleingelassen mit seinen Deformationen, die man dem Körper der Zurückgekehrten nicht ansieht, mit der Empörung über die eigene Feigheit, »daß ich unterwürfig die Gewalt akzeptierte und den Krieg, den die Herren aus Lissabon mir aufgezwungen hatten«, und der Reue, die ihn »wie ein gehetztes Tier, das weiß ist vor Scham und Angst«, handlungs- und bewegungsunfähig macht, wendet der Ich-Erzähler seinen Haß gegen die Frauen. Die Frauen der Familie haben ihn dieser feindlichen Welt ausgeliefert, in der Männlichkeit und Soldatentum Synonyme sind, sie hofften, daß der Krieg ihn »zum Mann« mache. Lobo Antunes' Ich-Erzähler ist unbestritten Opfer des Kriegs – er war aber auch Täter, und er ist nach wie vor Teil des männlichen Systems, in dem er gefangen bleibt.

Lídia Jorge schildert den Krieg mit mehr Distanz, sowohl erzähltechnisch – zwanzig Jahre liegen die Kriegserfahrungen der Ich-Erzählerin zurück – als auch emotional. Wer mehr Distanz hat, hat auch ein größeres Blickfeld: Eva Lopo zeigt die Strukturen des Gewaltverhältnisses auf, das System der Gewalt, das die Frauen auf den unterschiedlichsten Ebenen als alltägliche Gewalt der Männergesellschaft erfahren.

Aber natürlich mußte Helena von Troja den Blick auf sich ziehen. Natürlich bemerkte der Hauptmann die Blicke, die wie Pfeile auf sie prasselten. Natürlich ohrfeigte der Hauptmann seine Frau. Und noch natürlicher war – denn das hatte mit Dynamik und Kinetik zu tun –, daß die Frau an der Eisenbrüstung der Terrasse zu stehen kam, die das *Stella* vom Indischen Ozean trennte. Mit der geohrfeigten Wange wurde sie natürlich noch schöner. (*Die Küste* ..., S. 28)

Auch ihr jüngster Roman *O Jardim sem Limites* (1995; dt. *Paradies ohne Grenzen*) ist von der Erzählsituation her ähnlich angelegt. Die Eingangsworte des Romans, »Oder mit anderen Worten«, die ebenfalls den letzten Absatz des Romans einleiten, führen zu einem scheinbar linearen, tatsächlich aber kreisförmigen Diskurs.[19] »Zwischentexte« erhellen direkt oder indirekt eine Erzählung, die sich selbst als objektiv ausgibt, in der allerdings die Erzählerin und fiktive Autorin eine Position der teilnehmenden Beobachtung einnimmt. Ihre eigene Person bleibt in der Handlung im Hintergrund, aber alle Handlungsstränge laufen bei ihr zusammen. Motiv ihres Schreibens ist eine unbestimmte Anklage, und sie schreibt, um sich zu rechtfertigen, ihre Unschuld zu beweisen. Ihre Rolle beschränkt sich auf die der Chronistin:

Oder mit anderen Worten – Sie können jetzt Buchstabe um Buchstabe die 430 Paragraphen des Strafgesetzbuches durchforsten. Ich habe mich darauf beschränkt dabeizusein, um es zu wissen. Ich bin nicht schuldig. (S. 375)[20]

Zentrum der Handlung ist die *Casa da Arara*, Schauplatz ist Lissabon im Jahre 1988, dem Jahr, als »der Erdball zu entdekken schien, daß Lissabon existierte«, weil ein großer Teil des berühmten Lissaboner *Chiado* einem großen Feuer zum Opfer fiel. Eine Gruppe von Jugendlichen, die sich von ihren Eltern, deren Wertvorstellungen und deren gesellschaftlichem Umfeld losgesagt haben, bevölkert die *Casa da Arara*, eine Pension im Zentrum Lissabons, in der die Erzählerin und fiktive Autorin sich ebenfalls eingemietet hat. Die Jugendlichen suchen auf extremen – mitunter tödlichen – Wegen ihre Selbstverwirklichung; sei es wie Leornardo, der *Static Man*, der seine Grenzen zu erweitern sucht, indem er als Statue in der Baixa von Lissabon stundenlange Bewegungslosigkeit praktiziert, bis er die tödliche Grenze erreicht; sei es wie Falcão, »Patenkind von Orson Welles«, der im Stil des *Reality-TV* auf der Suche nach dem absoluten Verbrechen ist. Der vollzogene Bruch mit den – meist wohlhabenden – Eltern,

der einen Pakt des Schweigens über die Vergangenheit einschließt, und der Versuch, mit der Vergangenheit in ihrer Globalität zu brechen, quält die Romanfiguren: selbst wenn sie sich dessen nicht bewußt sind, hinterläßt für einige von ihnen der Versuch, die Vergangenheit zu negieren, eine offene Wunde, und es ist dieser verdrängte Schmerz, der ihr Handeln antreibt.[21]

Elfriede Engelmayer charakterisiert *Paradies ohne Grenzen* deshalb als »Generationsroman *sui generis*«, auch wenn oder gerade weil sich die Auseinandersetzung mit der Elterngeneration ohne deren Präsenz im Roman (mit einer einzigen Ausnahme, Leonardos Vater) vollzieht.

Der Roman zeichnet aber auch das Bild einer Metropole, die keine »Zeitinsel« mehr ist und nicht mehr »jenseits von Europa« liegt.[22] Ein ehemaliger Widerstandskämpfer gegen die faschistische Diktatur scheint hier nur mehr ein Fossil zu sein.

Alle Handlungsstränge münden ins Zimmer der Erzählerin, sie verwebt die Episoden der einzelnen Protagonisten zu einem Ganzen, sie spinnt die Fäden: an der Wand ihres Zimmers entwirft sie das Schema der Handlung. Der Roman spielt so mit der »Allwissenheit« der Erzählerin, die sich selbst allerdings nur als Chronistin begreift, wie ihre Schlußworte zeigen. Da sie »allwissend« ist, also auch im voraus schon weiß, was geschehen wird, trägt sie Verantwortung. Ihre Aufgabe kann es nicht einfach sein, das Geschehen abzubilden, sondern sie ist moralisch verpflichtet einzugreifen, um verantwortungsloses Handeln und sinnlose Gefährdung von Menschenleben zu verhindern. Sie kann sich nicht darauf zurückziehen, daß ihre Stimme nichts wiege.

Paradies ohne Grenzen thematisiert so die Position der Schriftstellerin in der Gesellschaft und postuliert ihr Eingreifen in und ihre Stellungnahme zu gesellschaftlichen Entwicklungen, gerade angesichts des Mangels einer gesellschaftlichen Wertediskussion.

Die szenische Gestaltung der Erzählung, die an Filmtechniken, wie sie Robert Altmann in *Short Cuts* verwendet, erinnert, die Übertragung von Merkmalen der Minimalmusik auf die Ebene des Schreibens – eine fast unmerkliche Variation eines ursprünglichen Themas oder Motivs –, sind wesentliche formale Elemente des Textes, die den Roman zu einer faszinierenden Lektüre machen.

In ihrer Untersuchung der zeitgenössischen portugiesischen Literatur von Frauen kommt Isabel Allegro de Magalhães zu dem Schluß, daß es nicht die Wahl der Themen ist, die die weibliche Literatur von der von Männern geschriebenen unterscheidet, sondern die Perspektive, aus der sie betrachtet werden. Und sie benennt als wesentliche Aspekte, die den Erzählungen von Frauen »eine ganz eigene Färbung geben«, die Wahrnehmung der Wirklichkeit, eine tellurische Dimension, die Beziehung zur Zeit, die Beziehung zur Rationalität, der Selbstbezug und die Behandlung der zwischenmenschlichen Beziehungen.[23]

Gerade der letztgenannte Aspekt zieht sich in der Darstellung der Geschlechterbeziehungen wie ein roter Faden durch das ganze Werk von Lídia Jorge, sei es als Geschlechterkampf in *Der Tag der Wunder* und *Die Küste des Raunens*, sei es in der Thematisierung der psychosozialen Lage der Frau in der nachrevolutionären Männergesellschaft in *Nachricht von der anderen Seite der Straße* oder in der Denunziation der Objektfunktion der Frau in *A última Dona* (1992; Die letzte Herrin). Ihre Romane sind damit im besten Sinne Frauengeschichte(n).

> Frauengeschichte, sofern sie [...] mehr sein will als nur eine Neuauflage der beliebten Kulturgeschichte der Frau im 19. und 20. Jahrhundert, kommt nicht umhin, sich als Geschlechtergeschichte zu verstehen. Selbst wenn der Fokus der Untersuchung auf eine bestimmte Gruppe von Frauen gerichtet ist, müssen diese Frauen dennoch immer auch als Menschen weiblichen Geschlechts und damit in Beziehung zum männlichen Geschlecht gedacht und beobachtet werden. Denn Frauen und Männer leben eingebunden in die jeweils gültigen kulturellen Ordnungen der bislang noch hierarchisch konstruierten Geschlechterverhältnisse, die alle gesellschaftlichen Bereiche durchdringen.[24]

Männliche und weibliche Romanfiguren in Lídia Jorges Werk unterscheiden sich vor allem auch in ihrem Erleben der Zeit und der damit verbundenen Weltsicht. Der Ingenieur Geraldes im Roman *A última Dona* glaubt, er könne »wie ein besserer Gott« den Lauf der Zeit anhalten und korrigieren, so wie er den Verlauf der Flüsse korrigieren kann.[25] Auch *Static Man* in *Paradies ohne Grenzen* will die Zeit dominieren. Der Geschichtsprofessor Milreu und der blinde Kavallerist in *Die Küste des Raunens* vertreten einen absoluten Zeitbegriff, der den Ewigkeitsanspruch des portugiesischen Imperiums stützt. Die weibliche Protagonistin Eva Lopo vertritt dagegen eine Auffassung der Relativität der Zeit. Gegen ein lineares Zeitverständnis setzt sie die Theorie der Gleichzeitigkeit. Im Werk der Schriftstellerin entspricht dieser Theorie erzähltechnisch ein synchrones Mit- und Nebeneinander unterschiedlicher Stimmen oder verschiedener Episoden, die ein vielfältig fragmentiertes synoptisches Bild der Wirklichkeit ergeben. Der Handlungsverlauf ist nicht geradlinig und geschlossen, sondern vielfältig verschränkt. Die Konzentration auf einen zentralen Ort, die in fast allen ihrer Romane zu finden ist (Vilamaninhos, das Hotel *Stella Maris*, die *Casa da Arara*, die *Casa do Leborão* in *A últi-*

ma Dona), dient dabei der Verbindung und Verdichtung des Geschehens.

Das Thema der Erinnerung findet seine Entsprechung auf der narrativen Ebene darin, daß das eigentliche Geschehen schon abgeschlossen ist, bevor die Erzählung einsetzt und die Romanfiguren sich erinnern und berichten (*O Cais das Merendas*, *Nachricht von der anderen Seite der Straße*, *Küste des Raunens*, *A última Dona*, *Paradies ohne Grenzen*). Der Erzählvorgang ist also immer Reflexion einer Handlung, die schon stattgefunden hat, auch wenn die Autorin uns dies durch ihre Erzählung vergessen macht. Durch ein Spiel mit Andeutungen und verdeckten Motiven erreicht sie so eine fast kriminalistische Spannung (*Nachricht von der anderen Seite*, *Die Küste des Raunens*), indem die Erzählung nach und nach mehr an Hintergründen enthüllt.

In vielen ihrer Romane finden sich direkte Bezugnahmen auf den Film, und Lídia Jorges Schreiben selbst hat kinematographische Züge: die Reihung der Bilder, die Schnitte und die Wahrnehmung der Details wie mit dem Kameraauge.

War in ihren ersten Romanen noch stärker eine mythische oder magische Komponente vorhanden – die fliegende Schlange, die immer noch als »Ex-libris« die Titelseite ihrer Bücher ziert –, so ist dieses Element zugunsten einer anderen Dimension des Phantastischen zurückgetreten: es ist nicht den Personen äußerlich, sondern es ist in den Personen angelegt. In einem Interview anläßlich der Veröffentlichung ihres jüngsten Romans äußert sich die Schriftstellerin dazu:

> Das Phantastische ist in den Personen vorhanden, es ist in den Erfahrungen, die sie mit dem Unfaßbaren machen. Außerdem, wenn wir vom Phantastischen sprechen in bezug auf Portugal oder Europa, dann ist das etwas anderes als das Phantastische in Südamerika. Das Phantastische bei uns ist nicht so sehr mit der äußerlichen Magie verbunden, sondern mit den Optionen, die wir treffen und die nicht so viel mit dem rationalen Denkvermögen zu tun haben.[26]

Anmerkungen

1 »Saiu ›*O dia dos prodégios*‹ de Lídia Jorge«, *Diário de Lisboa*, 26.2.1980.

2 Siehe z. B. die Besprechung von Wolfram Schütte, »Dorf-Trance und Stadt-Aufbruch: Frauen vor & nach der ›Nelkenrevolution‹«, *Frankfurter Rundschau*, 7.4.1990.

3 Fernanda Silva-Brummel, »Olga Gonçalves: Chronistin der portugiesischen Gegenwart«, in: Engelmayer/Heß (Hg.) 1993, S. 125.

4 Vgl. Curt Meyer-Clason/Dieter Offenhäußer (Hg.) 1988, S. 35.

5 Stellvertretend seien hier – außer Lídia Jorge – nur Maria Velho da Costa (*Lúcialima*, 1983), Teolinda Gerso (*Paisagem com Mulher e Mar ao Fundo*; 1982, dt. *Landschaft mit Frau und Meer im Hintergrund*), Luísa Costa Gomes (*O pequeno Mundo*; 1988 [Die kleine Welt]), Olga Gonçalves (*Ora esguardae*; 1982 [Schauet her]) und Agustina Bessa-Luís (*As Pessoas felizes*; 1975 [Die glücklichen Leute]) genannt.

6 Bulger 1984, S. 52.

7 Die Seitenangabe bezieht sich auf die portugiesische Ausgabe von *O Cais das Merendas* im Verlag Europa-América, ^{3}o.J.; meine Übersetzung.

8 Jorge Listopad, Rezension zu *O dia dos prodígios*, *Colóquio-Letras* 67, Mai 1982, S. 94.

9 »Angst vor einem imperialen Hegemonieanspruch Mitteleuropas«. Ein Gespräch mit der portugiesischen Schriftstellerin Lídia Jorge, *Frankfurter Rundschau*, 24.12.1992.

10 Gespräch der Verfasserin mit Lídia Jorge im April 1992.

11 Allein dieser Roman wurde in sechs Sprachen übersetzt (Französisch, Deutsch, Englisch, Italienisch, Holländisch, Spanisch).

12 Kalwa 1996, S. 109; Heß 1993, S. 145.

13 Klaus Theweleit, *Das Land das Ausland heißt*, München: dtv 1995, S. 9.

14 Kalwa 1996, S. 115.

15 Lídia Jorge, »Não imagino sobreviver sem ser através da escrita«, *Letras & Letras* 1/6, 1. 5. 1988, S. 23-24, S. 24; meine Übersetzung.

16 »Ich denke, daß ich im Moment in einer Gruppe von jungen Leuten (im Alter um die 40) schreibe, die einen markanten Moment erlebt haben, den Kolonialkrieg und den Untergang des Regimes.« (Ambrogi 1985, S. 10, Interview mit Lídia Jorge)

17 Ferreira 1992, S. 269.

18 Die Seitenangaben beziehen sich auf die 1987 bei Hanser in München erschienene deutsche Ausgabe.

19 Zu den folgenden Ausführungen siehe Engelmayer, »Fronteiras, ou, por outras palavras, *O jardim sem limites* de Lídia Jorge«, 1996, Vortrag auf dem 5. Internationalen Lusitanistenkongreß, Oxford September 1996.

20 Meine Übersetzung; die Seitenangabe bezieht sich auf die portugiesische Ausgabe.
21 Engelmayer, »Fronteiras ...«; meine Übersetzung.
22 Hans Magnus Enzensberger, »Portugiesische Grübeleien«, in: ders., *Ach Europa!*, Frankfurt/Main: Suhrkamp 1987, S. 177-233.
23 de Magalhães, »Spuren der Weiblichkeit«, in: Engelmayer/Heß (Hg.) 1993, S. 212.
24 Karin Hausen/Heide Wunder (Hg.), *Frauengeschichte – Geschlechtergeschichte*, Frankfurt/New York: Campus Verlag 1992, S. 11.
25 Vgl. dazu Renate Heß 1996.
26 Maria João Martins, »O rosto dos outros«, Interview mit Lídia Jorge, *Jornal de Letras*, 6.12.95, S. 16.

Lebenslauf Lídia Jorge

Lídia Jorge wurde 1946 in Boliqueime, in der Provinz Algarve (Südportugal) geboren. Schulbesuch in Faro, dann Studium der Romanistik in Lissabon als Stipendiatin der Gulbenkian-Stiftung. Während des Kolonialkriegs hielt sie sich mit ihrem ersten Mann, einem Offizier der Luftwaffe, einige Jahre in Afrika auf: 1969/70 in Angola, 1972 bis 1974 in Mosambik, wo sie in Beira als Lehrerin arbeitete. Nach ihrer Rückkehr nach Portugal unterrichtete sie an einem Gymnasium in Lissabon, arbeitete in einer Arbeitsgruppe des Erziehungsministeriums für den Portugiesischunterricht im Ausland und lehrte dann an der Universität Lissabon Literaturwissenschaft. Während einiger Jahre war sie mit einem Stipendium von ihrer Tätigkeit als Lehrerin beurlaubt. Derzeit unterrichtet sie wieder an einem Gymnasium in Lissabon. 1982 und 1984 wurde sie für ihre Romane *O Cais das Merendas* und *Notícia da cidade silvestre* mit dem Literaturpreis der Stadt Lissabon ausgezeichnet. 1996 erhielt sie den *Prémio Bordalo de Literatura* der *Casa da Imprensa*.

Lídia Jorge in deutscher Sprache

Der Tag der Wunder (*O Dia dos Prodígios*), übers. von Maralde Meyer-Minnemann, Freiburg: Beck & Glückler 1989.
Nachricht von der anderen Seite der Straße (*Notícia da Cidade Silvestre*), übers. von Karin von Schweder-Schreiner, Frankfurt/Main: Suhrkamp 1990.
Die Küste des Raunens (*A Costa dos Murmúrios*), übers. von Karin von Schweder-Schreiner, Frankfurt/Main: Suhrkamp 1993.

Paradies ohne Grenzen (*O jardim sem limites*), übers. von Karin von Schweder-Schreiner, Frankfurt/Main: Suhrkamp 1997.

»Zeugin« (»Testemunha«), übers. von C. Meyer-Clason, in: C. Meyer-Clason /Dieter Offenhäußer (Hg.) 1988, S. 404-409. [Im Portugiesischen veröffentlicht in: *Colóquio-Letras* 73 (Mai 1983)].

»António« (»António«, erschienen in *Imaginários portugueses*), übers. von Renate Heß, in: Elfriede Engelmayer (Hg.), *Samstag um acht. Erzählungen* [Schriftstellerinnen aus Portugal], Berlin: tranvía 1977, S. 115-121.

Werke

O Dia dos Prodígios (dt. *Der Tag der Wunder*), Mem Martins: Europa – América 1978.

O Cais das Merendas, Mem Martins: Europa – América 1982.

Notícia da Cidade Silvestre (dt. *Nachricht von der anderen Seite der Straße*), Mem Martins: Europa – América 1984.

A Costa dos Murmúrios (dt. *Die Küste des Raunens*), Lisboa: Dom Quixote 1988.

A última Dona, Lisboa: Dom Quixote 1992.

A Instrumentalina, Lisboa: Dom Quixote 1992.

O Jardim sem Limites (dt. *Paradies ohne Grenzen*), Lisboa: Dom Quixote 1995.

O conto do nadador, Lisboa: Contexto o.J. [Kinderbuch].

Erzählungen in diversen Anthologien.

A maçon, Lisboa: Dom Quixote; Sociedade Portuguesa de Autores 1996 [Drama].

Sekundärliteratur (Auswahl)

Berg, Eliana, »*O Dia dos Prodígios*, escrita prodigiosa«, *Colóquio-Letras* 132-133 (1994), S. 147-156.

Brauer-Figuereido, Maria de Fátima, »Lídia Jorge und ihre Romane«, *Lusorama* 7 (1988), S. 26-34.

Bulger, Laura, »*O Cais das Merendas* de Lídia Jorge – Uma identidade cultural perdida?«, *Colóquio-Letras* 82 (1984) S. 51-57.

Engelmayer, Elfriede, »Fronteiras, ou, por outras palavras, ›O Jardim sem Limites‹ de Lídia Jorge«, Vortrag, gehalten auf dem 5. Kongreß des Internationalen Lusitanistenverbandes, Oxford 1996.

Ferreira, Ana Paula, »Lídia Jorge's ›strategies of navigation‹: eating and psychoanalysis in *O Cais das Merendas*«, *Symposium: A quarterly journal in modern literatures* 46:3 (Fall 1992), S. 176-194.

–, »Lídia Jorge's *A Costa dos Murmúrios*: History and the postmodern she-wolf«, *Revista Hispánica Moderna*, Columbia University, 45:2 (1992), S. 268-278.

Heß, Renate, »Lídia Jorge: Der weibliche Blick auf die Geschichte«, in: E. Engelmayer/R. Heß (Hg.) 1993, S. 140- 151.

–, »Der zerbrochene Spiegel: Lídia Jorges *A última Dona* (1992)«, in: Axel Schönberger (Hg.), *Geschlechterdiskurse in der modernen Literatur Brasiliens, Portugals, Angolas und der PALOP*, Frankfurt/Main: TFM/ Domus Editoria Europaea 1996, S. 119-126.

Kalwa, Erich, »Lídia Jorge: *A Costa dos Murmúrios* (1988): Geschichte und Kolonialkrieg in weiblicher Sicht«, in: Axel Schönberger (Hg.) 1996, S. 89-117.

Kaufmann, Helena, »Reclaiming the margins of history in Lídia Jorge's *A Costa dos Murmúrios*«, *Luso-Brazilian Review*, Madison, Wisconsin Vol. 29 (1992), Nr. 1, S. 41-49.

Magalhães, Isabel Allegro de, »O tempo das mulheres portuguesas: Actualidade. A desmontagem do tempo na ficção contemporánea«, in: *O tempo das mulheres*, Lisboa: Imprensa Nacional – Casa da Moeda 1987.

–, »Spuren der Weiblichkeit in der portugiesischen Erzählliteratur der letzten Jahrzehnte«, in: E. Engelmayer/R. Heß (Hg.) 1993, S. 201-223.

Martins, Luís Almeida, »Lídia Jorge, notícia do cais dos prodígios«, *Jornal de Letras, Artes e Ideias* 293 (15.-22.2.1988), S. 6-10.

–, »Lídia Jorge – romance sem limites«, *Jornal de Letras* 656 (1995), S. 14-15.

Medina, Cremilda, »Lídia Jorge«, in: Dies., *Viagem à literatura portuguesa contemporânea*, Rio de Janeiro: Nórdica 1983, S. 483-505.

Offenhäußer, Dieter, »Lídia Jorge, *O Dia dos Prodígios – Der Tag der Wunder*« in: R. Hess (Hg.) 1992, S. 61-71.

–, »Nachwort« zu Lídia Jorge: *Der Tag der Wunder*, übers. von Maralde Meyer-Minnemann, Freiburg: Beck & Glückler 1989, S. 253-265.

Pedrosa, Inès, »Lídia Jorge – o regresso da menina dos prodígios, *Ler* (inverno 1988), S. 9-13.

Santos, Maria Irene Ramalho de Sousa, »Bondoso Caos: *A Costa dos Murmúrios* de Lídia Jorge«, *Colóquio Letras*, Nr. 107, Lisboa 1989, S. 64-67.

–, »Da história como memória do desejo. *O Cais das Merendas* de Lídia Jorge«, *Colóquio Letras* 109 (1989), S. 60- 68.

Saraiva, Arnaldo, »Os duplos do real e os duplos romanescos. *A Costa dos Murmúrios* de Lídia Jorge«, in: *Arquivos do Centro Cultural Português* 29 (1991), S. 39-48.

Stolz, Peter, »›... nosso Vietnam‹: Lídia Jorges Geschichten aus Portugals jüngster Zeit«, *Germanisch-Romanische Monatsschrift* 44: 1 (1994), S. 87-94.
Thorau, Henry, »Flamingo-Mörder«, *Die Zeit*, 8.10.1993.

Interviews

Ambrogi, Marlise Vaz Bridi, »Entrevista com Lídia Jorge«, *Estudos portugueses e africanos* 5 (1985) S. 9-12.
»Angst vor einem imperialen Hegemonieanspruch Mitteleuropas. Ein Gespräch mit der portugiesischen Schriftstellerin Lídia Jorge«, *Frankfurter Rundschau*, 24.12.1992.
Martins, Luís Almeida, »A ficção é o mais sério de tudo«, *Jornal de Letras*, 29.9.1992, S. 8.
Martins, Maria João, »O rosto dos outros, Entrevista«, *Jornal de Letras*, 6.12.1995, S. 14-16.

»Die Toten wecken und das Zerschlagene zusammenfügen« Die Romane des António Lobo Antunes

Henry Thorau

Ein Mann und eine Frau in einem Nachtclub. Der Mann redet und redet: »Und ich fragte den Hauptmann, was haben sie mit uns gemacht, wir sitzen hier [...] und warten, gefangen in drei Reihen Stacheldraht in einem Land, das uns nicht gehört, wo wir an Malaria sterben und durch Kugeln, und wir kämpfen gegen einen unsichtbaren Feind, [...] gegen Heimweh, Empörung und Reue.«

Hat ein Mann einer Frau um zwei Uhr morgens nichts anderes zu erzählen, in einer Bar in Lissabon Ende der 70er Jahre? Irgendwann bei Tagesanbruch fahren sie in seine Wohnung, aber selbst im Bett redet er immer nur vom Krieg. Wer die Frau ist, erfahren wir nicht, sie hat sich nur seine Geschichte anzuhören: wie er im Juni 1971 als frisch verheirateter junger Militärarzt nach Afrika abkommandiert wurde, um zwei Jahre seines vierjährigen Wehrdienstes im Kolonialkrieg, an der Front in Angola abzuleisten.

Längst zurück in einem demokratischen Portugal, als er glaubt, die Tür nach Afrika längst zugeschlagen zu haben, holt ihn die Vergangenheit ein, hört er Stimmen, die Stimmen seiner gefallenen Kameraden aus Mangando und Marimbanguengo, Cessa, Mussuma und Ninda, die »sich aus ihren Bleisärgen erheben, sich in ihren zerfetzten, blutigen Verbänden in mir erheben und mit den resignierenden Klagerufen der Toten von mir fordern werden, was ich ihnen aus Furcht nicht gegeben habe: den Schrei der Revolte, den sie von mir erwarteten, die Auflehnung gegen die Herren des Krieges in Lissabon.«

Deutlich steigt die Erinnerung an seine Feigheit auf, die er für immer in seinem Gedächtnis versenkt glaubte. Er ist zwar davongekommen, hat physisch überlebt, aber er hat Schaden genommen an seiner Seele. Er hat den Kriegsschauplatz in seinen Kopf verlagert, voll Ekel und Haß bekämpft er unaufhörlich sich selbst. Immer, wenn ihn abends, allein in der leeren Wohnung – auch seine Ehe ist am Krieg zerbrochen – die Schreckensbilder aus Angola überfallen, flieht er ins Nachtleben und versucht, seine Angst im Alkohol zu ertränken und in einem Endlosmonolog, der unaufhörlich um das immer gleiche kreist. *Os Cus de Judas* heißt der Roman, der nach seinem Erscheinen 1979, also vier Jahre nach der Nelkenrevolution vom 25. April 1974 und dem Ende des Salazarismus, in Portugal für großen Wirbel sorgte.

Er hat den damals 37jährigen Autor António Lobo Antunes, der selbst als Arzt an der Front in Afrika dienen mußte, mit einem Schlag bekannt gemacht, auch über die Grenzen Portugals hinaus. 1987 erschien der Roman bei uns, unter dem phonetisch ähnlichen Titel *Der Judaskuß* (1987), der die wörtliche Übersetzung *Am A... der Welt* vermeidet, das Thema Schuld und Verrat um so deutlicher hervorhebt.

Wie kein anderer portugiesischer Gegenwartsautor wird Lobo Antunes mit seinem inzwischen auf elf Romane angewachsenen Werk begeistert gefeiert und heftig abgelehnt zugleich. Die einen wünschen ihm den Nobelpreis, die anderen die Malaria. Ältere Leser finden seine Sprache widerlich und obszön, Lesern, die mit seinen Protagonisten gealtert sind, sehen sich gespiegelt in den »herrlich kaputten Typen!«. Selbst Literaturwissenschaftler reagieren gespalten: die einen sind es leid, sich mit seinen Manierismen zu beschäftigen, die anderen rühmen seine filigrane Erzählkunst.

Sechs Romane sind auch ins Deutsche übersetzt: neben *Der Judaskuß* auch *Explicação dos Pássaros* (1982; dt. *Die Vögel kommen zurück* 1989), *Auto dos Danados* (1985; dt. *Der Reigen der Verdammten* 1991), *Tratado das Paixões da Alma* (1990; dt. *Die Leidenschaften der Seele* 1994), *A Ordem Natural das Coisas* (1992; dt. *Die natürliche Ordnung der Dinge* 1996) und *O Manual dos Inquisidores* (1996; dt. *Das Handbuch der Inquisitoren* 1997). Bei uns ist die Begeisterung ziemlich einhellig, und nicht erst, seit das literarische Quartett ihn als den »großen Chronisten des heutigen Portugal« (Sigrid Löffler) feierte. Können wir uns leichter auf die Romane des Lobo Antunes einlassen? Uns tun sie ja nicht so weh, die gesellschaftlichen

Probleme, mit denen sie sich auseinandersetzen, sind schön weit weg, weiter als für die direkt angesprochenen betroffenen portugiesischen Leser, die mit Abwehr einerseits, mit Identifikation andererseits reagieren.

Lobo Antunes brach als einer der ersten portugiesischen Autoren das Schweigen über den Kolonialkrieg, wagte es, an ein Tabu zu rühren, in aggressiven deutlichen Worten gegen Verdrängung und Verleugnung anzuschreiben wie vor ihm, noch zu Zeiten der Diktatur, nur Luís de Sttau Monteiro in seiner Anti-Kriegsfarce *A Guerra Santa* (1967; dt. *Der Heilige Krieg*).

»Warum erinnere ich mich unaufhörlich an das Inferno«, fragt sich auch der junge Psychiatriearzt in Lobo Antunes' in dem ebenfalls 1979, im gleichen Jahr wie *Os Cus de Judas*, erschienenen, aber nicht ins Deutsche übersetzten Roman *Memória de Elefante* (Elefantengedächtnis), »weil ich ihm [dem Inferno] noch immer nicht entkommen bin oder weil ich es durch eine andere Art von Folter ersetzt habe ...« Wie der Protagonist in *Os Cus de Judas* ist auch er ein psychisch Kriegsbeschädigter, der sich »zwischen Angola, das er verloren [...], und Lissabon, das er noch nicht wiedergewonnen« hat, als »Vollwaise« fühlt, dessen Ehe ebenfalls zerbrochen ist, der sich zur Generation des »cogitus interruptus« zählt. Mit der anderen Folter meint der junge Arzt die Psychiatrie und das Irrenhaus Portugal, »die Mauern umschließen das ganze Land bis zum Meer«. – Die Irrenhaus-Metapher für autoritäre Regime begegnet uns in der portugiesischsprachigen Literatur immer wieder, spätestens seit *O Alienista* (dt. *Der Irrenarzt*) des Brasilianers Machado de Assis aus den Jahren 1881/82, aber auch im Film, wie z. B. in José César Monteiros *Recordações da Casa Amarela* (1989; Erinnerungen an das gelbe Haus).

In Lobo Antunes' Roman schockiert der junge Irrenarzt seine Kollegen und Mitarbeiter in der Klinik, indem er den obszönen Schizo-Clown mimt.

Psychische Entlastung verschafft er sich dreimal wöchentlich bei seiner Gruppenanalyse, vor allem aber bei einem Freund, mit dem er an einem Projekt über »Acting-Out« arbeitet. Ihm und nicht einer Frau erzählt er beim Essen im Restaurant sein Leben – übrigens ein im Roman, etwa in Sttau Monteiros *Angú-*

stia para o Jantar (1961; Angst zum Abendessen) wie im Film, etwa Louis Malles *Mein Essen mit André* (1981), ziemlich bekannter Kunstgriff. Aber wie in *Os Cus de Judas* landet der Erzähler am Ende auch hier mit einer einer weiblichen Zufallsbekanntschaft im Bett. Die Antwort auf seine Frage »Wer bin ich?« lautet knapp: »Uma merda.«

Um Krieg und Kriegsheimkehrer geht es auch in *Fado Alexandrino*, 1983. Ehemalige Afrikakämpfer kühlen ihre Seelen-Wunden mit Alkohol beim Veteranentreffen und dann in den Armen von Prostituierten. Seit zehn Jahren sind sie aus dem Krieg zurück, aber ein Fähnrich klagt noch immer: »So viele Tote protestieren noch immer schweigend in meinem Blut ...« Je mehr der Alkohol die Zunge löst, desto offener legen die Männer auch Geständnisse ihrer Greueltaten in Afrika ab, lassen ihre Schuldgefühle zu.

Die meisten von ihnen leiden unter posttraumatischem Streßsyndrom, etwa Abílio, der noch jetzt, zehn Jahre nach der Rückkehr aus dem Krieg, von unbekannten Geräuschen aus dem Schlaf hochgeschreckt, sich wie einst in der grünen Hölle in Angriffsstellung auf den Boden rollt und vor Angst zitternd nach seiner Waffe greifen will. Was ihn weckt, ist Marschmusik und die Radioberichterstattung über die Nelkenrevolution.

Sie alle, Soldaten, Unteroffiziere und Offiziere, schütten ihrem ehemaligem Hauptmann ihr Leben aus, ihr Leben ... *vor*, *während* und *nach* der Revolution – so lauten auch die Titel der Unterkapitel des Romans. Heute wissen wir, daß mit dem Hauptmann der reale Kompaniechef und Freund von Lobo Antunes, nämlich Melo Antunes, gemeint ist, dem er seinen Roman *O Manual dos Inquisidores* von 1996 gewidmet hat.

Sie alle sehen sich in ihren meist gescheiterten Lebensentwürfen nicht nur als Täter und Opfer des Kolonialkriegs, sondern auch als Opfer der Revolution. Ihre Zukunftsangst, das Gefühl, in der Heimat unerwünscht zu sein, ihre Orientierungslosigkeit gipfelt in der Frage: »E agora?« – Und jetzt?

Für den suizidalen Psychiater in *Memória de Elefante* gibt es keine Zukunft, »Zuschauer des eigenen Leids, suchte er die Vergangenheit neu zu formulieren, da er nicht in der Lage war, für die Gegenwart zu kämpfen.« Der Nachrichtenoffizier in *Fado*

Alexandrino (1983) blättert in der Vergangenheit »mit der melancholischen Aufmerksamkeit, die man Fotoalben aus der Kindheit widmet.«

Beides sind Schlüsselaussagen nicht nur für die Afrika-Romane, sondern für das gesamte Romanschaffen des Autors Lobo Antunes, bis 1996 zumindest. Tauchte im Titel des ersten Romans, *Memória de Elefante*, der Begriff *memória* auf, so können wir heute sagen, er ist zum Programm für alle weiteren Romane geworden: Gedächtnis, Erinnerung, und das meint auch Erinnerungsarbeit, Vergangenheitsaufarbeitung, Trauerarbeit.

Wie in *Memória de Elefante* steht am Anfang immer wieder der Schauplatz Krankenhaus, beginnen die Romane mit dem Ende, mit dem Tod. In *Explicação dos Pássaros* begleiten wir den Erzähler ans Sterbebett seiner Mutter, in *A Morte de Carlos Gardel* (1994; Der Tod des Carlos Gardel) steht ein Vater – hier allerdings einer von mehreren Erzählern – zu Beginn hilflos am Sterbebett seines drogenabhängigen Sohnes. Von hier aus tauchen die Erzähler in die eigene Vergangenheit und das Familienunbewußte ab, unter Verwendung der dem Psychiater Lobo Antunes wohlvertrauten Technik des psychodramatischen Treppensteigens: »Mit jeder Stufe, die ich hinunterstieg, stieg die Vergangenheit wie Uferschlamm höher.«

»Wie ich mich an alles erinnere, mein Gott, wie ich mich an alles erinnere«, stöhnt eine Figur in *A Morte de Carlos Gardel*. Dieses Erinnern wird zum Movens und Agens für viele Protagonisten, die Erzähler, den Autor.

In allen Romanen, bei allen Figuren »rumort die Kindheit«. In *Tratado das Paixões da Alma* streifen wir mit dem Richter und dem Sympathisanten, zwei ehemaligen Jugendfreunden, durch den Obstgarten eines Landhauses in Benfica und sehen den Störchen nach, in *A Ordem Natural das Coisas* begibt sich ein Schriftsteller, der sich »fühlt wie ein Mann ohne Vergangenheit [...] und sich die Familie ausdachte, die er nie gehabt hatte«, auf die Suche nach seiner Kindheit in einem Haus am Meer, in *A Morte de Carlos Gardel* scharrt ein Hund nächtelang auf den Küchenfliesen. Das dürfen wir durchaus als Bild verstehen für das Graben in der Vergangenheit, ja den Retrospektionszwang und das rückwärtsgewandte Schreiben des Autors.

Und so charakterisieren Rückblenden die meisten Romane, vom ersten zum bislang elften Roman *O Manual dos Inquisidores*, in dem wir einen Ingenieur auf einer nostalgischen Reise zum Landhaus seiner Kindheit begleiten, seiner »Inquisition der Vergangenheit«, wie es die Literaturwissenschaftlerin Maria Alzira Seixo nannte.

Standen in den frühen Romanen Afrika, Krieg und Revolution, Salazarismus und autoritärer Staat als explizit gesamtgesellschaftliche Themen im Zentrum – auch wenn Lobo Antunes in einem Interview meinte: »Ich glaube nicht, daß *Os Cus de Judas* ein Buch über den Kolonialkrieg ist. Es ist ein Buch über die Beziehung zwischen einem Mann und einer Frau« –, so treten diese Themen in den späteren eher zurück. Doch sind sie selbst in ihrer Abwesenheit präsent, wie Figur und Grund, als Traumata, Mitauslöser von Verstörung bestimmen sie Denken, Fühlen und Verhalten vieler Protagonisten und Nebenfiguren. Dies wird gerade auch in den Rückblenden sichtbar. Sie bilden den identitätsbedrohenden Hintergrund.

In den Vordergrund schiebt sich immer stärker die Familiensaga – dieser etwas angestaubte Terminus trifft es am sinnfälligsten –, ganz deutlich in *Explicação dos Pássaros*, *Auto dos Danados*, *Tratado das Paixões da Alma, A Morte de Carlos Gardel*, *A Ordem Natural das Coisas*, *O Manual dos Inquisidores*. Zugleich aber scheinen auch immer wieder der historische Roman oder der Polit-Thriller durch. Ob Lobo Antunes seine Romane in bislang zwei Dreierzyklen und einen Viererzyklus einteilt und meint, der erste Zyklus sei autobiographisch, im zweiten heiße der Protagonist »o país«, also sein Land, die letzten drei Romane bildeten, nach dem Lissabonner Stadtteil seiner Kindheit benannt (also nicht minder autobiographisch), den »Benfica-Zyklus« –, er schreibt jeweils ein neues Kapitel einer Familiensaga, die den Obertitel *Portugal* tragen könnte. Portugal nicht wie in Miguel Torgas *Portugal* als Hohelied auf die Heimat und ihre Menschen und auch nicht als Geschichte von unten wie bei José Saramago.

Man fragt sich immer wieder, an welchem Knotenpunkt seines Familien- und Erzählteppichs befinden wir uns gerade. Im Augenblick schreibt Lobo Antunes an einem vierteiligen Zyklus über die Macht, und wir fragen uns: wer ist jetzt an der Reihe im Stammbaum der Großfamilie von omnipräsenten und omnipotenten autoritären Vaterfiguren (nach den Professoren, Firmenchefs, Großgrundbesitzern und zuletzt in *O Manual dos Inquisidores* einem Minister des Diktators Salazar) – die ihren Söhnen und ganzen Generationen das Leben diktieren?

»Ich erfinde Vettern und Cousinen und Dienstmädchen, ich kuschle mich an das Lächeln der Fotoalben«, gesteht die Figur António Antunes selbstvergessen in *Die Leidenschaften der Seele*, auf portugiesisch *Tratado das Paixões da Alma*, also *Traktat*, wovon der deutsche Leser im Titel nichts erfährt. Dieses Zitat charakterisiert, dem Stringenz und Trockenheit suggerierenden Titel *Traktat* zum Trotz, auch das literarische Verfahren des Autors: das assoziative Beschreiben des selbstvergessenen Sich-Versenkens und Abschweifens, das reine Erzählen. Die Gefahr dabei ist, daß António Lobo Antunes sich in seinem monomanen Mitteilungsdrang und fieberhaftem Schreibfuror – alle zwei Jahre ein Roman zwischen 300 und 600 Seiten –, wie hypnotisch festgebunden in ermüdende Nebenschauplätze und Nebenfiguren verliert. Sich dessen wohl bewußt, läßt er mit einem Augenzwinkern für den Rezipienten die Zuhörerin in *O Manual dos Inquisidores* immer einschlafen. Die Familienalben, die er aufblättert, sind vielleicht Alben der eigenen Familie, viele Figuren, wie der Möchtegern-Terrorist António Antunes, das angegraute *enfant terrible* aus gutem Hause, sind möglicherweise fiktionalisierte Persönlichkeitsanteile des Autors, was schon die selbstironische Verwendung des Namens António Antunes nahelegt, des Schriftstellers also, dessen Protagonisten in allen Romanen synchron mit ihm altern, von *Memória do Elefante* bis *A Ordem Natural das Coisas*. Hier ist er inzwischen 49 Jahre alt (wie der Autor zur Zeit des Schreibens).

Der Familienroman kann, wie bereits angedeutet, durchaus Züge eines Polit-Thrillers annehmen und reale Zeitgeschichte wie die des postrevolutionären Portugal verarbeiten, so in *Tratado das Paixões da Alma* die Ereignisse um den als Terroristen verurteilten ehemaligen Revolutionshelden Otelo Saraiva, der zu einer langjährigen Festungshaft verurteilt wurde, in *A Ordem natural das Coisas* das Schicksal eines in eine regimefeindliche

Verschwörung verwickelten Offiziers. Das mag etwa an José Cardoso Pires' Roman *Balada da Praia dos Cães* (1982; dt. *Ballade vom Hundestrand*) erinnern, in dem die Geschichte einer Konspiration aus den 60er Jahren minutiös rekonstruiert wird. Bei Lobo Antunes hingegen steht nicht das Politische im Zentrum, sondern der »Familienroman des Neurotikers« (Freud).

So gut wie immer werden die gleichen Kulissen aus dem Familienserien-Fundus verwendet: Herrenhaus, Klinik, Wohnzimmer, Single-Apartment mit oder ohne Blick aufs Meer, Restaurant, Nachtbar, fahrendes Auto, Strand, die Stadt Lissabon, der Stadtteil Benfica, der Rotlichtbezirk der Rua Mãe d'Água. Es ändern sich vielleicht die Chargenrollen in der zweiten und dritten Reihe, die Berufe. Der Protagonist bleibt im Grunde immer der gleiche, in einer neuen Verkleidung, in Konfrontation mit anderen Figuren aus seinem Lebens-Archiv. Oft glaubt man ihn selbst in der subtilen Rollenprosa weiblicher Figuren zu erkennen. Dem widerspricht nicht, daß Lobo Antunes im Rollentausch z. B. in *A Morte de Carlos Gardel* komplexe und differenzierte Frauencharaktere gelingen, im Unterschied zur farb- und namenlosen Zuhörerin in *Os Cus de Judas*. Man könnte sogar sagen, daß er in *A Morte de Carlos Gardel* das Porträt einer lesbischen Liebe entworfen hat, allerdings, wie so oft bei Lobo Antunes, keine glückliche Beziehung, sondern ein »purgatório«. Trotz der versuchten Einfühlung in die weibliche Psyche heißt dies noch lange nicht, daß der Autor ein positives Frauenbild hat. Alle politisch korrekten Anstrengungen der Literaturwissenschaft versagen bei dem Versuch zu behaupten, Lobo Antunes hinterfrage machistisches Gebaren romanischer Männer. Man kann sogar sagen: selten sind Frauen in der portugiesischen Literatur so negativ beschrieben worden wie bei Lobo Antunes. Geballter Frauenhaß, ja Gewaltphantasien gegen Frauen, begleitet von einem schockierenden Zynismus, ziehen sich durch alle Romane. Eine Fundgrube für psychoanalytische Literaturwissenschaft.

Wenn also *Os Cus de Judas* kein Buch über den Angolakrieg ist, wie Lobo Antunes mit allen Anzeichen Freudscher Abwehr behauptet, ist *Memória de Elefante* vielleicht kein Psychiatrie-Roman, *Fado Alexandrino* kein Roman über die Revolution

(»welche Revolution?« fragte Antunes einmal den Verfasser bei einem Gespräch über den 25. April 1974), *Tratado das Paixões da Alma* kein Roman über den Terrorismus, *A Morte de Carlos Gardel* ohnehin kein Roman über den berühmten argentinischen Tangosänger, sondern jeder der einzelnen Romane eine epische Reflexion über Beziehungen, vor allem über ihr Scheitern – nur in *A Ordem Natural das Coisas* habe er zum erstenmal eine glückliche Beziehung dargestellt, sagt Lobo Antunes –, über persönliche und kollektive Verantwortung, Schuld, Versagen und Einsamkeit – also gar ein Traktat (*Tratado*), ein Handbuch (*Manual*), wie einzelne Titel nahelegen: *Tratado das Paixões da Alma*), *O Manual dos Inquisidores*?

Man könnte sich an dieser Stelle auch fragen: Was veranlaßt portugiesische Schriftsteller heute, auf diese traditionsreichen Begriffe zu rekurrieren? Der erwähnte José Cardoso Pires nannte seine *Balada da Praia dos Cães* im Untertitel: »Dissertação sobre um crime« – Abhandlung über ein Verbrechen, José Saramago einen Roman *Manual de Pintura e Caligrafia* (1983; dt. *Handbuch der Malerei und Kalligraphie*), einen anderen *Ensaio sobre a Cegueira* (1995; dt. *Die Stadt der Blinden*, wörtlich: Essay über die Blindheit). Echtes Bemühen um leidenschaftslose Sachlichkeit oder postmoderne Irreführung des Lesers? Bei Lobo Antunes ist es sicherlich auch ein ironisches Spiel mit literarischen Moden, hybriden Literaturwissenschaftlern, der Fiktionalisierung der Wirklichkeit per se. In der Zeitschrift *Jornal de Letras* vom 25. September 1996 gestand Lobo Antunes, den Titel eines französischen Traktats aus dem 15. Jahrhundert einfach so übernommen zu haben.

In *Tratado das Paixões da Alma* hat er in den Polit-Thriller eine ganze Polit-Farce eingebaut, wenn die Che Guevara-Abziehbild-Terroristen bei ihrer Attentatsvorbereitung mit dem schrottreifen Auto durch Almada knattern und sich am Ende beinahe selbst in die Luft sprengen. Möglicherweise hat sich Lobo Antunes hier von Iosselianis Film *Die Günstlinge des Mondes* (1984) inspirieren lassen. Den *show down* desselben Romans hat er als *Infotainment*- und *Reality TV*-Satire inszeniert: als das portugiesische Antiterrorkommando, von einem Heer von Fernsehkameras begleitet, das Nest der Terroristen stürmt, laufen Passanten mit heraushängender Zunge vor die Maschinenpistolen, weil sie die Aktion als Film-Dreharbeiten mißverstehen und als Statisten engagiert werden wollen.

Intertextuelle Bezüge und Anspielungen begegnen uns viele im Werk des Lobo Antunes, nicht nur, wenn sogar in Romantitel und Motto auf Vorläufer angespielt wird wie beim Patriarchen-Roman *Auto dos Danados* auf Gil Vicente, einen der Gründerväter des portugiesischen Theaters. Dem gebildeten Leser führt Lobo Antunes mit hintergründigen Verweisen das feudale, koloniale und imperialistische Kulturerbe vor Augen: daß sich in *Tratado das Paixões da Alma* die konspirative »Bewegung 13. Oktober« ausgerechnet in der Rua Gomes Freire trifft, ist kein Zufall, sondern eine Anspielung auf jenen portugiesischen General des 19. Jahrhunderts, der, des Umsturzes verdächtigt, Auslandsinteressen geopfert wurde – oft thematisiert in der portugiesischen Literatur, von Raul Brandãos *A Conspiração de 1817* (1914) bis Luís de Sttau Monteiros Drama *Felizmente há Luar* (1961; Zum Glück scheint der Mond).

Im Roman *As Naus* (1988; Die Karavellen) kehren die Entdecker der Meere aus Portugals Goldenem Zeitalter in den 70er Jahren des 20. Jahrhunderts als »retornados« in die Heimat zurück, als ungeliebte Rückkehrer, Absahner und Gescheiterte des portugiesischen Imperiums, quer durch die Jahrhunderte. Vasco da Gama ist bei Lobo Antunes nicht mehr der große Seefahrer, sondern Rentner, der früher bei den Gaswerken arbeitete, der Missionar São Francisco Xavier betreibt ein Bordell, Kutschen und Autos rasen aneinander vorbei, im Hafen ankern sowohl Karavellen wie Öltanker. Im großen Finale warten Touristen, Afrikaheimkehrer und Patienten eines Lungensanatoriums mit dem Fieberthermometer unterm Arm am Strand auf die Rückkehr Dom Sebastiãos. Das Ganze ist eine Parodie auf den historischen Roman, der in den 80er Jahren in Portugal groß in Mode war (vermutlich auch ein Seitenhieb auf José Saramagos Romane im Lichte der *nouvelle histoire*), auf die Intertextualität und natürlich auf das portugiesische Heldenepos *Die Lusiaden* des Luís de Camões. Jenseits der Karnevalisierung, des Spiels mit Fakten und Fiktionen, betreibt Lobo Antunes den Abgesang auf einen den Portugiesen teuren Mythos, der 1578 in Afrika verschollene junge Dom Sebastião würde einst zurückkehren und Land und Leute erretten, zu Höherem führen. Dom Sebastião als Hoffnungsträger, wie oft wurde er über die Jahrhunderte in der portugiesischen Literatur dargestellt, monarchistischer und nationalistischer ebenso wie linker, überfrachtet mit christlicher und politischer Panegyrik, man denke nur an das zu Salazars Zeiten verbotene Erlöser-Drama Natália Correias *O Encoberto* (1969; Der Verborgene). In Lobo Antunes Absage an die Utopie offenbart sich sein Geschichtspessimismus.

Lobo Antunes selbst hält *As Naus* für sein bestes Buch. Mögen in diesem Roman der Dichter Luís (gemeint ist Camões), der Chronist Fernão Lopes, der Verfasser der berühmten pikaresken *Peregrinação* (1614; dt. *Abentheuerliche Reise*) Fernão Mendes Pinto selbst das Wort ergreifen, Lobo Antunes unterstreicht: »Alles was ich schreibe, ist befrachtet von Autobiographischem.« So schreibt der Schriftsteller António Lobo Antunes in seinem Privatdiskurs immer dasselbe Buch: »Die Personen sind andere, die Situationen sind anders, der Stil bleibt gleich«, sagte er in einem Interview.

Er macht sich kaum die Mühe einer sprachlichen Rollendifferenzierung. Fast alle Figuren sprechen in ihren monomanen Monologen gleich, egal ob Dichter oder Missionar in *As Naus*, Oberstleutnant oder Soldat in *Fado Alexandrino*, Psychiatriepatient oder Psychiater in *Memória de Elefante*, Ermittlungsrichter oder Terrorist in *Tratado das Paixões da Alma*, Ärztin, deutsche Ehefrau oder Hausangestellte in *A Morte de Carlos Gardel*, der Hypnotiseur in *A Ordem Natural das Coisas*, der geistig zurückgebliebene Romeu in *O Manual dos Inquisidores:* ob Mann oder Frau, sie verfügen ungeachtet ihres Sozialstatus, ihres Bildungsgrades oder regionaler Zugehörigkeit überwiegend über die gleiche Sprachkompetenz, und das ist die des Autors Lobo Antunes. – Eine der wenigen Ausnahmen finden wir in dem holprigen Brief von Maria Otília Alves Nunes an ihren Bruder Abílio in *Fado Alexandrino*, in welchem sie diesem den plötzlichen Tod des Vaters vor dem Fenseher mitteilt. Entweder hat Lobo Antunes hier einen realen Brief transkribiert, oder er täuscht ungelenke Oralität sehr gekonnt vor. – So kommt es, daß die einzelnen Erzählperspektiven und Stimmen schwer zu dechiffrieren und zuzuordnen sind, vor allem weil die Notierung, das Strukturprinzip, von Roman zu Roman komplizierter wird. Wie bei so manch anderen späten Kindern des *nouveau roman* in Portugal, z. B. Teolinda Gersão, spricht die Sprache.

Immer häufiger sind bei Lobo Antunes in Monologe und innere Monologe Dialoge eingebaut, die jedoch auch ein Aneinandervorbeireden sind, überlagern sich mehrere Handlungsstränge, Schauplätze, Zeitebenen, alle ineinander-, gegeneinandergeschnitten, manchmal mittels Zeilensprung oder Kursivsetzung, was vielleicht als Atem-, als Denkpause oder Lesehilfe zu verstehen ist, wenn schon sonst mit Vorliebe gegen die geltenden Interpunktionsregeln verstoßen wird. Das meiste findet im Kopf einer einzigen Figur, einer Erzählstimme statt, steht für die Synchronizität von unterschiedlichen Denkvorgängen und Empfindungen, von Gedächtnis und Gefühl, was sich bis zur Identitätskonfusion steigern kann, und diese springt von der Figur auf den Leser über. »Ehrlich gesagt, mein Herr, weiß ich schon gar nicht mehr, wer hier fragt und wer antwortet, das ist ein totales Durcheinander«, beschwert sich der Sekretär, als er seinem vorgesetzten Ermittlungsbeamten in *Tratado das Paixões da Alma* ein Bündel Verhörprotokolle aushändigt. Bei Lobo Antunes ist dies – wie die ironische Selbstreferentialität – natürlich Methode.

In der Art und Weise, wie die verschiedenen Erzähler und Erzählstimmen, Räume und Zeiten überblendet werden, erinnert dies immer wieder an den *Interseccionismo*, den Fernando Pessoa im Herbst 1914 einführte. »Wenn Kunst die Realität gut abbilden will, muß sie dies tun über die simultane Darstellung der inneren wie der äußeren Landschaft, dergestalt, daß sie eine Intersektion versucht«, forderte Pessoa. In seinem Gedicht »Chuva Oblíqua« (Schräger Regen) vom 8.3.1914 heißt es: »Und die Schiffe fahren durch die Stämme der Bäume hindurch [...] / Und der Schatten einer Karavelle [...] fährt in mich hinein und auf der anderen Seite meiner Seele hinaus.« Diesen Pessoaschen *Interseccionismo* finden wir 70 Jahre später bei Lobo Antunes wieder. Deutlich ist die lexikalische, die semantische Entsprechung, der szenische Entwurf, die Perspektive des lyrischen Prosa-Ichs, die Montage. Wie in Pessoas »Chuva Oblíqua« läßt in *Memória de Elefante* eine Figur in Tagträumen den Blick über den Hafen, den Tejo schweifen, und es geschieht das nämliche, »als ein Schiff den Hafen verläßt und durch seine Augenlider durch ihn hindurchfährt«. Aus heutiger Sicht, fast im Jahr 2000, mutet dies zwar etwas antiquiert an, ist inzwischen literarisches Allgemeingut. Doch stellt sich bei Lobo Antunes die Frage, ob dies Kryptomnesie oder eine intertextuelle Hommage an Fernando Pessoa ist.

Meeres- und Seefahrtsmetaphern ziehen sich wie bei vielen portugiesischen Schriftstellern auch durch Lobo Antunes' Romane. In Analogie zur algen- und muschelumwucherten Architektur des 16. Jahrhunderts, der Zeit des Königs Dom Manuel, umfängt Lobo Antunes den Leser mit einer geradezu bis zum Manierismus gesteigerten manuelinischen Bildersprache, in der maritime Substantiv-Säulen und Adjektiv-Reliefs durch schiffstauverschlungene Satzfolgen brechen. In seinen Stadtbeschreibungen sehen wir neben »Korallenriffdächern«, »Krebsgrottenstraßen« ein »erinnerungstrunken von unmöglichem Schiffbruch seetanggrünendes Gebäude«, wächst »klebriges Morgengrauen-Eiweiß wie Algen auf den Dächern«, wird eine Schläferin von der Bettdecke umschlossen in der Art einer klebrigen Miesmuschel, wehen Soldatenarme wie Algenhaar.

Auf ihrem Synchronizitäts-, Diachronizitäts- und Intertextualitäts-Parcours sprechen die Figuren, die Stimmen, die jeweiligen Erzähler, der Autor Lobo Antunes, nicht nur gleich, sie verwenden auch alle ähnliche Metaphern und Vergleiche aus dem Bereich des Meeres und der Seefahrt, der Flora und Fauna. In den frühen Romanen gebrauchte Lobo Antunes noch mit Vorliebe *Wie*-Vergleiche. Nichts stand für sich selbst. Das wurde zur Manie, zu einem regelrechten Referenzsyndrom.

Der frühe Lobo Antunes: ein Anti-Alberto Caeiro, der Anti-Typus jener heteronymen Abspaltung Fernando Pessoas, jenes bukolischen »Meisters« und »Hüters der Herden«, der Pessoa am 8. März 1914 erschienen war und den Octavio Paz so treffend charakterisierte: »das Wort *wie* kommt in seinen Vokabeln nicht vor [...] Seine Worte *sind* Bäume, Wolken, Sterne.« (Vgl. den Essay von Octavio Paz in diesem Band.) Caeiro schrieb: »Gott sei Dank, daß die Steine nur Steine sind.« Von dieser Ruhe und existentiellen Gelassenheit waren viele Protagonisten in Lobo Antunes' Romanen (der Autor selbst?) weit entfernt, und sie sind es noch heute. Die Erzähler können vielleicht dem Ansturm des Kriegsgrauens und Familienhorrors nicht immer standhalten. Von Bildern gepeinigt, die sie selbst heraufbeschwören, denen sie nicht entkommen können, versuchen sie sie immer wieder durch Vergleiche zu relativieren, als würden sie dadurch erträglicher. In den frühen Romanen fehlten den Protagonisten, den Erzählern (dem Autor?) vielleicht auch noch die eigenen Bilder, vielleicht hatten sie durch die Übermacht der Überväter aus Literatur und Bildender Kunst noch nicht den Mut zu eigenen Bildern, vielleicht vertrauten sie den Bildern nicht, ihrer Wahrnehmung nicht, der Welt nicht, denn oft verweisen die Protagonisten auf berühmte Dichter und Schriftsteller oder Figuren der Literatur, auf (wörtlich) »Vor-Bilder«: Nabokov, Claudel, T. S. Eliot, Neruda, die Portugiesen António Aleixo, Gomes Leal und natürlich Camões, und auch Proust darf in der Ahnenreihe nicht fehlen, »Lieber Onkel Proust«. Sie dienen als Referenzsystem, aber ihnen wird auch die Reverenz erwiesen. Ähnlich verhält es sich mit Darstellungen auf berühmten Bildern bzw. Malern. Da verkrümmen sich »Arme zu Art-Nouveau-Arabesken«, schwebt eine »Frauenstimme [...] körperlos« über einem Kopf »wie eine Wolke bei Delvaux«, da wird die Krawatte »zu einem weichen Lappen [...] wie die Uhren bei Dalí«. »Zum Teufel mit mir und der süßlichen romantischen Verspieltheit, die mir im Blut steckt, meine ewige Schwierigkeit, Worte zu setzen so trocken und genau wie Felsen. Daß ich liebe, kann ich nur über Umschreibungen, Metaphern und Bilder ausdrücken«, klagt der junge Psychiatriearzt, Alter ego von Lobo Antunes, der dem Verfasser einmal gestand: »Ich wäre sehr gern Dichter, aber dazu fehlt mir die Begabung«. (Seine Fado-Texte zeugen allerdings von großem lyrischen Talent, einer für Vittorino trägt, wie der Roman, den Titel *Fado Alexandrino*.)

Bei seiner Metaphernwut fühlt man sich oft auch an die Lyrik von Schizophrenen erinnert, so als habe der Psychiater Antunes Anamnesen seiner Patienten ausgewertet und poetisch verfremdet. Psychotikertexte zu fiktionalisieren ist ein beliebtes Verfahren von Schriftstellern, die als Ärzte in der Psychiatrie begonnen haben. Bekannte Beispiele bei uns sind Heinar Kipphardt und Rainald Goetz mit ihren Romanen *März* (1976) und *Irre. Roman* (1983). Der portugiesische Kollege Lobo Antunes beherrscht die Methode perfekt. Das schmälert die Kraft der Bilder nicht im geringsten, doch was bei einem Psychotiker weiterer Beweis seiner »Krankheit« ist und als behandlungsbedürftig gilt, wird bei einem Schriftsteller als geniale Bilderfindung gerühmt.

Wenn er die Welt mit den Röntgenaugen des Mediziners wahrnimmt und beschreibt, gelingen ihm die eindringlichsten Bilder, es sind Bilder des Verfalls, von Vanitas, Tod und Verwesung: Himmel und Meer klaffen »im Wolkendampf auseinander wie die Ränder einer nässenden Wunde«, Wachsstöcke lassen »niederbrennenden Eiter auf eine wacklige Kommode« tropfen, Regenschirmstangen lassen »Rippenfellentzündungstropfen auf den Rücken rinnen«. Dies alles sind überwiegend Zitate aus einem einzigen Roman, in jedem anderen seiner Romane findet man ähnliche Bilder; wenn jedoch »asthmatische« Lastwagen »keuchen«, so winkt aus der Ferne allerdings – und gar nicht selten – auch ein ziemlich schwindsüchtiger Futurismus. Wenn in Lobo Antunes' morbider lyrischer Prosa von der »zerfließende(n) Agonie deiner Augen«, vom »feuchten Gelée der Augenhöhlen« die Rede ist, wenn wir im »Ausschnitt der Bluse [...] die tote Wurzel« der »Brüste sehen«, eine »Magnolienfontäne [...] die seelenlose Süße Verstorbener« ausdünstet – so hören wir auch die Stimme des Pathologen Gottfried Benn.

Über allem liegt ein Schleier aus Melancholie, Resignation und Trauer, vor allem auch über Lissabon. »Ganz Lissabon ist eine versunkene Stadt«, heißt es in *A Ordem Natural das Coisas*. »Es war ein Mittag im September, und die nahen Störche tasteten das Nichts mit ihren Blicken ab«, lesen wir in *Tratado das Paixões da Alma*. Der Tod von Lissabon: selbst wenn es aufhört zu regnen, beginnen die Bäume, »Ewigkeiten lang alte Enttäuschungen zu tropfen«, ist die Stadt ein Ort, »der so grau und traurig ist, wo selbst in die Augustmorgen ewiger Winter einsikkert und die Menschen sich mit offenen Regenschirmen durch die Stille der Zimmer bewegen, die Schultern gebeugt vom Gewicht sich einander ablösender Februare«. Auch dieser Blick auf Lissabon hat Tradition in der portugiesischen Literatur. Schon bei Eça de Queirós ging Vetter Basilio »schweigend neben Luiza her: ›was für eine abscheuliche Stadt‹, dachte er, ›wie trübsinnig!‹ [...] die hohen Häuser zu beiden Seiten [...] wirkten bedrückend und vergrößerten die Finsternis«. Im Park machten sie es sich »neben einer verdrießlichen schweigsamen Familie bequem«, die bald »geräuschlos« aufbrach, »die kleinen Mädchen vorneweg, die Eltern dahinter, entfernte sie sich traurig und niedergeschlagen«, und über »die [...] Seitenwege im Halbschatten der Bäume spazierten nur die Schüchternen, die Trauernden«.

Mit Eça de Queirós verbindet Lobo Antunes ohnehin wie mit keinem anderen portugiesischen Schriftsteller der Blick auf Lissabon, die Genauigkeit der Genrebilder bis in kleinste Verästelungen, die psychologische Detailversessenheit in der Figurenzeichnung und auch der ironisch-sarkastische Ton. Wenn wir in Eça de Queirós' *O Primo Basílio* (1878; dt. *Vetter Basilio*) über den Staatsbeamten Castro lesen: »Auf seinem runden Bäuchlein, das die kurzen Beine noch feister erscheinen ließ, prangte das Medaillon der Uhr. In der Hand trug er eine Reitpeitsche, deren silberner Griff eine Venus darstellte, die die Arme verschränkte. Seine Haut war rosig; der üppige Schnurrbart endete in scharfen, mit Bartwichse verkleisterten Spitzen und gab ihm ein napoleonisches Aussehen. Die goldene Brille verlieh ihm eine gestrenge, ordnungsfreudige Amtsmiene. Er schien mit dem Leben so zufrieden zu sein wie ein satter Sperling« – so könnte der Staatssekretär in *Tratado das Paixões da Alma*, der »lila Socken zeigte, die nicht zur Krawatte paßten«, und »in seinen Lackschuhen mit der exquisiten Leichtfüßigkeit der Dicken« tänzelte, ein direkter Nachfahre, in der Charakterisierung eine Fortschreibung der Eça de Queirós-Karikatur sein.

»Glauben Sie, wir sind im Zirkus?« fragt eine Figur gegen Ende des Romans *Tratado das Paixões da Alma*. Ja, könnte der Vater des Protagonisten antworten, mit seinen rotweißen Lackschuhen mit den »Clownsschnürsenkeln [...] dem zernagten Schuh mit ausgefranstem Rand und klaffender Sohle«, oder »der Mann«, der nach der Exekution eines Abtrünnigen sein Karnevalskostüm anzieht und unter einem Regenschirm, »der einer zerfledderten Fledermaus aufs Haar glich […], zum höchsten Punkt der Schlucht« ging. In den anderen Romanen finden sich ähnliche Kostüme und Szenarien. Die Welt, die Lobo Antunes entwirft, gleicht einem Zirkus, in dem das Orchester in Moll aufspielt und alles ein tragisches Ende nimmt. Die Protagonisten und viele Erzähler des Lobo Antunes sehen die Stadt, die Menschen, sich selbst, die ganze Welt mit den verschleierten Augen eines mondsüchtigen Pierrot, der, den Blick zurückgewandt, auf alles seine eigene Melancholie, Resignation und Trauer projiziert.

Warum alle seine Bücher so verzweifelt seien, wurde Lobo Antunes einmal gefragt. Er antwortete: »Ich glaube, wir schreiben nicht das, was wir schreiben wollen, sondern das, was wir schreiben können und müssen.« In der negativen Sicht der Welt, der suizidalen Disposition erscheinen die Erzähler des Lobo Antunes wie die traurigen Erben des *decadentismo* des 19. Jahrhunderts, der Romancier Lobo Antunes als Enkel des Lyrikers António Nobre, wäre da nicht die konkrete Erfahrung der schrecklichen Afrikakriege, der finsteren Jahre der Diktatur und die daraus resultierende schriftstellerische Sozialisation, auch der literarischen Befreiung von den Vätern, die ihn einerseits mit João de Melo und Lídia Jorge verbindet, andererseits in die Nähe des *dirty realism* eines Tobias Wolf rückt.

Wer diesen António Lobo Antunes bei der Rekonstruktion von Familiengeschichte(n) als der Geschichte Portugals teilnehmend beobachtet, sein rückwärtsgewandtes Schreiben als vorausblickender Leser nachvollzieht, ihn auf seinem Weg zurück in die Vergangenheit begleitet, an dem Engel mit kranken Flügeln kauern, blinde Engel an riesigen Regenschirmen in der Luft schweben, im Angesicht der gesellschaftlichen und historischen Melancholie und Agonie – wer dächte da nicht an Walter Benjamins »Engel der Geschichte«: »Er hat das Antlitz der Vergangenheit zugewendet. […] Er möchte wohl verweilen, die Toten wecken und das Zerschlagene zusammenfügen […], während der Trümmerhaufen vor ihm zum Himmel wächst.« Vielleicht meint der portugiesische Begriff *saudade* auch genau dies. Dann wäre António Lobo Antunes *der* portugiesische Schriftsteller der *saudade*.

Anmerkung

Die Zitate aus *Memória de Elefante*, *A morte de Carlos Gardel*, *Fado Alexandrino* sowie das Zitat aus Pessoas »Chuva oblíqua« wurden vom Verfasser übersetzt.

António Lobo Antunes in deutscher Sprache

Der Judaskuß (*Os Cus de Judas*), übers. von Ray-Güde Mertin, München/Wien: Hanser 1987.

»Entschuldigt, daß ich nicht undeutlich bin« [Texte], übers. von Maralde Meyer-Minnemann, München/Wien: Hanser 1989.

Die Vögel kommen zurück (*Explicação dos Pássaros*), übers. von Ray-Güde Mertin, München/Wien: Hanser 1989.

Der Reigen der Verdammten (*Auto dos Danados*), übers. von Maralde Meyer-Minnemann, München/Wien: Hanser 1991.

Die Leidenschaften der Seele (*Tratado das Paixões da Alma*), übers. von Maralde Meyer-Minnemann, München/Wien: Hanser 1994.

Die natürliche Ordnung der Dinge (*A Ordem Natural das Coisas*), übers. von Maralde Meyer-Minnemann, München/Wien: Hanser 1996.

Das Handbuch der Inquisitoren (*O Manual dos Inquisidores*), übers. von Maralde Meyer-Minnemann, München: Luchterhand 1997.

Werke

Os Cus de Judas (dt. *Der Judaskuß*), Lisboa: Vega 1979.

Memória de Elefante, Lisboa: Vega 1979.

Conhecimento do Inferno, Lisboa: Vega 1980.

Explicação dos Pássaros (dt. *Die Vögel kommen zurück*), Lisboa: Vega, 1982 [Neuaufl. Dom Quixote 1986].

Fado Alexandrino, Lisboa: Dom Quixote 1983.

Auto dos Danados (dt. *Der Reigen der Verdammten*), Lisboa: Dom Quixote 1985.

As naus, Lisboa: Dom Quixote/Círculo de leitores 1988.

Tratado das Paixões da Alma (dt. *Die Leidenschaften der Seele*), Lisboa: Dom Quixote/Círculo de Leitores 1990.

A Ordem Natural das Coisas (dt. *Die natürliche Ordnung der Dinge*), Lisboa: Dom Quixote 1992.

A Morte de Carlos Gardel, Lisboa: Dom Quixote 1994.

A História do Hidroavião, Lisboa: Dom Quixote 1995.

Crônicas, Lisboa: Dom Quixote 1995.
O Manual dos Inquisidores (dt. *Das Handbuch der Inquisitoren*), Lisboa: Dom Quixote 1996.
Crônicas do Público, Lisboa: Círculo de Leitores 1996.

Sekundärliteratur (Auswahl)

Camilo, João, »Alguns aspectos da técnica narrativa em *Os Cus de Judas* de António Lobo Antunes«, *Cahiers d'Études Romanes* 10 (1985), S. 231-249.
–, »*Os Cus de Judas*, retrato da deshumanidade«, *Arquivos do Centro Cultural Português/Paris* 28 (1990), S. 636-676.
Correia, Renato, »*Os Cus de Judas* editado na Alemanha«, *Jornal de Letras, Artes e Ideias* 262 (13.-19.7.1987), S. 14-15.
Kalwa, Erich, »António Lobo Antunes: *Auto dos Danados* (1985): zu einigen Aspekten der Erzähltechnik«, in: R. Hess (Hg.) 1993, S. 83-99.
–, »António Lobo Antunes: *As Naus* – a história entre a realidade e a ficção«, *Actas do 4° Congresso da Associação Internacional de Lusitanistas, Universidade Hamburgo*, 6 a 11 de Setembro de 1993, organização e coordenação de M. Fátima Brauer-Figueiredo, Porto/Lisboa/Coimbra: Lidel 1995, 627-636.
Keicher, Jürgen, *Der Roman »As Naus« von António Lobo Antunes. Zur literarischen Entmythisierung der portugiesischen Geschichte*, Magisterarbeit, Universität Hamburg 1996.
Letria, José Jorge, »António Lobo Antunes, de paixão a prova«, *Jornal de Letras, Artes e Ideias* 10: 438, 27.11.1990, S. 7-9.
Mertin, Ray-Güde, »Häkelspitzen und Aquarium. Anmerkungen zu einigen Bilderreihen im Roman *Os Cus de Judas* von António Lobo Antunes«, in: R. Hess (Hg.) 1993, S. 95-103.
Messner, Dieter, »António Lobo Antunes, *Explicação dos Pássaros*«, in: R. Hess (Hg.) 1992, S. 105-111.
Monteiro, Maria do Carmo, »Eléments pour une lecture de *Os Cus de Judas* de António Lobo Antunes«, *Recherches et Études Comparatistes Ibéro-Francophones de la Sorbonne Nouvelle (RECIFS)* 4 (1982), S. 110-119.
Rabassa, Gregory, »The return of the caravels: An excerpt from the António Lobo Antunes novel«, *Thesis: The magazine of the Graduate School and University Center* 4: 2 (Fall 1990), S. 20-29.
Schütte, Wolfram, »Orgelnde Oratorien des gesellschaftlichen Zerfalls. Ein Portrait des Epikers António Lobo Antunes«, *DU* 9 (1996), S. 32-34.
Thorau, Henry, »Einer erklärt sich selbst den Krieg – Schreckensbilder aus Angola im Kopf: Der Roman des Portugiesen António Lobo Antunes«, *Die Zeit* 46, 6.11.1987.

–, »Welche Revolution? Ein Zeit-Gespräch mit António Lobo Antunes«, *Die Zeit* 46, 6.11.1987.

Uteza, Francis, »*Os Cus de Judas*: Mirage au bout de la nuit«, *Quadrant*, Montpellier 1984, S. 121-145.

–, »Lobo Antunes: Le point de vue de l'écrivain«, *Quadrant*, Montpellier 1984, S. 147-156.

Vouga, Célia Beatriz Ferreira Pinto, *No limiar de uma escrita (Sobre* Memória de elefante, *de António Lobo Antunes)*, Tese de mestrado, Universidade do Porto 1996.

Die Zeit ist gekommen
Von den siebziger zu den neunziger Jahren

Nuno Júdice

Ende der sechziger und im Laufe der siebziger Jahre traten mehrere Dichter mit ihren ersten Arbeiten, sei es in Zeitschriften, sei es in eigenen Lyrikbänden, hervor – António Franco-Alexandre (*A Distância*, 1969; Die Entfernung), João Miguel Fernandes Jorge (*Sob sobre voz* 1971; Unter über Stimme), Manuel António Pina (*Ainda não é fim nem o princípio do mundo calma é apenas um pouco tarde*, 1974; Es ist weder Weltende noch -anfang ruhig es ist nur ein wenig spät), Rui Diniz (*Ossuário*, 1977; Beinhaus). Daß sie eine gemeinsame Haltung gegenüber dem schöpferischen Akt aufwiesen, die dabei weder programmiert noch programmatisch war, bestätigte nicht nur die regelmäßig wiederkehrende Pendelbewegung, mit der in der portugiesischen Dichtung jede Dekade der Generationswechsel stattfindet – so geschehen seit 1910 mit der *Orpheu*-Generation, bis hin zur *Poesia 61*. Vor allem aber zeigte sich, daß es zwischen zwei gegensätzlichen Wegen eine bewußte Entscheidung zu treffen galt. Hier die engagierte Dichtung, die auf die Ressourcen der traditionellen Lyrik zurückgreift, dort eine Dichtung, die unterschiedliche diskursive Aussageweisen vorschlägt, sich dabei entweder dem klassischen Erbe verpflichtet weiß (Sophia de Mello Breyner Andresen), der angelsächsischen Dichtung (Jorge de Sena), einem philosophischen Diskurs, der seine Vorbilder in Eliot und Rilke findet (Ruy Belo), oder aber auch der Wort-Ekstase surrealistischer Prägung, diese jedoch durch das hellsichtige Wissen um das Sprach- und Wortspiel gebändigt (Herberto Helder).

Diese beiden Richtungen, zu denen das experimentelle Paradigma hinzuzufügen ist (Melo e Castro, Ana Hatherly), sind Modelle, die eine Stellungnahme in dem Sinne erforderten, daß man ihr Vermächtnis übernahm oder verwarf. Die militante Dichtung trat mit dem Wegfall ihrer Voraussetzungen ab – was einen ihrer bedeutendsten Vertreter, Carlos de Oliveira, zu einer Rückbesinnung auf die Klassik veranlaßte, zur Vervollkommnung der formalen Perfektion einer Dichtung, die dennoch auf ihrem Kommunikationsvorhaben besteht. Eine ähnliche Rückwendung läßt sich übrigens auch bei Manuel Alegre mit seinem Bemühen um Wiederbelebung Camõesscher Tradition beobachten. Verworfen wurde, als Folge der Übersättigung am avantgardistischen Gestus, die experimentelle Richtung. So bestimmte an der Wende von den sechziger zu den siebziger Jahren die Auseinandersetzung mit dem diskursiven Modell den Weg der Dichtung.

Vor allem läßt sich diese Wende in der Abkehr von einer (vor-) bestimmten Aussage (der »Botschaft« der engagierten Dichtung) ablesen, ebenso in der Erkundung einer Polysignifikanz, die sich nicht darauf beschränkt, die Sinnfindung dem Leser zu überlassen, sondern ihn ins Fadenkreuz unterschiedlicher Sinnbezüge stellt, die aus der »labyrinthischen« Überschneidung von Bildern unterschiedlichen, literarischen, poetischen, realen, historischen, Ursprungs entspringen und Arbeitsmaterial des Gedichts sind. Dieser Arbeit ist weder der innere Raum fremd, der sich uneingestanden dem Unbewußten der Psychoanalyse und des Surrealismus verweigert und in Jorge Luis Borges ein Vorbild hat, noch die Fiktionalisierung des lyrischen Raumes, die das individuell »Anekdotische« der lyrischen Situation auf die gleiche Ebene wie das gelebte Drama des historischen Protagonisten zu heben vermag. Diese Dichtung will das lyrische Ich aus dem engumgrenzten und pathoserfüllten tragischen Raum des persönlichen Schicksals herausführen in einen Raum, der sich der Tradition verbunden weiß, sie will den Dichter zum Fortführer dieser Tradition machen und, auf anderer Ebene, zum Mittler zwischen der zeitlosen und universellen dichterischen Stimme und dem Augenblick der Gegenwart.

Und dies alles, ohne auf all die Formen zu verzichten, die zur Verwirklichung dieses Vorhabens beitragen können, etwa in der Art Ezra Pounds, der nicht zögert, zu übersetzen und die Übersetzung seinem Diskurs einzuverleiben, dabei völligen »Verrat« am Original übend, wann immer sein eigener Diskurs ihm die notwendigen Ressourcen für die Vermittlung einer gegebenen Gestalt des Wirklichen verweigert. Es handelt sich somit um ein ganzheitliches Unterfangen, eine, gewissermaßen, unerwartete Rückkehr zum Epischen. Nur fehlt hinter diesem Diskurs Geschichte, denn im Gegensatz zum epischen Ansatz glauben wir nicht mehr an Helden noch an eine Geschichte mit Anfang, Mitte und Ende, die erzählt werden könnte. Die Jetztzeit ist der eigentliche Gegenstand dieser Dichtung, und deshalb findet sich in ihr keine einfache kulturalistische oder geschmäcklerische Aufzählung absolut gültiger ästhetischer Kriterien. Es ist eine fragmentierte Zeit, die bereits die Krise und das Zersplittern der zivilisatorischen und gesellschaftlichen Werte vorwegnimmt, eine Krise, die im Lauf der Zeit an dramatischer Intensität gewinnen wird.

Den Hintergrund dieser Haltung bilden natürlich Ereignisse, die auch in Portugal nicht ohne Nachhall blieben: vom Mai 1968 bis zum Einfall sowjetischer Panzer in die Tschechoslowakei, im August des gleichen Jahres, der den Niedergang des sowjetischen Kommunismus einleitete und der mit dem Fall der Berliner Mauer seinen Abschluß finden sollte. Politische Indifferenz war unmöglich, und in Portugal wurde der ideologische Konflikt mit um so größerer Heftigkeit ausgetragen, als hier das Ende der Salazar-Ära heraufdämmerte, ihre Auflösung, die mit dem 25. April 1974 vollzogen war. Die Ablehnung der Diktatur und der zwangsläufig mehr oder weniger klandestine Widerstand gegen sie konnten nicht mehr als Feigenblatt für die Unschuld des Intellektuellen herhalten. Deshalb war darauf zu achten, daß die »schmutzigen Hände« des Schreibenden nur von Tinte befleckt waren und nicht von Ideologie und daß das Gedicht von diesem Erbe zu reinigen war – was andererseits schon eine Vorwegnahme der Bewegung der Geschichte bedeutete, die zugleich mit der dahinsiechenden Diktatur auch die Literatur hinwegfegte, die sich von ihr ernährte, wenn auch in der guten Absicht, sich ihr zu widersetzen, wobei sie allerdings den vielzitierten Satz vergaß, daß gute Absichten allein nicht ausreichen, um gute Literatur zu schaffen.

Wir finden nun in der Dichtung vor 1974 eine Bewegung auf einen »europäischen« Raum hin. Das hieß damals die Situation Portugals ausklammern, die, hätte man sie in Betracht gezogen, das Gedicht ausschließlich in seine durch die Umstände diktierten Obsessionen eingeschlossen und ummauert hätte. Und das hieß letztlich, Rimbauds Forderung Folge zu leisten, wonach Dichtung nicht der Handlung Rhythmus zu verleihen, sondern ihr voranzugehen habe. Dieser Kosmopolitismus mochte in manchem an *Orpheu* (1915) erinnern, eine Strömung, die ebenfalls die Anbindung an die europäischen Avantgardebestrebungen suchte, vom Kubismus bis hin zum Futurismus. Doch damit hört die Ähnlichkeit auch schon auf, denn 1970 dominierten der individuelle poetische Standard und die Suche nach dem Weg dahin, vor der Gruppe (zu der es übrigens auch gar nicht kam). So gesehen befanden wir uns bereits in einer Epoche der Postmoderne, anders gesagt, in einer Zeit, die die Lektion der Avantgarden gelernt und sie im Regal der Geschichte abgelegt hatte. Zum erstenmal wurde Fernando Pessoa wie ein Klassiker gelesen, nun, da der Abstand der Gegenwart zu ihm genügend groß war, um in ihm nicht mehr als eine Gründerstimme der Gegenwartsdichtung zu erkennen.

Schließlich findet im April 1974 die Nelkenrevolution statt. Nachdem sich die portugiesische Literatur von der Lähmung erholt hat, in die sie kurz nach der Revolution geraten zu sein schien, sind in den achtziger Jahren erste Anzeichen einer »ruhigeren« Assimilierung des demokratischen Alltags zu erkennen. Ein erstes Anzeichen ist das Wiedererstehen des Romans mit Namen wie José Saramago (*Memorial do Convento* 1982; dt. *Das Memorial*), António Lobo Antunes (*Memória de Elefante*, 1979; Elefantengedächtnis), Lídia Jorge (*O Dia dos Prodígios* 1980; dt. *Der Tag der Wunder*), die eine vielleicht nur vordergründige thematische und stilistische Zeit der Erneuerung herbeiführen. Die Dichtung zog nicht bei diesem »Boom« mit, doch schien sie nicht etwa deshalb auf der Stelle zu treten, weil sie nicht mehr im Vordergrund stand. Manche wichtige Zeichen kündigten, ganz im Gegenteil, eine Änderung an, die sich im Laufe des Jahrzehnts verstärken und bis in die neunziger Jahre hineinreichen sollte. Diese Änderung hat mit dem zu tun, was ich als »befreite Sprache« bezeichnen würde: zum ersten Mal ist zu spüren, daß der Dichter sich von den Zwängen losgemacht hat, die ihm die Zensur in der Zeit vor der Revolution auferlegt hat und die sich noch auf die in den siebziger Jahren publizierende Generation auswirken. Eine neue Sozialisation, unter demokratischem Vorzeichen, prägt die folgende Generation. Die Dichtung wird direkter, tendiert zu einem neuen Realismusansatz, der sich im wörtlichen Gebrauch der Sprache erschöpft, ohne durch den Filter von Metaphorik und Symbolik oder die allegorische Fiktion hindurchgehen zu müssen.

Zugleich fällt eine »Verstädterung« auf, die nach dem Roman auch auf die Poesie übergreift. Marginalität, Pop-Kultur, Rockmusik fließen ein in die dichterische Erfahrung und finden ihren Niederschlag in Publikationen, die im Umkreis kleiner Verlage entstehen: *& etc*, irgendwie dem *surrealismo-abjeccionismo*, einer portugiesischen Spielart des Surrealismus, verhaftet, *Fenda* in Coimbra, *Black Sun Editores*, merkwürdige Mischung von Hochschulintellektuellen und Kulturaktivisten, insbesondere Journalisten, die oft unter Pseudonym veröffentlichen. Diesen vom breiten Lesepublikum nicht gebührend gewürdigten Verlagen kommt das Verdienst zu, neuen Diskursen und Entwicklungen die experimentellen Bedingungen geschaffen zu haben, in einer Zeit des unaufhaltsamen Sterbens von literarischen Beilagen und Zeitschriften, die früher dafür Raum boten.

Das Schicksal der Dichtung ist nicht losgelöst vom Abenteuer des Verlagswesens zu betrachten. Bis in die siebziger Jahre hinein ließen sich Gemeinsamkeiten feststellen zwischen Dichtern, die mit ihrer Zugehörigkeit zu bestimmten Editionsreihen zusammenhingen: *Ática*, *Moraes*, *Guimarães*, *Inova*, *Dom Quixote*, *Sá da Costa*, *Iniciativas Editoriais* waren überregional renommierte Verlage, hier entwickelten sich Lyrikreihen mit einem klar umrissenen ästhetischen Profil, das bis zu einem gewissen Maße auch die in ihnen publizierenden Dichter prägte. Diese Dynamik ging stark zurück, sowohl hinsichtlich der Existenz von Lyrikreihen als auch hinsichtlich der dichterischen Gemeinsamkeiten. Vielleicht ist das Zufallsprinzip die Erklärung dafür, warum es sich oft als schwierig erweist, einen bestimmten Dichter zu verorten, wozu auch noch die Dürftigkeit repräsentativer Anthologien beiträgt.

Zwei wichtige Strömungen in der Dichtung der achtziger Jahre lassen sich erkennen. Die eine strebt eine Aufwertung des

Alltags innerhalb eines neuen Realismus an, der nicht mehr auf Entlarvung oder Kritik gesellschaftlicher Zustände aus ist, sondern ein nacktes Abbild dieser Zustände geben will. Diese mehr oder weniger metaphorisch aufgeladene Richtung kreiert eine Lyrik des Körpers, sie betont die physische Dimension der Beziehung zum Raum und zu den anderen. Zu ihren wichtigsten Vertretern zählen Luís Miguel Nava (*Películas* 1979; Filme), Al Berto (*Trabalhos do Olhar* 1982; Arbeiten des Schauens) sowie einige Dichter von 1961 (der *poesia 61*), die in dieser zweiten Schöpfungsphase ihre Themen und ihre Inspiration erneuern oder klären, wie Gastão Cruz (*Orgão de Luzes* 1981; Lichtorgel), Fiama Hasse Pais Brandão (*Obra Breve* 1991; Opus brevis) und Casimiro de Brito (*Labyrinthus* 1981).

Eine zweite Strömung bekennt sich zum kulturellen Vermächtnis und betont die Wesenszüge der Tradition. Der Dichter wird so zum Treuhänder der Diskurse und Modelle der Vergangenheit, auch wenn er sein Amt mit einer Übertreibung versieht, die, sei es durch die »barocke« Fülle dieses Überschwangs – Paulo Teixeira –, sei es durch zersetzende Ironie – Adília Lopes –, den eigenen schöpferischen Prozeß bloßlegt und so die Fäden sichtbar macht, die die lyrikschreibende Hand lenken.

In jüngster Zeit erleben wir das Aufkommen einer Dichtung, die sich dieser Formstrategien entledigt hat. Mit rhetorischer »Reinheit« soll eine Transparenz erreicht werden, die zwischen dem Leser und dem Gedicht nicht einmal die Projektionsfläche der Sprache mit ihrer figurativen Dichte gelten lassen will. Dies gilt für Fernando Pinto do Amaral (*Acédia* 1990; Trägheit), einen der interessantesten Dichter des Neuen Realismus, und für Luís Filipe Castro Mendes (*A Ilha dos Mortos* 1991; Die Toteninsel), der traditionelle lyrische Formen wiedergewinnen will und sie dank seiner Vertrautheit mit ihnen zum Vehikel der »Fremdheit« einer neuen Botschaft zu machen versucht. Dies gilt ebenso für João Luís Barreto Guimarães (*Rua Trinta e Um de Fevereiro* 1991; Die Straße des 31. Februar), der mit dem Sonett experimentiert, einer in der portugiesischen Dichtung noch immer nicht erschöpften Form, bis hin zu seiner Verwandlung zum Träger eines völlig diskursiven und antilyrischen Ausdrucks.

Innerhalb der anderen Strömung läßt die Spracharbeit eines Manuel Gusmão (*Dois Sóis, A Rosa a Arquitectura do Mundo* 1990; Zwei Sonnen, Rose Architectura Mundi) aufhorchen. Er nimmt die Suche auf in Richtung eines neuen Formalismus, der dennoch nicht die Kontamination durch das Reale scheut. Darin steht er Dichtern nahe, die das bei António Ramos Rosa sichtbare Bemühen um Wiederaneignung der elementaren Imagination weiterführen, wie Firmino Mendes (*Fronteira Animal* 1993; Animalische Grenze) und Carlos Poças Falcão (*Três Ritos* 1993; Drei Riten), obwohl diese beiden in ihrem formalen Ausloten hinter Gusmãos Radikalität zurückbleiben.

Es kann kein Zweifel darüber bestehen, daß die neue Dichtergeneration – das sind die, die im Übergang von den achtziger zu den neunziger Jahren publizieren – entscheidende Unterschiede zur Vorgängergeneration aufweist. Umgangssprache und eine gewisse Verachtung der literarischen Konvention sowie der lyrischen Kanons scheinen zum Programm erhoben, sie entziehen dem Gedicht den subjektiven Überschwang, der die Dichtung der siebziger Jahre, wie immer man auch zu ihr stehen mag, immer noch deutlich prägte. Oft nähert sich das Gedicht einem Wörtlich-Nehmen, das ins Prosaische abdriftet. Es ist symptomatisch, daß diese neue Sensibilität mit dem Auftreten einer großen Zahl von Dichterinnen zu tun hat, womit die über ein ganzes Jahrhundert währende fast ausschließliche Vorherrschaft des männlichen Dichtens gebrochen scheint. Ebenso faszinierend ist auch, daß in dieser weiblichen Dichtung manche Brüche deutlicher sichtbar werden. Vielversprechende Entwicklungen stellen in Aussicht Adília Lopes (*O Decote da Dama de Espadas* 1988; Das Décolleté der Pique-Dame), Ana Luísa Amaral (*Coisas de Partir* 1994; Dinge aufzubrechen), Isabel Cristian Pires (*A Roda do Olhar* 1993; Die Blickrunde), Inês Lourenço (*Os Solistas* 1994; Die Solisten), Rosa Alice Branco (*A Mão Feliz* 1994; Die glückliche Hand) und Teresa Rita Lopes (*Cicatriz* 1996; Narbe).

In den sechziger Jahren beginnt eine Experimentierphase. An ihrem Anfang stehen die von Faulkner beeinflußten Werke *Rumor Branco* (1962; Weißes Rauschen) und vor allem *A Paixão*

(1965; Die Passion) von Almeida Faria, die faszinierte und mitleidlose Beobachtung des Großstadtlebens bei Nuno Bragança (*A Noite e o Riso* 1969; Die Nacht und das Lachen, *Directa* 1977; Durchmachen). Eine weibliche Prosa tritt auf, die in den Romanen von Maria Velho da Costa Konturen gewinnt, einer Autorin, deren *Casas Pardas* (1977; Graue Häuser) an Joyce denken läßt, in dem vielstimmigen Erzählen von Maria Isabel Barreno (*O Inventário de Ana* 1982; Anas Inventur), in dem fragmentierten Duktus, der den dissonanten Emotionen der narrativen Bruchstücke von Maria Teresa Horta (*Ema* 1984) entspricht. Vorweggenommen wird diese Experimentierphase aber auch von einigen eigenwilligen Stimmen wie Herberto Helder (*Os Passos em Volta* 1963; Die Schritte herum) und Ana Hatherly (*O Mestre* 1963; Der Meister), die interessante Erkundungen poetischer Prosa verfolgen. Auf diese Phase folgt im Bereich der Prosa Anfang der siebziger Jahre so etwas wie eine innere »Stabilisierung«. Brachten die achtziger Jahre mit José Saramago, aber auch mit wichtigen Werken schon anerkannter Autorinnen und Autoren wie Agustina Bessa-Luís, Vergílio Ferreira oder José Cardoso Pires den großen Durchbruch des Romans, so zeigt dies aber auch den Bruch in der experimentellen Entwicklung der Prosa, eine wohl auch unter dem Druck der Marktgesetze erfolgte Normalisierung, die manchmal die schöpferische Freiheit des Schriftstellers einengt.

Vielleicht ist diese Entwicklung aber auch dem Wandel des herrschenden Geschmacks zuzuschreiben. Die Rückkehr des historischen Romans, von den mehr traditionellen Modellen bei João Aguiar (*A Voz dos Deuses* 1984; Die Stimme der Götter) oder Fernando Campos (*A Casa do Pó* 1986; dt. *Das Haus des Staubes*) bis hin zu neueren Autoren wie Luísa Beltrão, gewinnt neue Akzente bei Álvaro Guerra, der die portugiesische Geschichte dieses Jahrhunderts Revue passieren läßt in seiner Trilogie »Café República« 1982, »Café Central« 1984 und »Café 25 de Abril« 1987, bei Mário de Carvalho (*A Inaudita Guerra da Avenida Gago Coutinho* 1983; dt. *Der unglaubliche Krieg in der Avenida Gago Coutinho*), der die Gesetze des Genres durch systematische und ironische Verwendung von Anachronismen unterläuft, wodurch seine Texte einen Platz ungefähr zwischen

Mark Twain und Science Fiction einnehmen. Es sind dies Bücher, die die Notwendigkeit der Fragen an die Vergangenheit unterstreichen, um Antworten zu der Herkunft einer im Umbruch von Werten und Gewißheiten befindlichen Gegenwart zu bekommen. Ähnliches strebt auch Mário Cláudio an, der Persönlichkeiten der portugiesischen Hochkultur – in *Amadeo* (1984) den kubistischen Maler Amadeu de Sousa-Cardoso, in *Guilhermina* (1986) die Geigerin Guilhermina Suggia – oder der portugiesischen Volkskunst – in *Rosa* (1988) die Töpferin Barcelos Rosa Ramalho – heraufbeschwört und zu einem Triptychon der kulturellen Wurzeln des Nordens vereinigt. Vergleichbares leistet auch Luísa Costa Gomes, die Erzählformen wie den Briefroman (*O Pequeno Mundo* 1988; Die kleine Welt) oder den historischen Roman (*A Vida de Ramón* 1991; Ramons Leben) in postmoderner Brechung wiederaufnimmt, im Sinne einer Überwindung der modernistischen Phase, um so unter Verwendung traditioneller Formen die Prosa wiederzufinden.

Die gegenwärtige Gesellschaft steht im Blickpunkt von Autoren wie Augusto Abelaira (*Outrora, agora* 1996; Damals, heute), Urbano Tavares Rodrigues (*A Hora da Incerteza* 1995; Die Zeit der Ungewißheit), Fernanda Botelho (*Dramaticamente vestida de negro* 1994; Dramatisch schwarz gekleidet), die sich einer psychologisch-realistischen Erzählweise verpflichtet fühlen. Skizzen zu einem Portrait Portugals unter der Diktatur in der Art von *A Balada da Praia dos Cães* 1982 (dt. *Ballade vom Hundestrand*) von José Cardoso Pires versuchen Armando Baptista-Bastos mit *O Cavalo a Tinta-da-China* (1995; Das chinesische Tuschepferd) und Orlando da Costa mit *Os Netos de Norton* (1994; Nortons Enkel).

Die Realität der portugiesischen Inselwelt wird thematisiert in der Prosa von João de Melo, der das Schicksal der zur Emigration in die USA oder aufs europäische Festland gezwungenen Azorenbewohner aufgreift (*Gente Feliz com Lágrimas* 1988; Glückliche Leute mit Tränen), und von Helena Marques (*O último Cais* 1992; Der letzte Kai), wo Madeira im Stil alter Seefahrerberichte und empfindsamer Reisen zum Schauplatz wird. Vor allem aber ist auf die weibliche »Insel-Prosa« hinzuweisen, die nach der fast alleinstehenden Pionierleistung von Natália

Correia (*Mátria* 1968) in *A Morte da Mãe* (1972; Der Tod der Mutter) von Maria Isabel Barreno zu einem geradezu programmatischen Text findet, die aber auch stilistisch in unterschiedlichsten Ausdrucksformen hervortritt. So im Umfrage-Roman *A Floresta em Bremerhaven* (1975; Der Wald in Bremerhaven) von Olga Gonçalves oder dem bis hart an die Grenze, bis zum Bruch mit der Darstellbarkeit der äußeren Welt gehenden fragmentierten Prosauniversum von Maria Gabriela Llansol (*Um Falcão no Punho* 1985; Ein Falke auf der Faust), das Fiktion und Autobiographie, Prosa und Dekonstruktion der Prosa, Tagebuch und Reflexion hereinnimmt und zugleich auf schöpferische Weise mit den traditionellen Modellen der logischen Syntax bricht, fast eine eigene Grammatik erfindet und auf diese Weise einen entscheidenden Vorstoß hin zur Auflösung des Genres wagt.

Was also hat sich im Wesentlichen verändert seit der Zeit nach dem 25. April bis heute? Selbst auf die Gefahr hin, allzusehr in Annäherungswerten steckenzubleiben, um möglichst objektive Schlußfolgerungen ziehen zu können, die nur ein größerer zeitlicher Abstand erlaubt, glauben wir dennoch einige aufschlußreiche Aspekte unserer Realität sich abzeichnen zu sehen. Da ist zunächst der Durchbruch von Schriftstellern, die zwar schon früher hervorgetreten sind, aber erst in den neunziger Jahren ihre Werke in Buchform veröffentlichen (Manuel Gusmão), ein dezidiert persönliches Timbre gewinnen (Luís Filipe de Castro Mendes) oder aber, ohne daß sich ihre Sprache grundsätzlich geändert hätte, plötzlich dem Zeitgeist entsprechen (João Camilo). Andere Autoren warten noch auf eine wertende Anerkennung ihres Œuvres seitens der Kritik, die ihnen bisher nicht die verdiente Aufmerksamkeit schenkte, sei es, weil sie Schwierigkeiten mit dem Werk hatte (Manuel da Silva Ramos e Alface, *Os Lusíadas* 1977; Die Lusiaden), sei es auch aus Unachtsamkeit (Eduarda Dionísio, *Retrato dum Amigo enquanto falo* 1979; Portrait eines Freundes während ich rede).

Dieses letzte Jahrzehnt bewegt sich in der Tat zwischen zwei Extremen:

Bei Paulo Teixeira begegnet uns eine Dichtung mit ausschließlich literarischen Wurzeln. In *A Região Brilhante* (1988;

Die leuchtende Gegend) entsteht jedes Gedicht aus Dutzenden von literarischen Referenzen, von Homer und Anakreon bis zu Pasolini und Thom Gunn. Der Überfluß verweist uns auf Borges. Obwohl durch die Identifikation der Stimme des Dichters mit der Stimme jedes dieser Autoren so etwas wie Heteronymie zu entstehen scheint, unterscheidet sie sich dennoch von Fernando Pessoas Heteronymie, da es letztlich immer dieselbe Stimme ist – die des Dichters –, die in jeden dieser unterschiedlichen Zustände eintaucht, so als müßte er durch Masken hindurchgehen, um seinen eigenen Ausdruck zu finden. Masken, die aber nichts gemein haben mit Pessoas menschlichen Masken, sondern vielmehr »elegante Masken« eines venezianischen Karnevals sind. Dies wird in den anderen Büchern durch den Rückgriff auf Reise-Räume oder Intertextualität ersetzt, die die gleiche Spiegelwirkung eines sich ständig von sich abspaltenden Ichs hervorbringen.

Bei João Camilo (*Nunca mais se Apagam as Imagens* 1996; Nie erlöschen die Bilder) befinden wir uns am anderen Extrem. Als Dichter der »kulturellen Emigration«– er hat nicht, wie Manuel Alegre, Portugal aus politischen Gründen verlassen – folgt Camilo insofern Jorge de Sena, als er das Exil in einer eher persönlichen als kollektiven Dimension durchlebt. Bei diesem Dichter der Beobachtung entsteht die Welt aus dem banalsten Alltag, so als bedürfe eine fortwährende Einsamkeit der Begegnung mit der Welt in ihren gewöhnlichsten und beruhigendsten Bildern, vom Caféhaustisch bis zu der jungen Frau, die sich hinsetzt, die Beine übereinanderschlägt. João Camilos Diskurs, antirhetorisch bis zur Gefahr, antipoetisch zu werden, entfaltet bis zur Erschöpfung die Erfahrung Horazscher Schlichtheit, die schon Pessoa mit Alberto Caeiro versuchte – jedoch ohne den Ehrgeiz, eine Philosophie der Dinge zu entwickeln.

Einen ähnlichen Kontrast finden wir auch bei zwei anderen Dichtern.

Luís Filipe de Castro Mendes tendiert zu einem Neo-Klassizismus, der frei ist von avantgardistischer oder barocker Verpackung. Bei ihm wird das Poem zum Archiv vergangener Formen, von der Ode über das Sonett zur Elegie, Rückkehr zu einem Gefühlsausdruck, dessen Offenkundigkeit der Modernismus infrage gestellt und erschöpft hat. Ja, er scheut sich manchmal nicht, die Spät-Romantik mit ihrer scheinbaren »Leichtigkeit« der Adjektivverwendung und der vom Reim diktierten Musikalität heraufzubeschwören.

Manuel Gusmão dagegen verwendet eine so heftig subversive Sprache, daß er außerhalb einer Zeit zu stehen scheint, der es nicht mehr auf Brüche ankommt, auch wenn seine Absicht, im Gedicht den Weltdiskurs mit seinen Widersprüchen und seiner Geschichte zu bündeln, ihn klar vom billigen Experimentieren einer Dichtung abhebt, die sich auf pure Wort- und Syntaxspielereien beschränkt und dabei die Beziehung zwischen Sprache und Wirklichkeit völlig außer acht läßt.

Vor allem aber macht sich ein sowohl generationsbedingter als auch ästhetischer Eklektizismus bemerkbar, der diese letzten Jahre von jeder vorangegangenen Zeit unterscheidet – abgesehen vielleicht vom Ende des 19. Jahrhunderts. Dies läßt einen faszinierenden Zeiten-Parallelismus aufscheinen, von einer diffusen Melancholie getragen, wie sie Fernando Pinto do Amaral (*Na Órbita de Saturno*, 1982; Auf der Saturn-Bahn) und João Barrento (*A Palavra Transversal*, 1996; Das Querwort) präzise diagnostiziert haben.

In der zeitgenössischen portugiesischen Literatur sehen wir keine literarischen Äußerungen, die man als »außerhalb der Kanons« bezeichnen könnte, im Sinne eines Außenseitertums etwa der *beat generation* in den USA oder einer Anti-Establishment-Literatur wie der der *angry young men* in England. Das heißt natürlich nicht, daß jenseits der herrschenden Strömungen oder Formen nicht auch, an den Rändern des Kanons, Symptome einer Sprache hervortreten, die die oberflächlichen oder auch tiefgehenden Veränderungen des gesellschaftlichen Wandels zu spiegeln versuchen. Das gilt für neue Autoren, die an der Grenze von Literatur und Soziologie ihren Standort haben: Nuno Félix da Costa (*Panfletarium* 1996), in dessen Dichtung sich der diskursive Impetus eines Álvaro de Campos im Zeitalter von Aids und Marktwirtschaft mit dem modernen Stadtleben auseinandersetzt; José Riço Direitinho (*Breviário das más Inclinações* 1994; dt. *Brevier der schlechten Gewohnheiten*), dessen Rückgriff auf die Dorferzählung, gebrochen durch eine Ahnung des Phantastischen, das immer stärkere Auseinanderdriften von Dorf und Tradition nachzeichnet, einer Tradition, die durch das Vordringen der Stadtkultur vernichtet wird; Pedro Paixão (*A Noiva judia*, 1992; dt. *Tückische Braut*), dessen Prosa, bar jeder stilistischen Nuancierung, mit der Benennung der Tatsachenbanalität des Alltags zusammenfällt.

Daher kann man nicht sagen, daß wir Zeugen einer Zeit des Aufbaus und der Wandlung sind, sondern vielmehr einer Zeit des Wiederaufbaus und der Neudefinition. Verloren ist, zweifellos, das Gefühl der Originalität und Neuheit, das das Zeitalter der Brüche vom Modernismus bis hin zu den siebziger Jahren gekennzeichnet hat. Dennoch beobachten wir eine Suche nach Wegen, die im Vergleich zur Vergangenheit durch ihren konfliktfreien Pluralismus auffallen, mehr als durch manifeste Versicherung des ästhetischen Kollektivs. In diesem Zusammenhang fällt öfter der Terminus »Postmoderne«. Zumindest in einer individuellen Abweichung und einem spielerischen Umgang mit der Gegenwart erkennen wir etwas, was man mit der formalen Forderung des Zufälligen verwechseln könnte, die den postmodernen Geschmack bestimmt. Sie läßt sich als ein gewisses »hysterisches« Etwas identifizieren, das die exhibitionistische Welt der Mode verkörpert, im Sinne einer Entleerung der eigenen Persönlichkeit zugunsten eines künstlichen Aufgehens in der Gruppeneuphorie, wie es an der Prosa von Miguel Esteves Cardoso deutlich abzulesen ist (*O Amor é fodido*, 1994; Die Liebe ist im Eimer). Höchst talentiert wird, auf »zeligsche« Art, der Diskurs der ersten unter der Demokratie aufgewachsenen Generation absorbiert, ohne die Last einer zu bewältigenden Vergangenheit noch die messianische Hoffnung auf eine immer wieder aufgeschobene Zukunft. Der natürliche Raum der heutigen Generation ist das vergänglichste Schauspiel, von den unterschiedlichsten Brettern der Lissaboner Nacht bis hin zum Fernsehen, wo alles im irrlichternden Glanz des clownesken Events verglüht.

Es liegt auf der Hand, daß unter diesen Gegebenheiten die Kritik ihre erste große Krise erlebt hat, eine Krise der Sinnsuche wie der Berufung. Bereits in den siebziger Jahren hat ihr Paradigma eine einschneidende Veränderung erfahren, mit dem

Übergang von der Subjektivität der journalistischen Meinungsäußerung, vom Publikum aufgrund der Persönlichkeit des jeweiligen Kritikers stillschweigend akzeptiert – Modell dieser Geschmackskritik war João Gaspar Simões – zur richtungweisenden Universitätsautorität, der es nicht mehr auf die Persönlichkeit des zu analysierenden Werkes, sondern vielmehr auf die Einhaltung rigider Analysekriterien ankam (eine Kritik von Eduardo Prado Coelho beeindruckte mehr durch ihre billante Argumentation als durch den Text, der ihr als »Prätext« diente). Diese Verschiebung setzte schließlich ein neues Geschmacksmodell durch, wonach der Theorie zustand, vom Werk zu verlangen, ihr zu Willen zu sein – in völliger Umkehr zum herkömmlichen Ansatz, demzufolge es ohne Werk keinen Kritiker gibt. Heftige Polemiken, die bereits Ende der achtziger Jahre ausbrachen, stellten Autoren in Frage, deren Texte nicht den angenommenen Erwartungen der Kritik entsprachen (Almeida Faria, Lídia Jorge, João de Melo). Festzuhalten bleibt, daß all dies letztlich am Leser vorbeiging, der in ein graues Zeitalter des Argwohns trat, in der Rezeption praktisch ohne Vermittlung zwischen Werk und Leser auskommen mußte.

Vielleicht erklärt dies auch, warum gegen Ende der neunziger Jahre die Literaturgeschichte zurückkehrt. Literaturlexika werden erstellt oder überarbeitet, vom Mittelalter bis zur Gegenwart, Kolloquien über lebende Schriftsteller finden statt (so über Vergílio Ferreira, kurz vor seinem Tod 1996, oder über Eugénio de Andrade). Aus diesem literaturwissenschaftlichen Informationspool stammen heute die solidesten Referenzen, die man zur Evaluierung von Autoren und Werken benötigt. Was jedoch nicht heißt, daß die Kritik nicht auch, in verschiedene Richtungen, eine unersetzliche »Flurbereinigungs«-Arbeit in Zeitungen und Zeitschriften leistet. Damit geht ein *revival* des Essays einher, in dem man, unter anderen, die Namen Eduardo Lourenço, José Gil, Boaventura de Sousa Santos, José Mattoso, Fernando Guimarães behalten sollte.

Abschließend ist festzustellen, daß wir zur Zeit den Anstrengungen der Literatur zusehen, sich einer Zeit umwälzender Veränderungen der portugiesischen Gesellschaft anzupassen. Es sind dies Veränderungen, die oft unbemerkt vor sich gehen, angesichts der Schnelligkeit, mit der die geschichtliche Entwicklung in einem jahrzehntelang in Stagnation und provinzieller Enge gefangenen Land verläuft. Ob diese Anpassung glückt, kann nur die Zeit erweisen. Unsere starke Tradition, vor allem in der Dichtung, und die neue Erfahrung einer Prosa, die es geschafft hat, aus einem Zeitalter veralteter Ausdrucksformen und Themen in einen europäischen Kontext hinauszutreten und die gleich mit der Nachkriegszeit 1945 den Schritt mitten in die Moderne getan hat, deutet darauf hin, daß dieser Erneuerungsprozeß im Gange ist. In welche Richtung und mit welcher Intensität er sich vollzieht? Diese Fragen warten noch auf Antwort. Festzuhalten ist immerhin, daß in diesen letzten Jahren eine gute Strecke zurückgelegt wurde, vor allem durch das Hervortreten einer Literatur, die sich im Hinblick auf ihre internationale Ausstrahlungskraft nicht mehr auf Fernando Pessoa reduzieren läßt, dessen prophetisches Wort vielleicht in Erfüllung gehen wird: »É a Hora!« Die Zeit ist gekommen!

Aus dem Portugiesischen von Marina Spinu

Neuere portugiesische Autoren in deutscher Sprache

(Auswahl der im Essay erwähnten Autoren)

Alexandre, António Franco, »António Franco Alexandre« [Gedichtauswahl], übers. von C. Meyer-Clason, in: Ders. (Hg.) 1993, S. 306-314.

Barreno, Isabel/Maria Velho da Costa/Maria Teresa Horta, *Neue Portugiesische Briefe* (*Novas Cartas Portuguesas*), vgl. hierzu die bibliographischen Angaben zum Aufsatz von Graça Abranches in diesem Buch.

Barreno, Maria Isabel, »Das Beispiel und das Haus« (aus *Contos*, 1985), übers. von C. Meyer-Clason, in: C. Meyer-Clason/D. Offenhäußer (Hg.) 1988, S. 357-361.

–, »Der Gesandte« (»O Enviado«), übers. von Andres Klotsch, in: Ders. (Hg.) 1993, S. 228-235.

–, »Die ergebene Sekretärin« (»A secretária humilde« aus *Os Sensos incomuns*), übers. von Ulrike Schuldes, in: Dies. (Hg.) 1996, S. 156/157-162/163.

–, »Der Herr der Inseln« (Auszug aus *O Senhor das Ilhas*), übers. von E. Engelmayer, in: Dies. (Hg.) 1997, S. 7-22.

–, *Der gestohlene Diamant. O Diamante roubado* [zweisprachig], übers. von Karin von Schweder-Schreiner, Frankfurt/Main: TFM 1997. [Mit Interview und biographischer Einführung]

Botelho, Fernanda, »Heißes Bett, kühler Rasen ... oder die Unkeuschheit« (aus *Die sieben Todsünden*), übers. von C. Meyer-Clason, in: Ders. (Hg.) 1972, S. 351-362.

–, »Dramatisch schwarz gekleidet« (Auszug aus *Dramaticamente vestida de negro*), übers. von Kirsten Brandt, in: E. Engelmayer (Hg.) 1997, S. 164-181.

Bragança, Nuno, »Gaspar« (aus *A Noite e o Riso*), übers. von Roland Erb, in: I. Losa/E. Gonçalves (Hg.) 1973, S. 88-96.

Campos, Fernando, *Das Haus des Staubes* (*A Casa do Pó*), übers. von Maralde Meyer-Minnemann, Freiburg: Beck & Glückler 1990.

Cardoso, Miguel Esteves, »Anruf genügt« (»Foste tu que telefonaste?«), übers. von Sarita Brandt, in: A. Klotsch (Hg.) 1993, S. 42-49.

Carvalho, Mário de, »Wohlige Grotte« (»Deleitoso Antro«), übers. von A. Klotsch, in: Ders. (Hg.) 1993, S. 50-52.

–, »In excelsum« (»In excelsum«), übers. von Ulrike Schuldes, in: Dies. (Hg.) 1996, S. 174/175-178/179.

–, *Wir sollten mal drüber reden* (*Era bom que trocássemos umas Idéias sobre o Assunto*), übers. von Ralph Roger Glöckler, Stuttgart: Klett-Cotta 1997.

–, *Der unglaubliche Krieg in der Avenida Gago Coutinho – A Inaudita Guerra na Avenida Gago Coutinho* [zweisprachig], übers. von Albert von Brunn, Frankfurt/Main: TFM 1997. [Mit Interview und biographischer Einführung]

Costa, Maria Velho da, »Nachtwache« (aus *O Lugar comun*), übers. von Christiane Meyer-Clason, in: C. Meyer-Clason/D. Offenhäußer (Hg.) 1988, S. 320-333.

–, *Corpo Verde / Körper, Grün* (*Corpo Verde*), übers. von E. Engelmayer, Berlin: tranvía 1989.

–, »Der seltene Vogel«, »Perle und die Säue«, »Fátima«(»A Ave rara«, »Perola e os Porcos«, »Fátima«), übers. von Kirsten Brandt, in: E. Engelmayer (Hg.) 1997, S. 23-41.

Cruz, Gastão, »Gastão Cruz« [Gedichtauswahl], übers. von C. Meyer-Clason, in: Ders. (Hg.) 1993, S. 287-296.

Direitinho, José Riço, »Das Haus zum Ende« (»A Casa do Fim«), übers. von Maralde Meyer-Minnemann, in: A. Klotsch (Hg.) 1993, S. 186-199.

–, »Auto der Angst« (»Auto de medo« aus *A Casa do Fim*), übers. von Ulrike Schuldes, in: Dies. (Hg.) 1996, S. 168/169-172/173.

–, *Brevier der schlechten Gewohnheiten* (*Breviário das más Inclinações*), übers. von A. Klotsch, München/Wien: Hanser 1997.
–, *Das Haus am Rande des Dorfes* (*A Casa do Fim*), übers. von Boris Planer, Heidelberg: Elfenbein 1997.
Faria, Almeida, *Passionstag*, übers. von C. Meyer-Clason, Frankfurt/Main: S. Fischer 1968.
–, *Fragmente einer Biografie*, übers. von C. Meyer-Clason, Berlin: Literarisches Colloquium 1980.
–, »Die Spaziergänge des einsamen Träumers« (aus *Os Passeios do Sonhador solitário*), übers. von C. Meyer-Clason, in: C. Meyer-Clason / D. Offenhäußer (Hg.) 1988, S. 388-403.
Gomes, Luísa Costa, »Rex« (»Rex«), übers. von Karin von Schweder-Schreiner, in: A. Klotsch (Hg.) 1993, S. 165-170.
Guerra, Álvaro, »Sinfonie für einen Krieg« (aus *Memória*), übers. von A. Klotsch, in: I. Losa/E. Gonçalves (Hg.) 1973, S. 280-288.
Helder, Herberto, »Zyklus II; Das Gedicht III; Das Gedicht« [Gedichte], nachgedichtet von Helmut Heinrich, in: O. Lopes/I. Losa (Hg.) 1969, S. 115-120.
–, »Theorem« (aus *Os Passos em Volta*), übers. von Frederico Berna, in: C. Meyer-Clason (Hg.) 1972, S. 397-400.
–, »Herberto Helder« [Gedichtauswahl], übers. von C. Meyer-Clason, in: Ders. (Hg.) 1993, S. 210-218.
Horta, Maria Teresa, »Lídia« (aus *Contos*, 1985), übers. von C. Meyer-Clason, in: C. Meyer-Clason / D. Offenhäußer (Hg.) 1988, S. 368-379.
–, »Die Passion nach Constança H.« (Auszug aus dem Roman *A Paixão segundo Constança H.*), übers. von Kirsten Brandt, in: E. Engelmayer (Hg.) 1997, S. 42-49.
Jorge, João Miguel Fernandes, »Alles hat seinen Preis« (»O Preço das Coisas«), übers. von Maralde Meyer-Minnemann, in: A. Klotsch (Hg.) 1993, S. 65-72.
Júdice, Nuno, »Die Reise« (»O Periplo«), übers. von Ute Hermann, in: A. Klotsch (Hg.) 1993, S. 78-89.
–, »Nuno Júdice« [Gedichtauswahl], übers. von C. Meyer-Clason, in: Ders. (Hg.) 1993, S. 315-323.
Llansol, Maria Gabriela, »Die umzingelten Körper« (aus *Os Pregos na Erva*), übers. von C. Meyer-Clason, in: Ders. (Hg.) 1972, S. 417-423.
–, »Ein philosophischer Gefährte« (»Um companheiro filosófico« ist das 4. Kapitel aus *Um Beijo dado mais tarde*), übers. von E. Engelmayer, in: Dies. (Hg.) 1997, S. 122-133.
Melo, João de, »Ich sehe Schiffe« (»Do ver o não ver Navios«), übers. von Maralde Meyer-Minnemann, in: A. Klotsch (Hg.) 1993, S. 28-38.

Pires, Isabel Cristina, »Unsere Liebe Frau vom Guten Wasser« (»A Senhora da Boa Água«), übers. von Inès Koebel, in: A. Klotsch (Hg.) 1993, S. 90-98.
Paixão, Pedro, »Tückische Braut« (»A Noiva judia«), übers. von A. Klotsch, in: Ders. (Hg.) 1993, S. 154-164.
Rodrigues, Urbano Tavares, » Ein Stein fällt in den Sumpf« (aus *Uma Pedrada no Charco*), übers. von I. Losa, in: O. Lopes / I. Losa (Hg.) 1962, S. 231-246.
–, »Der falsche Forscher« (aus *Nus e Suplicantes*), übers. von C. Meyer-Clason, in: Ders. (Hg.) 1972, S. 325-339.
–, *Der schwarze Karneval* [Novellen], hg. und übers. von Gudrun Hohl, Leipzig: Reclam 1982.
Rosa, António Ramos, »Genau wie; Der Geduldsochse; Ich kann die Liebe nicht vertagen; Wir sind« [vier Gedichte], nachgedichtet von I. Losa und René Schwachhofer, in: O. Lopes/I. Losa (Hg.) 1969, S. 100-106.
–, »António Ramos Rosa« [Gedichtauswahl], übers. von C. Meyer-Clason, in: Ders. (Hg.) 1993, S. 178-187.

Anhang

Allgemeine Bibliographie

(Weiterführende Literaturempfehlungen)

Anthologien

Dane, Ivo (Hg. u. Übers.), *Portugiesische Meister der Erzählung*, Bremen-Horn: Walter Dorn 1950.

Engelmayer, Elfriede (Hg.), *Samstag um acht. Erzählungen von Schriftstellerinnen aus Portugal*, Berlin: tranvía 1997.

Klotsch, Andreas (Hg.), *Erkundungen. 27 Erzähler aus Portugal*, Berlin: Volk und Welt 1993.

Losa, Ilse/Oscar Lopes (Hg.), *Portugiesische Erzähler*, Berlin: Aufbau 1962.

Losa, Ilse/Egito Gonçalves, unter Mitarbeit von A. Klotsch, *Erkundungen: 30 portugiesische Erzähler*, Berlin: Volk und Welt 1973.

Meyer-Clason, Curt (Hg.), *Der Gott der Seefahrer. Portugal in Erzählungen der besten zeitgenössischen Autoren*, Buchreihe Geistige Begegnung des Instituts für Auslandsbeziehungen Stuttgart, Bd. 34, Tübingen/Basel: Erdmann 1972.

Meyer-Clason, Curt (Hg. u. Übers.), *Portugiesische Lyrik des 20. Jahrhunderts*, München: dtv 1993.

Meyer-Clason, Curt/Dieter Offenhäußer (Hg.), *Portugiesische Erzählungen des zwanzigsten Jahrhunderts*, Freiburg: Beck & Glückler 1988.

Schuldes, Ulrike (Hg. u. Übers.), *Contos portugueses modernos. Moderne portugiesische Kurzgeschichten*, München: dtv 1996.

Wilhelm, Eberhard Axel (Hg. u. Übers.), *Contos portugueses modernos/ Moderne portugiesische Erzähler*, Lisboa: Ulmeiro 1984.

Woll, Dieter/Harri Meier, (Hg.), *Portugiesische Märchen*, 2., überarb. Aufl., München: Diederichs 1993.

Contos Portugueses Modernos. Moderne portugiesische Erzählungen (zweisprachig), übers. von Gert Fehlhaber/Helga Alcántara, München: dtv 1975 [Langewiesche Brandt 1964].

Liebesgeschichte mit Datum: Erzähler aus Portugal, Berlin/Weimar: Aufbau 1976.

Imaginários portugueses, Coimbra: Fora do Texto Cooperativa Editorial 1992.

Uma pequena onda 20 artistas, 20 escritores, Porto: Hospital Maria Pia 1991.

Literaturgeschichte/Literaturwissenschaft

Bell, A. F., *Portuguese literature*, Oxford 1922, ern. 1970 [mit Bibliographie].

Carvalho, Maria Leonor, *História da literatura portuguesa*, Lisboa: Imprensa Nacional – Casa da Moeda 1991. (Auch in englischer und französischer Ausgabe)

Engelmayer, Elfriede/Renate Heß (Hg.), *Die Schwestern der Mariana Alcoforado. Portugiesische Schriftstellerinnen der Gegenwart*, Berlin: tranvía 1993.

Franzbach, Martin, *Abriß der spanischen und portugiesischen Literaturgeschichte in Tabellen*, Frankfurt/Bonn: Athenäum 1968.

Hasebrink, Gesa, *Wege der Erneuerung. Portugiesische Romane nach der ›Nelkenrevolution‹*, Berlin: tranvía 1993.

Hess, Rainer (Hg.), *Portugiesische Romane der Gegenwart. Interpretationen*, Bibliotheca Ibero-Americana 40, Frankfurt/Main: Vervuert 1992.

– (Hg.), *Portugiesische Romane der Gegenwart: Neue Interpretationen*, Frankfurt/Main: TFM/Domus Editoria Europaea 1993.

– /Axel Schönberger (Hg.), *Studien zur portugiesischen Literatur*, Beihefte zu *Lusorama*, 2. Reihe, Studien zur Literatur Portugals und Brasiliens, Bd. 10, Frankfurt/Main: TFM/Domus Editoria Europaea 1993.

Karimi, Kian-Harald, *Auf der Suche nach dem verlorenen Theater: Das portugiesische Gegenwartsdrama unter der politischen Zensur (1960-1974)*, Frankfurt/M./Bern/New York: Peter Lang 1991.

Kreutzer, Winfried, *Stile der portugiesischen Lyrik im 20. Jahrhundert*, Portugiesische Forschungen der Görres Gesellschaft, Bd. 25, VIII, Münster: Aschendorff 1980.

Le Gentil, Georges, *La littérature portugaise. Ouvrage complété par Robert Brechon pour la période contemporaine*, Mainz: Eitel 1935; Paris: Editions Chandeigne 1995.

Lepecki, Maria Lúcia, *Sobreimpressãos: estudos de literatura portuguesa e africana*, Lisboa: Caminho 1988.

Lopes, Oscar, *Entre Fialho e Nemésio. Estudos de literatura portuguesa contemporânea*, 2 Bde., Lisboa: Imprensa Nacional – Casa da Moeda 1987.

Lourenço, Eduardo, *O Canto do Signo. Existência e Literatura* (1957-1993), Lisboa: Presença 1994.

Medina, Cremilda de Araújo, *Viagem à literatura portuguesa contemporânea*, Rio de Janeiro: Nórdica 1983.

Mendes, João, *Literatura portuguesa*, Lisboa: Verbo ^{2}1987.

Meyer-Clason, Curt, »Die Rezeption portugiesischer Literatur im deutschen Sprachraum«, *Lusorama* 8 (1988), S. 8-18.

Mourão-Ferreira, David, *Sob o mesmo tecto – Estudos sobre autores de língua portuguesa*, Lisboa: Presença 1989.

Pereira, José Carlos, *História Crítica da Literatura Portuguesa – Do Fim de Século ao Modernismo*, Lisboa: Verbo 1995.

Quadros, António, *A idéia de Portugal na literatura portuguesa dos últimos 100 anos*, Lisboa: Fund. Lusíada 1989.

Reis, Carlos/Maria da N. Pires, *História Crítica da Literatura Portuguesa*, Lisboa: Verbo 1993.

Reis, Carlos, *História Crítica da Literatura Portuguesa*, Bde. I-IX, Lisboa/São Paulo: Verbo [bereits erschienen Bd. V 1993, Bd. VI 1994, Bd. VIII 1995].

Rocha, Andrée Crabbé, *Temas de literatura portuguesa*, Coimbra: Coimbra Ed. 1986.

Rocha, Clara Crabbé, *Revistas litérarias do século XX em Portugal*, Lisboa: Imprensa Nacional – Casa da Moeda 1985.

Saraiva, António José, *Iniciação na literatura portuguesa*, Lisboa: Gradiva ²1994.

Saraiva, José/Oscar Lopes, *História da literatura portuguesa*, Porto: Porto Editora ¹⁷1996.

Saraiva, Arnaldo, *Modernismo brasileiro – Modernismo português*, Porto 1986.

Schönberger, Axel (Hg.), *Geschlechterdiskurse in der modernen Literatur Brasiliens, Portugals und der PALOP*, Beihefte zu *Lusorama*: 2. Reihe, Studien zur Literatur Portugals und Brasiliens, Bd. 11, Frankfurt/Main: TFM/Domus Editoria Europaea 1996.

Sena, Jorge de, *Estudos de literatura portuguesa*, 3 Bde., Lisboa: Ed. 70, 1982-1988.

Siepmann, Helmut, *Portugiesische Literatur des 19. und 20. Jahrhunderts*, Darmstadt: Wissenschaftliche Buchgesellschaft 1987 [2., überarb. und erw. Aufl. 1995].

–, *Die portugiesische Lyrik des Segundo Modernismo*, Frankfurt/Main: Klostermann 1977.

Simões, João Gaspar, *Perspectiva histórica da poesia portuguesa: dos simbolistas aos novíssimos*, Lisboa/Porto: Brasília Ed. 1976. [Überarb. und aktualisierter 3. Bd. seiner *História da poesia portuguesa das origens a actualidade*, 3 Bde., Lisboa 1955-1959]

Kultur, Geschichte, Politik

Birmingham, David, *A concise history of Portugal*, Cambridge: Cambridge University Press 1995.

Böttcher, Nikolaus, *Aufstieg und Fall eines europäischen Handelsimperiums: portugiesische Kaufleute und Sklavenhändler in Cartagena de Indias von 1580 bis zur Mitte des 17. Jahrhunderts*, Frankfurt/Main: Vervuert 1995.

Briesemeister, Dietrich, »Die iberische Halbinsel und Europa. Ein kulturhistorischer Rückblick«, *Aus Politik und Zeitgeschichte* 8 (1986), S. 13-27.

– /Axel Schönberger (Hg.), *Portugal Heute*, Frankfurt/Main: Vervuert 1997.

Enzensberger, Hans Magnus, »Portugiesische Grübeleien«, in: *Ach Europa!*, Frankfurt/Main: Suhrkamp 1987, S. 177-233.

Ferreira, Hugo G., *Portugal's Revolution: 10 years on*, Cambridge: Cambridge Univ. Pr. 1986.

Fremontier, Jaques, *Portugal: Die Nelken sind verwelkt*, Berlin: Aufbau 1978.

Heinemann, Ellen (Hg.), *Lissabon. Ein Städte-Lesebuch*, Frankfurt/M.: Suhrkamp/Insel (unveränd. Neuauflage) 1997.

Herr, Richard (Hg.), *The new Portugal*, Berkeley: Univ. of California at Berkeley 1992.

Hudson, Mark, *Portugal bis zum Jahr 2000,* Hamburg/New York: McGraw-Hill 1987.

Lopes, Marília dos Santos (Hg.), *Portugal und Deutschland auf dem Weg nach Europa/Portugal e Alemanha a caminho para Europa*, Pfaffenweiler: Centaurus 1995. (Reihe: Weltbild und Kulturbewegung, Bd. 5.)

Lourenço, Eduardo, *Nós e a Europa ou As Duas Razões,* Lisboa: Imprensa Nacional – Casa da Moeda 1988.

Maslowski, Rudi, *Der Skandal Portugal. Ein Land ohne Menschenrechte*, München: Hanser 1971.

Meyer-Clason, Curt, *Portugiesische Tagebücher 1969-1976*, Königstein/Taunus: Autoren-Edition Athenäum 1979, [Neuaufl. Bergisch-Gladbach: Lübbe 1987].

Passos, Marcelino, *Der Niedergang des Faschismus in Portugal: Zum Verhältnis von Ökonomie, Gesellschaft und Staat/Politik in einem europäischen Schwellenland*, Marburg: Vlg. Arbeiterbewegung und Gesellschaftswissenschaft 1987.

–, »Portugal zwischen Gestern und Morgen«, *Lusorama* 7 (1988), S. 9-25.

Pollack, Ilse, *Fado: Lebensbilder aus Portugal*, Salzburg/Wien: O. Müller 1994.

Raby, D. L., *Fascism and resistance in Portugal: communists, liberals and military dissidents in the opposition to Salazar, 1941-1974*, Manchester: Manchester Univ. Press 1988.

Rosas, Fernando (Hg.), *Portugal e o Estado Novo*, Lisboa: Presença 1992.

Ruhl, Klaus-Jörg, *Spanien Ploetz: Spanische und portugiesische Geschichte zum Nachschlagen*, Freiburg/Würzburg: Ploetz 1986.

Saenger, Ralf, *Portugals langer Weg nach »Europa«: die Entwicklung von einem autoritär-korporativen Regime zu einer bürgerlich-parlamentarischen Demokratie*, Frankfurt/Main: Lang 1994.

Santos, Boaventura de Sousa (Hg.), *Portugal: um retrato singular*, Porto: Afrontamento 1993.

Saraiva, António José, *A cultura em Portugal*, Lisboa: Gradiva 1982 ff.

Saraiva, José Hermano, *História de Portugal*, Mem Martins: Europa-América [4]1995.

Schemann, Hans, »... *Wo das Land aufhört und das Meer beginnt«. Portugal und die Portugiesen*, Darmstadt: Wissenschaftliche Buchgesellschaft 1993.

Silva-Brummel, Fernanda, *E todos, todos se vão: Emigration und Emigranten in der portugiesischen Literatur*, Frankfurt/Main: Haag + Herchen 1987.

Zur Mühlen, Patrik von, *Fluchtweg Spanien-Portugal: die deutsche Emigration und der Exodus aus Europa 1933-1945*, Bonn: Dietz 1992. (Reihe: Politik und Gesellschaftsgeschichte, Bd. 28.)

Zeitschrift für Kulturaustausch 1 (1994) *Ein Blick aus weiter Ferne? Zu den Kulturbeziehungen zwischen Portugal und Deutschland,* Teil 1, Sondernummer, Institut für Auslandsbeziehungen Stuttgart (ifa).

Zeitschrift für Kulturaustausch 2 (1994) *Testfall für Europa? Zu den Kulturbeziehungen zwischen Portugal und Deutschland*, Teil 2, Sondernummer, Institut für Auslandsbeziehungen Stuttgart (ifa).

Zentrum am Rand. Literaturstadt Lissabon, Sondernummer der Zeitschrift *DU* 9 (1996) [Beiträge u. a. zu José Cardoso Pires, António Lobo Antunes, José Saramago, zu portugiesischen Dichterinnen und zur afro-lusitanischen Literatur- und Musikszene].

Bibliographien, Nachschlagewerke

Cochofel, J. J. (Hg.), *Grande dicionário da literatura portuguesa e de teoria literária*, Lisboa 1978 ff.

Coelho, Jacinto do Prado (Hg.), *Dicionário de literatura (Literatura portuguesa. Literatura brasileira. Literatura galega)*, 5 Bde., Porto: Figueirinhas ^{4}1978.

– (Hg.), *Dicionário de literatura*, Porto: Figueirinhas ^{4}1982.

Kegler, Michael, *Literatur aus Portugal: übersetzte, lieferbare Bücher*, Frankfurt/Main: TFM 1997.

Küpper, Klaus, *Bibliographie der portugiesischen Literatur. Prosa, Lyrik, Esay und Drama in deutscher Übersetzung,* Frankfurt/Main: TFM 1997.

Machado, Álvaro Manuel, *Dicionário de literatura portuguesa*, Lisboa: Presença 1996.

Rocha, Ilídio (Hg.), *Roteiro da Literatura Portuguesa*, Frankfurt/Main: TFM 1996 [485 Kurzbiographien].

Schirdewahn, Burkhard (Hg.), *Bücher zu Portugal. Eine kommentierte Bibliographie mit Beiträgen von Helmut Siepmann [u. a.]*, Köln: Der andere Buchladen 1990.

Serrão, Joel (Hg.), *Dicionário de história de Portugal*, 6 Bde., ^{2} Porto: Figueirinhas o. J. [mit bibliographischen Hinweisen].

Siebenmann, Gustav/Donatella Casetti, *Bibliographie der aus dem Spanischen, Portugiesischen und Katalanischen ins Deutsche übersetzten Literatur. Bibliografia das traduções do espanhol, português e catalão para o alemão*, 1945-1983, Tübingen: Niemeyer 1985.

Über die Verfasser
Quellenhinweise

Graça Abranches

* 1945 in Coimbra. Lehrt Anglo-Amerikanistik an der Geisteswissenschaftlichen Fakultät der Universität Coimbra. Gründungsmitglied der Gruppe für Feministische Studien, assoziierte Forscherin am Zentrum für Sozialforschung der Universität Coimbra. Fachgebiet: englische viktorianische Literatur. Forschungen und Veröffentlichungen zur Literatur von Frauen im 19. und 20. Jahrhundert (Germaine de Staël, George Sand, Mary Shelley, Charlotte und Emily Brontë, Virginia Woolf, Jean Rhys), zur feministischen Theorie, zur Literatur für Frauen und über Frauen und zur Geschichte des Feminismus in Portugal sowie zur Lehrerausbildung und zu Lehrergewerkschaften.
»Verlernen, um zu sprechen. Politik und Poetik portugiesischer Frauen im 20. Jahrhundert«, Originalbeitrag.

Dietrich Briesemeister

*1934. Direktor des Ibero-Amerikanischen Instituts Preußischer Kulturbesitz in Berlin und Professor für Iberoromanische Philologie an der Freien Universität Berlin. Zahlreiche Veröffentlichungen zur portugiesischen, brasilianischen, spanischen und neulateinischen Literatur. Mitherausgeber u. a. der Zeitschrift *Iberoromania*, der *Portugiesischen Forschungen* und der *Bibliotheca Ibero-Americana*. Veröffentlichungen (Auswahl): »Europäischer Realismus«, in: *Neues Handbuch der Literaturwissenschaft*, Bd. 17 (Portugal, Brasilien) 1980; »Die Rezeption der brasilianischen Literatur in den deutschsprachigen Ländern«, in: *Iberoamérica. Historia, sociedad, literatura. Homenaje a Gustav Siebenmann* 1983; »Das jesuitische Schuldrama und die portugiesischen Entdeckungen. La Tragicomedia del Rey Dom Manuel (1619)«, in: Christoph Strosetzki/Manfred Tietz (Hg.), *Einheit und Vielfalt der Iberoromania. Geschichte und Gegenwart* 1989.
»José Cardoso Pires – Schriftsteller der Gemarkung Portugal«, Originalbeitrag.

Luís Adriano Carlos

*1959. Professor für Literaturwissenschaft (Centro de Estudos Semióticos e Literários) an der Universität Porto, Portugal. Veröffentlichungen: *Jorge de Sena e a Escrita dos Limites*; *Poética e Poesia de Jorge de Sena*. Zahlreiche

Essays über Jorge de Sena in Portugal, Spanien, Italien, Brasilien und den USA, Aufsätze zu Literaturkritik, Literaturgeschichte, Linguistik, Poetik, Rhetorik und Semiotik. Mitherausgeber unveröffentlichter Texte des Portugiesen Luís Veiga Leitão unter dem Titel *Rosto por dentro* 1992, dessen Gesamtwerk er ediert. Lyrikveröffentlichungen: *A Mecânica do Sexo XX* 1983 und *Invenção do Problema* 1986. Mehrere Preise für Poesie, Erzählung und Essay.
»Jorge de Sena, der Wortalchemist«, Originalbeitrag.

Júlio Conrado

*1936 in Olhão, lebt in Cascais. Schriftsteller, Journalist und Literaturkritiker (*Diário Popular*, *Vida Mundial*, *Jornal de Letras*, zur Zeit bei *Colóquio-Letras*). Mitglied des portugiesischen PEN, der Associação Portuguesa de Escritores und des Centro Português des Internationalen Kritikerverbandes. Zahlreiche Veröffentlichungen von Lyrik, Prosa, Essays, u. a. *A Prova Real* 1963; *Clarisse, Amargura, Dezembro* 1969; *O Deserto Habitado* 1974; *Era a Revolução* 1977; *As Pessoas de Minha Casa* 1985; *Gente do Metro* 1989; *Lugares de Cascais na Literatura* 1995.
»Portugiesische Lyrik seit der Nelkenrevolution« wurde – leicht gekürzt – mit freundlicher Genehmigung des Vervuert-Verlags und des Ibero-Amerikanischen Instituts PK übernommen aus D. Briesemeister/A. Schönberger (Hg.), *Portugal Heute*, Frankfurt/Main: Vervuert 1997.

Helder [Paulo Lourenço] Godinho

*1947 in Lissabon. Professor an der Fakultät für Sozial- und Humanwissenschaften der Universidade Nova de Lisboa. 1992 Visiting Professor an der Universität in Santa Barbara (Kalifornien). Weitere Gastprofessuren: 1993 an der Universität Perpignan, 1995 an der Universität Rom. Veröffentlichungen: *O Mito e o Estilo* 1982; *O Universo Imaginário de Vergílio Ferreira* 1985; *Estudos sobre Vergílio Ferreira* (Hg.) 1982; *Prosa Medieval Portuguesa* 1986, Anthologie; *Em Torno da Idade Média* (Hg.) 1989; *A Imagem do Mundo na Idade Média* (Hg.) 1992; *Vergílio Ferreira – Fotobiografia* (Hg. mit Serafim Ferreira) 1993. Zahlreiche Aufsätze.
»Vergílio Ferreira oder Der Dialog mit dem Schatten«, Originalbeitrag.

Orlando Grossegesse

*1960 in Rosenheim. Dr. phil., Dozent für deutsche Sprache und Literatur an der Universidade do Minho in Braga; Aufbau der dortigen Germanistikabteilung und 1992-93 deren Leitung. Veröffentlichungen: *Konversation und Roman; Untersuchungen zum Werk von Eça de Queiroz* 1991 [Diss. München 1988/89]; *Entsteinerte Geschichte; Ein Handbuch zu José Saramago* 1997; *O Dândi e o seu Amigo; a Aventura europeia da Escrita queirosiana* (erscheint in Kürze); Bücher zu Spanien und Portugal; literarische Übersetzungen aus dem Spanischen und Portugiesischen; Beiträge in Zeitschriften, Nachschlagewerken und Sammelbänden zu kulturellen und literarischen Themen der Iberischen Halbinsel, Kulturbeziehungen mit Deutschland; komparatistische Literaturstudien und Literaturdidaktik.
»José Saramago – Steinaugen oder Die Irdische Prophetie des Vergangenen«, Originalbeitrag.

Georges Güntert

*1938 in Lenzburg, Schweiz. Seit 1973 Professor für Romanische Literaturwissenschaft an der Universität Zürich. Seine wichtigsten Publikationen in Buchform beschäftigen sich mit Pessoa (*Das fremde Ich*, Berlin 1971, port. Übers. *O eu estranho*, Lissabon 1982, Buchfassung der Habilitationsschrift von 1968), Tasso (*L'epos dell' ideologia regnante e il romanzo delle passioni*, Pisa 1989), Cervantes (*Cervantes. Novelar el mundo desintegrado*, Barcelona 1993) und Boccaccio (*Tre promesse e una dichiarazione d'amore: vademecum per il lettore del Decameron*, Modena 1997). Seit 1994 leitet er zusammen mit Prof. Fröhlicher die Reihe *Perspectivas Hispánicas*, in der auch der von ihm herausgegebene Sammelband *Teoría e interpretación del cuento* (Bern 1995) erschienen ist.
»Agustina Bessa-Luís: Erinnerndes Schreiben als Weg zur Erkenntnis menschlichen Handelns«, Originalbeitrag.

Gerd Hammer

*1959. Dr. phil., Universitätslektor für Deutsche Sprache an der Universität Lissabon. Veröffentlichungen u. a.: *Robert Walser: Momente des Kindlichen.* 1989. Mitarbeiter der Süddeutschen Zeitung und beim Hörfunk.
»Fluß ohne Brücke – das Schreiben der Ilse Losa«, Originalbeitrag.

Renate Heß

*1948. Von 1983 bis 1988 Lektorin für deutsche Sprache an den Universitäten Coimbra und Lissabon. Seit 1988 Lehrerin in Darmstadt. Verfasserin und Übersetzerin verschiedener Beiträge zur portugiesischen Literatur für *Kindlers Neues Literatur-Lexikon,* Publikationen zu portugiesischer Literatur und Kultur in der Zeitschrift *Tranvía.* Zusammen mit Elfriede Engelmayer Mitherausgeberin des Bandes *Die Schwestern der Mariana Alcoforado. Portugiesische Schriftstellerinnen der Gegenwart.*
»Schreiben heißt: sich erinnern. Zum Werk von Lídia Jorge«, Originalbeitrag.

Nuno Júdice

Professor an der Fakultät für Sozial- und Humanwissenschaften der Universidade Nova de Lisboa. Lyrikveröffentlichungen: *A noção do poema* 1972, ausgezeichnet mit den wichtigsten Preisen Portugals; *O Mecanismo Romântico da Fragmentação* 1975; *O Vôo de Igitur Num Copo de Dados* 1981; *A Partilha dos Mitos* 1982; *A Condescência do Ser* 1988; *Enumeração de Sombras* 1989; *As Regras da Perspectiva* 1990; *Um Canto na Espessura do Tempo* 1992, erschien 1996 unter dem Titel *Un chant dans l'épaisseur du temps* in der Reihe »Poésie Gallimard«; *Meditação sobre Ruínas* 1994. Seine Gedichte wurden in mehrere Sprachen übersetzt.
Prosa: *Plâncton* 1981; *A Manta Religiosa* 1982. Essaysammlungen: *A era do Orpheu* 1986; *O Espaço do Conto no Texto Medieval* 1991; *O processo poético* 1992. Literaturkritiker, Konsulent für Literatur der portugiesischen Ausgabe der *Nova enciclopédia Larousse*; Programmbeauftragter Literatur für die Frankfurter Buchmesse 1997.
»Die Zeit ist gekommen. Von den siebziger zu den neunziger Jahren«, Originalbeitrag.

Erich Kalwa

*1941 in Hohenstein (Ostpreußen). Dr. phil. habil., Dozent an der Universität Leipzig auf den Gebieten Literatur, Geschichte und Landeskunde Portugals und Brasiliens. Veröffentlichungen: *Philosophisch-weltanschauliche und ästhetische Grundpositionen des portugiesischen Neo-Realismus: ein Beitrag zur Theoriebildung* 1996. Zahlreiche Veröffentlichungen zur portugiesischen und brasilianischen Literatur sowie zur brasilianischen Geschichte in Fachzeitschriften, Sammelbänden und Lexika.
»Der theoretische Diskurs des portugiesischen Neo-Realismus«, Originalbeitrag.

Kian-Harald Karimi

*1955 in Bonn. Dr. phil., wissenschaftlicher Assistent am Institut für Romanistik sowie Mitarbeiter am Ibero-Amerikanischen Forschungszentrum der Universität Leipzig. Veröffentlichungen: *Auf der Suche nach dem verlorenen Theater: Das portugiesische Gegenwartsdrama unter der politischen Zensur (1960-1974)* 1991. Arbeiten über »Miguel Torga«, in: W.-D. Lange (Hg.): *Kritisches Lexikon der romanischen Gegenwartsliteraturen*; »Ernst Robert Curtius' epistemologische Wende am Ende der zwanziger Jahre«, in: *Romanistische Zeitschrift für Literaturgeschichte* 1995; »Das Andere in der Zeit unseres eigenen Denkens denken: Phantastisches Fabulieren im spanischen Realismus«, in: *Leipziger Forschungen* 1997. Habilitationsarbeit in Vorbereitung zum Thema: *Der alte Gott und der neue Mensch: Der Gottessignifikant in spanischen Erzählwelten zwischen* 1868 *und* 1898.
»›Es wird nicht diskutiert!‹ Die Ordnung des Diskurses im Neuen Staat«, Originalbeitrag.

Eduardo Lourenço

*1923 in S. Pedro de Rio Seco, Almeida. Einer der namhaftesten Kultur- und Literaturwissenschaftler Portugals. Lehrte bis 1988 an Universitäten in Brasilien und Frankreich. Übte auch aus dem Exil mit seiner dezidierten Stellungnahme gegen die offizielle Ideologie des Salazarstaates wie des orthodoxen Marxismus prägenden Einfluß auf die kulturelle und politische Diskussion seines Landes aus. Internationale Beachtung fanden seine polemischen Essays zur Frage der portugiesischen Identität innerhalb Europas, der Tradition und der Moderne (*Nós e a Europa ou As duas Razões* 1988; *A Europa Desencantada* 1994). Zahlreiche Buchveröffentlichungen u. a.: *O Desespero Humanista de Miguel Torga* 1955; *Pessoa Revisitado* 1973; *Os Militares e o Poder* 1975; *Fernando, Rei da Nossa Baviera* 1988; *O Canto do Signo* 1994.
»Unsere imaginären Bildwelten«, Originalbeitrag.

João de Melo

*1949 auf der Insel S. Miguel (Azoren), lebt seit 1967 in Lissabon. 1971 wurde er in den Kolonialkrieg nach Angola einberufen und verbrachte dort insgesamt 27 Monate als Sanitätshelfer, was sein späteres literarisches Werk entscheidend prägte. Er übte verschiedene Berufe aus und ist seit dem Abschluß seines Romanistikstudiums (1981) Gymnasiallehrer. Autor zahl-

reicher Romane, Erzählungen, Essays und Chroniken. Sein Roman *Gente Feliz com Lágrimas* 1988 wurde mit dem Literaturpreis *Grande Prémio do Romance e Novela da Associação Portuguesa de Escritores* ausgezeichnet. Werke (Auswahl): *A Mémoria de Ver Matar e Morrer* 1977; *Navegação da Terra* 1980; *Há ou Não Uma Literatura Açoriana?* 1982; *O Meu Mundo Não é deste Reino* 1983; *Entre Pássaro e Anjo* 1987; *Dicionário de Paixões* 1994; *O Homem Suspenso* 1996; »A Ver Navíos« (dt. »Ich sehe Schiffe«), in: A. Klotsch (Hg.), *Erkundungen. 27 Erzähler aus Portugal*, Berlin: Volk und Welt 1993.
»Kolonialkrieg und Befreiungskampf in den portugiesischsprachigen Literaturen«, vom Autor 1997 überarbeitete und aktualisierte Fassung der Einleitung zur zweibändigen Anthologie *Os Anos da Guerra, 1961-1975. Os Portugueses em África – Crónica, Ficção e História.* (Die Kriegsjahre 1961-1975. Die Portugiesen in Afrika – Chronik, Literatur und Geschichte), Bd. I und II, Lisboa: Círculo de Leitores e Publicações Dom Quixote, 1990.

Curt Meyer-Clason

* 1910 in Ludwigsburg. Übersetzer und Schriftsteller. Von 1969 bis 1976 Leiter des Goethe-Instituts in Lissabon. Korrespondierendes Mitglied der Academia Brasileira de Letras in Rio de Janeiro, Mitglied des PEN-Clubs, zahleiche internationale Übersetzerpreise, u. a. der Deutschen Akademie für Sprache und Dichtung in Darmstadt. Übersetzer und Herausgeber von Prosa und Lyrik Portugals und Lateinamerikas (über 80 Titel), u. a. von Gabriel García Márquez, Jorge Luis Borges, Pablo Neruda, João Guimarães Rosa und Carlos Drummond de Andrade.
Anthologien: *Der Gott der Seefahrer. Portugal in Erzählungen der besten zeitgenössischen Autoren* 1972; *Die Reiher und andere brasilianische Erzählungen* 1967; *Unsere Freunde, die Diktatoren* 1980; *Portugiesische Lyrik des 20. Jahrhunderts* 1993.
Eigene Publikationen: *Portugiesische Tagebücher* 1979, 1987; *Erstens die Freiheit ... Reiseaufzeichnungen* 1978; *Äquator* (Roman) 1986.
»Der Riese aus den Bergen – Miguel Torga«, Originalbeitrag.

Octavio Paz

* 1914 in Mexiko-Stadt. Einer der bedeutendsten Lyriker und Essayisten der lateinamerikanischen Gegenwartsliteratur. Zahlreiche internationale Ehrungen. Premio Cervantes 1981, Friedenspreis des Börsenvereins des deutschen Buchhandels 1984, Nobelpreis 1990. Veröffentlichungen: Ge-

dichte: *A la orilla del mundo* 1942; *Libertad bajo palabra* 1949 (dt. *Freiheit, die sich erfindet*; 1960 als lyrisches Gesamtwerk); *El laberinto de la soledad* 1950 (dt. *Das Labyrinth und die Einsamkeit*); *Piedra de Sol* 1957 (dt. *Sonnenstein*); *Poemas* 1979 (dt. *Gedichte*). Prosa, Essays: *El arco y la lira* 1956 (dt. *Der Bogen und die Leier*); *Las peras del olmo* 1957; *Cuadrívio* 1965; *Puertas al Campo* 1966; *Claude Lévi-Strauss o el nuevo festín de Esopo* 1967; *El ogre filantrópico* 1979 (dt. *Der menschenfreundliche Menschenfresser*); *Sor Juana Inés de la Cruz o las trampas de la fe* 1982 (dt. *Sor Juana Inés de la Cruz oder die Fallstricke des Glaubens*), Monumentalbiographie.
»Fernando Pessoa – Der sich selbst Unbekannte« [»El desconocido de sí mismo«) in: *Cuadrivio. Darío, Lopez, Velarde, Pessoa, Cernuda*, Mexiko: Joaquín Mortiz 1965, S.131-163]; dt. in: O. Paz, *Essays* 2, Frankfurt/Main: Suhrkamp 1980, S. 168- 200 (leicht gekürzt).

Isabel Pires de Lima

Assoziierte Professorin für moderne und zeitgenössische portugiesische Literatur an der Faculdade de Letras der Universität Porto. Wichtige Veröffentlichungen: *As Máscaras do Desengano – Para uma letura sociológica de »Os Maias« de Eça de Queirós* 1987; *Trajectos – o Porto na memória naturalista* 1989; *Eça e »Os Maias« Cem Anos Depois* (Hg.) 1989; *Antero de Quental e o Destino de uma Geração* (Hg.) 1994.
»Annäherungen an den portugiesischen Roman des 20. Jahrhunderts«, Originalbeitrag.

Ilse Pollack

* in Leibnitz (Steiermark, Österreich). Dr. phil., lehrte von 1976 bis 1984 an den Universitäten Coimbra und Lissabon. Seit ihrer Rückkehr nach Österreich Zeitungsherausgeberin, Übersetzerin und Publizistin. Veröffentlichungen u. a.: *Fernando Pessoa von A bis Z* 1988; *Fado. Lebensbilder aus Portugal* 1994. Schrieb 1977 ihren ersten Artikel zur lusophonen Literatur Afrikas, »Angola. Am Anfang war das Lied. Zur Lyrik von Agostinho Neto«, und veröffentlichte seither u. a. zu diesem Thema:
»Lusitanisches Tagebuch«, Auszüge, in: *Wiener Tagebuch*, Juli-August 1984; »Otoce, izgubljene v oceanu« (Einführung in die kapverdische Literatur), in: Baltasar Lopes, *Chiquinho*, Pomurska Zalozba (Slowenien) 1988; »Die portugiesischsprachige Literatur Afrikas«. Beiträge zu Kindlers Literaturlexikon, Band 20, München 1992 (Einzeldarstellungen zu José Eduardo Agualusa, Germano Almeida, Mia Couto, Sousa Jamba, Rui Knopfli, Bal-

tasar Lopes im Ergänzungsband 1997); *Luso-afrikanische Begegnungen* 1997.
»Entdecken wir Angola, Mosambik, Kapverde, Guinea-Bissau, São Tomé e Príncipe ... Die luso-afrikanischen Literaturen«, Originalbeitrag.

Carlos Porto

*1930 in Porto. Pseudonym von Carlos da Silva Castro. Lange Jahre Theaterkritiker des *Diário de Lisboa*. Mitarbeiter der Zeitschriften *Jornal de Letras* und *Vértice*, Korrespondent von *Théâtre en Europe* und *Travail Théâtral* (Paris), *El Público* (Madrid), Herausgeber des Portugal-Teils des *Dictionnaire Encyclopédique du Théâtre*. Standardwerke zur Geschichte des portugiesischen Theaters und Films, u. a. *Em Busca do Teatro Perdido* 1972 und (mit S. T. de Meneses) *10 Anos de Teatro e Cinema* (1974-1984) 1985. Veröffentlichte Theaterübersetzungen (u. a. Tschechow, Arbuzov), Gedichte, Prosa (u. a. *Fábrica Sensível* 1992).
»Postrevolutionäre Dramatik in Portugal«, Originalbeitrag.

Carlos Reis

*1950 in Angra do Heroísmo, Lehrstuhlinhaber an der Faculdade de Letras der Universität Coimbra, Gastprofessuren in Spanien, Brasilien, Deutschland, Österreich und den USA. Veröffentlichungen: *Estatuto e perspectivas do narrador na ficção de Eça de Queirós* 1975; *Introdução à Leitura d'Os Maias* 1978; *O Discurso Ideológico do Neo-Realismo português* 1983; *Dicionário de Narratologia* 1987, mit Ana Cristina M. Lopes; *A Construção da Narrativa Queirosiana* 1989, mit Maria do Rosário C. Duarte; *As Conferências do Casino* 1991; *Towards a Semiotics of Ideology* 1993; *História Crítica da Literatura Portuguesa. O Romantismo* 1993, mit Maria da Natividade Pires, und *O Conhecimento da Literatura* 1995. Leiter der Zeitschriften *Queirosiana* und *Discursos*. Herausgeber der kritischen Werkausgabe von Eça de Queirós und der auf mehrere Bände angelegten *História Crítica da Literatura Portuguesa*.
»Eça de Queirós, der Lehrmeister«, Originalbeitrag.

Helmut Siepmann

*1937. Professor für Romanische Philologie an der Technischen Hochschule Aachen. Pubikationen: *Die allegorische Tradition im Werk Clément Marots* 1968; *Die portugiesische Lyrik des Segundo Modernismo* 1977;

Portugiesische Literatur des 19. und 20. Jahrhunderts 1987, 1995; Aufsätze zur französischen, spanischen, italienischen und portugiesischen Literatur.
»Das Selbstverständnis der Portugiesen in ihrer Literatur«, Originalbeitrag.

Henry Thorau

*1952. Professor für Portugiesische Kulturwissenschaft an der Universität Trier (Lehrstuhl Carolina Michaelis de Vasconcelos, gestiftet vom Instituto Camões und der Volkswagen-Stiftung).Veröffentlichungen: *Augusto Boals Theater der Unterdrückten in Theorie und Praxis*, Rheinfelden 1982; *Perspectivas do Moderno Teatro Alemão*, São Paulo 1984. Herausgeber und Übersetzer (gemeinsam mit Marina Spinu): Augusto Boal, *Theater der Unterdrückten* 1979, und *Übungen und Spiele für Schauspieler und Nicht-Schauspieler* 1989; Fernando Gabeira, *Die Guerilleros sind müde* 1982; (gemeinsam mit Sábato Magaldi): *Theaterstücke aus Brasilien* 1996. Aufsätze zu Theater und Literatur der portugiesischsprachigen Länder.
»›Die Toten wecken und das Zerschlagene zusammenfügen‹ – Die Romane des António Lobo Antunes«, Originalbeitrag.